Michel Foucault

Arte, Epistemologia,
Filosofia e
História da Medicina

O GEN | Grupo Editorial Nacional – maior plataforma editorial brasileira no segmento científico, técnico e profissional – publica conteúdos nas áreas de ciências humanas, exatas, jurídicas, da saúde e sociais aplicadas, além de prover serviços direcionados à educação continuada e à preparação para concursos.

As editoras que integram o GEN, das mais respeitadas no mercado editorial, construíram catálogos inigualáveis, com obras decisivas para a formação acadêmica e o aperfeiçoamento de várias gerações de profissionais e estudantes, tendo se tornado sinônimo de qualidade e seriedade.

A missão do GEN e dos núcleos de conteúdo que o compõem é prover a melhor informação científica e distribuí-la de maneira flexível e conveniente, a preços justos, gerando benefícios e servindo a autores, docentes, livreiros, funcionários, colaboradores e acionistas.

Nosso comportamento ético incondicional e nossa responsabilidade social e ambiental são reforçados pela natureza educacional de nossa atividade e dão sustentabilidade ao crescimento contínuo e à rentabilidade do grupo.

coleção | Ditos & Escritos **VII**

Michel Foucault

Arte, Epistemologia, Filosofia e História da Medicina

Organização, seleção de textos e revisão técnica:
Manoel Barros da Motta

Tradução:
Vera Lucia Avellar Ribeiro

Dits et écrits
Edição francesa preparada sob a direção de Daniel Defert e
François Ewald com a colaboração de Jacques Lagrange

- O autor e a editora se empenharam para citar adequadamente e dar o devido crédito a todos os detentores de direitos autorais de qualquer material utilizado neste livro, dispondo-se a editora a possíveis acertos posteriores caso, inadvertida e involuntariamente, a identificação de algum deles tenha sido omitida.
- **Atendimento ao cliente: (11) 5080-0751 | faleconosco@grupogen.com.br**
- Traduzido de:
  Dits et écrits
  Copyright © Éditions Gallimard, 1994
  All rights reserved.
  Sale is forbidden in Portugal.
- Direitos exclusivos para o Brasil para a língua portuguesa
  Copyright © 2011, 2025 (3ª impressão) by
  Forense Universitária, um selo da Editora Forense Ltda.
  Uma editora integrante do GEN | Grupo Editorial Nacional
  Travessa do Ouvidor, 11
  Rio de Janeiro – RJ – 20040-040
  www.grupogen.com.br
  Venda proibida em Portugal.
- Reservados todos os direitos. É proibida a duplicação ou reprodução deste volume, no todo ou em parte, em quaisquer formas ou por quaisquer meios (eletrônico, mecânico, gravação, fotocópia, distribuição pela Internet ou outros), sem permissão, por escrito, da Editora Forense Ltda.
  1ª edição brasileira – 2011
  1ª edição brasileira – 3ª tiragem – 2025
  Organização, seleção de textos e revisão técnica: Manoel Barros da Motta
  Tradução: Vera Lucia Avellar Ribeiro
  Foto da capa: Jacques Robert
- **CIP – Brasil. Catalogação-na-fonte.
  Sindicato Nacional dos Editores de Livros, RJ.**

F86a

Foucault, Michel, 1926-1984
  Arte, epistemologia, filosofia e história da medicina / Michel Foucault ; organização, seleção de textos e revisão técnica Manoel Barros da Motta ; tradução Vera Lucia Avellar Ribeiro. - 1. ed., 3. reimpr. - Rio de Janeiro : Forense Universitária, 2025. (Ditos & Escritos ; 7)

Tradução de: Dits et écrits
Inclui índice
ISBN 978-85-2180-494-9
Edição francesa preparada sob a direção de Daniel Defert e François Ewald com a colaboração de Jacques Lagrange.

1. Filosofia francesa. I. Motta, Manoel Barros da. II. Ribeiro, Vera Lucia Avellar. III. Título. IV. Série.

24-95474   CDD: 194
               CDU 1(44)

Gabriela Faray Ferreira Lopes - Bibliotecária - CRB-7/6643

Sumário

Apresentação à Edição Brasileira.................... VII

1 – Estética da existência

1963 – Vigia da Noite dos Homens.................... .3
1963 – Espreitar o Dia que Chega 8
1963 – Um "Novo Romance" de Terror 16
1964 – Debate sobre a Poesia........................19
1964 – A Linguagem do Espaço 36
1964 – Palavras que Sangram 42
1964 – Obrigação de Escrever 46
1969 – Maxime Defert 47
1973 – Foucault, o Filósofo, Está Falando. Pense........49
1975 – A Festa da Escritura..........................52
1976 – Sobre "História de Paul".......................56
1976 – O Saber como Crime 62
1976 – Entrevista com Michel Foucault 70
1976 – Por que o Crime de Pierre Rivière?..............75
1976 – Eles Disseram sobre Malraux...................78
1976 – O Retorno de Pierre Rivière 79
1977 – Apresentação 89
1978 – Uma Enorme Surpresa........................91
1982 – O Pensamento, a Emoção.....................94
1982 – Conversa com Werner Schroeter 102

2 – Epistemologia, genealogia

1957 – A Pesquisa Científica e a Psicologia 115
1966 – Michel Foucault, *As palavras e as coisas*........138
1966 – Entrevista com Madeleine Chapsal.............145
1966 – O Homem Está Morto?.......................151
1968 – Entrevista com Michel Foucault 157
1968 – Foucault Responde a Sartre 169
1968 – Uma Precisão de Michel Foucault..............176
1968 – Carta de Michel Foucault a Jacques Proust 178
1970 – Apresentação 182

1970 – A Armadilha de Vincennes 184
1971 – Entrevista com Michel Foucault 192
1975 – Carta 211
1976 – A Função Política do Intelectual 213
1976 – O Discurso Não Deve Ser Considerado Como..... 220
1978 – A Cena da Filosofia......................... 222
1981 – A Roger Caillois 248
1983 – Trabalhos................................. 250
1984 – O Estilo da História 252
1984 – O que São as Luzes?........................ 259

3 – Filosofia e história da medicina

1968 – Os Desvios Religiosos e o Saber Médico 271
1969 – Médicos, Juízes e Bruxos no Século XVII 284
1969 – Títulos e Trabalhos 299
1972 – As Grandes Funções da Medicina em
  Nossa Sociedade............................ 305
1973 – O Mundo É um Grande Hospício 307
1975 – Hospícios. Sexualidade. Prisões 310
1975 – Radioscopia de Michel Foucault............... 323
1975 – Michel Foucault, as Respostas do Filósofo 343
1976 – A Política da Saúde no Século XVIII 357
1976 – Crise da Medicina ou Crise da Antimedicina?.... 374
1976 – A Extensão Social da Norma.................. 394
1976 – Bio-história e Biopolítica 399
1977 – O Nascimento da Medicina Social.............. 402
1978 – Introdução por Michel Foucault 425
1978 – Uma Erudição Estonteante................... 441
1978 – A Incorporação do Hospital na
  Tecnologia Moderna......................... 444
1979 – Nascimento da Biopolítica 459
1983 – Troca de Cartas com Michel Foucault 467
1984 – A Preocupação com a Verdade 472
Índice de Obras 477
Índice Onomástico 479
Índice de Lugares 484
Índice de Períodos Históricos 485
Organização da Obra Ditos e Escritos 487

Apresentação à Edição Brasileira

A edição *Arte, epistemologia, filosofia e história da medicina*, agora sétimo volume da série dos *Ditos e escritos* de Michel Foucault, vai permitir aos leitores de língua portuguesa e aos pesquisadores que se orientam pelas pistas que ele abriu para o pensamento e a ação terem uma perspectiva nova do sentido e do alcance geral do conjunto de sua obra. Com esta nova série de quatro volumes, que reúne ensaios, leituras, prefácios e resenhas – muitos virtualmente inacessíveis antes da edição francesa –, mais de 3 mil páginas dos textos do filósofo vão nos permitir situá-lo nas transformações e lutas que agitaram a vida intelectual, política, científica, literária e artística do século XX. Com muitos textos publicados originalmente em português, japonês, italiano, alemão, inglês e francês, permite-nos repensar seu papel e o alcance e o efeito de sua obra.

Os conceitos e as categorias da filosofia ou da política, quer em sua dimensão epistemológica ou ética, foram subvertidos, transformados e modificados pela intervenção teórico-prática de Michel Foucault. Saber, poder, verdade, razão, loucura, justiça têm, para nós, outros sentidos, despertam outros ecos, abrem novos registros que as tradições dominantes do saber ocidental muitas vezes esqueceram ou recusaram. Nossa relação com a racionalidade científica, ou com a razão humana, *tout court*, seja nas práticas da psiquiatria e da psicologia, seja nas práticas judiciárias, modificou-se com a reflexão de Foucault sobre a loucura em termos históricos e sobre o poder psiquiátrico. Com efeito, a medicina, a psiquiatria, o direito, no corpo mesmo de sua matriz teórica, foram alterados pelo efeito da obra de Foucault. Podemos dizer que alguns aspectos da hipermodernidade em que vivemos seriam incompreensíveis sem a sua reflexão.

As Edições Gallimard recolheram estes textos em uma primeira edição em quatro volumes, com exceção dos livros. A estes seguiu-se outra edição, em dois volumes, que conserva a totalidade dos textos da primeira. A edição francesa pretendeu a exaustividade, organizando a totalidade dos textos publicados quando Michel Foucault ainda vivia, embora seja provável que alguma pequena lacuna exista nesse trabalho. O testamento de Foucault, por outro lado, excluía as publicações póstumas. Daniel Defert e François Ewald realizaram, assim, um monumental trabalho de edição e estabelecimento dos textos, situando de maneira nova as condições de sua publicação, e controlaram as circunstâncias das traduções, verificando as citações e os erros de tipografia. Jacques Lagrange ocupou-se da bibliografia. Defert elaborou uma cronologia, na verdade uma biografia de Foucault, para o primeiro volume, que mantivemos na edição brasileira, em que muitos elementos novos sobre a obra e a ação de Michel Foucault aparecem. Eles fizeram esse trabalho com uma visada ética que, de maneira muito justa, pareceu-me, chamaram de intervenção mínima. Para isso, a edição francesa de Defert e Ewald apresentou os textos segundo uma ordem puramente cronológica. Esse cuidado não impediu os autores de reconhecerem que a reunião dos textos produziu algo de inédito. A publicação do conjunto dos textos constitui um evento tão importante quanto o das obras já publicadas, pelo que complementa, retifica ou esclarece. As numerosas entrevistas – quase todas nunca publicadas em português – permitem atualizar os ditos de Foucault com relação a seus contemporâneos e medir o efeito das intervenções que permanecem atuais, no ponto vivo das questões da contemporaneidade, sejam elas filosóficas, literárias ou históricas. A omissão de textos produz, por outro lado, efeitos de interpretação, inevitáveis em se tratando de uma seleção.

Optamos, na edição brasileira, por uma distribuição temática em alguns campos que foram objeto de trabalho de Foucault.

Este sétimo volume dos *Ditos e escritos* tem uma singularidade na série: está dividido em uma temática tríplice. A primeira parte é consagrada à arte: à literatura, à pintura e ao cinema; a segunda trata dos problemas da epistemologia e da genealogia; e a terceira compreende ensaios, artigos e conferências consagrados à filosofia e à história da medicina escritos por Foucault.

Na primeira parte, há um bom número de referências a autores sobre os quais Foucault construiu uma parte de seu conceito de experiência: Blanchot, Klossowski ou a obra de artistas como Raymond Roussel. Há o importante debate sobre a poesia, em que Philippe Sollers e um dos representantes dos *novissimi* italianos Edoardo Sanguineti estão presentes. Há também um conjunto de entrevistas que trazem os efeitos do trabalho de Foucault sobre o cinema, sobre o grupo dos *Cahiers du Cinéma* e, principalmente, toda a sua elaboração da forma com que o cinema tem de fazer passar a história, em uma forma diversa da elaboração erudita do historiador. Tudo o que gira em torno do filme de Allio ou ainda da obra de Schroeter é bem significativo nesse sentido. Há de se ressaltar, ainda, a importante entrevista sobre o fotógrafo Duane Michals.

Na seção consagrada à epistemologia e à genealogia, Foucault discute e retoma, em várias entrevistas, a problemática desenvolvida em *As palavras e as coisas*, seja no diálogo com Madeleine Chapsal, seja no debate sobre a morte do homem, em que a questão do sujeito na filosofia e na história é retomada, sem contar a importante resposta de Foucault a Sartre no contexto do debate sobre o "estruturalismo". Há, ainda, entre outros, mais um texto de Foucault sobre "O que são as luzes?".

Na terceira e última parte, dedicada à filosofia e à história da medicina, há 19 trabalhos de Foucault dedicados a essa temática, entre os quais se devem ressaltar "Os desvios religiosos e o saber médico", "Crise da medicina ou crise da antimedicina", "O nascimento da medicina social", "A incorporação do hospital na tecnologia moderna", além de "Bio-história e biopolítica" e "Nascimento da biopolítica".

Duas modalidades de vigília: do despertar da África à literatura europeia

Quando diretor do Instituto Francês de Hamburgo, depois de estar à frente da Maison de France de Upsala (1955-1958) e do Centro de Cultura Francesa em Varsóvia (1958-1959), Foucault convidou o diplomata, escritor e africanista Rolf Italiaander para organizar uma exposição de gravuras africanas. É em um fragmento de sua correspondência com Italiaander, publicada em um volume de homenagem ao intelectual alemão, que Foucault faz uma abordagem original, dando conta da relação da cultura e da arte ocidental com o mundo e a arte africana. Existe nesse texto o registro do encontro de Michel Foucault, que nessa época acabara sua *História da loucura*, escrita em grande parte na Suécia, com a posição singular, particularíssima de Rolf Italiaander com o outro, de seu "movimento de homem livre, essa *démarche* que conduz à liberdade dos outros" (ver p. 5 neste volume).

Foucault lembra a atitude dos jesuítas, que na América "consideravam os 'selvagens' como animais, ao passo que estes, em contrapartida, os consideravam deuses" (ver p. 5 neste volume). Referindo-se à presença e ao peso da cultura ocidental na África, Foucault situa Italiaander como um dos raros europeus "que estão sempre prontos a encontrar deuses numa humanidade em que os deuses morrem" (ver p. 5 neste volume).

Trata-se de um questionamento da razão ocidental, que, para Foucault, é uma característica de nossa época. Diz ele: "Nossa era é assim, feita de tal modo que a inteligência não tem nela outra aplicação a não ser questionar a razão até o suplício." Foucault lembra, então, a gravura de Goya; o sono da razão produz monstros. Trata-se, também, de tirar do sono da razão – em que Goya representa o "homem moderno" – a "potência dupla e irreprimível analisada por ela", isto é, a noite e o dia (ver p. 5 neste volume).

Foucault chama isso, na *História da loucura*, de consciência crítica da loucura, cujos aspectos trágicos aparecem nas páginas de Sade e na obra de Goya – na noite do pensamento e do sono. No sono da razão, diz Foucault, "em que Goya já em 1797 fazia a primeira figura do idioma universal, trata-se de uma noite que é a da desrazão clássica... Mas nesta noite o homem se comunica com o que há de mais profundo nele e de mais solitário" (*Storia della follia nell'età classica*, 3. ed., Milão, Rizzoli, 1978, p. 596).

Italiaander pertence a certo número de europeus marcados pela curiosidade e solidão, cuja lucidez "despertou visões e um incansável retorno a esse 'núcleo infrangível de noite', onde sua verdade se diz e não se diz, se dá e se esconde" (ver p. 5 neste volume). Eles encontram uma forma de saber que tem uma comunidade de origem com o sonho.

Italiaander vai ensinar aos jovens africanos uma técnica de gravura desconhecida pelos habitantes de uma cidade moderna como Brazzaville e cuja existência foi, no entanto, inextricavelmente marcada pelas condições coloniais. Essa técnica conduziu os jovens negros de Brazzaville a "um mundo mudo:

o mundo dos pássaros, da memória infinita, das longas ervas acolhedoras, mundo anterior aos homens, de noites misteriosas, de danças, um mundo nu e verde na suavidade da manhã" (ver p. 5-6 neste volume).

Nessa arte não existe nada de absolutamente novo, nunca visto. Os novos meios de expressão, trazidos pela gravura ocidental, "fazem nascer intemporalmente as formas sem idade que velam o sono de cada um" (ver p. 6 neste volume).

Foucault lembra que o espírito de Cocteau, poeta e cineasta de *Orfeu* ou de *A bela e a fera*, é atingido pela noite. Italiaander é um espírito diurno, mas que vela pela noite dos homens e conjura sua poesia. Se a Europa descobriu a arte africana por meio do saque ou com as teorias antropológicas do "primitivo" e seu pensamento pré-lógico, Italiaander, nas suas pesquisas, caminha em uma direção inteiramente diversa. Sua intenção é "não tanto preocupar-se com o que é quanto com o que se torna", com o que se transforma, com o que advém. "Trazer uma renovação para deslindar o passado e restabelecer a verdade do presente. Ensinar para aprender" (ver p. 6 neste volume).

Foucault afirma, então, o alcance mais amplo da atividade de Rolf Italiaander: "Preparar para mais tarde uma língua com a qual a África expressará toda a sua verdade" (ver p. 6 neste volume).

Vai se pretender que esses gravadores e suas obras não aportam qualquer novidade. Diz Foucault: "É justamente disso que eu gosto e que tem mais peso de verdade do que o método dos braços cruzados" (ver p. 6 neste volume), diante dos que nada fazem.

Nessa relação com a África está o que é, para Foucault, a condição do mundo moderno, a troca. Foucault rejeita o folclore, considerando-o uma modalidade de hipocrisia dos "civilizados", que, por um lado, não participam do jogo, e, por outro, mascaram "sua recusa de contato sob o manto do respeito diante do pitoresco" (ver p. 6 neste volume).

Assim, ensinar as artes gráficas aos africanos não é um modo de desfigurar uma arte de mil anos, mas algo que permite "desenvolver a forma de expressão de sua verdade" (ver p. 6 neste volume). Foucault escrevia, nesse momento em que o continente africano era atravessado pelo processo de descolonização e pelos movimentos de libertação: "A verdade da África – que é também a dos primeiros escultores da floresta – nos será contada pela própria África e, por certo, na língua que se forma agora" (ver p. 6 neste volume). É a uma referência ao sujeito humano que Foucault recorre: "O homem é irrevogavelmente estrangeiro ao alvorecer" (ver p. 6 neste volume). Ele considera uma modalidade da *ratio* colonial considerar que "o homem teria podido permanecer fiel ao seu começo", e que "haveria um lugar qualquer no mundo onde ele poderia reencontrar a essência do 'primitivo'" (ver p. 6 neste volume).

Foucault ressalta que Italiaander "aceita o fato de que tudo é um vir a ser" (ver p. 6 neste volume). Ou ainda que está em uma abertura para o novo e o futuro, pensando "não existir nenhuma velha tragédia do mundo que não possa viver uma nova viragem" (ver p. 7 neste volume). Ele considera que a "morte do homem" que se vê desaparecer na arte europeia pode "sobreviver à sua própria morte na grande manhã da África" (ver p. 7 neste volume).

No romance de Roger Laporte, Foucault analisa outro tipo de relação da vigília com a noite. Velar, para Laporte, é "estar não depois do anoitecer, mas antes da manhã, sem nenhum outro 'antes' a não ser esse avanço que eu mesmo sou sobre todos os dias possíveis" (ver p. 8 neste volume).

Foucault distingue a vigília de Laporte de outras formas de experiência, seja a da religiosidade mística alemã, seja a da espanhola. Ela se opõe ao recurso da alma que encontra em Deus, vigia absoluto, sua fortaleza, como diz o hino composto por Martinho Lutero (ver p. 9 neste volume).

Essa vigília, Foucault também a opõe à de São João da Cruz, em que se dá a "saída furtiva da alma que escapa do guardião abrandado e, subindo a escada secreta até a seteira da vigia, irá expor-se à noite" (ver p. 9 neste volume). E então na noite, como diz João da Cruz, acende-se uma luz "que guia de modo mais seguro do que a luz do meio-dia", luz que conduz até o Amado (ver p. 10 neste volume).

Não se trata dessas formas de espreita e vigília em que a espiritualidade encontrou "seus recursos metafóricos". Nessas formas, o Ocidente encontrou um de seus limites fundamentais (ver p. 10 neste volume). Não se trata de um discurso de uma subjetividade soberana, mas, sim, de um discurso muito próximo e muito longe do pensamento. Trata-se da linguagem, "uma das mais originais que se deram a ler em nosso tempo" (ver p. 10 neste volume). Foucault a aproxima do Zaratustra de Nietzsche

– de sua retirada inicial, suas sucessivas abordagens do sol e dos homens, seus recuos, seus perigos conjurados por ele ou dos quais ele faz reinar a ameaça, em uma derradeira manhã em que a aurora traz a iminência do signo... e anuncia.
Por fim: a primeira manhã chegou. Não apenas de Nietzsche, mas também de Artaud a experiência de Laporte se aproxima. Ela não é estranha nem à morte nem à loucura.

A obra de Laporte se inscreve no espaço geral da redescoberta de um pensamento – depois de Nietzsche, mas que Foucault faz recuar a Kant – que não pode ser reduzido à filosofia. Neste, o problema é dar conta de sua iminência e de seu "perigo". É Zaratustra, diz Foucault, mas é também "a experiência de Artaud, e toda a obra, ou quase, de Blanchot" (ver p. 15 neste volume). É o esforço para abalar a linguagem dialética. Abalo que, diz Foucault, "reconduz à força o pensamento à filosofia e para deixar a esse pensamento o jogo sem reconciliação, jogo absolutamente transgressivo, do Mesmo e da Diferença" (ver p. 15 neste volume), em que se devem compreender também as obras de Bataille e de Klossovski.

O espaço e a letra: Foucault, leitor do romance contemporâneo – Laporte, Le Clézio, Michel Butor

Que a escrita estivesse subordinada ao tempo até à literatura do século XX pode parecer uma evidência cuja maior prova seria a grande obra proustiana *Em busca do tempo perdido*. É o que o "relato (real ou fictício) não era a única forma dessa pertença, nem a mais próxima do essencial" (ver p. 36 neste volume). Quando a escrita moderna se libertou da ordem linear do relato ou ainda da concordância do tempo, pensou-se que se libertaria dessa servidão antiga. Mas essa dependência se devia, observa Foucault, à "sua própria espessura, naquilo que constituía seu ser singular" (ver p. 36 neste volume). Dois paradigmas determinaram essa dependência do que advinha da aventura de Ulisses: "o retorno homérico e a realização da profecia judaica". Foucault localiza na época helenística, em Alexandria, o lugar em que nasce "toda a linguagem ocidental".

A partir daí, "escrever era fazer retorno, voltar à origem, reapoderar-se do primeiro momento; era estar de novo na manhã" (ver p. 36 neste volume).

A função mítica da literatura decorria dessa relação "com o antigo; daí o privilégio concedido por ela à analogia, assim como a todas as maravilhas da identidade. Disso decorre, sobretudo, uma estrutura de repetição que designava seu ser" (ver p. 36 neste volume).

É a partir de Nietzsche que se fecha esse ciclo com o eterno retorno, "fechamento da curva da memória platônica", e também de Joyce, com seu romance para "acabar com todos os romances". Joyce voltou a fechar o ciclo da narrativa homérica. Essa mutação na ordem da linguagem vai revelar que a linguagem é "coisa do espaço". O fundamental não é descrever o percurso ou percorrê-lo. Para Foucault, o espaço é, hoje, a mais obsedante das metamorfoses, por ser nele que a "linguagem, de saída, se desdobra, desliza sobre si mesma, determina suas escolhas, delineia suas figuras e suas translações" (ver p. 37 neste volume). Nela, o ser mesmo da linguagem se "metamorfoseia".

Na atualidade, a linguagem nos é dada no afastamento, na distância, no intermediário, na diferença, na fratura e na dispersão. São dimensões comuns às coisas e à própria linguagem, são "o ponto cego de onde nos vêm as coisas e as palavras no momento em que vão ao seu ponto de encontro" (ver p. 37 neste volume).

Trata-se de uma "curva paradoxal" diversa do retorno de Homero ou da realização da promessa típica da narrativa judaico-cristã. Foucault chama a esse lugar o do impensável da literatura. Vários romances mostram essa presença do espaço. O primeiro que Michel Foucault analisa *A vigília* (*La veille*), de Roger Laporte, que dá conta da presença desse ponto impensável. A escrita só é possível se o autor "se retirar para o absoluto da distância" (ver p. 37 neste volume). Trata-se de uma distância carregada de perigos – assim como no *Empédocle*, de Hölderlin –, e nela não há "nem Meio, nem Lei, nem Medida" (ver p. 37 neste volume). É uma obra que se situa na proximidade de Blanchot, ao pensar o "impensável da literatura". Foucault já tratara antes do romance de Laporte, que colocamos em paralelo com o trabalho de Rolf Italiaander, sob o ponto de vista do estilo particular de vigília que trata.

Foucault analisa ainda o romance de Le Clézio que, depois de Gide, Mauriac, Camus, Sartre e Claude Simon, recebeu o prêmio Nobel de Literatura. O personagem Adam Pollo talvez seja um fugitivo da prisão na qual vai ser encerrado. Trata-se, também, de uma relação com o discurso da loucura. Adam Pollo, diz Foucault, é como Zaratustra, "ele desce rumo ao mundo, ao mar, à cidade" (ver p. 38 neste volume). Mas sua volta à caverna é diferente de Zaratustra: "não são mais a águia e a serpente, inseparáveis inimigos, círculo solar, que o esperam" (ver p. 38 neste volume), mas um sórdido rato branco, que ele despedaça a facadas. Trata-se de uma relação com a profecia que toma uma forma singular. Não é o anúncio do tempo futuro. No seu discurso demente, o mundo vai refluir até ele e "o engolirá e manterá aprisionado por um tempo indefinido e imóvel no quarto enxadrezado de um hospício" (ver p. 38 neste volume).

Da linguagem votada ao espaço – que flutua e pousa "nesse lugar que é página, com suas linhas e sua superfície..." (ver p. 40 neste volume), em um volume que é o livro – a obra de Michel Butor nos dá conta. Butor, em *Móbile*, ou ainda no *Génie du lieu*, *Réseau aérien* ou *Boomerang*, já formulava as leis e paradoxos desse espaço tão visível em geral e coberto pela linguagem.

Description de San Marco não se trata de um trabalho em que a linguagem vai restituir "o modelo arquitetural daquilo que o olhar pode percorrer" (ver p. 40 neste volume). Trata-se, na verdade, das múltiplas conexões da linguagem com o edifício de Veneza. Foucault enumera: "espaços anteriores que este restitui (os textos sagrados ilustrados pelos afrescos), espaços imediata e materialmente superpostos às superfícies pintadas (as inscrições e legendas), espaços ulteriores que analisam e descrevem os elementos da igreja (comentários dos livros e dos guias), espaços vizinhos e correlativos que se engancham um pouco ao acaso, alfinetados por palavras (reflexões dos turistas que olham), espaços próximos, mas cujos olhares estão virados como se para o outro lado (fragmentos de diálogos)" (ver p. 41 neste volume).

Foucault enumera, também, o lugar próprio de inscrição desses espaços, quer seja, "rolos de manuscritos, superfície dos muros, livros, fitas de gravadores" (ver p. 41 neste volume). Há, então, um tríplice jogo (a basílica, os espaços da palavra e da fala, seu lugar de inscrição), cujos elementos se distribuem de um modo duplo: o sentido da visita da Basílica de San Marco é aquele prescrito pela ordem que Butor impõe à sua página branca, ora na margem, ora em versículos, ora em colunas.

A organização do texto de Butor remete, também, à fotografia, diversa do espaço da pedra e das pinturas. Foucault a considera como uma imensa arquitetura, essa das ordens da basílica, mas dirigida para seu espaço – "aderindo a ele, atravessando suas paredes (...) restituindo-lhe todo um murmúrio que lhe escapa ou dele se desvia" (ver p. 41 neste volume). E ele conclui de forma poética a descrição desse jogo múltiplo dos espaços das palavras e das coisas: vai "fazendo jorrar com um rigor metódico os jogos do espaço verbal defrontando-se com as coisas" (ver p. 41 neste volume).

Trata-se não apenas de uma reprodução, mas de um processo de decifração – uma decifração muito especial, que faz do livro "o lugar branco" no qual todas as linguagens diversas que são as coisas vão poder "reencontrar um espaço universal de inscrição". Encontramos aí o que Foucault chama "o ser do livro, objeto e lugar da literatura" (ver p. 41 neste volume).

Traduzir de forma criadora é fazer sangrar as palavras: a *Eneida* de Klossowski

Foucault fala da função e/ou posição do tradutor como a de um "passador noturno", produzindo uma "transmutação silenciosa" sem armas nem bagagens (ver p. 42 neste volume). As grandes unidades do sentido agrupam-se de nova forma, de maneira análoga.

Pergunta-se Foucault pela palavra, o que ele chama de tênue acontecimento, depositado em um determinado ponto da página branca e apenas naquele. A palavra como fato de sucessão ou de justaposição, o que para Lacan seria a singularidade da cadeia significante. Foucault lembra que mesmo literal uma tradução não dá conta das palavras. As obras "deslizam no plano das línguas", que são laterais.

Foucault dá conta da existência de outro estilo de tradução, uma nova operação, a do escritor e tradutor Pierre Klossowski, operação que ele chama "tradução vertical".

Klossowski traduziu a *Eneida* de Virgílio fazendo com que o palavra a palavra fosse a "incidência do latim caindo a pique sobre o francês": "*Les armes je célèbre et l'homme que le pre-*

mier des troyennes rives en Italie, par la fatalité fugitif, est venu au Lavinien littoral" – "Celebro as armas e o homem que, o primeiro das troianas costas na Itália, pela fatalidade fugitivo, chegou ao laviniano litoral" (ver p. 42 neste volume).

A operação realizada por Klossowski é o que Foucault chama a queda do verso latino "sobre a língua francesa como se sua significação não pudesse ser separada de seu lugar" (ver p. 43 neste volume).

Nessa operação de tradução há o lance de dados de Klossowski. É o que faz com que o verso latino "só pudesse dizer o que tem a dizer desse ponto precisamente onde o destino e os dados do poema o lançaram" (ver p. 43 neste volume). A audácia de Klossowski não é a de instalar-se na semelhança do francês e do latim, mas, sim, localizar-se no que Foucault chama sua "maior diferença".

Se, em francês, a sintaxe tem uma função prescritiva quanto à ordem e à sucessão das palavras, se "revela a exata arquitetura do regime" (ver p. 43 neste volume), o latim tem uma ordem dupla: a da sintaxe, regulada pelas declinações, e outra, que Foucault chama de "puramente plástica", na qual a ordem das palavras é livre, mas sem gratuidade. Foucault refere-se ao retórico latino Quintiliano, para quem cada um pode construir "o belo muro liso do discurso" de acordo com o seu gosto.

Na prática habitual das traduções de textos antigos, gregos e latinos para o francês que podemos ver na série da "Collection des Universités de France", a ordenação da sintaxe é estritamente respeitada e mesmo "decalcada". A ordem espacial da frase latina é abandonada como se fosse um "jogo precário" (ver p. 43 neste volume).

Klossowski se arrisca a fazer o inverso. O que ele faz, chega a dizer Foucault, nunca foi feito: por um lado, mantém a ordenação poética do local, e, do outro, mantém as rédeas necessárias da sintaxe, porém mediante um recuo ligeiro.

A operação de Klossowski faz aparecer o que Foucault nomeia uma poética do "sítio verbal". As palavras vão deixar o baixo relevo virgiliano para virem se alojar no francês.

As palavras, como na epopeia, vão prosseguir, no texto francês, o "mesmo combate, com as mesmas armas, as mesmas posturas e os mesmos gestos". Há, na luta das palavras, não um destino relatado segundo sua vontade; há um destino ao qual elas obedecem. E o fazem "como as ondas, os deuses, os atletas, o incêndio e os homens". Elas pertencem ao *fatum* também, a mais antiga palavra que "liga o poema e o tempo". Foucault cita Klossowski, que diz: "São as palavras que sangram, não as feridas" (ver p. 43 neste volume).

Se o projeto de Klossowski parece quimérico é porque a ordem latina não corresponde à série francesa; quer sejam as sucessões, deslocamentos, disjunção ou choque de palavras, não dizem a mesma coisa em francês e em latim.

Mas Foucault constata ou postula existirem dois tipos de tradução com funções e naturezas distintas. Em um caso, faz-se passar algo que deve permanecer idêntico, quer seja o sentido ou a beleza, indo do igual ao mesmo. Há, no entanto, outra possibilidade, outro tipo, outro modo: o das traduções que "jogam uma linguagem contra a outra, assistem ao choque, constatam a incidência e medem o ângulo" (ver p. 44 neste volume). O texto original é um projétil, e a língua de chegada é um alvo. Trata-se de um tipo especial de luta, de batalha, com as palavras em que não se reconduz um sentido, mas em que se vai "descaminhar, mediante a língua que se traduz, aquela em que traduzimos" (ver p. 44 neste volume).

A dispersão poética de Hölderlin traduzindo pode picotar a língua francesa. Mas há uma operação mais radical, a que faz explodir a ordenação do francês, "impondo-lhe a procissão e a cerimônia do verso virgiliano" (ver p. 44 neste volume). Foucault chama essa tradução de "o negativo da obra". É como "o rastro escavado na língua que a recebe". Essa tradução não libera nem uma transcrição nem um equivalente da língua traduzida, mas o que Foucault designa como sua "presença real" – pela primeira vez, indubitável.

Trata-se de uma teologia da linguagem, "em que a própria *Eneida* cintila" nesse espaço, "vasta baia que retalhou as margens de nossa linguagem" (ver p. 44 neste volume).

Como o acaso impossível de ser abolido no poema de Mallarmé, Foucault diz que a *Eneida* desempenha o mesmo papel assassino, submetendo "a língua a uma fatalidade exterior, onde, paradoxalmente, se descobrem estranhos e maravilhosos poderes" (ver p. 44 neste volume).

Mas essa fatalidade não é tão estranha à história da língua francesa. Os versos de Virgílio fazem "a língua francesa ultrapassar, em um movimento de retorno, todas as configurações que foram suas" (ver p. 44-45 neste volume).

Foucault observa que, ao ler a introdução de Klossowski, se atravessam disposições de frases e posicionamento de palavras que foram os de Montaigne e os de Ronsard, do *Romance da rosa* e da *Canção de Rolando*. Podem-se reconhecer as divisões da Renascença e da Idade Média e ainda da baixa latinidade.

É o jogo de palavras no espaço que, superpondo-se, deixa ver o longo destino da língua francesa.

Foucault faz o elogio e a ilustração da tradução-restauração-criação de Klossowski, que faz ver a origem latina do francês. Assim como o poema de Virgílio "encontrava a origem de Roma", ele relata "magnificamente as peregrinações fundadoras, a longa navegação incerta, as tempestades e os barcos perdidos, a fixação, enfim, em um lugar eterno" (ver p. 45 neste volume).

Se a *Eneida* sob o signo da *pax romana* de Augusto fazia brilhar os feitos de outrora e o "destino por fim realizado, essa obra nova de Klossowski faz brilhar, no meio de nossa língua, os altos sítios nos quais, alternadamente, sua história a fixou" (ver p. 45 neste volume).

A epopeia de Virgílio através do francês de Klossowski narra o nascimento de Roma com uma luminosidade "transparente no nascimento do francês" (ver p. 45 neste volume).

O duplo de Virgílio que é a *Eneida* de Klossowski é também, diz Foucault, "um duplo de nossa própria língua, mas um duplo que a despedaça e a reconduz a ela mesma" (ver p. 45 neste volume). Trata-se de uma figura do duplo que fora familiar a Pierre Klossowski. Virgílio, que fora o velho guia de Dante, é agora, em Klossowski, qual novo Eolo, "o que sopra" nossa linguagem: dizendo sua ordem mais antiga, "prescreve nossa prosa e a dispersa, (...) com um sopro cintilante" (ver p. 45 neste volume).

Debate-se a poesia – Foucault, Sollers, Sanguineti

Foucault participou, no Centro de Cerisy-la-Salle, de debates sobre o romance com Sollers, Faye e Robbe-Grillet (ver o terceiro volume dos *Ditos e escritos*), e, sobre a poesia, com Sollers de novo e outros membros do grupo *Tel Quel*, entre os quais J.-L. Baudry, Marcelin Pleynet, além de Edoardo Sanguineti, do grupo italiano *I Novissimi*, de que fazia parte também Umberto Eco e Nanni Balestrini. O objetivo do debate era analisar as condições da nova literatura de que o grupo francês *Tel Quel* era um dos atores principais.

Um dos pontos de referência do início do debate é a discussão da obra de René Daumal, estudioso da cultura indiana, cujo livro *Os poderes da palavra* trata da experiência mística e da experiência da morte. A discussão da função da palavra é um dos pontos da intervenção de Pleynet.

J. Tortel lembra a experiência do saber não-saber, a experiência diante do nada, a experiência da relação com o Outro, que é a da "Douta Ignorância", na linha de Nicolau de Cusa. Tortel ressalta que o poeta, de forma espontânea e natural, é "o ignorante absoluto". Essa ignorância integral não precisa referir-se à experiência dos místicos, à experiência do sagrado. Ela é, para Pleynet, "uma evidência, uma realidade". A explicação dessa posição subjetiva pode ser buscada na natureza mesma da linguagem, "a linguagem comum, (...) a linguagem que usamos o tempo todo, até o poema". No poema, há uma mutação, trata-se de uma linguagem radicalmente diversa. No que tange ao poema, a linguagem não é apenas signo, mas corpo. Na linguagem literária, há uma dupla transformação, em que "somos obrigados a passar por um instante de noite", em que mudamos não de pele, mas de ser. Nessa noite absoluta, transcendemos mais uma vez (ver p. 20 neste volume).

Pleynet recorda o dito de Louis Aragon sobre o que há de maravilhoso na linguagem e na poesia. É que nelas, com a sintaxe, é possível criar rupturas em que o leitor tem a impressão de perder o equilíbrio e cair. Para Pleynet, a linguagem é sempre signo e corpo. Na obra de arte, na linguagem poética, ela "se distingue precisamente por sua estrutura" (ver p. 21 neste volume).

Sanguineti vai interrogar Pleynet sobre a função atribuída à poesia ou à linguagem de uma experiência fundamental antes reservada ao sagrado. Sanguineti pensa que a sociedade atual é que é desprovida do sentido verdadeiro do sagrado. Por isso, o poeta como *vates*, está hoje na posição de um *ersatz*, um substituto. Pleynet comenta, então, a mudança de estatuto da literatura com o desaparecimento dos grandes relatos.

Nesse momento, entra em cena a discussão do papel da obra de Foucault para o grupo *Tel Quel*. Com efeito, Pleynet e Sollers recorreram aos trabalhos de Foucault sobre a literatura, atribuindo-lhes grande importância em seus estudos. É sobre essa relação que Sanguineti interroga Foucault, dizendo que lera apenas 36 páginas da *História da loucura*. Foucault ressalta que sua atividade possui, com o grupo *Tel Quel*, "uma espécie de extraordinária convergência, isomorfismo, ressonância" (ver p. 24 neste volume). Ele atribui ao seu trabalho realizado em uma linguagem discursiva o que o grupo *Tel Quel* tenta tornar visível na literatura. Assim, nessa convergência, há problemas de que ele está tomando consciência. A consideração da poesia como "um problema de experiência", tentando remeter, diz Foucault, "ao próprio cerne da poesia alguma coisa que é a experiência (...) como contestação, limite, retorno etc., fica claro que é igualmente isso o que tentei e tento fazer hoje" (ver p. 24 neste volume).

Foucault refere-se ao fato de que fora muito censurado ao falar de uma experiência da loucura – a experiência que era para ele transgressão e contestação. Nesse momento, o que interessa a Foucault é o tema da contestação, encontrado em Bataille e em Blanchot. Trata-se de uma das noções mais obscuras e problemáticas, nascida de uma minúscula corrente cuja origem se encontra nos autores de *Madame Eduarda* e de *Livro futuro*.

Foucault resume o debate sobre as mudanças históricas das sociedades com a loucura com uma questão: "não existe cultura que não imponha seus limites a si mesma?" (ver p. 26 neste volume). Ele cita um exemplo: "uma cultura não pode admitir uma inteira liberdade das condutas sexuais. Há sempre algumas que são eliminadas (...). Do mesmo modo, uma cultura impõe limites quanto, para dizê-lo em termos mais simples, ao comportamento das pessoas" (ver p. 26-27 neste volume). Assim, excluir, limitar, proibir fazem parte da estrutura fundamental da cultura. Essa formulação, de que ele mais tarde vai se distanciar, pode ser considerada uma clara enunciação do que vai chamar a "hipótese repressiva" em sua *História da sexualidade*. Por ora, diz tentar fazer a história desses limites em um corpo cultural. Agora, trata-se de saber como essa divisão se dá na literatura, isto é, a questão do limite, da transgressão, da contestação. A divisão do que é interdito é acompanhada pela contestação dos "elementos de transgressão".

Na idade clássica, o problema razão-desrazão é um dos domínios em que a transgressão, o jogo da contestação e do limite é mais intenso, mais violento e estridente. Foucault considera que, a partir do século XIX e na atualidade, é no campo da linguagem que se dá "a total possibilidade de contestação de nossa cultura" (ver p. 27 neste volume). É o que aparece particularmente na experiência poética e literária de Sollers e do grupo *Tel Quel*. Outrora esse jogo fora jogado pelos loucos e sonhadores, mas, hoje, não se retorna ao irracionalismo. Essas formas de contestação são retomadas hoje, diz Foucault, pela mais viva razão. Para ele, a linguagem como lugar da contestação substituiu o papel que o marxismo desempenhou no século XIX.

Sollers retoma a questão da experiência dirigindo-se a Sanguineti: como poeta, qual é seu entendimento dessa noção? Sanguineti afirma: "Conheço realidades pela mediação da linguagem" (ver p. 29 neste volume). Para ele, a linguagem da poesia e a experiência são mediações de que ele se serve. A posição de Sanguineti é a de situar a experiência sempre em uma relação social, na sociedade, como nota Sollers. Diz o poeta italiano: "Conheço linguagens, fenômenos sociais etc., trabalho no seu interior e, nesse jogo de relações, faço o que quero" (ver p. 29 neste volume). Mas a experiência fundamental, seja a da mística ou da contestação, diz ele, "não a conheço". Quanto ao sonho, lembra as ocasiões em que teve um "sonho absurdo": "(...) durante um mês me sinto condicionado por esse sonho, volto sempre a ele" (ver p. 30 neste volume). Sanguineti não apenas deparou com Freud, mas se dizia obcecado por ele. Mas também com Jung – a Itália, pela sua forte conexão com a religião, sempre foi muito sensível à obra de Jung. Sanguineti se diz ora freudiano, ora junguiano quanto à interpretação dos sonhos. Nos seus romances, muitas cenas derivam de sonhos reais ou imaginários. Ele recorre a Propp e à sua leitura dos contos, tentando esvaziar a dimensão subjetiva do imaginário e do simbólico no desejo inconsciente dos sujeitos. Diz ele que o homem moderno só conhece o mito sob a forma do sonho, por isso, "deliberadamente, pego essa matéria efervescente de irracional que é o sonho e o racionalizo" (ver p. 30 neste volume). Sanguineti pretende dar ao sonho uma interpretação científica, mas que evoca "interpretações fundamentais pertencentes ao passado do homem" (ver p. 30 neste volume), dotadas de grande poder de comunicação.

Uma exposição que é a prova do século XX: Paris-Berlim

Ao falar sobre a exposição Paris-Berlim no Centro Georges Pompidou, no novo Museu Nacional de Arte Moderna inaugurado por Giscard, Michel Foucault comenta a enorme surpresa com que os franceses se deram conta de não mais saber "sua identidade", ou melhor, o que são suas identificações. A exposição Paris-Berlim dá conta do quanto os franceses eram parecidos com os alemães ao se estranharem e diferentes na reaproximação. Essa exposição suscita em Foucault, que dirigiu o Instituto Francês de Hamburgo, reflexões sobre as relações desconfiadas que por várias gerações, desde 1870, os franceses mantiveram com a Alemanha. Desse modo, "épocas inteiras da cultura alemã foram sistematicamente dissimuladas" (ver p. 91 neste volume), enquanto outras apareceram sob a forma de fragmentos.

Foucault observa que, principalmente depois da guerra de 1914, as principais figuras da cultura alemã só eram aceitas "na França com a condição de provarem estar suficientemente distantes da Alemanha" (ver p. 92 neste volume), ou distantes das instituições ou da história germânica: Brecht foi aceito por ser marxista; Marcuse, por ter se tornado norte-americano; Freud, por ter sido expulso da Áustria; Thomas Mann, por ter emigrado para os Estados Unidos e ter passado os seus últimos anos na Suíça.

Foucault situa essa exposição no quadro das relações renovadas dos franceses e alemães no contexto europeu, no processo em curso que vai levar, no futuro, à União Europeia e de que a França e a Alemanha são os pilares. Ele ressalta que, "depois da guerra, os europeus foram incessantemente estirados entre, de um lado, o Atlântico e, do outro, o Vístula". Havia uma recusa de identificação com a Europa: "eles não queriam mais sequer se considerarem eles mesmos". Assim, observa Foucault, a dependência é que era determinante para o modo de ser europeu. "Era-se europeu, mas atlantista; era-se europeu, mas do leste" (ver p. 92 neste volume).

É o quadro de mudanças do mundo pós-Yalta, de que Foucault dá conta, com um novo estatuto para a Europa e sua cultura: "reduzida a nada, ou a quase nada no final da guerra, a Europa procurou sua metrópole no leste e no oeste, à direita e à esquerda" (ver p. 92 neste volume). Assim, podem-se ignorar o centro e a causa dos dramas e tormentas da história da Europa. Foucault observa que, como o "mundo se regionaliza, a Europa é obrigada a refletir sobre si mesma" (ver p. 92 neste volume). A imagem da Alemanha apresentada para os franceses desarmava os problemas culturais e políticos por ela apresentados. Assim, figuras binárias e simples da Alemanha eram apresentadas, os bons e os maus alemães: a Alemanha militar e a Alemanha culta, a Alemanha germânica e a Alemanha europeia. Foucault ressalta a última e mais recente simplificação dos anos 1980: de um lado, "a Alemanha limpa e límpida, trabalhadora, organizada, e, diante dela, um punhado de niilistas terroristas", ou ainda "a abundância imóvel e o vazio explosivo" (ver p. 92 neste volume).

Foucault observa o trabalho dos cineastas alemães Fassbinder, Herzog e Schroeter, que produzem uma nova ideia do que se passa na sociedade alemã, permitindo ver "uma Alemanha tensa e inquietante" (ver p. 93 neste volume).

Comparando a história da pintura moderna francesa desde o impressionismo, Foucault lembra que na França se tendeu ao formalismo e à abstração, e se desconheciam as formas de expressão violentas e o protesto lírico na pintura. Foi a obra de Francis Bacon que os trouxe à luz bem recentemente.

A exibição Paris-Berlim revela essa pintura, muito nova para os franceses, que tem seu lugar de nascimento no expressionismo alemão.

Foucault, por ter se dedicado, na década de 1970, à leitura dos filósofos e escritores alemães do século XX, concluiu que na França se vivia no século XIX. Ao ler os autores alemães de 1910 a 1930, diz ele, "tomei consciência de que o século XX, com suas ideias, seus problemas, suas formas culturais específicas, existe realmente" (ver p. 93 neste volume). Existia na Alemanha.

Foucault e os *Cahiers du Cinéma*: como o cinema faz passar a história

Loucura, história, sexualidade, memória popular, crime são problemas no âmbito dos quais a reflexão de Foucault sobre o cinema se exerceu. Alguns cineastas, como Marguerite

Duras, René Féret, Werner Schroeter, René Allio, Nagisa Oshima, Syberberg, atraíram particularmente sua atenção, assim como alguns filmes a partir dos quais ele fez um diagnóstico do presente, como *Lacombe Lucien*, *Porteiro da noite* ou ainda *Hitler, um filme da Alemanha*, ou *Les camisards*.

A cinemateca francesa organizou em Paris, 20 anos após a morte de Foucault, em outubro de 2004, um festival com o título "Foucault-Cinema, Imagem-Memória, Imagem-Poder".

Serge Tobiana, chefe de redação dos *Cahiers du Cinéma*, narrou em 1974 como a revista se aproximava de Foucault depois de um período marcado pelo maoísmo:

"O número 251-252 se abria com uma longa entrevista com Michel Foucault. Não me lembro mais das circunstâncias desse encontro. É certo que éramos leitores de seus livros, mas foi necessário contatá-lo pessoalmente, obter sua concordância para que ele visse alguns filmes e interviesse publicamente sobre um assunto que não era prioritário para ele: o cinema. Lembro-me de lhe ter escrito uma palavrinha, a que ele me respondeu de forma muito gentil, com sua escrita em forma de garatuja. Fomos visitá-lo, Pascal Bonitzer, Serge Daney e eu, na rua de Vaugirard, no seu apartamento, moderno, branco, luminosíssimo, invadido pelos livros. Revejo Michel Foucault sentado, uma perna redobrada sobre si, descontraído e curioso com nossa visita. As palavras crepitavam saindo de sua boca, seu olhar brilhava, ele usava lentes pequenas ovais... Nos *Cahiers*, mal saíamos de um período duro, tendência pró-revolução cultural chinesa, e queríamos superar nosso atraso, nos ligar de novo ao cinema, romper com o dogmatismo teórico e ideológico, e esse encontro com Foucault ia constituir uma virada decisiva, sinal de abertura para um novo tipo de questionamento, crítica que ia operar um desvio pela história (...). Viemos vê-lo para que ele nos ajudasse a formular uma resposta imediata, precisa: analisar as razões do sucesso de dois filmes, *Porteiro da noite*, de Liliana Cavani, e *Lacombe Lucien*, realizado por Louis Malle. A partir de um roteiro coescrito com Patrick Modiano, Foucault fez então um recuo histórico para analisar através desses filmes um fenômeno mais geral e profundo: o recuo, senão a derrota, da memória popular" (Michel Foucault et l'histoire. In: Artières, Philippe. *Michel Foucault, la littérature et les arts*. Colloque de Cerisy, jun. 2001. Paris: Kimé, 2004. p. 187-194).

Daney vai dizer que, nas discussões dos anos 1970, Michel Foucault era uma "constante insubstituível, essencial.

Foucault vai dar, então, uma primeira entrevista, "Antirretro",* sobre uma série de filmes que, no contexto da ascensão de Giscard d'Estaing, no fim do gaullismo, tratavam de reescrever a história através do que ele vai chamar de falsa arqueologia. A primeira entrevista dizia respeito, então, a um período da história francesa que compreendia a ocupação e a resistência.

Foucault opõe o estilo de narrativa da história oficial e outro estilo, que dê "conta da memória popular das lutas". Ele propõe que se façam filmes para serem opostos aos filmes da moda retro, filmes "antirretro", baseados em uma batalha pela história. Os críticos dos *Cahiers* vão lhe dizer que o dossiê que ele organizou sobre Pierre Rivière constituía um vetor excelente para reapropriar a memória popular através da história da França do século XIX. René Allio, que filmara *Les Camisards*, vai ler os *Cahiers* e apresentará a Foucault seu projeto de filme. Este elogiara o filme de Allio, considerando-o historicamente impecável, inteligente e belo. Era para Foucault o tipo de cinema que permitia dar acesso a oura maneira de "passar a história" (*Cahiers*, jun. 1981).

Allio, antes de contatar Foucault, anota em seu diário em fevereiro de 1974: "Leitura de Pierre Rivière,... da equipe Foucault. É de uma história desse tipo, com esse tipo de violência, remetendo ao que ela remete, que é preciso falar, ver os *fait divers*" (Allio, René. Carnets. Apresentação Arlette Farge. Éd. Lieu Commun, 1991. p. 39). Em seguida, Allio lê a entrevista de Foucault aos *Cahiers*: "é preciso que Pierre Rivière se torne o filme – manifesto de um cinema que escolhe falar do povo, na sua história verdadeira. Dar ao povo sua história. Não procurei fazer nada de diferente em meus filmes" (*Ibid.*, p. 39). Allio contata Foucault e vai trabalhar o roteiro depois de discutir para fazer do cinema um "operador de seu método" (*Ibid.*, p. 47), assim como Brecht fizera do distanciamento um operador para sua dramaturgia marxista. Foucault estará presente na filmagem e vai mesmo representar o papel de um dos advogados. Gérard Mordillat, então assistente de René Allio, depois cineasta e escritor, autor de *Corpus Christi*, além de longas-

---

* Texto de 1974 traduzido no volume III dos *Ditos e escritos*.

metragens e de romances, fala das cenas da filmagem de Pierre Rivière na sala da prefeitura de Athes de l'Orne. Os dois advogados consultados pelo pai de Rivière são interpretados pelo próprio Allio e por Michel Foucault. Michel Foucault, "de sobrecasaca, abotoado até o pescoço, pequenos óculos com aro de ouro, representa Beaucher, o advogado que aconselha Rivière a tomar seus móveis; René Allio representa o outro, o legalista" (*Foucault*. Paris: L'Herne, 2011. p. 289).

Mordillat recorda que essa cena não foi mantida no filme, o que ele muito deplora: "Lamentável, porque Foucault revela-se aí um ator natural, muito à vontade diante da câmera, o olhar brilhando de insolência, captando perfeitamente a luz, utilizando em seu papel de sua voz com um timbre ligeiramente metálico. Lamentável também porque, com o recuo do tempo, ela parece emblemática do próprio Foucault, cuja vida e obra estão inteiramente engajadas do lado da dissidência contra a ordem imposta" (*Ibid.*).

Ele vai realizar três entrevistas presentes neste volume: uma a Pascal Kané, para os *Cahiers*; outra a François Châtelet, para o *Parispoche*; e, finalmente, a Guy Gauthier, para a *Revue du Cinéma*.

Foucault lembra que, ao elaborar o dossiê sobre Rivière, pretendia "dizer aos médicos, psiquiatras, psicanalistas, comentadores, cineastas, homens de teatro...: 'Façam dele o que quiserem'" (ver p. 75 neste volume). Para ele, René Allio fez do caso Rivière "alguma coisa de grande", encenando-o com camponeses semelhantes aos da história, atores amadores do próprio local da Normandia. Esses são elementos importantes dessa elaboração cinematográfica. Não se trata de um distanciamento histórico de Rivière, mas de um retorno da história a seu ponto de partida. Todas as falas do filme são extraídas do memorial, o que para Foucault era muito novo. Segundo ele, o filme formula a questão sobre o enigma Rivière.

O crime cometido pelo camponês normando caiu no esquecimento pouco tempo depois de ocorrido. O interesse de Foucault pelo caso foi por ele apresentar "aos médicos da época um enigma que nenhum deles pôde resolver" (ver p. 79 neste volume). Ao publicar o livro com o conjunto de peças do processo, Foucault relançou e reformulou a "questão Rivière" depois de 150 anos de psiquiatria e da descoberta freudiana, da criminologia e da medicina legal. Para ele, o filme é precisamente esta questão: "Ei-lo de volta. O que vocês têm a dizer sobre ele?" O filme de Allio é "precisamente essa questão formulada, porém, com mais urgência do que livro poderia fazê-lo" (ver p. 79 neste volume). E o ator Claude Herbert, que Foucault acha extraordinário, representa não Pierre Rivière, mas o melhor suporte possível para que esta questão fosse relançada: quem é Pierre Rivière? O filme não tem a pretensão de ser verdadeiro no sentido de apresentar o verdadeiro Pierre Rivière, mas há nele e na empreitada de Allio uma relação especial com a história que Foucault considera historicamente consistente. Não é uma reconstituição do caso. Trata-se de levantar uma questão atual: considerando os documentos, o memorial escrito por Rivière, o que foi de fato dito por ele e seus familiares, sua vizinhança, os juízes – como colocar no presente, na atualidade, "essas falas, essas questões, esses gestos na boca, no corpo, no comportamento de pessoas que não são sequer atores profissionais, camponeses do mesmo lugar" (ver p. 80 neste volume)? Para Foucault, tratava-se de obter, pela ficção cinematográfica, uma isomorfia do caso de 1836. A questão foi relançada onde possuía o máximo de proximidade com o local em que emergiu. O importante, para Foucault, é que as pessoas do local, os camponeses da Normandia, tomaram parte na elaboração do filme, posicionaram-se quanto aos personagens e, com a representação, relançaram a questão Rivière como incógnita, como questão.

Para Foucault, além de Rivière, há outro personagem que constitui também enigma no filme: a mãe. Ela é, diz, algo que não se compreende, "seja porque Rivière fantasmou alguma coisa diferente, seja por ela ser realmente o que Rivière disse" (ver p. 75 neste volume). E Foucault refere-se a uma antinomia entre o saber e a compreensão: essas "pessoas que afinal não foram nada, que não deixaram nenhum rastro na história, saber tantas coisas sobre a vida delas, seus problemas, seus sofrimentos, sua sexualidade também, é muito impressionante. Quanto mais sabemos, menos compreendemos" (ver p. 75 neste volume).

Guy Gauthier perguntou a Foucault se Allio fez história, e ele pôde então elaborar uma formulação original sobre a relação do cinema com a história: "Fazer história é uma atividade erudita, necessariamente mais ou menos acadêmica ou universitária." Muito importante, no entanto, é que por meio do cinema é possível "fazer passar a história ou ter uma relação com a história, ou intensificar regiões de nossa memória ou de nosso esquecimento; foi o que Allio fez, é o que o cinema pode fazer" (ver p. 80 neste volume).

Foucault refere-se ao outro filme de Allio. *Les Camisards*, "em que a voz de Jean Cavalier "pode, de fato, ser reativada nos dias de hoje e, empregando-se exatamente as mesmas palavras, endereçar-se de modo direto às pessoas de nossa época, pós-1968" (ver p. 80 neste volume). Não se trata de mostrar o que aconteceu, de reatualizar os acontecimentos, seja com recurso ao imaginário, seja pela reconstrução feita com minúcia e cuidado. O que se faz é retirar elementos da história e colocá-los na boca dos personagens.

No filme de Allio, há o recurso aos documentos, aos textos, ao material escrito. Por outro lado, o cineasta utilizou a tradição pictórica, a imagem, mas esses meios não se contradizem, porque o objetivo não é fazer uma reconstrução, mas colocar um problema, problematizar.

Allio, por um lado, utiliza e faz passar os elementos da história. Há, por outro lado, a pintura e as formas de representação dos camponeses, que se encontram, por exemplo, em Millet. O olhar de Millet, por exemplo, é, para Foucault, totalmente externo. Ele apresenta os camponeses do alto, "não lhes retira sua intensidade, mas, de certa forma, os congela" (ver p. 81 neste volume). Esse olhar, que é mais ou menos contemporâneo, existe também no caso de Rivière. Está presente na forma como médicos, advogados e juízes exerciam sua jurisdição sobre o mundo dos habitantes do campo, o que neles fervilhava e seus sofrimentos. Esses elementos se encaixam no filme de Allio, mas ocultando-se, para tornar possível reformular a questão. Trata-se, nesse filme, mais da presença de um "lado eterno do que a repetição histórica" (ver p. 81 neste volume). O que está em questão é o que Foucault chama o "eterno presente", o mais fugidio, a vida cotidiana. O problema de Allio é o do cotidiano, que desde Brecht está presente no teatro, mas que o cineasta trata de maneira bem distante do autor de *Galileu* e de *Mãe coragem*. Há, porém, este elemento comum ao dramaturgo e ao cineasta: "essa significação intensa e dramática do cotidiano (...) seu modo de presença", dos pequenos acontecimentos que não merecem ser narrados. Mas há, diz Foucault, "um nível no qual isso se inscreve". Há um elemento do campo que se inscreveu no corpo dos habitantes do mundo urbano do século XX, "um pequeno elemento de campesinato, um pequeno drama do campo e da floresta, do estábulo inscrito em algum lugar, que marcou de certa forma nossos corpos e os marca ainda de maneira infinitesimal" (ver p. 81 neste volume).

Foucault considera que Rivière conseguiu produzir um curto-circuito em todos os aparelhos e dispositivos de poder-saber que tentaram capturá-lo, quer seja da justiça ou da medicina, por meio de seu memorial no qual, antecipadamente, tentou dar conta de seu ato. Mas essa armadilha, armada por ele próprio, acabou por prendê-lo. Embora agraciado, ela levou à sua morte. Foucault lembra a resposta que ele deu quando lhe perguntaram por que matara seu irmãozinho: "Para me tornar tão odioso aos olhos de todo mundo, de meu pai em particular, de jeito que não possa ficar infeliz quando eu for condenado à morte" (ver p. 81 neste volume). Ele conclui que Rivière "escapou de todas as armadilhas armadilhando-se e sendo ele próprio armadilhado" (ver p. 82 neste volume).

Allio estabelece um jogo entre o texto do memorial – com a voz em *off* – e aquilo que é visto, restituindo a dupla armadilha que Foucault resume na fórmula que juiz e jurados teriam dito: "Não pode ser um louco, não podemos não condená-lo por ele ser tão maravilhosamente lúcido, forte, inteligente" (ver p. 82 neste volume). Há uma espécie de voz que envolve o conjunto do filme, de tal maneira que ele é, diz Foucault, interior à voz de Rivière, ou, diríamos nós, ao delírio de Rivière. Rivière não está apenas presente no filme, mas "o envolve como uma espécie de película, assombra suas fronteiras exteriores" (ver p. 82 neste volume). Allio, ao introduzir o registro de outras vozes, polifônicas, dos jornalistas e médicos, assim como a dos juízes, vai mostrar a armadilha em que cai Rivière – esse discurso do Outro que estava sustentado em seu próprio discurso.

Foucault compara o grão minúsculo de história nesse filme a *Blow-up*, de Antonioni, isto é, a uma espécie de explosão que ocorre "em todas as empreitadas desse gênero, assim como na vida cotidiana" (ver p. 82 neste volume). São acontecimentos como as notícias do jornal de que um homem assassinou a mulher. Trata-se da vida cotidiana, em que um acidente, um desvio, algo a mais, excessivo, torna-se imenso, enorme, por um tempo, por um momento. Assim é o caso Rivière, tal como mostra o cinema, a vida cotidiana: "uma briga em torno de um campo, de móveis, de farrapos" (ver p. 82 neste volume). Foucault refere-se, aqui, ao inconsciente da história, um inconsciente trabalhado pela arte.

O cinema permite, assim, "ter uma relação com a história, instaurando um modo de presença da história, de efeito da história, muito diferentes do que se pode ter por meio do escrito" (ver p. 86 neste volume). Ele cita o filme de Moatti, *Le pain noir*, de 1974, em que há uma relação mais viva do que um romance no que toca à vida da avó. Foucault realça que essa história "faz parte não do que sabemos, mas de nosso corpo, de nossa maneira de agir, de fazer, de pensar, de sonhar" (ver p. 86 neste volume). Ele refere-se, então, a uma senhora da Normandia, encontrada depois que o livro foi escrito, que era amedrontada quando criança por Pierre Rivière. Ela nascera na própria aldeia em que ele matara a mãe e os irmãos. Havia uma continuidade direta. O filme vai, então, permitir passar essa história.

Outro filme, *História de Paul*, de Féret, toca diretamente um ponto crucial das intervenções de Foucault: o meio dos hospícios e as relações de poder entre médicos e pacientes.

Trata-se, nessa obra de ficção, da existência de um efeito próprio ao espaço asilar, aos muros, à hierarquia asilar, de tal maneira que não é "como se fosse o asilo", mas é o "asilo". O filme revela a presença do poder médico na sociedade disciplinar. O cinema vai funcionar como relé da escrita, com um efeito sobre os modos de agir, de fazer, de pensar, as condutas. Foucault pergunta ao diretor, Féret, se ele e os atores haviam passado muitas semanas ou meses em um hospício observando os gestos, estudando os diálogos. Foucault diz: "Quando vi seu filme, eu esfreguei meus olhos. Esfreguei meus olhos porque reconheci atores profissionais. Ora, o que eu via no filme não posso dizer que era como um hospício, era o hospício" (ver p. 56 neste volume). Os atores seguiam uma espécie de linha, de declinação própria, identificáveis em si mesmos.

Féret, o diretor, observa que os atores não fizeram estágios em hospitais psiquiátricos, mas puderam se apoiar "nas experiências reais de pessoas que haviam estado nos hospícios como doentes" (ver p. 56 neste volume). O filme foi construído do ponto de vista de um grupo de loucos. Os atores colocaram-se durante 15 dias de ensaios, depois de refletir sobre as condições da instituição asilar, com as roupas e os assessórios próprios do ambiente-asilo, e enriqueceram e elaboraram o que haviam encontrado. Foucault fala como aparece no filme o efeito próprio ao espaço asilar, aos muros, à existência e à hierarquia asilares. Ele diz a Féret: "você os libera, os faz jorrar da mesma forma, seja em alguém que é um doente, que está num estado medonho, seja em alguém que, afinal, faz seu ofício de ator para ganhar a vida. Há nisso uma experiência surpreendente sobre a força e os efeitos plásticos do poder asilar" (ver p. 57 neste volume). Os comportamentos dos personagens são "a vegetação e a fauna asilares", estereotipados e tipificados, quer seja o risonho, o perguntador angustiado, cada um segundo a sua linha, sem se encontrarem nunca, apesar de parecerem se cruzar. No filme de Féret, os únicos personagens caricatos são os médicos, diferentes dos enfermeiros, que não o são. Ele põe enfermeiros e internos flertando uns com os outros por serem da mesma classe social. Os médicos aparecem do ponto de vista dos pacientes, com seu poder-saber. Foucault observa que eles "são vistos, de algum modo, pelo ângulo de baixo, segundo a perspectiva da rã, de que falava Nietzsche, que vê o mundo de baixo para cima" (ver p. 58 neste volume). Ele considera muito importante a perspectiva do filme na descrição do "efeito asilo". Porém, há mais na *História de Paul* feita por Féret. Na experiência da Califórnia, indivíduos sãos foram enviados para hospícios com falsos diagnósticos e foram logo reconhecidos pelos pacientes, mas só depois de algumas semanas pelos médicos. No filme, diferentemente, Féret se serviu de pessoas sãs, não delirantes, reconstruindo em torno delas o meio asilar, mostrando o que ali se produziu. Há, aqui, uma experiência construtiva de alto valor que torna possível compreender efeitos e mecanismos reais da ficção asilar, do universo asilar. É uma experiência, diz Foucault, que nunca fora feita antes.

A *episteme* e os saberes em *As palavras e as coisas*: a atividade teórico-política na crise do *cogito*

A polêmica sobre o humanismo, a crise do sujeito clássico, o papel das novas formas de saber e sua relação com a política, as relações da genealogia com a história compõem a segunda parte do livro. Nela estão uma série de textos muito importantes sobre o escândalo que produziu a publicação de *As palavras e as coisas*. Se a *História da loucura* era a história da divisão do corte que cada sociedade realiza entre a razão e a loucura, *As palavras e as coisas* vai ser outro tipo de história: a história da ordem, a forma pela qual a semelhança das coisas e também suas diferenças são dominadas, organizadas em relações e esquemas racionais. De um lado, a história da diferença e, do outro, em *As palavras e as coisas*, "a história da semelhança, do mesmo, da identidade" (ver p. 138 neste volume).

Foucault chamou esse novo tipo de história de arqueologia, o que já figurava no subtítulo do *Nascimento da clínica*. Ele evoca, em uma entrevista a Raymond Bellour para *Les Lettres Françaises*, a natureza do seu método. A arqueologia é "um domínio de pesquisas, não uma disciplina. Esse campo compreende, "numa sociedade, os conhecimentos, as ideias filosóficas, as opiniões cotidianas, mas também as instituições, as práticas comerciais e policiais, os costumes, tudo remete a um certo saber implícito" (ver p. 138 neste volume).

Esse saber é diverso seja do que se encontra nos livros de ciência, seja na filosofia e seus sistemas, ou ainda nas "justificativas filosóficas". É ele que torna possível "a aparição de uma teoria, de uma opinião, de uma prática" (ver p. 138 neste volume).

Essa determinação, Foucault a exemplifica com o acontecimento que marca o fim do século XVII, a abertura de "grandes centros de internamento em toda a Europa". Para isso foram necessários: "certo saber da loucura oposta à não loucura, um saber da ordem e da desordem" (ver p. 138 neste volume). Ou, como ele diz na entrevista a Madeleine Chapsal a respeito da existência das *epistemes*: "Em todas as épocas, a maneira como as pessoas refletem, escrevem, julgam, falam (mesmo nas ruas, nas conversações e escritos mais cotidianos), inclusive a maneira como as pessoas experimentam as coisas, como sua sensibilidade reage, toda a sua conduta é comandada por uma estrutura teórica, um *sistema*, que muda com as idades e com as sociedades" (ver p. 147 neste volume). É uma forma anônima de pensamento no interior da qual se pensa. É o pensamento de uma época e de uma linguagem. É sobre esse fundo que o pensamento dos sujeitos emerge e "cintila durante um instante" (ver p. 147 neste volume).

Foucault quis interrogar "as condições de possibilidade desse acontecimento" tanto do ponto de vista institucional quanto do prático. A abordagem arqueológica torna possível evitar "todo problema de anterioridade da teoria com relação à prática e inversamente" (ver p. 139 neste volume). Há, assim, isomorfismos entre a prática, as instituições e a teoria que a arqueologia permite tratar do mesmo modo. Foucault pesquisa, no fim das contas, "o saber comum que as torna possível", sua camada constituinte e histórica. Diferentemente de Sartre, que procura "o prático-inerte", Foucault busca o que chama "o teórico-ativo", muito mais instigante. É pelos traços verbais que Foucault toca seja as práticas, as teorias ou as instituições. É como que um "domínio homogêneo". Será o que ele vai chamar de "*a priori* histórico", conceito que combina um elemento kantiano formal e outro, de natureza temporal, histórica. Nesse "*a priori*" muito particular, não se faz entre esses níveis nenhuma diferença. Qual é então o problema de Foucault? O problema é encontrar, entre "esses traços de ordem diferente, traços comuns" para poder constituir o que na lógica são as classes; na estética, as formas; e nas ciências humanas, as estruturas. Essas classes, diz ele, são "a invariante comum a certo número desses traços" (ver p. 139 neste volume).

A arqueologia exige um tratamento do discurso, sem escolhas privilegiadas, sem atribuir maior valor aos cânones estabelecidos pela tradição da filosofia ou da história das ideias. Vão ser estudados, assim, diz Foucault, como sendo da mesma fieira, "*Dom Quixote*, Descartes e um decreto sobre a criação de casas de internação por Pomponne de Bellièvre" (ver p. 139 neste volume). Assim, a arqueologia atribui a mesma importância aos gramáticos do século XVIII pouco conhecidos e aos filósofos do mesmo tempo. É nesse sentido que Foucault afirma ter aprendido tanto ou mais em Cuvier, nas suas "lições de anatomia comparada", e em Ricardo quanto em Kant e Hegel. Foucault, nesse momento, pretende ser exaustivo: "Deveríamos ler tudo, estudar tudo." Ou, como diz: "é preciso ter à sua disposição o arquivo geral de uma época num momento dado" (ver p. 140 neste volume). A arqueologia, *stricto sensu*, seria a "ciência desse arquivo".

Essa pesquisa tem como solo nossa atualidade. Assim, a separação entre razão e desrazão só se tornou possível a partir de Nietzsche e Artaud. É dessa forma o subsolo da consciência moderna que Foucault interroga, assim como o subsolo de nossa consciência do sentido só foi possível interrogar "depois de Freud, Saussure e Husserl" (ver p. 140 neste volume). É a partir deles que a relação entre o sentido e o signo aparece na cultura europeia. O subtítulo da obra de Foucault – uma arqueologia das ciências humanas – o levou a interrogar uma dupla obrigação, uma dupla postulação que tomaram as ciências humanas a partir do século XIX: de um lado, a hermenêutica e a interpretação ou a exegese, cujo objetivo é "compreender o sentido que se oculta"; de outro, há o imperativo de formalização, em que é preciso "encontrar o sistema, a invariante estrutural, a rede de simultaneidades" (ver p. 140 neste volume). É nas ciências humanas que essas duas questões parecem se defrontar de forma privilegiada, diz Foucault. Daí a impressão de que elas fossem uma coisa ou outra, interpretação ou formalização. A pesquisa de Foucault pretende encontrar o "ramo que trazia a bifurcação" (ver p. 140 neste volume).

Para a época clássica, ele respondeu a uma dupla questão: de um lado, a teoria dos signos e, do outro, a constituição das ciências empíricas.

O trabalho de Michel Foucault lançou uma luz nova sobre esse período, a era do racionalismo e do empirismo, do nascimento da física e da mecânica clássica. Esse período, que habitualmente é visto como uma idade da mecanização radical, era na realidade completamente diferente. "Existia um domínio muito importante que compreendia a gramática geral, a história natural e a análise das riquezas" (ver p. 141 neste volume). Assim, esse campo empírico se baseia no projeto de uma ordenação das coisas. É graças a uma sistemática dos signos que se assenta tal projeto, e não às matemáticas ou à geometria. Essa sistemática dos signos vai revelar o poder do discurso, a ordem verbal que representa a ordem das coisas, da qual o homem está ausente. Não há, para Foucault, ciência humana na idade clássica que dê conta da riqueza ou da gramática ou ainda dos reinos da natureza.

No fim do século XVIII, passa-se para outra ordem do saber, a da *episteme*, quando o discurso deixa de organizar o saber. Diz Foucault: "as coisas, de algum modo, redobraram-se sobre suas próprias espessuras e sobre uma exigência exterior à representação" (ver p. 141 neste volume). Surgem então a vida, o trabalho e a linguagem, noções que ordenam o saber:

"apareceram as linguagens com sua história, a vida com sua organização e sua autonomia, o trabalho com sua própria capacidade de produção" (ver p. 141 neste volume). É nas lacunas desse discurso que se constitui o homem, quer seja "aquele que vive, fala e trabalha", quer seja "aquele que conhece a vida, a linguagem e o trabalho" (ver p. 141 neste volume). Existe, no momento da escrita de Foucault, uma ambiguidade. Se, no século XVII, o discurso possuía força no mundo empírico e o homem não existia, a partir de Saussure, de Freud e de Husserl, que trabalham com o que há "de mais fundamental no conhecimento do homem, o problema do sentido e do signo reaparece" (ver p. 142 neste volume). Emerge uma questão crítica: seria o problema da ordem dos signos "uma espécie de superposição em nossa cultura do que havia constituído a idade clássica", ou então seria o sinal de uma nova figura do saber, ou ainda uma das "marcas anunciadoras do desaparecimento do homem" (ver p. 142 neste volume)? Para Foucault, o problema da morte do homem ou da herança do humanismo seria a herança mais árdua do século XIX, da qual teríamos de nos desembaraçar. Para ele, jogando com a grande fórmula de Marx, para quem a humanidade só se coloca problemas que pode resolver, "o humanismo finge resolver problemas que não pode formular para si" (ver p. 148 neste volume). Felicidade, relação do homem com o mundo, criação artística são, para Foucault, mais do que pseudoproblemas, são "obsessões que não merecem em absoluto constituir problemas teóricos..." (ver p. 148 neste volume). Para ele, trata-se de um trabalho político. É sob o manto do humanismo que "todos os regimes do leste ou do oeste fazem passar sua má mercadoria" (ver p. 148 neste volume). O movimento intelectual que realiza essa tarefa não é exclusivamente francês. Diz Foucault que é preciso o narcisismo monoglota dos franceses para imaginar "terem sido eles os que acabaram de descobrir todo esse campo" (ver p. 148-149 neste volume). É um movimento efetivamente internacional, desenvolvido na Europa e na América após a Primeira Guerra Mundial, cujos pontos de irradiação foram a França, a Alemanha, a Inglaterra e os países de língua eslava e alemã. Foucault lembra o desenvolvimento do *new criticism* nos Estados Unidos e os trabalhos de lógica, também em grande parte realizados lá e na Inglaterra.

Uma das críticas de Foucault ao humanismo é o caráter abstrato das reivindicações da pessoa humana e da existência, porque cortadas "do mundo científico e técnico que constitui nosso mundo real" (ver p. 149 neste volume).

No humanismo, o que irrita Foucault é a aliança monstruosa que ele realiza entre Sartre e Teilhard, por exemplo, ou Marx e Teillhard. Hoje, não se trata de "reivindicar o homem *contra* o saber e *contra* a técnica, mas precisamente mostrar que nosso pensamento, nossa vida, nossa maneira de ser, até mesmo nossa maneira de ser mais cotidiana, fazem parte da mesma organização sistemática" (ver p. 149 neste volume). Eles decorrem dos mesmos conceitos do universo técnico e científico.

Pensa-se que o humanismo é uma noção muito antiga, remontando a bem antes de Montaigne. Mas isso é uma "ilusão retrospectiva, à qual sucumbimos com demasiada frequência, imaginamos de bom grado que o humanismo sempre foi a grande constante da cultura ocidental" (ver p. 151 neste volume). O humanismo seria o traço distintivo da cultura ocidental diante das culturas do Oriente e do Islã. Assim, quando traços desse humanismo se encontram em autores chineses ou árabes, produzem uma impressão de uma comunicação com outras culturas, ou "com a universalidade do gênero humano" (ver p. 151 neste volume). Foucault é taxativo: ele não existe em outras culturas, e na nossa é da ordem da miragem. O movimento humanista data do século XIX. Nos séculos XVI, XVII e XVIII, o homem não ocupa nenhum lugar quando observado mais de perto. O que ocupa a cultura? Deus, o mundo, regulado pela semelhança das coisas, pelas leis do espaço, certamente também pelo corpo, pela paixão, pela imaginação. O homem está inteiramente ausente desse conjunto. É na modernidade que ele se torna objeto de um saber possível e que, "em seguida, desenvolveram-se todos os esquemas morais do humanismo contemporâneo" (ver p. 152 neste volume). Foucault diz que esses temas se encontram no que ele chama de "marxismos amorfos", ou ainda nas "figuras pálidas" de nosso mundo cultural, como Camus, Saint-Exupéry e Teilhard de Chardin. Foucault diferencia Sartre de Teilhard, e ressalta que o humanismo, a filosofia dialética e a antropologia têm "interesses comuns". Mas, na razão analítica contemporânea, essa nova forma de pensamento, quer seja em Russell, ou em Lévi-Strauss, ou na linguística, o homem é ignorado.

Esse novo pensamento se contrapõe a Sartre e a Merleau-Ponty, que haviam descoberto a dimensão do sentido em toda parte. Sentido que, por um lado, decorria de uma leitura e, por outro, constituía "a trama obscura que passava, apesar de nós, em nossos atos" (ver p. 146 neste volume). Foucault situa a ruptura no momento em que Lévi-Strauss com relação à sociedade e Lacan com relação ao inconsciente nos mostraram que o sentido não passava de um efeito de superfície.

Dessa maneira, a razão analítica é incompatível com o humanismo. Na dialética, ele é um elemento acessório. Como filosofia da história, da prática ou da práxis humana, da alienação e da reconciliação, do retorno a si, ela "promete ao ser humano, de algum modo, que ele se tornará um homem autêntico e verdadeiro" (ver p. 152 neste volume).

Essa é a herança de Hegel e Marx, que Sartre tentou integrar na cultura contemporânea com sua *Crítica da razão dialética*. Para Foucault, essa obra é o esforço do homem do século XX para integrar as aquisições da psicanálise, da economia, da história, da sociologia à dialética. Sartre aparece como alguém que põe um ponto final na dialética, como "um episódio em nossa cultura". Mas ele não pode integrar a lógica, a teoria da informação, o formalismo, a linguística. Ele surge, então, como o último hegeliano, e Foucault diz que ele é "o último marxista" (ver p. 153 neste volume).

A cultura que está em vias de se formar não se anuncia como uma reviravolta total. Começa com Nietzsche, ao mostrar que "a morte de Deus não era o aparecimento, mas, sim, o desaparecimento do homem" (ver p. 153 neste volume). Ela aparece, também, em Heidegger, ao tentar "retomar a relação fundamental com o ser, mediante um retorno à origem grega" (ver p. 153 neste volume). Foucault a situa, ainda, em Russell e Wittgenstein, ou seja, na crítica lógica da filosofia e nos estudos das relações da lógica e da linguagem. E, finalmente, nos linguistas e em Lévi-Strauss, a quem Foucault chama sociólogo.

A razão analítica que se manifesta de forma dispersa na atualidade não significa um retorno ao século XVIII. Para Foucault, é preciso "tentar descobrir a forma própria e absolutamente contemporânea desse pensamento não dialético" (ver p. 154 neste volume). No século XVIII, a razão analítica tinha uma referência à natureza; já no século XIX, a razão dialética "desenvolveu-se, sobretudo, em referência à existência, ou seja, ao problema das relações entre o indivíduo e a sociedade, entre a consciência e a história, entre a práxis e a vida, entre o sentido e o não sentido, entre o vivo e o inerte" (ver p. 154 neste volume).

O pensamento de hoje põe em jogo o saber. Não se trata nem da natureza nem da existência, mas da rede geral de nossos conhecimentos, interrogando os diferentes campos do saber e depois a relação entre saber e não saber.

Na perspectiva genealógica, mais tarde Foucault irá interrogar as relações entre saber e poder nos diferentes domínios que ele já estudara antes, como a psiquiatria e a loucura, e em seguida o crime e a penalidade, ao investigar o nascimento moderno da prisão e depois ao fazer uma história da sexualidade.

Foucault ressalta que o pensamento atual deve definir isomorfismos entre conhecimentos, sem acumulá-los ou justapô-los, como fizera a *Enciclopédia* no século XVIII.

A tarefa da filosofia, ao tratar do saber, parece menos sedutora do que falar da existência e seu destino, ou da "reconciliação do homem com ele mesmo numa iluminação total" (ver p. 154 neste volume).

Foucault situa a literatura de hoje nesse campo "não dialético que caracteriza a filosofia" (ver p. 155 neste volume). É a partir de *Igitur*, da experiência poética de Mallarmé,* contemporâneo de Nietzsche, que se mostrará como o jogo autônomo da linguagem se aloja onde desapareceu o homem. Na verdade, aqui se opera o desaparecimento do sujeito da consciência e surge o sujeito do inconsciente. Para Foucault, "onde 'isso fala', o homem não mais existe" (ver p. 155 neste volume). Há, para ele, uma plêiade de autores que dão testemunho do que é o desaparecimento do homem em benefício da linguagem. Isso se revela em obras tão diferentes quanto as de Robbe-Grillet, Malcom Lowry, Borges e Blanchot. Ele situa a pintura de Paul Klee na *episteme* atual, como o equivalente do que fora Velásquez no século XVII. Mas é preciso não esquecer que ele realizou um estudo, só agora recentemente publicado, sobre as 43 variações que Picasso realizou na década de 1950 sobre as *Meninas*, de Velásquez, e que se encontram em Barcelona.

---

* Traduzido em português por José Lino Grunewald e editado pela Nova Fronteira.

Uma questão permanece: que experiência teria determinado o anti-humanismo de Foucault? Ele se pergunta: "se não foi na Suécia que comecei a formular esse horrível anti-humanismo que me atribuem". Diz ele que, "em sua calma, a Suécia revela um mundo quase perfeito no qual se descobre que o homem não é mais necessário" (ver p. 157 neste volume). Por outro lado, foi a Suécia que o levou à disciplina da escrita: "Foi na Suécia, durante a longa noite sueca, que peguei a mania e o mau hábito de escrever de cinco a seis horas por dia..." (ver p. 158 neste volume).

Foucault surpreendeu-se com a hostilidade com que *As palavras e as coisas* foi acolhido por certo público francês. De forma irônica, ele diz não entender como suas análises de Ricardo, Buffon e Linné podiam concernir "a um grupo de gente fina, que, aliás, nunca leu nenhum desses autores" (ver p. 158 neste volume). Na verdade, essa reação, com o escândalo produzido pela recepção do livro, acabou promovendo-o, tornando-o o livro mais vendido da Editora Gallimard na área dita das ciências humanas.

Mas essa reação revelou algo: "se inquietei todas essas boas consciências, se pude fazer vacilar na ponta de suas hastes todos esses nenúfares que flutuam na superfície da cultura francesa, estou satisfeito" (ver p. 159 neste volume). Foucault ressalta a reação comum contra as obras de Lévi-Strauss, Lacan, Althusser, Barthes e a dele: "aqueles que atacam o estruturalismo (...) veem em todos nós alguns traços comuns". No entanto, sejam Lévi-Strauss, Althusser ou ele próprio interrogados, "cada um de nós declarará não ter nada em comum com os outros três" (ver p. 159 neste volume).

O que se trata de esclarecer atualmente e que é explorado pelo estruturalismo é, sobretudo, o inconsciente. "São as estruturas inconscientes da linguagem, da obra literária e do conhecimento que se tenta nesse momento esclarecer" (ver p. 159 neste volume).

Em seguida, tenta-se ressaltar "as correlações lógicas que podem existir entre um grande número de elementos pertencendo a uma língua, a uma ideologia (como nas análises de Althusser), a uma sociedade (como em Lévi-Strauss) ou a diferentes campos de conhecimento" (ver p. 160 neste volume), em que o próprio Foucault trabalha.

Para Michel Foucault, o grande obstáculo do existencialismo "foi a recusa do inconsciente". Era "uma empreitada antifreudiana" (ver p. 160 neste volume). O inconsciente era o grande obstáculo. Nem Sartre nem Merleau-Ponty ignoravam Freud, mas procuraram reinscrevê-lo no quadro de uma filosofia do sujeito consciente. O problema dos existencialistas era "mostrar como a consciência humana, ou o sujeito, ou a liberdade do homem, conseguia penetrar em tudo o que o freudismo descrevera ou designara como mecanismos inconscientes" (ver p. 160 neste volume). O existencialismo vai "reposicionar a vida e a liberdade no coração do que, em sua atividade e em sua consciência, é o mais secreto, o mais opaco e o mais mecânico" (ver p. 160 neste volume). Essa recusa do inconsciente, esse obstáculo de ordem epistêmica, política e clínica, também implicava, para Foucault, a "negação de uma certa lógica" (ver p. 160 neste volume), de fundo profundamente anti-hegeliano. O existencialismo descreveu experiências que poderiam ser compreendidas em formas psicológicas ou em formas de consciência. Mas em Hegel há uma lógica. O estruturalismo vai se opor a estas duas tendências: a que recusa o inconsciente e a lógica. Nada mais distante, também, da posição de Lacan, que vai afirmar ser o inconsciente "lógica pura" (*du logique pur*).

Interrogado pelo sueco I. Lindung sobre as relações entre o estruturalismo e a política, Foucault afirma: "A meu ver, uma análise teórica e exata da maneira como funcionam as estruturas econômicas, políticas e ideológicas é uma das condições necessárias para a própria ação política." E isso principalmente porque "a ação política é uma maneira de manipular e eventualmente de mudar, de abalar e transformar as estruturas" (ver p. 161 neste volume).

Na atualidade, há dois domínios que concernem à atividade humana: a política e a sexualidade, no plano individual e no coletivo. Com uma teoria da prática política, de um lado, e uma teoria da sexualidade, de outro, temos "necessariamente as bases de uma moral" (ver p. 162 neste volume).

Isso será o que Foucault vai interrogar na *História da sexualidade* e nas suas investigações sobre a hermenêutica do sujeito e o governo de si. Quanto à moral, no entanto, ele considera que, se entendermos por moral "o conjunto de problemas que tratam do pecado, da virtude, da boa e da má consciência, então creio que a moral cessou de existir ao longo do século XIX" (ver p. 162 neste volume).

Na entrevista a J.-P. Elkabbach para *La Quinzaine Littéraire*, Foucault continua a explicar sua posição diante do existencialismo e da obra de Sartre, agora de forma mais contundente. Ele considera a filosofia de Sartre e a de Merleau-Ponty referentes a um período já ultrapassado da filosofia contemporânea, em que se devia dizer em um texto filosófico ou teórico "o que era a vida, a morte, a sexualidade, se Deus existia ou se Deus não existia" (ver p. 169 neste volume).

Foucault considera existir uma dispersão da filosofia, com domínios plurais de atividade. Não há uma filosofia com um discurso unitário centrada em um só pensador.

Referindo-se a Sartre, ele considera que este, a partir de 1950-1955, renunciara à especulação filosófica para investir "sua atividade filosófica no interior de um comportamento político" (ver p. 169 neste volume).

Foucault trata, então, do problema da antropologia filosófica, do nascimento do homem no espaço do saber fazer: o homem como objeto de um saber possível era a que visavam as ciências humanas inventadas no século XIX. Por outro lado, surge o que ele chama o grande mito escatológico: fazer com que "esse conhecimento do homem fosse tal que o homem pudesse ser por ele liberado de suas alienações, de todas as determinações das quais não era senhor" (ver p. 170 neste volume). Estabelecendo um paralelo com a fórmula cartesiana, Foucault diz que o homem, graças a seu autoconhecimento, deveria tornar-se "senhor e possuidor de si mesmo", ou, em outros termos, sujeito de sua própria existência.

Ora, com a construção do saber no século XIX, ocorreu que "esse famoso homem, a natureza humana, ou a essência humana, ou ainda o próprio do homem, nunca foi encontrado" (ver p. 170 neste volume).

Na análise da loucura ou da neurose, o que se descobriu foi o inconsciente, que nada tinha a ver com a essência humana – "atravessado pelas pulsões, pelos instintos, um inconsciente funcionando de acordo com mecanismos e segundo um espaço topológico" (ver p. 170 neste volume), inteiramente diverso da existência da liberdade humana. Esse inconsciente, lembra Foucault referindo-se a Lacan, está estruturado como uma linguagem. Quando se começou a interrogar as línguas humanas, esperava-se encontrar "as grandes constantes do espírito humano". Ao estudar a vida das palavras ou a evolução das gramáticas, "comparando-se as línguas umas às outras", esperava-se que seria o próprio homem que se revelaria. Mas o que se encontrou? "Encontraram-se estruturas. Encontraram-se correlações, encontrou-se um sistema quase lógico, e o homem, em sua liberdade, em sua existência, ali também desapareceu" (ver p. 171 neste volume). Esse desaparecimento do homem não significava o fim das ciências humanas, mas que o humanismo não era mais o horizonte em que elas se desdobravam.

É a figura desse novo saber, disperso, que Foucault trata de desenhar ao fazer o que ele chama "uma espécie de diagnóstico do presente" (ver p. 171 neste volume).

Há a filosofia que vai de Hegel a Sartre e tenta realizar uma "empreitada de totalização, senão do mundo, senão do saber, pelo menos da experiência humana" (ver p. 171 neste volume). Agora, a atividade filosófica autônoma, independente da reflexão interior às ciências, à matemática, à linguística ou à etnologia, é "uma atividade de diagnóstico"; na verdade, diagnóstico do presente: "Diagnosticar o presente, dizer o que é o presente, em que nosso presente difere de modo absoluto de tudo o que não é ele, ou seja, de nosso passado" (ver p. 172 neste volume), é a tarefa da filosofia.

Foucault não situa essa atividade como estruturalista, segundo a fórmula de Barthes. Para ele, o estruturalismo é uma categoria elaborada no exterior: "O estruturalismo é uma categoria que existe para os outros, para os que não o são. É do exterior que se pode dizer que fulano, beltrano e sicrano são estruturalistas" (ver p. 172 neste volume). E Foucault chega mesmo a dizer: "É a Sartre que se deve perguntar o que são os estruturalistas" (ver p. 172 neste volume). Ele situa seu trabalho como o de "encontrar na história da ciência, dos conhecimentos e do saber humano alguma coisa que seria como seu inconsciente" (ver p. 172 neste volume). Assim, a história da ciência e do conhecimento não segue a "lei geral do progresso da razão, não é a consciência humana, não é a razão humana que, de algum modo, é a detentora das leis de sua história" (ver p. 172 neste volume). Há algo abaixo que é desconhecido por esse domínio inconsciente, domínio autônomo, com suas regras e determinações próprias, que Foucault procura "desobstruir".

Em face das críticas de Sartre, que considerava sua obra a última barreira que a burguesia erguera contra Marx, Foucault considera que ele não lera seus livros, não tivera tempo de lê-los, por ter "uma obra muito importante a realizar, obra literária, filosófica, política" (ver p. 173 neste volume). Era evidente que a grande obra teórica de Sartre situava-se no passado... Foucault lembra o curto período de alguns meses em que pertenceu ao Partido Comunista francês, onde na época Sartre "era definido por nós como a última muralha do imperialismo burguês". Ele acha divertido encontrar essa frase sob a pena de Sartre. Quanto à acusação de negligenciar a história, Foucault lembra que "essa desaprovação nunca [lhe] foi feita por nenhum historiador" (ver p. 173 neste volume). É que ela se deve a uma espécie de mito da história para os filósofos, para os quais existiam também uma matemática e uma biologia própria. A história, para os filósofos, se apresenta como "uma espécie de grande e vasta continuidade" (ver p. 173 neste volume), na qual se enredam a liberdade dos indivíduos e as determinações econômicas e sociais. Ao tocar nessa questão, começa-se a bradar "a violação ou o assassinato da história" (ver p. 173 neste volume). Foucault ressalta o trabalho da Escola dos Annales: "já há um bom tempo que pessoas tão importantes quanto Marc Bloch, Lucien Febvre, os historiadores ingleses etc. deram fim a esse mito da história" (ver p. 173 neste volume). Trata-se de uma prática da história, de um fazer histórico totalmente diferente. Foucault se diz feliz por ter matado a história de estilo antigo. Não é a história *tout court* que se mata, "mas a história para filósofos" (ver p. 174 neste volume).

Foucault teve seu horizonte intelectual definido na juventude pela obra de Husserl, depois por Sartre e mais precisamente por Merleau-Ponty. Por razões complexas, econômicas, políticas e ideológicas, esse horizonte se deslocou, e as *démarches* tornaram-se mais limitadas e regionais. Pontos de apoio preciosos para formar esse novo horizonte foram Jakobson, na linguística, e a leitura da história das religiões e das mitologias, de Dumézil.

As exigências de rigor no trabalho teórico não são opostas à política, *stricto sensu*. "O que muda", diz Foucault, "é a ideia de que um pensamento político só pode ser politicamente correto se for cientificamente rigoroso". A ideia de que se dedicar a atividades "propriamente teóricas e especulativas, tal como fazemos agora, é desviar-se da política [lhe] parece completamente falsa". Toda ação política tem de "articular-se da maneira mais restrita com uma reflexão teórica rigorosa" (ver p. 174 neste volume). Nesse sentido, Foucault chama o engajamento existencialista sartriano de "douta ignorância".

Foucault considera que, na atualidade, as instâncias de difusão do saber são numerosas e eficazes. Não vivemos mais na era em que o saber era marcado pelo segredo. A mutação que começa nos séculos XVII e XVIII, quando o saber tornou-se coisa pública, gerou um espaço em que "todo mundo tem o saber", mas não no mesmo grau de formação ou de precisão.

Ele conclui que "o que se passa num ponto do saber agora é sempre muito rapidamente repercutido num outro ponto de saber" (ver p. 175 neste volume) Semiótica, linguística, cibernética, os saberes da vida, da linguagem e do trabalho definem o saber como Foucault o concebe. Eles, de certa forma, anunciam a rede mundial de informação. Diz ele: "acredito que o saber nunca foi mais especializado e, no entanto, nunca se comunicou de modo mais rápido com ele mesmo" (ver p. 175 neste volume).

Sobre a edição brasileira

A edição brasileira, com esta nova série, terá nove volumes e é bem mais ampla do que a americana, publicada em três volumes, e também do que a italiana. Sua diagramação segue praticamente o modelo francês. A única diferença significativa é que na edição francesa a cada ano abre-se uma página e os textos entram em sequência numerada (sem abrir página). Na edição brasileira, todos os textos abrem página e o ano se repete. Abaixo do título há uma indicação de sua natureza: artigo, apresentação, prefácio, conferência, entrevista, discussão, intervenção, resumo de curso. Essa indicação, organizada pelos editores, foi mantida na edição brasileira, assim como a referência bibliográfica de cada texto, que figura sob seu título.

A edição francesa possui um duplo sistema de notas: as notas numeradas foram redigidas pelo autor e aquelas com asterisco foram feitas pelos editores franceses. Na edição brasileira, há também dois sistemas, com a diferença de que as notas numeradas compreendem tanto as originais de Michel Foucault quanto as dos editores franceses. Para diferenciá-las, as notas do autor possuem um (N.A.) antes de iniciar-se o texto. Por sua vez, as notas com asterisco, na edição brasileira, se referem àquelas feitas pelo tradutor, e vêm com um (N.T.) antes de iniciar-se o texto.

Esta edição permite o acesso a um conjunto de textos antes inacessíveis, fundamentais para pensar questões cruciais da cultura contemporânea, e, ao mesmo tempo, medir a extensão e o alcance de um trabalho, de um *work in progress* dos mais importantes na história do pensamento em todas as suas dimensões, éticas, estéticas, literárias, políticas, históricas e filosóficas.

Manoel Barros da Motta

1 – Estética da existência

1963

Vigia da Noite dos Homens

"Wächter über die Nacht der Menschen" ("Veilleur de la nuit des hommes"; trad. J. Chavy), in *Szegg* (H.-L.), ed., *Unterwegs mit Rolf Italiaander*, Hamburgo, Freie Akademie der Künste, 1963, p. 46-49).

Carta privada, Natal de 1960, publicada em 1963, em uma compilação de homenagens a Rolf Italiaander por seu quinquagésimo aniversário; reeditada em Fried (P. G.), *Die Welt des Rolf Italiaander*, Christians Verlag, 1973.
Escritor, artista plástico, etnólogo (*Völkerkundler*), colecionador, bibliófilo, diplomata cosmopolita, amigo de Max Brod e Nehru, entre outros, Rolf Italiaander juntou-se, em 1933, à Legião Estrangeira na Argélia, decidido, caso dali escapasse, a militar pela paz e pela liberdade. Em 1953, e novamente em 1959, instalou-se na cidade de Poto Poto, nos arredores de Brazzaville, lado a lado com Pierre Lods, onde iniciou jovens congoleses na arte da gravura sobre cobre, recomendando-lhes que obedecessem apenas à sua fantasia, seus ritmos, suas alegrias, seu sonho. Foi o convidado pessoal de Nkrumah para a I Conferência dos povos africanos em 1959 e, nesse mesmo ano, a pedido de M. Foucault, organizou uma exposição de gravuras africanas no Instituto Francês de Hamburgo. Fundou, com o poeta Hans Henry Jahnn, a Academia Livre das Artes de Hamburgo e legou, em 1970, suas coleções de arte *naïf* do mundo inteiro ao Museu Rade dessa cidade.

    Ontem à noite, meu caro Rolf, nós nos separamos numa cidade inquieta, à orla de um futuro incerto. Já faz um ano que o conheço. Nosso encontro, o primeiro, foi situado sob o signo de H. H. Jahnn. Noite sombria.
    Depois de tantas horas passadas juntos, em Hamburgo, tive justamente de reencontrá-lo na familiaridade um tanto arcaica de um Saint-Germais-des-Prés. Aquela noite tinha em si alguma coisa de amargo, de desamparado. As férias, a noite vazia desse inverno e os jornais a nos informarem que nossa história se fazia alhures e sem nós, tudo isso nos impelira à ironia. Os fatos flutuam numa época em que não mais dominamos. Mas há algo em você que nada pode inquietar e, comendo juntos numa África que consistia tão somente em símbolo e alusão,

senti que havia muito a contar e que isso só poderia ser contado a você.

Não para falar de você, mas para assentar por escrito uma linguagem que, ininterrupta, falou de você para mim e de mim para você, depois de nos ser suficientemente conhecida para lhe confiar o que não se diz, o essencial que nos une.

No fundo, eu o reconheci antes de conhecê-lo, quando li *Hans und Jean*, para, de fato, aprender o alemão. Era um livro do pós-guerra e de minha época. Não sei nem em quem você pensou ao escrevê-lo, nem a quem você falou. Mas eu sabia a quem esse livro se destinava: a todos os jovens inquietos como aqueles dois, aos quais o mundo dos adultos havia magnificamente demonstrado que eles não tinham nenhum refúgio.

Quando, nos relatos do século passado, os jovens se perdiam, era apenas a fim de que se pudessem reencontrá-los. Hans e Jean estavam completamente perdidos numa floresta bizarra feita de muros em ruína, noites fosfóreas e grandes

Thango: "Mbollo Ouassa"

corpos brancos, petrificados num medo pânico. Ninguém jamais poderia tê-los encontrado nesse labirinto, e eles próprios menos do que qualquer outro, sem o pisotear de uma Europa empesteada, sem essa marcha forçada, surda e obstinada que, todavia, por fim, reduzem o bramido ao silêncio. A marcha de um homem que só se deterá diante da graça do rosto desejado. Você ali fez o relato dessas conexões transversais que, em meio ao caos dos homens que se entrematam, conduzem, sem dizer palavra, dois jovens rumo a uma ordem pacífica superior, ordem fundada em tempos originários e que fora interditada por meio de frases vazias. Pouco depois da guerra, você teve a coragem de fazer falar a forma enigmática das alegrias que se devem calar.

O que gosto em você é esse movimento de homem livre, essa *démarche* que conduz à liberdade dos outros. Lembre-se daqueles jesuítas que, estabelecendo-se na América, consideravam os "selvagens" como animais, ao passo que estes, em contrapartida, os consideravam deuses. *Você é desses europeus – e eles são raros – que estão sempre prontos a encontrar deuses numa humanidade em que os deuses morrem.* Nossa era é assim, feita de tal modo que a inteligência não tem nela outra aplicação a não ser questionar a razão até o suplício, e tirar do seu sono (sono no qual Goya representa o homem moderno) a potência dupla e irreprimível analisada por ela.

Há pouco menos de um século existe na Europa uma espécie de homens curiosos e solitários, cuja lucidez despertou visões e um incansável retorno a esse "núcleo infrangível da noite", onde sua verdade se diz e não se diz, se dá e se esconde. Uma nova forma do saber que encontra sua comunidade de origem com o sonho. *Você pertence a essa espécie que tanto me apraz.* Um fato me chocou na experiência vivida por você em Brazzaville e que parece característica de seu estilo. Você havia ensinado uma técnica de gravura, até então desconhecida pelos jovens negros que viviam nos arredores de uma cidade moderna, cuja total existência, há gerações, era inextricavelmente complicada pelas condições coloniais. Em razão disso, de repente esses jovens se sentiram estrangeiros num mundo no qual vivemos, tanto eles como nós. Não que essa técnica tivesse estado fora do alcance deles, ao contrário, ela era fácil de dominar e, pela simplicidade do primeiro ensaio, conduzia diretamente a um mundo mudo: o mundo dos pássaros, da memória infinita, das longas ervas acolhedoras, mundo anterior aos homens, de noites misteriosas, de danças, um mundo nu e verde na suavidade da manhã.

Essas gravuras não contêm nada que nunca se tivesse visto, ao contrário, esses novos meios de expressão fazem nascer intemporalmente as formas sem idade que velam o sono de cada um. O espírito dos poetas, como o de Cocteau, é governado pela noite. Você, meu caro Rolf, você é um espírito do dia que sabe velar pela noite dos homens e conjurar sua poesia.

Entre a profanação do objeto, essa pilhagem que nos presenteou com a arte africana, e a alienação do homem (que devemos à psicologia infinitamente apaziguadora do "primitivo"), suas pesquisas africanas são de uma espécie toda outra que não consistia nem simplesmente em descobrir nem em converter em prática. Não tanto preocupar-se com o que é quanto com o que se torna. Aceitar os fatos tais como são e utilizá-los apenas no instante em que podem tornar-se alguma coisa. Trazer uma renovação para deslindar o passado e restabelecer a verdade do presente. Ensinar para aprender. Preparar para mais tarde uma língua com a qual a África expressará toda a sua verdade.

Pretender-se-á que esses gravadores não trazem nada de novo para nós europeus, porque foi você – um europeu – que os formou. É justamente disso que eu gosto e que tem mais peso de verdade do que o método dos braços cruzados. A troca é a condição do futuro do mundo moderno. O termo *folklore* não passa de uma hipocrisia dos "civilizados" que não participam do jogo e querem mascarar sua recusa de contato sob o manto do respeito diante do pitoresco. A verdade da África – que é também a dos primeiros escultores das florestas – nos será contada pela própria África e, por certo, na língua que se forma agora. Ensinar a arte gráfica aos africanos não significa desfigurar uma arte milenária, mas, ao contrário, desenvolver a forma de expressão de sua verdade.

O homem é irrevogavelmente estrangeiro ao alvorecer. Foi preciso nossa maneira colonial de pensar para acreditar que o homem teria podido permanecer fiel ao seu começo, e que haveria um lugar qualquer no mundo onde ele poderia reencontrar a essência do "primitivo".

Gosto, em você, da ausência desse preconceito e da serenidade com que aceita o fato de que tudo é um vir a ser, de não existir nenhuma velha tragédia do mundo que não possa viver uma nova viragem.

Constato só falar de você relacionando-o com a África, pois sei bem que essa é, talvez, a parte mais próxima de sua verdade e à qual me sinto mais fortemente ligado.

Você teve a delicadeza de organizar uma exposição de suas gravuras africanas nas salas do Instituto Francês de Hamburgo. Ali, compreendi melhor o que havia em você de tão maravilhosamente vivo: o que não dizia e, talvez, não gostasse de dizer. O que vive em nós desaparece à sua volta: essa parte da arte europeia cujas raízes estão na criação das mãos, na formação paciente e na fidelidade dos homens, que pode sobreviver à sua própria morte na grande manhã da África.

Por essa razão, quando eu o vi falar aos senegaleses ontem à noite, em Paris, tive esta impressão, talvez enganosa: você está ligado aos homens por aquilo que o isola. Afinal, só os homens solitários podem um dia se encontrar.

1963

Espreitar o Dia que Chega

"Guetter le jour qui vient", *La Nouvelle Revue Française*, n. 130, outubro de 1963, p. 709-716. (Sobre R. Laporte, *La Veille*, Paris, Gallimard, 1963, col. "Le Chemin").

Descartes meditou por seis dias inteiros. No sétimo, podemos apostar que ele se tornou um físico. Mas, o que pode ser uma reflexão anterior ao dia, anterior à manhã de todos os dias? Uma reflexão, já é dizer muito, mas um exercício do pensamento e da linguagem – da fala pensativa –, que recua para além da luz primeira, avança em direção à noite de onde ela vem e se esforça, sem nada dilacerar, para manter-se em um lugar sem espaço, onde os olhos permanecem abertos, o ouvido aplicado, todo o espírito em alerta e as palavras já mobilizadas por um movimento que não conhecem? Não fecharei meus olhos, não tamparei meus ouvidos, pois sei bem que meio-dia não chegou e que ele ainda está longe.*

La veille, de Roger Laporte, não relata a meditação de uma noite, prolongamento de um trabalho há muito tempo começado e que a noite alivia – labor com mãos desentrelaçadas que aprende a consumir-se, a reconduzir no meio da sombra os poderes agora desarmados do dia, erigindo como memória a lâmina de uma chama que subsiste. Velar, para Laporte, é estar não depois do anoitecer, mas antes da manhã, sem nenhum outro "antes" a não ser esse avanço que eu mesmo sou sobre todos os dias possíveis. E nessa noite, ou melhor (pois a noite é espessa, fechada, opaca; a noite divide dois dias, delineia limites, dramatiza o sol que restitui, dispõe a luz que detém por

---

* (N.T) Possível alusão de Michel Foucault à expressão: *chercher midi à quatorze heures*, encontrada em Molière, cujo significado literal é "não ver uma coisa ali onde ela está" ou "complicar inutilmente uma coisa muito simples". Cf. *Le Robert – dictionnaire des expressions et locutions*, Paris, 1995, p. 759.

um momento), nesse "ainda não" da manhã, mais cinza do que negro, e como diáfana à sua própria transparência, a palavra neutra *vigília* cintila suavemente. Ela evoca, primeiro, o não sono; é o corpo recurvado, mas tenso: o espírito estirado por seus quatro cantos a escrutar; é a espera do perigo (com suas lutas indistintas anteriores à alvorada), mas também a emoção da iluminação prometida (com o sono por fim acordado pela ascensão do dia), antes mesmo dessa esperança e dessa crença se dividirem, no meio de sua identidade nativa, é a vigilância aguda e sem rosto do *Espreitador*. Mas, para dizer a verdade, ninguém vela nessa vigília: nenhuma consciência mais lúcida do que a dos Adormecidos, nenhuma subjetividade singularmente inquieta. O que vela, é a vigília – essa forma impalpável que desenha um amanhã e, em retorno, desenha-se a partir desse amanhã que ainda não chegou e talvez nunca chegue. Isso apenas vela o que diz o "ainda não" do amanhã: a vigília *é o dia que precede*. Ou melhor: é o que precede cada jornada, qualquer jornada possível e justamente esta em que falo, de onde falo, já que minha linguagem remonta ao que a antecipa. A vigília não é o outro dia, o anterior; é hoje, agora mesmo, essa falta e ao mesmo tempo esse excesso que bordeja, que transborda o dia e de onde o dia não cessa de vir, ele que talvez nunca cesse de não ter ainda chegado. O que está à espreita nessa vigilância da vigília não sou eu, é o recuo do dia.

A experiência (palavra demasiado carregada de conteúdo para designar uma tal transparência alertada sobre si mesma, mas qual outra empregar que não ensurdeça esse silêncio à escuta?) feita aqui por Roger Laporte é fácil de ser distinguida de outros exercícios que são, eles também, de vigilância. Poderíamos opô-la exatamente a esse recurso da alma que encontra em Deus sua *feste Burg;** que se conscientiza de que há por lá um torreão de mil olhares, um bom espreitador escondido atrás de seus muros; que desperta somente com a certeza de que ali há um vigia absoluto, sob cuja vigilância ela pode encontrar seu repouso e adormecer. Poderíamos também opor uma tal vigília à de São João da Cruz – à saída furtiva da alma que escapa do guardião abrandado e, subindo a escada secreta até a seteira da vigia, irá expor-se à noite. No meio dessa sombra

---

* (N.T) *feste Burg*: referência a "Uma fortaleza é o nosso Deus" (*Ein feste Burg ist unser Gott*), hino sacro, composto por Martinho Lutero em 1529.

acendeu-se uma luz que "guia de modo mais seguro do que a luz do meio-dia": ela conduz sem erro nem desvio até o Amado, até o rosto resplandecente no qual ela se inclina, esquecendo a preocupação agora irrisória do dia que vai despontar.

É preciso ler o texto de Roger Laporte deixando de lado, pelo menos por um tempo, esses espreitadores e essas vigílias em que a espiritualidade ocidental encontrou tão frequentemente seus recursos metafóricos. No entanto, talvez um dia se deva perguntar o que pode significar, em uma cultura como a nossa, o prestígio da Vigília, desses olhos abertos que abrem e conjuram a noite, dessa resistência atenta que faz com que o sono seja sono, que o sonho se torne quimera, mas também destino balbuciante e que a verdade cintile na luz. No despertar para o dia, na vigília que mantém sua claridade no meio da noite e contra o sono dos outros, o Ocidente sem dúvida delineou um de seus limites fundamentais. Ele traçou uma divisão da qual nos chega incessantemente esta questão que mantém aberto o espaço da filosofia: o que é, então, aparecer? Divisão quase impensável, porquanto só podemos pensar e falar a partir dela: só podemos pensá-la, reconhecê-la e emprestar-lhe palavras depois do dia plenamente chegado e a noite retornada à sua incerteza. De sorte que *não* podemos *mais* pensar a não ser esta disposição – rochedo de nossa estupidez: *não* pensamos, *ainda*.

O texto de Roger Laporte se desdobra na distância do pensamento onde nos encontramos, sem dúvida, desde a origem. Ele não busca reduzi-la, nem mensurá-la, nem mesmo percorrê-la, mas, antes, acolhê-la, abrindo-se à abertura constituída por ela, esperando-a conforme um desejo que, de modo algum, a maneja. Portanto, não é um texto de filosofia, nem mesmo de reflexão: pois refletir essa distância seria retomá-la em si, emprestar-lhe sentido a partir de uma subjetividade soberana, fazê-la bascular na desmedida gramatical do eu (*Je*). Qual é então esse discurso, tão próximo e tão longe do pensamento, tão liberto da reflexão, mas puro também de qualquer cerimônia fictícia? O que pode ser, em seu próprio ser, uma semelhante linguagem? Podemos dizer: uma das mais originais que se deram a ler em nosso tempo. Uma das mais difíceis, porém a mais transparente, a mais vizinha desse dia sobre o qual ele nos repete, contra tantos pássaros pregoeiros, que ainda não chegou. Dizendo isso sabemos que não dizemos nada. Mas como, em termos de reflexão, falar da única linguagem que, fora da reflexão, se encaminha indefinidamente para o pensamento? Aqui, estamos às voltas com uma obra em suspenso por completo, uma obra que só tem como solo essa abertura, esse vazio que escava por si mesma quando prepara o lugar que, ao caminhar, ela esquiva sob seus passos.

Por essa razão, essa vigília do dia (é o próprio dia que, recuado sobre si, vela, espreitando em sua vigilância o dia que ele é, do qual indica, com um signo, o irremediável avanço) não se abriga em nenhuma fortaleza. À diferença da espiritualidade luterana ou da mística dos espanhóis, a espreita se faz aqui em campo aberto. Os únicos muros são os da transparência que se turva ou se afina. A distância sem corpo dispõe sozinha suas chicanas. A iminência pode vir de toda parte; o horizonte é sem relevo nem recurso. Em um sentido, tudo é visível, pois não há ponto de vista, nada de perfil perdido, nada de perspectiva que se comprima ao longe; mas, para dizer a verdade, nada é visível, já que o próximo é também longínquo nesse apagamento cuidadoso e atento de qualquer acomodação. Esse estranho familiar está aqui ou, o que dá no mesmo, lá. Ameaçando e conjurado. Mas qual é, em termos exatos, essa presença? Isso do qual sentimos o perigo é uma arma ou uma carícia? Ameaça ou consolo, amigo inimigo? *Ele* (*Il*).

Talvez não devamos ceder à tentação mais fácil de nos perguntar, sem demora, qual é então esse *ele*, cuja insistência itálica percorre o texto de Roger Laporte. Não que se precise afastar a questão, ainda que por um instante, ou tentar aproximá-la por meio de rodeios ou vieses. Deve-se justamente mantê-la a distância, e nessa distância a deixar vir a nós com a linguagem que lhe é própria – essa escrita límpida, aquática, quase imóvel, cuja transparência deixa ver em detalhe todas as oscilações que a animam, ou melhor, a percorrem mortalmente, nessa escrita purificada de toda imagem, sem dúvida a fim de que só permaneça visível, nunca porém inteiramente nua, e jamais contornada por completo, a metáfora na qual repousa toda linguagem rumo ao pensamento: a da distância.

Qual é essa abordagem da distância? Abordagem que se perde em sua profundidade, afastamento que abole a si próprio na abordagem? Diríamos uma história da linguagem no espaço como a crônica desse lugar, familiar porque nativo, mas estrangeiro porque nunca ali retornamos inteiramente, onde nascem as palavras e onde elas não cessam de perder-se. Trata-se de um relato composto por Roger Laporte? Seria mais o contrário, pois, para dizer a verdade, nada acontece ali. Mas, o texto acabado, essa retenção de todo acontecimento possível se desenlaça – mais exatamente, já se encontra desenlaçada – em uma camada líquida, luminosa, que levou o escritor até a borda onde ele se cala, ao mesmo tempo em que se promete a ele para breve, como uma manhã muito próxima e como uma festa. Proust conduzia seu relato até o momento em que principia, com a liberação do tempo regressado, o que permite narrá-lo. De sorte que a ausência da obra, por estar inscrita em um oco ao longo do texto, o carrega de tudo o que a torna possível e já a faz viver e morrer no puro momento de seu nascimento. Aqui, a possibilidade de escrever, ao ganhar-se e contestar-se sem descanso por meio de um movimento difícil em que se entrecruzam a ameaça, a astúcia, a resistência, a dissimulação, a espera disfarçada, só conduz, afinal, para uma ausência de obra sem concessão, mas tornada tão pura, tão transparente, tão livre de todo obstáculo e da grisalha de palavras que esfumaria seu esplendor, que ela é essa própria ausência – um vazio sem névoa onde ela cintila como a obra prometida: quase lá, por fim, levada pelo momento a advir, ou talvez mesmo presente há muito tempo, muito antes da palavra Promessa, desde o momento em que é anunciado, no começo do texto, que: "*Ele* desapareceu."

A obra de Laporte, em sua configuração, levaria mais a pensar em Zaratustra – em sua retirada inicial, suas sucessivas abordagens do sol e dos homens, seus recuos, nos perigos conjurados por ele, ou dos quais ele faz reinar a ameaça, nessa derradeira manhã em que a aurora traz a iminência do Signo, ilumina a próxima presença da obra, domina o voo das pombas e anuncia que, por fim, a primeira manhã chegou. Laporte, porém, não faz a experiência do retorno nem da eternidade, mas de alguma coisa ainda mais arcaica: ele diz a repetição do que ainda não tinha acontecido, como a oscilação *in loco* de um tempo que não foi inaugurado. Talvez Laporte narre o que se passou durante os 10 anos de solidão quando, antes de voltar a descer em direção aos homens e *tomar* a palavra, Zaratustra, toda manhã, esperava o sol ascender. Mas será possível fazermos o relato do que se repete antes do tempo e não se dando sob nenhuma outra forma senão a pura possibilidade de escrever?

A bem da verdade, o *ele* do qual nos fala o texto de Laporte não é a linguagem realizando seu ser, nem a escrita se tornando, enfim, possível. É através dessa possibilidade, como através de uma grade ou de uma claraboia, que *ele* cintila, projetando sobre o texto bandas cinzas de ausência ou de recuo entre as praias brancas da proximidade. Mas *ele* é também o que retém toda escritura por meio de uma vizinhança demasiado expressiva e a libera quando *ele* se afasta. De tal modo que as páginas mais translúcidas são talvez aquelas nas quais se marca mais profundamente a ausência, e as mais sombrias, aquelas onde se esconde o mais próximo possível esse sol operário mas inacessível. Sem dúvida, a escrita tem incessantemente de se haver com o *ele*; *ele* a desapruma e a mina; *ele* é seu dom, mas também a força que a disfarça. Portanto, a escrita em Laporte não tem por função manter o tempo ou transformar em pedra a areia da fala. Ela abre, ao contrário, a instabilidade de uma distância. Na escrita, com efeito, a distância do *ele* (é preciso ouvir a distância no fim da qual ele cintila e a distância que constitui precisamente, em sua intransponível transparência, o ser desse *ele*) se aproxima infinitamente, mas se aproxima como distância e, em vez de se abolir, se abre e se mantém aberta. Ali, ela parece muito recuada em um longínquo sem referências onde, inteiramente a distância, ela é como a proximidade perdida: próxima, por conseguinte, já que faz signo entre as palavras e até em cada uma delas. Nada é mais iminente do que essa distância que envelopa e sustenta perto de mim ao máximo todo horizonte possível.

Em uma tal alternância, as astúcias e as promessas de uma dialética não desempenham nenhum papel. Trata-se de um universo sem contradição nem reconciliação, um universo da pura ameaça. Ameaça cuja totalidade do ser consiste em aproximar, aproximar indefinidamente em uma desmesura que não pode ser suportada. E nela, no entanto, nenhum núcleo de perigo positivo pode ser atribuído; não há nada que ameace no cerne dessa iminência, mas, sim, ela mesma, e só ela em seu vazio perfeito. De modo que, em sua forma extrema, esse perigo não é senão seu próprio afastamento, o refúgio onde se abriga, fazendo resplandecer sobre toda a distância aberta por ele o perigo, sem lei nem limite, de sua ausência.

Essa ausência, perigosa como a mais próxima das ameaças, poder-se-ia dizer que ela seria, na ordem empírica, alguma coisa como a morte ou o desatino? Nada permite pensar que a morte ou a loucura tenham sido mais estranhas à experiência de Laporte do que às de Nietzsche ou de Artaud. Mas talvez essas figuras fixadas e familiares só tenham insistência para nós à medida que tomam emprestado sua ameaça desse puro perigo em que *ele* se anuncia (e, nesse sentido, manter-se em sua iminência a *ele* seria conjurá-las). A loucura e a morte desaprumam nossa linguagem e nosso tempo por se erguerem sem cessar sobre o fundo dessa distância, e porque *ele* permite, nesse "ainda não" de sua presença, pensá-las como limite e como fim. É que o espaço percorrido por Laporte (no meio do qual ele é alcançado pela linguagem) é aquele no qual o pensamento, indefinidamente, ruma para o impensado que cintila diante dele e, em silêncio, sustenta sua possibilidade. Impensado que não é objeto obscuro a conhecer, mas, antes, a própria abertura do pensamento: aquilo no qual, imóvel, ele não cessa de esperar, permanecendo à espreita nesse avanço sobre seu próprio dia, e que bem cabe chamar a "vigília". Disso resulta a preocupação de Laporte – preocupação grega e nietzschiana – de pensar não "verdadeiro", mas "justo": ou seja, de manter o pensamento a uma distância do impensado que lhe permita ir na direção dele, curvar-se sobre ele, deixá-lo vir, acolher sua ameaça em uma expectativa corajosa e pensante. Em uma expectativa em que a escritura é possível e que a escritura leve à sua promessa.

Mas, atribuir a esse *ele* como ser a própria abertura do pensamento e fixar-lhe como lugar a linguagem de uma fala pensativa não é também captar esse *ele* absolutamente anônimo em uma forma demasiado positiva? Pois, justamente, ele não cessa de ameaçar o pensamento por meio da linguagem, assim como de fazer calar toda fala na iminência de um pensamento. Não podemos, então, percebê-lo a brilhar e a se esquivar no entredois da linguagem *e* do pensamento – ele próprio não sendo nem este nem aquela, não sendo sua unidade tanto quanto sua oposição? Não poderíamos vê-lo pestanejar no fundo desse *e* da fala e da linguagem – puro espaço vazio que as separa, mas sem intermediário, que enuncia a um só tempo sua identidade e o oco de sua diferença, que permite dizer, em termos ontológicos, que pensar e falar são *a mesma coisa*. Por isso, na abertura mantida dessa identidade, alguma coisa como uma Obra poderá fazer cintilar sua esfera (ouro arredondado da bala, ao meio-dia nietzschiano): "Absolutamente inaparente e em segredo de si mesmo, *ele* se erguerá na pureza de sua própria glória: da obra solitária por completo, já que suficiente a si própria, receberei então minha dispensa."

Podemos compreender em qual espaço geral se encontra situado o livro de Laporte: a redescoberta, depois de Nietzsche (mas talvez de modo obscuro depois de Kant), de um *pensamento* que não pode ser reduzido à filosofia por ele ser, mais que ela, originário e soberano (*arcaico*), o esforço para fazer, a respeito desse pensamento, o relato de sua iminência e de seu recuo, de seu perigo e de sua promessa (é Zaratustra, mas é a experiência de Artaud, e toda obra, ou quase, de Blanchot), o esforço para abalar a linguagem dialética que reconduz à força o pensamento à filosofia e para deixar a esse pensamento o jogo sem reconciliação, jogo absolutamente transgressivo, do Mesmo e da Diferença (talvez seja assim que se devam compreender Bataille e as últimas obras de Klossowski), a urgência de pensar, em uma linguagem que não seja empírica, a possibilidade de uma linguagem do pensamento. Tudo isso marca com pedras e sinais um caminho onde a solidão de Laporte é a mesma do Vigia. Ele está só em sua vigília (quem então poderia ter os olhos abertos em seu lugar?), mas esta se entrecruza com outras vigilâncias: a dos bons espreitadores, cuja espera multiplicada traça na sombra o desenho ainda sem rosto do dia por chegar.

1963

Um "Novo Romance" de Terror

"Un 'nouveau roman' de terreur", *France-Observateur*, ano 14, n. 710, 12 de dezembro de 1963, p. 14 (Sobre J.-É. Hallier, *Les aventures d'une jeune fille*, Paris, Éd. du Seuil, 1963).

Não se escrevem mais muitos romances de terror. O de Jean-Édern Hallier não poderia passar despercebido. Deveria, porém, originar à sua volta o embaraço um tanto volúvel que se experimenta diante da estranha familiaridade: reconhecimentos que tranquilizam (*Le grand Meaulnes*[1]), parentescos que situam (Proust, é claro), temas sem idade. O resto seria jogo de construção sutil, um tanto obscuro, frio, impertinente, subversivo.

Subversivo, de bom grado, como podiam ser *L'île mystérieuse*[2] ou *Le fantôme de l'opéra*[3], a história de um grande navio desaparecendo no interior de si: ali, naquela caverna onde está preso, na cavidade que é a expansão absoluta de seu segredo, ele libera seus poderes violentos de metamorfose.

Como em todo romance de terror, a "mocinha" começa desaparecendo, por já ter desaparecido. Nessa falha (um talher deslocado sobre a mesa, uma cadeira empurrada por uma criança), a linguagem se precipita inaugurando uma tarefa órfica na qual é essencial "perder": desencaminhar os que guiamos, deixar escapar a mocinha desfalecida, ser espoliado de seus bens, obrigar-se indefinidamente a recomeçar. No centro da residência, local do romance (seu espaço, não seu cenário), uma escada em volutas e a corda delineando sua espiral garantem o mergulho e a subida, a não ser que sustentem estrangula-

---

1. (N.A.) Alain Fournier (H.), *Le grand Meaulnes*, Paris, Émile-Paul Frères, 1913.
2. (N.A.) Verne (J.), *L'île mystérieuse*, Paris, J. Hetzel, 1875.
3. (N.A.) Leroux (G.), *Le fantôme de l'Opéra*, Paris, P. Lafitte, 1910.

do um afogado pensativo e enforcado; sua hélice solene e visível funciona como um *Nautilus*. É ao longo de sua curva indefinida que os tempos se superpõem, que as imagens se convocam sem nunca se encontrarem. Forma em espiral que agrupa o esbarro, os desvanecimentos, as repetições, a continuidade.

Esse vestígio congelado reúne o mostruário imóvel da *residência* e o acontecimento nu do *desaparecimento*. Deste, só podemos encontrar o segredo ao repeti-lo em uma espécie de missa dizendo a cada instante que o Deus está morto. Um oficiante (padre-profeta-investigador) organiza a cena ritual e promete em uma iminência sem fim o aparecimento da desaparecida, seu desaparecimento aparente... Ele acomodou um teatro no centro do castelo, que suscita entre a residência e o desaparecimento as figuras sempre desiludidas do duplo.

Teatro, "peça" central do romance em um quádruplo sentido: cenas a repetir, quarto em uma casa, elemento de uma máquina, figura sobre um tabuleiro de xadrez. Ele funciona de maneira sistematicamente contraditória. Instrumento do fantástico, da absoluta viagem (ele se metamorfoseia em foguete estelar), função do longitudinal ao infinito, é também a forma perversa das identidades laterais. Ele confunde o que se justapõe: o ator com quem ele representa, o espectador com o ator, o investigador com o espectador, o culpado, talvez, com detetive. Ele corrói todo o castelo que, nessa ficção, não passa do cenário, os bastidores, a imensa plataforma móvel, a maquinaria em alerta. Ele faz rodopiar todo o espaço das aventuras, dos outros, do tempo e das imagens em torno do eixo vertical do duplo. Eixo que rege as volutas e espirais, jamais as reduz.

Disso se decifra uma ordem calculada. Os três momentos do tempo (o menininho e sua companheira; o jovem e a mocinha; o investigador e o lugar vazio) não são repartidos nos três atos do romance, ali, eles se superpõem a cada instante. É que não são dissociáveis, aprisionados no jogo de duas figuras extremas: a do preceptor na biblioteca fazendo a leitura para duas crianças (abre-se sempre a mesma página e todos os livros, ao lado, desaparecem pouco a pouco: apenas um permanece, este, tal como vocês o leem) e a imagem da barca soçobrando no charco (mas por que e como?) com sua passageira.

A primeira dessas figuras é o arco da linguagem imaginária; a segunda, comprimida sobre o acontecimento, é a flecha do que não pode ser dito. Seu entrecruzamento de ouro, sua perpendicularidade que não dura, mas mantém-se sem fim, prescreve o tempo do livro: tempo da incidência e da repetição, tempo do inacabado e da origem perdida. Imperfeito. Nessa iminência do arco e da flecha, as "aventuras" aparecem. É preciso entender que vem à luz, difratada ao infinito, sem cessar repetida, a única aventura da mocinha, seu desaparecimento. Sua única maneira de "aventurar-se" é aparecer na absoluta distância. A reserva do detetive, a paciência do narrador (trata-se da mesma obstinação) escavam para sempre essa galeria aberta, sua tenacidade em descobrir impõe-lhes desaparecer nas imagens que fazem emergir e reaparecer do outro lado (do lado do que desapareceu).

O terror, em geral, é figurado pela aproximação do impossível. Aqui, ele se dá na imobilidade, ou melhor: na distância que cresce. Suas formas familiares (a coruja, os arqueiros na clareira) desenham-se em um longínquo sem medida. E, no vazio deixado pelo apaziguamento central, belas imagens se erguem, serenas, suspensas: uma criança com uma cesta de flores, jovens que cochicham à noite nos corredores. Mas, na periferia do texto, um terror em ato se exerce silenciosamente: no suspeito parentesco do detetive com o narrador, na relação da linguagem com o que ela conta, em seu laço (na primeira e terceira pessoa) com aquele que a escreve, na proximidade e na raiva tirânica por meio da qual essa belíssima e muito sábia prosa da distância se fez obra e texto. O romance de Jean-Édern Hallier é o terror repelido das praias visíveis do livro, indicado apenas por algumas pedras brancas, mas soberana e sorrateiramente estabelecido na espessura da linguagem, em sua relação consigo. Esse livro é um ato paradoxal de terror crítico.

1964

Debate sobre a Poesia

"Débat sur la poésie" (com J.-L. Baudry, M.-J. Durry, J. P. Faye, M. Pleynet, E. Sanguineti, P. Sollers, J. Tortel), *Tel Quel*, n. 17, primavera de 1964, p. 69-82. (Cerisy-la-Salle, setembro de 1963; debate organizado pelo grupo de *Tel Quel* sobre o tema "Uma literatura nova?").

J. Tortel: Qualquer intervenção requereria não apenas longos períodos de explicações – até mesmo explicações pessoais –, a respeito do que Pleynet[1] acaba de nos dizer, como também poria em questão o próprio ser daquele que interviria. Em outras palavras, para intervir de maneira que seja verdadeiramente uma intervenção, seríamos obrigados a revirar um pouquinho as entranhas, operação sempre delicada.

Impactou-me o fato de Pleynet partir da experiência decisiva de Daumal – um tipo de abordagem a mais próxima possível do nada, da morte –, continuar pelo êxtase místico, depois o delírio, depois o sonho e neste se deter.

M. Pleynet: Não, eu introduzi a experiência comum com a ajuda dos lugares comuns, das metáforas comuns...

J. Tortel: Sim, e então, por toda parte, tive a impressão de estar diante da espécie de "saber não-saber" de Teresa d'Ávila, diante de nada, diante de coisa alguma, diante de uma ignorância que era uma ciência. Ora, e este é o momento de se revirarem as tripas, mantendo-se ao mesmo tempo, é claro, na experiência comum, na experiência cotidiana – não quero de modo algum entrar na experiência de Daumal, nem de Teresa d'Ávila, nem do demente, nem do sonhador, já que neste momento não sonho, e espero não estar demente, pois sei que não sou Santa Teresa d'Ávila e que não tive a experiência da morte experimen-

---

1. Intervenção de M. Pleynet, "O pensamento contrário" (Cerisy-la-Salle, setembro de 1963), em *Tel Quel*, n. 17, primavera de 1964, p. 55-68.

tada por Daumal –, o certo é que, de algum modo, espontânea e bem naturalmente, o poeta começa sendo o ignorante absoluto. Para mim, é incontestável que, no momento de tomar contato com o que será mais tarde um poema, ao tomar contato com a linguagem, a primeira palavra que se apresentou a meu espírito foi "nada". A primeira coisa é coisa alguma, é um nada. Tem-se a impressão – e aqui estou inteiramente de acordo com a análise de Pleynet – de ser a ignorância absoluta. Creio, como Pleynet, que o fenômeno da ignorância absoluta não precisa referir-se ao sagrado, é uma evidência, uma realidade. Deve haver, é possível que haja, uma explicação para isso. Talvez seja inexplicável. Talvez fosse possível tentar uma explicação pela própria natureza da linguagem, ou então por uma espécie de desenho, de anatomia das transformações da linguagem a partir dela mesma, desde a linguagem comum, a linguagem que emprego habitualmente, a linguagem que usamos o tempo todo, até o poema. É sempre a linguagem e, no entanto, temos a impressão, temos inclusive a certeza de que são linguagens radicalmente diferentes, de natureza diferente. Aqui, podemos nos fazer uma espécie de filosofia pessoal da linguagem. Tenho a impressão – é muito vaga, não sou filósofo para falar disso – que se diz que a linguagem dos semantistas, a linguagem dos linguistas é um signo. Ora, em se tratando do poema, não tenho de modo algum a impressão de que a linguagem seja um signo, minha impressão é a de que ela é um *corpo*. Ela não é mais o signo de uma realidade qualquer, e, sim, o próprio ser vivente. E, nesse momento, eu não sou mais nada. Aconteceu alguma coisa que modificou radicalmente a natureza da linguagem no interior dela mesma: o signo normal, a linguagem da conversação, depois a linguagem que se estende no interior de nós mesmos, que se constrói, se estrutura, a linguagem que se organiza para durar o maior tempo possível. E chegamos assim à linguagem literária, este é o ponto extremo. Depois, em dado momento, acontece alguma coisa, um fenômeno de transmutação no interior de uma realidade qualquer do que era signo. Talvez o nada seja esse instante de passagem, uma espécie de obscuridade total. Para passar do estado de signo ao estado de poema, para mudar não apenas de pele, mas de ser, é possível que a linguagem e, por conseguinte, nós mesmos sejamos obrigados a passar por um instante de noite, de uma noite absoluta, a fim de voltarmos a transcender uma vez mais.

O que digo não é de modo algum justificável, não é justificável por nada, é pura e simplesmente alguma coisa que sinto bem profundamente, mas, se não o sentisse, não veria nenhuma explicação possível para o que chamo o "ponto negro".

M. Pleynet: Aragon diz com muita propriedade, penso eu, que o maravilhoso na linguagem e na poesia é que se pode, com a sintaxe, criar rupturas tais que o leitor tem a completa impressão de perder o equilíbrio e cair. Talvez seja isso o que você chama de ponto negro.

J. Tortel: Sim, mas não é para o leitor, é para mim...

M. Pleynet: Primeiro, você disse: "A linguagem não é mais um signo, e, sim, um corpo." Penso ter feito ontem uma pequena intervenção sobre esse assunto. Acho que a linguagem é sempre um corpo e um signo.

J. Tortel: Toda linguagem é a um só tempo poética e não poética.

M. Pleynet: A estrutura que damos à linguagem é que faz dela poesia ou lama.

J. Tortel: Mas não temos a impressão de serem de natureza diferente? Por que todas as falas que se dizem são esquecidas tão logo ditas, ou seja, não existem, e por que certo número dessas falas, um número muito pequeno, ínfimo, dura?

M. Pleynet: Acredito que toda fala dure... ainda que como memória de uma agressão.

J. Tortel: Não! De jeito nenhum. Tudo o que eu disse ontem eu esqueci completamente.

M. Pleynet: Ah! Mas talvez eu não tenha esquecido.

J. Tortel: Estamos falando por meio de fórmulas prontas.

M. Pleynet: Portanto, é bem evidente que a obra de arte, a linguagem poética, se distingue precisamente por sua estrutura.

M.-J. Durry: Não será porque a linguagem, nesse momento, tenta de fato chegar ao máximo de si mesma e suscitar o extremo daquilo que uma palavra pode suscitar?

M. Pleynet: Creio ter mostrado isso com o texto de Daumal...

J.Tortel: A partir daí, as questões de elaboração, de tensão entrariam em jogo...

E. Sanguineti: No que me diz respeito, gostaria apenas de dizer que, de certo modo, vejo retornar completamente intacto e definitivo o que eu disse no outro dia, quando discutíamos a propósito do texto de Sollers.² Além disso, em termos comparativos, estou um pouco mais não maravilhado, porém apavorado.

P. Sollers: Ah! É porque Pleynet é mais veemente que eu.

E. Sanguineti: Tenho duas perguntas a fazer para saber se compreendi bem ou não. A primeira é a seguinte: não troquei muitas palavras com Sollers, nem logo depois da discussão do outro dia, nem posteriormente, mas – se posso confiar ao público algo tão simples –, em resposta à minha pergunta sobre a desmistificação, ele me disse: "De fato, acho que você não compreendeu, pois você acusa de misticismo, de mistificação etc., o que, para mim, é um processo inteiramente contrário." Pois bem, devo dizer que não tinha compreendido. O fato de eu aprofundar esse ponto com Sollers foi completamente ocasional, mas, já que o momento se apresenta com você, Pleynet, eu lhe pergunto, então: para você, sua profissão de fé significa exatamente uma desmistificação, ou não? Especifico minha pergunta: se entendi bem, você recusa a velha concepção do sagrado como certo tipo de experiência fundamental e destina esse tipo de experiência à poesia.

M. Pleynet: À linguagem.

E. Sanguineti: Não sei... Se paradoxo é verdade, para você toda poesia é verdade. Porém, no final, para estar mais seguro da coisa e estabelecer o grau em que tudo isso se torna completamente claro, é a poesia. Então, eu me pergunto pelo papel desempenhado outrora pelo sagrado e que hoje é desempenhado pela poesia: como você chama esse tipo de desmistificação? Creio, ao contrário, que, se devo traduzir essas coisas com pobres palavras, diria tratar-se exatamente da posição oposta. Em uma sociedade evidentemente desprovida do sentido verdadeiro do sagrado, você busca restabelecer um certo *ersatz* que, na falta de um melhor, é o poeta que continua sendo o *vates*. Outrora, era uma espécie de classe sacerdotal. Hoje, eles são pagos por linha, mas essas são as condições exteriores, enquanto seu papel fundamental diante da experiência fundamental se mantém o mesmo, não há mais...

M. Pleynet: Não há mais qualificação, o que me parece bastante importante como distinção. Não há mais qualificação possível... não se trata de estabelecer o poeta, e sim a fala.

---

2. Ver *Debate sobre o Romance*, vol. III da edição brasileira desta obra.

E. *Sanguineti*: Mas eu me pergunto se a qualificação poética...

M. *Pleynet*: Não se trata de qualificação poética. Aliás, digo muito precisamente que não haverá mais nem poesia, nem romance, nem relato. Isso não é uma qualificação poética, nem uma qualificação da própria experiência, pois só considero a experiência em função do terreno onde ela acontece e em função do que a determina, ou seja, ela é a um só tempo sujeito e objeto.

E. *Sanguineti*: Mas, se entendi bem, o sentido verdadeiro da coisa é que o tipo de tipografia pode mudar. Enfim, se há certo produto com palavras – nomeie-o como quiser – que substitua o velho papel do sagrado, não nomeio isso uma dessacralização do sagrado, mas a sacralização desse produto feito com as palavras. Essa é minha primeira pergunta, mas gostaria de apresentar imediatamente a segunda.

Essa questão não se endereça a você, Pleynet, mas a M. Foucault. Eu li exatamente 36 páginas de seu livro[3] e ele me agradou. Tenho vontade de ler as 600 páginas das quais falamos ontem à noite. Quero apenas lhe perguntar o seguinte: que efeito lhe causa o tipo de uso feito por M. Pleynet de algumas de suas descrições, hipóteses psicológicas etc.? Em 36 páginas, é evidente que não compreendo com certeza aonde você de fato quer chegar... Contudo, há um prefácio que, como todos os prefácios, é a verdadeira conclusão... Então, se eu verdadeiramente me perdi nas 36 páginas numeradas em algarismos arábicos e no prefácio numerado em algarismos romanos, posso entender que o sentido último do livro, o que, em termos exatos, me entusiasma, é outra coisa. Aguardo sua resposta.

M. *Foucault*: Ao mesmo tempo em que compreendo sua questão, não sei de qual lugar você a formula. Por acaso seria bobo e pretensioso eu responder valendo-me de alguns pequenos pontos de história concernentes ao que pude escrever?

Pleynet e Sollers aludiram a textos que escrevi – minha nossa! – há muito tempo e que eu havia completamente esquecido. Prosseguindo, escrevi *História da loucura*, que você está lendo. Depois voltei à França e continuei fazendo um certo número de coisas das quais umas estão publicadas, outras ainda

---

3. (N.A.) Trata-se de *História da loucura*.

não. E foi assim que encontrei por acaso, e graças à gentileza das pessoas de *Tel Quel*, uma espécie de extraordinária convergência, isomorfismo, ressonância – enfim, use a palavra que quiser – entre o que eles buscavam e o que eu, numa linguagem discursiva, isto é, sem talento, também tento tornar visível. Quais são os pontos comuns? Há muitos, e vou lhe responder em dois níveis. É claro que, entre a análise histórica de uma espécie de fenômeno cultural, tal como o da divisão da loucura e da razão, e as noções evocadas por Pleynet há pouco, reconheço de muito bom grado que não há comunicação direta. Não se pode negar que, sob essas análises, corre certo número de problemas dos quais eu não estava totalmente prevenido e espero, atualmente, estar tornando conscientes. Por exemplo, quando Pleynet diz: "O problema da poesia é um problema de experiência", quando ele tenta remeter ao próprio cerne da poesia alguma coisa que é a experiência e que ele define valendo-se de noções como contestação, limite, retorno etc., fica claro que é igualmente isso o que tentei e tento fazer hoje. Muito me censuraram – nem todo mundo, é claro – por ter falado da experiência da loucura sem dizer o que isso era e quem era o sujeito dessa experiência. Sobre isso, eu não sabia mesmo nada, eu falava de uma experiência que era ao mesmo tempo transgressão e contestação. Num certo sentido, gostaria de retomar sua questão e remetê-la a Pleynet, mas apenas a título de interrogação. Hoje em dia, há alguma coisa que me preocupa e me interessa: é o sentido que se pode dar à tão importante noção de contestação, encontrada em Bataille, um pouquinho em Blanchot, muito utilizada por você.

M. Pleynet: Eu não a conheço.

M. Foucault: Está vendo? Gostei da resposta que Pleynet acaba de dar. Eu não conhecia seu texto, isso não estava combinado... Como é possível que Pleynet, a fim de descrever sua experiência como poeta, se valha da noção de contestação que é precisamente uma das noções mais problemáticas, mais difíceis, mais obscuras, proveniente de uma minúscula corrente filosófica – digo minúscula por ela ser muito pouco representada –, e cuja origem encontraríamos em pessoas como Blanchot e Bataille? Há nisso alguma coisa curiosa. Você não acha?

E. Sanguineti: Sim, estou de acordo. Mas retomo uma coisa dita por você e que, se você a explicitar para você mesmo, não saberá dizer exatamente por que razão a disse. Quando fala da *Loucura*, você diz que lhe censuram por falar de uma experiência sem conhecimento do sujeito...

M. Foucault: Quem faz a experiência, aonde ela se situa...

E. Sanguineti: Sim. Aproveitando a ocasião dessa censura (devo dizer que, de minha parte, eu não a faria de modo algum), eu desaprovaria no discurso de Pleynet, caso tivesse algo pontual a censurar para além de uma espécie de criação de princípio, o fato de haver qualificações em demasia. Você, em contrapartida, faz uma precisão histórica ao questionar a noção da qual se faz a história (ou seja, se você aceitasse o conceito de loucura, jamais teria escrito uma história que justamente suspende o uso corrente da palavra), você faz uma história de alguma coisa que, num certo momento da história, foi designada como loucura e pôde ser interpretada em muitos sentidos ou – para dizê-lo de modo mais incisivo – que encontrou muitas sistematizações práticas. Então, cada sistematização pretendia ser a verdadeira e definitiva, mas nenhuma delas o era. Para mim, e essa é a falha que brota da coisa, talvez você não conheça qual é o destino e a significação verdadeiros. Enfim, você faz a história, é isso.

M. Foucault: Eu não disse sim, eu o assiná-lo a você...

E. Sanguineti: Você faz uma distinção equivalente a hipóteses de ordem antropológica (não li a conclusão do livro...), mas talvez não haja solução. Eu desaprovaria em Pleynet, para chegar a um ponto particular, o fato de ele saber demais do que se trata, isto é, ele dá uma qualificação histórica extraordinariamente determinada àquilo que, sob certos ângulos, permanece muito vago, muito indefinido, muito aberto, no sentido positivo da palavra. Mas é excessivo, talvez, no sentido em que você sabia...

P. Sollers: Se entendi bem, ora você desaprova Foucault e Pleynet por não saberem do que falam, ora você os censura por saberem demais.

E. Sanguineti: Sim.

P. Sollers: Então, eu gostaria de saber do que falamos... Penso que você poderia nos dizer, seria interessante, como, na condição de poeta, você entende a expressão experiência. Como, para você, a poesia poderia se religar à noção de experiência e, nesse sentido, como situa essa coisa vaga ou demasiado precisa, enfim, não sei...? Como a compreende em sua poesia, caso ela ali esteja e como lá estaria? Há alguma relação com o que nos falou Pleynet? Seria interessante determinar essa relação em face de sua poesia e, em seguida, a relação de forma com o que nos falou Pleynet.

E. Sanguineti: Em primeiro lugar, gostaria de explicar apenas a dupla reprovação que fiz a Pleynet: ou seja, saber demasiado e saber demasiado pouco. Em minha opinião, o demasiado pouco provém de uma insuficiência de historicidade – peço desculpas por usar sempre palavras tão negativas, mais negativas do que gostaria, porém meu dicionário de francês é mais fraco do que eu gostaria –, o que é engraçado, pois ele de fato delineou toda uma história. Mas, para mim, o chocante, e que designo como "insuficiência de historicidade", é o seguinte: há um sentido dado, e esse sentido muda de nome, ou seja, muda de interpretação, muda até mesmo em sua essência. Então, há relações históricas que permitem estabelecer sentidos para compreendê-las numa continuidade. Isto é: há uma história, que eu denominaria "institucionalizada", que permite estabelecer uma continuidade, pontos de referência...

P. Sollers: Isso é uma questão de linguagem... de método...

E. Sanguineti: Justamente, eu disse o que disse por achar que é uma questão de método, da maneira como se faz a história. Ao dizer: "É demasiado pouco", digo do bom método no qual as essências se trocam com demasiada continuidade, uma espécie de "pôr no mesmo nível", e mudam para analogia o que deve ser passagem...

A segunda censura, a de saber demais, dirige-se àquele que procede com métodos que se podem designar como algo de uma vez por todas. Razão pela qual eu dizia compreender muito bem (mesmo que ele não esteja de acordo, o que, no caso, não tem nenhuma importância) o que lhe desaprovavam. Contudo, talvez eu concordasse bem mais com Foucault do que o faço hoje se ele, a princípio, recusasse saber o que é, pelo menos no sentido em que Pleynet o sabe.

P. Sollers: Sim, você gostaria que Foucault decidisse que não sabe nada.

M. Foucault: Em suma, seria possível dizer: não existe cultura que não imponha seus limites a si mesma? Por exemplo, uma cultura não pode admitir uma inteira liberdade das condutas sexuais. Há sempre algumas que são eliminadas, sejam quais forem, o incesto, o... Do mesmo modo, uma cultura impõe limites quanto, para dizê-lo em termos mais simples, ao comportamento das pessoas. Alguns comportamentos são excluídos. Portanto, excluir, limitar, proibir etc. fazem parte, se quiserem, de uma estrutura fundamental de toda cultura.

Então, eu quis fazer a história – já que vocês estão falando a respeito, mas retornaremos a Pleynet, pois é dele o lugar de importância, não meu –, num dado momento, de um desses limites: em qual corpo institucional as limitações – que no fundo não são históricas por serem constitutivas de toda história possível –, em qual corpo histórico, em qual corpo cultural, em qual literatura essa divisão pôde se dar. Assim, há essa partilha e a sua contestação incessante por parte dos que são, em termos precisos, elementos de transgressão.

Ora, de acordo com as culturas, há limites mais vivos, balizas mais bem demarcadas e, por conseguinte, pessoas que transgridem, mais transgressivas que outras, domínios e campos nos quais o jogo do limite, da contestação, da transgressão é mais particularmente violento e estridente. Creio que o problema razão-desrazão, na idade clássica, era precisamente esse. Hoje em dia – e é nisso, se quiser, que a experiência de Sollers ou de Pleynet me interessa, hoje em dia – e, aliás, desde o século XIX, o jogo da contestação e da transgressão aparece com maior vivacidade no domínio da linguagem. Mas, nos tempos atuais, eles são provavelmente os que o demonstram com maior pureza. Hoje, encontramos o problema razão-desrazão – pelo menos a violência do problema razão-desrazão – no interior da linguagem. Tenho a impressão de que Pleynet quis mostrar que hoje em dia não se podem distinguir poesia, romance etc., porque, no campo da linguagem, tornado ao mesmo tempo completamente puro e homogêneo, ocorre o que é provavelmente a total possibilidade de contestação de nossa cultura.

Não sei, talvez eu tenha traído inteiramente o que faz Sollers, o que faz Pleynet. No fundo, esse jogo foi jogado outrora pelos loucos, pelos sonhadores e, por conseguinte, eles não estão retomando um irracionalismo. Pelo contrário, eles retomam todas essas formas de contestação que, como vocês bem sabem, foram, em termos precisos, as da mais viva razão.

E. *Sanguineti*: Para retomar seu ponto de vista e, ao mesmo tempo, voltar a Pleynet – pois a pior das responsabilidades que tenho é a de desviar a conversação de seu caminho –, se tivesse de dizer tudo isso num epigrama, diria que estou de acordo com você, pois, para você tanto quanto para mim – evidentemente caberia fazer diferenças –, a história é relação. Não concordo com Pleynet porque, nele, não encontro uma quantidade de relações suficientes. Não percebi em Pleynet ou em Sollers, à diferença de você – talvez sejam questões puramente verbais, mas é o que se deveria aprofundar, razão pela qual insisto no lado irracionalista –, se eles faziam uma descrição relacional, seja de seu próprio trabalho, seja das relações históricas no âmbito das contestações. Caso sim, estarei de acordo. Não tenho medo do irracional, mas, sim, de uma certa maneira de olhá-lo. Compreendo bem quando você diz que o papel do problema, hoje, é talvez semelhante ao papel que tinham outrora a loucura ou o sagrado. Mas, justamente – e retorno ao que eu disse no primeiro dia –, há perigo se essa posição for tomada sem "relacioná-la", ou seja, com a possibilidade, que me parece muito viva na posição deles, de desempenhar esse papel tomando-o como uma espécie de papel principal... Não sei como me explicar... um papel fatal...

P. Sollers: As duas exposições[4] foram analíticas, deram provas de uma continuidade analítica bastante fria, e me parece – se devo comparar-me a Pleynet – que o problema da variação sempre foi visível. Isso é, inclusive, o constituinte da exposição.

E. Sanguineti: No limite – e acho agora que compreendi o ponto em que discordo de você –, poderia dizer o seguinte: para você – continuo falando sobre Pleynet, mas, desse ponto de vista, o problema é o mesmo –, ou é preciso defender o irracional (nomeie-o como quiser), pois, afinal, esse é o motor da história, essa é a falta de liberdade do homem, ou então o problema é outro. Concordo que o irracional pode ser uma arma a se usar, nós a utilizamos muitas vezes, mas não é esse o valor. Esse é mais ou menos o problema. Para mim, a questão verdadeira não é essa. Não é pelo fato de se designar a liberdade dessa maneira, é que ela nunca é situada no mesmo lugar.

M. Foucault: Acho que agora devemos dar a palavra aos poetas. Gostaria apenas de lhe sugerir uma coisa, mas não pense que estou querendo encerrar uma conversação que se-

---

4. Trata-se das exposições de M. Pleynet "O pensamento contrário", *Tel Quel*, n. 17, primavera de 1964, p. 55-68, e de P. Sollers, "Lógica da ficção", *Tel Quel*, n. 15, outono de 1963, p. 3-29.

ria muito mais complicada. Aliás, o que vou dizer é em nome próprio. Eu lhe diria que a história evocada por você, de tom propriamente marxista, efetivamente desempenhou, em dado momento – num outro sentido –, esse papel de limite, do extremo da contestação e da transgressão, mas isso foi no século XIX. O papel na época desempenhado pela história é hoje desempenhado pela linguagem.

E. Sanguineti: Para concluir, não posso me impedir de lhe perguntar se você verdadeiramente acredita que quando o marxismo desempenhou seu papel, há um século, vigorava naquele momento o irracional. Você poderia identificar uma história na qual o marxismo desempenhou o papel que você havia atribuído antes à loucura, hoje à linguagem...? Creio que não.

M. Foucault: Esse é o problema, enfim, o ponto em que divergimos.

P. Sollers: Gostaria de dizer a Sanguineti que ele não respondeu à minha pergunta...

E. Sanguineti: No que concerne à poesia relacionada à experiência, eu falarei a título pessoal. Isso vai ao encontro, talvez, de minha intervenção de ontem a respeito do romance. Conheço realidades pela mediação da linguagem. Entre as mediações da linguagem das quais me sirvo, há tanto a experiência como a poesia. Faço minha autobiografia. No campo de minha experiência, quando eu era mais jovem... (*mudança de fita*). Eu lhe digo isso de modo bem direto, é a verdadeira história.

P. Sollers: Em suma, se entendi bem, a experiência lhe é unicamente fornecida e teria apenas como lugar, como terreno, sua relação social, ou seja, a situação na qual você se encontra numa dada sociedade.

E. Sanguineti: Se reflito nisso, sim, sem dúvida. Disse antes que não conheço outro tipo de experiência, nem mesmo pretendo outro tipo de problema. Conheço linguagens, fenômenos sociais etc., trabalho em seu interior e, nesse jogo de relações, faço o que quero. Mas outra experiência no começo, essa experiência fundamental, devo confessá-lo, faço poesia, mas não a conheço. Nunca a procurei nem esperei encontrá-la. Para mim, há apenas todo um jogo no interior de tudo isso.

P. Sollers: Na verdade, seria preciso ir ao interior de tudo isso para chegar a falar de coisas como o erotismo...

J.-L. Baudry: Poderíamos lhe perguntar em qual tipo institucional você se situa?

E. *Sanguineti*: Quando eu era bem pequeno e sonhava, o que conhecia eu? Tinha experiências engraçadas..., devo dizer que não sei como as experiências de meus primeiros sonhos se apresentaram a mim para me ajudar a arrumá-los de alguma forma, isto é, para lhes dar uma significação. Acho que era bastante fácil, tanto quanto eu possa imaginá-lo. Quando eu sonhava, tinha pesadelos mesmo durante o dia. Posso sonhar que matei uma pessoa e 10 minutos depois isso estar esquecido. Há outras ocasiões, porém, em que tenho um sonho absolutamente absurdo, insignificante e, durante um mês, me sinto condicionado por esse sonho, volto sempre a ele. Para resolver essa água turva, talvez tenham me explicado que o sonho não é nada, é o vazio, o insignificante. Como todo mundo, um dia deparei com Freud. Explicaram-me, então, que o sonho tinha certa significação. Estudei Freud. Ele muito me convenceu. Fiquei obcecado pelo freudismo. Num outro momento, li Jung, o que também me ajudou. Se, quando explico meus sonhos e os sonhos de meus amigos, ora sou junguiano, ora sou freudiano, essa é uma questão privada. Mas, em comparação com minha experiência na poesia – que deveria ser verdadeiramente pública, já que a manifesto –, eu de fato emprego o sonho nos meus romances. Muitas cenas de meus romances derivam tanto de sonhos reais quanto de imaginários. Se você me perguntasse qual o critério segundo o qual emprego, manipulo ou transcrevo, atribuindo aos personagens de meus romances alguns sonhos ou algumas situações, eu lhe responderia que tenho um critério... Concordo com algumas teorias, como as de Propp. Ele sustenta que os sonhos, em sua significação mais profunda, não derivam nem de algumas relações privadas do indivíduo, ou seja, do resto diurno, nem dos arquétipos fundamentais, à maneira de Jung, mas, sim, de uma espécie de depósito inteiramente histórico e não transcendental, o depósito do grande mito da iniciação primitiva que está nos sonhos, que revive na linguagem sob uma forma mais próxima do que a original, o que não significa que seja a melhor. É mais próxima acidentalmente, mais verificável, enfim. Como sei que o homem moderno só conhece o mito na forma de sonho, então, deliberadamente, pego essa matéria efervescente de irracional que é o sonho e o racionalizo. Dou certa interpretação que, para mim, tem uma base científica muito segura. Eu escolho, modifico, emprego o sonho, uma vez que ele pode evocar algumas inter-

pretações fundamentais pertencentes ao passado do homem, que foram degradadas, mistificadas justamente porque não se conheciam sua verdadeira origem e significação. Uma vez que isso tem para mim um poder muito forte de comunicação de algumas verdades – eu o confirmei quando o pratiquei –, é isso o que eu faço.
J.-L. Baudry: Não sei se o compreendi bem, mas tenho a impressão de que você historiciza um conteúdo não histórico e o vive assim: primeiro como conteúdo não histórico, como alguma coisa ainda não integrada na história que você mesmo, por sua vida privada, por seu ato, introduz na história.
E. Sanguineti: Não estou certo de tê-lo compreendido bem...
J.-L. Baudry: Ou seja, você diz que o conteúdo do ato, segundo Propp, é um conteúdo mítico que parece não se incluir, no começo, em um dado histórico...
E. Sanguineti: Não, o mítico, no sentido de Propp, é um dado histórico, isto é, são as fábulas. Propp demonstrou, por exemplo, que sempre encontramos o grande mito nos contos de fadas e mais ou menos as mesmas histórias na mitologia grega. Essas histórias são as fábulas que contamos às crianças. Acrescento um exemplo pessoal que mostra como modifiquei minha posição. Quando tive de educar meus filhos, eu me perguntei se devia ou não contar-lhes histórias. É bom para a psicologia do homem manter uma tradição, mas a criança sente medo dos mitos e eles lhe causam complexos. Você sabe que há um mundo de teorias sobre isso. Meu primeiro filho não conheceu nenhuma fábula, mas, quando conheci Propp, modifiquei completamente minha posição. Agora, ele conhece fábulas. Ele não as conheceu de imediato, de uma maneira irrefletida, como de hábito, porém um pouco mais tarde. Insisto sobre isso, pois acho algo precioso a se conservar e manter. Essa é minha opinião. Pode-se fazer algo inteiramente diferente. É apenas para lhe dizer em que medida tudo isso é verdadeiramente integrado à vida cotidiana. Quando falo com vocês, faço uma operação de historiador, como vocês dizem – não entendi muito bem o que você disse, peço desculpas, mas tento responder com base no que entendi –, sobre mim mesmo. Eu me olho com o máximo de objetividade ao lhes dizer o que faço. Em face de mim mesmo, como posso me compreender a não ser dessa maneira? De um lado, busco fazer minha histó-

ria, ver como lá cheguei utilizando os sonhos no romance. Do outro, fazendo meus filhos lerem as fábulas.

M. Pleynet: Mas, me diga uma coisa: será que não há outra maneira de aprender essas fábulas a não ser ouvindo-as junto à lareira?

E. Sanguineti: Há sim! Muitas...

M. Pleynet: E quanto a essa criança, 10 anos depois você não tinha mais que ensiná-lo, bastava ele abrir os olhos para aprendê-las.

E. Sanguineti: Não entendi, me desculpe...

M. Pleynet: Essas fábulas das quais você fala não são, necessariamente, coisas que contamos junto à lareira...

E. Sanguineti: Não necessariamente, mas...

M. Pleynet: Bom. Basta que a criança vá para a rua, sobretudo na Itália, para vê-las. Ela abre os olhos, o mundo está cheio de fábulas. Que você as conte ou não, isso não tem nenhuma importância, já que ela as vê, as inventa.

E. Sanguineti: Não é verdade.

X...: Não, porque as fábulas, por definição, dão uma visão falsa do mundo, ao passo que a criança que anda pela rua tem a visão do mundo tal como ele é.

E. Sanguineti: Aos cinco, talvez mesmo aos seis anos de idade, meu filho não apenas não conhecia uma única fábula, como também, eu lhe garanto, ignorava inclusive que pudesse haver fábulas...

J. Tortel: É preciso saber a razão de haver uma diferença de natureza entre a fábula – *Cinderela*, ou sei lá mais o quê – e a vida...

M. Pleynet: Não, mas uma cadeira! Um garfo!... A partir do momento em que pegamos um garfo, entramos num mundo mítico.

M.-J. Durry: Gostaria de me referir a outra coisa do que disse Pleynet. Não sei se é uma experiência que você rejeitaria ou se iria ao encontro da sua. Se entendi bem, no começo você repeliu a divinização do poeta que se acredita um Inspirado – com I maiúsculo – por ser sinônimo de orgulho e coisa que se deve rejeitar. Então, para resumir, diz a frase de Claudel: "Alguém que seja em mim mais eu mesmo do que eu." Todas as citações que você fez poderiam assim se resumir. Você tentou chegar a uma espécie de concepção da poesia, ao mesmo tempo excessivamente geral e precisa, em que a prosa se encontra contida. Estou de pleno acordo com você. Mas talvez isso venha do seguinte: para o poeta que se pensa um inspirado, um *vates*, um mago, tudo se passa como se ele fosse o tradutor de uma fala divina pronunciada fora dele mesmo e, para um idealista no sentido platônico, como se ele remontasse a um mundo de ideias existentes fora dele. É bem isso, não? Penso que, para todos os que pertencem a essa categoria, tudo o que um ser humano pode imaginar como beleza, grandeza, perfeição não passa de um reflexo muito, muito, muito fraco de uma beleza em si, de uma perfeição em si que existiriam fora dele. Mas também pode muito bem ocorrer o contrário: não haver outra coisa senão o que o ser humano pode apreender de beleza e grandeza. Então, me parece que a poesia, por meio das palavras, e até mesmo toda arte mediante a linguagem que é sua (pois vou mais longe do que sua definição segundo a qual a poesia engloba a prosa), tenta alcançar o máximo do que o homem pode alcançar dessa grandeza, dessa beleza e dessa perfeição. Assim, o crente dirá que é o reflexo de outra coisa, o não crente dirá que só existe isso e não mais se considerará um intérprete da divindade.

M. Pleynet: Mesmo assim, há um ponto com o qual não estou de pleno acordo: não tentei definir a beleza.

M.-J. Durry: Ah! Sim, nem eu tampouco.

M. Pleynet: Falar da linguagem e fazer intervir a beleza é precisamente o que eu não quis.

M.-J. Durry: De acordo. Você tenta ir até o fim – digamos não da beleza – de suas possibilidades?

J. P. Faye: A convicção ideológica de Sanguineti muito me apaixona, mas seus poemas me intrigam muito mais e gostaria muito que um dia – não nos próximos 20 minutos – ele nos dissesse como o texto publicado na compilação dos *Novissimi* foi vivido e percorrido por ele. Poucos poemas dão, menos que esse texto, a impressão de ser uma espécie de transcrição didática de uma verdade a ser comunicada para a humanidade. Creio haver aqui um terreno onde seria muito útil segui-lo. Como ele deverá voltar a falar sobre isso dentro de alguns dias, esta é simplesmente uma pequena provocação que lhe lanço.

Como hoje foi Pleynet quem falou, impressionaram-me em seu desenvolvimento tudo o que gravitava em torno desse texto admirável de Daumal[5] e, por fim, o fato de vermos o movimento de seu "relato" convergir para uma espécie de instantaneidade, o que parecia ser o segredo do que ele disse. A respeito dessa instantaneidade, eu pensava num fato muito simples que talvez fosse interessante submeter a Sanguineti. Ontem, falávamos sobre a cor. Peço desculpas por retornar a essa lição de coisas elementares. O que é a cor? É uma vibração que chega de um mundo diante de nós e produz uma espécie de salpico de lama. Portanto, há um instante que não está nem mesmo no tempo, não é sequer contável, no qual isso se passa. Então, há ali alguma coisa não limitável que acontecerá seja qual for o mundo histórico, seja qual for o modo de produção, a hora da vida cotidiana ou do século em que terá acontecido, e, aliás, isso acontece a cada elemento de instante. Ora, aqui, o que aconteceu? Houve essa espécie de tradução, a transcrição de uma vibração em alguma outra coisa. Para a música, se quiserem, a passagem se faz de uma maneira muito mais instantânea, num sentido muito menos misterioso porque podemos tocar com o dedo o gongo chinês que vibra e, ao mesmo tempo, escutá-lo. Assim, temos a um só tempo a medida dessa frequência que, a rigor, quase podemos contar, e o que se escuta. Há um texto extraordinário de Maurice Roche, um texto de músico, que poucos conhecem, e que tenta transcrever isso em linguagem literária, na linguagem das palavras.

Ora, há uma coisa que não foi dita: parece-me que não falamos de prosódia, pois até mesmo uma poesia em prosa tem uma prosódia. *Les lignes de la prose*,[6] um título surpreendente de Pleynet, gira em torno dos enigmas da prosódia: é uma prosa, não é uma prosa, são linhas que não são as da prosa, mas, no entanto, giram em torno da prosa, perseguem a prosa. O que acontece na prosódia? Por que a poesia se obstinou em fazer prosódia ou, suprimindo a prosódia, em encontrá-la? Pois bem, na prosódia há essa dupla vertente do enigma de que falamos há pouco. Há uma medida, há sílabas que se contam, ou quantidades, ou então coisas que não são e, todavia, são prosódias. Ademais, há um momento em que a linha da prosa

---
5. Daumal (R.), *Le mont analogue. Récit véridique* (obra póstuma), Paris, Gallimard, "Collection Blanche", 1952.
6. Pleynet (M.), *Les lignes de la prose*, in *Paysages en deux*, Paris, Éd du Seuil, col. "Tel Quel", 1963, p. 77-123.

– palavra prosaica – é cortada aparentemente de modo arbitrário. Seja com Píndaro ou com Pleynet, há um corte que choca... Por que Píndaro começa uma nova linha: ele sequer terminou sua palavra? Aqui, a medida para e, de repente, parece nos dar a ocasião de ouvir. O que faz a medida? Ela dá alguma coisa diferente, uma espécie de ponto que em geral chamamos "espírito" ou "consciência", e que aqui está no fim da métrica: a rejeição. Creio que toda poesia tem uma medida e toda poesia tem uma rejeição, com algumas insistências em um ou outro aspecto. De acordo com os tipos de estilos poéticos e segundo as épocas, a medida predomina sobre a rejeição ou inversamente. Shakespeare é uma prosódia da rejeição. Racine, uma prosódia da medida. Nele, a rejeição é uma exceção. Mas há sempre as duas. E talvez isso nos aproxime do instante em que Daumal é, de repente, reduzido ao som. Nesse texto de Daumal – eu não o tinha presente em mente e, depois do que nos disse Gilbert Amy, tudo me retorna de um modo percuciente (percuciente é a palavra precisa) –, de repente, eis uma consciência se abolindo, se aproximando da morte, o que é o momento menos institucional de nossa vida (uma vez que não estamos nas agências funerárias). E, justo antes da morte – porquanto, afinal, ele não estava morto naquele dia –, aproximou-se do momento em que ele era um som por inteiro e, ao mesmo tempo, a cor explodiu. Aqui, trata-se, evidentemente, da poesia, caso haja uma, em seu começo.

P. Sollers: Desse modo, Faye queria dizer que Daumal falaria da ausência de fala, ausência que seria substituída, no fundo, por uma linguagem.

M. Pleynet: Ele menciona a ausência de fala, mas não a ausência de linguagem. Eu o assinalo muito cuidadosamente.

J. P. Faye: Ele está na instantaneidade da linguagem.

M. Pleynet: Quer dizer que ele está na linguagem.

1964

A Linguagem do Espaço

"Le langage de l'espace ", *Critique*, n. 203, abril de 1964, p. 378-382.

Escrever, durante séculos, subordinava-se ao tempo. O relato (real ou fictício) não era a única forma dessa pertença, nem a mais próxima do essencial. É provável, inclusive, que ele tenha escondido sua profundidade e a lei no movimento que parecia melhor manifestá-las. De sorte que, ao emancipá-lo do relato, de sua ordem linear, do grande jogo sintático da concordância dos tempos, acreditou-se desobrigar o ato de escrever de sua velha obediência temporal. Com efeito, o rigor do tempo não se exercia sobre a escritura pelo viés do que ela escrevia, mas em sua própria espessura, naquilo que constituía seu ser singular – esse incorporal. Dirigindo-se ou não ao passado, submetendo-se à ordem das cronologias ou aplicando-se a desenlaçá-lo, a escrita estava aprisionada em uma curva fundamental, qual seja, a do retorno homérico, mas também a da realização das profecias judias. Alexandria, que é nosso lugar de nascença, prescrevera esse círculo para toda a linguagem ocidental: escrever era fazer retorno, voltar à origem, reapoderar-se do primeiro momento; era estar de novo na manhã. Disso decorre, até os nossos dias, a função mítica da literatura; disso resulta sua relação com o antigo; daí o privilégio concedido por ela à analogia, assim como a todas as maravilhas da identidade. Disso decorre, sobretudo, uma estrutura de repetição que designava seu ser.

O século XX talvez seja a época em que se desenlaçam tais parentelas. O retorno nietzschiano fechou de uma vez por todas a curva da memória platônica, e Joyce tornou a fechar a do relato homérico. O que não nos condena ao espaço como a uma única outra possibilidade, por demasiado tempo negligenciada, mas revela que a linguagem é (ou talvez tenha se tornado) coisa de espaço. Que ele o descreva ou percorra, também não está nisso o essencial. E se o espaço, na linguagem de hoje, é a mais obcecante das metamorfoses, não é por ele oferecer, doravante, único recurso; mas é no espaço que a linguagem, de saída, se desdobra, desliza sobre si mesma, determina suas escolhas, delineia suas figuras e suas translações. É nela que ele se transporta, que seu próprio ser se "metamorfoseia".

O afastamento, a distância, o intermediário, a dispersão, a fratura, a diferença não são temas da literatura atual; mas aquilo em que a linguagem agora nos é dada e chega até nós: o que faz com que ela fale. Ela não retirou essas dimensões das coisas para restituir seu análogo e como modelo. Elas são comuns às coisas e a ela própria: o ponto cego de onde nos vêm as coisas e as palavras no momento em que vão ao seu ponto de encontro. Essa "curva" paradoxal, tão diferente do retorno homérico ou da realização da Promessa, é, no momento, sem dúvida, o impensável da Literatura. Ou seja, o que a torna possível nos textos nos quais podemos lê-la, hoje.

*

La veille, de Roger Laporte,[1] mantém-se o mais próximo possível dessa "região" ao mesmo tempo pálida e temível. Ali, ela é designada como uma prova: perigo e provação, abertura que instaura, mas permanece hiância, aproximação e afastamento. O que assim impõe sua iminência, mas também e de imediato se desvia, não é a linguagem, mas um sujeito neutro, "ele" (*il*), sem rosto, por meio do qual toda linguagem é possível. Escrever só acontece se o *ele* se retirar para o absoluto da distância; mas escrever se torna impossível quando *ele* se faz ameaçador por todo o peso de sua extrema proximidade. Nessa distância plena de perigos não pode haver (não mais do que no *Empédocle*, de Hördelin[2]) nem Meio, nem Lei, nem Medida. Pois nada é dado além da distância e da vigília do espreitador abrindo os olhos sobre o dia que ainda não chegou. De modo luminoso e absolutamente reservado, esse *ele* diz a medida desmesurada da distância em alerta onde fala a linguagem. A experiência relatada por Laporte como o passado de uma

---

1. (N.A.) Laporte (R.), *La veille*, Paris, Gallimard, col. "Le Chemin", 1963.
2. Hölderlin (F.), *Der Tod des Empedokles*, 1798 (*La mort d'Empédocle*, trad. R. Rovini, *in* Oeuvres, Paris, Gallimard, col. "Bilothèque de la Pléiade", 1967, p. 467-538).

prova é a mesma na qual a linguagem que a relata ocorreu; é o desdobramento em que a linguagem redobra a distância vazia de onde ela nos vem e se separa de si na aproximação dessa distância que lhe cabe, e apenas a ela, velar.

Nesse sentido, a obra de Laporte, na cercania de Blanchot, pensa o impensável da Literatura e aproxima de seu ser mediante a transparência de uma linguagem que busca não tanto ir ao seu encontro quanto acolhê-la.

*

Romance adamita, *Le procès-verbal*[3] é também uma vigília, mas à luz do pleno meio-dia. Estendido na "diagonal do céu", Adam Pollo está no ponto em que as faces do tempo se redobram uma sobre a outra. Talvez ele seja, no começo do romance, um evadido da prisão em que está encarcerado no final; talvez ele venha do hospital do qual reencontra, nas últimas páginas, a concha de nácar, de pintura branca e de metal. E a velha mulher ofegante que sobe em sua direção, com a terra inteira aureolando-lhe a cabeça, é, sem dúvida, no discurso da loucura, a jovem que, no começo do texto escalou até chegar à sua casa abandonada. E nessa dobra do tempo nasce um espaço vazio, uma distância ainda não nomeada na qual a linguagem se precipita. No topo dessa distância que é *declive*, Adam Pollo é como Zaratustra: ele desce rumo ao mundo, ao mar, à cidade. E quando torna a subir até seu antro, não são mais a águia e a serpente, inseparáveis inimigos, círculo solar, que o esperam; mas o sórdido rato branco que despedaça a golpes de faca e o envia a apodrecer sobre um sol de espinhos. Adam Pollo é um profeta em um sentido singular. Ele não anuncia o Tempo, ele fala da distância que separa do mundo (do mundo que "lhe saiu da cabeça por força de ser olhado"), e, mediante a torrente de seu discurso demente, o mundo refluirá até ele, como um grande peixe subindo a corrente, o engolirá e manterá aprisionado por um tempo indefinido e imóvel no quarto enxadrezado de um hospício. Encerrado sobre si mesmo, o tempo agora se reparte sobre esse tabuleiro de xadrez de barras e de sol. Gradeado que é, talvez, a grade da linguagem.

---

3. (N.A.) Le Clézio (J.-M. G.), *Le procès-verbal*, Paris, Gallimard, col. "Le Chemin", 1963. [(N.R.T.) Le Clézio recebeu o Prêmio Nobel em 2008.]

A obra inteira de Claude Ollier é uma investigação do espaço comum à linguagem e às coisas; aparentemente, exercício para ajustar aos espaços complexos paisagens e cidades, longas frases pacientes, desfeitas, retomadas e afiveladas nos próprios movimentos de um olhar ou de uma marcha. Para dizer a verdade, o primeiro romance de Ollier, *La mise en scène*,[4] já revelava entre a linguagem e o espaço uma relação mais profunda do que a de uma descrição ou de uma resenha: no círculo deixado em branco de uma região não cartografada, o relato fizera nascer um espaço preciso, povoado, sulcado de acontecimentos no qual aquele que os descrevia (fazendo-os nascer) encontrava-se engajado e como que perdido, pois o narrador tivera um "duplo" que, nesse mesmo lugar inexistente até ele, fora morto por um encadeamento de fatos idênticos àqueles que se tramavam em torno dele, embora esse espaço até então nunca descrito só fosse nomeado, relatado, agrimensado ao preço de uma reduplicação assassina. O espaço acedia à linguagem por meio de uma "gagueira" que abolia o tempo. O espaço e a linguagem nascem juntos em *Le maintien de l'ordre*,[5] de uma oscilação entre um olhar que se olhava vigiado e um duplo olhar obstinado e mudo que o vigiava e era surpreendido vigiando-o mediante um jogo constante de retrovisão.

Été indien[6] obedece a uma estrutura octogonal. O eixo das abscissas é o carro que, da ponta de seu capô, corta em dois a extensão de uma paisagem, é o passeio a pé ou de carro pela cidade, são os bondes ou os trens. Para a vertical das coordenadas, há a subida ao flanco da pirâmide, o elevador no arranha-céu, o belvedere dominando a cidade. E, no espaço aberto por essas perpendiculares, todos os movimentos compostos se desdobram: o olhar que gira, o que mergulha sobre a extensão da cidade como sobre um plano, a curva do trem aéreo que se eleva acima da baia descendo depois em direção aos subúrbios. Além disso, alguns desses movimentos são prolongados, repercutidos, desalinhados ou imobilizados por fotos, panorâmicas fixas, fragmentos de filmes. Todos, porém,

---

4. Ollier (C.), *La mise en scène*, Paris, Éd. de Minuit, 1958.
5. Ollier (C.), *Le maintien de l'ordre*, Paris, Éd. de Minuit, 1961.
6. *Id.*, *Été indien*, Paris, Éd. de Minuit, 1963.

são desdobrados pelo olho que os segue, os relata ou por si mesmo, os finaliza. Pois esse olhar não é neutro; ele parece deixar as coisas ali onde estão; na realidade, ele as "extrai", separando-as virtualmente delas mesmas em sua espessura, a fim de fazê-las entrar na composição de um filme que ainda não existe e cujo cenário, inclusive, não foi escolhido. São essas "panorâmicas" não decididas, mas "sob opção" que, entre as coisas que elas não são mais e o filme que ainda não existe, formam, com a linguagem, a trama do livro.

Nesse lugar novo, o que é percebido abandona sua consistência, separa-se de si, flutua em um espaço e, segundo combinações improváveis, ganha o olhar que as separa e as enoda, embora penetre nelas, se introduza nessa estranha distância impalpável separando e unindo seu lugar de nascimento e sua tela final. Entrado no avião que o reconduz rumo à realidade do filme (os produtores e os atores), como se tivesse entrado nesse espaço delgado, o narrador desaparece com ele – com a frágil distância instaurada por seu olhar: o avião cai em um lodaçal que torna a fechar-se sobre todas essas coisas vistas sobre o espaço "extraído", deixando acima da perfeita superfície agora calma apenas flores vermelhas "sob nenhum olhar" e este texto que lemos – linguagem flutuante de um espaço que se deglutiu com seu demiurgo, embora ainda continue presente e para sempre em todas essas palavras que não mais têm voz para ser pronunciadas.

*

Tal é o poder da linguagem: ela que é tecida de espaço, o suscita, o dá a si mesma por meio de uma abertura originária e o extrai para retomá-lo em si. Todavia, uma vez mais é votada ao espaço: onde então poderia ela flutuar e pousar senão nesse lugar que é página, com suas linhas e sua superfície, senão nesse *volume* que é o livro? Michel Butor várias vezes seguidas formulou as leis e paradoxos desse espaço tão visível em geral coberto pela linguagem sem manifestá-lo. A *Description de San Marco*[7] não busca restituir na linguagem o modelo arquitetural daquilo que o olhar pode percorrer. Mas utiliza

---

7. (N.A.) Butor (M.), *Description de San Marco*, Paris, Gallimard, "Collection Blanche", 1963.

sistematicamente e por sua própria conta todos os espaços da linguagem que são conexos com o edifício de pedras: espaços anteriores que este restitui (os textos sagrados ilustrados pelos afrescos), espaços imediata e materialmente superpostos às superfícies pintadas (as inscrições e legendas), espaços ulteriores que analisam e descrevem os elementos da igreja (comentários dos livros e dos guias), espaços vizinhos e correlativos que se engancham um pouco ao acaso, alfinetados por palavras (reflexões dos turistas que olham), espaços próximos, mas cujos olhares estão virados como se para o outro lado (fragmentos de diálogos). Esses espaços têm seu lugar próprio de inscrição: rolos de manuscritos, superfície dos muros, livros, fitas de gravadores que se cortam com tesouras. E esse triplo jogo (a basílica, os espaços verbais, seu lugar de escritura) distribui seus elementos de acordo com um duplo sistema: o sentido da visita (ele próprio é a resultante enredada do espaço da basílica, da marcha do passeador e do movimento de seu olhar) e aquele prescrito pelas grandes páginas brancas sobre as quais Michel Butor fez imprimir seu texto, com tiras de palavras recortadas em conformidade apenas com a lei das margens, outras dispostas em versículos, outras em colunas. E essa organização remete também, talvez, a esse outro espaço que é o da fotografia... Imensa arquitetura às ordens da basílica, mas inteiramente diferente de seu espaço de pedras e de pinturas – dirigido para ele, aderindo a ele, atravessando suas paredes, abrindo a extensão das palavras escondidas nele, restituindo-lhe todo um murmúrio que lhe escapa ou dele se desvia, fazendo jorrar com um rigor metódico os jogos do espaço verbal defrontando-se com as coisas.

A "descrição", aqui, não é reprodução, mas, antes, decifração: empreitada meticulosa para desencaixar essa barafunda de linguagens diversas que são as coisas, para remeter cada uma dessas linguagens a seu lugar natural e fazer do livro o local branco onde todas, pós-de-scrição,* podem reencontrar um espaço universal de inscrição. E esse é, sem dúvida, o ser do livro, objeto e lugar da literatura.

---

* (N.T) "...dé-scription...", no original, jogo de palavras de Michel Foucault que optamos por aproximar, indicando, provavelmente e pelo que se segue, o ato de desfazer o descrito.

1964

Palavras que Sangram

"Les mots qui saignent", *L'Express*, n. 688, 29 de agosto de 1964, p. 21-22. (Sobre a tradução, por P. Klossowski, da *Eneida*, de Virgílio, Paris, Gallimard, 1964.)

O lugar natural das traduções é a outra folha do livro aberto: a página do lado coberta de signos paralelos. O homem que traduz, passador noturno, fez o sentido transmutar silenciosamente, da esquerda para a direita, por cima da dobradura do volume. Sem armas nem bagagens. E segundo uma logística que permanece seu segredo. Sabe-se tão somente que, fronteira ultrapassada, as grandes unidades do sentido se reagrupam mais ou menos em massas análogas: a obra está salva.

Mas, e a palavra? Quero dizer, o tênue acontecimento que se produziu em um ponto do tempo e em nenhum outro, que se depositou nessa região da folha e em nenhuma outra? A palavra como fato de justaposição e de sucessão sobre a estreita cadeia em que falamos?

Mesmo literais, nossas traduções não podem dar conta das palavras. É que elas fazem deslizar as obras no plano uniforme das línguas. É que são laterais.

Pierre Klossowski acaba de publicar uma tradução vertical da *Eneida*. Uma tradução em que o palavra a palavra seria como a incidência do latim caindo a pique sobre o francês, segundo uma figura não justa, mas supralinear:

"Celebro as armas e o homem que, o primeiro das troianas costas na Itália, pela fatalidade fugitivo, chegou ao laviniano litoral."*

Cada palavra, como Eneias, transporta consigo seus deuses nativos e o sítio sagrado de seu nascimento.

---

* (N.T.) "*Les armes je célèbre et l'homme qui le premier des troyennes rives en Italie, par la fatalité fugitif, est venu au Lavinien littoral*", no original.

Ele faz o verso latino cair sobre a linha francesa como se sua significação não pudesse ser separada de seu lugar; como se ele só pudesse dizer o que tem a dizer desse ponto precisamente onde o destino e os dados do poema o lançaram. A ousadia desse aparente palavra a palavra (tal como se diz "gota a gota") é grande. Para traduzir, Klossowski não se instala na semelhança do francês e do latim, ele se aloja no cavo de sua maior diferença.

Em francês, a sintaxe prescreve a ordem e a sucessão das palavras revela a exata arquitetura do regime. Já a frase latina pode obedecer simultaneamente às duas ordenações: a da sintaxe, tornada perceptível pelas declinações, e outra, puramente plástica, que desvela uma ordem das palavras sempre livre, porém jamais gratuita.

Quintiliano falava do belo muro liso do discurso, que cada um pode construir conforme o seu gosto, com a pedra esparsa das palavras. Nas traduções, usualmente (mas isso não passa de uma escolha), decalca-se com toda a exatidão possível a ordenação da sintaxe. Mas a ordem do espaço, deixamo-la apagar-se, como ela se fosse, para os latinos, não mais que um jogo precário.

Klossowski arrisca o inverso, ou melhor, ele quer fazer o que nunca foi feito: manter visível a ordenação poética do local conservando, em um ligeiro recuo, mas sem nunca serem rompidas, as redes necessárias da sintaxe.

Aparece, então, toda uma poética do "sítio verbal": as palavras deixam uma a uma seu baixo-relevo virgiliano para vir, no texto francês, prosseguir no mesmo combate, com as mesmas armas, as mesmas posturas e os mesmos gestos. É que, no desenrolar linear da epopeia, as palavras não se contentam em dizer o que contam: elas o imitam formando, por seu impacto, sua dispersão e seu encontro, o "duplo" da aventura.

Elas a seguem como uma sombra projetada; e também a precedem como as luzes da vanguarda. Elas não relatam um destino à sua vontade; elas o obedecem exatamente como as ondas, os deuses, os atletas, o incêndio e os homens. Elas também pertencem ao *fatum*, a essa palavra mais antiga de todas que liga o poema e o tempo. Klossowski o diz em seu prefácio: "São as palavras que sangram, não as feridas."

Dir-se-á que a empreitada tem algo da quimera, que a ordem latina – *Ibant obscuri sola sub nocte* ("Eles iam obscuros sob a desolada noite") – por certo não tinha o valor da série francesa; que uma inversão, um deslocamento, uma disjunção de duas palavras naturalmente ligadas, ou choque de duas outras separadas pelo hábito, não dizem a mesma coisa em francês e em latim.

É preciso admitir que existem dois tipos de traduções: elas não têm nem a mesma função nem a mesma natureza. Umas fazem passar em uma outra língua uma coisa que deve permanecer idêntica (o sentido, o valor de beleza); elas são boas quando vão "do igual ao mesmo".

Além disso, há aquelas que jogam uma linguagem contra a outra, assistem ao choque, constatam a incidência e medem o ângulo. Tomam como projétil o texto original e tratam a língua de chegada como um alvo. Sua tarefa não é a de reconduzir a si um sentido nascido alhures, mas de descaminhar, mediante a língua que se traduz, aquela em que traduzimos.

Podemos picotar a continuidade da prosa francesa por meio da dispersão poética de Hölderlin. Podemos também fazer explodir a ordenação do francês impondo-lhe a procissão e a cerimônia do verso virgiliano.

Uma tradução desse gênero equivale ao negativo da obra: ela é seu rastro escavado na língua que a recebe. O que ela libera não é nem sua transcrição nem seu equivalente, mas a marca vazia, e pela primeira vez indubitável, de sua presença real.

Nessa vasta baia que retalhou as margens de nossa linguagem, a própria *Eneida* cintila. Entre as palavras que ela dispersa e reúne, ela é deusa fugidia e caçadora, a Diana no banho narrada alhures por Klossowski, a Ártemis nua, surpresa, mergulhante e obstinada que faz dilacerar por seus cães o impudente cujo olhar não pôde permanecer silencioso. Ela despedaça amorosamente a prosa que a um só tempo a persegue e se oferece a ela em "um tão funesto desejo".

Para o texto de Klossowski, a divina *Eneida* desempenha mais ou menos o mesmo papel assassino que o acaso em Mallarmé: ela submete a língua a uma fatalidade exterior, onde, paradoxalmente, se descobrem estranhos e maravilhosos poderes. No entanto, essa fatalidade, por longínqua que esteja, não nos é inteiramente estranha.

O retorno repentino de nossas palavras aos "sítios" virgilianos faz a língua francesa ultrapassar, em um movimento de retorno, todas as configurações que foram suas. Ao ler a introdução de Klossowski, atravessamos disposições de frases, posicionamentos de palavras que foram os de Montaigne, de Ronsard, do *Romance da rosa*, da *Canção de Rolando*. Reconhecemos aqui as divisões do Renascimento, ali as da Idade Média, alhures as da baixa latinidade. Todas essas distribuições se superpõem, deixando ver, apenas pelo jogo das palavras no espaço, o longo destino da língua.

Pelo esplendor dessa ordem cujo domínio ele faz ver sem cessar, o texto de Klossowski reúne-se à origem latina de nossa língua, assim como o poema de Virgílio encontrava a origem de Roma. Ele relata magnificamente as peregrinações fundadoras, a longa navegação incerta, as tempestades e os barcos perdidos, a fixação, enfim, em um lugar eterno.

E exatamente como a *Eneida*, do fundo da paz e da ordem romanas, fazia reluzir as peripécias de outrora e o destino por fim realizado, essa obra nova de Klossowski faz brilhar, no meio de nossa língua, os altos sítios nos quais, alternadamente, sua história a fixou. O nascimento de Roma é relatado em uma linguagem cuja luminosidade se faz transparente no nascimento do francês.

Esse duplo de Virgílio é também um duplo de nossa própria língua, mas um duplo que a despedaça e a reconduz a ela mesma. Essa figura do duplo destruidor é familiar a Klossowski, pois ela já dominou sua obra de escritor. Ela não cessou de estar presente ao longo da trilogia de Roberte.

E eis que Virgílio, já velho guia de Dante, torna-se agora aquele que "sopra"* nossa linguagem: ele diz nossa ordem mais antiga; desde a origem dos tempos, prescreve nossa prosa e a dispersa, sob nossos olhos, com um sopro cintilante.

---

* (N.T) "...*le 'Soufleur'*", no original, isto é, o ponto, aquele que sopra as falas das atores. Optamos pelo verbo soprar, que também tem essa acepção, para manter melhor a imagem sugerida por Michel Foucault.

1964

Obrigação de Escrever

"L'obligation d'écrire", in "Nerval est-il le plus grand poète du XIXe siècle?", *Arts: lettres, spectacles, musique*, n. 980, 11-17 de novembro de 1964, p. 7. (Fragmento de uma enquete realizada junto a muitos escritores na ocasião de reedições de obras de Nerval.)

Nerval teve um relacionamento com a literatura que nos é estranho e familiar. Perturbador, mas próximo do que nos ensinam os nossos maiores contemporâneos (Bataille, Blanchot). Dizia sua obra que a única maneira de estar no coração da literatura é manter-se indefinidamente em seu limite, como na borda exterior de seu declive.

Para nós, Nerval não é uma obra, nem sequer um esforço abandonado para fazer passar em uma obra que se esquiva uma experiência que lhe seria obscura, estranha ou insubmissa. Hoje, aos nossos olhos, Nerval é uma certa relação contínua e retalhada com a linguagem. Para começar, ele foi abocanhado diante de si mesmo pela obrigação vazia de escrever. Obrigação que só tomava sucessivamente a forma de romances, artigos, poemas, teatro, para ser de imediato arruinada e recomeçada. Os textos de Nerval não nos deixaram os fragmentos de uma obra, mas a constatação repetida de que é preciso escrever, que só se vive e só se morre de escrever.

Disso decorre a possibilidade e a impossibilidade gêmeas de escrever e de ser, disso resulta a pertença da escritura e da loucura que Nerval fez surgir nos limites da cultura ocidental – nesse limite que é cavidade e coração. Como uma página impressa, como a última noite de Nerval, nossos dias agora são preto e branco.

1969

Maxime Defert

"Maxime Defert", *Les Lettres Françaises*, n. 1.265, 8-14 de janeiro de 1969, p. 28. (Sobre a exposição de M. Defert na galeria Daniel Templon.)

Cinco telas análogas para formar não uma série, mas, antes, o espaço onde se disporão, por si mesmas, à maneira das figuras de pé de um quadro único. Essa outra tela imaginária envelopa todas as cinco, impõe-lhes um lugar definido, reúne sua dispersão em uma só profundidade pictural e as recupera no plano de uma superfície que se abre imediatamente para que cada um de nós possa nela penetrar. A reversibilidade é a lei de cada quadro. Por meio de um simples jogo de verticais, horizontais e oblíquas, mediante um degradê quase aritmético de valores, por intermédio de uma oposição entre o fosco e o luminescente, colunas avançam (ou se esquivam), rincões escapam rapidamente para além do horizonte (ou jorram como fontes de luz), degraus sobem ou descem. Quem fixará nessa arquitetura eixos definidos? Quem deterá o balanço das figuras em torno do plano imaginário que não consegue retê-las?

Olhem a tela da esquerda e a da direita. Nelas, a distribuição dos valores é meticulosamente invertida. Suas oscilações são incompatíveis: e o espaço que devia captá-las na imobilidade de um grande quadro fictício, por sua vez, bascula.

Quanto aos prismas, não se deve confiar em sua solidez, em suas arestas tão profundamente inscritas. Os elementos superiores que parecem surgir da grande superfície sombria, o que são eles? Um interior secretamente trabalhado pela luz que trespassa as faces noturnas da figura? Ou uma floração de formas frágeis na superfície de um volume bem fechado sobre si mesmo? As linhas que geometrizam cuidadosamente as superfícies coloridas não definem suas relações espaciais e seu lugar respectivo; são, antes, os signos de sua incompatibilidade. Elas compõem, com grossas costuras negras e segundo formas aparentemente familiares, elementos que não têm lugar comum.

1973

Foucault, o Filósofo, Está Falando. Pense

"Foucault, o filósofo, está falando. Pense" ("Foucault, le philosophe, est en train de parler. Pensez"; trad. S. de Souza), *Estado de Minas*, 30 de maio de 1973, p. 5. (Fragmento de uma conferência pronunciada em Belo Horizonte, em 29 de maio de 1973.)

Sobre o novo tipo de pensamento proposto por M. Foucault:
Essa cultura está apenas se formando, e por uma série de razões. Em primeiro lugar, porque ela apareceu espontaneamente nos mais diferentes domínios.
Ela não teve lugar privilegiado. Por outro lado, não se apresentou logo de primeira como uma reviravolta, mas começou quando Niestzsche mostrou que a morte de Deus não era o aparecimento e, sim, o desaparecimento do homem, que o homem e Deus tinham estranhas relações de parentesco, pois eram ao mesmo tempo irmãos gêmeos, pai e filho um do outro. Deus estando morto, o homem não poderia deixar de desaparecer também.
Ela apareceu igualmente com Heidegger, quando este tentou retomar a relação fundamental com o ser, em um retorno à origem grega. Ela apareceu também com Russell, quando este fez a crítica lógica da filosofia, e ainda com os linguistas e com os sociólogos como Lévi-Strauss.
Desse modo, nos dias de hoje, até mesmo para mim as manifestações da razão analítica – que seria a filosofia nova – ainda estão espalhadas. É nesse momento que se apresenta para nós uma tentação perigosa, o retorno puro e simples ao século XVIII, tentação que ilustra bem o interesse por nós conferido, atualmente, ao século XVIII. Contudo, um tal retorno é impossível. Não mais faremos a *Enciclopédia* nem o *Tratado das sensações* de Condillac.
Sobre seu pensamento considerado por ele como dialético, inteiramente diferente da análise marxista:

Precisamos fazer um esforço para descobrir a forma apropriada e absolutamente contemporânea desse pensamento não dialético. A razão analítica do século XVIII se caracterizaria, no essencial, por sua relação com a natureza. A razão dialética do século XIX desenvolveu-se sobretudo relacionada à existência, ou seja, aos problemas dos relacionamentos entre o indivíduo e a sociedade, à consciência histórica, ao sentido e ao não sentido, ao vivo e ao inerte.

Hoje, a interrogação do filósofo não consiste mais em procurar saber como o mundo pode ser vivido, experimentado, atravessado pelo sujeito. O problema que se apresenta agora é saber quais são as condições impostas a um sujeito qualquer para que ele possa introduzir-se, funcionar, servir de nó na rede sistemática do que nos cerca. Portanto, a descrição e a análise não terão mais como objeto o sujeito em suas relações com a humanidade, mas terão a ver com o modo de existência de alguns objetos (como a ciência) que funcionam, se desenvolvem, se transformam, sem nenhuma espécie de referência a alguma coisa que seria o fundamento intuitivo de um sujeito.

Sujeitos sucessivos se limitam a entrar, pelas portas laterais, na interioridade de um sistema que está sendo não somente alguma coisa que se conserva com sua própria sistematicidade, independente, em um certo sentido, da consciência dos homens, mas revela-se como tendo também uma existência própria, independentemente da existência de um sujeito ou de um outro.

Sobre o lugar da literatura nessa nova forma de pensamento:

Parece-me que a literatura atual faz parte do mesmo pensamento não dialético que caracteriza a filosofia. Creio que a maneira de utilizar a linguagem em uma dada cultura e em um dado momento encontra-se intimamente ligada a todas as outras formas de pensamento.

A literatura é a localidade onde o homem desaparece em benefício da linguagem. Ali onde aparece a palavra, o homem cessa de existir. As obras respectivas de Robbe-Grillet, de Borges e de Blanchot testemunham esse desaparecimento do homem em benefício da linguagem.

Toda obra de Blanchot consistiu em uma reflexão sobre a existência da literatura, da linguagem literária, do sujeito literário independentemente dos sujeitos nos quais esse discurso se encontra investido. Toda crítica de Blanchot consiste, no fundo, em mostrar como cada autor se situa no interior de sua obra, e isso de uma maneira tão radical que esta deve destruí-lo. É na obra que o homem encontra seu abrigo e seu lugar. É nela que ele habita, é ela quem constitui sua pátria. Sem ela, o autor não teria, literalmente, existência. Mas essa existência do artista em sua obra é de tal natureza que o conduz, inexoravelmente, a perecer.

1975

A Festa da Escritura

"La fête de l'écriture" (entrevista com J. Almira e J. Le Marchand), *Le Quotidien de Paris*, n. 328, 25 de abril de 1975, p. 13. (Sobre J. Almira, *Voyage à Naucratis*, Paris, Gallimard, 1975.)

M. Foucault: No dia de Natal, quer dizer, no dia em que não se recebem telefonemas e no qual, há milênios, quase nada acontece, recebo um telefonema de alguém que me pergunta se aceito de bom grado ler um manuscrito. Esse é o gênero de pergunta que me lança em um abatimento profundo. Em geral, são manuscritos que foram recusados um número incalculável de vezes. Fiquei, então, muito reticente, muito resmungão. Mas havia alguma coisa bastante charmosa na voz e ao mesmo tempo maravilhosamente afirmativa... Não se tratava de alguém derrotado a trazer um manuscrito vencido. Fascinou-me a nota alta da afirmação no canto daquela voz.
 Passei o Natal e os dias que se seguiram lendo esse manuscrito com entusiasmo. O que imediatamente me impactou foi a prodigiosa alegria que atravessava a escrita. Nada de constrangimento, de falsa vergonha, de moral baixo que encontramos em um grande número de textos contemporâneos, e que se traduz como um tornar a questionar a escrita pela escrita. Se Almira faz explodir a escrita, é arrebentando de rir, pelo excesso do prazer que ele tem com ela.
 J. Le Marchand: Quando você recebeu de Michel Foucault uma "belíssima carta com palavras elogiosas", você se surpreendeu?
 J. Almira: Para dizer a verdade, não esperava menos da parte de Michel Foucault. Eu lhe enviei o *Voyage* porque ele deveria ser o primeiro a lê-lo.
 M. Foucault: O que me agradou nesse romance é a maneira que ele tem de habitar serenamente a escrita, no momento mesmo em que o autor segura nas mãos os ouropéis do es-

critor. Suas referências a Flaubert e a *Madame Bovary* têm, sem dúvida, essa significação. É a festa da literatura, mas é o carnaval dos escritores.

J. Le Marchand: Você levou seis anos, creio eu, para escrever seu livro. Quando, aos 19 anos, você traçou as primeiras linhas, tinha alguma ideia geral do que queria fazer, do que seria seu livro?

J. Almira: Comecei por coligir e juntar as notas que tomava. Pouco a pouco, uma estrutura no começo muito vaga, depois mais precisa, foi se impondo muito lentamente.

J. Le Marchand: Você descobriu seu livro à medida...

J. Almira: À medida que ele se fazia, num lento processo de sedimentação, dia após dia. Nunca tive "projeto". O livro foi se instalando pouco a pouco pela força, ele se impôs a mim mesmo. Eu fazia, desfazia, depois um plano veio à luz como um monumento sepultado que eu teria exumado. Uma vez terminado, eu o escrevi. Eu o recompus inteiramente no ano passado.

M. Foucault: E você ainda tornou a juntar nas prateleiras dezenas e dezenas de páginas. Talvez você pudesse nos falar desse movimento de proliferação que me parece ser uma modalidade sua de trabalhar.

J. Almira: A partir do momento em que não havia história unívoca, fabulação – como em Balzac, como em Zola –, que permite prever tudo o que vai se passar e à qual sujeitamos o fluxo do discurso, tudo podia se impor. Era como uma ferida aberta sobre a qual poderia conectar-se todo tipo de possibilidades das quais eu não tinha nenhum conhecimento prévio.

J. Le Marchand: Foi o livro que o fez escrever, mais do que você escreveu o livro. Como é que você escreve? Você espera a inspiração? Você se põe à sua mesa deliberadamente?

J. Almira: Sim, frequentemente com desprazer. Depois, ao cabo de uma hora, o prazer começa a vir. Escrevo com muita calma. As passagens que aparecem à leitura como sendo delírio quase sempre me exigiram muito trabalho. Para pô-las em cena, eu estava bastante longe do delírio e com frequência muito perto da exasperação causada por um trabalho difícil. Não creio ter escrito uma única página que não tenha, em seguida, sido refeita várias e várias vezes diante de alguns preceitos de Paul Valéry, com o rigor de um homem de ciência.

Trabalhei em meu livro quatro ou cinco horas por dia durante seis anos, para lhe dar a medida de minha espontaneidade!

J. Le Marchand: Quais são os autores que lhe falam mais ao coração?

J. Almira: Os que li com mais prazer: Zola, Joyce, Maupassant, Mandiargues, Borges, Proust, Kafka, Roussel e todos os que esqueço de citar.

M. Foucalt: Na realidade, Roussel é muito importante para ele. Não pensamos nisso de imediato, mas nos damos conta em seguida de que é um livro prodigiosamente rousseliano. Com procedimentos de construção que não são de Roussel, embora obedeçam a um certo número de leis de deslocamento, desdobramento, recombinação. Há toda uma maquinaria sob a aparência de graforreia. É claro, quando ele emprega a palavra graforreia para designar o que faz, é de maneira puramente irônica, para zombar daqueles que o acusarão disso.

J. Le Marchand: Os artigos publicados sobre seu livro o decepcionaram?

J. Almira: De forma alguma. Todos os jornais publicaram artigos importantes e muito publicitários. Nenhum se contentou com uma nota de algumas linhas.

M. Foucault: Com efeito, aqueles mesmos que quiseram demolir o livro, que quiseram impedir que o lessem, foram obrigados a lhe dedicar longas páginas. A importância do livro foi marcada por essa dança do escalpo imediato.

J. Le Marchand: Você tem um segundo livro em preparação?

J. Almira: Em execução, sim, eu o comecei antes de esse ser publicado. Não sei se o acabarei, mas ele me permite ter certa distância com o que a publicação do *Voyage* pode envolver. Está longe de ter acabado. Digamos que é possível.

J. Le Marchand: Você lê muitos autores contemporâneos, Michel Foucault?

M. Foucault: Poucos. Outrora li muito o que chamam "a literatura". Por fim, rejeitei um grande número por incapacidade, porque sem dúvida eu não tinha o bom código para ler. Atualmente, emergem livros como *Au-dessous du volcan*, *Le rivage des Syrtes*. Um escritor de quem gosto muito é Jean Demelier. *Le livre de Job* me impressionou bastante. E também os livros de Tony Duvert. No fundo, para as pessoas de minha geração, a grande literatura era a literatura americana, Faulkner. É admissível que o acesso à literatura contemporânea apenas mediante a literatura estrangeira, a cujas fontes nunca se podia remontar, introduz uma espécie de distância em relação à literatura. A literatura era a Grande Estrangeira.

J. Le Marchand: Penso que, à diferença de J.-M. G. Le Clézio, ao qual o compararam um tanto facilmente, você não busca "dar a ver" o mundo exterior?

J. Almira: Eu o descrevo, formulo, inventario, invento. Penso que, se tivesse querido realmente dar a ver, eu teria pintado ou pego uma câmera.

M. Foucault: Eu diria que Jacques Almira fabrica mais coisas a ver. Com palavras, frases, ele decompõe, recompõe, constrói, e, bruscamente, você tem um gesto, um rosto, uma máscara, um perfume.

1976

Sobre "História de Paul"

"Sur *Histoire de Paul*" (entrevista com R. Féret), *Cahiers du Cinéma*, n. 262-263, janeiro de 1976, p. 63-65.

M. Foucault: Quando vi seu filme, eu esfreguei meus olhos. Esfreguei meus olhos porque reconheci atores profissionais. Ora, o que eu via no filme não posso dizer que era como um hospício, era o hospício. Eu me perguntei se você com seus atores não teriam passado muitas semanas ou meses num hospício estudando o que ali se passava, observando os gestos, escutando os diálogos. Você me explicou que não foi nada disso, você deixou seus atores seguirem uma espécie de linha, de fio condutor, sua declividade própria, que havia identificado neles. E trabalhando com eles na linha que era a deles você conseguiu que deles saíssem essas personagens que pertencem tipicamente ao hospício. Foi assim que isso aconteceu?

R. Féret: Os atores não precisaram fazer estágios nos hospitais psiquiátricos, mas, desde o começo da concepção, antes mesmo da realização do filme, no nível da escrita do cenário, a equipe já reunida pôde apoiar-se nas experiências reais de pessoas que haviam estado nos hospícios como doentes. Desde o começo, quisemos construir um filme do ponto de vista do grupo de loucos. A partir do estudo dessas experiências reais, fizemos uma reflexão sobre a instituição asilar e os atores intervieram imediatamente. Escrevi para eles baseado no conhecimento íntimo que tinha deles. Durante os 15 dias de ensaios, eles se colocaram nos cenários com trajes e acessórios próprios ao meio asilar e, com a ajuda de um gravador de vídeo, pudemos controlar, enriquecer, desenvolver os temas que havíamos elaborado. Os atores viveram as condições de um hospício.

M. Foucault: Você escolheu os atores, colocou-os num espaço, no meio de um sistema de coexistência, com roupas que são as de um hospício e os deixou seguir esse fio. Quanto aos doentes mentais, pegam-nos, vestem-nos, distribuem-nos como você fez, deixam-nos seguir seus fios e se tem a mesma coisa. Há um efeito próprio ao espaço asilar, aos muros, à coexistência e à hierarquia asilares, e você os libera, os faz jorrar da mesma forma, seja em alguém que é um doente, que está num estado medonho, seja em alguém que, afinal, faz seu ofício de ator para ganhar a vida. Há nisso uma experiência surpreendente sobre a força e os efeitos plásticos do poder asilar. Os comportamentos dessas personagens, tão tipificadas e tão estereotipadas, não são, propriamente falando, sintomas nem doenças, são a vegetação e a fauna asilares: o risonho, com seu riso sardônico, sua agitação, ora alegre, ora ansioso; o perguntador angustiado, aquele que faz suas orações, toda essa gente, cada um deles, segue sua própria linha. Linhas que não se recobrem verdadeiramente, um pouco como as autoestradas nas quais cada via, quando as olhamos do alto, parece cruzar-se com outra, mas, de fato, passa por cima ou por baixo dela, de modo a jamais se encontrarem. Cada um está, portanto, sobre sua faixa que recorta as outras sem, porém, encontrá-las. Mas, tomadas juntas em seu pseudocruzamento, essas linhas solitárias formam "cenas" que não são verdadeiramente da ordem da comunicação, mas da justaposição e da solidão: partidas de pingue-pongue, jogos de cartas, refeições. Você vai se defrontar com críticas sobre a questão dos médicos porque eles são caricaturais. Na verdade, são as únicas personagens caricaturais (os enfermeiros não o são). Grotescos, a cavalgada através das salas do hospício, os interrogatórios que não pedem resposta, não é essa a realidade da prática médica nos hospícios.

R. *Féret*: Muito se falou do papel dos médicos na etapa de preparação do filme, e, efetivamente, alguns médicos que veem o filme nem sempre ficam contentes. A diferença entre o tratamento dos enfermeiros e o dos médicos se deve ao fato de que os enfermeiros e os doentes são dois grupos flertando um pouco um com o outro, sem dúvida porque a promiscuidade entre eles é maior e por pertencerem, afinal, à mesma classe social. Para os médicos é diferente, tanto mais que os mostramos do ponto de vista dos doentes, papel em que aparecem diante deles com seu poder, seu saber, suas visitas intermitentes. Diante da realidade objetiva da prática médica desenvolvemos a percepção subjetiva que deles têm os doentes.

M. Foucault: Em suma, você queria mostrar que basta ministrar o poder médico em doses homeopáticas, basta que o médico passe, faça perguntas, dê uma ordem para cristalizar o sistema: é a pequena pedra angular para que tudo se mantenha. Os médicos são vistos, de algum modo, pelo ângulo de baixo, segundo a perspectiva da rã, de que falava Nietzsche, que vê o mundo de baixo para cima. Portanto, trata-se dessa personagem a um só tempo inacessível, fugidia ou enigmática, de pés e mãos enormes, de cabeça microscópica, com voz de alto-falante, ao mesmo tempo todo-poderosa e sempre elidida, presente por meio de todos os seus efeitos no hospício e, depois, sempre ausente.

R. Féret: Algumas pessoa me fazem a seguinte repreensão: "Você se contenta em descrever. Ora, descrevendo, você parece não tomar posição, você não mostra nem as causas nem as soluções, apenas descreve os efeitos. Portanto, não tem uma atitude construtiva diante desse problema."

M. Foucault: Sabe, acho que descrever já é alguma coisa importante. Além disso, você fez mais. Você se lembra das experiências que foram feitas na Califórnia, ao longo das quais certo número de estudantes considerados sãos de espírito foram enviados com um falso diagnóstico médico para alguns hospitais, para se chegar a saber depois de quanto tempo eles seriam reconhecidos como sendo não doentes? Os doentes os reconheceram imediatamente, mas o quadro médico, só ao cabo de algumas semanas. Eu penso que você se valeu de pessoas sãs de espírito, reconstruiu em torno delas um meio asilar e mostrou o que ali se produziu. Por isso, uma vez que se trata de uma experiência, eu diria que foi altamente construtiva porque, a partir daí, podemos compreender uma série de mecanismos e de efeitos próprios à internação asilar. Uma experiência como essa sobre os efeitos reais da ficção asilar nunca fora feita.

R. Féret: No centro dessa experiência "objetiva", eu quis situar a experiência subjetiva de Paul e assim permitir ao espectador entrar por ele mesmo em um hospício.

M. Foucault: A personagem é apenas uma página branca. Há diferentes círculos que giram acima de sua cabeça. Imediatamente em torno de Paul, de seu leito, há o círculo dos doentes; um pouco acima e de pé, há o círculo dos enfermeiros. Depois, passando assim como se cabriolando sobre as nuvens, os médicos. Ora, não sabemos rigorosamente nada sobre o que o levou ao hospício, a não ser as extensões de águas calmas que retornam muitas vezes e que, penso eu, designam o suicídio que cometeu ou quis cometer. Devem também significar o caráter insular do hospício. A água foi atravessada, ele está no meio dessa água e, toda vez que em sonho ele sai do hospício, encontra essa água que o separa, marca de sua subjetividade e do caráter perspectivo do filme.

R. Féret: As extensões de água têm as significações que vocês lhes dão, elas são também os problemas de Paul que nunca serão abordados dentro do hospício. Elas aparecem nos momentos de crise. E o filme termina com uma longa extensão de águas que não pretende dizer mais do que isso, que não pode dizer mais do que isso, um lugar onde os problemas de Paul não poderão de modo algum ser abordados, compreendidos, desatados.

M. Foucault: O próprio hospício é da natureza da água: da água que faz dormir e da água que dorme. A partir dos neurolépticos, há uma docilidade asilar. Não posso dizer que já não há violências. Aliás, você mostrou algumas delas: no meio desse clima feltroso, nessa espécie de temporal indolente, desencadeiam-se, em certos momentos, o raio, o trovão, as rixas. Mas há uma grande docilidade asilar, e seu auge é a hora da comida: o hospício era, na mitologia tradicional, um meio de repressão violenta e, ao mesmo tempo, um meio de miséria física, de falta, carências, fome, magreza etc., esfaimados atrás de uma jaula. A mãe de Paul vem lhe trazer comida. Aliás, todo mundo chega com cestos cheios de laranjas, bolos, chocolates, a fim de os alimentar, como para compensar a internação e suas faltas. Mas isso é fazer um duplo emprego, reproduzir em nome do exterior as exigências do interior, pois tudo no hospício – e isso me parece que você o mostrou claramente –, tudo no hospício gira, afinal, em torno da absorção. É preciso absorver o alimento e os medicamentos. O bom doente é aquele que come.

R. Féret: A integração de Paul no hospício é lida em referência à comida, do começo ao fim: Paul começa recusando qualquer alimento. É, então, punido e rejeitado pelos próprios doentes, vai para a sala dos que "dão problema". Nessa sala, os doentes forçam Paul, literalmente, a engolir a comida. Paul, obrigado a aceitar, volta à primeira sala. É, por fim, aceito, pois aceita alimentar-se. Começa, então, a integrar-se na instituição.

M. Foucault: A belíssima cena dos crepes me parece ser a grande virada. É o momento em que Paul aceita tanto o alimento que vem de sua mãe quanto o que lhe dão no hospital. Por conseguinte, ele aceita ter sido enviado ao hospital por sua família e aceita ser, no hospital, um bom doente. O hospital funciona como um imenso aparelho de digestão no interior do qual as pessoas digerem. É um grande canal alimentar, é a baleia de Jonas. O medicamento que se faz absorver é a um só tempo a recompensa, a garantia, a mistura de prazer e de dever: os doentes vêm aglutinar-se em torno da mesa quando os medicamentos chegam. Há, inclusive, um doente que diz: "e eu, como é possível que hoje eu só tenha um. Ontem eu tinha dois. Por que não tenho mais de um?"

A grande beleza de seu filme, no qual cada gesto é levado por seu despojo à sua máxima intensidade, é sustentada também pela terrível ironia, que é a de todo mundo para com a loucura – doentes, enfermeiros, exceto os médicos, talvez –, na qual eles têm seu emprego.

R. Féret: Por que o humor não teria seu lugar num tema como aquele e por que não faríamos dele um espetáculo, já que o trabalho dos atores é um de seus elementos essenciais? Por vezes rimos, nos arrepiamos também, eu espero, depois falamos e refletimos. O humor dos loucos, a ironia dos loucos, essas coisas existem e os atores as abordaram com seu profundo humor, sua própria ironia.

M. Foucault: Poderíamos pensar como sendo um pouco o avesso das festas de loucos que existiam em alguns hospitais psiquiátricos suíços e, creio, em algumas regiões da Alemanha. No dia de carnaval, os loucos se fantasiavam e saíam às ruas da cidade. Não os que estavam em estado grave, é claro. Eles faziam um carnaval que a população assistia ao mesmo tempo com distância e medo. Mas, afinal, era bastante atroz o fato de o único dia que lhes permitiam sair em massa ser o dia em que eles deviam fantasiar-se e, literalmente, bancarem os loucos, tal como os não loucos bancam os loucos. Você fez com os atores uma experiência inversa: "Vocês são não loucos. Pois bem, brinquem de loucos e banquem os loucos!..."

R. Féret: "...Mas, atenção! Façam-se de loucos conforme as regras do hospício a fim de mostrar melhor seus efeitos..."

M. Foucault: É isso. E: "Façam a loucura de acordo com as regras, tal como ela acontece e tal como vocês, afinal, a desempenhariam, caso estivessem dentro do hospício." Então, isso resultou nesse lado engraçado que em nada contradiz a realidade asilar. E sentimos que os atores não exatamente se divertem ao representar, mas deixam passar uma intensidade, uma gravidade de prazer bastante perceptível ao longo de todo o filme.

1976

O Saber como Crime

"Hanzai tosite no chishiki" ("Le savoir comme crime", entrevista com S. Terayama; trad. R. Nakamura), *Jyôkyô*, abril de 1976, p. 43-50.
Guru da vanguarda teatral japonesa dos anos 1960, Shugi Terayama realizou esta entrevista em Paris.

– *Parece que, até o século XX, o objetivo principal das análises históricas foi o de recompor um passado em uma totalidade, cujo enquadre essencial era o Estado. Desse ponto de vista, a ortodoxia dos métodos históricos, dos quais a Europa é centro, se punha a classificar as sociedades industriais capitalistas. Mas, em "Retornar à História",[1] você demonstra o quanto os estudos históricos funcionavam no interior da ideologia burguesa e os critica, uma vez que serviam para consolidar e preservar a unidade da burguesia que, no entanto, suportou a revolução por repetidas vezes. Seu método consiste em não mais considerar a história como uma ressurreição do passado, em destacá-la do sistema ideológico que a alimentara e em perceber não o tempo e o passado, mas mudanças e acontecimentos. Ora, no que se tornaria seu método se o aplicássemos às mutações da sociedade europeia dos cem últimos anos, em vez de referir-se à mitologia?*
– Você me pergunta como eu aplicaria concretamente o meu método aos fenômenos da sociedade moderna, não é? Para responder, diria que, por exemplo, há algum tempo reflito sobre o problema da punição na sociedade, a saber, sobre o tratamento dos criminosos. No momento, essa aplicação não apresenta nenhuma dificuldade. Penso, inclusive, que um acontecimento absolutamente concreto e sua mutação respondem, como antes, às análises históricas. Em *Vigiar e punir*, publicado em fevereiro do ano passado, eu trato desse problema.

---

1. Ver *Retornar à História*, vol. II da edição brasileira desta obra.

– *Tratar-se-ia de outro método diferente daquele de Eu, Pierre Rivière, que degolei minha mãe, minha irmã e meu irmão...?*
– É outro livro.
– *Você acredita na eficácia prática de um pensamento expresso num livro?*
– Não. Não acho que a escrita tenha grande eficácia.

*

– *Se compararmos a história ao teatro, o historiador seria um dramaturgo, um crítico de teatro ou os dois ao mesmo tempo? Essa é uma questão que me intriga. Eu poderia transpor a questão: o estruturalista seria um diretor de cena ou um crítico de teatro? Ora, nem o historiador, nem o estruturalista se encontram na posição do espectador que, no entanto, é o coautor do drama. Em outras palavras, eles não passam de seres que operam certo tipo de manobras e de análises longe da relação de tensão criada pelo drama que se desenrola. Como você reagirá a essa observação?*
– Gostaria de realçar em sua questão o fato de você colocar em paralelo o historiador e o estruturalista. Ora, o estruturalismo é um método empregado em antropologia, em linguística e, por vezes, em crítica literária, mas me parece muito raro ele ser utilizado em história. De todo modo, não tenho nenhuma ligação com o estruturalismo e nunca o empreguei em análises históricas. Para ir mais longe, diria que ignoro o estruturalismo e que ele não me interessa.
– *Nesse caso, você pode retirar a passagem sobre o estruturalismo em minha pergunta. Você poderia falar, então, de seu próprio ponto de vista, sobre a posição do intelectual na história, comparada ao teatro?*
– Lamento muitíssimo, mas me é impossível considerar a história como teatro. Não acho que a história tenha espectadores e não teria a ideia de comparar o historiador com o diretor de cena. Seria melhor dizer-lhe que não compreendo sua metáfora.
– *Por que você diz ser impossível comparar a história ao teatro? Em minha opinião, tudo é comparável.*
– O que é sobremaneira importante é o fato de a história não ter espectadores.

– Mas, quando comparei a história ao teatro eu não falava de um espetáculo se desenrolando no sentido habitual. Quando captamos o teatro em sua dramaturgia original, ou seja, na complexidade original do teatro, a história me parece eminentemente teatral. Diria mesmo que, no fundo, todo acontecimento histórico é apenas, e por completo, teatral.

– De algum modo, você define o teatro como história. Mas não é diferente definir a história como teatro?

– Quando se vê alguma coisa, se é obrigado a usar os óculos apropriados.

– Quanto a isso, posso concordar.

– É por essa razão que estou sempre usando óculos de teatro. Sem dúvidas porque sou um homem de teatro. Mas no processo em que as contingências da história se organizam, a imaginação teatral desempenha um importante papel. Por exemplo, o homem que faz teatro, o homem que assiste a ele e o homem que o encena: a relação entre essas três posições é extremamente interessante. Tomemos um exemplo. Nos pequenos hotéis na Europa, o elevador é feito para três pessoas. Nos jardins, os bancos são feitos para três pessoas. Há uma diferença considerável comparativamente a Tóquio, onde dezenas de pessoas tomam o mesmo elevador e muitas delas sentam num banco público. Não é uma simples questão de quantidade, mas, provavelmente, isso decorre da estrutura interna da vida cotidiana.

Estar a três, não a dois: na sociedade europeia, que exige quase sempre uma terceira pessoa, ou seja, uma testemunha, o problema do espectador é extremamente importante. Numa palavra, o espectador não existe, mas nós nos tornamos um. Ademais, em termos precisos, não é no processo histórico das interações que reside a estrutura que produz espectadores?

Neste momento, neste recinto, somos três: M. Foucault, a Sra. Govaers, tradutora, e eu mesmo. Mas quem é a terceira pessoa? Isso muda, ora um, ora outro.

Insisto em enfatizar essa terceira pessoa, esse espectador que não está concernido, em suma, esse problema do observador. Há pouco, você disse que a história não tem espectador. Você poderia nos explicar um pouco sobre isso?

– A história é um processo que engloba toda a humanidade. Assim, eu me pergunto se Deus não seria o único a ter direito ao título de espectador.

– *Mas não poderíamos dizer tratar-se, no caso, não de uma história global, mas de um conjunto de sainetes que se imbricam em muitas camadas? Há a história como fragmento. Podemos dizer que, diante de uma comédia intitulada Morte do general Franco, os japoneses foram, em sua maioria, simples espectadores.*

– Deveríamos dizer, de preferência, que, se os japoneses foram em sua maioria espectadores, não foi diante desse fato histórico, mas, sim, do que concerne a alguns fatores relacionados a esse respeito. A morte de Franco é um fato histórico. O que se passou com essa morte, porém, o que foi concluído e o que se produzirá agora, tudo isso, não é como espectadores que devemos apreendê-lo.

Pelo menos, para alguém que se contente em ser espectador, a história não pode existir. Pois aquele que se encontra na história não pode mais apreendê-la uma vez que se tornou espectador. Em outros termos, só o homem que cria a história, a saber, aquele que se encontra dentro dela, pode ver a história.

– *Tenho a impressão de que você considera a história como um longo rio contínuo, mas, para mim, a história não passa de um amontoado de coisas extraordinariamente descontínuas e contingentes.*

– Eu o escrevi repetidas vezes: considero a história como uma sucessão de fragmentos, uma sucessão de acasos, violências, rupturas. Sobre esse ponto, estou de acordo com você.

– *No teatro, é impossível que um homem fique como espectador durante toda a sua vida. Ocorre ao espectador de ontem desempenhar, hoje, o papel principal. Na história também, um homem que um dia é espectador pode tornar-se, no outro, protagonista. Por essa razão, não penso que a história exista sem conter em seu seio os espectadores. Não é no nível do acontecimento que o problema se apresenta. Ao contrário, para definir a história, diria que desempenhamos mutuamente o papel de espectador.*

– Por que não? Com efeito, no que concerne a um acontecimento histórico, reconheço haver seres que se mantêm afastados dele, que podem conhecê-lo e que são concernidos por ele. Mas hesitaria em chamá-los espectadores. Parece-me que um espectador é alguém que não está a par do fato, quer se trate de um problema político ou de um problema econômico. E

tenho a impressão de que, quando o teatro intervém, a história e o processo do saber válido desaparecem.
– No mundo do teatro se utiliza, cada vez menos, o termo espectador. Parece-me mais apropriado falar daquele que se encontra neste mundo, daquele que está implicado, que partilha a experiência. Não acho que hoje as atividades da guerrilha empreendidas pelos estudantes do Exército Vermelho japonês, ou pelos do grupo Baader-Meinhof, estão referidas, em si, a uma mudança. Mas acho possível considerá-los comediantes. O que eles buscam é um efeito de distanciação. Você acha eficaz o efeito de distanciação exercido sobre os cidadãos hipnotizados pela ideologia burguesa? Ou você o acha totalmente ineficaz?

– Não disponho de informações suficientes sobre o Exército Vermelho japonês para saber se sua intenção é causar um efeito de distanciação. Mas posso ao menos dizer que as atividades do Exército Vermelho, tal como são interpretadas no Ocidente, a saber, o terrorismo, têm um efeito inteiramente inverso, qual seja, o de tornar a classe burguesa ainda mais ligada à sua ideologia. De modo mais geral, o terror se revela como o mecanismo mais fundamental da classe dominante para o exercício de seu poder, sua dominação, sua hipnose e sua tirania.

Portanto, é demasiado simplista da parte deles, isto é, dos homens do poder e daqueles que lhes obedecem cegamente, acreditar que obterão um efeito contrário, ao agirem impondo o terror sobre as pessoas que querem eliminar.

Repito: o terror só acarreta a obediência cega. Empregar o terror para a revolução é, em si, uma ideia completamente contraditória.

*

– *O que você tem a dizer sobre a monogamia? No momento, penso que esse sistema contribui em ampla medida para a manutenção da ideologia burguesa. Qual é sua ideia sobre isso e o que você encontra como solução de reserva?*

– Se você está empregando o termo monogamia em oposição à poligamia que é efetivamente praticada, não tenho resposta clara para decidir no plano histórico ou antropológico qual é a melhor solução entre a monogamia e a poligamia. Mas posso dizer que é insuportável e inadmissível para os homens modernos o fato de nossas sociedades encerrarem o desejo e o prazer sexuais nas formas jurídicas de tipo contratual. Mais do que me pronunciar sobre minha preferência entre a monogamia e a poligamia, diria que sou contra todo tipo de "gamia". Mas acho ridículo coagir as relações sexuais por meio de uma lei, um sistema ou um contrato.

– *Muitos pintores não mais se utilizam de uma tela para pintar. Os músicos se servem inclusive de panelas de pressão ou de aspiradores como instrumentos. Eu também acabei acreditando na eficácia do teatro nas ruas, e não num estabelecimento destinado à ficção. Isso não significa apenas a impossibilidade para um estilo afirmar-se nos dias de hoje. Convém considerar que, para uma expressão artística manter uma relação de tensão entre o criador e o receptor, ela deve conter uma imaginação que organize constantemente contingências e um conflito com a sociedade moderna. Pensamos que todo homem pode se tornar ator e todo lugar, tornar-se teatro. Isso provém do fato de o teatro ter perdido sua função de ser uma realidade em representação, criada por homens de representação. O teatro como reprodução significa a ressurreição de um passado que ultrapassa as épocas. E isso me parece tão estéril quanto a reprodutibilidade dos estudos históricos. Qual é sua opinião, em particular, sobre o teatro?*

– É verdade que as formas de expressão artística, outrora confinadas a lugares determinados, aparecem hoje por toda parte e funcionam onde quer que se encontrem. Com efeito, as ocasiões de expressão se criam por todo lado nas ruas, nos parques. O privilégio da pintura e do teatro é eles poderem justamente pôr em prática essa explosão (trata-se de superar os limites de um lugar). Além disso, esses modos de difusão já estão postos em marcha (o que muitos invejam). Ora, nos domínios dos quais me ocupo, isto é, nos das teorias históricas e políticas, o problema é que os círculos acadêmicos são sempre preservados e o número de consumidores, muito limitado.

Gostaria de conseguir (ainda que não seja simples) que essas teorias e esses saberes históricos fossem difundidos da mesma forma que as atividades artísticas e que as pessoas os utilizassem para seu prazer, para suas necessidades e suas lutas.

Em suma, gostaria que, assim como a pintura, a música e o teatro, as teorias e os saberes históricos ultrapassassem as formas tradicionais e impregnassem em profundidade a vida cotidiana. E gostaria de proceder de maneira que as pessoas pudessem utilizá-los e empregá-los livremente para seu prazer, para as necessidades de sua vida, para regular os problemas com os quais se defrontam e para suas lutas.

– *Penso que isso vai ao encontro de Benjamin e de Brecht, que buscavam "gestificar" o pensamento e torná-lo "citável". Ao mesmo tempo, me parece que existe uma arte separada de todo esse tipo de função. Por exemplo, Jorge Luis Borges faz parte dessa categoria de escritores. Você escreveu sobre ele muitas vezes. Sua obra se endereça a um público restrito e ele recusa categoricamente a generalização com as outras artes. Você poderia nos falar de Borges, sobretudo quanto a esse ponto?*

– Na literatura francesa, por tradição, havia uma separação nítida entre o domínio literário e o domínio do saber (ou da ciência). Isso vale sobremaneira para a literatura do século XX. No século XIX, havia, de modo evidente, uma interação entre a literatura e a ciência. Isso se verifica tanto em Victor Hugo quanto em Émile Zola.

Ora, a partir do começo do século XX, enfatizou-se um discurso puramente literário, longe do positivismo científico. Parece-me haver aqui duas coisas a observar. A primeira fez sucesso em inúmeros romances eruditos, fossem eles livros de *science-fiction* ou da obra de Thomas Mann. A outra é justamente a tendência expressa por Borges. Ao mesmo tempo em que ele descreve os saberes ou as civilizações (cabe dizer que a civilização moderna é, em termos precisos, fundamentada nesses saberes), ele realça o peso da inquietação e da angústia que residem na civilização moderna constituída em torno desses saberes: é aqui, me parece, que reside a força crítica que a literatura borgeana possui.

– *Nesse sentido, você poderia desenvolver esse problema do saber? Há pouco, você disse que o terror não é eficaz como meio de revolução. Podemos então deduzir disso que o método mais eficaz seria utilizar o saber como mediação? Ou haveria outros métodos?*

– A fim de detalhar a ideia segundo a qual não podemos fazer a revolução por meio do terror, podemos dizer o seguinte: não podemos suscitar aspiração à revolução semeando o terror nas pessoas.

Em suma, há um fenômeno importante no século XX. No século XIX, a revolução era desejada pelas massas. Mas o stalinismo, os acontecimentos que o sucederam e os fenômenos produzidos pela revolução comunista a título de amostragens por toda parte no mundo acabaram por fazer baixar consideravelmente a taxa de desejabilidade da revolução. Contudo, é verdade que, mesmo nos dias de hoje no Terceiro Mundo, sobretudo nos países em que uma exploração descomedida é praticada (como no Brasil e na Bolívia), a revolução é efetivamente desejada.

Fato é, porém, que nos países europeus a revolução não é mais desejada com ardor pelas massas. Apenas uma minoria a deseja. Ademais, essa minoria está mudando a imagem da revolução recorrendo, no limite de sua paciência, ao terrorismo ou a um elitismo extremamente intelectual. Hoje em dia, a revolução acabou por se tornar, aos olhos das massas, alguma coisa de inacessível ou pavorosa.

Em minha opinião, o papel do intelectual nos dias de hoje deve ser o de restabelecer para a imagem da revolução a mesma taxa de desejabilidade que a existente no século XIX. Para os intelectuais, é urgente restituir para a revolução – supondo, é claro, que os revolucionários e uma camada popular mais ampla os escutem – tanto charme quanto ela possuía no século XIX. Para tanto, é necessário inventar novos modos de relações humanas, ou seja, novos modos de saber, novos modos de prazer e de vida sexual.

Penso que a mudança dessas relações pode se transformar numa revolução e torná-la desejável. Resumindo, a formação de novos modos de relações humanas contém um tema indispensável para falar da revolução.

– *Muito obrigado. A respeito desses modos de relações humanas, gostaria muito de ouvi-lo evocar o problema da punição e da sociedade, sobre o qual você está trabalhando neste momento, assim como o das massas que se interessam cada vez mais não na revolução, mas no crime. Infelizmente o tempo passa e devemos, hoje, terminar por aqui. Almejo que o filme* Eu, Pierre Rivière, que degolei minha mãe, minha irmã e meu irmão, *seja concluído com sucesso e aguardo, impaciente, a tradução de* Vigiar e punir, *esperando que ela termine o mais cedo possível.*

1976

Entrevista com Michel Foucault

"Entretien avec Michel Foucault" (entrevista com P. Kané), *Cahiers du Cinéma*, n. 271, novembro de 1976, p. 52-53. (Transcrição de uma entrevista com P. Kané em um curta-metragem realizada por este último sobre o filme de R. Allio *Moi, Pierre Rivière, ayant égorgé ma mère, ma soeur et mon frère*, 1976.)

– *Se você quiser, podemos começar falando do seu interesse na publicação do dossiê sobre Pierre Rivière e principalmente do interesse, em sua opinião, do fato de ele ser retomado hoje, pelo menos em parte, num filme.*
– Para mim, era um livro armadilha. Você sabe da prolixidade com a qual, neste momento, fala-se dos delinquentes, de sua psicologia, de seu inconsciente, de suas pulsões, seus desejos etc. O discurso dos psiquiatras, dos psicólogos, dos criminologistas sobre o fenômeno da delinquência é inesgotável. Ora, trata-se de um discurso que data, hoje, de mais ou menos 150 anos, ele é dos anos 1830. Então, na época, em 1836, tinha-se ali um caso magnífico: um triplo assassinato, e, sobre ele, não apenas todas as peças do processo, mas também um testemunho absolutamente único, o do próprio criminoso, que deixou um memorial de mais de cem páginas. Então, publicar esse livro era, para mim, a maneira de dizer aos senhores psis, em geral (psiquiatras, psicanalistas, psicólogos...), o seguinte: "Aí está, vocês têm 150 anos de existência e eis um caso contemporâneo ao nascimento de vocês. O que vocês têm a dizer sobre ele? Vocês estariam, hoje, mais bem armados para falar dele do que seus colegas do século XIX?"

Então, posso dizer que, num sentido, ganhei: ganhei ou perdi, não sei bem, pois meu desejo secreto, é claro, era ouvir os criminologistas, os psicólogos e psiquiatras sustentarem, sobre o caso Rivière, seu habitual e insípido discurso. Ora, eles foram literalmente reduzidos ao silêncio. Não houve um que tomasse a palavra para dizer: "Aqui está, na realidade, o que foi Rivière. Hoje, posso dizer-lhes o que no século XIX não se podia" (a não ser uma tola, uma psicanalista cuja pretensão era que Rivière seria a própria ilustração da paranoia em Lacan...). E, afora essa exceção, ninguém falou nada. Desse modo, acredito que os psiquiatras de hoje trouxeram de volta o embaraço daqueles do século XIX, mostraram não ter nada mais a dizer. Mesmo assim, saúdo a prudência, a lucidez com que renunciaram a sustentar seu próprio discurso sobre Rivière.

Então, a aposta está ganha ou perdida, como você quiser...

– *Todavia, de um modo mais geral, há uma dificuldade em sustentar um discurso sobre o acontecimento propriamente dito, sobre seu ponto central, que é o assassinato, e também sobre a personagem que o fomenta.*

– Sim, porque, me parece, o discurso do próprio Rivière sobre seu próprio gesto domina de tal forma, ou escapa tanto a todas as apreensões possíveis que o que poderíamos dizer sobre esse ponto central, esse crime, esse gesto, que não fosse infinitamente aquém dele? Temos ali um fenômeno do qual não vejo equivalente na história, seja do crime, seja do discurso, a saber: um crime acompanhado de um discurso tão forte, tão estranho, que o crime acaba por não mais existir, acaba por escapar, pelo fato de esse discurso sobre o crime ser sustentado por aquele que o cometeu.

– *Então, como você se situa em relação à impossibilidade desse discurso?*

– Eu nada disse sobre o próprio crime de Rivière e, uma vez mais, acredito que ninguém possa dizê-lo. Não, eu acho que se deve compará-lo a Lacenaire, que foi exatamente seu contemporâneo. Este cometeu uma quantidade de pequenos crimes, medíocres, em geral falhados, nada gloriosos, tendo conseguido, por meio de um discurso, aliás, muito inteligente, fazer existir esses crimes como verdadeiras obras de arte, fazer existir o criminoso, isto é, ele, Lacenaire, como sendo o próprio artista da criminalidade. Se você quiser, foi outra forçação: ele chegou a dar uma realidade intensa, durante dezenas de anos, durante mais de um século, a gestos afinal de contas banais e ignóbeis. Na verdade, era um tipo bastante pobre no nível da criminalidade, mas o esplendor e a inteligência de seu discurso deram consistência a tudo isso. Com Rivière, a coisa foi inteiramente diferente: um crime de fato extraordinário, relançado por um discurso tão mais extraordinário que o crime acabou por não mais existir. E, aliás, acredito ter sido isso o que se passou no espírito de seus juízes.

– *Mas, então, você concorda com o projeto do filme de R. Allio, cujo eixo está mais na ideia de se assentar numa fala campesina? Ou você também o havia pensado antes?*

– Não, é mérito de Allio ter pensado nisso, mas o subscrevo totalmente, pois, ao reconstruir esse crime do exterior, com atores, como se fosse um acontecimento e nada além de um acontecimento criminal, penso que se perderia o essencial. Seria preciso situar-se, por um lado, no interior do discurso de Rivière, seria preciso que o filme fosse o filme de um memorial, e não o filme do crime. Por outro, seria preciso que o discurso de um pequeno camponês normando dos anos 1835 fosse feito tal como o discurso do campesinato naquela época. Ora, o que é mais próximo dessa forma de discurso senão o que se diz atualmente, com essa mesma voz, pelos camponeses da mesma região? Afinal, através dos 150 anos, são as mesmas vozes, os mesmos sotaques, as mesmas falas tronchas que relatam a mesma coisa apenas transposta. Pelo fato de Allio ter escolhido fazer a comemoração desse ato nos próprios locais e quase com as mesmas personagens de há 150 anos, faz com que sejam os mesmos camponeses a recomeçar, no mesmo local, o mesmo gesto. Era difícil reduzir todo o aparelho do cinema, toda a aparelhagem fílmica a um tal estreitamento. E isso foi por certo extraordinário, bastante único, me parece, na história do cinema.

O que é também importante no filme de Allio é que ele dá aos camponeses sua tragédia. No fundo, a tragédia do camponês até o final do século XVIII talvez ainda fosse a fome. Mas, a partir do século XIX, e talvez ainda hoje, era, como toda grande tragédia, a tragédia da lei, da lei e da terra. A tragédia grega é a que conta o nascimento da lei e dos seus efeitos mortais sobre os homens. O caso Rivière se passa em 1836, ou seja, uma vintena de anos depois do começo da aplicação do Código Civil: uma nova lei se impôs à vida cotidiana do camponês e ele se debate nesse novo universo jurídico. Todo o drama de Rivière é um drama do direito, um drama do Código, da lei, da terra, do casamento, dos bens... Ora, é sempre no interior dessa tragédia que o mundo camponês se move. Então, o importante é fazer os atuais camponeses representarem esse velho drama que, ao mesmo tempo, é o de sua vida: exatamente como os cidadãos gregos viam a representação de sua própria cidade em seu teatro.

– *Em sua opinião, que papel pode ter o fato de os camponeses normandos dos dias de hoje virem a guardar, em suas mentes, graças ao filme, esse acontecimento, essa época?*

– Sabe, há muita literatura sobre os camponeses. Mas uma literatura campesina, uma expressão campesina, não há muita. Ora, temos ali um texto escrito em 1835 por um camponês, na linguagem dele, isto é, na de um camponês apenas alfabetizado. E eis que há, para os camponeses atuais, a possibilidade de eles próprios representarem, com seus próprios meios, esse drama que foi o da geração, no fundo, justo anterior à sua. E olhando a maneira como Allio faz seus atores trabalharem, vocês puderam sem dúvida observar que, por um lado, ele estava muito próximo deles, lhes dava muitas explicações apoiando-os enormemente, mas, por outro, lhes dava muita liberdade de agir, de modo que fosse de fato sua linguagem, sua pronúncia, seus gestos. E, se quiserem, acho politicamente importante dar aos camponeses a possibilidade de representar esse texto camponês. Disso decorre também a importância dos atores externos para representarem o mundo da lei, os juristas, os advogados..., todas essas pessoas que são gente da cidade sendo, no fundo, exteriores a essa comunicação muito direta entre o camponês do século XIX e o do século XX, tal como Allio soube realizar e, até certo ponto, deixou esses atores camponeses realizarem.

– *Mas não seria perigoso eles tomarem a palavra valendo-se de uma história tão monstruosa?*

– É o que se poderia temer. E quando Allio começou a lhes falar sobre a possibilidade de fazer o filme, ele não ousou muito, no começo, em lhes dizer verdadeiramente do que se tratava. Quando lhes disse, ficou muito surpreso de ver que eles aceitavam muito bem e que o crime não lhes trazia nenhum problema. Ao contrário, em vez de se tornar um obstáculo, foi uma espécie de lugar onde puderam se reencontrar, falar e fazer passar uma quantidade de coisas que eram as de sua vida cotidiana. De fato, em vez de bloqueá-los, esse crime, antes, os liberou. E se lhes tivéssemos pedido para representar alguma coisa mais próxima de sua vida cotidiana, de sua atualidade, eles talvez se sentissem mais fazendo uma encenação, como no teatro, do que representando essa espécie de crime longínquo e um tanto mítico, ao abrigo do qual eles puderam usufruir divertidamente de sua própria realidade.

– *Eu pensava mais numa simetria um tanto deplorável: neste momento, está muito na moda fazer filmes sobre as torpezas, as monstruosidades da burguesia. Será que com o filme não correríamos o risco de cair na armadilha das violências indiscretas do campesinato?*

– E assim reataríamos com a tradição de uma representação atroz do mundo campesino, tal como em Balzac, Zola...? Não creio. Talvez justamente por essa violência nunca ser ali representada de maneira plástica, de maneira teatral. O que existe são intensidades, rosnados, coisas surdas, espessuras, repetições, coisas apenas ditas, mas a violência não existe... Não há essa espécie de lirismo da violência e da abjeção campesina que você parece temer. Aliás, é assim no filme de Allio, mas também é assim nos documentos, na história. Claro, há algumas cenas frenéticas de batalhas disputadas entre os pais pelas crianças, mas, no fim das contas, essas não são cenas muito frequentes. E, sobretudo, através delas há uma grande, grande fineza, acuidade de sentimentos, inclusive sutileza e com frequência delicadeza, mesmo na malvadez. Tudo isso não dá de modo algum a esses personagens o aspecto de bestas brutais numa selvageria desencadeada, tal como se pode encontrar no nível de certa literatura sobre o campesinato. Ali, todo mundo é incrivelmente inteligente, terrivelmente fino, e, até certo ponto, terrivelmente contido...

1976

Por que o Crime de Pierre Rivière?

"Pourquoi le crime de Pierre Rivière?" (entrevista com F. Châtelet), *Parispoche*, 10-16 de novembro de 1976, p. 5-7. (Sobre o filme *Moi, Pierre Rivière, ayant égorgé ma mère, ma soeur et mon frère*, de R. Allio, 1976.)

– *Michel Foucault, você participou do dossiê, qual sua opinião sobre o filme de R. Allio? Como você considerou a transposição para imagens desses personagens que você viu aparecer progressivamente a partir dos textos?*
– Não participei de modo algum da elaboração do filme. Não é que não lhe seja solidário, ao contrário, mas minha jogada, ao publicar esse texto, era dizer aos médicos, psiquiatras, psicanalistas, comentadores, cineastas, homens de teatro...: "Façam dele o que quiserem." René Allio fez dele alguma coisa de bom, alguma coisa grande. O fato de tê-lo feito encenar nos próprios locais por atores amadores também camponeses, em tudo semelhantes aos contemporâneos da história, diria quase que pelos mesmos personagens, tudo isso é importante. O filme não afastou a história do que ela foi. Ele permitiu, ao contrário, que a história retornasse ao seu ponto de partida. Conhecemos essa história porque Rivière, suposto analfabeto, a escreveu. A maneira como Allio representou a voz em *off*, como ele quis que tudo o que fosse dito no filme estivesse dito no memorial (não há, portanto, uma única fala original do filme) é, penso eu, muito novo.
– *A mãe não está demasiado presente?*
– A mãe é, num sentido, tanto no filme e na história quanto no memorial de Rivière, o personagem absolutamente enigmático. É o que não se compreende, pois a um só tempo é em torno dela que tudo se cria, seja porque Rivière fantasmou alguma coisa diferente, seja por ela ser realmente o que Rivière disse. Não sabemos nada a esse respeito, é o enigma.

– Quando li o seu dossiê, havia um personagem no texto que me pareceu ainda mais enigmático e que eu não conseguia imaginar: era o pai. Ora, nisso, Allio foi maravilhosamente bem-sucedido. O pai existiu exatamente como eu o almejara. Eu não conseguia imaginar, mas almejava alguma coisa e, no filme, vi aparecer esse homem ao mesmo tempo meticuloso, insuportável quanto ao patrimônio e prodigiosamente tocante.

– Mas não era essa uma das coisas mais intensas nesse dossiê? Saber tantas coisas sobre pessoas que afinal não foram nada, que não deixaram nenhum rastro na história, saber tantas coisas sobre a vida delas, seus problemas, seus sofrimentos, sua sexualidade também, é muito impressionante. Quanto mais sabemos, menos compreendemos. Acabam sendo pequenos fragmentos de vida que se defrontam intensamente. Quanto mais vemos esses personagens, menos os compreendemos. Quanto mais elucidados, mais obscuros.

– Este é o milagre realizado pelo filme: fazer uma história no presente a respeito de pessoas que, até hoje, nunca tiveram a palavra. É a história que nós, filósofos, sempre almejamos. Se soubéssemos como viviam essas pessoas, como eram as pessoas simples daquela época, saberíamos um pouco mais sobre elas. O que me chocou foi algo que, aliás, existia no dossiê, mas o filme de Allio o revelou muito mais: é que o pobre Rivière, para se tornar um intelectual, por pertencer à classe agrícola, da arraia miúda, tem de degolar sua mãe, sua irmã e seu irmão. Nós e nossos equivalentes da época, para nos tornarmos intelectuais, basta, digamos, uma pequena decisão: pegar um papel e uma caneta. Ao passo que ele, para tanto, deve valer-se de uma podadeira, desse gesto que realiza, desse gesto ritual, desse assassinato real. Nós, em contrapartida, quase sempre permanecemos no nível do assassinato simbólico, e, num certo sentido, melhor para nós. Mas ele, para ter o direito de escrever, para chegar a contar uma história, para sair do comum, precisa valer-se de um tesourão de poda.

– Sim, mas podemos dizer o contrário. Para que ele chegasse até o assassinato, era preciso que ele tivesse tomado a decisão de escrever, já que, em seu projeto, tratava-se primeiro de escrever o assassinato futuro e, uma vez feito o relato, ir assassinar. Temos aqui uma espécie de nó entre a escrita e o assassinato que é formidável.

– *De fato, o filme é uma tomada de posição política sobre dois mundos: o mundo rural e o mundo da cidade. Há uma cena muito tocante, muito comovente, quando ele quer denunciar-se e os policiais e o personagem civil que representa um magistrado o repelem, o afastam. Ele não tem lugar ali. Seu lugar é nos campos, não nas cidades.*

– É como se ele se tornasse invisível. Ele chega com seu assassinato e seu relato ao passo que ninguém o vê. O curioso nessa invisibilidade do personagem é o fato de ele ser invisível para as pessoas da cidade, mas, em compensação, ser reconhecido pelas pessoas do campo que, no entanto, não veem o crime. Elas lhe dizem: "Cai fora, a polícia está atrás de você."

1976

Eles Disseram sobre Malraux

"Ils ont dit de Malraux", *Le Nouvel Observateur*, n. 629, 29 de novembro-5 de dezembro de 1976, p. 83. (Falas tomadas ao telefone, dia 23 de novembro de 1976, por ocasião da morte de André Malraux.)

As coisas das quais falava tinham para ele mais importância do que o fato de ser ele que as dizia. Em minha opinião, era o anti-Flaubert. Para com os homens e as coisas, tinha o respeito; para com a literatura, a insolência que fazia dele muito mais que um escritor. A força que atravessava seus textos, e com frequência os partia, vinha do exterior, um exterior que bem podia parecer indiscreto aos versados no manejo da pluma. Por esse aspecto, tinha com Bernanos e Céline um parentesco que nos embaraça. Nos tempos atuais, o que somos capazes de informar a homens como eles, um era mais que um escritor e não era um santo, o outro era diferente de um escritor, mas, sem dúvida, não era um calhorda, este, que foi mais que um escritor, sem ter sido um revolucionário fuzilado há 20 anos, nem tampouco um homem de Estado envelhecido? Talvez sejamos demasiado votados ao comentário para compreender o que são vidas.

1976

O Retorno de Pierre Rivière

"Le retour de Pierre Rivière" (entrevista com G. Gauthier), *La Revue du Cinéma*, n. 312, dezembro de 1976, p. 37-42. (Sobre o filme *Moi, Pierre Rivière, ayant égorgé ma mère, ma soeur et mon frère*, de R. Allio, 1976.)

– *Você, que descobriu Pierre Rivière, o reconheceu no filme de R. Allio?*
– Diria que, ali, não se tratava de reconhecê-lo. Ele estava lá, é tudo... O que me interessou nos documentos de Rivière foi o fato de o caso ter caído no esquecimento muito pouco tempo depois de ocorrido, e apesar da relativa repercussão do crime. Embora os grandes médicos da época tivessem se interessado em seu caso, ele desapareceu por completo de sua jurisprudência. Mais ninguém falou dele: ele apresentou aos médicos da época um enigma que nenhum deles pôde resolver. E aconteceu de podermos dispor do conjunto das peças do processo, melhor ainda, do memorial do próprio Rivière. Publicar esse livro era reformular a questão Rivière, relançar Rivière passados 150 anos de psiquiatria, da descoberta da psicanálise, da generalização da medicina penal, da criminologia. Era dizer às pessoas de hoje: "Ei-lo de volta. O que vocês têm a dizer sobre ele?" Penso que o filme de Allio é precisamente essa questão formulada, porém, com mais urgência do que o livro poderia fazê-lo. Com o extraordinário ator, Claude Herbert, ele encontrou não Pierre Rivière, mas alguém que era o melhor suporte possível para relançar a questão: quem é Pierre Rivière?
– *O cinema histórico habitualmente tem mais tendência a responder do que a formular questões. O espectador não estaria esperando que se dissesse a ele algo como: "aqui está o verdadeiro Pierre Rivière"?*
– Não penso que o filme se pretenda verdadeiro. O filme não diz: "aqui está Pierre Rivière". O que é historicamente consistente na empreitada de Allio é que não se tratou de reconstituir

o caso Rivière. Considerando os documentos, o memorial, o que foi efetivamente dito por alguém que se chamava Pierre Rivière, por sua família, seus vizinhos, seus juízes, tratava-se de perguntar como era possível, no momento atual, recolocar essas falas, essas questões, esses gestos na boca, no corpo, no comportamento de pessoas que não são nem sequer atores profissionais, camponeses do mesmo lugar, isomorfos aos do caso de 1836. Além disso, relançou-se a questão o mais próximo possível do local onde ela foi formulada. O importante é que as pessoas da região da filmagem participaram da fabricação do filme, tomaram posição quanto aos diferentes personagens, aos diferentes episódios, e, por meio de sua representação, relançaram a questão.

– *Valendo-nos de* Les camisards[1] *e de* Pierre Rivière, *será que poderíamos descrever uma maneira de "fazer a história"... Allio, de fato, faz história?*

– Se Allio faz história? Não creio. Fazer história é uma atividade erudita, necessariamente mais ou menos acadêmica ou universitária. Em contrapartida, fazer passar a história ou ter uma relação com a história, ou intensificar regiões de nossa memória ou de nosso esquecimento, foi o que Allio fez, é o que o cinema pode fazer. Poderíamos tentar ver como os filmes de Allio fazem passar a história, como, por exemplo, a voz de Jean Cavalier, em *Les camisards*, pode, de fato, ser reativada nos dias de hoje e, empregando-se exatamente as mesmas palavras, endereçar-se de modo direto às pessoas de nossa época, pós-1968. Allio não mostra o que aconteceu, não reatualiza acontecimentos, seja no modo imaginário, seja no modo da reconstrução escrupulosa. Há certo segmento de nossa história que é o que é. Quando o tomamos, quando retiramos os elementos, quando fazemos com ele um filme, quando pomos as palavras na boca dos personagens, o que é que se produz?

– *Nos dois filmes históricos de Allio, há pelo menos dois níveis de referência: o literário, dos manuscritos, e o visual, da tradição pictural realista. Será que essa dupla referência contribui para melhor fazer passar algo da história?*

– Os dois níveis se contrariariam, caso ele quisesse fazer uma reconstituição. No caso, não se contrariam porquanto ele convoca, por um lado, e faz passar, por outro, os elementos

---
1. Filme de R. Allio, 1971.

que constituem nossa história. Neles há, de fato, a pintura, ou seja, o sistema de representação do campesinato, tal como podemos encontrá-lo em Millet: um certo olhar completamente exterior que capta os camponeses do alto, não lhes retira sua intensidade, mas, de certa forma, os congela. Há esse olhar, mais ou menos contemporâneo, no caso Rivière. Há a maneira segundo a qual, na época, pessoas como os médicos, os juízes se arrogavam o direito sobre esse mundo camponês com sua efervescência, seus sofrimentos. Tudo isso deve se encaixar, ocultar-se em parte, deixar aparecer os elementos a fim de que a mesma questão permaneça formulada. Nos filmes de Allio há mais a presença de um lado eterno do que a repetição histórica. É o eterno presente do que é mais o fugidio, ou seja, o cotidiano. Em Allio, há todo o problema do cotidiano no qual, desde a dramaturgia de Brecht até o que ele tenta fazer atualmente e de maneira bem distante de Brecht, mantém-se um elemento comum: o que é essa significação intensa e dramática do cotidiano e qual é seu modo de presença, permanente, sob a fuga indefinida desses microacontecimentos que não merecem sequer serem contados, e quase caem fora de toda memória? Mas, por certo, há um nível no qual isso se inscreve. E, afinal, não há qualquer acontecimento no interior de nossos campos que, de certa maneira, não se inscreva também no corpo dos habitantes das cidades do século XX. Há um pequeno elemento de campesinato, um pequeno drama do campo e da floresta, do estábulo inscrito em algum lugar, que marcou de certa forma nossos corpos e os marca ainda de maneira infinitesimal.

– *Você acha que um personagem tão excepcional como Pierre Rivière permitiu evidenciar as forças subjacentes da história, as que Brecht chama "forças obscuras"?*

– Num sentido, Pierre Rivière chegou a curto-circuitar e a fazer cair na armadilha todos os aparelhos nos quais se tentou capturá-lo. Mais que isso, houve dupla armadilha: de um lado, ele conseguiu escapar a tudo, já que nem a justiça, nem a medicina sabiam o que fazer com ele e seu memorial, que tudo previra; escapa a qualquer categorização e a todas as armadilhas possíveis. Quando lhe perguntaram por que ele matou seu irmãozinho, ele respondeu: "Para me tornar tão odioso aos olhos de todo mundo, de meu pai em particular, de jeito que ele não possa ficar infeliz quando eu for condenado à morte." Por outro lado, a formidável armadilha que ele armou para todo mundo, impedindo, assim, que o recuperassem do exterior, o levou à sua condenação e por fim à sua morte, apesar do fato de ele ter sido agraciado. Foi diante de um projeto tão maravilhosamente lúcido e, sobretudo, diante de um texto tão admirável que os médicos, os jurados com certeza e os juízes disseram: "Não pode ser um louco, não podemos não condená-lo por ele ser tão maravilhosamente lúcido, forte, inteligente." Ele escapou a todas as armadilhas armadilhando-as e sendo ele próprio armadilhado. Aqui, o filme de Allio, pelo jogo que estabelece entre o texto, o memorial – a voz em *off* – e o que se vê, restitui muito bem essa dupla armadilha. Por um lado, é uma espécie de voz que envolve todo o resto, ou seja, todo o filme é interior à voz de Rivière. Desse modo, ele não está apenas presente no filme, ele o envolve como uma espécie de película, assombra suas fronteiras exteriores. Por outro, fazendo intervir as vozes documentárias de jornalistas, juízes, médicos, ele restitui o movimento por meio do qual Rivière caiu na armadilha do discurso que se sustentava sobre seu próprio discurso.

– *Há uma de suas fórmulas que Allio gosta de citar a respeito do filme. É: "O grão minúsculo da história". Com tal vedete, será que, tardiamente, o grão não cessou de ser minúsculo?*

– É como *Blow-up*,[2] se quiserem, uma espécie de explosão que se produz em todas as empreitadas desse gênero, assim como na vida cotidiana. Quando você abre seu jornal, você lê, por exemplo, que um homem matou sua mulher depois de uma discussão. Isso é muito simplesmente a vida cotidiana que, num dado momento, em seguida a um acidente, a um desvio, a um excesso, tornou-se alguma coisa enorme, mas que desaparecerá imediatamente como um balão. Esse é o *affaire* Rivière, e o filme o mostra muito bem: uma vida cotidiana, uma briga em torno de um campo, de móveis, de farrapos. Esse é o inconsciente da história, não é uma espécie de grande força, de pulsão de vida ou de pulsão de morte. Nosso inconsciente histórico é feito desses milhões, desses milhares de pequenos acontecimentos que pouco a pouco, tal como gotas de chuva, escavam nosso corpo, nossa maneira de pensar. Depois, por

---

2. Fime de Antonioni, 1967 (Foucault e Antonioni haviam discutido sobre seus respectivos métodos de trabalho).

obra do acaso, os rastros deixados por um desses microacontecimentos podem vir a se tornar uma espécie de monumento, um livro, um filme.
– *Somente o acaso?*
– O acaso entendido como uma espécie de truque aleatório, fazendo com que, dentre tantos documentos, aqueles foram os conservados; dentre tantos crimes, alguns chegaram à consciência das pessoas; dentre tantos gestos, disputas, raivas, ódios, um deles termina como crime. Em suma, apesar de um emaranhado de razões tão complicadas, será de fato um fenômeno aleatório que fará sair, dessa família Rivière, com seus conflitos cotidianos, 150 anos depois, um filme a ser visto por dezenas e dezenas de milhares de pessoas. Esse acaso muito me fascina.
– *No entanto, acreditamos de bom grado haver certa inteligência na história; ela não seleciona ao acaso.*
– Pode-se, é claro, analisar a razão de as pessoas, num dado momento, se interessarem por esse gênero de crimes, a razão de os problemas loucura e criminalidade se tornarem questões insistentes em nossa cultura, ou de um drama campesino se impor a nós. O acaso dá uma intensidade estética a esses acontecimentos. Na época, houve milhares de problemas como esse. Por que ele teria ocasionado um homicídio? Por que esse assassinato teve tanta repercussão na época? Por que, em seguida, foi esquecido, totalmente esquecido? Por que um indivíduo como eu, amante da ninharia, um belo dia deu de cara com esse texto? Isso eu posso lhe contar, posso lhe contar como dei de cara com esse texto. Eu fiz inventariar sistematicamente todos os documentos relativos às experiências médico-legais relatando fatos criminais ocorridos na primeira metade do século XIX. Pensava encontrar algumas dezenas deles, mas dei de cara com centenas. Desanimado diante da pilha de documentos, eu simplesmente peguei o mais grosso. E aí... não foi com um certificado médico que eu deparei, defrontei-me com uma linguagem extraordinária, só que não era a de um médico. Li tudo aquilo naquela noite, é claro, e fiquei estupefato. Talvez, se não tivesse sido eu, seria outra pessoa, pois começava a haver um interesse por esse gênero de história. Mas você pode bem ver que houve toda uma série de maravilhosos acasos. Com certeza, a história não teria tido tanta repercussão se um dos médicos do local, chamado Vastel, não tivesse uma

relação professor-aluno com os grandes psiquiatras de Paris. De fato, foi preciso uma série de pequenos arranjos como esse. No geral, houve uma inteligibilidade, mas o encaminhamento do fato Pierre Rivière, de sua mãe, de seu pai, até nós, resultou de certo número de acasos que dão muita intensidade ao seu retorno.

– *Allio quase sempre opõe a pequena à grande história, ou seja, a vida cotidiana aos acontecimentos de exceção. Mas, ao nos interessarmos pela pequena história, temos a impressão de fazermos a grande. Por fim, Pierre Rivière, hoje, é mais importante do que muitos de seus contemporâneos ilustres em 1836.*

– Claro. Essa é uma das coisas interessantes da atualidade: um dos livros de história que mais tiveram sucesso nos últimos meses foi o livro de Le Roy Ladurie sobre Montaillou,[3] cujos personagens estão agora presentes na historiografia francesa quase tão intensamente quanto Mirabeau ou La Fayette. Doravante, há um interesse pelo cotidiano. Aliás, há um bom tempo que os historiadores se interessam pelo cotidiano, pela história da sensibilidade, dos sentimentos, a história de uma civilização material, da organização da vida no dia a dia, mas em termos relativamente gerais. Já há alguns anos, desse cotidiano mais geral – o *habitat*, as relações pai-filho – têm ressurgido monografias de pessoas as mais anônimas. Um indivíduo se torna uma espécie de personagem histórico. Isso é novo. E o filme de Allio segue totalmente essa onda.

– *É frequente ouvir dizer que Allio se interessa por personagens que estão mudando. Isso fica muito claro em se tratando de Pierre Rivière. O filme também permitiria distinguir indícios de uma mudança histórica, uma época em vias de transformar-se?*

– Na época de Rivière, apareceu no campesinato, que havia sido enquadrado pelas velhas formas obsoletas da feudalidade, depois de 1789 e depois do Império, um novo sistema de direito. Era o Código Civil entrando no campo trazendo uma relação muito nova com a propriedade, com as instâncias judiciárias, com a lei, uma relação ao mesmo tempo embaraçada – os textos não eram muito conhecidos –, muito intensa e

---

3. Le Roy Ladurie (E.), *Montaillou, village occitan: de 1294 à 1324*, Paris, Gallimard, 1975.

ávida, uma vez que em todos os debates estavam em questão a fortuna, a riqueza, a propriedade, as condições elementares de vida. Portanto, um problema de direito. Quando nos lembramos que todas as tragédias clássicas são referidas ao direito (as tragédias gregas são sempre histórias de direito), podemos dizer que vemos aqui, no nível de uma história campestre, arquimesquinha, pelo menos em seu começo, uma relação de intensidade trágica: a relação da lei com os homens.

– *Era também uma época em que se assentavam as relações de enquadramento e de vigilância que você descreveu alhures?*

– Sim, com certeza. Mas no caso Rivière não podemos senti-lo diretamente. Esses sistemas de vigilância garantidos pela polícia, pela justiça, pela medicina etc. – que são também sistemas de análise, de compreensão, visando a tornar inteligíveis as pessoas e seus comportamentos – ainda não haviam penetrado nos campos, longe disso, sendo difícil analisar. É muito interessante ver, no filme, como o juiz de instrução criminal formula as perguntas e como as pessoas respondem, ora de forma completamente lateral, ora apenas repetindo a pergunta, sem saberem representar o papel que se aprenderá em seguida a representar, qual seja: fazer incidir sobre o criminoso certo número de julgamentos psicologicamente montados.

– *Será que não mudamos de registro com a vagabundagem de Rivière?*

– O que muito me agrada na construção do filme é o fato de a errância ser rejeitada no final, depois da condenação. Há um falso final do filme. E, quando Rivière é condenado, o filme parte uma vez mais dessa errância que precedeu a detenção. A dimensão introduzida aqui pelo filme leva Rivière a não ser pego na armadilha médico-judiciária que chegou a condená-lo. Ele parte, foge, escapa de tudo isso e se torna um personagem flutuante, a um só tempo galopante e suspenso, fora da justiça, fora do crime, fora da sociedade que ali está. Há ali um aparente erro de construção que permite a Rivière surgir fora da história, fora da realidade.

– *Apesar da reputação de ser concreto, o cinema não seria mais bem-sucedido em realizar a errância onírica do que a evocação histórica?*

– Não podemos indagar o cinema a respeito do saber, ele seria inteiramente perdedor. Podemos lhe fazer outras perguntas. O cinema permite ter uma relação com a história, instaurar um modo de presença da história, de efeito da história, muito diferentes do que se pode ter por meio do escrito. Tome como exemplo o filme de Moatti, *Le pain noir*.[4] Se ele teve tanto sucesso, tanta importância, foi por se relacionar, muito mais do que um romance, com uma história que, aliás, estava um pouco na memória de todo mundo, a saber, a vida da avó. Nossas avós viveram essa história. Ela faz parte não do que sabemos, mas de nosso corpo, de nossa maneira de agir, de fazer, de pensar, de sonhar e, bruscamente, essas pequenas pedrinhas enigmáticas que estavam em nós desencalham.

Encontrou-se, numa pequena cidade da Normandia – foi depois do lançamento, por isso não pude inseri-lo no livro –, uma senhora de 85 anos que nascera na própria vila onde o crime fora cometido. Ela se lembrava que quando criança a amedrontavam com Pierre Rivière. Foi uma espécie de continuidade direta, ela realmente havia ouvido falar dele. Quanto aos outros, trata-se de outra espécie de memória; ela, porém, existe.

– *De todo modo, Pierre Rivière é um filme embasado num livro, ou um filme que fez um desvio por um livro a fim de chegar às fontes?*

– Minha surpresa, ao contrário, é o fato de o filme ter utilizado os documentos do livro, é claro – afinal, os documentos foram feitos para isso –, e nem assim ser o filme do livro. Trata-se de outra coisa. No livro, queríamos reformular a questão de Rivière juntando tudo o que havia sido dito sobre ele, na época e depois dela. A canção, por exemplo, existiu depois. Em geral, quando um crime acabava de ser cometido, as oficinas gráficas reeditavam folhas avulsas a toda pressa com histórias sobre outro crime. No começo, essas canções eram cantadas. Mas, no século XIX, não passavam de uma forma um tanto vazia e também de uma justificativa para a publicação de folhas avulsas. Estas eram mal vistas pelo governo, porquanto nelas se introduziam também textos políticos. A fim de redimir-se, anexavam uma pequena canção moral no final, um pouco como nos jornais sensacionalistas. De todo modo, compilar tudo isso resultou na feitura de um livro erudito, um livro que endereçaríamos aos psiquiatras, aos psicólogos, a todos os

---

4. 1974.

que se interessassem por esses problemas. Mas, pelo menos na França, não houve um que aceitasse a espécie de desafio constituído pelo *affaire* Rivière. Ficaram de bico calado, o que, no mínimo, prova a consciência que têm de seus próprios limites. Em contrapartida, no nível do cinema e do teatro, houve uma explosão.

– *Você fez uma comunicação ao mundo erudito, mas o verdadeiro destinatário foi o mundo artístico. Podemos nos perguntar por quê?*

– Havia outrora um grande corte entre o saber e a arte que hoje está em vias de desaparecer. Muito se falou de uma desqualificação do saber. Penso tratar-se exatamente do contrário, ou seja, de uma requalificação do saber. Desqualificavam-se simplesmente algumas formas esclerosadas e enfadonhas de saber, dado haver em torno dele, na atualidade, uma verdadeira avidez. Portanto, não me surpreende que um livro erudito circule dessa maneira. Há nele muitas questões formuladas aos detentores institucionais do saber às quais eles não podem responder, embora sejam concernentes a muitas pessoas. A maneira como elas atualmente têm uma relação geral com a loucura é extremamente importante, inclusive para o discurso dos chamados eruditos. Por trás do saber psiquiátrico sobre a doença mental, constituído a partir de 1830, havia, suportando-o e alimentando-o perpetuamente, uma espécie de percepção da loucura. Há mais ou menos 15 anos, essa relação das pessoas com a loucura mudou, por razões nas quais a ciência intervém muito pouco, e antes mesmo de ela mudar para certo número de psiquiatras. É certo que agora o discurso erudito não poderá mais ser o mesmo, e, nessa medida, mesmo que o *affaire* Rivière nunca venha a ser retomado por um psiquiatra, o fato de ele ter sido recebido com tal intensidade o fará doravante ser considerado pelos médicos. Com certeza, eles já o consideram, mesmo sem o saber, quando estão na presença de alguém que tenha cometido um crime. O enigma Rivière certamente não está perdido, mas o fato de ele permanecer enigma não é em vão nem sem efeitos.

– *Você sente certa inquietação a cada vez que Rivière recobra vida, seja no teatro ou no cinema?*

– As pessoas que trabalharam no dossiê e eu mesmo consideramos como regra o fato de esse texto não nos pertencer, de o trabalho por nós realizado ser a um só tempo nosso prazer e uma espécie de dever obscuro, e também de não intervirmos na utilização dos documentos. Quando Allio veio me falar sobre isso, fiquei positivamente contente, pois, entre as pessoas que trataram o problema da história e do cinema, me parecia que ele, com *Les camisards*, fizera uma das melhores coisas desses últimos anos. Uma vez concluído o filme, sinto-me embaraçado para falar dele, pois acho que não consigo vê-lo com clareza. Por mais que tente, eu o vejo mesmo assim através do livro, dos documentos, tenho, portanto, uma percepção completamente falseada. Por um lado, fui testemunha do trabalho de elaboração do filme. Foi a primeira vez que vi um filme tão de perto, o que se tornou para mim uma verdadeira iniciação. Agora vejo o filme-resultado através dessa fabricação, desse livro, e minha percepção se põe um tanto agitada. Não por eu duvidar da qualidade do filme, mas porque gostaria intensamente de me introduzir, ainda que apenas por alguns minutos, na pele de alguém que não tivesse podido ler o livro, nada soubesse da história, e, bruscamente, ouvisse essas vozes estranhas, esses atores que não o são...

1977

Apresentação

Paris, Galeria Bastida-Navazo, abril de 1977.
Apresentação de uma exposição do pintor Maxime Defert.

Infeliz terceira dimensão estirada pelos pintores, triturada pelos comentadores.
 É preciso muito atrevimento e uma tranquila certeza para recomeçar a procurar no fundo do quadro o pedaço de espaço. Eles são mais de um a fazê-lo, hoje, na França e nos Estados Unidos (penso em Ron Davis), como se a perspectiva cuidadosamente reconstituída há alguns anos pelo hiper ou neorrealismo houvesse repentinamente se despovoado, dela não restando mais do que as linhas de fuga. Vazio do espaço mais do que profundidade das coisas. Para muitos, porém, essa abertura se faz a partir de duas dimensões sempre impostas pelo retângulo da tela, a saber: a horizontal e a vertical, o solo e o céu, o pesado e o leve, como fazer atuar aqui a fuga ao infinito?
 Maxime Defert se arranja de outro modo: a superfície sobre a qual eu pinto, façamos como se ela não existisse; tratemos com a mais leviana das indiferenças o "improvisa!" ao qual tantos pintores depois de Manet se dedicaram. Nada de suportes nem de superfícies. E entremos, sem preâmbulo, nessa dimensão que só é terceira por estar assujeitada a duas outras. Liberada por si mesma, a um só tempo é a única e a outra – aquela em que as duas primeiras nos são restituídas localmente em blocos rígidos que se interpenetram ou se entrechocam.
 Maxime Defert chegou a essa tentativa por etapas. Suas primeiras telas expostas na galeria Templon faziam oscilar o relevo; as dos anos 1972 organizavam, por desmultiplicação das figuras puras, uma fuga infinita na horizontal; mais recentemente, elementos deslocados pareciam cair, mas em uma queda sempre retida, por fim imóvel. Suas telas de hoje não

aceitam mais nenhuma dessas referências. Elas não necessitam sequer das grandes plagas noturnas para significar o vazio. Sem apoio nem orientação, a terceira dimensão é, para as figuras que ali surgem, tanto matriz quanto abismo. Essa produção-devoração das linhas, dos planos, dos volumes pela potência simples da "outra" dimensão, foi o que Daniel Nemitz chamou, com um nome a se guardar (e que o foi), a "geometria fantástica".

Portanto, nem alto nem baixo, nem pesadume nem precipitação, nem leveza nem ascensão, mas movimentos puros. Falar de movimento é ainda demasiado, pois não se pode saber se essas massas, esses cubos, esses paralelepípedos se deslocam, nem se eles se deslocam uns em relação aos outros. Não se sabe mais se surgem do fundo da tela como impelidos por uma irrupção vulcânica ou se ali basculam pelo efeito de uma atração. Sabe-se lá se isso mexe? Estamos na ordem da velocidade nua. E para melhor abolir tudo o que poderia servir de marco, a luz que surge no coração de cada tela não é fonte nem núcleo; é, antes, o efeito da velocidade, rastro dessas figuras-cometas, incandescência de sua impulsão vertiginosa. E a aceleração indefinida dessas massas sombrias faz brotar sobre suas bordas uma brasa também fugidia.

1978

Uma Enorme Surpresa

"Ein gewaltiges Erstaunen" ("Une énorme surprise"; trad. J. Chavy), *Der Spiegel*, ano 32, n. 44, 30 de outubro de 1978, p. 264.

– *Centenas de visitantes fazem fila, quase sempre por horas a fio, para entrar no Centro Pompidou. Os críticos confessam seu entusiasmo. O próprio Le Monde, que, no entanto, não tem sido um jornal particularmente germanófilo nesses últimos anos, escreveu: "Essa exposição[1] tem uma importância que se pode qualificar de histórica." O que significa essa euforia?*

– Eu não chamaria euforia, mas, antes, uma enorme surpresa. De repente, nós, franceses, não encontramos mais o que considerávamos nossa "identidade". Damo-nos conta de que éramos muito semelhantes aos alemães quando nos entrematávamos, e distantes deles quando nos reaproximávamos. Sentimo-nos muito próximos de seu passado e – como eles – muito afastados de um passado, no entanto, próximo.

– *Somente hoje os visitantes da exposição se dão conta das relações cruzadas que existiram entre Paris e Berlim?*

– Logo ao entrarmos na exposição já nos perguntamos: quem afinal eram essas pessoas do outro lado? E, ao longo da visita, outra questão se apresenta: quem somos nós, eles e nós, que nos cruzamos segundo leis bizarras, tal como se cruzam os genes de duas células para formar uma terceira? Desde 1870 tivemos relações tão desconfiadas com a Alemanha que épocas inteiras da cultura alemã foram sistematicamente dissimuladas, ao passo que outras nos pareceram ser fragmentos surgidos de modo esporádico.

– *E o resultado disso é que, para muitos franceses, Brecht, Freud, Marcuse, Klee, por exemplo, não representam a cul-*

---

1. A exposição "Paris-Berlim".

tura ou a língua alemãs, tendo, ao contrário, se tornado espécies de celebridades universais não associados a nenhum Estado.

– Sim, há muito tempo, e particularmente depois da Primeira Guerra Mundial, os alemães, ou os representantes da cultura alemã, só são aceitos na França com a condição de provarem estar suficientemente distantes da Alemanha, das suas instituições e da sua história, a fim de serem reconhecidos como "desgermanizados". Aceitou-se Brecht porque ele era marxista; Marcuse, por ter se tornado americano; Freud, desde o instante em que os alemães o expulsaram de Viena; Thomas Mann, por ter vivido na Suíça e nos Estados Unidos.

– *Essa exposição marca uma virada; ela é realmente, como escreve* Le Monde, *"uma ocasião de nos conhecermos um ao outro e talvez de aprendermos a compreender"?*

– Depois da guerra, os europeus foram incessantemente estirados entre, de um lado, o Atlântico e, do outro, o Vístula. Eles não queriam mais sequer se considerarem eles mesmos. Era-se europeu, mas atlantista; era-se europeu, mas do leste. Reduzida a nada, ou a quase nada no final da guerra, a Europa procurou sua metrópole no leste e no oeste, à direita e à esquerda. Assim se podiam ignorar o centro e as causas de todos os tormentos de nossa história. Hoje, o mundo se regionaliza e a Europa é obrigada a refletir sobre si mesma.

– *E essa exposição, agora, obriga os franceses a reconhecerem não ter havido linha direta levando de Bismarck a Hitler?*

– Ignorar pura e simplesmente a Alemanha foi sempre para a França um meio de desengatilhar os problemas políticos ou culturais que ela lhe apresentava. Opuseram-se os bons alemães aos maus, a Alemanha culta à Alemanha militar, a Alemanha germânica à Alemanha europeia. Nesses últimos anos, simplificou-se ainda mais esse corte: a Alemanha limpa e límpida, trabalhadora, organizada, e, diante dela, um punhado de niilistas terroristas. A abundância imóvel e o vazio explosivo.

– *Enfim, é provável que sejam, sobretudo, cineastas como Herzog e Fassbinder que reergueram a imagem, segundo a qual o pretenso Estado policial alemão sufoca a arte e permite ainda a Heinrich Böll, quando muito, respirar.*

– É certo que o cinema alemão nos deu uma ideia nova do que acontecia na sociedade alemã. Ele não delineou, digamos, "outra" Alemanha, mas deu a ver uma Alemanha tensa e inquietante.

– *Até aqui, os franceses viram a Alemanha intelectual mais sob a luz dos clássicos, entre Goethe e Hesse, Beethoven e Heine, Brahms e Wagner. Essa exposição os faz descobrir, sem dúvida pela primeira vez, expressionistas como Macke e Beckmann?*

– Desde o final do impressionismo, a pintura francesa tendeu ao formalismo e à abstração, seguindo uma tendência cada vez mais inclinada. A pintura como forma de expressão violenta, protestação lírica, era desconhecida na França. Acabamos apenas de descobri-la por meio de pintores como Bacon. A exposição "Paris-Berlim" nos mostra que essa pintura, tão nova para nós, mergulha suas raízes no expressionismo alemão.

– *Esses pintores eram novos também para você?*

– Como para todo bom francês médio, essa arte me parece muito contemporânea. Ao longo desses últimos anos, impelido talvez pela tendência que reinava na França, comecei a ler, de maneira inteiramente sistemática, os filósofos e escritores alemães do século XX que eu apenas conhecia. Na França, diz-se com frequência que vivemos ainda no século XIX. Quando visitei "Paris-Berlim" e li os autores alemães dos anos 1910 a 1930, tomei consciência de que o século XX, com suas ideias, seus problemas, suas formas culturais específicas, existe realmente. Para mim, essa exposição é a prova do século XX.

1982

O Pensamento, a Emoção

"La pensée, l'émotion", in Michals (D.), *Photographies de 1958 à 1982*, Paris, Museu de Arte Moderna da cidade de Paris, 1982, p. III-VII.

Eu sei que não convém narrar uma fotografia. Sem sombra de dúvida, isso é signo de que se é pouco hábil para falar dela, pois, das duas, uma: ela nada narra e a narração a alteraria, ou, se narra, não nos necessita para nada. No entanto, as fotos de Duane Michals me dão a indiscreta vontade de fazer o seu relato, tal como se tem a vontade desajeitada de narrar o que não pode ser narrado: um prazer, um encontro que não teve um amanhã, uma angústia desarrazoada em uma rua familiar, a sensação de uma presença estranha na qual ninguém mais acredita, menos ainda aqueles a quem relatamos.

Não sou capaz de falar das fotos de Duane Michals, de seus procedimentos, de sua plástica. Elas me atraem como experiências. Experiências que só foram feitas por ele, mas que, não sei bem como, deslizam na minha direção – e, penso eu, na direção de qualquer um que as olhe –, suscitando prazeres, inquietações, maneiras de ver, sensações que já tive ou que pressinto dever provar um dia, sobre as quais me pergunto sempre se são dele ou minhas, sabendo muito bem que as devo a ele, Duane Michals: "Eu sou meu presente para você", diz ele.

Aliás, ele tranquiliza e, ao fixar à fotografia sua tarefa e sua impossibilidade, encoraja entrecruzamentos de experiências: "Tudo é matéria para fotografia, principalmente as coisas difíceis de nossa vida: a ansiedade, as grandes tristezas de criança, o desejo, os pesadelos. As coisas que não podemos ver são as mais carregadas de sentido. Não podemos fotografá-las, apenas sugeri-las." E mais: "Buscar comunicar um sentimento verdadeiro nos termos que sejam meus."

Amo as formas de trabalho que não se acercam como obra, mas se abrem por serem experiências: Magritte, Bob Wilson,

Au-dessous du volcan, *La mort de Maria Malibran*, e, é claro, H.G.[1] "As pessoas acreditam na realidade das fotografias, mas não na realidade das pinturas. Isso dá uma vantagem aos fotógrafos. O chato é que eles também acreditam na realidade das fotografias." Um jovem, Roy Headwell, está sentado, apoiado em uma mesa. Lentamente, inclina a cabeça, termina por pousá-la. Acaba de adormecer. Escultura terna. Assim é a fotografia. Um pouco mais longe, sobre essa mesma mesa, a meio caminho dos cabelos louros do adormecido e de nosso olhar, *biscuits* primorosamente modelados. Arestas, ângulos, muitas faces luminosas, a massa friável brilhando como seixos: é ali, naquelas figuras intensamente reais, que se concentra toda a parte pintada da fotografia. Vá você saber se esses *cookies* são a mensagem do sonhador ou o indubitável objeto de nossa percepção.

Pensemos em uma outra versão desse mesmo tema, porém mais antiga. Nada de pintura, mas duas fotos que se respondem uma à outra. E todas duas se chamam *Narciso*. Na primeira, um jovem, olhos quase fechados, inclina seu rosto o mais próximo possível de uma grande superfície luzidia que lhe devolve a imagem de sua imensa beleza. Na segunda, é o próprio Duane Michals que, concluindo o gesto começado na fotografia precedente, com a lassidão da idade chegante, pousa sua cabeça sobre essa mesma mesa. De rosto colado com seu próprio reflexo, ele não se olha (poderia, se tivesse os olhos abertos), mas pode ver o reflexo do rosto do jovem permanecido cativo no espelho da laca. A pintura se assenta diante dos olhos fechados do sono, a fotografia se abre sobre as imagens do quase invisível.

Na história agora secular da relação entre pintura e fotografia era tradição pedir à fotografia a forma viva do real e à pintura o canto ou o estrondo, a parte do sonho que podia nela se esconder. Duane Michals, em seu jogo com a pintura começado ao longo dos últimos anos, inverte essa relação: ele

---

1. Iniciais do romancista Hervé Guibert. Este último, na época crítico fotográfico no *Le Monde* e também fotógrafo, admirador de Duane Michals, pediu a Michel Foucault para apresentar esta retrospectiva no Museu de Arte Moderna da cidade de Paris. Foucault aceitou, embora não apreciasse a fotonarrativa.

empresta à foto, ao ato de fotografar, à cena esmeradamente composta que fotografa, assim como ao rito complicado que permite fotografar tal cena, a potência do sonho e a invenção do pensamento. Não posso me impedir de ver nessas fotos pintadas uma espécie de riso endereçado ao hiper-realismo, uma ironia dirigida a toda tentativa de levar o real proposto ao olho do fotógrafo à incandescência da pintura. Como se não fosse a foto que fizesse o real escapar a si mesmo, não tendo a pintura outro segredo senão a habilidade em reproduzi-la. Em *Deux portraits d'Esta Greenfield*, a pintura nos dá a ver o rosto de frente, ao passo que a foto nos mostra uma mulher de costas, seu invisível olhar escapando através da janela rumo a não se sabe qual paisagem. E, ali, um buquê em um vaso, a mais banal das pinturas. Falta apenas a mesinha de centro para pousá-lo. Mas, justamente, o vaso flutua no espaço incerto de uma composição fotográfica, onde o perfil transparente de um menino com seu meio sorriso desliza e, sub-repticiamente, parece agarrar, para enganchá-lo na orelha, um cacho de rosas vermelhas. Entrementes, à direita, no plano de fundo, aparece, parcialmente ocultado entre duas telas de luz, o rosto do mesmo *John Shea*, que nos olha de frente no momento em que olhamos seu perfil. Em *Arthur Sanzari et la chaussure*, a disposição é contrária: saído não se sabe de onde, o *close-up* de um rosto com seu nariz pontudo, seus óculos, seus olhos risonhos interpõe-se entre nós e a pintura de um sapato cujo reflexo amarelo vem, segundo as leis de uma muito improvável física, colocar-se ao longo da face do personagem fotografado.

Para Duane Michals, apreender o real, copiar do natural, captar o movimento, dar a ver são a armadilha da fotografia: um falso dever, um desejo desastrado, uma ilusão sobre si mesmo.

"Os livros de fotografia quase sempre têm títulos do tipo: *O olho do fotógrafo*, ou *O olhar de Fulano de Tal*, ou, *Dar a ver*, como se os fotógrafos só tivessem olhos e nada na cabeça."

A metáfora do olhar capturou o fotógrafo por muito tempo e lhe impôs uma lei: ser um olho, um olho impecável e imperioso a prescrever aos outros o que eles deveriam ver. Há em Duane Michals todo um trabalho – e esse é seu lado gaiato, amalucado, burlesco – para se liberar dessa pesada ética do olhar: ele se põe a anular o que poderíamos chamar a função ocular da fotografia. Disso resulta toda uma série de jogos mais ou menos complexos, nos quais o objetivo, sem cessar, deixa escapar o visível, ao passo que o invisível, indevidamente, surge, passa e deixa seus rastros sobre a película. O mais simples desses jogos é fotografar a própria evanescência, fazer o relato do desaparecimento: *L'homme allant au ciel* emerge, no começo apenas visível, de uma sombra negra na qual se delineia tão somente a linha de um ombro; depois, em um instante, sua nudez aparece. No entanto, à medida que escala os degraus de uma escada, sua nudez se dissipa uma vez mais, desta feita no clarão de uma luz que absorve sua forma, tal como um nimbo habitado por um defunto. O procedimento inverso consiste em fotografar o invisível: os ectoplasmas, as silhuetas afagadoras do além, os anjos que, por possuírem as mulheres, perderam suas asas, as almas em forma de corpos transparentes que se elevam arrancando-se lentamente dos que dormem despidos da morte. Todas essas figuras que assombram as fotos de Duane Michals concernem não a uma crença, mas a uma ironia: afinal, quem disse que a fotografia dá a ver o que é para ver? Algumas composições jungem a evanescência do visível à aparição do invisível: em *Vif et mort*, um homem abre uma porta e desaparece em um corredor, de onde ressurge, na foto seguinte, sob a forma de seu próprio duplo tornado transparente.

Há ainda muitos outros procedimentos para não ver o visível e ver mais que ele. Os clichês sucessivamente tomados sobre uma mesma película fazem aparecer muitas vezes o mesmo rosto, como o de *Jeff Greenfield*, três vezes entrecruzado com ele mesmo, segundo diferentes ângulos. A interferência das figuras obtida seja pelo movimento do modelo, seja pela fricção da prova tem por efeito dissociar – como em Bacon – a presença e a forma. Esta é distorcida, apagada, desfigurada. A presença, porém, é tornada ainda mais intensa por serem anulados todas as linhas, todos os traços que permitiriam ao olhar fixá-la: do visível apagado surge a inacessível presença.

Duane Michals encontrou Magritte e o adorou. Há nele muitos procedimentos "magritteanos", quer dizer, exatamente opostos aos de Bacon: eles consistem em polir, em perfazer uma forma até seu mais alto ponto de acabamento para, depois, esvaziá-la de toda realidade e subtraí-la de seu campo de visibilidade familiar por meio de efeitos de contexto.

Em *Miroir d'Alice*, a poltrona ameaçada por um par de óculos parecendo um enorme caranguejo faz pensar no pente e no sabão que, em Magritte, repelem, para o fundo de um cômodo, o armário espelhado no qual se reflete um céu ausente. E para mostrar, como se ainda fosse preciso, não haver nada ali que tenha sido extraído da realidade, seguem-se as fotos mostrando "de onde ela vem": a poltrona e os óculos desproporcionais não passavam de uma imagem em um pequeno espelho circular, que se refletia em um outro espelho retangular, o todo revelando ser visto em um terceiro e minúsculo espelho mantido no oco da mão. Esta se crispa, quebra esse último espelho, apaga o reflexo e o reflexo do reflexo, deixando dispersar-se à sua volta fragmentos de vidro inabitados.

Há um bom tempo as fotos de Duane Michals apresentam-se envelopadas em uma longa cabeleira de palavras: palavras e frases escritas à mão sobre o próprio papel da prova. Como se elas saíssem todas gotejantes de um banho povoado de signos.

De um modo geral, essas palavras colocadas acima ou abaixo das fotografias têm o papel de explicar e de indicar: dizer o que há na imagem como se tivesse medo de ela não mostrar o suficiente por si mesma. Ou de designar o real (o lugar, o momento, a cena, o indivíduo) do qual foi extraída, como se a foto devesse dar conta de seu lugar de origem. Os textos de Duane Michals, porém, têm uma função completamente diferente: não a de fixar a imagem, não a de amarrá-la, mas, antes, de expô-la a sopros invisíveis. Em vez de uma âncora, toda uma enxárcia para ela poder navegar. A esses textos escritos, Duane Michals pede para retirarem o que julga "sufocante" na fotografia: eles devem fazer circular a imagem no pensamento – no seu, e do seu ao dos outros.

"Faço marcas negras sobre papel branco", e logo acrescenta: "Essas marcas são meus pensamentos." Mas Duane Michals se diverte dizendo isso, pois o jogo jogado por ele é mais complicado. Esses textos são feitos de modo a não se saber ao certo de onde vêm: seria isso o que Duane Michals teria em mente quando cogitava compor a fotografia? Ou foi o pensamento que o capturou de repente no momento em que ele pegou o clichê? Ou ainda o que se revelou *a posteriori*, mais tarde, bem mais tarde, quando certo dia ele olhou novamente a imagem, como em *La lettre de mon père*? Ademais, se é verdade que Duane Michals repugna "trespassar o segredo" de seus personagens, desvelar o fundo de suas almas, ele, porém, com frequência, diz o que pensam, ou o que poderiam pensar (*Noir est vilain*), ou o que pensam sem saber de fato que o pensam, ou o que saberão um dia mas ainda não sabem (*L'enfant captif*). De quem exatamente são os pensamentos que contornam a foto intitulada *Certain words must be said*? Quem diz essas palavras? Quem diz que é preciso dizê-las? Em *Hommage à Cavafy*, vemos dois rapazes tão parecidos quanto possível. São gêmeos. Estão de perfil, um em face do outro, diante de uma parede embolotada. Um deles está sentado em uma cadeira, braços cruzados, busto inclinado para trás, pernas esticadas, um cigarro entre os lábios. O outro, com uma longa pernada, sai da sombra, debruça-se para seu companheiro. De seu isqueiro brota uma chama que já quase toca a extremidade do cigarro. É difícil imaginar proximidade maior, comunicação mais asseverada e mais legível para os habituais decifradores do desejo. Mas eis o que diz o texto sob a fotografia: "Só o fato de acender seu cigarro já era um grande prazer." E, subitamente, a imagem é como que aliviada de seu peso de real, aspirada pelas palavras. Toda reciprocidade desaparece, a complementaridade se desloca. Resta a solitária e secreta sensação de um prazer fugidio que abrasa o corpo de um dos dois, enquanto o outro, imóvel, braços cruzados, olhos bem fixos na mão que se aproxima de seu rosto, não sabe, ou não quer saber. A não ser, entrementes, que ele saiba. Mas o prazer de um na ignorância do outro talvez seja tão somente o pensamento do fotógrafo, que se comove com esse prazer que não se conhece diante dessa ignorância tão ligeira.

São esses pensamentos mistos, confusamente partilhados, é essa circulação obscura que Duane Michals apresenta a quem olha suas fotos, convidando-o a um papel indeciso de leitor-espectador e propondo-lhe pensamentos-emoções, pois a emoção é esse movimento que faz a alma agitar-se, propagando-se espontaneamente de alma em alma.

"A visão dessas palavras sobre uma página me agrada. É como uma pista que deixei atrás de mim, indecisa, divertidos rastros a provar que passei por lá."

Há muito tempo os fotógrafos praticam a arte da série: seja para contar uma história, como Robinson contava a de *Chapeuzinho Vermelho*, seja para desenrolar o tempo de modo tão comprimido quanto possível, à maneira de Muybridge, seja ainda para esgotar todos os perfis de um objeto até chegar a fazê-lo desaparecer.

As séries de Duane Michals têm uma economia toda outra. Em vez de aproximar-se passo a passo de um acontecimento, de uma cena, ou de um gesto para apreendê-los, essa economia, como se por imperícia ou por impotência, os deixa escapar. Uma porta se abre lentamente, a mulher sentada sobre o canapé se surpreende, volta-se um pouco, depois, bruscamente, levanta-se em um movimento assustado fazendo tremer sua imagem e a apaga. A porta se abre sobre nada.

Em *Action violente*, uma sombra mal discernível surge por trás de um homem nu. É outro homem que se aproxima e levanta o braço, mas, por azar, o mexer da ação não permite apreender o golpe dado. A verdade é que a imagem do primeiro homem se perturba e, por sua vez, desaparece. A série escamoteia o acontecimento que deveria ter captado.

Ironia também do encadeamento. Em vez de ir direto ao alvo, a série de Duane Michals salta, desengancha, acotovela, impede toda junção, deixando correr, sob suas interrupções, a continuidade sem forma das sensações e da emoção. A mão de um jovem desliza para dentro da abertura de uma luva forrada. Depois o vemos em um ônibus onde uma moça, sentada, lendo atentamente um jornal, é quem usa essa luva. A seguir, a moça está nua e a mão do rapaz, novamente coberta com a luva, acaricia seu seio. Por fim, no ônibus agora vazio, ele respira o perfume da luva abandonada.

Ironia para com o que está ao lado, quando a série roça o que poderia ser o objeto de um relato, mas dele retira apenas elementos adjacentes, figuras equívocas, impressões flutuantes. Reunindo o excessivo disparate da aventura ocorrida, a sequência se preserva de modo a nunca mostrá-la. Para dizer a verdade, não é que seja muito difícil adivinhar o que aconteceu em *La faute énorme*, mas a sequência não reteve dela senão um bricabraque: um jovem, nu, de pé, imóvel, encostado a uma parede, seu transporte por dois homens como se fosse um manequim de cera, um par de sapatos, a sensação experimentada no contato com o couro, uma angústia contra um travesseiro, uma vontade de correr, a imagem dos sapatos acima da paisagem infinita de um rio e de uma cidade.

Há também ironias do tempo. Há a série que para antes do tempo (*Quelques instants avant le crime*). Há a série que se esquece de parar, engole o presente, corre através do futuro e ultrapassa os limites da própria morte. Na compilação *Changements*, a primeira das sequências permanece em suspenso no limite da infância. Mas, nas outras, Duane Michals antecipa seu próprio envelhecimento: amarfanhado, arrastando os sapatos que não pôde atar, é carregado por um jovem atento até chegar a uma cadeira na qual se senta com uma dificuldade infinita e onde, à medida que seu jovem companheiro se apaga, ele permanecerá, de lado, imóvel, prestes a despencar no chão.

Se Duane Michals recorreu constantemente às sequências, não foi por ver nelas uma forma capaz de reconciliar o instantâneo da fotografia com a continuidade do tempo visando, assim, a contar uma história. Foi mais para mostrar, por meio da fotografia, que se o tempo e a experiência não cessam de jogar juntos, eles, porém, não são do mesmo mundo. E o tempo pode bem trazer suas mudanças, o envelhecimento, a morte, pois o pensamento-emoção é mais forte que ele. Só o pensamento-emoção, e apenas ele, pode ver, fazer ver suas invisíveis rugas.

"O velho homem fotografa o homem jovem": este é o texto que acompanha a última fotografia de *Homenagem a Cavafy*. O jovem, torso nu, *blue jeans*, só é visto de costas. Está sentado, nariz colado na parede, e, no entanto, percebemos seu perfil perdido. É que sua atenção deve ter sido atraída por um barulho do exterior ou por um espetáculo. Ele então vira a cabeça de lado para olhar através da janela. Mas podemos supor também que se aborrecesse e sonhasse na luz de uma tarde sem fim. No primeiro plano, o fotógrafo, o velho homem, é Duane Michals: plenamente de perfil, sentado, tal qual seu companheiro, em um assento baixo. Olhos no chão, olha um tanto diante de si, mas não, sobretudo não na direção do rapaz. A luz vem fazer um recorte exato de sua mão inerte pousada em seu joelho. Sobre a diagonal, que de um canto a outro da fotografia separa os dois personagens, bem instalado no meio da composição e assentado sobre seu tripé, surge o retângulo negro de um aparelho fotográfico.

1982

Conversa com Werner Schroeter

"Conversation avec Werner Schroeter" (entrevista com G. Courant e W. Schroeter, em 3 de dezembro de 1981), in Courant (G.), *Werner Schroeter*, Paris, Goethe Institute, 1982, p. 39-47.

Por ocasião da publicação de *La mort de Maria Malibran*, de Werner Schroeter, em 1971, M. Foucault compôs um texto (ver *Sade, Sargento do Sexo*, vol. III da edição brasileira desta obra) considerado pelo cineasta como a análise mais precisa e mais imparcial de seu trabalho desse período. M. Foucault e W. Schroeter não se conheciam. Eles se encontraram pela primeira vez em dezembro de 1981.

– M. *Foucault*: O que me impactou ao ver *La mort de Maria Malibran* e *Willow springs*[1] foi o fato de não se tratar de filmes de amor, mas, sim, de filmes sobre a paixão.

– W. *Schroeter*: A ideia principal de *Willow springs* está pautada numa obsessão de dependência ligando os quatro personagens, cada um deles não conhecendo bem as razões exatas dessa dependência. Por exemplo, Ila Von Hasperg, que desempenha o papel da empregada e da faxineira, não sabe por que é vítima desse laço de dependência com Magdalena. Vejo isso como uma obsessão.

– M. *Foucault*: Com a diferença de uma palavra, acho que falamos da mesma coisa. Em primeiro lugar, não se pode dizer que essas mulheres se amam. Tampouco se pode dizer, em *Maria Malibran*, que ali haja amor. O que é a paixão? É um estado, alguma coisa que lhe cai em cima, se apodera de você, o agarra pelos ombros, não conhece pausa, não tem origem. Na verdade, não se sabe de onde vem. A paixão chega assim. É um estado sempre móvel, porém, não ruma para um ponto dado. Há momentos fortes e momentos fracos, momentos levados à incandescência. Flutua. Balança. É uma espécie de ins-

---

1. Lançado em 1973.

tante instável que prossegue por razões obscuras, talvez pela inércia. No limite, busca manter-se e desaparecer. A paixão se dá todas as condições para continuar e, ao mesmo tempo, destrói-se por si mesma. Na paixão não se é cego. Simplesmente, nas situações de paixão, não somos nós mesmos. Não tem mais sentido ser si mesmo. Vemos as coisas completamente diferentes.

Na paixão há também uma quantidade de sofrimento-prazer, muito diferente do que se pode encontrar no desejo ou no que chamamos sadismo ou masoquismo. Não vejo nenhuma relação sádica ou masoquista entre essas mulheres, mas, em contrapartida, existe um estado de sofrimento-prazer completamente indissociável. Não são duas qualidades que se misturam entre si, é uma só e mesma qualidade. Há, em cada uma, um enorme sofrimento. Não se pode dizer que uma faça a outra sofrer. São três tipos de sofrimento permanente que, ao mesmo tempo, são inteiramente almejados, pois não há nenhuma necessidade de eles estarem ali presentes.

Essas mulheres se acorrentaram num estado de sofrimento que as une e do qual não conseguem separar-se, embora façam tudo para se libertar. Tudo isso é diferente do amor. No amor há, de algum modo, alguém que é titular desse amor, ao passo que na paixão isso circula entre os parceiros.

– *W. Schroeter*: O amor é menos ativo que a paixão.

– *M. Foucault*: O estado de paixão é um estado misto entre os diferentes parceiros.

– *W. Schroeter*: O amor é um estado de graça, de distanciamento. Há alguns dias, numa discussão com Ingrid Caven, ela dizia que o amor é um sentimento egoísta porque não diz respeito ao parceiro.

– *M. Foucault*: Pode-se perfeitamente amar sem que o outro ame. É uma questão de solidão. Essa é a razão pela qual, num certo sentido, o amor é sempre pleno de solicitações de um para com o outro. Essa é sua fraqueza, pois ele demanda sempre alguma coisa ao outro, ao passo que o estado de paixão entre duas ou três pessoas é algo que permite comunicar intensamente.

– *W. Schroeter*: Isso significa dizer que a paixão contém em si uma grande força comunicativa, ao passo que o amor é um estado isolado. Acho muito deprimente saber que o amor é uma criação e uma invenção interiores.

– *M. Foucault*: O amor pode se tornar paixão, ou seja, essa espécie de estado de que falamos.
– *W. Schroeter*: Mas, e esse sofrimento?
– *M. Foucalt*: Esse estado de sofrimento mútuo e recíproco é verdadeiramente a comunicação. Acredito ser o que se passa entre essas mulheres. Esses rostos e esses corpos não estão atravessados pelo desejo, mas, antes, pela paixão.
– *W. Schroeter*: Num debate há alguns anos, alguém me disse que *Willow springs* parecia com *Malentendu*, de Albert Camus.
– *M. Foucault*: Com efeito, eu pensava que seu filme vinha do livro de Camus. É a velha história do albergue vermelho encontrado em inúmeros relatos da literatura europeia. Trata-se de um albergue mantido por mulheres que matam os viajantes que se aventuram em seu "covil". Camus o utilizou em seu romance.
– *W. Schroeter*: Não conhecia essa história quando realizei *Willow springs*. Quando, depois, li o livro de Camus, eu me dei conta de que o importante no relato era a relação mãe/filho. O albergue era mantido pela mãe e pela irmã que esperavam o filho. Quando este chega, a mãe e a irmã o assassinam, pois não o reconhecem.
Willow springs foi provocado por Christine Kaufmann, que acabava de trabalhar comigo em minha *mise-en-scène* de *Emilia Galotti*, de Gotthold Ephraim Lessing. Um dia, Tony Curtis, seu ex-marido, veio buscar os dois filhos deles dos quais ela tinha a guarda por cinco anos. Não tínhamos dinheiro para lutar contra esse pai irresponsável. Naqueles dias, eu havia proposto um filme de baixo *budget* à televisão alemã, intitulado *La mort de Marilyn Monroe*. Parti com Christine Kaufmann, Magdalena Montezuma e Ila von Haperg para a América, pois pensava, com Christine, recuperar as duas crianças. Foi a primeira vez que fui a Los Angeles e à Califórnia. A ideia de *Willow springs* veio durante os contatos com os advogados e ao descobrir a região. Na Alemanha, algumas pessoas viram nele uma crítica ao terror homossexual. Por fim, nós nos encontrávamos na mesma situação que os protagonistas do filme. Estávamos num pequeno hotel a 10 quilômetros de *Willow springs* e completamente encerrados.
– *M. Foucault*: Por que essas três mulheres vivem juntas?
– *W. Schroeter*: Em primeiro lugar, quero dizer que estávamos juntos. *Willow springs* é o reflexo da situação que vi-

víamos e que sofri junto com essas três mulheres, pois eu já trabalhava com Magdalena, Ila e Christine há muitos anos. De maneira poética, Ila sempre insistia sobre sua feiúra, Christine era glacialmente bela e muito amigável, a terceira, Magdalena, muito depressiva e muito dominadora. Essa situação fora criada num espaço político bastante desfavorável, num lugar onde viviam fascistas. A cidade era controlada por um nazista americano. Era um lugar aterrador... Você tem tendência para a paixão ou para o amor?
– *M. Foucault*: Para a paixão.
– *W. Schroeter*: O conflito entre o amor e a paixão é o tema de todas as minhas peças de teatro. O amor é uma força perdida que deve perder-se logo porque nunca é recíproca. É sempre o sofrimento, o niilismo total, como a vida e a morte. Os autores que eu gosto são todos suicidas: Kleist, Hölderlin, que penso compreender, mas fora do contexto da literatura...
Desde minha infância eu sei que devo trabalhar não por me terem dito ser indispensável – eu era muito anarquista e turbulento para acreditar nisso –, mas por saber que havia tão poucas possibilidades de comunicar na vida que era preciso aproveitar o trabalho para se expressar. Com efeito, trabalhar é criar. Conheci uma puta muito criativa que teve com sua clientela um comportamento social criativo e artístico. Esse é meu sonho. Quando não atinjo esses estados de paixão, eu trabalho...
Como é sua vida?
– *M. Foucault*: Muito sensata.
– *W. Schroeter*: Você poderia me falar de sua paixão?
– *M. Foucault*: Vivo há 18 anos num estado de paixão diante de alguém, por alguém. Talvez, num dado momento, essa paixão tenha tomado as feições do amor. Na verdade, trata-se de um estado de paixão entre nós dois, um estado permanente, que não tem outra razão de terminar senão ele mesmo, nele estou completamente implicado, ele passa através de mim. Creio não haver nada no mundo, nada, seja lá o que for, que possa vir a me deter quando se trata de ir encontrá-lo, lhe falar.
– *W. Schroeter*: Quais diferenças você observa entre o estado de paixão vivido por uma mulher e aquele vivido por um homem?
– *M. Foucault*: Eu tenderia a dizer que não é possível saber se nesses estados de comunicação sem transparência que é a paixão, quando não se conhece o que é o prazer do outro, o que

é o outro, o que acontece com o outro, se isso é mais forte com os homossexuais.
– W. *Schroeter*: Eu tenho minha paixão na Itália. É uma paixão que não se pode definir de maneira exclusivamente sexual. É um rapaz que tem seus companheiros, seus amantes. Alguém que também tem, creio eu, uma paixão por mim. Seria muito belo se fosse verdadeiro! Eu o digo desde minha infância: para mim, é uma vantagem ser homossexual porque é belo.
– M. *Foucault*: Temos uma prova objetiva de que a homossexualidade é mais interessante do que a heterossexualidade: conhecemos um número considerável de heterossexuais que gostariam de se tornar homossexuais, ao passo que conhecemos muito poucos homossexuais que tenham realmente vontade de se tornar heterossexuais. É como passar da Alemanha do leste para a Alemanha do oeste. Nós poderemos amar uma mulher, ter uma relação intensa com uma mulher, talvez mais do que com um rapaz, mas nunca teremos vontade de nos tornar heterossexuais.
– W. *Schroeter*: Meu grande amigo Rosa Von Pranheim, que fez muitos filmes sobre o tema da homossexualidade, me disse um dia: "Você é covarde e insuportável", porque eu me recusava a assinar uma petição contra a repressão dos homossexuais. Estes últimos, por ocasião de uma campanha de imprensa lançada pela revista *Der Stern*, deviam declarar-se homossexuais. Eu lhe respondi: "Quero muito assinar sua petição, mas não posso escrever alguma coisa contra a repressão dos homossexuais, porque se há algo do qual nunca sofri na vida é de homossexualidade." Como eu já era muito amado pelas mulheres, eles estavam ainda mais atentos à minha pessoa, pois sabiam que eu era homossexual.

Talvez eu tenha realizado *Willow springs* por culpa, já que fiz muito cinema e muito teatro com as mulheres. Vejo bem a diferença de minha paixão por uma mulher como Magdalena Montezuma, com quem eu manterei uma amizade muito profunda até o final de meus dias, e minha paixão por meu amigo italiano. Talvez, psicologicamente – esclareço que não sei nada de psicologia –, seja a angústia com os homens e a culpa com as mulheres. Minha motivação é muito estranha. Não posso defini-la. Em Praga, para meu filme *Der Tag der Idioten*,[2] tra-

---

2. 1981.

balhei com 30 mulheres, dentre as quais todas aquelas com quem colaboro há 13 anos.
 – *M. Foucault*: Você não poderia dizer por quê?
 – *W. Schroeter*: Não.
 – *M. Foucault*: Uma das coisas mais impressionantes em seu filme é que não se pode saber nada sobre o que acontece entre essas mulheres, sobre a natureza desses pequenos mundos, ao mesmo tempo em que há uma espécie de clareza, de evidência.
 – *W. Schroeter*: Não posso definir a causa de meus sentimentos. Por exemplo, quando revejo esse amigo italiano, fico num estado de paixão.
 – *M. Foucault*: Vou tomar um exemplo. Quando vejo um filme de Bergman, que também é um cineasta obcecado pelas mulheres e pelo amor entre as mulheres, eu me sinto enfadado. Bergman me entedia porque acho que ele quer tentar ver o que acontece entre essas mulheres. Já com você há uma espécie de evidência imediata que não tenta dizer o que se passa, mas permite que nós nem sequer formulemos a pergunta. Ademais, sua maneira de sair completamente do filme psicológico me parece frutuosa. Nesses momentos, veem-se corpos, rostos, lábios, olhos. Você os faz desempenhar uma espécie de evidência apaixonada.
 – *W. Schroeter*: A psicologia não me interessa. Não acredito nela.
 – *M. Foucault*: É preciso retomar o que você dizia há pouco sobre a criatividade. Nós nos perdemos em nossa vida, no que escrevemos, no filme que fazemos, quando precisamente queremos interrogar sobre a natureza da identidade de alguma coisa. No caso, isso é "uma furada" porque entramos nas classificações. O problema é justamente criar alguma coisa que aconteça entre as ideias, e ela deve ser feita de modo a tornar impossível dar-lhe um nome, cabendo então a cada instante dar-lhe uma coloração, uma forma e uma intensidade que nunca dizem o que ela é. Essa é a arte de viver. A arte de viver implica matar a psicologia, criar consigo mesmo e com os outros individualidades, seres, relações, qualidades inomináveis. Se não pudermos chegar a fazer isso na vida, ela não merece ser vivida. Não faço diferença entre as pessoas que fazem de sua existência uma obra e aquelas que fazem uma obra em sua existência. Uma existência pode ser uma obra perfeita e subli-

me, o que os gregos sabiam. Nós o esquecemos completamente, sobretudo depois do Renascimento.
– *W. Schroeter*: É o sistema do terror psicológico. O cinema não é composto senão de dramas psicológicos, de filmes de terror psicológico... Não tenho medo da morte. Talvez seja arrogante dizê-lo, mas é verdade. (Há 10 anos eu tinha.) Olhar a morte de frente é um sentimento anarquista perigoso contra a sociedade estabelecida. A sociedade joga com o terror e o medo.
– *M. Foucault*: Uma das coisas que me preocupam há algum tempo é o fato de ter me dado conta do quanto é difícil suicidar-se. Pensando bem, podemos enumerar o pequeno número de meios de suicídio de que dispomos, cada um mais infame que o outro: o gás é perigoso para o vizinho; o enforcamento, afinal, é desagradável para a faxineira que descobre o corpo no dia seguinte; jogar-se pela janela suja a calçada. Além do mais, a sociedade considera muito negativamente o suicídio. Não apenas é dito que se suicidar não é uma boa, como também consideram que se alguém se suicida é porque ia muito mal.
– *W. Schroeter*: O que você está dizendo é muito estranho. Tive uma discussão com minha amiga Alberte Barsacq, figurinista de meus filmes e peças de teatro, sobre dois amigos que se suicidaram há pouco tempo. Não entendo como uma pessoa muito deprimida tenha forças para se suicidar. Eu só poderia me suicidar num estado de graça, num estado de prazer extremo, mas, sobretudo, não num estado de depressão.
– *G. Courant*: O suicídio de Jean Eustache surpreendeu muito as pessoas: é que nos dias precedentes ele estava melhor.
– *M. Foucault*: Tenho certeza de que esse Jean Eustache se suicidou quando estava em forma. As pessoas não compreendem por que ele ia bem. De fato, é alguma coisa que não se pode admitir. Sou partidário de um verdadeiro combate cultural para se ensinar de novo às pessoas que não há uma conduta mais bela do que o suicídio e, por conseguinte, ela merece ser refletida. Cada um deveria trabalhar seu suicídio toda a sua vida.
– *W. Schroeter*: Você conhece Améry, o escritor alemão que há alguns anos escreveu um livro sobre o suicídio em que, de certa, forma, ele propõe as mesmas ideias que você? Depois, ele se suicidou. Vivemos num sistema que funciona sobre a culpa. Observe a doença. Vivi na África e na Índia, onde as

pessoas não se constrangiam de modo algum de mostrar seu estado à sociedade. Mesmo o leproso pode se mostrar. Em nossa sociedade ocidental, assim que adoecemos, é preciso ter medo, esconder-se e não se pode mais viver. Seria ridículo se a doença não fizesse parte da vida. Tenho uma relação completamente esquizoide com a psicologia. Se pego meu isqueiro e um cigarro, isso é banal. O importante é fazer o gesto. É o que me dá minha dignidade. Saber que quando eu tinha cinco anos minha mãe fumava demais não me interessa para o conhecimento de minha própria personalidade.

– *M. Foucault*: Esse é um dos grandes pontos de escolha que se têm hoje em relação às sociedades ocidentais. A partir do século XX, ensinaram-nos que nada podemos fazer sem nos conhecermos a nós mesmos. A verdade sobre si passou a ser uma condição de existência. Existem, porém, sociedades perfeitamente possíveis de se imaginar nas quais não se tenta de modo algum regular a questão do que se é, pois esta não tem sentido, importando saber qual é a arte a se lançar mão para se fazer o que se faz, para ser-se o que se é? Ou seja, uma arte de si mesmo que seria o exato contrário de si mesmo. Fazer de seu ser um objeto de arte, isso é o que vale a pena.

– *W. Schroeter*: Lembro-me desta frase de seu livro *As palavras e as coisas*, da qual gostei muito: "Se essas disposições viessem a desaparecer... poderíamos então apostar que o homem se apagaria, tal como um rosto de areia, no limite do mar."[3] Nunca me zanguei com ninguém. Não compreendo como se admite o sistema psicológico burguês que não cessa de jogar um indivíduo contra o outro. Posso muito bem brigar com alguém e, no dia seguinte, reinstaurar com ele relações normais. (Não estou falando de relações amorosas ou passionais.) A cada dia, sou outro. Para mim, a psicologia é um mistério. Freud nos construiu um sistema muito perigoso acima de nossas cabeças e muito utilizável por toda a sociedade ocidental.

Gostaria de citar o exemplo de um ato anódino, que me parece significativo, e que seria mal interpretado num sentido freudiano.

Quando voltei da América, depois da filmagem de *Willow springs*, eu estava muito cansado e minha mãe quis me dar banho porque isso lhe dava prazer. Num certo momento, co-

---
3. Último parágrafo de *As palavras e as coisas*.

mecei a urinar na banheira. Imaginem a situação: uma mãe de 60 anos e seu filho de 27. Eu ri muito. (De todo modo, sempre faço xixi nas banheiras.) Por que não urinar? É a única resposta a ser dada. Trata-se de uma relação fraternal, fora incesto, pois nunca tive relação erótica imaginária com minha mãe. Eu a considero um colega. Não vejo nisso nenhum problema, a não ser que eu reduza essa ação a contexto psicológico burguês...

Novalis escreveu um poema que eu adoro: *Les élégies pour la nuit*. Ele explica a razão de preferir a noite ao dia. Esse é o romantismo alemão...

Quando montei *Lohengrin*, há três anos, em Kassel, me perguntaram: "Qual é sua ideia para a *mise-en-scène*?" Minha única resposta foi dizer que a música de *Lohengrin* é extremamente bela, romântica, passível de se forçar porque Wagner já tinha consciência do século industrial. Eu precisei-lhes que não lhes daria o prazer de bancar o diabinho a denunciar a música e a obra de Wagner, pois a acho tão sobrecarregada de múltiplas interpretações, sobretudo ideológicas, que me decidi por dar uma reapresentação bastante infantil, numa *mise-en-scène* muito primitiva, tal como no teatro de marionetes. O céu constelava-se de mil estrelas iluminadas acima de uma pirâmide de ouro, e as vestimentas eram cintilantes. Trabalhei quase unicamente com o chefe de orquestra para tornar a música o mais bela possível. Meus amigos da extrema esquerda de Berlim me disseram: "Como se pode encenar Wagner dessa maneira?" Eu lhes respondi: "Eu me recuso a fazer como Patrice Chéreau, que utiliza roupas de *soirée* e máquinas industriais em *L'anneau de Niebelungen*, a fim de ali denunciar Wagner, fazer dele alguém que anteviu o III Reich."

– *M. Foucault*: Não acho que Chéreau tenha querido fazer o que você disse. Em Chéreau, me parece, o fato de ele fazer aparecer visões industriais não o torna um tanto denunciador. Esse não é o seu forte. Dizer que há elementos dessa realidade presente em Wagner não é uma crítica simplista e denunciadora do tipo: "Olhem a realidade de Wagner, é a sociedade burguesa."

– *W. Schroeter*: Trabalho sempre com os ambientes. O teatro de Kassel no qual executei a *mise-en-scène* tem um bom ambiente musical. Eu a realizei essencialmente em função dos atores e dos cantores. Se, na distribuição, tenho uma cantora enorme, como a que interpretava Elsa, não tento camuflá-la por meio de uma silhueta negra e uma vestimenta branca. Concebi a *mise-en-scène* de modo que, quando Elsa no primeiro ato é acusada de ter assassinado Godofredo e relata suas visões, eu as mostro como visões coletivas, como se Elsa, com sua visão, fizesse parte de um coletivo amoroso, apaixonado. No final, quando Lohengrin se descobre como um ser masculino, as pessoas realizam tratar-se de alguém real, e não mais de uma visão coletiva. Naquele momento, Elsa se suicida e Ortrude, que representa a velha cultura, triunfa. Para mim, Ortrude é a mulher apaixonada positiva da peça.

É uma música que se precisa "atacar" de maneira ingênua. Gosto muito da forma com a qual Boulez dirige Wagner, mas não é de modo algum dessa maneira que vejo sua música.

Os interpretes têm realmente vergonha de falhar com o gênio... e, no final, acabam falhando em tudo. Wagner foi alguém como todo mundo, com muito talento, é claro, e uma grande ideia. Não se deve começar pelo respeito, embora se deva respeitar a qualidade da obra, mas pelo gênio que está por trás dela. A música de *Lohengrin* é muito musical, tal como a música vienense. Foi o que tentei mostrar em minha *mise-en-scène*, pois não amo nem o luxo nem Bayreuth.

– M. *Foucault*: Quando você realizou *Maria Malibran* você pensou primeiro na música?

– W. *Schroeter*: Antes de qualquer coisa, pensei no suicídio, nas pessoas que eu amava e naquelas por quem eu sentia paixão, como Maria Callas, pela qual fui sempre muito apaixonado. *La mort de Maria Malibran* existiu também graças a leituras: um livro espanhol sobre Maria Malibran, um texto sobre a morte de Janis Joplin e um outro sobre a de Jimi Hendrix, pessoas que eu admirava enormemente.

Maria Callas era a visão erótica de minha infância. Em meus sonhos eróticos dos 14 anos, eu a imaginava urinando enquanto eu a olhava. Era sempre para além da imagem de Maria Callas, do respeito e da amizade que eu lhe tinha. Ela é *a* mulher erótica. Maria Callas era uma paixão total. Estranhamente, ela nunca me deu medo. Lembro-me de uma discussão entre nós, em Paris, em 1976, quando ela me disse só conhecer pessoas que tinham medo dela. Eu lhe disse: "Como é possível ter medo de você?" Ela era de uma gentileza excepcional, parecia uma menininha grega americana. Aos 50 anos, continuava a mesma. Eu lhe propus: "Você quer que publiquemos um artigo no *France-Soir*: Maria Callas procura um homem?" Ela riu muito. "Você vai ver, vai aparecer uma centena de pessoas." As pessoas tinham tanto medo dela que não ousavam vir vê-la. Ela vivia uma vida muito solitária. Isso dá pena porque, além de seu gênio, ela era de uma simpatia e de uma gentileza fabulosas...

Uma coisa me fascina. Acho isso inimaginável. Há 12 anos que trabalho com a mesma dezena de pessoas e praticamente não há, nesse grupo, interesse de um membro pelo outro. Não há interesse profundo entre Magdalena Montezuma e Christine Kaufmann, entre Christine e Ingrid Caven etc. Há um interesse vital entre Magdalena e Ingrid, que se amam e se admiram muito, mas é uma exceção. Sem o diretor entre elas, não há comunicação vital.

2 – Epistemologia, genealogia

1957

A Pesquisa Científica e a Psicologia

"La recherche scientifique et la psicologie", in Morère (É.), ed. *Des chercheurs français s'interrogent. Orientation et organisation du travail scientifique en France*, Toulouse, Privat. Col. "NouvelleRrecherche", n. 13, 1957, p. 173-201.

As múltiplas psicologias que tentam descrever o homem dão a impressão de tateios desordenados. Elas querem tudo construir a partir das estruturas biológicas e reduzem seu objeto de estudo ao corpo, ou o deduzem das funções orgânicas. A pesquisa psicológica não é mais que um ramo da fisiologia (ou de um domínio desta): a reflexologia. Ou, então, são psicologias reflexivas, introspectivas, fenomenológicas, e o homem é puro espírito. Elas estudam as diversidades humanas e descrevem o futuro da criança, as degradações do louco, a estranheza dos primitivos. Ora descrevem o elemento, ora querem compreender o todo. Ora se ocupam apenas da forma objetiva do comportamento, ora ligam as ações à vida interior para explicar as condutas, ora querem apreender a existência vivida. Algumas deduzem, outras são puramente experimentais e utilizam estruturas matemáticas como forma descritiva. As psicologias diurnas querem explicar a razão da vida do espírito por meio das clarezas decisivas da inteligência, outras visam às inquietantes profundezas da obscuridade interior. Naturalistas, elas traçam os contornos definitivos do homem; humanistas, elas lhe reconhecem alguma coisa de inexplicável. Essa complexidade talvez seja justamente a nossa. Pobre alma (as psicologias que hesitam sobre seus conceitos não sabem nomeá-la) cercada de técnicas, esmiuçada de questões, posta em fichas, traduzida em curvas. Auguste Comte acreditava, com algumas reservas, que a psicologia era uma ciência ilusória, impossível, e a golpeou com o desprezo. Nós não ousamos. Afinal, há psicólogos, e que pesquisam.

JEAN-ÉDOUARD MORÈRE

Um dos mais finos jalecos brancos da psicologia não me quererá mal por citar uma de suas proposições. Eu o faço sem ironia, apenas aproveitando o impulso de minha surpresa. Ele perguntou a um debutante se este queria fazer "psicologia", como Maurice Pradines e Maurice Merleau-Ponty, ou "psicologia científica", como Binet ou outros mais atuais, que sua modéstia não designava. Tenho certeza de que ele não guardou a lembrança de sua pergunta, ou melhor, não se lembra de me havê-la formulado. Ela lhe deve ser cotidiana e evidente, como a do professor ao bom aluno: Letras ou Politécnica? Mas, como muitas coisas evidentes, sua questão tocava no essencial e se referia implicitamente a uma das estruturas mais fundamentais da psicologia contemporânea. O fato de essa clareza ter vindo de um psicólogo me surpreendeu. Contudo, o paciente trabalho da verdade vem sempre ao cabo da surpresa.

Um dos *a priori* históricos da psicologia, em sua forma atual, é a possibilidade de ser científica ou não, sob o modo da exclusão. Não se pergunta a um físico se ele quer ou não ser um cientista, a um especialista da fisiologia dos gafanhotos alpestres se ele quer ou não fazer obra científica. Sem dúvida porque a física em geral e a fisiologia dos gafanhotos alpestres só emergem como domínio de pesquisa possível no interior de uma objetividade já científica. No entanto, não venham me dizer que o modo de reprodução dos moluscos de água doce pode interessar ao pescador à linha, exatamente como esse modo de reprodução chama, invoca e retém a atenção, talvez decenal, de um naturalista. Não me perguntavam se eu me interessava em minha alma para garantir sua felicidade e alcançar minha salvação, ou para explicitar-lhe o *Logos*. Não, falavam-me da psicologia que, em si mesma, pode ser, ou não, científica. Tal como o químico que teria querido exorcizar a alquimia desde o seu umbral. Todavia, é preciso retificar ainda mais a comparação: no começo, não se escolhe a química como estranha à alquimia, ela não se assenta em uma escolha. Por seu próprio desenvolvimento, ela torna a escolha irrisória.

O que pode significar essa possibilidade originária de uma escolha? Que há uma verdadeira e uma falsa psicologia? Que há uma psicologia feita pelo psicólogo e uma psicologia sobre a qual o filósofo especula? Uma psicologia que mede, conta e calcula, e uma psicologia que pensa, reflete e se desperta pouco a pouco à luz da filosofia? Não saberia dizer, com todo rigor, o que meu psicólogo pretendia, do fundo de sua alma, vestido de probidade cândida e de linho branco. O certo é que, para ele, a psicologia pode ser verdadeira ou falsa antes de começar. A escolha do cálculo ou da especulação presume a psicologia que calcula e especula; já a pesquisa se assenta na opção, no risco e na aposta de uma psicologia científica. Saltemos ao limite: em psicologia, a pesquisa não é científica de pleno direito, ou, mais exatamente, suas formas concretas não se articulam por si mesmas no horizonte de uma ciência que se determinaria por seu próprio movimento como pesquisa. É a pesquisa que recusa ou escolhe voluntariamente uma proposição científica, situando-se por si mesma sob a constelação da objetividade. O que merece atenção não é tanto o dogmatismo com o qual se define a "verdadeira psicologia", mas a desordem e o ceticismo fundamental apresentados pela questão. Surpreendente biologista seria aquele que perguntasse: "você quer fazer pesquisa biológica, científica, ou não?" Ora, o psicólogo de quem falo é um verdadeiro psicólogo... Um verdadeiro psicólogo que, desde o umbral da psicologia, reconhece que a pesquisa pode ser verdadeira ou falsa, científica ou não, objetiva ou não; reconhece que a ciência não toma corpo na pesquisa, pois é esta que, desde o começo, opta ou não pela ciência.

Por isso mesmo, o problema da pesquisa em psicologia recebe um sentido particular. Não se pode interrogar a pesquisa em psicologia como se interroga tal ou tal outra forma de pesquisa, a partir de sua inserção no desenvolvimento de uma ciência ou nas exigências de uma prática: é preciso pedir explicações à pesquisa quanto à escolha de sua racionalidade, é preciso interrogá-la sobre um fundamento do qual já se sabe que ele não é a objetividade constituída da ciência. Por fim, é preciso interrogá-la sobre o *status* de verdade conferido por ela própria à ciência, porquanto é sua escolha que faz da verdadeira psicologia uma psicologia verdadeira. Em suma, é à pesquisa que se devem pedir explicações da ciência. Trata-se de considerá-la não como uma pesquisa no espaço de uma ciência, mas como o movimento no qual se pesquisa uma ciência.

*

Sustentamos aqui o ponto em que se enlaçam os principais paradoxos da pesquisa psicológica, quando a tomamos no nível de suas instituições, de suas formas cotidianas e na dispersão de seus trabalhos.

Há menos de 50 anos a psicologia, sob a forma de um certificado de licenciatura, representava a boa consciência positivista e naturalista dos programas filosóficos. E se a consciência é difícil de satisfazer, a boa consciência é fácil de contentar:

Biran, Taine e Ribot eram os beneficiários de uma operação equivalente a fazer da psicologia uma filosofia, e a pior possível, no nível de uma mitologia positivista. Enquanto no térreo se celebravam esses ritos funerários dos quais as universidades provincianas e importantes idosos nos conservam ainda a lembrança, nos sótãos, com os jalecos brancos, trabalhava-se pelo nascimento da psicologia experimental. Binet era dotado de boas intenções, não possuía cátedra de faculdade, mas tinha sobrinhas e algumas ideias. Sonhando com os grandes chefes de estação de Leipzig e de Wurtzbourg, ele brincava com o trenzinho psicológico.

Avaliada sobre o próprio solo de suas instituições, a psicologia ocupa agora uma superfície muito mais extensa. O sótão de Binet se tornou um laboratório de psicologia experimental, seu grupo de estudos foi considerado Instituto de Universidade ao qual uma direção policéfala – três professores de Medicina, de Letras e de Ciências – garante um judicioso ecletismo e uma autonomia rigorosamente proporcional à amplidão das divergências. Henri Piéron, um aluno de Binet, foi nomeado no Collège de France, onde seu mestre não pôde entrar. Durante mais de 30 anos ele ali reinou sobre a psicologia das sensações e sobre o laboratório de pesquisa experimental, a respeito do qual *L'Année Psychologique* dava incansavelmente o relatório. Quanto à psicologia da criança, à orientação profissional, às pesquisas sobre o desenvolvimento escolar e à pedagogia, que haviam colocado Binet no céu da imortalidade psicológica, foram retomadas e continuadas por Henri Wallon e Henri Piéron, que fundaram, em 1927, o Instituto de Estudos do Trabalho e de Orientação Profissional, onde foram abertas consultas para crianças, um centro de orientação no qual se lançaram enquetes sobre a população escolar e onde se formaram orientadores e psicólogos escolares. Por fim, a psicologia clínica, à qual Binet havia dado, por meio de sua escala de inteligência, uma forma experimental e métrica, juntou-se à psicologia dos psiquiatras: vimos criarem-se centros de estudos de psicopatologia para as crianças nos serviços do Pr. Heuyer e para os adultos em Henri-Rousselle, ao que se deve acrescentar o tradicional Centro de Estudos da Afasia na Salpêtrière. Por fim, além dos grandes laboratórios de psicologia industrial como o da SNCF, é preciso mencionar o CERP, inteiramente voltado para as pesquisas psicológicas do trabalho.

Por certo que deixamos de lado a atividade de todos os centros de orientação, todos os grupos médico-escolares, e, por razões simétricas e inversas, a atividade de todas as universidades do interior:[1] não são institutos de pesquisa, mas centros de aplicação devorados pelo trabalho cotidiano, ou centros de ensino cujo sono é igualmente cotidiano.

Não é inútil ter-se claramente no espírito essa progressiva instauração dos organismos oficiais da pesquisa psicológica. Considerados na atualidade em toda a sua extensão e complexidade, cada um deles recebeu a apostila oficial e o patrocínio das universidades ou dos diferentes Ministérios (Saúde Pública, Educação Nacional, Trabalho). Um só agrupamento de pesquisa e formação escapa a essa integração: trata-se da Sociedade Francesa de Psicanálise, mais exatamente suas duas metades, depois, se ousarmos dizer, que ganhos e riscos foram partilhados. Com efeito, de um modo bastante paradoxal, a psicanálise só pode ser exercida na França pelos médicos, embora não haja um só ensinamento de psicanálise dado na faculdade de Medicina. Apenas os membros da Sociedade de Psicanálise titulares de uma cadeira ensinam como professores de psicologia nas faculdades de Letras: o que conserva para os psicanalistas e seu grupo uma independência total em seu recrutamento, seus procedimentos de formação e no espírito dado por eles à pesquisa psicanalítica. Quando consideramos a importância dos conceitos, o número de temas, a diversidade das ideias experimentais que a psicanálise deu à psicologia há meio século, não é paradoxal ver a própria psicanálise às margens de uma ciência à qual ela voltou a dar vida e significação? Contudo, essa autonomia da psicanálise está apenas aparentemente em contradição com as formas oficiais da pesquisa psicológica.

Não se deve esquecer que na França a pesquisa nasceu fora da psicologia oficial, e se é verdade que agora, na complexidade das estruturas, não se consegue fazer a separação entre o ensino oficial, a pesquisa e a aplicação prática, se é verdade que em um organismo como o Instituto de Psicologia superpõem-se um ensino teórico, um laboratório de pesquisa e uma forma-

---

1. (N.A.) Com a única exceção de Estrasburgo. Se mencionamos o laboratório de Rennes, foi apenas para mera informação, para restituí-lo ao esquecimento reivindicado por ele.

ção prática, também não se pode negar que, em sua origem, a pesquisa científica em psicologia apresentou-se como protesto contra a ciência oficial e como máquina de guerra contra o ensino tradicional. A situação marginal da psicanálise representa tão somente um vestígio, ou melhor, o signo sempre vivo dessa origem polêmica da pesquisa no domínio da psicologia.

Aqui há, sem dúvida, um traço passível de caracterizar a situação de toda pesquisa em relação à ciência constituída: ela se faz sempre contra um ensino, em detrimento de uma objetividade reconhecida, ela invade um saber muito mais do que o completa ou o encaminha para seu fim. Ao menos por seu nascimento, ela pertence sempre, mais ou menos, às margens da heresia da ciência. Toda a história da biologia manifestou esse fato e o exaltou a ponto das formas religiosas do anátema. Todavia, a intenção polêmica da pesquisa em psicologia dá um tom particular acarretando uma decisão muito mais grave para o próprio sentido de seu desenvolvimento.

Dado que a psicanálise, inclusive em suas instituições, apresenta ainda ao vivo esse caráter ao mesmo tempo marginal e polêmico da pesquisa e que transparece menos nitidamente nas formas institucionalizadas da psicologia, tomar-lhe-emos um exemplo da maneira como o progresso da pesquisa psicológica se destaca sobre o horizonte constituído pela ciência. Em um sentido, as pesquisas sobre o inconsciente, sobre os elementos dados, seus processos, suas manifestações que desde a origem constituem o essencial do trabalho psicanalítico retomam em um estilo experimental o que implicava, de modo obscuro, todas as psicologias da consciência. A passagem para uma psicologia do inconsciente pode se apresentar logicamente como uma extensão para baixo, uma dilatação da psicologia da consciência. A transposição, por Freud, de uma psicologia da associação, da imagem e do prazer, ou seja, de uma psicologia da consciência clara para a noite do inconsciente, bastaria para prová-lo. Poderíamos ver nessa ampliação da psicologia apenas a dimensão de abertura de uma ciência que se retrata incessantemente pautada nas bordas de sua investigação, no nível dos pressupostos que são evidentes, delineando com linhas de sombra as margens de ignorância do saber. De fato, há bem mais vantagens nessa orientação da pesquisa para o inconsciente. O abandono de uma definição quase exclusiva do objeto e do método psicológicos pela consciência não constitui simplesmente a retomada da ciência em uma investigação mais geral e mais radical. Aqui, a pesquisa aparece muito mais como uma conduta de desvio por meio da qual o conhecimento constituído se encontra curto-circuitado e invalidado em nome de uma redução da ciência a seu objeto, mediante uma diferença que faz da ciência não mais o horizonte problemático da pesquisa, mas o objeto polêmico de sua investigação.

De um modo mais preciso, a descoberta do inconsciente transforma em objeto da psicologia e tematiza em processos psíquicos os métodos, os conceitos e, por fim, todo o horizonte científico de uma psicologia da consciência. À luz dessas pesquisas, esta aparece como conduta de defesa contra o inconsciente, como recusa em reconhecer que a vida consciente é dominada pelas ameaças obscuras da libido, em suma, como *reflexão censurada*. Essa maneira de situar o conhecimento psicológico em relação à pesquisa, essa retomada crítica das formas ultrapassadas do saber científico como objeto da pesquisa apresentam o perfil mais aguçado do lado polêmico de toda pesquisa em psicologia. As imputações de ligação edipiana ou de fixação narcísica que os psicanalistas lançam entre si não passam de variações divertidas e de guerras picrocholinas sobre esse tema fundamental: o progresso da pesquisa em psicologia não é um momento no desenvolvimento da ciência, é o desarraigamento perpétuo das formas constituídas do saber, sob o duplo aspecto de uma desmistificação que denuncia na ciência um processo psicológico e de uma redução do saber constituído ao objeto tematizado pela pesquisa. A novidade da pesquisa não se inscreve em uma crítica do conteúdo, nem nessa dialética da ciência em que se realiza o movimento de sua verdade, mas em uma polêmica contra o saber considerado no próprio nível de sua origem, em uma redução primordial da ciência a seu objeto, em uma suspeita crítica sobre o conhecimento psicológico.

Objetar-se-á, primeiro, que toda pesquisa não obedece forçosamente a essa vocação polêmica evidenciada de modo tão claro na psicanálise. Mas, na realidade, o texto que se escreve com grandes letras na história da pesquisa freudiana pode decifrar-se em caracteres mais delicados em todo o desenvolvimento da psicologia. Com efeito, ele não se faz como nas ciências que caminham por retificações sucessivas, segundo uma superação sempre renovada do erro, mas por uma denúncia da ilusão: ilusão da subjetividade[2], sofisma de elemento[3], mitologia da terceira pessoa[4], miragens aristotélicas da essência, da qualidade e do encadeamento causal[5], pressupostos naturalistas e esquecimento do sentido[6], obliteração da gênese pela estrutura e da estrutura pela gênese[7]. O movimento pelo qual a pesquisa psicológica adianta-se a si mesma não destaca as funções epistemológicas ou históricas do erro científico, pois não há *erro científico* em psicologia, há apenas *ilusões*. O papel da pesquisa em psicologia não é, portanto, o de superar o erro, mas de pôr a descoberto as ilusões; não é o de fazer progredir a ciência restituindo o erro no elemento universal da verdade, mas exorcizar o mito elucidando-o com uma reflexão desmistificada.

Poderíamos fazer observar que as pesquisas históricas avançam com o mesmo ritmo e sobre caminhos paralelos. A superação do erro não se realiza apenas como a dialética própria do saber histórico, ela é garantida por uma redução ao movimento do próprio objeto histórico. O historiador resulta de sua própria história, e é atribuindo seus métodos, seus conceitos, seus conhecimentos às estruturas e aos acontecimentos, às formas culturais de sua época, que se restitui a história à sua verdade própria. O erro histórico tem, portanto, ele também, o rosto do mito e o sentido de uma ilusão. Mas quando a ilusão se torna objeto de análise histórica ela encontra na própria história seu fundamento, sua justificação e, por fim, o solo de sua verdade. A crítica histórica se desenvolve em um elemento de positividade, pois é a História mesma que constitui a origem absoluta e o movimento dialético da história como ciência. Se a ciência histórica progride por desmistificações sucessivas, isso se dá também, e em

---

2. (N.A.) Watson (J. B.), *Psychology from the standpoint of a behaviorist*, Londres, J. B. Lippincott, 1919.
3. (N.A.) Guillaume (P.), *La psychologie de la forme*, Paris, Flammarion, 1937. [(N.R.T.) Há tradução brasileira da Companhia Editora Nacional.]
4. (N.A.) Politzer (G.), *Critique des fondements de la psychologie*, t. I: *La psychologie et la psychanalyse*, Paris, Rieder, 1928.
5. (N.A.) Lewin (K.), *Principles of topological psychology*, Nova Iorque, MacGraw-Hill, 1935.
6. (N.A.) A psicologia de "inspiração fenomenológica".
7. (N.A.) Piaget (J.), *La psychologie de l'intelligence*, Paris, A. Colin, n. 249, 1947.

um mesmo movimento, por uma tomada de consciência progressiva de sua situação histórica como cultura, de seu valor como técnica, de suas possibilidades de transformação real e de ação concreta sobre a História.

Não há nada disso em psicologia: se podemos reduzir o erro psicológico a uma ilusão e reunir suas formas epistemológicas em condutas psicológicas, não é porque a psicologia encontre na psique seu fundamento e sua razão de ser como saber, mas, sim, e apenas por ela ali encontrar obstáculos. A pesquisa histórica não busca colocar-se fora da História, ao passo que a pesquisa psicológica deve necessariamente deixar-se conduzir pelo mito da exterioridade, do olhar indiferente, do espectador que não participa. O laço da verdade psicológica com suas ilusões só pode ser negativo, sem que nunca se possa reencontrar na dialética própria da psique o desígnio dos mitos da psicologia. A psicologia não encontra na psique senão o elemento de sua própria crítica. A crítica da história pela História tem o sentido de um fundamento: a crítica da psicologia, a partir da psique, nunca toma senão a forma de uma *negação*. Por isso, a crítica histórica, caso ela se dê o aspecto de uma desmistificação, recebe o mesmo valor de uma tomada de consciência positiva. A pesquisa psicológica, sob as mesmas espécies da desmistificação, realiza tão somente um exorcismo, uma extradição dos demônios. Os deuses, porém, lá não estão.

É de razões dessa ordem que provém o estilo tão particular da pesquisa em psicologia: por vocação e origem ela é crítica, negativa e desmistificadora. Ela forma o avesso noturno de uma ciência psicológica que tem por vocação comprometer. As questões formuladas por ela se inscrevem não em uma problemática do saber, nem em uma problemática do conhecimento e de seu objeto, mas no duvidar e na redução do conhecimento de seu objeto. No entanto, essa origem, com o que ela comporta de significação, foi esquecida, ou melhor, escondida, pelo fato de a pesquisa, como redução e desmistificação, tornar-se a razão de ser, o conteúdo, o próprio corpo da psicologia, embora o conjunto dos conhecimentos psicológicos se justifique por sua própria redução à pesquisa, e a pesquisa, como crítica e a ultrapassagem do conhecimento psicológico, se realize como totalidade da psicologia. Foi esse processo que tomou corpo nos organismos da pesquisa: nascidos à margem da ciência oficial, desenvolvidos contra ela, eles agora são reconhecidos como centros de formação e de ensino. O curso de psicologia teórica não é mais do que um rito: aprende-se e ensina-se a pesquisa psicológica, ou seja, a pesquisa e a crítica da psicologia.

*

A via do aprendiz psicólogo é ao mesmo tempo próxima e bastante diferente daquelas que devem seguir os outros estudantes. Muito semelhante, no que concerne à ineficácia total do ensino distribuído no âmbito tradicional das faculdades, e sancionado pelos diversos certificados de licenciatura. Todo mundo concorda que um licenciado de psicologia não sabe nada e nada pode fazer, dado ter preparado todos os seus certificados no jardim, durante duas tardes de verão: concordância tão geral e tão perfeita que teríamos escrúpulos de perturbá-lo perguntando-lhe para que serve uma licença de psicologia. Mas, à parte esse traço negativo, mais ou menos comum a todos os ramos do ensino superior, a carreira do estudante psicólogo é muito diferente dos outros. O Instituto de Psicologia distribui quatro diplomas: psicologia experimental, pedagógica, patológica e aplicada. Todos compreendem um ensino prático (testes, psicometria, estatística), uma formação teórica e estágios ou trabalhos de laboratório. Os estudantes do Instituto que não passaram na obtenção da licenciatura devem substituí-la por um ano de estudos preparatórios. O Instituto de Orientação Profissional é completamente independente desse estilo de estudos universitários: entra-se nele depois de um exame e sai-se dele com um diploma de orientador profissional. Quanto ao ensino da psicanálise, ele é garantido, na França e em muitos países estrangeiros, de um modo ao mesmo tempo rudimentar e esotérico: o essencial da formação de um psicanalista é garantido por uma psicanálise didática cujo princípio e conclusão recebem a caução da Sociedade de Psicanálise. Se o título de doutor em Medicina é indispensável para se empreenderem tratamentos e receber a inteira responsabilidade por um doente, a pertença à Sociedade de Psicanálise não exige nenhuma formação determinada, a conclusão de nenhum ciclo de estudos. Apenas a Sociedade, embasada na opinião daquele que recebeu o postulante em análise didática, se faz o juiz de seu nível de competência.[8] Acrescentemos que nem os médicos nem os professores recebem ao longo de seus estudos um ensino qualquer de psicologia. Os próprios psiquiatras não têm nenhuma formação psicológica, pois a psiquiatria que se lhes ensina é vetusta a ponto de eles ignorarem mais ou menos os 50 últimos anos da psicopatologia alemã, inglesa e americana, com todos os esforços empreendidos para uma compreensão psicológica dos fenômenos da patologia mental.

Portanto, são privados de toda formação teórica os mesmos que são chamados a uma prática cotidiana, ao passo que no domínio da pesquisa propriamente dita a situação é extremamente inversa. Com efeito, se o INOP dá o título de orientador profissional, se o Instituto concede diplomas de "psicotécnico", cada um sabe, tanto os que os dão quanto os que os recebem, que eles não abrem nenhuma saída real. Muitos orientadores não conseguem emprego; os postos de psicólogo escolar são infinitamente pouco numerosos, enquanto se distribuem às dezenas diplomas de psicopedagogia. E, que eu saiba, não há atualmente mais de 10 postos de psicólogos clínicos, ao passo que já há certamente mais de 150 titulares do diploma de psicopatologia. E os professores se desculpam pela facilidade dos exames valendo-se do fato de que, de todo modo, eles não servem para nada.

Encontramo-nos em uma situação paradoxal: de um lado, a prática real da psicologia – a que se exerce ou deveria exercer-se na organização do trabalho, ou nos tratamentos psicoterápicos, ou no ensino – não se assenta em nenhuma formação teórica, e, por conseguinte, não consegue nunca tomar o sentido da pesquisa, nem mesmo definir suas exigências precisas em relação à pesquisa científica. Por outro lado, a própria aquisição das técnicas que podem garantir à psicologia concreta uma segurança prática e uma justificativa teórica não dá acesso a um exercício da psicologia no qual prática e pesquisa se encontrariam efetivamente ligadas. Ao contrário, o psicólogo que recebeu no Instituto uma formação técnica suficiente para o exercício de um ofício psicológico, mas por certo insuficiente para tornar-se um pesquisador, não tem outro recurso, para

---

8. (N.A.) A criação de um Instituto de Estudos Psicanalíticos foi questão durante muito tempo. Notemos que a recente cisão na Sociedade Francesa produziu-se precisamente sobre o tema dessa criação e os princípios de uma formação analítica. A pedagogia será sempre a cruz da psicanálise.

praticar a psicologia, senão o de pedir uma bolsa ao CNRS e lançar-se na *pesquisa*. Portanto, a pesquisa em psicologia não nasce das exigências da prática e da necessidade em que ela se encontra de superar-se a si mesma; nasce da impossibilidade em que se encontram os psicólogos para praticar a psicologia. Ela não implica uma formação aperfeiçoada; representa somente um recurso contra a ineficácia de uma formação inútil, o tapa-buraco de uma prática que não se exerce.

Portanto, não se aborda a pesquisa com uma formação de pesquisador e depois da aquisição de um horizonte teórico suficiente.[9] Faz-se pesquisa na condição de praticante rejeitado para mostrar, antes de tudo, que a psicologia pode e deve ser praticada, que ela não é prisioneira de um contexto teórico, inútil e duvidoso, mas que, afora todo postulado especulativo, é carregada de uma positividade imediata, e se a pesquisa se inscreve tão amiúde em um contexto positivista, se reivindica constantemente uma prática real, por oposição à psicologia filosófica, é à medida que, em termos exatos, ela se quer a demonstração de uma prática possível. Fazer a "verdadeira psicologia", por oposição à de Pradines e de Merleau-Ponty, é pesquisar a eventualidade de uma prática cuja impossibilidade atual fez nascer a "psicologia verdadeira" como pesquisa científica. Significa dizer: pelo próprio fato de a pesquisa em psicologia ser ao mesmo tempo a mais desinteressada de todas as formas de pesquisa e a mais pressionada pela necessidade. A mais desinteressada, já que nunca é determinada como resposta a uma exigência prática (exceto para alguns estudos precisos de psicologia do trabalho), e, ao mesmo tempo, a mais interessada, pois a existência da psicologia como ciência e a do psicólogo como erudito e praticante dependem do desenvolvimento e do sucesso da psicologia como pesquisa científica. *A não existência de uma prática* autônoma e efetiva da psicologia se tornou paradoxalmente *a condição de existência de uma pesquisa* positiva, científica e "eficaz" em psicologia.

Assim, a psicologia toma a medida de suas possibilidades no desdobramento de técnicas que se confirmam umas pelas outras e se andaimam como a arquitetura imaginária de uma

---

9. (N.A.) Não é um dos menores paradoxos dessa situação ver uma formação médica, científica ou mesmo filosófica servir de caução e de garantia para o recrutamento de pesquisadores que querem fazer psicologia positiva.

prática virtual. O exemplo mais decisivo disso é a psicometria e toda a técnica dos testes: as provas psicométricas são ajustadas para uma aplicação eventual, e sua validação deve sempre assentar-se, de maneira direta ou indireta, por intermédio de outros testes já validados, em uma confrontação com a experiência concreta e com os resultados obtidos na situação efetiva. Mas, desde o começo, essa validação empírica mostra que o trabalho de pesquisa toma emprestada sua positividade apenas de uma experiência que ainda não é psicológica, e que suas possibilidades de aplicação são determinadas antecipadamente por uma prática extrapsicológica que toma emprestados seus próprios critérios apenas de si mesma. A pesquisa psicológica aparece, então, como o manejo *teórico* de uma prática que deve prescindir de si mesma, a fim de que essa pesquisa mesma possa estar segura de sua validade. As relações da psicologia clínica com a prática médica se esgotam todas nesta fórmula: trazer a uma prática já constituída aperfeiçoamentos técnicos cuja validade será demonstrada pelo fato de a clínica médica poder perfeitamente prescindir deles para alcançar os mesmos resultados.

Podemos, agora, medir as dimensões desse círculo de paradoxos no qual se encontra encerrada a pesquisa psicológica: ela se desenvolve no espaço deixado vazio pela impossibilidade de uma prática real e só depende dessa prática sobre um modo negativo; mas, por isso mesmo, ela só tem razão de ser se for a demonstração da possibilidade dessa prática à qual ela não tem acesso. Ela, então, se desdobra sob o signo de uma positividade a qual reivindica: "positividade" que ela própria não pode deter nem pedir emprestado ao solo de onde nasce, porquanto nasce da própria ausência da prática, embora seja obrigada a requerê-la, às escondidas, dessa prática que a exclui e se desenvolve em uma indiferença total para com a psicologia científica. Excluída desde a origem e em sua própria existência de uma prática científica da psicologia, a pesquisa é inteiramente dependente, em sua verdade e em seu desenvolvimento, de uma prática que não se quer nem científica nem psicológica. Prática e pesquisa não dependem uma da outra senão sob o modo da exclusão. E a psicologia "científica", positiva e prática, encontra-se assim reduzida ao papel especulativo, irônico e negativo de dizer a verdade discursiva de uma prática que dela prescinde muito bem. A pesquisa não se insere no próprio movimento de um progresso técnico que pouco a pouco alcança sua própria luz, ela é o avesso especulativo de uma prática que não se reconhece nem mesmo como psicológica. Ela pode apresentar-se apenas como a "verdade malgrado ela mesma" de uma prática à qual desmistifica. Contudo, essa verdade não é senão pedida emprestada da realidade dessa prática, que, por isso mesmo, a mistifica.

Em suas relações com a pesquisa, assim como em suas relações com a ciência, a pesquisa psicológica não manifesta a dialética da verdade. Ela segue somente as astúcias da mistificação.

*

Para dar conta desses paradoxos somos primeiro tentados a interrogar um estado de fato histórico, digamos melhor, uma situação cronológica própria à psicologia. A rigidez das estruturas, o peso das tradições culturais, a resistência, enfim, oposta pela organização social à penetração das técnicas psicológicas bastariam para dar conta do isolamento da pesquisa em relação à prática. É claro que o caráter relativamente recente da psicologia lhe dá com frequência um aspecto problemático, irrisório, diante de técnicas que o tempo há séculos não cessou de espessar. Nesse sentido, poderíamos citar a estranha impermeabilidade da medicina à psicologia. No espírito da medicina francesa reina ainda, de um modo mais ou menos obscuro, a estranha dialética de Babinski: a ignorância do médico, a obscuridade na qual se escondem, a seus próprios olhos, os princípios de sua técnica só denunciam para ele a irrealidade da doença, como se o domínio técnico da cura fosse a medida da existência da doença. Ligada a esse equívoco, entre a técnica da cura e realidade do fato patológico, encontramos a ideia de que o patológico se desdobra como a manifestação concreta, como o fenômeno do anormal. O anormal é a essência da doença cuja terapêutica é a supressão efetiva. Como redução da essência do anormal ao processo normal, a técnica da cura constitui a medida indispensável da existência da doença. Resistindo à penetração da psicologia, a medicina atual não se opõe apenas a uma retificação de seus métodos e de seus conceitos, mas, sobretudo, a um voltar a questionar o sentido real da doença e do valor absoluto do fato psicológico. Não é apenas sua técnica, seu ofício e seu pão de cada dia que os médicos defendem permanecendo surdos à psicologia. Aquilo de que eles se fazem os defensores, aquilo de que protegem a imprescritível essência é a doença como conjunto de fenômenos patológicos. Eles defendem a doença como uma *coisa*, como sua *coisa*. Ao esquivar o problema do anormal, ao valorizar como instrumentos terapêuticos condutas como a linguagem ou a realização simbólica, a psicologia irrealiza o anormal e "subtiliza" a doença. Aos olhos dos médicos e no desenvolvimento histórico da medicina, ela não pode ser, e efetivamente não é, senão uma *empreitada* mágica. É o avesso daquilo que, há séculos, constitui a prática médica.

Mas, semelhantes fenômenos de atraso e de aderência acabam sempre por desaparecer com o tempo e a maturação das técnicas. Os paradoxos da pesquisa em psicologia se devem a razões históricas mais profundas que simples decalagens culturais. Tomemos o exemplo da psicologia do trabalho. Por um lado, é feita essencialmente dos problemas de orientação e de seleção profissionais, e, por outro, dos problemas da adaptação individual ao cargo, ao ofício, ao grupo de trabalho e ao ateliê. Mas é bastante evidente que esse conjunto de considerações não pode ter importância, essas questões só podem ter *existência*, no sentido estrito do termo, pelo favor e pela graça de algumas condições econômicas. Orientação e seleção profissionais só têm realidade em função do percentual de desemprego e do nível de especialização nos postos de trabalho. Só um regime de pleno emprego, ligado a uma técnica industrial exigindo uma alta especialização operária (o que até o momento é contraditório em nossa economia, na qual o pleno emprego repousa sempre em uma utilização maciça de uma mão de obra não especializada), só esse regime poderia dar lugar a uma prática psicológica ligada diretamente à pesquisa científica. Fora dessa condição, mítica para nós, a orientação e a seleção só podem ter o sentido de uma discriminação. Quanto às pesquisas concernentes à adaptação do indivíduo aos postos de trabalho, elas estão ligadas, por sua vez, aos problemas econômicos da produção, da superprodução, do valor do tempo de trabalho e do planejamento das margens beneficiárias.

Seria esse um traço característico da psicologia? O desenvolvimento de todas as pesquisas e de todas as ciências não se encontraria ligado às condições da vida econômica e social? Alguns me dirão tudo o que a balística ou a física atômica devem à guerra, e acrescentarão que o mesmo ocorre para o teste "beta" do exército americano... Felizmente, o problema é um pouco mais complexo. Pode ser que a ausência de condições econômicas favoráveis torne inútil, em um certo momento, a aplicação ou o desenvolvimento de uma ciência. Mas, afinal, mesmo fora de uma economia ou de uma situação de guerra, os corpos continuam a cair e os elétrons, a girar. Em psicologia, quando as condições de uma prática racional e científica não são reunidas, a própria ciência fica comprometida em sua positividade. Em época de desemprego e de superprodução, a seleção cessa de ser uma técnica de integração para tornar-se uma técnica de exclusão e de discriminação. Em período de crise econômica ou de aumento do preço do trabalho, a adaptação do homem ao seu ofício se torna uma técnica visando a aumentar a rentabilidade da empresa e a racionalizar o trabalho humano como puro e simples fator de produção. Em suma, ela cessa de ser uma técnica psicológica para se tornar uma técnica econômica. O que não quer dizer apenas que ela é utilizada para fins econômicos ou motivada por propósitos econômicos, esse é o destino de todas as ciências aplicadas. Queremos dizer, por exemplo, que a noção de aptidão, tal como utilizada em psicologia industrial, muda de conteúdo e de sentido segundo o contexto *econômico* no qual se é levado a defini-la: ela pode significar, também, uma norma cultural de formação, um princípio de discriminação tomado emprestado da escala do rendimento, uma previsão do tempo de aprendizagem, uma estimativa da educabilidade ou, por fim, o perfil de uma educação efetivamente recebida. Essas diferentes significações do termo aptidão não constituem outras tantas maneiras de cogitar a mesma realidade psicológica, mas outras tantas maneiras de dar um *status*, no nível da psicologia individual, a necessidades históricas, sociais ou econômicas. Não apenas a prática da psicologia torna-se instrumento da economia, mas a própria psicologia se torna a mitologia desta na escala humana. Enquanto uma física ou uma biologia, cujo desenvolvimento e aplicação são determinados por razões econômicas e sociais, assim o permanecem, as técnicas psicológicas, em contrapartida, devido a algumas de suas condições, perdem sua validade, seu sentido e seu fundamento psicológico; elas desaparecem como aplicações da psicologia, e a psicologia, sob o nome da qual elas se apresentam, forma apenas a mitologia de sua verdade. As técnicas físicas, químicas ou biológicas são *utilizáveis* e, tal como a razão, "dobráveis em todos os sentidos". Mas, por natureza, as técnicas psicológicas são, como o próprio homem, *alienáveis*.

Por meio dessas reflexões que parecem nos afastar de nosso problema, caminhamos pouco a pouco para as relações profundas entre a ciência e a prática psicológicas, que determinam o estilo próprio a essa ordem de pesquisa. É curioso constatar que as aplicações da psicologia nunca surgem de exigências positivas, mas sempre de obstáculos sobre o caminho da prática humana. A psicologia da adaptação do homem ao trabalho nasceu das formas de inadaptação que se seguiram ao desenvolvimento do taylorismo na América e na Europa. Sabemos como a psicometria e a medida da inteligência surgiram dos trabalhos de Binet sobre o real escolar e a debilidade mental. O exemplo da psicanálise e do que é chamado "psicologia das profundezas" fala por si só: elas se desenvolveram por inteiro no espaço definido pelos sintomas da patologia mental.

Seria esse um traço especial da pesquisa psicológica? Uma pesquisa não nasceria no momento em que uma prática alcança seu próprio limite e encontra o obstáculo absoluto que a faz novamente questionar-se quanto a seus princípios e a suas condições de existência? A biologia, como conjunto de pesquisas sobre a vida, não encontra sua origem efetiva e a possibilidade concreta de seu desenvolvimento em uma interrogação sobre a doença, em uma observação do organismo morto? É a partir da morte que uma ciência da vida é possível, justo quando sabemos medir toda a distância que separa a anatomia do cadáver da fisiologia do vivo. Do mesmo modo, é do ponto de vista do inconsciente que uma psicologia da consciência, não sendo uma pura reflexão transcendental, se faz possível; é do ponto de vista da perversão que uma psicologia do amor, sem ser uma ética, é possível; é do ponto de vista da estupidez que uma psicologia da inteligência, sem uma recorrência ao menos implícita a uma teoria do saber, pode constituir-se; é do ponto de vista do sono, do automatismo e do involuntário que se pode fazer uma psicologia do homem desperto e percebedor do mundo, evitando-se, assim, seu fechamento em uma pura descrição fenomenológica. A psicologia pede emprestada sua positividade às experiências negativas que o homem chega a fazer por si mesmo.

Mas é preciso fazer a distinção entre a maneira como uma pesquisa nasce, a partir de uma ciência ou de uma prática, e a maneira como a pesquisa, a prática e o conhecimento se articulam sobre as condições efetivas da existência humana. Em psicologia, como em todos os outros domínios científicos, a prática só pode ser interrogada e nascer como prática para si mesma se pautada em seus limites negativos e na franja de sombra que envolve o saber e o domínio das técnicas. Mas, por outro lado, toda prática e toda pesquisa científicas podem compreender-se, a partir de certa situação de *necessidade*, no sentido econômico, social e histórico do termo, ao passo que a pesquisa e a prática psicológicas só podem compreender-se se considerarem as *contradições* nas quais o próprio homem se encontra aprisionado. Se a patologia mental sempre foi e continua sendo uma das fontes da experiência psicológica, não é pelo fato de a doença revelar estruturas escondidas, nem por espessar ou enfatizar processos normais; em outros termos, não é porque o homem ali reconheça mais facilmente o rosto de sua verdade, mas, ao contrário, por ele ali descobrir a noite dessa verdade e o elemento absoluto de sua contradição. A doença é a *verdade psicológica* da saúde, uma vez que ela é sua *contradição humana*.

Para sermos mais precisos, tomemos o exemplo do "escândalo" freudiano: a redução da existência humana ao determinismo do *homo natura*, a projeção de todo o espaço das relações sociais e afetivas no plano das pulsões libidinais, a decifração da experiência em termos de mecânica e de dinâmica soam muito reveladoras da essência mesma de toda pesquisa psicológica. O efeito do escândalo devia-se tão somente à maneira como essa redução era operada. Pela primeira vez na história da psicologia, a negatividade da natureza não era referida à positividade da consciência humana, mas, ao contrário, esta era denunciada como o negativo da positividade natural. O escândalo não reside no fato de o amor ser de natureza ou de origem sexual, o que fora dito antes de Freud, mas, sim, no fato de que, por meio da psicanálise, o amor, as relações sociais e as formas de pertença inter-humanas apareçam como o elemento negativo da sexualidade, uma vez que ela é a positividade natural do homem. Essa revirada por meio da qual a natureza, como negação da verdade do homem, torna-se para e pela psicologia o solo mesmo de sua positividade da qual o homem, por sua vez, em sua existência concreta, passa a ser a negação, essa revirada operada pela primeira vez de uma maneira explícita por Freud tornou-se agora a condição de possibilidade de toda pesquisa psicológica. Tomar a negatividade do homem como sua natureza positiva, a experiência de sua contradição como o desvelamento de sua verdade mais simples, mais imediata e mais homogênea, é, desde Freud, o projeto, pelo menos silencioso, de toda psicologia. A importância do freudismo quanto à descoberta da sexualidade não é senão derivada e secundária. Ela reside, de modo fundamental, na constituição dessa positividade no sentido que acabamos de dizer. Desse modo, toda pesquisa de psicologia positiva é freudiana, mesmo versando sobre o mais afastado dos temas psicanalíticos, mesmo quando é uma determinação fatorial das aptidões.

Desde então, compreende-se por que a reivindicação de uma positividade pertence às escolhas originárias da psicologia. Ela não se inscreve naturalmente no desenvolvimento espontâneo da ciência, da pesquisa e da técnica. A opção de positividade é necessariamente prévia como condição de possibilidade de uma verdadeira psicologia que seja, ao mesmo tempo, uma psicologia verdadeira. Mas já que ela é reivindicação de uma positividade do homem, no nível mesmo em que ele faz uma experiência de sua negatividade, a psicologia, por um lado, pode ser apenas o avesso negativo e mitológico de uma prática real, e, por outro, a imagem invertida na qual se revela e se esconde, ao mesmo tempo, um saber efetivo. Chega-se, então, à ideia de que a pesquisa psicológica constitui toda a essência da psicologia, uma vez que ela assume e realiza todas as suas pretensões positivas; que ela só pode efetuar-se como pesquisa derrubando um saber, ou a possibilidade de um saber, que ela pretende desmistificar, quando esquece apenas sua exigência absoluta; e que só pode desenvolver-se como pesquisa científica tornando-se a mitologia de uma prática que não se exerce. Como essência realizada da psicologia, a pesquisa é a um só tempo sua única forma de existência e o movimento mesmo de sua supressão.

*

A pesquisa é igualmente para a psicologia sua razão de ser e sua razão de não ser. Em um triplo sentido, ela constitui seu momento "crítico": traz à luz seu *a priori* conceitual e histórico, cinge as condições nas quais a psicologia pode encontrar ou superar suas formas de estabilidade e, por fim, emite juízo e decisão sobre suas possibilidades de existência. As dificuldades contemporâneas da pesquisa psicológica não se inscrevem em uma crise de juventude, elas descrevem e denunciam uma crise de existência.

Considerando o tempo em que a psicologia era uma ciência "jovem", ela já deveria ter tido tempo de assumir um pouco mais de idade. Não se devem pedir satisfações à cronologia quanto à imortal criancice de uma psicologia em nada menos velha que a química ou a embriologia. A história das ciências a interdita de usar sua idade mental para justificar-se em detrimento de sua idade real. De bom grado eu gostaria que a indulgência senil dos psicólogos em estado infantil se divertisse e consentisse que a juventude passasse. Mas eis que o tempo da juventude passou sem a juventude ter passado. A desgraça da psicologia não consiste nessa juventude, mas no fato de ela nunca ter encontrado nem o estilo, nem rosto de sua juventude. Suas preocupações são seculares, mas sua consciência é cada vez mais infantil, ela é jovem de uma juventude sem amanhecer. Por essa razão, o aparecimento da pesquisa no domínio da psicologia não figura somente uma crise de maturidade.

Com efeito, produziu-se um acontecimento novo em todos os domínios do conhecimento derivando a ciência contemporânea para horizontes novos: o conhecimento cessou de desdobrar-se em um único elemento do saber para tornar-se pesquisa. Em outros termos, ele se desprendeu da esfera do pensamento em que encontrava sua pátria ideal para tomar consciência dele mesmo como encaminhamento no interior de um mundo real e histórico, em que se totalizam técnicas, métodos, operações e máquinas. A ciência não é mais um caminho de acesso ao enigma do mundo, mas o futuro de um mundo que, nos tempos atuais, faz uma única e mesma coisa com a técnica realizada. Ao cessar de ser somente saber para tornar-se pesquisa, a ciência desaparece como memória para se tornar história. Ela não é mais um pensamento, e, sim, uma prática, não mais um ciclo fechado de conhecimentos, mas, para o conhecimento, um caminho que se abre ali mesmo onde para.

Essa passagem da *enciclopédia* à *pesquisa* constitui, sem dúvida, um dos acontecimentos culturais mais importantes de nossa história. Não nos cabe discutir o lugar e o papel de uma psicologia em um saber cuja pretensão era de pleno direito, e desde sua origem, enciclopédico. O único problema que nos concerne é saber o que pode significar agora a psicologia como pesquisa, pois que a psicologia se tornou pesquisa por completo.

Vimos como ciência e prática psicológicas, nos dias de hoje, resumiam-se e esgotavam-se no domínio da pesquisa, e podemos compreender como uma psicologia que pode escolher-se "experimental" ou "reflexiva", desde o começo, só é verdadeira quando científica, positiva e objetiva; a pesquisa não é a condição de desenvolvimento da ciência e da prática psicológicas; ela forma, como pesquisa empírica, liberada de todo horizonte teórico, pura de especulação, enunciada no nível de seus resultados experimentais, o *a priori* de sua existência e o elemento universal de seu desenvolvimento. Ao se fazer "pesquisa", a psicologia não prossegue o *caminho de sua verdade*, como as outras ciências; ela se dá, de saída, as *condições de existência de sua verdade*. A verdade da psicologia como ciência não leva à pesquisa, mas a pesquisa por si mesma abre magicamente para o céu dessa verdade. Portanto, a psicologia não deve ser interrogada sobre sua verdade no nível de sua racionalidade científica, nem no nível de seus resultados práticos, mas, sim, no nível da *escolha* feita por ela ao se constituir como pesquisa.

A pesquisa se tornou a razão de ser científica e prática da psicologia, a razão de ser social e histórica do psicólogo. Do momento em que se é psicólogo, se pesquisa. O quê? O que os outros pesquisadores deixam pesquisar, pois os psicólogos não pesquisam para encontrar, mas para pesquisar, para ter pesquisado, para ser pesquisador. Pois, então, façam pesquisa, pesquisa em geral, pesquisa sobre qualquer coisa, sobre as neuroses do rato, sobre a frequência estatística das vogais na versão inglesa da Bíblia, sobre as práticas sexuais da mulher provinciana, na *lower middle class* exclusivamente, sobre a resistência cutânea, a pressão sanguínea e o ritmo respiratório durante a audição da *Sinfonia dos salmos*.* Pesquisas de

---

* (N.T.) *Sinfonia dos salmos* (1930), de Igor F. Stravinsky.

amplos caminhos e de pequenas travessas, pesquisas de encomenda e de armação.[10] E, como a racionalidade, o caráter científico, a objetividade, enfim, não podem recorrer senão à própria escolha da pesquisa, as garantias efetivas de sua validade só podem ser pedidas a métodos e a conceitos não psicológicos. Ver-se-ão pesquisas inteiras construídas sobre conceitos médicos duvidosos, mas que, para o psicólogo, são objetivos à exata medida que são médicos. Passar-se-ão anos de trabalho aplicando-se métodos fatoriais a um material experimental, ao qual uma purificação matemática jamais poderá conferir a validade não possuída por ele no começo. Mesmo depois de uma análise fatorial, um dado de introspecção permanece introspectivo. Não se vê muito bem qual forma de objetividade é adquirida quando se submete ao tratamento fatorial um questionário aplicado a crianças em idade escolar, interrogando sobre suas próprias mentiras ou sobre aquelas de seus coleguinhas. De resto, se é assegurado pelo resultado: aprende-se que as crianças mentem, sobretudo, para evitar as punições, depois por gabolice etc. Tem-se certeza, por isso mesmo, que o método era bem objetivo. Mas, e agora? Há os maníacos de indiscrição que, para olhar através de uma porta envidraçada, se debruçam no buraco da fechadura...

Aliás, podemos refinar: seriam necessárias páginas para enumerar os trabalhos que demonstram estatisticamente a não validade de um conceito médico, ou clinicamente a ineficácia dos métodos psicométricos. Alcança-se aqui a nata da pesquisa psicológica: uma pesquisa que demonstra a si mesma seu próprio caráter científico mediante o jogo de métodos e de conceitos emprestados de outros domínios científicos, cuja objetividade interna ela, assim, destrói. Portanto, não há objetividade autóctone na pesquisa psicológica, mas apenas modelos transpostos de objetividades vizinhas e que cingem, do exterior, o espaço de jogo dos mitos de uma psicologia que precisa de objetividade, e cujo único trabalho efetivo é a destruição secreta e silenciosa dessas objetividades.

---

10. (N.A.) Uma vez que este artigo não tem intenção polêmica, não reproduzimos o título exato das pesquisas em curso. Todavia, já que seu propósito é crítico, as modificações trazidas à realidade são de pura polidez e não alteram o essencial.

Portanto, o trabalho real da pesquisa psicológica não é nem a emergência de uma objetividade, nem o fundamento ou o progresso de uma técnica, nem a constituição de uma ciência, nem a revelação de uma forma de verdade. Seu movimento, ao contrário, é o de uma verdade que se desfaz, de um objeto que se destrói, de uma ciência que só busca desmistificar-se: como se o destino de uma psicologia que se escolheu positiva e requereu a positividade do homem no nível de suas experiências negativas fosse, paradoxalmente, não fazer senão uma tarefa científica por inteiro negativa. Que a pesquisa psicológica só possa manter relações negativas com a possibilidade de um saber e a realidade de uma pesquisa, eis o preço pago por ela pela escolha de positividade feita em seus primórdios, preço ao qual está obrigado todo psicólogo, desde a entrada do templo.

Se a pesquisa com todos os caracteres que descrevemos tornou-se, nos dias de hoje, a essência e a realidade de toda psicologia, isso não é sinal de que a psicologia afinal alcançou sua idade científica e positiva; é sinal, ao contrário, de que ela esqueceu a negatividade do homem, sua pátria de origem, sinal de que ela esqueceu sua vocação eternamente infernal. Se a psicologia quisesse reencontrar seu sentido, a um só tempo como saber, como pesquisa e como prática, ela deveria arrancar de si o mito da positividade do qual vive e morre, nos dias de hoje, a fim de reencontrar seu espaço próprio no interior das dimensões de negatividade do homem.

Esse sentido originário é também um dos paradoxos e uma das riquezas que Freud, melhor do que qualquer outro, percebeu, contribuindo para encobri-lo e escondê-lo. *Superos si flectere nequeo, Acheronta movebo...*

A psicologia só se salvará mediante um retorno aos Infernos.

1966

Michel Foucault, *As palavras e as coisas*

"Michel Foucault, *Les mots et les choses*" (entrevista com R. Bellour), *Les Lettres Françaises*, n. 1.125, 31 de março-6 de abril de 1966, p. 3-4.

– *Como* As palavras e as coisas *se articulam com a* História da loucura?

– A *História da loucura* era, resumidamente, a história da divisão, a história sobretudo de um certo corte que toda sociedade se vê obrigada a instaurar. Em contrapartida, nesse livro eu quis fazer a história da ordem, dizer a maneira como uma sociedade reflete a semelhança das coisas entre elas e a maneira como as diferenças entre as coisas podem ser dominadas, organizadas em redes, delinear-se segundo esquemas racionais. A *História da loucura* é a história da diferença, *As palavras e as coisas*, a história da semelhança, do mesmo, da identidade.

– *No subtítulo que você deu ao livro, encontramos a palavra "arqueologia", que já figurava como subtítulo em* Nascimento da clínica *e já aparecia no prefácio de* História da loucura.

– Por arqueologia, eu queria designar não exatamente uma disciplina, mas um domínio de pesquisa que seria o seguinte: numa sociedade, os conhecimentos, as ideias filosóficas, as opiniões cotidianas, mas também as instituições, as práticas comerciais e policiais, os costumes, tudo remete a um certo saber implícito, próprio a essa sociedade. Esse saber é profundamente diferente dos conhecimentos que podemos encontrar nos livros científicos, nas teorias filosóficas, nas justificativas religiosas, embora seja ele que torne possível, num dado momento, a aparição de uma teoria, de uma opinião, de uma prática. Assim, para que no final do século XVII se abrissem os grandes centros de internação em toda a Europa, foi preciso um certo saber da loucura oposta à não loucura, um saber da ordem e da desordem, e eu quis interrogar esse saber como condição de possibilidade dos conhecimentos, das instituições e das práticas.

Esse estilo de pesquisa me interessa no seguinte sentido: ele permite evitar todo problema de anterioridade da teoria em relação à prática e inversamente. De fato, trato no mesmo plano e segundo seus isomorfismos as práticas, as instituições e as teorias, e pesquiso o saber comum que as tornou possíveis, a camada do saber constituinte e histórico. Mais do que buscar explicar esse saber do ponto de vista do prático-inerte, procuro formular uma análise do que se poderia chamar o "teórico-ativo".

– *Você então se defronta com um duplo problema: de história e de formalização.*

– Todas essas práticas, essas instituições, essas teorias, eu as tomo no nível de traços, ou seja, quase sempre traços verbais. O conjunto desses traços constitui uma espécie de domínio considerado como homogêneo: *a priori*, não se faz entre eles nenhuma diferença, o problema é, então, encontrar, entre esses traços de ordem diferente, traços comuns o suficiente para se constituir o que os lógicos chamam classes, os esteticistas, formas, as pessoas de ciências humanas, estruturas, e que são a invariante comum a certo número desses traços.

– *Como se formulam para você os problemas da escolha e da não escolha?*

– Eu lhe responderei que, de fato, não deve haver ali escolha privilegiada. É preciso tudo ler, conhecer todas as instituições e todas as práticas. Nenhum dos valores reconhecidos tradicionalmente na história das ideias e da filosofia deve ser aceito como tal. Temos de nos haver com um campo que ignorará as diferenças, as importâncias tradicionais. Resulta daí o fato de se tratar na mesma fieira *Dom Quixote*, Descartes e um decreto sobre a criação de casas de internação por Pomponne de Bellièvre. Perceber-se-á igualmente que os gramáticos do século XVIII têm tanta "importância" quanto os filósofos reconhecidos na mesma época.

– *É nesse sentido que você diz, por exemplo, que Cuvier e Ricardo lhe ensinaram tanto ou mais do que Kant e Hegel. Nesse sentido, tornou-se premente a questão da informação: como ler tudo?*

– Podem-se ler todos os gramáticos, todos os economistas. Para *Nascimento da clínica*, li, do período entre 1780-1820, toda a obra de medicina cujo método era importante. As escolhas que se podem fazer são inconfessáveis e não devem existir. Deveríamos ler tudo, estudar tudo. Em outras palavras, é preciso ter à sua disposição o arquivo geral de uma época num momento dado. E a arqueologia é, em sentido estrito, a ciência desse arquivo.

– *O que é que determina a escolha do período histórico (aqui, como em* História da loucura, *do Renascimento aos nossos dias) e sua relação com a perspectiva arqueológica adotada por você?*

– Esse gênero de pesquisas só é possível como análise de nosso próprio subsolo. Não é uma falha dessas disciplinas retrospectivas encontrarem seu ponto de partida em nossa atualidade. Não resta nenhuma dúvida de que a questão da divisão entre razão e desrazão só se tornou possível a partir de Nietzsche e de Artaud. E foi o subsolo de nossa consciência moderna sobre a loucura que eu quis interrogar. Se não tivesse havido nesse solo alguma coisa como uma falha, sua arqueologia não teria sido nem possível, nem requerida. Do mesmo modo se, depois de Freud, Saussure e Husserl, a questão do sentido e da relação entre o sentido e o signo não tivesse aparecido na cultura europeia, é evidente que não seria requerido pesquisar o subsolo de nossa consciência do sentido. Nos dois casos, são análises críticas de nossa condição.

– *O que o impeliu a adotar os três eixos que orientam toda a sua análise?*

– De um modo geral, foi o seguinte. Depois do final do século XIX, as ciências humanas apareceram como se tomadas por uma dupla obrigação, uma dupla postulação simultânea: a da hermenêutica, ou da interpretação, ou da exegese, segundo a qual é preciso compreender o sentido que se oculta; e a outra, segundo a qual é preciso formalizar, encontrar o sistema, a invariante estrutural, a rede das simultaneidades. Ora, essas duas questões pareciam defrontar-se de maneira privilegiada nas ciências humanas, a ponto de termos a impressão de ser necessário que elas fossem isto ou aquilo, interpretação ou formalização. Empreendi precisamente a pesquisa arqueológica do que havia tornado essa ambiguidade possível, quis encontrar o ramo que trazia a bifurcação. Tive então de responder a uma dupla questão concernindo à época clássica:

– a da teoria dos signos;

– a da ordem empírica, da constituição das ordens empíricas.

Pareceu-me que, de fato, a idade clássica que se tem o hábito de considerar como a idade da mecanização radical da natureza, da matematização do vivo era, na realidade, completamente diferente, existia um domínio muito importante que compreendia a gramática geral, a história natural e a análise das riquezas. E esse domínio empírico se assentava no projeto de uma ordenação das coisas. E isso não graças às matemáticas, à geometria, mas graças a uma sistemática dos signos, uma espécie de taxinomia geral e sistemática das coisas.

– *Foi então o reenvio à idade clássica que determinou os três eixos. E como se opera, nesses três domínios, a passagem da idade clássica para o século XIX?*

– Fui intensamente surpreendido por algo que ali se revelou: o homem não existia no interior do saber clássico. Nesse lugar, onde hoje descobrimos o homem, existia o poder próprio ao discurso, à ordem verbal de representar a ordem das coisas. Para estudar a gramática ou o sistema das riquezas, não havia necessidade de passar por uma ciência do homem, mas, sim, pelo discurso.

– *No entanto, aparentemente, uma literatura que parecia de fato falar do homem era a nossa literatura do século XVII.*

– Uma vez que no saber clássico existiam representações ordenadas num discurso, todas as noções fundamentais à nossa concepção do homem como as de vida, de trabalho e de linguagem não tinham razão de ser nem nenhum lugar naquela época.

No final do século XVIII, o discurso cessou de representar o papel organizador possuído por ele no saber clássico. Não houve mais transparência entre a ordem das coisas e a das representações que se podiam ter delas; as coisas, de algum modo, redobraram-se sobre suas próprias espessuras e sobre uma exigência exterior à representação. E assim apareceram as linguagens com sua história, a vida com sua organização e sua autonomia, o trabalho com sua própria capacidade de produção. Diante disso, na lacuna deixada pelo discurso, o homem se constituiu, um homem que é tanto aquele que vive, fala e trabalha, quanto aquele que conhece a vida, a linguagem e o trabalho, aquele, enfim, que pode ser conhecido à medida que vive, fala e trabalha.

– *Sobre esse fundo, como então se apresenta nossa situação nos dias de hoje?*

– Atualmente, encontramo-nos numa situação muito ambígua. O homem só existiu depois do século XIX porque o discurso cessara de ter força de lei sobre o mundo empírico. O homem existiu ali onde o discurso calou-se. Ora, eis que com Saussure, Freud e Husserl, no cerne do que há de mais fundamental no conhecimento do homem, o problema do sentido e do signo reaparece. Quer dizer que podemos nos perguntar se esse retorno do grande problema do signo, do sentido e da ordem dos signos, constitui uma espécie de superposição em nossa cultura do que havia constituído a idade clássica e a modernidade, ou então se é questão de marcas anunciadoras do desaparecimento do homem, já que, até o presente, a ordem do homem e a dos signos haviam sido incompatíveis em nossa cultura. O homem morria dos signos nascidos nele, foi o que Nietzsche, o primeiro, quis dizer.

– *Parece-me que essa ideia de uma incompatibilidade entre a ordem dos signos e a ordem do homem deve ter certo número de consequências.*

– Sim, por exemplo:

1ª) enviar às quimeras a ideia de uma ciência do homem que seja ao mesmo tempo análise dos signos;

2ª) anunciar a primeira deterioração na história europeia do episódio antropológico e humanista que conhecemos no século XIX, quando se pensava que as ciências do homem seriam ao mesmo tempo a liberação do homem, do ser humano, em sua plenitude. A experiência mostrou que, ao se desenvolverem, as ciências do homem conduzem muito mais ao desaparecimento do homem do que à sua apoteose;

3ª) a literatura, que mudou de *status* no século XIX, quando cessou de pertencer à ordem do discurso e se tornou a manifestação da linguagem em sua espessura, deve agora, sem dúvida, passar a um outro *status*; e a hesitação manifestada por ela entre os humanismos débeis e o formalismo puro da linguagem é, sem dúvida, apenas uma das manifestações desse fenômeno fundamental para nós, que nos faz oscilar entre a interpretação e a formalização, entre o homem e os signos.

– *Vemos, assim, delinearem-se perfeitamente as grandes determinações da literatura francesa desde a idade clássica. Em particular, vê-se muito bem o esquema que levou de um primeiro humanismo, o do romantismo, a Flaubert, depois à literatura do sujeito encarnada pela geração da NRF (Nouvelle Revue Française), ao novo humanismo do antes e do pós-guerra e, nos dias de hoje, ao formalismo do novo romance. Todavia, a literatura alemã obstaculiza inteiramente um esquema evolutivo dessa ordem, seja qual for o sentido em que a consideremos.*

– Talvez pelo fato de o classicismo alemão ter sido contemporâneo dessa idade da história e da interpretação, a literatura alemã encontrou-se, desde sua origem, diante desse confronto que conhecemos hoje. Isso explicaria o fato de Nietzsche não ter feito outra coisa senão tomar consciência dessa situação, e, agora, é ele que nos serve de luz.

– *Isso explicaria como ele pôde aparecer, ao longo de todo o seu livro, como a figura exemplar, o sujeito cuja arqueologia não poderia ser feita (ou não ainda), já que a questão só pôde se formular em toda a sua violência a partir do que ele abriu.*

– Sim, pois foi ele que, através da cultura alemã, compreendeu que a redescoberta da dimensão própria à linguagem é incompatível com o homem. Disso resulta o fato de Nietzsche ter tomado um valor profético para nós e, em contrapartida, de ser preciso condenar com total severidade todas as tentativas para insipidar esse problema. Por exemplo, a utilização das noções mais familiares do século XVIII, os esquemas de semelhança e de contiguidade, tudo isso para construir ciências humanas e fundamentá-las me parece ser uma covardia intelectual e serve para confirmar o fato do que Nietzsche, no entanto, nos significou, há aproximadamente um século, a saber: ali onde há signo não pode haver o homem, ali onde se faz falar os signos, é preciso que o homem se cale.

O que me parece decepcionante, ingênuo nas reflexões, nas análises sobre os signos, é que os supomos sempre já ali, depostos sobre a figura do mundo ou constituídos pelos homens sem jamais interrogarmos o ser mesmo dos signos. O que quer dizer o fato de haver signos, marcas da linguagem? É preciso apresentar o problema do ser da linguagem como tarefa para não se voltar a cair em um nível de reflexão que seria o do século XVIII, o nível do empirismo.

– *Uma coisa me impactou muito intensamente em seu livro: a perfeita singularidade de sua posição no que concerne, por um lado, à filosofia, à tradição filosófica, e, por outro, à história das ideias, dos métodos, dos conceitos.*

– Fiquei chocado pelo fato de existir, de um lado, uma história da filosofia que se dava como objeto privilegiado edifícios filosóficos assinalados pela tradição como importantes (aceitava-se, no máximo, quando se estava um tanto "na moda", reportá-los ao nascimento do capitalismo); de outro, uma história das ideias, quer dizer, subfilosofias, que tomavam como objeto privilegiado os textos de Montesquieu, de Diderot ou de Fontenelle. Se acrescentarmos que, além disso, há histórias das ciências, não podemos não nos chocar diante da impossibilidade de nossa cultura formular o problema da história de seu próprio pensamento. Por essa razão, tentei fazer, num estilo evidentemente um tanto particular, a história não do pensamento em geral, mas de tudo o que "contém pensamento" numa cultura, tudo aquilo em que há pensamento. Pois há pensamento na filosofia, mas também num romance, numa jurisprudência, no direito, até mesmo num sistema administrativo, numa prisão.

1966

Entrevista com Madeleine Chapsal

"Entretien avec Madeleine Chapsal", La Quinzaine Littéraire, n. 5, 16 de maio de 1966, p. 14-15.

– *Você tem 38 anos. É um dos mais jovens filósofos desta geração. Seu último livro,* As palavras e as coisas, *tenta examinar o que mudou totalmente, há 20 anos, no domínio do pensamento. O existencialismo e o pensamento de Sartre, por exemplo, estão se tornando, segundo você, objetos de museu. Você vive – e nós também, sem ainda nos darmos conta disso – num espaço intelectual inteiramente renovado.* As palavras e as coisas, *que desvelam em parte essa renovação, é um livro difícil. Você poderia, de modo um tanto mais simples (ainda que isso não seja mais exatamente assim), responder à seguinte pergunta: sobre essa questão, onde é que você está? Onde estamos nós?*
– De modo muito súbito, e aparentemente sem haver razão, demo-nos conta, há mais ou menos 15 anos, de que estávamos muito distantes da geração precedente, da geração de Sartre, de Merleau-Ponty, geração dos *Tempos modernos* que fora nossa lei para pensar e nosso modelo para existir...
– *Quando você diz "demo-nos conta", "nos", refere-se a quem?*
– À geração das pessoas que não tinham 20 anos durante a guerra. Percebemos a geração de Sartre como por certo corajosa e generosa, apaixonada pela vida, pela política, pela existência... Nós, porém, descobrimos outra coisa, outra paixão: a paixão pelo conceito e por aquilo que nomearei o "sistema"...
– *Como filósofo, em que Sartre se interessava?*
– Em suma, confrontado com um mundo histórico que a tradição burguesa, por não mais se reconhecer nele, queria considerar como *absurdo*, Sartre quis mostrar que, ao con-

trário, havia *sentido* por toda parte. Mas, nele, essa expressão era muito ambígua: dizer "há sentido" era a um só tempo uma constatação e uma ordem, uma prescrição... Há sentido significa que devemos dar sentido a tudo. Sentido em si mesmo muito ambíguo: ele era o resultado de uma decifração, de uma leitura e, além disso, era também a trama obscura que passava, apesar de nós, em nossos atos. Para Sartre, éramos ao mesmo tempo leitor e mecanógrafo do sentido: descobríamos o sentido e éramos agidos por ele.

– *Quando foi que você cessou de acreditar no sentido?*

– O ponto de ruptura situou-se no dia em que Lévi-Strauss, no que concerne às sociedades, e Lacan, em relação ao inconsciente, nos mostraram que o *sentido* provavelmente não passava de uma espécie de efeito de superfície, um reflexo, uma espuma, que somos profundamente atravessados por algo, algo que ali estava antes de nós, que nos sustentava no tempo e no espaço, e que esse algo era o *sistema*.

– *O que você entende por sistema?*

– Por sistema é preciso entender um conjunto de relações que se mantêm, se transformam, independentemente das coisas que religam. Pôde-se mostrar, por exemplo, que os mitos romanos, escandinavos, célticos faziam aparecer deuses e heróis muitíssimo diferentes uns dos outros, embora a organização que os ligava (e essas culturas se ignoravam umas às outras), suas hierarquias, suas rivalidades, suas traições, seus contratos, suas aventuras obedecessem a um sistema único... Recentes descobertas no domínio da Pré-história permitem também entrever que uma organização sistemática preside a disposição das figuras delineadas sobre as paredes das cavernas... Em biologia, você sabe que a fita cromossômica traz em código, em mensagem cifrada, todas as indicações genéticas que permitirão ao ser futuro desenvolver-se... A importância de Lacan vem do fato de ele ter mostrado como, através do discurso do doente e dos sintomas de sua neurose, são as estruturas, o próprio sistema da linguagem – e não o sujeito – que falam... Antes de toda existência humana, de todo pensamento humano, já haveria um saber, um sistema, que redescobrimos...

– *Mas, então, quem secreta esse sistema?*

– O que é esse sistema anônimo sem sujeito, o que é que pensa? O "eu" explodiu (veja a literatura moderna). Trata-se da descoberta do "há" (*Il y a*). Há um "se" (*on*). De certo modo,

retorna-se ao ponto de vista do século XVII com a seguinte diferença: não colocar o homem no lugar de Deus, mas, sim, um pensamento anônimo, um saber sem sujeito, um teórico sem identidade...
– *Nós, que não somos filósofos, em que tudo isso nos concerne?*
– Em todas as épocas, a maneira como as pessoas refletem, escrevem, julgam, falam (mesmo nas ruas, nas conversações e escritos mais cotidianos), inclusive a maneira como as pessoas experimentam as coisas, como sua sensibilidade reage, toda a sua conduta é comandada por uma estrutura teórica, um *sistema*, que muda com as idades e com as sociedades, mas que está presente em todas as idades e em todas as sociedades.
– *Sartre nos ensinou a liberdade, você nos ensina que não há uma real liberdade de pensar?*
– Pensa-se no interior de um pensamento anônimo e constrangedor que é o de uma época e de uma linguagem. Esse pensamento e essa linguagem têm suas leis de transformação. A tarefa da filosofia atual e de todas as disciplinas teóricas que lhes nomeei é a de trazer à luz esse pensamento anterior ao pensamento, esse sistema anterior a todo sistema... Ele é o fundo sobre o qual nosso pensamento "livre" emerge e cintila durante um instante...
– *Qual seria o sistema dos dias de hoje?*
– Tentei torná-lo visível – parcialmente – em *As palavras e as coisas*.
– *Ao fazê-lo, você estava, então, mais além do sistema?*
– Para pensar o sistema, eu já estava coagido por um sistema atrás do sistema, o qual eu não conhecia e que recuava à medida que eu o descobria, que ele se descobria...
– *Em tudo isso, o que acontece com o homem? Trata-se de uma nova filosofia do homem que está em vias de construção? Todas as suas pesquisas não decorrem das ciências humanas?*
– Na aparência, sim, as descobertas de Lévi-Strauss, de Lacan, de Dumézil pertencem ao que se convencionou chamar as ciências humanas. O característico nisso, porém, é que todas essas pesquisas não apenas apagam a imagem tradicional que se havia feito do homem, mas, em minha opinião, todas elas tendem a tornar inútil, na pesquisa e no pensamento, a própria ideia de homem. A herança mais árdua que nos vem do

século XIX – e da qual já é mais do que hora de nos desembaraçarmos – é o humanismo...
– *O humanismo?*
– O humanismo foi uma forma de resolver, em termos de moral, de valores, de reconciliação, problemas que não se podiam resolver de modo algum. Você conhece a fala de Marx? A humanidade só formula problemas que ela pode resolver. Creio que se possa dizer: o humanismo finge resolver problemas que não pode formular para si!
– *Mas, quais problemas?*
– Pois bem, os problemas das relações entre o homem e o mundo, o problema da realidade, o problema da criação artística, da felicidade e todas as obsessões que não merecem em absoluto constituir problemas teóricos... Nos dias de hoje, nossa tarefa é de nos libertar definitivamente do humanismo e, nesse sentido, nosso trabalho é um trabalho político.
– *Onde está a política nisso?*
– Salvar o homem, redescobrir o homem no homem etc., é o objetivo de todas essas empreitadas faladoras, a um só tempo teóricas e práticas, para reconciliar, por exemplo, Marx e Teilhard de Chardin (empreitadas inundadas de humanismo que há anos infligem esterilidade a todo trabalho intelectual). Nossa tarefa é nos liberar definitivamente do humanismo. É nesse sentido que nosso trabalho é político, uma vez que todos os regimes do leste ou do oeste fazem passar sua má mercadoria sob a bandeira do humanismo... Devemos denunciar todas essas mistificações tal como atualmente, no interior do PC, Althusser e seus companheiros corajosos lutam contra o "chardino-marxismo"...
– *Até onde esse pensamento já penetrou?*
– Essas descobertas têm uma penetração muito forte nesse grupo mal definível de intelectuais franceses, formado pela massa dos estudantes e dos professores menos idosos. As resistências nesse domínio são muito evidentes, sobretudo do lado das ciências humanas. A demonstração de que nunca se sai do saber, do teórico, é mais difícil der ser feita nas ciências humanas (em literatura, particularmente) do que quando se trata de lógica e de matemática.
– *Onde nasceu esse movimento?*
– É preciso todo o narcisismo monoglota dos franceses para imaginar-se – como eles o fazem – terem sido eles os que aca-

baram de descobrir todo esse campo de problemas. Esse movimento desenvolveu-se na América, na Inglaterra, na França, a partir de trabalhos feitos logo após a Primeira Guerra Mundial, nos países de línguas eslavas e alemãs. Mas agora que o *new criticism* existe nos Estados Unidos há uns bons 40 anos, que todos os grandes trabalhos de lógica foram feitos por lá e na Grã-Bretanha, até bem poucos anos atrás contavam-se nos dedos os linguistas franceses... Temos uma consciência hexagonal da cultura que faz com que, paradoxalmente, De Gaulle possa passar por um intelectual...

– *O que se vê é que o homem culto se sente ultrapassado... Estaria nisso a condenação da boa cultura geral, haveria somente especialistas?*

– O condenado não é o homem culto, é nosso ensino secundário (condenado pelo humanismo). Não aprendemos nada das disciplinas fundamentais que nos permitiriam compreender o que se passa conosco, e, sobretudo, o que se passa alhures... Se o homem culto, hoje, tem a impressão de uma cultura bárbara, eriçada de cifras e de siglas, essa impressão se deve apenas a um só fato: nosso sistema de educação data do século XIX e ainda se vê reinar nele a psicologia mais insípida, o humanismo mais desusado, as categorias de gosto, do coração humano... Não é nem por culpa do que se passa nem por culpa do homem culto; se ele tem a impressão de não compreender mais nada disso é por culpa da organização do ensino.

– *O que não impede essa nova forma de pensamento, cifras ou não, aparecer como fria e bem abstrata...*

– Abstrata? Eu responderia o seguinte: é o humanismo o abstrato! Todos esses gritos do coração, todas essas reivindicações da pessoa humana, da existência, são abstratos: ou seja, cortados do mundo científico e técnico que constitui nosso mundo real. O que me irrita no humanismo é o fato de ele ser doravante o para-vento atrás do qual se refugia o pensamento mais reacionário, se formam alianças monstruosas e impensáveis: quer-se aliar Sartre e Teilhard, por exemplo... Em nome do quê? Do homem! Ora, o esforço feito atualmente pelas pessoas de nossa geração não é o de reivindicar o homem *contra* o saber e *contra* a técnica, mas precisamente mostrar que nosso pensamento, nossa vida, nossa maneira de ser, até mesmo nossa maneira de ser mais cotidiana, fazem parte da mesma organização sistemática e, portanto, decorrem das mesmas categorias que o mundo científico e técnico. É o "coração humano" que é abstrato, e nossa pesquisa, ao pretender ligar o homem à sua ciência, a suas descobertas, a seu mundo, é que é concreta.

– *Creio que sim...*

– Eu lhe responderei que não se deve confundir a tepidez lábil dos compromissos e a frieza que pertencem às verdadeiras paixões. Os escritores que mais nos agradam, "frios", sistemáticos, são Sade e Nietzsche, que, com efeito, falavam sobre o "mal do homem". Eles também não foram os escritores mais apaixonados?

1966

O Homem Está Morto?

"L'homme est-il mort?" (entrevista com C. Bonnefoy), *Arts et Loisirs*, n. 38, 15-21 de junho de 1966, p. 8-9.

[...*inicialmente, pedimos a Michel Foucault para definir o lugar exato e a significação do humanismo em nossa cultura.*]
– Acredita-se que o humanismo seja uma noção muito antiga, remontando a bem antes de Montaigne. Ora, a palavra "humanismo" não existe no *Littré*. De fato, com a tentação da ilusão retrospectiva à qual sucumbimos com demasiada frequência, imaginamos de bom grado que o humanismo sempre foi a grande constante da cultura ocidental. Assim, o que distinguiria essa cultura das outras, das culturas orientais ou islâmicas, por exemplo, seria o humanismo. Emocionamo-nos quando reconhecemos os traços desse humanismo alhures, num autor chinês ou árabe, e temos então a impressão de estarmos nos comunicando com a universalidade do gênero humano.

Ora, não apenas o humanismo não existe nas outras culturas, como também é provável que, na nossa, ele seja da ordem da miragem.

No ensino secundário, aprende-se que o século XVI foi a era do humanismo, que o classicismo desenvolveu os grandes temas da natureza humana, que o século XVIII criou as ciências positivas e que, por fim, chegamos a conhecer o homem de maneira positiva, científica e racional com a biologia, a psicologia e a sociologia. Imaginamos o humanismo a um só tempo como a grande força animadora de nosso desenvolvimento histórico e também, afinal, a recompensa desse desenvolvimento. Em suma, o imaginamos como o princípio e o fim. O que nos maravilha em nossa cultura atual é que ela possa ter a preocupação com o humano. E se falamos da barbárie contemporânea é pelo fato de as máquinas, ou de algumas instituições, nos parecerem não humanas.

Tudo isso é da ordem da ilusão. Em primeiro lugar, o movimento humanista data do final do século XIX. Em segundo, quando se olham as culturas dos séculos XVI, XVII e XVIII um pouco mais de perto, percebe-se que, nelas, o homem não ocupa literalmente nenhum lugar. A cultura é, então, ocupada por Deus, pelo mundo, pela semelhança das coisas, pelas leis do espaço, certamente também pelo corpo, pelas paixões, pela imaginação. Mas o próprio homem está ausente por completo.

Em *As palavras e as coisas*, quis mostrar de quais peças e quais pedaços o homem foi composto no final do século XVIII e no início do século XIX. Tentei caracterizar a modernidade dessa figura, e o que me pareceu importante foi o seguinte: não foi tanto por se ter tido uma preocupação moral com o ser humano que se teve a ideia de conhecê-lo cientificamente, mas, ao contrário, foi por se ter construído o ser humano como objeto de um saber possível que, em seguida, desenvolveram-se todos os esquemas morais do humanismo contemporâneo, temas que reencontramos nos marxistas amorfos, em Saint-Exupéry e Camus, em Teilhard de Chardin, em suma, em todas essas figuras pálidas de nossa cultura.

– *Você fala aqui dos humanismos amorfos. Mas como você situa certas formas mais sérias do humanismo, o humanismo de Sartre, por exemplo?*

– Se afastamos as formas fáceis do humanismo representadas por Teilhard e Camus, o problema de Sartre aparece como inteiramente diferente. *Grosso modo*, pode-se dizer o seguinte: o humanismo, a antropologia e o pensamento dialético têm interesses comuns. O homem foi ignorado pela razão analítica contemporânea que vimos nascer com Russell, aparece em Lévi-Strauss e nos linguistas. Essa razão analítica é incompatível com o humanismo, ao passo que a dialética o evoca acessoriamente.

Ela o evoca por várias razões: por ela ser uma filosofia da história, por ser uma filosofia da prática humana, por ser uma filosofia da alienação e da reconciliação. Por todas essas razões e por ela ser sempre, no fundo, uma filosofia de retorno a si mesmo, a dialética promete ao ser humano, de algum modo, que ele se tornará um homem autêntico e verdadeiro. Ela promete o homem ao homem e, nessa medida, não é dissociável de uma moral humanista. Assim, os grandes responsáveis pelo humanismo contemporâneo são, evidentemente, Hegel e Marx.

Ora, parece-me que, ao escrever a *Crítica da razão dialética*, Sartre, de algum modo, pôs um ponto final, fechou o parêntese sobre todo esse episódio de nossa cultura começado com Hegel. Ele fez tudo o que pôde para integrar a cultura contemporânea, ou seja, as aquisições da psicanálise, da economia, da história, da sociologia à dialética. Mas é característico o fato de que ele não podia não deixar cair tudo o que decorre da razão analítica e que faz profundamente parte da cultura contemporânea: a lógica, a teoria da informação, a linguística, o formalismo. A *Crítica da razão dialética* é o magnífico e patético esforço de um homem do século XX. Nesse sentido, Sartre é o último hegeliano, diria inclusive: o último marxista.

– *Ao humanismo sucederá, então, uma cultura não dialética. Como você a concebe e o que se pode dizer dela desde agora?*

– Essa cultura não dialética que está em vias de se formar é ainda muito balbuciante por um certo número de razões. Primeiro, porque apareceu espontaneamente em regiões muito diferentes. Ela não teve lugar privilegiado. Tampouco se apresentou, de saída, como um reviramento total. Ela começou com Nietzsche quando este mostrou que a morte de Deus não era o aparecimento, mas, sim, o desaparecimento do homem, que o homem e Deus tinham estranhas relações de parentesco, eles eram a um só tempo irmãos gêmeos, pai e filho um do outro e que, Deus estando morto, o homem não poderia não desaparecer deixando ao mesmo tempo atrás dele o gnomo medonho.

Ela apareceu igualmente em Heidegger, quando ele tentou retomar a relação fundamental com o ser, mediante um retorno à origem grega. Ela também apareceu em Russell, quando ele fez a crítica lógica da filosofia; em Wittgenstein, quando ele formulou o problema das relações entre lógica e linguagem junto aos linguistas, aos sociólogos como Lévi-Strauss.

Em suma, para nós mesmos, nos dias de hoje, as manifestações da razão analítica ainda estão dispersas. É nesse ponto que se apresenta a nós uma tentação perigosa, o retorno puro e simples ao século XVIII, tentação que ilustra muito bem o interesse atual pelo século XVIII. Mas tal retorno não pode ocorrer. Não se refarão a *Enciclopédia* ou o *Tratado das sensações*, de Condillac.[1]

---

1. Condillac (E. de), *Traité des sensations*, 1754; reed. Paris, Fayard, 1984.

– *Como evitar essa tentação?*
– Há de se tentar descobrir a forma própria e absolutamente contemporânea desse pensamento não dialético. A razão analítica do século XVII se caracterizava essencialmente por sua referência à natureza; a razão dialética do século XIX desenvolveu-se, sobretudo, em referência à existência, ou seja, ao problema das relações entre o indivíduo e a sociedade, entre a consciência e a história, entre a práxis e a vida, entre o sentido e o não sentido, entre o vivo e o inerte.

Parece-me que o pensamento não dialético que se constitui nos dias de hoje não põe em jogo a natureza ou a existência, mas, sim, o que é o saber. Seu objeto próprio será o saber, de tal sorte que esse pensamento estará em posição segunda comparativamente ao conjunto, à rede geral de nossos conhecimentos. Ele terá de se interrogar sobre a relação que pode haver entre, por um lado, os diferentes domínios do saber e, por outro, entre saber e não saber.

Não se trata, aqui, de uma empreitada enciclopédica. Em primeiro lugar, a *Enciclopédia* acumulava conhecimentos e os justapunha. O pensamento atual deve definir isomorfismos entre os conhecimentos. Em segundo, a *Enciclopédia* tinha como tarefa expulsar o não saber em benefício do saber, da luz. Nós temos de compreender positivamente a relação constante entre o não saber e o saber, pois um não suprime o outro. Eles estão em constante relação, apoiam-se um no outro e não podem compreender-se senão um pelo outro. Eis por que a filosofia passa atualmente por uma espécie de crise de austeridade.

É menos sedutor falar do saber e de seus isomorfismos do que da existência e de seu destino, menos consolador falar das relações entre saber e não saber do que falar da reconciliação do homem com ele mesmo numa iluminação total. Mas, afinal, o papel da filosofia não é forçosamente o de adoçar a existência dos homens e lhes prometer alguma coisa como uma felicidade.

– *Você fala de literatura. Em* As palavras e as coisas, *fora da arqueologia das ciências humanas, mas no mesmo movimento de pensamento, você esboça, a respeito de* Dom Quixote *e de* Sade, *notadamente, o que poderia ser uma abordagem nova da história literária. Qual deveria ser essa abordagem?*

– A literatura pertence à mesma trama que todas as outras formas culturais, todas as outras manifestações do pensamento de uma época. Isso, o sabemos, mas, em geral, o traduzimos em termos de influências, de mentalidade coletiva etc. Ora, creio que a maneira mesma de utilizar a linguagem em uma dada cultura em um dado momento está intimamente ligada a todas as outras formas de pensamento. Pode-se perfeitamente compreender, de uma só tirada, a literatura clássica e a filosofia de Leibniz, a história natural de Linné, a gramática de Port-Royal. Da mesma maneira, parece-me, que a literatura atual faz parte desse mesmo pensamento não dialético que caracteriza a filosofia.

– *Como assim?*

– A partir de *Igitur*,[2] a experiência de Mallarmé (que era contemporâneo de Nietzsche) mostra bem como o jogo próprio, autônomo, da linguagem vem alojar-se ali precisamente onde o homem vem a desaparecer. Ademais, pode-se dizer que a literatura é o lugar onde o homem não cessa de desaparecer em benefício da linguagem. Onde "isso fala", o homem não mais existe.

Obras tão diferentes quanto as de Robbe-Grillet e de Malcom Lowry, de Borges e de Blanchot dão testemunho desse desaparecimento do homem em benefício da linguagem. Toda a literatura tem uma relação com a linguagem que, no fundo, é aquela mantida pelo pensamento com o saber. A linguagem diz o saber não sabido da literatura.

– *As palavras e as coisas se abre com uma descrição das Meninas, de Velázquez, que aparecem como o exemplo perfeito da ideia de representação no pensamento clássico. Se você tivesse de escolher um quadro contemporâneo para ilustrar da mesma maneira o pensamento não dialético de hoje, qual você escolheria?*

– Em minha opinião, a pintura de Klee é a que melhor representa, para o nosso século, o que Velázquez pôde representar para o dele. O fato de Klee fazer aparecer de forma visível todos os gestos, atos, grafismos, traços, lineamentos, superfícies, que podem constituir a pintura, faz do próprio ato de pintar o saber desdobrado e cintilante da própria pintura.

Sua pintura não é arte bruta, mas uma pintura retocada pelo saber de seus elementos mais fundamentais. E esses ele-

---

2. Mallarmé (S.), *Igitur*, Paris, Gallimard, 1925.

mentos, aparentemente os mais simples e mais espontâneos, os mesmos que não apareciam e que pareciam não dever aparecer nunca, são os que Klee esparge sobre a superfície do quadro. *As meninas* representavam todos os elementos da representação: o pintor, os modelos, o pincel, a tela, a imagem no espelho, elas decompunham a própria pintura nos elementos que dela faziam uma representação.

A pintura de Klee compõe e decompõe a pintura em seus elementos, que, por serem simples, não são menos suportados, assediados, habitados pelo saber da pintura.

1968

Entrevista com Michel Foucault

"En intervju med Michel Foucault" ("Interview avec Michel Foucault"; entrevista com I. Lindung; trad. C. G. Bjurström), *Bonniers Litteräre Magasin*, Estocolmo, Ano 37, n. 3, março de 1968, p. 203-211.

(...) *Brincando, ele diz ter sido ao longo dos três anos durante os quais foi leitor de francês em Upsala, nos meados dos anos 1950 (ele também foi leitor durante um ano na Polônia e na Alemanha, além de passar uma temporada no Brasil e na Turquia), que ele aprendeu a falar.*

– Talvez tenha sido o mutismo dos suecos, seu grande silêncio e seu hábito de expressar-se apenas sobriamente, por elipses, que me impeliram a começar a desenvolver essa tagarelice inesgotável que, tenho consciência disso, só pode irritar um sueco. (...) A realidade sueca tem uma beleza, um rigor e uma necessidade tais que o homem, no seio de uma tal realidade, nunca passa de um ponto a deslocar-se, a obedecer a leis, a esquemas e a formas num tráfego que o ultrapassa, mais potente que ele. Vê-se isso mais nitidamente na Suécia do que na França. Em sua calma, a Suécia revela um mundo quase perfeito no qual se descobre que o homem não é mais necessário. (...) E eu me pergunto se não foi na Suécia que comecei a formular esse horrível anti-humanismo que me atribuem, talvez, com certo excesso.

– *Se as estruturas são quase perfeitas na Suécia, Sr. Foucault, a felicidade do homem, porém, não é tão perfeita!*

– Eu lhe respondo que o humanismo do século XIX sempre foi ligado ao sonho segundo o qual, um dia, o homem seria feliz. Foi para fazê-lo feliz que se quis derrubar as estruturas políticas e sociais, que se escreveram, se edificaram sistemas filosóficos, além de o homem ter sonhado com o homem para o homem. Hoje, tornou-se claro que o homem não é nem o problema fundamental teórico, nem o problema prático tal como o representamos, ele tampouco é o objeto com o qual devemos nos ocupar incessantemente, talvez por ele não poder pretender a felicidade. E se ele não pode ser feliz, de que serve nos ocuparmos com essa questão?

(...)

– Fui levado à Suécia, em 1955, pelo acaso, num momento em que eu tinha a firme intenção de passar o resto de minha vida entre duas valises viajando pelo mundo e, mais particularmente, de nunca pegar na pena. O pensamento de dedicar minha vida a escrever me parecia, então, completamente absurdo. Eu nunca havia pensado nisso de verdade. Foi na Suécia, durante a longa noite sueca, que peguei a mania e o mau hábito de escrever de cinco a seis horas por dia... Saí da França como uma espécie de turista inútil e supérfluo. Continuo me sentindo inútil, mas com a diferença de que não sou mais turista. Hoje, estou cravado no meu escritório.

– *Mas você se sente útil em seu escritório?*
– Não, não acho que eu seja útil. Não, não, não acho.
– *Você diz isso seriamente?*
– Seriamente.
– *Então, eu não o compreendo.*
– Creio que, para julgar um trabalho intelectual, uma tarefa de escritor, como sendo útil, é preciso muita presunção, coragem e fé naquilo que se faz. Quando, a seguir, se vê o peso que tal ou tal texto pode ter tido na história do mundo, então você compreende o quanto nos sentimos convocados a muita modéstia. Podemos contar nos dedos os textos que, no século XIX, por exemplo, foram de alguma utilidade, digamos de alguma importância, para o curso da história. Há, no máximo, 10 ou 15.

– *Se o estruturalista não se sente útil, o estruturalismo poderia ser?*
– Penso que ninguém é insubstituível no interior de um trabalho teórico. O que eu disse qualquer um poderia dizê-lo em meu lugar. Nesse sentido, sou perfeitamente inútil. No que concerne à influência do que posso dizer, penso que ao menos as reações negativas, a maneira de se defender e de se sentir tocado, isso pode ter alguma utilidade. Fiquei muito surpreso de ver com que hostilidade uma parte do público francês acolheu o que eu disse. Analisar Ricardo, Linné ou Buffon, não consigo entender em que isso pode concernir a um grupo de gente fina que, aliás, nunca leu nenhum desses autores. Essa gente

se sentiu tocada sem ser atacada, isso revela alguma coisa. No fim das contas, pode ser que isso lhes tenha feito bem. Obriga-os, talvez, a sair um pouco de suas conchas por estarem um tanto inquietos e então, meu Deus!, se inquietei todas essas boas consciências, se pude fazer vacilar na ponta de suas hastes todos esses nenúfares que flutuam na superfície da cultura francesa, estou satisfeito.

– *Em primeiro lugar, o que há de comum entre pesquisadores como Lévi-Strauss, Lacan, Althusser, Barthes e você mesmo?*

– Se interrogarmos aqueles que atacam o estruturalismo, temos a impressão de que eles veem em todos nós alguns traços comuns que provocam sua desconfiança e até mesmo sua cólera. Se, em contrapartida, você interrogar Lévi-Strauss, Lacan, Althusser ou eu mesmo, cada um de nós declarará não ter nada em comum com os outros três. Aliás, os três nada têm em comum entre si. Esse é, entre parênteses, um fenômeno bastante habitual. Os existencialistas pareciam também assemelhar-se, mas unicamente para aqueles que os viam de fora. Desde que se vê o problema do interior, descobrem-se apenas diferenças. Se você quiser, vou tentar ver as coisas do exterior. De um ponto de vista negativo, parece-me, primeiro, que o estruturalismo se distingue essencialmente pelo fato de pôr em questão a importância do sujeito humano, da consciência humana, da existência humana. Pode-se, por exemplo, dizer que a crítica literária de Roland Barthes comporta, *grosso modo*, uma análise da obra que não se refere à psicologia, à individualidade nem à biografia pessoal do autor, mas, sim, às estruturas autônomas, às leis de sua construção. Do mesmo modo, os linguistas, que podemos chamar de estruturalistas, não estudam a linguagem em relação ao sujeito que fala ou aos grupos que efetivamente se serviram dessa linguagem. Eles não a exploram como a expressão de uma civilização ou de uma cultura. Eles exploram as leis interiores segundo as quais a língua foi organizada. Parece-me que essa exclusão do sujeito humano, da consciência e da existência caracteriza, de modo geral e de modo negativo, a pesquisa contemporânea. De maneira positiva, digamos que o estruturalismo explora, sobretudo, um inconsciente. São as estruturas inconscientes da linguagem, da obra literária e do conhecimento que se tenta nesse momento esclarecer. Em segundo lugar, podemos dizer que se pesquisam essencialmente as formas, o sistema, ou seja, tentamos fazer ressaltar as correlações lógicas que podem existir entre um grande número de elementos pertencendo a uma língua, a uma ideologia (como nas análises de Althusser), a uma sociedade (como em Lévi-Strauss) ou a diferentes campos de conhecimento, no que eu próprio trabalhei. De modo geral, poderíamos descrever o estruturalismo como a busca de estruturas lógicas por toda parte onde elas puderam produzir-se.

– *Qual é sua atitude em face do existencialismo de Sartre, esse humanismo?*

– Se aceitarmos o esboço bastante grosseiro que acabo de fazer do estruturalismo, vemos que ele se opõe ponto por ponto ao existencialismo de outrora. Em minha opinião, o existencialismo se definia, no essencial, como uma empreitada, ia dizer uma empreitada antifreudiana. Não que Sartre ou Merleau-Ponty tenham ignorado Freud, longe disso, mas o problema deles era essencialmente: mostrar como a consciência humana, ou o sujeito, ou a liberdade do homem, conseguia penetrar em tudo o que o freudismo descrevera ou designara como mecanismos inconscientes; reposicionar a vida e a liberdade no homem no coração do que, em sua atividade e em sua consciência, é o mais secreto, o mais opaco e o mais mecânico. Essa foi a recusa do inconsciente, o que, no fundo, constituiu o grande obstáculo do existencialismo. Ao mesmo tempo, isso implicava também a negação de uma certa lógica. Apesar de tudo, havia um profundo anti-hegelianismo no existencialismo, no sentido em que este tentava descrever experiências de modo que elas pudessem ser compreendidas em formas psicológicas ou, se quiserem, em formas da consciência que, no entanto, não se podiam analisar e descrever em termos lógicos. Situar a consciência por toda parte e liberá-la da trama da lógica foi, em seu conjunto, a grande preocupação do existencialismo, duas tendências às quais o estruturalismo se opôs.

– *O estruturalismo se opõe igualmente ao marxismo...*

– Sim, e descrever sua relação com ele é muito complicado. É verdade que alguns marxistas se declararam antiestruturalistas. Mas, ao mesmo tempo, é preciso dizer que há um grande número de marxistas, entre os mais jovens e, digamos, os mais dinâmicos, que se sentem, ao contrário, muito próximos da pesquisa estruturalista. Essa oposição interior encontra-se, me parece, mais precisamente no seio do Partido Comunista francês, pelo menos no interior de alguns de seus grupos intelectuais. Em suma, podemos dizer que temos de lidar, hoje, com um marxismo amorfo, insípido, humanista, que tenta reunir tudo o que a filosofia tradicional pôde dizer, de Hegel a Teilhard de Chardin. Esse marxismo é antiestruturalista, pois ele se opõe ao fato de o estruturalismo pôr em questão os velhos valores do liberalismo burguês. Em seguida, do lado oposto, temos um grupo de marxistas que se poderia chamar de antirrevisionistas e para o qual o futuro do pensamento marxista e do próprio movimento comunista exige que se rejeite todo esse ecletismo, todo esse revisionismo interior, toda essa coexistência pacífica no plano das ideias. Esses marxistas estão mais para estruturalistas.

– *Segundo você, o estruturalismo tem implicações morais e políticas? Ele pode levar a um engajamento fora do domínio da filosofia?*

– Que o estruturalismo tenha implicações políticas como também o fato de ele conduzir a um engajamento é evidente, mesmo que este seja demasiado ligado a uma certa forma de filosofia existencialista para que eu possa aceitar inteiramente a noção como tal. A meu ver, uma análise teórica e exata da maneira como funcionam as estruturas econômicas, políticas e ideológicas é uma das condições absolutamente necessárias para a própria ação política, sobretudo porque a ação política é uma maneira de manipular e eventualmente de mudar, de abalar e transformar as estruturas. Em outros termos, a estrutura se revela na ação política ao mesmo tempo em que esta modela e modifica as estruturas. Portanto, não considero o estruturalismo como uma atividade exclusivamente teórica para intelectuais caseiros. O estruturalismo pode muito bem e deve necessariamente articular-se com alguma prática.

– *Como estruturalista, por qual movimento político você se sente mais atraído?*

– Não sei se podemos responder diretamente assim. Digamos apenas que o estruturalismo deve afastar-se de toda atitude política tendente a religar-se aos velhos valores liberais e humanistas. Em outros termos, o estruturalismo não se aproxima de nenhuma atitude política que considere a prática política como não tendo nada a ver com a atividade teórica e científica.

– *Em* As palavras e as coisas, *você diz que o pensamento moderno nunca pôde propor uma moral. Quais são as condi-*

ções para que se possa propor uma moral? Ela deve estar de acordo com nossos a priori históricos?

– Creio que a própria noção de moral não pode cobrir inteiramente os problemas de nosso tempo. Por ora, há somente dois domínios concernindo diretamente, digamos, à atividade humana, que é ao mesmo tempo coletiva e individual. Esses dois domínios são a política e a sexualidade. Desde que possuímos uma teoria da prática política e uma teoria da vida sexual, temos também necessariamente as bases de uma moral. Mas, se por moral entendemos o conjunto de problemas que tratam do pecado, da virtude, da boa e da má consciência, então creio que a moral cessou de existir ao longo do século XX.

– *Em* As palavras e as coisas, *você mostrou como, a partir do Renascimento, vivemos em três sistemas de conhecimento fechados, mas não mostrou como e por que um sistema se dissolve e um outro se cria. É justamente sobre esse ponto que alguns marxistas, Sartre e Garaudy, entre outros, erigiram severas críticas. Eles estimam que você não pôde explicar as transformações por ter excluído a história, a práxis do homem, o momento de liberdade em que o homem cria as estruturas. Há aqui uma atitude unilateral assinalada por Garaudy como uma forma de exercer um estruturalismo abstrato e doutrinário, embora ele esteja inteiramente de acordo com o princípio estruturalista como tal. O que você pensa dessa crítica?*

– Se você me pergunta o que acho dessa crítica, serei obrigado a dizer o que penso sobre Garaudy. Posso fazê-lo em duas palavras: não se pode razoavelmente pretender que Garaudy seja marxista. Em segundo lugar, não me surpreende em nada que Garaudy deseje compilar o que ele poderia chamar de estruturalismo concreto e humanitário. Ele juntou tudo, de Hegel a Teilhard de Chardin. E me juntará também. Mas isso não me diz respeito. Estava a ponto de dizer que estamos diante de um sumidouro de ideologias, mas não se pode dizer isso. Retornemos ao problema de saber como uma estrutura se modifica e se transforma em outra. Tentei mostrar, em primeiro lugar, que há, na história do saber, algumas regularidades e algumas necessidades no interior desse saber que permanecem opacas a ele próprio e que não estão presentes na consciência dos homens. Na ciência, por exemplo, há uma espécie de inconsciente entre os diferentes domínios científicos, entre os quais não se estabeleceu uma ligação direta. Mas, na realidade, podemos encontrar relações de diferentes tipos, analogias, isomorfismos, complementos, implicações, exclusões etc. Elas são de diferentes tipos: lógicas, causais, podem ser também analogias e semelhanças. Em segundo lugar, descrevi como essas relações se modificam em domínios que se poderiam chamar, *grosso modo*, as ciências humanas. Em outras palavras, descrevi relações assim como as transformações entre elas. Mas Sartre e Garaudy querem que eu fale exclusivamente de causalidade. Ora, por isso mesmo eles diminuem o campo de exploração. Pelo menos em dois de meus livros, *História da loucura na idade clássica* e *Nascimento da clínica*, o tema central é justamente as relações que podem existir entre um saber e as condições sociais, econômicas, políticas e históricas nas quais esse saber se constitui. Em *As palavras e as coisas*, eu não tratei de modo algum dessa dimensão vertical, apenas da dimensão horizontal, da relação entre diferentes ciências, por assim dizer, no mesmo nível. Trata-se de uma série de explorações que se completam, e não temos o direito de extrair um livro de toda a série. De modo geral, faço uma pesquisa que permanece muito aberta.

– *Quis-se explicar o sucesso atual do estruturalismo designando razões exteriores, não filosóficas. Foi dito que isso se deve, também, à decepção dos intelectuais de esquerda na França. O estruturalismo sucede ao existencialismo-marxismo, de Sartre, por este ter falhado em seu alvo político e também por não ter conseguido assentar a base das ciências humanas objetivas. Se é possível dizer que o existencialismo de Sartre, com a responsabilidade individual etc., foi uma revolta cuja maior influência se deu no pós-guerra e nos tempos que se seguiram, atualmente, ao contrário, parecemos viver num sentimento de alienação, sentimo-nos como homens impotentes aprisionados nas grades engrenagens políticas, sociais e culturais.*

– É evidente que quando Sartre publicou suas grandes obras, a situação política na França era de tal ordem que se reivindicava a toda filosofia uma resposta aos problemas práticos que se apresentavam. Em resumo, eles eram: como agir com os alemães, com os governos burgueses reacionários que haviam manejado a Resistência em seu próprio benefício, com a URSS e o stalinismo, com os Estados Unidos? No fundo, esses eram os grandes problemas durante o período de Sartre, e sua filosofia dava, de fato, respostas das quais se pode dizer que eram a um só tempo muito belas e muito consequentes. Portanto, é sem crítica alguma que falo de Sartre. Só que em todos os domínios as coisas mudam. No plano teórico, houve transformações. É evidente que do momento em que o aburguesamento da França sob De Gaulle se tornou um fato, não valia a pena para os intelectuais questionar essa evolução. Eles viviam em meio a ela. E, de certo modo, dela tiravam proveito. Era a tranquilidade da vida burguesa que permitia aos intelectuais ocupar-se de coisas tão marginais, tão pouco úteis na vida cotidiana quanto a sexualidade numa tribo primitiva, a estrutura da linguagem num romance do século XIX ou a maneira como os homens do século XVIII concebiam os problemas de biologia ou de economia política. Tudo isso não era muito útil na época, mas não se pode dizer que o estruturalismo tenha se fechado sobre si mesmo e que os trabalhadores em suas diversas disciplinas fossem estranhos a qualquer engajamento prático. Penso, ao contrário, que o estruturalismo deve poder dar a toda ação política um instrumento analítico sem dúvida indispensável. A política não está necessariamente entregue à ignorância.

– *Sartre foi repelido para a direita?*

– A situação da esquerda francesa ainda é dominada pela presença do Partido Comunista. A problemática atual no interior deste, no essencial, é a seguinte: deveria o Partido, política e teoricamente, fazer-se o agente da coexistência pacífica, acarretando assim, em termos políticos, uma espécie de neutralização do conflito com os Estados Unidos e comportando, do ponto de vista ideológico, uma tentativa de ecumenismo, graças ao qual todas as correntes ideológicas importantes na Europa e no mundo se encontrariam mais ou menos reconciliadas? É claro que pessoas como Sartre e Garaudy trabalham para essa coexistência pacífica entre as diversas correntes intelectuais, chegando a dizer, justamente: "não devemos abandonar Teilhard de Chardin, o existencialismo tem certa razão, mas o estruturalismo também, caso não fosse doutrinário, e sim concreto e aberto ao mundo". Em oposição a essa corrente que põe a coexistência em primeiro lugar, temos a corrente que "os da direita" chamam de doutrinária, neostaliniana e chinesa. Essa tendência, no interior do Partido Comunista francês, é uma tentativa de restabelecer uma teoria marxista da política, da ciência e da filosofia que seja consequente, ideologicamente aceitável, concordante com a doutrina de Marx. Essa tentativa, no momento, é operada pelos intelectuais comunistas da ala esquerda do Partido, e todos eles se reagruparam em torno de Althusser. Essa ala estruturalista é de esquerda. Você compreende agora em que consiste a manobra de Sartre e de Garaudy, a saber: pretender que o estruturalismo seja uma ideologia tipicamente de direita. Isso lhes permite designar como cúmplices da direita aqueles que, na realidade, se encontram à sua esquerda. Por conseguinte, permite-lhes também apresentar-se a si mesmos como os únicos verdadeiros representantes da esquerda francesa e comunista. Mas isso não passa de uma manobra.

– *Falemos da "morte do homem", que talvez seja o tema mais importante em* As palavras e as coisas. *Penso que se poderia inscrever sua reflexão sobre esse assunto como a última contribuição para uma série de descentrações. Copérnico recusara situar a Terra no centro do universo. Darwin olhou o homem como um animal semelhante aos outros. Nietzsche proclamou a morte de Deus. Freud e a psicanálise descentraram o homem no plano psicológico. Para Freud, o homem é o ponto em que se defrontam forças, pulsões e influências vindas do exterior e do interior, que podem o tempo todo desfazer-se e transformar-se. O homem está, portanto, encerrado numa espécie de determinismo e de estrutura em que, diferentemente do homem tradicional, ele não é mais o senhor de sua própria casa. Em tudo isso, trata-se da supressão de uma visão antropocêntrica. É essa linha que você segue?*

– Justamente. Nosso tempo, num certo sentido, é um período no qual as ciências humanas ganharam importância em teoria e na prática como nunca antes. Mas essas ciências nunca conseguiram dizer com profundidade o que é o homem. Quando analisamos a linguagem do homem não descobrimos a natureza, a essência ou a liberdade do homem. Em seu lugar, descobrimos estruturas inconscientes que governam sem que o observemos ou que queiramos, sem que jamais seja questão de nossa liberdade ou de nossa consciência. Estruturas que decidem o contorno no interior do qual falamos. Quando um psicanalista analisa o comportamento ou a consciência de um indivíduo, não é o homem que ele encontra, mas alguma coisa como uma pulsão, um instinto, um impulso. É o mecanismo, a semântica ou a sintaxe desses impulsos que são desvelados. Quis mostrar – e talvez tenha sido isso que provocou tantos protestos – que na história mesma do saber humano podíamos encontrar o mesmo fenômeno: a história do saber humano não ficou nas mãos do homem. Não foi o próprio homem que, conscientemente, criou a história de seu saber, mas a história do saber e da ciência humana obedece a condições determinantes que nos escapam. E, nesse sentido, o homem não detém mais nada, nem sua linguagem, nem sua consciência, nem mesmo seu saber. E esse despojo, no fundo, é um dos temas mais significativos da pesquisa contemporânea.

– *Em* As palavras e as coisas, *você mostrou que as ciências humanas dependem de visões antropomórficas, o quanto elas são impuras, incertas, desviadas, sujeitas ao tempo, ao relativismo e às opiniões, aos interesses e às ideologias. Você diz também que há perpetuamente a tentação de psicologizar todos os ramos das ciências humanas utilizando a psicologia como uma espécie de saber geral. Como ter ciências humanas objetivas?*

– Acho que a psicologia se encontra numa situação bastante paradoxal. Por um lado, ela se apresenta com uma ciência do comportamento, analisa mecanismos, determinações, regularidades, estatísticas. Essa forma de saber, essas observações e essas formalizações valem o que valem. Mas, por outro, a psicologia é uma espécie de tribunal que se mistura com todas as outras análises desde que estas tenham o homem como objeto. A linguística, por exemplo, assentou-se por longo tempo em uma psicologia implícita que se acreditava constituir a consciência universal dos homens, suas necessidades e suas formas de expressão quando falavam. Mas a linguística só pôde tornar-se uma ciência quando essa consciência humana foi esquecida e se compreendeu a necessidade de a linguística ser despsicologizada. E acredito que isso seja verdade para todas as ciências que tomaram o homem como objeto. Enquanto essas ciências se referirem à consciência do homem, enquanto se referirem a ele como sujeito, elas permanecerão psicologizantes e incertas. Elas só podem tornar-se ciências sob a condição de cessarem de ser submissas à psicologia.

– *De seu livro, retém-se a fórmula já clássica, segundo a qual, nos dias de hoje, só podemos pensar no vazio deixado pela morte do homem. Você poderia dar um exemplo concreto da maneira como se pensou um problema a partir do homem e que, em seguida, tenha sido retomado dessa nova maneira?*

– O exemplo mais simples poderia ser tomado da literatura. Toda crítica e toda análise literária consistem essencialmente, desde o século XIX, num estudo da obra para descobrir, através dela, a fisionomia do autor, as formas tomadas por sua vida mental e sentimental, sua individualidade concreta e histórica. Houve um tempo em que ler *Madame Bovary* era a mesma coisa que compreender quem era Flaubert. Todavia, antes mesmo do estruturalismo, o excelente escritor que é Maurice Blanchot destacou que, na realidade, uma obra não é de modo algum a forma de expressão de uma individualidade particular. A obra comporta sempre, por assim dizer, a morte do próprio autor. Escreve-se tão somente para, ao mesmo tempo, desaparecer. De algum modo, a obra existe por ela mesma, como o escoamento nu e anônimo da linguagem, e é dessa existência anônima e neutra da linguagem que devemos agora nos ocupar. A obra compõe-se de algumas relações no interior da própria linguagem. Ela é uma estrutura particular no mundo da linguagem, no discurso e na literatura.

– *Qual é então a significação de uma obra como a do Marquês de Sade?*

– Eu a acho significativa de muitos pontos de vista. Primeiro porque Sade, como indivíduo, não existe, num certo sentido, pela excelente razão de ele ter passado 30 anos de sua vida na prisão e ter sido, como pessoa real, literalmente sufocado pela instituição social que o manteve cativo. Temos aqui, se quiserem, uma obra sem autor. Isso também é verdade no que concerne à obra de Lautréamont. É impossível adivinhar ou reconstituir, a partir de *Justine* ou de *Chants de Maldoror*, quem era Sade ou Lautréamont. Eis aqui um caso experimental, no que diz respeito a uma obra, uma linguagem e um discurso sem ninguém por trás. Você conhece a história de Lewis Carol, segundo a qual com frequência vemos gatos que não sorriem, mas nunca vemos sorriso sem gatos. Mas, sim! Há um sorriso sem gato! É Sade e Lautréamont. Uma obra sem ninguém por trás. Por isso, são obras exemplares.

– *De outro ponto de vista, qual é a significação de Sade no campo do saber?*

– Sade passa em revista todas as possibilidades, todas as dimensões da atividade sexual e as analisa, muito escrupulosamente, elemento por elemento. É um quebra-cabeças de todas as possibilidades sexuais sem que as próprias pessoas não sejam outra coisa senão elementos nessas combinações e nesses cálculos. Não apenas Sade não existe na condição de homem empírico, como também não há verdadeiras personagens nem qualquer desdobramento do autor na obra de Sade. As personagens são aprisionadas no interior de uma espécie de necessidade, coextensiva à descrição exaustiva de todas as possibilidades sexuais. O homem não participa. O que ali se desenrola e se expressam por si mesmas é a linguagem e a sexualidade, uma linguagem sem pessoa falante, uma sexualidade anônima sem um sujeito que dela goze.

– *Se o homem que você vislumbra no final de* As palavras e as coisas *está em vias de desaparecer de nosso saber, o novo* a priori *histórico implica, então, uma transformação de importância inaudita, ou seja: a eclosão de uma visão do saber estruturada de uma nova maneira. É possível predizer alguma coisa a respeito desses novos princípios?*

– É um pouco difícil. Mesmo assim, penso ser possível dizer que, pela primeira vez, se quis não tudo saber, nem tornar-se mestre do universo à maneira de Descartes, nem alcançar um saber absoluto no sentido do século XIX, mas sim tudo dizer. Tudo é anotado: o inconsciente do homem, sua sexualidade, sua vida cotidiana, seus sonhos, seus almejos e suas pulsões, e suas atitudes políticas etc. Anotam-se seu comportamento, os fenômenos sociais, as opiniões das pessoas e suas disposições, seus atos e suas atitudes políticas etc. Tudo isso se torna o objeto de um discurso. É essa passagem para uma notação universal, essa transcrição numa linguagem de todos os problemas do mundo que me parece caracterizar a cultura contemporânea.

– *Isso implica uma mudança de* a priori *históricos?*

– É difícil responder, mas me parece que essa transcrição universal implica necessariamente uma forma de ciência de um tipo diferente daquele que o século XIX conheceu, quando se tratava não de tudo dizer, mas de tudo explicar.

– *E isso não poderia permanecer no interior de nosso sistema atual?*

– Não sei. Nossa impressão de uma ruptura, de uma transformação talvez seja inteiramente ilusória. Talvez seja a última ou uma nova manifestação de um sistema do qual somos prisioneiros que, ao surgir, nos faz acreditar que em breve nos encontraremos num outro mundo. Será talvez uma ilusão? Sempre achamos que o sol se levanta pela primeira vez.

1968

Foucault Responde a Sartre

"Foucault répond à Sartre" (entrevista com J.-P. Elkabbach), *La Quinzaine Littéraire*, n. 46, 1º-15 de março de 1968, p. 20-22.

– *Michel Foucault, chamam-no de filósofo, talvez malgrado você mesmo. O que a filosofia é para você?*

– Houve a grande época da filosofia contemporânea, a de Sartre, de Merleau-Ponty, na qual um texto filosófico, um texto teórico deveria afinal lhe dizer o que era a vida, a morte, a sexualidade, se Deus existia ou se Deus não existia, o que era a liberdade, o que era preciso fazer na vida política, como comportar-se com o outro etc. Atualmente, tem-se a impressão de que essa espécie de filosofia não tem mais como estar em voga, parece, se quiserem, que a filosofia, caso não se tenha volatizado, está como que dispersada. De algum modo, há um trabalho teórico que se conjuga no plural. A teoria, a atividade filosófica se produzem nos diferentes domínios que parecem estar separados uns dos outros. Há uma atividade teórica que se produz no campo das matemáticas, uma atividade teórica que se manifesta no domínio da linguística, no domínio da história das religiões ou no domínio da história simplesmente etc. E aqui, afinal, nessa espécie de pluralidade do trabalho teórico, realiza-se uma filosofia que ainda não encontrou seu pensador único e seu discurso unitário.

– *Quando foi que houve essa espécie de ruptura entre os dois momentos?*

– Foi por volta dos anos 1950-1955, numa época em que precisamente o próprio Sartre renunciava, penso eu, ao que se poderia chamar a especulação filosófica propriamente dita, e em que ele investia sua atividade filosófica no interior de um comportamento político.

– *Ao concluir sua obra* As palavras e as coisas, *você escreveu que o homem não é nem o problema mais antigo, nem o mais* constante que se apresentou ao saber humano. O homem, disse você, é uma invenção cuja arqueologia de nosso pensamento mostra a data recente e talvez o final próximo. Foi uma das frases que mais provocaram reações. Em sua opinião, qual é a data de nascimento do homem no espaço do saber?

– No século XIX se inventou um certo número de coisas muito importantes etc. Foi também o século em que se inventaram as ciências humanas. Inventar as ciências humanas era aparentemente fazer do homem o objeto de um saber possível. Era constituir o homem como objeto do conhecimento. Ora, nesse mesmo século, esperava-se, sonhava-se com o seguinte grande mito escatológico: fazer de modo que esse conhecimento do homem fosse tal que o homem pudesse ser por ele liberado de suas alienações, de todas as determinações das quais não era senhor, que ele pudesse, graças a esse conhecimento de si mesmo, voltar a ser ou tornar-se, pela primeira vez, senhor e possuidor de si mesmo. Dito de outro modo, fazia-se do homem um objeto de conhecimento para que ele pudesse tornar-se sujeito de sua própria existência.

Ora, aconteceu – e é nesse sentido que se pode dizer que o homem nasceu no século XIX – que, à medida que se desdobravam essas investigações sobre o homem como objeto possível de saber, embora se tivesse descoberto alguma coisa muito séria, esse famoso homem, a natureza humana, ou a essência humana, ou ainda o próprio do homem, nunca foi encontrado.

Quando se analisaram, por exemplo, os fenômenos da loucura ou da neurose, o que se descobriu foi um inconsciente atravessado pelas pulsões, pelos instintos, um inconsciente funcionando de acordo com mecanismos e segundo um espaço topológico que rigorosamente nada tinha a ver com o que se poderia esperar da essência humana, da liberdade ou da existência humana, um inconsciente que funcionava, foi dito recentemente, como uma linguagem. E, por conseguinte, o homem se volatilizava à medida mesma que se o acossava em suas profundezas. Quanto mais longe se ia menos o encontravam. O mesmo ocorreu com a linguagem. A partir do começo do século XIX, interrogaram-se as línguas humanas para tentar encontrar algumas das grandes constantes do espírito humano. Esperava-se que, estudando a vida das palavras, a evolução das gramáticas, comparando as línguas uma com as outras, de algum modo seria o próprio homem que se revelaria, fosse na unidade de seu rosto, fosse em seus diferentes perfis. Ora, de tanto escavar a linguagem, o que foi que se encontrou? Encontraram-se estruturas. Encontraram-se correlações, encontrou-se um sistema quase lógico, e o homem, em sua liberdade, em sua existência, ali também desapareceu.

— *Nietzsche anunciava a morte de Deus. Você prevê, parece, a morte de seu assassino, o homem. É um justo retorno das coisas. O desaparecimento do homem não está contido no de Deus?*

— Esse desaparecimento do homem no momento mesmo em que se o buscava em sua raiz não faz desaparecer as ciências humanas, nunca disse isso, mas, sim, que as ciências humanas se desdobrarão, agora, num horizonte que não mais é definido por esse humanismo. O homem desaparece em filosofia não como objeto de saber, mas como sujeito de liberdade e de existência. Ora, o homem sujeito de sua própria consciência e de sua própria liberdade é, no fundo, uma espécie de imagem correlativa de Deus. O homem do século XIX era Deus encarnado na humanidade. Houve uma espécie de teologização do homem, outra descida de Deus sobre a Terra, que fez com que o homem do século XIX de algum modo teologizasse a si mesmo. Quando Feuerbach disse: "é preciso recuperar sobre a Terra os tesouros que foram dispersos nos céus", ele situava no coração do homem tesouros que o homem outrora havia oferecido a Deus. E Nietzsche, ao denunciar a morte de Deus, denunciou ao mesmo tempo esse homem divinizado com o qual o século XIX não cessara de sonhar. E quando Nietzsche anunciou a vinda do super-homem, ele não estava anunciando a vinda de um homem mais semelhante a Deus do que a um homem, mas, sim, a vinda de um homem que não teria mais nenhuma relação com esse Deus cuja imagem ele continuava a portar.

— *Foi por isso que, quando você falou do fim dessa invenção recente, disse "talvez".*

— É claro. Não tenho certeza de tudo isso, pois, de algum modo, trata-se de fazer (porque para mim se tratava de fazer) uma espécie de diagnóstico do presente.

Há pouco você me perguntava como e em que a filosofia mudara. Pois bem, talvez se possa dizer o seguinte: a filosofia de Hegel a Sartre foi essencialmente uma empreitada de totalização, senão do mundo, senão do saber, pelo menos da experiência humana. Diria até que se há agora uma atividade filosófica autônoma, se pode haver uma filosofia que não seja simplesmente uma espécie de atividade teórica interior às matemáticas, ou à linguística, ou à etnologia, ou à economia política, se há uma filosofia independente, livre de todos esses domínios, bem, poderíamos defini-la assim: uma atividade de diagnóstico. Diagnosticar o presente, dizer o que é o presente, em que nosso presente difere de modo absoluto de tudo o que não é ele, ou seja, de nosso passado. Talvez seja isso, talvez essa a tarefa atribuída nos dias de hoje ao filósofo.

– *Como você define o estruturalismo hoje?*

– Quando interrogamos os que são classificados sob a rubrica "estruturalistas", se interrogássemos Lévi-Strauss, Lacan ou Althusser, ou os linguistas etc., eles lhe responderiam que não têm nada em comum uns com os outros, ou muito pouco em comum entre si. O estruturalismo é uma categoria que existe para os outros, para os que não o são. É do exterior que se pode dizer que fulano, beltrano e sicrano são estruturalistas. É a Sartre que se deve perguntar o que são os estruturalistas, pois ele os considera como constituindo um grupo coerente (Lévi-Strauss, Althusser, Dumézil, Lacan e eu), que forma uma espécie de unidade. Mas essa unidade, guarde bem, nós não a percebemos.

– *Então, como você define o seu trabalho?*

– Meu trabalho? Sabe, é um trabalho muito limitado. Muito esquematicamente, é o seguinte: tentar encontrar na história da ciência, dos conhecimentos e do saber humano alguma coisa que seria como seu inconsciente. Se quiser, a hipótese de trabalho, *grosso modo*, é esta: a história da ciência, a história dos conhecimentos, não obedece simplesmente à lei geral do progresso da razão, não é a consciência humana, não é a razão humana que, de algum modo, é a detentora das leis de sua história. Há, abaixo do que a ciência conhece de si mesma, algo que ela não conhece. E sua história, seu futuro, seus episódios, seus acidentes obedecem a um certo número de leis e de determinações. Foram essas leis e determinações que tentei trazer à luz. Tentei desobstruir um domínio autônomo que seria o do inconsciente do saber, com suas próprias regras, tal como o inconsciente do indivíduo humano tem suas regras e suas determinações.

– *Você acaba de fazer uma alusão a Sartre. Você saudou os esforços magníficos, dizia você, de Jean-Paul Sartre, es-*

forços de um homem do século XIX para pensar o século XX. Era inclusive, você dizia, o último marxista. Depois, Sartre lhe respondeu. Ele desaprovava os estruturalistas por constituírem uma ideologia nova, de algum modo, a última barreira que a burguesia podia ainda erigir contra Marx. O que você pensa sobre isso?

– Eu lhe responderei duas coisas. Primeiramente, Sartre é um homem com uma obra muito importante a realizar, obra literária, filosófica, política, para ter tido tempo de ler meu livro. Ele não o leu. Por conseguinte, o que ele diz sobre o livro não me parece muito pertinente. Em segundo lugar, vou lhe confessar algo. Outrora eu fui do Partido Comunista. Oh!, por alguns meses ou pouco mais que alguns meses, e sei que naquele momento Sartre era definido por nós como a última muralha do imperialismo burguês, a última pedra do edifício por meio do qual... etc. etc. Quinze anos mais tarde, me surpreendo divertidamente ao reencontrar essa frase sob a pluma de Sartre. Digamos que giramos em torno do mesmo eixo, ele e eu.

– *Você não encontra nenhuma originalidade nisso?*

– Não, é uma frase que se arrasta há 20 anos e ele a utiliza, é um direito dele. Ele nos paga com a mesma moeda que outrora lhe passamos.

– *Sartre o desaprova, e outros filósofos também, de negligenciar e desprezar a história; é verdade?*

– Essa desaprovação nunca me foi feita por nenhum historiador. Há uma espécie de mito da história para filósofos. Você sabe, os filósofos são, em geral, muito ignorantes de todas as disciplinas que não são as suas. Há uma matemática para filósofos, uma biologia para filósofos. Pois bem, há também uma história para filósofos, uma espécie de grande e vasta continuidade em que vêm enredar-se a liberdade dos indivíduos e as determinações econômicas ou sociais. Quando se toca em alguns destes grandes temas: continuidade, exercício efetivo da liberdade humana, articulação da liberdade individual com as determinações sociais, quando se toca num desses três mitos, logo um certo grupo de gente fina se põe a bradar a violação ou o assassinato da história. De fato, já há um bom tempo que pessoas tão importantes quanto Marc Bloch, Lucien Febvre, os historiadores ingleses etc. deram fim a esse mito da história. Eles praticam a história de um modo completamente diferente, de modo que o mito filosófico da história que me acusam de ter matado, pois bem, fico feliz de tê-lo matado. Era precisamente isso que eu queria matar, de modo algum a história em geral. Não se mata a história, mas a história para filósofos, sim, quero com certeza matá-la.

– *Quais são os pensadores, os eruditos e os filósofos que influenciaram, marcaram sua formação intelectual?*

– Pertenço a uma geração de pessoas cujo horizonte da reflexão era definido por Husserl, de um modo geral, mais precisamente por Sartre e, de modo ainda mais preciso, por Merleau-Ponty. E é evidente que, por volta dos anos 1950, 1955, por razões que sem dúvida são muito difíceis de esclarecer, razões de ordem política, ideológica e científica também, parece evidente que esse horizonte basculou para nós. Ele se apagou bruscamente e nos encontramos diante de uma espécie de grande espaço vazio no interior do qual as *démarches* se tornaram muito menos ambiciosas, muito mais limitadas, muito mais regionais. É evidente que a linguística à maneira de Jakobson, uma história das religiões ou das mitologias à maneira de Dumézil nos foram apoios muito preciosos.

– *Como se poderia definir sua atitude para com a ação e a política?*

– A esquerda francesa viveu sob o mito de uma ignorância sagrada. O que muda é a ideia de que um pensamento político só pode ser politicamente correto se for cientificamente rigoroso. E, nessa medida, penso que todo o esforço feito nos dias de hoje num grupo de intelectuais comunistas para reavaliar os conceitos de Marx, enfim para retomá-los em sua raiz, para analisá-los, para definir o uso que se pode e se deve fazer deles, me parece que todo esse esforço é a um só tempo político e científico. E a ideia de que se dedicar às atividades propriamente teóricas e especulativas, tal como fazemos agora, é desviar-se da política me parece completamente falsa. Não é por nos desviarmos da política que nos ocupamos com problemas teóricos tão restritos e meticulosos, é por nos darmos conta, agora, de que toda forma de ação política não pode senão articular-se da maneira mais restrita com uma reflexão teórica rigorosa.

– *Uma filosofia como o existencialismo encorajava, de certo modo, ao engajamento ou à ação. Desaprovam-no por ter uma atitude contrária.*

– Pois é, essa é uma desaprovação. É normal que a façam. Uma vez mais: a diferença não está no fato de agora termos separado o político do teórico, ao contrário, é quando aproximamos ao máximo o teórico e o político que recusamos essas políticas da douta ignorância chamadas, creio eu, de engajamento.

– *Será essa a razão de uma linguagem ou de um vocabulário que separa atualmente os filósofos e os eruditos do grande público, dos homens com os quais eles vivem, seus contemporâneos?*

– Parece-me, ao contrário, que atualmente mais do que nunca as instâncias de difusão do saber são numerosas e eficazes. O saber nos séculos XIV e XV, por exemplo, se definia num espaço social circular e forçado. O saber era secreto e a sua autenticidade era ao mesmo tempo garantida e protegida pelo fato de esse saber só circular entre um número bem-definido de indivíduos. E, desde que o saber era divulgado, ele cessava de ser saber e, por conseguinte, de ser verdadeiro.

Nos dia de hoje, estamos num grau muito desenvolvido de uma mutação começada nos séculos XVII e XVIII, quando finalmente o saber se tornou uma espécie de coisa pública. Saber era ver evidentemente o que todo indivíduo situado nas mesmas condições poderia ver e constatar. Nesse sentido, a estrutura do saber se tornou pública. Todo mundo tem o saber. Apenas, ele não é sempre o mesmo, não está sempre nem no mesmo grau de formação, nem no mesmo grau de precisão etc. Todavia, não há os ignorantes de um lado e os eruditos do outro. O que se passa num ponto do saber agora é sempre muito rapidamente repercutido num outro ponto de saber. E, nessa medida, acredito que o saber nunca foi mais especializado e, no entanto, nunca se comunicou de modo mais rápido com ele mesmo.

1968

Uma Precisão de Michel Foucault

"Une mise au point de Michel Foucault", *La Quinzaine Littéraire*, n. 47, 15-31 de março de 1968, p. 21. (Sobre a publicação da entrevista com J.-P. Elkabbach; ver *Foucault Responde a Sartre* neste volume.)

Sidi-Bou-Saïd, 3 de março de 1968.
Caros amigos,
Vocês sabem em que estima eu tenho o jornal de vocês e o esforço com que o investem. Minha consternação é, assim, tanto maior.
Um colaborador da O.R.T.E. acaba de lhes comunicar uma entrevista comigo, que vocês me fizeram a honra de publicar. Ora:
1. Não dei minha menor concordância para essa publicação: não estava a par de nada.
2. O texto que lhes transmitiram era apenas um esboço. Primeira montagem que deveria ser inteiramente revisada, como o provam, entre muitos outros sinais, frases do tipo: "Pois é, essa é uma desaprovação...", ou "...vou lhe confessar algo...", que se referiam, juntamente com que se seguiu, a questões recusadas por mim. Elas se endereçavam, evidentemente, não ao público, mas somente ao jornalista.
3. Muitas passagens (uma concernindo a Jean-Paul Sartre, a outra à minha vida passada) eram explicações dadas *à parte* para justificar – a título privado – minha recusa a responder a algumas questões. Como essas duas passagens haviam sido gravadas com o conjunto da conversação, eu havia especificado com clareza que elas não poderiam *de modo algum* figurar em uma montagem definitiva.
4. Essa montagem foi feita depois de minha partida, sem minha concordância. Ela não comporta um certo número de passagens que desde então já estavam precisas. Ela compreende um certo número delas que, *de saída, eu havia excluído*.

De todo modo, cortes, justaposições e aproximações produzem um sentido que me é estranho.
Duas observações para concluir.
Há 18 meses eu me reservo de toda réplica, pois estou trabalhando para dar uma resposta a questões que me foram apresentadas, a dificuldades encontradas por mim, a objeções que foram formuladas, entre outras, às de Sartre. Esse trabalho será publicado em breve, ele nada tem a ver com a conversação que tive e que não tinha de modo algum o sentido de uma resposta fosse a quem fosse.
O jornal de vocês me beneficiou, demasiado para meu gosto. Penso que a obra imensa de Sartre, sua ação política marcarão época. É verdade que hoje muitos trabalham em uma outra direção. Não aceitarei nunca que se compare – ainda que para opô-los – o pequeno trabalho de decifração histórica e metodológica empreendido por mim com uma obra como a dele. Dito isso, eu o disse várias vezes seguidas, há dois anos. Que esse incidente me sirva de ocasião para tornar a dizê-lo publicamente.
Não posso realmente apor minha assinatura nem dar meu assentimento ao texto que lhes foi proposto.
Minhas sinceras saudações.
Michel Foucault

1968

Carta de Michel Foucault a Jacques Proust

"Lettre de Michel Foucault à Jacques Proust", *La Pensée*, n. 139, maio-junho de 1968, p. 114-117.

                    Sidi-Bou-Saïd, 11 de março de 1968.
  Caro amigo,
  Acabo de descobrir e de ler "Entrevistas sobre Foucault" que você, de bom grado, quis presidir. Eu lhe sou profundamente grato por haver realizado essa tarefa: o que você disse é muitíssimo interessante. Suas observações e as de Veeley me apaixonaram.[1]
  Deixo de lado todos os problemas de método: aplico-me atualmente a elucidá-los. Mas, por tratar-se de "erros" que pude cometer (devido a ou a despeito do método), eis aqui algumas observações que me foram sugeridas pelas proposições do Sr. Stéfanini.[2] Para dizer a verdade, limito-me a comparar suas afirmações com o que pude dizer em *As palavras e as coisas*.
  Não estou certo de que essas observações mereçam ser levadas ao conhecimento do público e ocupar ainda os leitores de *La Pensée*. Tanto mais que eles terão podido fazer por si mesmos o pequeno trabalho sobre o qual acabo de passar a tarde. Se você estima que dar-lhes essas poucas referências poderia ao menos lhes facilitar a tarefa, você tem, antecipadamente, minha anuência para publicá-los, assim como esta carta.
  Com meus mais sinceros agradecimentos,
  Michel Foucault

---

1. Trata-se de três "Entrevistas" sobre *As palavras e as coisas* ocorridas em 23 de fevereiro e 16 de março de 1967 no âmbito do seminário de estudos e pesquisa sobre o século XVIII da Faculdade de Letras e Ciências Humanas de Montpellier. Elas foram editadas em *La Pensée. Revue du rationalisme moderne*, n. 137, jan.-fev. 1968, p. 3-37. Proust (J.), "Présentation", *ibid.*, p. 3; Verley (E.), "Premier entretien", *La Pensée*, *ibid.*, p. 3-14.
2. Stéfanini (J.), "Troisième entretien", *La Pensée*, n. 137, jan.-fev. 1968, p. 25-37.

O QUE ESCAPOU À VIGILÂNCIA DO SR. STÉFANINI

Sr. Stéfanini, p. 33: "Uma das razões (segundo Foucault) do aparecimento da gramática comparada seria a distinção operada entre letra e som. Mas a análise da pronúncia sempre ocupou os gramáticos."
As palavras e as coisas, p. 123: um parágrafo dedicado à fonética no século XVIII, com referência a Copineau, de Brosses, Bergier. Cf. p. 125 e também p. 248, com referência a Court de Gébelin e a Helwag.

Sr. St., p. 33: "Quanto à distinção raiz/desinência, longe de começar com Bopp, ela era há muito tempo conhecida pelos hebraístas."
As p. e as c., p. 123-125: uma longa passagem sobre a teoria das raízes no século XVIII; *p. 241*: "Os gramáticos conheciam há muito tempo os fenômenos flexionais"; *p. 300*: "Na época clássica, as raízes eram referidas por um duplo sistema de constantes" (e todo o parágrafo a seguir).

Sr. St., p. 34: "Não se esperou por Bopp para fazer um estudo da expressividade dos sons. Court de Gébelin constitui, aqui também, um belo exemplo."
As p. e as c., p. 117-118: um parágrafo sobre a expressividade dos sons com referência a Le Bel, Thiébault e Court de Gébelin; *p. 122-123*: dois parágrafos dedicados à formação das raízes a partir dos gritos naturais; *p. 248*: referência a Court de Gébelin sobre esse mesmo assunto.

Sr. St., p. 36: "Foucault se restringe à gramática elementar de Condillac e aos trabalhos de alguns ideólogos que, de fato, tendiam a deixar entre parênteses a origem sensualista da linguagem." Contra essa redução, o Sr. St. valoriza de Brosses e sua "genética das línguas".
As p. e as c., p. 124: a análise de De Brosses está resumida em um parágrafo que começa assim: "a linguagem pode desdobrar-se agora em sua genealogia". O texto de De Brosses sobre o papel do clima, lembrado pelo Sr. St. (p. 36), é citado, com sua referência, na p. 126. De modo geral, a teoria sensualista da origem da linguagem é analisada nas p. 119-125.

O QUE O SR. STÉFANINI ACREDITOU LER

Nunca atribuí a "principal originalidade" de Port-Royal à análise: "Eu li = Sou leitor" (St., p. 31); tentei definir o papel dessa análise na teoria da proposição e do verbo, segundo a *Gramática geral*.

Nunca pretendi que a definição do nome/substantivo por Port-Royal fosse original (St., p. 31). Mesma observação que precedentemente.

Onde foi que eu disse que não mais acreditamos nas influências exteriores sobre as mudanças linguísticas? Tentei mostrar como, para descobrir as leis de evolução interna da linguagem, fora preciso, durante um tempo, não considerar esses agentes exteriores como causa formadora.

O QUE O SR. STÉFANINI DEFORMOU INVOLUNTARIAMENTE

St., p. 26: "Por que atribuir apenas aos estoicos o sistema ternário?"
As p. e as c., p. 79: "Uma organização que sempre fora ternária desde os estoicos e até mesmo desde os primeiros gramáticos gregos."

St., p. 30: "O que o século XVII pretensamente inimigo da história..."
As p. e as c., p. 101: "Essa pertença da língua ao saber libera todo um campo histórico..." e todo o parágrafo seguinte; *p. 125-131*: todo o capítulo é dedicado a diversas formas de evolução histórica reconhecidas na idade clássica; *p. 304-305*: diversas indicações sobre a história da língua tal como podia descrevê-la a *Gramática geral*.

St., p. 35: "Foucault afirma que a *Gramática* de Port-Royal supõe uma perfeita adequação das palavras e das ideias."
As p. e as c., p. 96-97: o parágrafo no qual se explica a inadequação da linguagem e das ideias.

Por fim, a deformação mais importante: segundo o Sr. Stéfanini, eu teria omitido as pesquisas comparativas feitas nos séculos XVII e XVIII.

Ora, analisei (e me expliquei a esse respeito) o "domínio epistemológico novo chamado de gramática geral pela idade clássica" (*As p. e as c., p. 97*), domínio que "não é a gramática comparada" (p. 106) e no qual a comparação não figura nem como "objeto", nem como "método" (p. 106).

Assim fazendo, não pretendi senão tudo o que estava incluído e que pôde ser dito sobre a linguagem durante um século; não falei nem de Vico, nem de Herder, nem da exegese bíblica, nem das críticas e comentários de textos (falarei sobre isso em uma próxima obra), nem da retórica ou da estética da linguagem.

Tampouco pretendi que todos os conceitos utilizados pela *Gramática geral* fossem novos, nem que desapareceram com ela. Em suma, não fiz a história de todos os conhecimentos sobre a linguagem, mas a análise de uma *figura epistemológica singular*, que se considerou como teoria geral da linguagem, em ligação com uma teoria dos signos e uma teoria da representação.

1970

Apresentação

Présentation, in Bataille (G.), *Oeuvres complètes*, Paris, Gallimard, 1970, t. I: *Premiers écrits 1922-1940*, p. 5-6.

Sabe-se, hoje: Bataille é um dos escritores mais importantes de seu século. *Histoire de l'oeil* e *Madame Edwarda* romperam o fio dos relatos para narrar o que nunca o fora; *Suma ateológica* fez o pensamento entrar no jogo – jogo arriscado – do limite, do extremo, do ápice, do transgressivo; *Erotismo* nos tornou Sade mais próximo e mais difícil. Devemos a Bataille grande parte do momento em que estamos; mas o que resta a fazer, a pensar e a dizer sem dúvida ainda lhe é devido e assim o será por longo tempo. Sua obra crescerá. Pelo menos, é preciso que ela ali esteja reunida, ela que a ocasião, o risco, o acaso, a necessidade e também o puro dispêndio tornaram hoje dispersa e de difícil acesso. Eis então, aqui, as *Obras completas* de Bataille.

Esta edição reagrupa, com os livros e os artigos já publicados, o conjunto de papéis encontrados em sua casa depois de sua morte. Alguns formam textos completos, chegados, ou quase, ao estado de conclusão, embora, por diversas razões, tenham permanecido inéditos. Outros são versões não sustentadas, ou retomadas, das obras publicadas: se delas diferem de maneira notável, apresentam-nas integralmente; quando não, reportam-se às variantes nas notas no final de cada volume. Existia também uma quantidade considerável de textos e fragmentos jogados sobre folhas soltas ou, por vezes, em carnês: eles foram reproduzidos tal e qual, segundo sua data presumida. Por fim, sobre os exemplares impressos de suas obras, Bataille fez adições e correções escritas nas margens ou inseridas em folhas intercalares: todas essas modificações figuram em notas. No total, os inéditos somam aproximadamente um terço da presente edição.

Bataille cogitou em reunir suas obras repetidas vezes seguidas. Ele esboçara diferentes planos possíveis que se encontrarão, aqui, no último volume. Nenhum pôde ser utilizado, pois nenhum deles parecia ser geral e definitivo. A maioria, porém, propõe a divisão entre dois grandes conjuntos de textos: os que decorrem de *Suma ateológica* e os se aparentam com *La part maudite*. Esse foi o princípio seguido. Os 10 volumes da *Obras completas* de Bataille se repartirão em quatro seções:
1. Os primeiros textos (1922-1940): tomos I e II.
2. Romances e poemas (1940-1961): tomos III e IV.
3. Textos aforísticos (1940-1961), reagrupados em torno da *Suma ateológica*: tomo V.
4. Textos discursivos (1940-1961), que tratam de temas econômicos ou estéticos, embora se ordenem todos à noção de despesa/dispêndio: tomos VI a X.

A obra de Bataille estava disseminada em publicações muito diversas. Foi apenas depois da guerra, em 1946, que ele deu o essencial de seus artigos para a revista *Critique*, fundada por ele e da qual tanto cuidou até o fim. A tarefa dos editores foi, então, considerável. Ela não teria sido possível sem a atenção, sem a ajuda da Sra. Diane Bataille ou sem os conselhos do Sr. Jean Bruno. O trabalho de cotejo dos textos, de leitura e recópia dos manuscritos, de estabelecimento do aparato crítico foi garantido, desde 1967, pelo Sr. Denis Hollier, para os tomos I e II; pelo Sr. Thadée Klossowski, para os tomos III e IV; pela Sra. Leduc, para o tomo V; pelos Srs. Henri Ronse e J.-M. Rey, para os cinco últimos volumes.

1970

A Armadilha de Vincennes

"Le piège de Vincennes" (entrevista com P. Loriot), *Le Nouvel Observateur*, n. 274, 9-15 de fevereiro de 1970, p. 33-35.

Em janeiro de 1970, o ministro da Educação Nacional, Olivier Guichard, informou ao presidente da Faculdade de Vincennes, Sr. Cabot, sua intenção de não conceder licenciatura aos estudantes do Departamento de Filosofia de Vincennes. Na Rádio Luxemburgo, o ministro justificou seu projeto explicando que o conteúdo do ensino de filosofia em Vincennes era demasiado particular e "especializado". A fim de convencer os auditores, ele em seguida leu os títulos de alguns cursos dedicados ao marxismo e à política. Essas declarações provocaram o rebuliço que se pode imaginar. Michel Foucault era, então, responsável pelo Departamento de Filosofia.

Passemos logo para os elementos da discussão. Seria preciso objetar: como dar um ensino desenvolvido e diversificado quando se têm 950 estudantes para oito ensinantes? Seria preciso objetar também: em Vincennes, há estudantes que já cursaram seis meses de estudos, outros, 18. E então, no meio do caminho, dizem-lhes: "o que vocês fizeram é dispensável, há de se recomeçar alhures". Cabe ainda objetar: está-se querendo fazer deliberadamente muitas centenas de desempregados intelectuais, na época em que as estatísticas parecem tão ameaçadoras? Por fim, poderia acrescentar: que nos digam de modo claro o que é a filosofia e em nome do que – de qual texto, qual critério ou qual verdade – se rejeita o que fazemos.

Mas penso que se deva ir ao essencial. E o essencial, naquilo que diz um ministro, não são as razões que ele alega, mas a decisão que pretende tomar. Ela é clara: os estudantes que fizeram seus estudos em Vincennes não terão o direito de ensinar no secundário.

Por minha vez, formulo questões: por que esse cordão sanitário? O que a filosofia (a cadeira de filosofia) tem de tão precioso e de tão frágil para que seja preciso protegê-la com tantos cuidados? E o que há de tão perigoso com os alunos de Vincennes?

— *O que você desaprova no ensino de filosofia e, em particular, na cadeira de filosofia?*

— Sonho com um Borges chinês que citaria, a fim de divertir seus leitores, o programa de uma aula de filosofia na França: "O hábito; o tempo; os problemas particulares à biologia; a verdade; as máquinas; a matéria, a vida, o espírito, Deus — tudo de uma só tirada, numa mesma linha —, a tendência e o desejo, a filosofia, sua necessidade e seu objetivo." Mas devemos abster-nos de rir disso: esse programa foi feito por pessoas inteligentes e instruídas. Escribas sem defeito, retranscreveram muito bem, num vocabulário por vezes arcaico, por outras modernizado, uma paisagem que nos é familiar e pela qual somos responsáveis. Mas conservaram, sobretudo, o essencial: ou seja, a função da cadeira de filosofia. E essa função me parece ser sua *posição*. Posição privilegiada por ser o curso terminal, o "coroamento", como se diz, do ensino secundário. Posição ameaçada: há cem anos sua existência é incessantemente contestada, propõe-se sempre suprimi-la.

No início do século, houve toda uma discussão que se deveria reler. Um dos mais ariscos adversários da cadeira de filosofia a reprovava, então, por ela fazer circular bandos de "anarquistas". Já naquela época. Foi Maurice Pujo, um dos fundadores da Ação Francesa. Frágil realeza do curso de filosofia, coroa exposta e sempre prestes a cair. Já se vão mais de cem anos que ela sobrevive nessa posição perigosa.

É que a filosofia ali está, ao término do ensino secundário, para dar àqueles que receberam o benefício de sua consciência o direito de, doravante, terem um olhar sobre o conjunto das coisas. Dizem-lhes: "Não, eu não lhes ensinarei nada: a filosofia não é um saber, é uma reflexão, uma certa maneira de refletir que permite pôr tudo novamente em questão e coagir a isso. Durante cinco ou seis anos vocês vinham acreditando nas belezas de *Iphigénie*, na meiose das células sexuais, no *take-off* econômico da Inglaterra burguesa. Ei-los agora com o direito de reexaminar todo esse saber não em sua exatidão, mas em seus limites, seus fundamentos, suas origens. E o que vocês tiverem de aprender quando se tornarem médicos, chefe de *marketing* ou químico terá de ser submetido ao mesmo tribunal. Vocês estão em vias de se tornarem livres cidadãos na república do saber. Cabe a vocês exercerem seus direitos. Mas, com uma condição: que vocês façam uso de sua reflexão, e apenas dela. Reflexão quer dizer bom-senso ligeiramente elevado, julgamento imparcial que sabe escutar o a favor e o contra, liberdade, enfim. Por essa razão – continua o professor –, a despeito da letra de um programa que não lhes é inteiramente obrigatório, tentarei ensinar-lhes a julgar livremente. Liberdade e julgamento, essa será a forma de nosso discurso e esse será, então, naturalmente, seu conteúdo. Meu colega do curso ao lado, que é sexagenário, insistirá sem dúvida sobre o julgamento referindo-se a Alain. Eu lhes falarei principalmente da liberdade e de Sartre: sou quadragenário. Mas nem vocês, nem seus colegas perderão com a partilha. Sartre e Alain são a cadeira de filosofia tornada pensamento."

Esse discurso não é vão. Mas, do exterior, outro lhe responde: "Os professores de filosofia são tagarelas, sempre inúteis, por vezes perigosos. Eles falam do que não lhes diz respeito. Arrogam-se o direito de tudo criticar, o conhecimento que não têm e a sociedade que os alimenta. Já é tempo de os alunos não mais perderem o tempo deles. Suprimamos toda essa mixórdia."

Não devemos subestimar a ameaça: ela existe. Mas ela nunca deixou de existir. Na França, faz parte das condições de existência da cadeira de filosofia. É o policial necessário à intriga: graças a ele, a cortina não se fecha. Parece-me que o jogo é o seguinte: aos alunos do primário, a sociedade dá o "ler e escrever" (a instrução); aos do técnico, dá saberes a um só tempo *particulares* e *úteis*; aos do secundário, que normalmente devem entrar para a faculdade, dá saberes gerais (*a* literatura, *a* ciência), e, ao mesmo tempo, a forma geral de pensamento que permite julgar todo saber, toda técnica e a raiz mesma da instrução. Ela lhes dá o direito e o dever de "refletir", de exercer sua liberdade, mas apenas na ordem do pensamento, de exercer seu julgamento, mas apenas na ordem do livre-exame. A cadeira de filosofia é o equivalente leigo do luteranismo, a anti-Contrarreforma: a restauração do Édito de Nantes. A burguesia francesa, como as outras burguesias, precisou dessa forma de liberdade. Depois de havê-la perdido por pouco, no século XVI, ela a reconquistou no século XVIII e a institucionalizou no século XIX em seu ensino. A cadeira de

filosofia é o luteranismo de um país católico e anticlerical. Os países anglo-saxões não necessitam dela e dela prescindem.
— *Na França também, de certa maneira, prescindem dela. E há relativamente poucos jovens franceses que acedem à cadeira de filosofia.*
— Você tem razão: é para a burguesia um luteranismo de uso interno. No século XIX, ela foi obrigada a outorgar o sufrágio universal. Ora, à diferença do protestantismo, a consciência católica não podia a um só tempo sustentar a burguesia (que estabelecera seu poder a despeito da Igreja) e garantir o controle dessa liberdade. Foi preciso, então, recorrer à instrução. *À instrução pública.* O secundário, ao expandir-se na filosofia, garantia a formação de uma elite que devia compensar o sufrágio universal, guiar seu uso, limitar seu abuso. Tratava-se de constituir, no lugar de um luteranismo em falta, uma consciência político-moral. Uma guarda nacional das consciências.
— *Tudo isso talvez seja verdade para a primeira metade do século. Mas, e agora?*
— É verdade, as coisas estão em vias de mudar. O prolongamento da escolaridade é um fato e, no limite, o ensino da filosofia poderia ser dado a todo mundo. Mas, ao mesmo tempo, busca-se encontrar um meio para evitar a entrada de todos nas universidades. A cadeira de filosofia corre o risco de se tornar inútil (caso todos tenham acesso a ela) e perigosa (se ela der o direito de examinar todo conhecimento). Sua supressão está realmente na ordem do dia.
— *Depois do que você disse, com certeza não chorará muito por ela.*
— Sim, sim, num sentido e talvez em muitos. Veja, a situação é bastante complicada. Há os que dizem: "É preciso suprimir a cadeira de filosofia. Ela já fez muitos estragos e devemos esperar o pior quando os estudantes da nova geração (os de Vincennes em particular) chegarem aos liceus. Comecemos por colocar fora de circuito os estudantes de Vincennes e, pouco a pouco, de supressão em supressão, faremos uma limpeza no secundário e no superior."
Outros dizem: "É preciso salvar a cadeira de filosofia a qualquer preço. Os alunos de Vincennes, com suas bizarrices, a comprometem. Se pudermos ter certeza de que esses estranhos 'filósofos' não terão acesso aos liceus, seremos mais

fortes para defender a cadeira de filosofa em sua tradição legítima."

Parece-me que querer conservar a cadeira de filosofia em sua velha forma é cair na armadilha. Pois essa forma se liga a uma função que está, uma vez mais, em vias de desaparecer. E virá o dia em que se ouvirá dizer: "Por que conservar ainda um ensino tão vetusto e tão vazio, numa época em que todo saber é reorganizado? O que significa doravante essa universal reflexão crítica? Já é tempo de nos livrarmos dela."

– Mas você é criticado por fazer em Vincennes algo totalmente diferente da filosofia, não?

– Sabe, não tenho certeza de que a filosofia exista. O que existe são "filósofos", ou seja, uma certa categoria de pessoas cujas atividades e discursos muito variaram de uma época à outra. O que os distingue, assim como os poetas e os loucos, seus vizinhos, é a partilha que os isola, e não a unidade de um gênero ou a constância de uma doença.

Há muito pouco tempo todos eles se tornaram professores. Talvez isso não passe de um episódio, talvez o tenhamos por longo tempo. De todo modo, essa integração do filósofo à Universidade não se fez da mesma maneira na França e na Alemanha.

Na Alemanha, o filósofo foi associado, desde a época de Fichte e de Hegel, à constituição do Estado: disso decorrem o sentido de uma destinação profunda, a seriedade dos "funcionários da história", o papel de porta-voz, de interlocutor ou de invectivador desempenhado pelo Estado, de Hegel a Nietzsche.

Na França, o professor de filosofia foi ligado mais modestamente (de maneira direta nos liceus e indireta nas faculdades) à instrução pública, à consciência social de uma forma cuidadosamente calculada de "liberdade de pensamento". Digamos, para ser exato: ao estabelecimento progressivo do sufrágio universal. Disso resultam esse estilo de diretor ou de objetante de consciência, o papel de defensores das liberdades individuais e das restrições de pensamento, que gostam de desempenhar, o gosto pelo jornalismo, a preocupação de fazer conhecer sua opinião e a mania de responder às entrevistas...

– Já não é tão pouca coisa. As declarações públicas dos "filósofos" prestaram alguns serviços...

– De todo modo, compreende-se que, com o papel que lhes era atribuído, o que ensinavam deveria ser uma filosofia da consciência, do juízo, da liberdade. Devia ser uma filosofia que mantivesse os direitos do sujeito devendo tudo saber, a supremacia de toda consciência individual para com toda política. Ora, eis que, levados pelos recentes desenvolvimentos, novos problemas apareceram: não mais quais eram os limites do saber (ou seus fundamentos), mas quais seriam os que sabem? Como se faz a apropriação e distribuição do saber? Como um saber pode obter um lugar numa sociedade, desenvolver-se nela, mobilizar recursos e pôr-se a serviço de uma economia? Como o saber se forma numa sociedade e nela se transforma? Disso decorrem duas séries de questões: umas, mais teóricas, sobre as relações entre saber e política; outras, mais críticas, sobre o que é a Universidade (as faculdades e os liceus) como lugar aparentemente neutro, onde um saber objetivo é suposto distribuir-se equitativamente. Uma vez que essas questões acabavam de ser formuladas no curso de filosofia, é claro que sua função tradicional deveria ser profundamente transformada.

O Sr. Guichard finge defender a filosofia contra uma intrusão de estudantes que não teriam sido formados para ensiná-la. Na verdade, ele protege o velho funcionamento da cadeira de filosofia contra uma maneira de formular problemas que a torna impossível.

– *Como foi que as coisas chegaram a esse ponto? Não lhe fizeram promessas, quando a universidade de Vincennes foi criada?*

– Desde o começo, recebemos inteira liberdade. Evidentemente, poderíamos ter tentado fazer rodeios com essa liberdade. Poderíamos ter recorrido a essa pequena forma de hipocrisia que consiste em modificar as formas pedagógicas do ensino (constituir grupos de estudo, dar uma certa liberdade de intervenção aos estudantes) sem nada mudar no conteúdo. Teríamos continuado a ensinar Plotino ou Hamelin, mas em formas que teriam agradado aos "reformadores". Havia outra hipocrisia possível: modificar o conteúdo, introduzir no programa autores como Nietzsche, Freud, Marx etc., mantendo, porém, a forma tradicional do ensino (dissertações, exames, controles diversos). Recusamos uma e outra dessas conciliações. Tentamos fazer a experiência de uma liberdade não digo total, mas tão completa quanto possível numa universidade como a de Vincennes.

No ano passado, aconteceu que os estudantes, em sua maioria, vinham diretamente da filosofia. Portanto, sabiam exatamente o que haviam desejado e do que necessitaram nesse curso. Eram, para nós, o melhor guia para definir a forma e o conteúdo do ensino que tínhamos de ministrar. E foi de acordo com eles que definimos dois grandes domínios do ensino: um essencialmente dedicado à análise política da sociedade e o outro dedicado à análise do fato científico e à análise de um certo número de domínios científicos. Essas duas regiões, a política e a ciência, nos pareceram a todos, estudantes e professores, as mais ativas e fecundas.

Aliás, isso recebeu, naquele momento, o acordo não apenas da Assembleia Geral do Departamento de Filosofia, mas da administração da universidade e até mesmo da administração ministerial. Nessa medida, quando hoje nos dizem: "O que vocês ensinam não é conforme ao que nós entendemos por filosofia e ao que deve ser um programa de filosofia", podemos considerar que nos armaram uma armadilha ou que, de todo modo, nos deixaram avançar numa direção da qual nos anunciam, agora, que ela está fechada.

– *Como você prevê a evolução das coisas?*

– Estamos decididos a lutar ao máximo para que a licenciatura obtida em Vincennes seja considerada como podendo facultar o ensino; portanto, para conseguir que os estudantes de Vincennes não sejam excluídos do ensino secundário.

– *Será que não se poderia objetar e dizer que ensino de Vincennes é por demais diferente do das outras faculdades?*

– Essa diferença sempre existiu. Disseram: "Seu programa não corresponde ao programa de ensino secundário." Responderei o seguinte: outrora, havia tantos programas que concediam licenciatura quantas eram as universidades. E, em cada universidade, esse programa era definido, em termos essenciais, pelo interesse dos professores ou por sua especialidade, ou ainda por sua curiosidade, eventualmente por sua preguiça. Ademais, existia um segundo programa, para professor titular. Era muito diferente do programa de licenciatura. Nem um nem outro eram conformes a um terceiro programa, o do certificado de conclusão do ensino médio (*baccalauréat*). E, por trás de tudo isso, havia as necessidades, os desejos, as curiosidades dos alunos dos liceus. Entre os estudantes do ensino superior e os alunos dos liceus, havia, portanto, três filtros constituídos por três diferentes programas.

– *Se a licenciatura de Vincennes era valorizada, esses estudantes podiam se apresentar tão facilmente quanto os outros ao programa para professor titular?*

– Com toda certeza. O programa para professor titular foi, ao longo dos últimos anos, muito felizmente corrigido por um presidente de júri ao qual devemos homenagear.[1] Aliás, a maioria das pessoas que ensinam em Vincennes foram alunos desse presidente. A querela à qual nos expõem é uma má querela. Agora é minha vez de formular uma questão: você sabe de quem é esta frase: "Ao recusar qualquer novidade, a Universidade de Paris chegou ao cúmulo do ridículo e do odioso"?

– *Edgard Faure.*

– Não, de Renan.

---

1. Trata-se de Georges Canguilhem.

1971

Entrevista com Michel Foucault

"Entrevista com Michel Foucault" ("Entretien avec Michel Foucault"; entrevista com J. G. Merquior e S. P. Rouanet; trad. P. W. Prado Jr.), *in* Merquior (J. G.) e Rouanet (S. P.), *O homem e o discurso* (*A arqueologia de Michel Foucault*), Rio de Janeiro, Tempo Brasileiro, 1971, p. 17-42. (O texto desta entrevista foi submetido a M. Foucault que, no entanto, não pôde corrigi-lo.)

S. P. Rouanet: De modo essencial, sua obra comporta dois momentos: um empírico-descritivo – Nascimento da clínica, História da loucura, As palavras e as coisas – *e um momento de reflexão metodológica* – A arqueologia do saber. *Depois dos trabalhos de codificação e de sistematização de* A arqueologia, *você pretende retornar à descrição de zonas especializadas do saber?*
M. Foucault: Sim. Tenho agora a intenção de alternar as pesquisas descritivas com as análises teóricas. Digamos que, para mim, *Arqueologia* não era nem completamente uma teoria nem completamente uma metodologia. Talvez seja essa a falha do livro. Mas não podia não escrevê-lo. Não é uma teoria uma vez que, por exemplo, não sistematizei as relações entre as formações discursivas e as formações sociais e econômicas, cuja importância foi estabelecida pelo marxismo de maneira incontestável. Essas relações foram deixadas na sombra. Teria sido preciso elaborar tais relações para construir uma teoria. Além disso, deixei de lado, em *Arqueologia*, os problemas puramente metodológicos. Ou seja: Como trabalhar com esses instrumentos? É possível fazer a análise dessas formações discursivas? A semântica tem alguma utilidade? As análises quantitativas, como as praticadas pelos historiadores, servem para alguma coisa? Podemos então nos perguntar o que é a *Arqueologia*, uma vez que ela não é nem uma teoria nem uma metodologia. Minha resposta é a seguinte: ela é algo como a designação de um objeto. É uma tentativa de identificar o nível

no qual eu devia me situar a fim de fazer surgir esses objetos que eu manipulara durante muito tempo sem mesmo saber se existiam e, portanto, sem poder nomeá-los. Ao escrever a *História da loucura* ou o *Nascimento da clínica*, eu pensava, no fundo, estar fazendo a história das ciências. Ciências imperfeitas, como a psicologia. Ciências inconstantes, como as ciências médicas ou clínicas, mas, ainda assim, história das ciências. Pensava que as particularidades encontradas por mim estavam no próprio material estudado, e não na especificidade de meu ponto de vista. Ora, em *As palavras e as coisas*, compreendi que, independentemente da história tradicional das ciências, outro método era possível. Ele consistia numa certa maneira de considerar menos o conteúdo da ciência do que sua própria existência, uma certa maneira de interrogar os fatos, me possibilitando ver que, numa cultura como a do Ocidente, a prática científica tem uma emergência histórica, comporta uma existência e um desenvolvimento históricos e seguiu um certo número de linhas de transformação, independentemente – até certo ponto – de seu conteúdo. Era preciso, deixando de lado o problema do conteúdo e da organização formal da ciência, pesquisar as razões pelas quais a ciência existiu, ou as razões de uma determinada ciência começar a existir num dado momento e a assumir um certo número de funções em nossa sociedade. Foi esse ponto de vista que tentei definir em *A arqueologia do saber*. Tratava-se, em suma, de definir o nível particular no qual o analista deve colocar-se para fazer aparecer a existência do discurso científico e seu funcionamento na sociedade.

J. G. Merquior: Podemos, então, dizer que se trata da análise das palavras e das coisas, mas num nível reflexivo?

M. Foucault: Exatamente. Digamos que em *História da loucura* e em *Nascimento da clínica* eu ainda estava cego em relação ao que eu fazia. Em *As palavras e as coisas*, um olho estava aberto e o outro fechado. Disso decorre o caráter um tanto manco do livro: num certo sentido, demasiado teórico e, num outro, insuficientemente teórico. Por fim, em *Arqueologia*, busquei precisar o lugar exato de onde eu falava.

– S. P. Rouanet: Isso explica, sem dúvida, algumas das diferenças mais sensíveis entre o método seguido em Nascimento da clínica *e* História da loucura, *de um lado, e* As palavras e as coisas, *do outro, assim como algumas particularidades de* Arqueologia. *Nos dois primeiros livros, o discurso*

é bastante permeável às praticas sociais (extradiscursivas) que ali ocupam um lugar muito importante. Em As palavras e as coisas, essas práticas desaparecem quase completamente para renascerem em Arqueologia sob um modo reflexivo, mas redefinidas como práticas pré-discursivas. Podemos então extrair, de seu trajeto até agora, três vias possíveis: a de uma livre circulação que vai do discurso às práticas sociais e inversamente, sem nenhum a priori metodológico muito rígido; aquela em que essas práticas são postas entre parênteses a fim de concentrar a descrição sobre o plano exclusivo do discurso; por fim, a da incorporação dessas práticas à análise, segundo um método rigoroso, mas "tornadas ausentes"[1] e reduzidas ao pré-discursivo, funcionando, portanto, ainda no nível do discurso. Seus trabalhos futuros seguirão, sem dúvida, este último caminho. Mas, nesse caso, como articular esses dois planos, o discurso e o extradiscursivo, ainda que este último seja apresentado como pré-discursivo?

M. Foucault: Essa questão muito me alegra. Com efeito, é em torno dela que se cristalizam as principais críticas e objeções feitas ao meu trabalho. Em História da loucura e Nascimento da clínica, eu estava diante de um material muito singular. Tratava-se de discursos científicos cuja organização, aparelho teórico, campo conceitual e sistematização interna eram bastante fracos. Muito fracos inclusive no caso da psicopatologia, que, nos séculos XVII e XVIII, era constituída por certo número de noções pouco elaboradas e que, mesmo no século XIX, o foram apenas de forma indireta e sob o modelo da medicina propriamente dita. Não se pode dizer que o discurso psicopatológico europeu, até Freud, tenha comportado um nível científico muito elevado. Em contrapartida, todos os contextos institucionais, sociais e econômicos desse discurso eram importantes. É evidente que a maneira de internar os loucos, de diagnosticá-los, tratá-los, excluí-los da sociedade ou incluí-los num lugar de internamento era tributária de estruturas sociais, de condições econômicas, tais como o desemprego, as necessidades de mão de obra etc. No fundo, foi um pouco tudo isso que me seduziu no tema. Os esforços feitos por alguns historiadores das ciências de inspiração marxista visan-

---

1. O entrevistador arrisca-se, aqui, a fazer um neologismo: *despresentificadas*; literalmente *déprésentifiées*. (Nota do tradutor francês)

do a localizar a gênese social da geometria ou do cálculo das probabilidades no século XVII me impressionaram muito. Era um trabalho ingrato, os materiais eram muito difíceis. É bem difícil empreender a análise das relações entre o saber e a sociedade partindo desse gênero de problemas. Em compensação, existe um complexo institucional considerável, e bastante evidente, no caso de um discurso de pretensões científicas como o da psicopatologia. Era tentador analisar esse discurso, e foi o que tentei fazer. Em seguida, prossegui minhas pesquisas no campo da medicina geral, estimando que escolhera um exemplo demasiado fácil no campo da psicopatologia, cujo aparelho científico era demasiado fraco. No que concerne ao nascimento da anatomia e da fisiopatologia – que, afinal, são verdadeiras ciências –, tentei identificar o sistema institucional e o conjunto das práticas econômicas e sociais que tornaram possível, numa sociedade como a nossa, uma medicina que é, apesar de tudo e sejam quais forem as reservas possíveis, uma medicina científica. Acrescentaria, sem nenhuma atitude polêmica, que nenhuma das críticas marxistas feitas ao livro *As palavras e as coisas* por seu caráter pretensamente anti-histórico mencionou as tentativas feitas por mim a respeito da psicopatologia ou da medicina. *As palavras e as coisas* responde a dois problemas particulares que se apresentam a partir da problemática levantada por *Nascimento da clínica*. O primeiro é o seguinte: podemos observar nas práticas científicas perfeitamente estranhas entre si, e sem nenhuma comunicação direta, transformações que se produzem ao mesmo tempo, segundo a mesma forma geral, no mesmo sentido. Esse é um problema muito curioso. Em seu último livro dedicado à história da genética,[2] François Jacob relatou um fenômeno relativo ao aparecimento, em meados do século XIX, de duas teorias, uma biológica e a outra física, que recorreram ao mesmo tipo de organização e sistematicidade. Eram as teorias de Darwin e de Boltzmann. Darwin foi o primeiro a tratar dos seres vivos no nível da população, e não mais no da individualidade. Boltzmann começou a tratar as partículas físicas não mais como individualidades, mas no nível do fenômeno de população, ou seja, como séries de eventualidades estatisticamente mensuráveis. Ora, entre Darwin e Boltzmann não havia, evidentemente,

---

2. Jacob (F.) *La logique du vivant. Une histoire de l'hérédité*, Paris, Gallimard, 1970.

nenhuma relação direta: eles ignoravam a existência um do outro. Aliás, essa relação, hoje evidente, que constituiu uma das grandes encruzilhadas da ciência do século XIX, não podia ser verdadeiramente percebida pelos contemporâneos. Como é possível que dois acontecimentos longínquos na ordem do conhecimento tenham podido produzir-se simultaneamente e nos parecer tão próximos na ordem das configurações epistemológicas em geral? Eu já havia encontrado esse problema, precisamente, na medicina clínica. Por exemplo, foi quase no mesmo momento e em condições muito semelhantes que apareceram a química, com Lavoisier, e a anatomofisiologia. No entanto, foi somente mais tarde, por volta de 1820, que as duas ciências se encontraram. Ora, elas nasceram mais ou menos na mesma época e constituíram, cada uma em seu domínio, revoluções mais ou menos análogas. Este, então, é o primeiro problema, o das simultaneidades epistemológicas. O segundo foi o seguinte: pareceu-me que as condições econômicas e sociais que servem de contexto ao aparecimento de uma ciência, ao seu desenvolvimento e ao seu funcionamento não se traduzem na ciência sob a forma de discurso científico, tal como um desejo, uma necessidade ou uma pulsão podem traduzir-se no discurso de um indivíduo ou em seu comportamento. Os conceitos científicos não expressam as condições econômicas nas quais eles surgiram. É evidente, por exemplo, que a noção de tecido ou a noção de lesão nada têm a ver – se o problema se apresentar em termos de expressão – com a situação do desemprego na França no final do século XVIII. Todavia, também é evidente que foram essas condições econômicas, como o desemprego, que suscitaram o aparecimento de um certo tipo de hospitalização que permitiu um certo número de hipóteses... Por fim, surgiu a ideia de lesão do tecido, fundamental na história da clínica. Por conseguinte, o laço entre as formações econômicas e sociais pré-discursivas e o que aparece no interior das formações discursivas é muito mais complexo do que o da expressão pura e simples, em geral o único aceito pela maioria dos historiadores marxistas. Em que, por exemplo, a teoria evolucionista exprime tal ou tal interesse da burguesia, ou tal esperança da Europa? Se o laço existente entre as formações não discursivas e o conteúdo das formações discursivas não é do tipo "expressivo", então, de que laço se trata? O que acontece entre estes dois níveis: aquele do qual se fala – a base, se você quiser – e o estado terminal constituído pelo discurso científico? Para uma ciência nascente, pareceu-me que esse laço devia ser buscado no nível da constituição de seus objetos possíveis. O que torna possível uma ciência nas formações pré-discursivas é a emergência de um certo número de objetos que poderão se tornar objetos de ciência, é a maneira pela qual o sujeito do discurso científico se situa, é a modalidade de formação dos conceitos. Em suma, são todas as regras definindo os objetos possíveis, as posições do sujeito em relação aos objetos e a maneira de formar os conceitos, regras nascidas das formações pré-discursivas e determinadas por elas. É apenas a partir dessas regras que se poderá chegar ao estado terminal do discurso, que, por conseguinte, não exprime essas condições, ainda que seja determinado por elas. Em *As palavras e as coisas*, tentei olhar mais de perto esses dois problemas. Primeiro, o das simultaneidades epistemológicas. Considerei três domínios muito diferentes entre os quais nunca houve uma comunicação direta: a gramática, a história natural e a economia política. Tive a impressão de que esses três domínios haviam sofrido em dois momentos precisos – meados dos séculos XVII e XVIII – um conjunto de transformações semelhantes. Procurei identificar essas transformações. Ainda não consegui resolver o problema de localizar exatamente a raiz dessas transformações. Mas estou certo de uma coisa: elas existem, e a tentativa para descobrir sua origem não é quimérica. Citei, há pouco, o livro de François Jacob, um biólogo interessado apenas na história da biologia. Ora, tudo o que ele diz sobre a história da biologia nos séculos XVII, XVIII e XIX coincide exatamente, quanto às datas e aos princípios gerais, com o que eu mesmo havia dito sobre isso. E ele não o tirou de meu livro, porquanto o seu foi escrito antes de ele ter a oportunidade de ler o meu. O interessante é que essa análise comparada das transformações – que poderia passar por delirante por buscar relacionar disciplinas tão estranhas entre si – foi confirmada pela análise interna de uma história precisa, a da biologia. Esse é o primeiro problema. Quanto ao segundo, tentei apreender as transformações da gramática, da história natural e da economia política não no nível das teorias e das teses sustentadas, mas no nível da maneira como essas ciências constituíram seus objetos, na maneira pela qual seus conceitos se formaram e o sujeito cognoscente se situava quanto ao domínio de objetos. Isso é o que chamo o nível arqueológico da ciência por oposição ao nível epistemológico. Neste último, trata-se de descobrir a coerência teórica de um sistema científico num dado momento. A análise arqueológica é a análise – antes mesmo do aparecimento das estruturas epistemológicas e por baixo dessas estruturas – da maneira como se constituem os objetos, como os sujeitos se colocam e como os conceitos se formam. *As palavras e as coisas* é um livro em suspenso, uma vez que não faço aparecer as próprias práticas pré-discursivas. É no interior das práticas científicas que me situo para tentar descrever as regras de constituição dos objetos, de formação dos conceitos e das posições do sujeito. Por outro lado, a comparação feita por mim não leva a uma explicação. Mas nada disso me preocupa. Não escrevo um livro para ele ser o último. Escrevo para que outros livros sejam possíveis, não forçosamente escritos por mim.

J. G. Merquior: Você tem a intenção de ir mais além dessa análise que ficou em suspenso em As palavras e as coisas, *ir em busca da raiz, no nível arqueológico, das transformações que se produziram nas três disciplinas?*

M. Foucault: Sobre esse ponto, mesmo depois de terminar *As palavras e as coisas*, meu embaraço não diminuiu. Muito me alegro em ver que François Jacob encontrou a mesma dificuldade a propósito das relações entre Darwin e Boltzmann, que ele tampouco conseguiu explicar. Ele me formulou a questão e eu pude apenas partilhar de seu embaraço. Todos dois nos surpreendemos com o fato de os historiadores das ciências não mais se interessarem por esse fenômeno. Quando o encontram, limitam-se a escamotear a dificuldade invocando o espírito da época, segundo o qual um determinado problema deve ser abordado num momento preciso, ou então observam, *en passant*, que se trata de um problema curioso, mas sem importância. Mais vale uma ignorância franca. Prefiro dizer que não compreendo, embora me esforce para isso, em vez de dar explicações como aquelas fundamentadas no espírito da época. Em suma, desse ponto de vista, meus progressos foram nulos. Em compensação, vejo melhor agora, graças às análises que realizei em *As palavras e as coisas*, como reajustar de modo mais exato a análise das práticas discursivas e das práticas extradiscursivas. Em *História da loucura*, por exemplo, havia ainda um certo número de temas "expressionistas". Eu me deixei seduzir pela ideia de que a maneira de conceber a loucura expressava um pouco uma espécie de repulsa social imediata para com ela. Utilizei várias vezes a palavra "percepção": percebe-se a loucura. Essa percepção era, para mim, o laço entre uma prática real, que era essa reação social, e a maneira como era elaborada a teoria médica e científica. Hoje, não acredito mais nesse tipo de continuidade. É preciso examinar as coisas com mais rigor. Vou tentar fazer isso num domínio de teor científico muito fraco: a criminologia. Tentarei ver – a partir da definição jurídica do crime e da maneira como ele foi isolado e sancionado – as práticas penais reais. Examinarei igualmente como se formaram alguns conceitos – alguns claramente morais, outros com pretensões científicas, como a noção de degenerescência –, e como esses conceitos funcionaram e continuam funcionado em certos níveis de nossa prática penal.

J. G. Merquior: Esse retorno a um domínio em que o saber é pouco sistematizado, ou tem um grau muito fraco de coerência epistemológica, será certamente beneficiado de uma visão mais sistemática das relações entre os níveis discursivo e extradiscursivo.

M. Foucault: Sem dúvida.

S. P. Rouanet: Você acredita que com sua obra e a de outros filósofos que se situam na mesma corrente de ideias a filosofia mudou de discurso, por assim dizer, substituindo os temas tradicionais da metafísica e da epistemologia pelos temas ligados às práticas científicas, sobretudo no domínio das ciências humanas?

M. Foucault: Não creio que os interessados, como eu, nos problemas da ciência – na França e em outros países – tenham verdadeiramente ampliado o tema da reflexão filosófica. Acredito, inclusive, no contrário: encolhemos esse campo. Acredito que devemos a Hegel a maior expansão do campo dos objetos filosóficos. Hegel falou de estátuas góticas, templos gregos, velhas bandeiras... Em suma, de tudo.

J. G. Merquior: Se você me permitir um parêntese, não estamos dizendo que a filosofia atual ampliou o domínio da reflexão filosófica. Tem-se a impressão, ao contrário, de uma orientação muito mais sóbria, mais modesta, por parte da filosofia.

M. Foucault: É claro. De Hegel a Sartre, o campo dos objetos filosóficos foi proliferante. Hegel, Schopenhauer e Sartre falaram, por exemplo, da sexualidade. Agora, constata-se um estreitamento campo filosófico. Uma espécie de deslocamento. O que havia de comum entre a filosofia de Hegel e a de Sartre, entre todas as tentativas para pensar a totalidade do concreto, é que todo esse pensamento se articulava em torno do problema: "Como é possível que tudo isso aconteça a uma consciência, a um ego, a uma liberdade, a uma existência?" Ou, inversamente: "Como é possível que o ego, a consciência, o sujeito ou a liberdade tenham emergido no mundo da história, da biologia da sexualidade, do desejo?"

J. G. Merquior: De todo modo, são as duas vias do idealismo.

M. Foucault: Não diria do idealismo. Diria as duas vias da problemática do sujeito. A filosofia era a maneira de pensar as relações entre o mundo, a história, a biologia, de um lado, e os sujeitos, a existência, a liberdade, do outro. Husserl, que também falava de tudo, e principalmente do problema da ciência, buscava igualmente responder a essa problemática do sujeito. Para ele, o problema era saber como é possível enraizar, de fato, no nível da evidência, da intuição pura e apodíctica de um sujeito, uma ciência que se desenvolve conforme a um certo número de princípios formais e, até certo ponto, vazios. Como a geometria, por exemplo, pôde levar adiante durante séculos esse percurso da formalização pura e ser, ao mesmo tempo, uma ciência pensável em cada um de seus pontos por um indivíduo suscetível de ter dessa ciência uma intuição apodíctica? Como é possível que alguém, no grande leque das proposições geométricas, possa isolar uma dessas proposições, percebê-la como verdadeira e construir sobre ela uma demonstração apodíctica? Sobre qual intuição se assenta esse processo? É possível haver uma intuição apenas local e regional no interior de uma geometria propriamente formal, ou é preciso uma espécie de intuição que reefetue, em sua totalidade, o projeto da geometria, para que a certeza de uma verdade geométrica possa surgir num ponto preciso do *corpus* das proposições e do tempo histórico dos geômetras que se sucedem uns aos outros? Por conseguinte, o problema de Husserl sempre foi este: o sujeito e suas conexões. Em minha opinião, o que agora caracteriza um certo número de romancistas, de pensadores etc. – mais do que os assim chamados filósofos – é o fato de, para eles, o problema do sujeito não mais se apresentar, ou se apresentar apenas de maneira extremamente derivada. A questão do filósofo não é mais a de saber como tudo isso é pensável, nem como o mundo pode ser vivido, experimentado, atravessado pelo sujeito. O problema agora é saber quais são as condições impostas a um sujeito qualquer para que ele possa introduzir-se, funcionar, servir de nó na rede sistemática do que nos cerca. A partir daí, a descrição e a análise não terão mais como objeto o sujeito e suas relações com a humanidade e com o formal, mas o modo de existência de alguns objetos, como a ciência, que funcionam, se desenvolvem e se transformam, sem nenhuma referência a alguma coisa como o fundamento intuitivo num sujeito. Os sujeitos sucessivos se limitam a entrar, por meio das portas laterais, por assim dizer, no interior de um sistema que não só se conserva há algum tempo com sua sistematicidade própria e num sentido independente da consciência dos homens, como também tem uma existência igualmente própria e independente da existência de tal ou tal sujeito. Desde o final do século XIX já se sabia que a matemática tem, por si mesma, uma estrutura que não é somente a da reprodução ou da sedimentação dos processos psicológicos reais: ter-se-ia dito, no tempo de Husserl, que se trata de uma transcendência da idealidade matemática em relação ao vivido da consciência. Mas a própria existência da matemática – ou, de maneira mais geral, a própria existência das ciências – é a existência da linguagem, do discurso. Essa existência – começamos hoje a nos dar conta disso – não necessita de uma série de fundadores que teriam produzido um certo número de transformações em virtude de suas descobertas, de seu gênio, de sua maneira de conceber as coisas. Transformações simplesmente acontecem aqui e ali, de modo simultâneo ou sucessivo, transformações enigmaticamente homólogas e das quais ninguém se fez titular. É preciso, assim, desapropriar a consciência humana não apenas das formas de objetividade que garantem a verdade, mas das formas de historicidade nas quais nosso *devenir* (devir)[3] está aprisionado. Eis a pequena decalagem que nos separa da filosofia tradicional. Dizia, há pouco, que essa maneira de ver não era exclusiva dos filósofos das ciências ou dos filósofos em geral. Tomem o exemplo de Blanchot, cuja obra consistiu em meditar sobre a existência da literatura, da linguagem literária, do discurso literário, inde-

---

3. Em francês no texto. (Nota do tradutor francês)

pendentemente dos temas nos quais esse discurso se encontra investido. No fundo, toda a crítica de Blanchot consiste em mostrar como cada autor se situa no interior de sua própria obra e de maneira tão radical a ponto de a obra dever destruí-lo. É nela que o autor tem seu refúgio e seu lugar, é nela que ele habita, é ela que constitui sua pátria, e sem ela ele não teria, literalmente, existência. Mas essa existência do artista em sua obra é tal que o leva fatalmente a perecer.

J. G. Merquior: *O direito à morte...*

M. Foucault: Sim. É toda essa rede de pensamentos que se pode encontrar em Bataille, em Blanchot, na arte, em obras propriamente literárias. Atualmente, tudo isso anuncia uma espécie de pensamento, em que o grande primado do sujeito, afirmado pela cultura ocidental depois do Renascimento, se vê contestado.

S. P. Rouanet: *Gostaria de lhe fazer uma pergunta de outra ordem. Sabemos que a teoria política tradicional sempre foi centrada no homem e na consciência. Com o desaparecimento da problemática do sujeito, o pensamento político não estaria condenado a se tornar uma reflexão acadêmica e a prática política, a se converter num empirismo destituído de fundamentos teóricos? Se, por outro lado, você admite que a ação política é necessária, sobre o que deve fundamentar-se o engajamento político, se abandonamos a concepção milenarista – escatológica, se quiserem – do marxismo, tal como descrito em* As palavras e as coisas? *Deveríamos renunciar a enraizar a política em uma ciência? Por fim, em* Arqueologia, *você diz que, para algumas dessas questões, "não há senão resposta política. (...). Talvez seja preciso retomá-la em breve e de um outro modo".*[4] *Isso significa que esses problemas são insolúveis no contexto de uma reflexão puramente teórica? Ou uma teoria política "pós-arqueológica" é possível?*

M. Foucault: É uma questão difícil. Aliás, tenho a impressão de que são muitas questões que se entrecruzam. Minhas formulações sobre Marx suscitaram, com efeito, um certo número de reações. Quis dizer coisas demais nas poucas frases em que falei do marxismo. De todo modo, há algumas coisas que deveria ter dito de modo mais claro. Em minha opinião, Marx procedeu como muitos fundadores de ciências ou de tipos de discursos:

---

4. *A arqueologia do saber*, Paris, Gallimard, 1969, p. 273.

ele utilizou um conceito existente no interior de um discurso já constituído. A partir desse conceito, formou regras para esse discurso já constituído, deslocou-o, transformando-o em fundamento de uma análise e de um tipo de discurso totalmente outro. Ele extraiu a noção de mais-valia diretamente das análises de David Ricardo, em que essa noção se encontrava praticamente em filigrana – e, nesse sentido, Marx é um ricardiano –, e apoiou nesse conceito uma análise social e histórica que lhe permitiu definir os fundamentos ou as formas mais gerais da história da sociedade ocidental e das sociedades industriais do século XIX. Isso lhe permitiu, também, fundar um movimento revolucionário que continua vivo. Não acredito que sacralizar a formação do marxismo – a ponto de querer salvar tudo da economia ricardiana sob o pretexto de que Marx dela se serviu a fim de formular a noção de mais-valia – seja uma boa maneira de prestar homenagem a Marx. Acredito que a economia ricardiana pode ser criticada com base no próprio Marx, pelo menos no nível da economia política tal como ela funcionava depois do começo do século XIX: nesse nível, as análises de Ricardo podem ser retomadas e revistas, e a noção de mais-valia não é forçosamente um dos conceitos mais intocáveis. Se nos situarmos exclusivamente no nível da economia política e de suas transformações, essa revisão não será um delito grave. Darwin, por exemplo, extraiu alguns conceitos-chave da teoria evolucionista – que, em suas principais articulações, foi inteiramente confirmada pela genética – de domínios científicos hoje criticados e abandonados. E não há nada de grave nisso. Foi o que quis dizer quando afirmei que Marx estava, no século XIX, como um peixe na água. Não vejo a razão de sacralizar Marx numa espécie de intemporalidade que lhe permitiria descolar-se de sua época e fundar uma ciência da história que seria, ela própria, metahistórica. Se devemos falar do gênio de Marx – e acho que não se deve empregar essa palavra na história das ciências –, esse gênio consistiu precisamente em conduzir-se como um peixe dentro d'água no interior do século XIX, a saber: ao manipular a economia política tal como ela fora fundada e tal como ela existia há muitos anos, Marx chegou a propor uma análise histórica das sociedades capitalistas que ainda pode ser válida e a fundar um movimento revolucionário que até hoje se mantém como o mais vivo.

J. G. Merquior: Quanto às possibilidades de fundar uma ação política segura, baseada numa concepção teórica que explica cientificamente a realidade, é preciso, sem dúvida, levar Marx em consideração, mas também as análises ulteriores que superaram, de certa maneira, a análise marxista do conhecimento.

M. Foucault: Certamente. Isso me parece evidente. Mas, agora, vou parecer um reacionário: por que chamar científica a prática marxista? Hoje, na França, existem algumas pessoas que consideram incontestáveis duas proposições, ligadas entre elas por um laço um tanto obscuro: 1. o marxismo é uma ciência; 2. a psicanálise é uma ciência. Essas duas proposições me deixam pensativo. Sobretudo porque não chego a ter a respeito da ciência uma ideia tão elevada. Acho – e muitos cientistas concordariam comigo – que não se deve fazer da ciência uma ideia tão elevada a ponto de etiquetar como ciência alguma coisa tão importante quanto o marxismo ou tão interessante quanto a psicanálise. No fundo, não existe uma ciência em si. Não existe uma ideia geral ou uma ordem geral que possa intitular-se ciência, e que possa autenticar qualquer forma de discurso, desde que ele aceda à norma assim definida. A ciência não é um ideal que atravessa toda a história, sendo sucessivamente encarnado pela matemática, depois pela biologia, por fim pelo marxismo e pela psicanálise. Precisamos nos livrar de todas essas noções. A normatividade e o funcionamento efetivo de uma ciência numa dada época se dão apenas segundo um certo número de esquemas, modelos, valorizações e códigos. Ela é um conjunto de discursos e de práticas discursivas muito modestas, perfeitamente enfadonhas e cotidianas que se repetem sem cessar. Existe um código desses discursos, existem normas para essas práticas aos quais essas práticas e esses discursos devem obedecer. Não há razão para se orgulhar disso. E os cientistas, eu lhe garanto, não sentem nenhum orgulho particular em saber que fazem ciência. Eles o sabem, é tudo. E isso por uma espécie de acordo comum, que é o da comunidade do código, a partir do qual eles podem dizer: "Isto está provado, isto não está." E existem, lado a lado, outros tipos de discursos e de práticas cuja importância para nossa sociedade e para nossa história não depende do *status* de ciência que possam vir a adquirir.

J. G. Merquior: Mas, de todo modo, em As palavras e as coisas *você atribui a algumas dessas práticas não científicas um* status *particular: o de contraciências.*

M. Foucault: Sim, contraciências humanas.
J. G. Merquior: Poderíamos atribuir ao marxismo essa mesma função?
M. Foucault: Sim, não estou longe de concordar com isso. Penso que o marxismo, a psicanálise e a etnologia têm uma função crítica em relação ao que se convencionou chamar as ciências humanas e, nesse sentido, são contraciências. Mas, repito: são contraciências humanas. Não há nada no marxismo ou na psicanálise que nos autorize a chamá-los contraciências, se entendemos por ciências a matemática ou a física. Não, não vejo a razão de devermos chamar ciências o marxismo e a psicanálise. Isso equivaleria a impor a essas disciplinas condições tão duras e tão exigentes que, para seu próprio bem, seria preferível não chamá-las ciências. E eis aqui o paradoxo: aqueles que reivindicam o *status* de ciências para a psicanálise e para o marxismo manifestam ruidosamente seu desdém para com as ciências positivas, tais como a química, a anatomia patológica ou a física teórica. Só esconchem um pouco seu desdém com relação à matemática. Ora, com efeito, sua atitude mostra que têm para com a ciência um respeito e uma reverência de aprendizes. Eles têm a impressão de que, se o marxismo fosse uma ciência — e aqui eles pensam em algo de tangível como uma demonstração matemática —, eles poderiam ter a certeza de sua validade. Acuso essas pessoas de terem uma ideia da ciência mais elevada do que ela merece e terem um desdém secreto para com a psicanálise e o marxismo. Acuso-as de insegurança. Por essa razão, reivindicam um *status* que não é assim tão importante para essas disciplinas.
S. P. Rouanet: *Ainda com relação ao marxismo, gostaria de lhe fazer outra pergunta. Quando você fala, em* As palavras e as coisas, *do "duplo empírico-transcendental",*[5] *você afirma que a fenomenologia e o marxismo são simples variantes desse movimento de pêndulo que leva necessariamente, seja ao positivismo, seja à escatologia. Por outro lado, o pensamento de Althusser é em geral agrupado entre os estruturalismos, com frequência ao lado de sua própria obra. Você considera o marxismo althusseriano como uma ultrapassagem da configuração, cujos limites são o positivismo e a escatologia, ou você acha que esse pensamento se situa no interior dessa configuração?*

---

5. As palavras e as coisas, Paris, Gallimard, 1966, p. 329 e segs.

M. Foucault: Tendo ao primeiro termo da alternativa. A esse respeito, devo fazer uma autocrítica. Quando em *As palavras e as coisas* falei de marxismo, não precisei o suficiente o que eu queria dizer. Nesse livro, creio ter mostrado com clareza que eu estava fazendo uma análise histórica de um certo período, cujos limites eram aproximadamente 1650 e 1850, com pequenos prolongamentos que não ultrapassavam o final do século XIX e no domínio, também preciso, constituído pelas ciências da linguagem, da vida e do trabalho. Quando falei do marxismo nesse livro, deveria ter dito, sabendo como o tema é supervalorizado, que se tratava do marxismo tal como ele funcionou na Europa até o começo do século XX, quando muito. Deveria também ter precisado – e reconheço ter fracassado neste ponto – que se tratava da espécie de marxismo que se encontra em um certo número de comentadores de Marx, como Engels, que, aliás, tampouco está ausente em Marx. Quero me referir a uma espécie de filosofia marxista que, em minha opinião, é um acompanhamento ideológico das análises históricas e sociais de Marx, assim como de sua prática revolucionaria, que não constitui o centro do marxismo compreendido como a análise da sociedade capitalista e o esquema de uma ação revolucionária nessa sociedade. Se esse é o núcleo do marxismo, então não falei do marxismo, mas de uma espécie de humanismo marxista: um acompanhamento ideológico, uma música de fundo filosófico.

J. G. Merquior: *Ao empregar a expressão "humanismo marxista", sua crítica se inscreve automaticamente num domínio teórico que exclui Althusser.*

M. Foucault: Sim. Suponho que essa crítica ainda valha para autores como Garaudy, porém não mais se aplica a intelectuais como Althusser.

J. G. Merquior: *Gostaria, agora, de lhe fazer uma pergunta sobre literatura, ou seja, o status da literatura em* As palavras e as coisas. *Seja a propósito de Cervantes, de Hölderlin ou de Mallarmé, você deixa entender que a literatura com frequência desempenha um papel pioneiro na emergência das epistemes. E seu belo texto sobre Blanchot desenvolve essa mesma ideia.*[6] *Você concorda com essa interpretação?*

---

6. "La pensée du dehors", *Critique*, n. 229, jun. 1966, p. 523-546 (ver *O Pensamento do Exterior*, vol. III da edição brasileira desta obra).

M. Foucault: No que concerne à literatura, penso que, em *As palavras e as coisas*, não é nem da mesma maneira nem no mesmo nível que falei de Mallarmé, por exemplo, e de *Dom Quixote*. Quando falei de Mallarmé, quis assinalar o fenômeno de coincidência que já me interessara a propósito dos séculos XVII e XVIII, segundo o qual, na mesma época, domínios perfeitamente independentes e sem comunicação direta se transformam da mesma maneira. Mallarmé foi contemporâneo de Saussurre. Fiquei impressionado pelo fato de a problemática da linguagem – considerada independentemente de seus significados e do ponto de vista exclusivo de suas estruturas internas – ter aparecido em Saussurre no final do século XIX, mais ou menos no mesmo momento, e que Mallarmé fundava uma literatura da linguagem pura, ainda dominante em nossa época. Quanto ao *Quixote*, é um pouco diferente. Devo confessar, de um modo um tanto impreciso, que não conhecia o pano de fundo da civilização hispânica sobre o qual se fundamenta *Quixote*. Na realidade, meus comentários sobre *Dom Quixote* são uma espécie de pequeno teatro em que eu queria pôr em cena primeiro o que narraria depois: mais ou menos como nas representações teatrais em que se apresenta, antes da peça principal, uma relação um tanto enigmática e lúdica de analogia, repetição, sarcasmo ou contestação. Quis me divertir mostrando em *Quixote* essa espécie de decomposição do sistema de signos que se verificou na ciência por volta dos anos 1620 a 1650. Não tenho nenhuma convicção de que isso represente o fundo e a verdade do *Quixote*. Mas pensei que, se deixasse o personagem e o próprio texto falarem por si mesmos, poderia representar, num certo sentido, a pequena comédia dos signos e das coisas que gostaria de narrar e que se desenrolou nos séculos XVII e XVIII. Por conseguinte, concordo sem dificuldade que há erros em minha interpretação do *Quixote*. Ou melhor: não concordo de modo algum, porque não se trata de uma interpretação, mas de um teatro lúdico. É o próprio Dom Quixote quem relata, em cena, a história que eu mesmo contaria depois. A única coisa que me justificaria é que o tema do livro me parece importante em *Dom Quixote*.

Ora, o tema do livro é o mesmo de *As palavras e as coisas*. O próprio título é a tradução de *Words and things*, que foi o grande *slogan* moral, político, científico e até religioso da Inglaterra no começo do século XVII. Foi também o grande *slogan* não religioso, mas científico, na França, na Alemanha e na Itália, na mesma época. Creio que *Words and things* é um dos maiores problemas de *Quixote*. Por essa razão, fiz Dom Quixote representar em *As palavras e as coisas* sua pequena comédia.

J. G. Merquior: *De todo modo, podemos dizer que sua leitura do Quixote, com ou sem interpretação, está de acordo com algumas pesquisas da estilística contemporânea, sobretudo no que concerne ao papel do cômico e à presença do livro no interior da obra. Agora, porém, lhe farei uma pergunta que nada tem a ver com a estética, pois se refere aos contextos institucionais dos quais falamos há pouco, isto é, o conjunto de práticas tanto mais importantes porquanto os saberes a ele ligados articulam-se de modo mais tênue, do ponto de vista de sua sistematicidade científica. Gostaria de lhe perguntar se você ainda pretende se ocupar de alguns fenômenos mentais que não são em geral considerados como saberes, na perspectiva, por exemplo, de suas pesquisas sobre a loucura. Mais precisamente: você pensa em estudar, sempre no que diz respeito às* epistemes *que continuam sendo sua principal preocupação, o domínio da experiência religiosa? Quero dizer, com isso, não a ideologia religiosa no sentido estrito, mas experiências religiosas em sentido amplo. Penso, por exemplo, no tipo de análises, muito empíricas e igualmente interessantes, de um autor como Bakhtin, numa obra como* Rabelais *ou como* Dostoiévski, *quando ele diz que o carnaval era uma forma de experiência religiosa, uma festa religiosa que foi visivelmente reduzida e "domesticada" na época do nascimento da* episteme *clássica, ou seja, na época dominada pela representação.*[7]

M. Foucaut: No fundo, sempre me interessei por esse domínio que não pertencia inteiramente ao que, em geral, chamamos ciência. E se emprego o conceito de saber, é para apreender esses fenômenos que se articulam entre o que os historiadores chamam a mentalidade de uma época e a ciência propriamente dita. Há um fenômeno desse gênero que me inte-

---

7. Bakhtin (M.), *L'oeuvre de François Rabelais et la Culture populaire au Moyen Âge et sous la Renaissance* (trad. A. Robel), Paris, Gallimard, 1970; *La poétique de Dostoïevski* (trad. I. Kolitcheff), Paris, Éd. du Seuil, col. "Pierres Vives", n. 21, 1970. [(N.R.T.) *Problemas da poética de Dostoiévski* foi publicado no Brasil pela Forense Universitária.]

ressou e que pretendo retomar um dia: bruxaria. Trata-se, em suma, de compreender a maneira como a bruxaria – que, afinal, era um saber, com suas receitas, suas técnicas, sua forma de ensino e de transmissão – foi incorporada ao saber médico. E isso não foi, como em geral se diz, quando os médicos, por sua racionalidade e seu liberalismo, arrancaram as bruxas das garras dos inquisidores. As coisas são muito mais complexas. Num certo sentido, foi em consequência a uma necessidade, a uma certa cumplicidade, que a Igreja, o poder real, a magistratura e os próprios médicos fizeram emergir a bruxaria como domínio possível da ciência, ou seja, fizeram do bruxo um doente mental. Não era uma libertação, era outra forma de captura. Ali onde antes havia simplesmente exclusão, processo, o fenômeno foi inscrito no interior da *episteme* e se tornou um campo de objetos possíveis. Há pouco, perguntávamo-nos como alguma coisa pode tornar-se objeto passível para a ciência. Eis aí um belo exemplo. A ideia de uma ciência da bruxaria, de um conhecimento racional, positivo da bruxaria era alguma coisa rigorosamente impossível na Idade Média. E isso não porque se desdenhasse a bruxaria ou em consequência do preconceito religioso. Era todo o sistema cultural do saber que excluía a possibilidade de a bruxaria tornar-se um objeto para o saber. E então, a partir dos séculos XVI e XVII, com a aquiescência da Igreja e até mesmo em resposta à demanda desta, o bruxo tornou-se um objeto de conhecimento possível entre os médicos: pergunta-se ao médico se o bruxo é ou não um doente. Tudo isso é muito interessante e no âmbito do que me proponho fazer.

J. G. Merquior: Para concluir, qual será o tema principal de sua aula inaugural no Collège de France?

M. Foucault: Essa questão me deixa um tanto embaraçado. Digamos que o curso que pretendo dar este ano é a elaboração teórica das noções que avancei em *Arqueologia do saber*. Eu lhe dizia há pouco que procurei determinar um nível de análise, um campo de objetos possíveis, mas que ainda não pude elaborar a teoria dessas análises. É justamente essa teoria que pretendo começar agora. Quanto à aula de abertura, repito que me sinto muito embaraçado, talvez por eu ser hostil a qualquer instituição. Encontrei apenas, como objeto de meu discurso, o paradoxo de uma aula inaugural. A expressão, de fato, é surpreendente. Pede-se a alguém que comece. Começar, em termos absolutos, é algo que podemos fazer se nos situamos, pelo menos miticamente, na posição de aluno. Mas a inauguração, no sentido estrito do termo, só pode ocorrer sobre um fundo de ignorância, de inocência, de ingenuidade absolutamente primeira: podemos falar de inauguração se estamos diante de alguém que ainda não sabe nada, ou que ainda não começou nem a falar nem a pensar, nem a saber. E, no entanto, essa inauguração é uma lição. Ora, uma lição implica ter-se atrás de si todo um conjunto de saberes, de discursos já constituídos. Estou pensando em falar desse paradoxo.

1975

Carta

In Clavel (M.), *Ce que je crois*, Paris, Grasset, 1975, p. 138-139.
Em novembro de 1967, Maurice Clavel saúda *As palavras e as coisas* como o equivalente de *Crítica da razão pura*. Mas será que Foucault, de fato, quis, como Kant, limitar o saber para dar lugar à fé? A demolição crítica das 350 primeiras páginas não se deteria no capítulo X, diante da lei, do desejo e da morte? Explanando (*Le Nouvel Observateur*, n. 177, 30 de abril de 1968) o *Pour l'homme*, de Michel Dufrenne, que, depois de tê-lo assimilado aos estruturalistas, ataca Foucault em nome do humanismo historicista e progressista, Clavel escreve: "Vê-se em um verdadeiro abismo a imensa desproporção entre o pensador e seu crítico. Que, em relação ao que ele destrói, introduz (...), humanismo e estruturalismo não diferem mais do que pimpão e pimentão."[1] Em *Dans ce que je crois*, Clavel relata que essa afirmação era, com efeito, uma questão para Foucault, cuja resposta ele incluiu em seu livro.

(...) Eis que a alegria de sua cavalgada agita esse ar pesado. Duas vezes, mil vezes bem-vinda. Ao ler seu texto, primeiro, uma impressão maravilhosa: sua voz não vem NA FRENTE para reatar o que pôde ter sido rompido, despertar os esquecimentos, manter os velhos discursos; ela vem ATRÁS e do espaço que pôde ser liberado. Pela primeira vez, ouço uma voz que não é nem a do juiz, nem mesmo a do leitor, mas a do homem que já atravessou a estrada, que continua, avança a passos largos, do qual, à minha frente, vejo apenas as costas, mas que me grita a plenos pulmões o que percebe.

E depois, outro maravilhamento: tudo o que você me havia dito até agora me comovera profundamente, estava feliz de ter podido lhe prestar uma espécie de serviço, mas não sabia

---

1. (N.T.) ...*ronron et petit patapon* – Onomat. *Patapon* – Nos refrãos de uma velha canção francesa era uma pastorinha. *Et ron et ron, petit Patapon*... um hábito que tinha de cantar misturando vários refrãos (Mirbeau, *Journal femme ch.*, 1900, p. 107) ; cf. Yahoo France questions et réponses. Então, a semelhança, aqui, parece dar-se apenas pela rima e pelo ritmo entre as palavras, o que buscamos reproduzir em uma tradução livre.

qual. Esperava impaciente ver delinear-se essa figura um tanto enigmática à qual me sentia ligado. O texto de *Le Nouvel Observateur* de súbito me esclarece e me preenche: tudo o que você diz sobre o esforço para contornar não somente a figura "humanista", mas também todo o campo estrutural, foi o que eu quis fazer; mas a tarefa me pareceu tão imensa, demandava um tal desenraizamento que não a levei a cabo, não a formulei como se deve e, no último momento, fechei meus olhos.

Articulando as coisas com essa força, você me obrigou e liberou. De todo modo, se agora me perguntarem, como com frequência se fez: "De onde, então, você fala?", direi que falei desse ponto onde agora me calo, onde Clavel falou por mim, *en passant*, em um dia em que se pôs a dizer coisas muito mais importantes.

Agora que ouço sua voz nos campos cujas paisagens adivinho como já sendo as suas,[2] estou profundamente feliz de ter sido o porteiro sedentário, um tanto inocente, dessa bela cavalgada. E fico feliz que o cavaleiro seja você (...).

---

2. Clavel se instalara em Vézelay.

1976

A Função Política do Intelectual

"La fonction politique de l'intellectuel", *Politique-Hebdo*, 29 de novembro-5 de dezembro de 1976, p. 31-33.

Ordenação dos trechos da "Entrevista com Michel Foucault", que será publicada na Itália em 1977. (Ver nº 192, vol. III da edição francesa desta obra. Este texto será publicado no vol. IX da edição brasileira desta obra.)

Durante muito tempo o intelectual dito "de esquerda" tomou a palavra e viu reconhecerem-lhe o direito de falar como senhor da verdade e da justiça. Escutavam-no, ou ele se fazia escutar, como representante do universal. Ser intelectual era ser um pouco a consciência de todos. Penso encontrarmos aqui uma ideia transposta do marxismo, de um marxismo insipidado: tal como o proletariado pela necessidade de sua posição teórica é portador do universal (mas portador imediato, não refletido, pouco consciente de si mesmo), o intelectual, por sua escolha moral, teórica e política, quer ser portador dessa universalidade, mas em sua forma consciente e elaborada. O intelectual seria a figura clara e individual de uma universalidade da qual o proletariado seria a forma sombria e coletiva.

Há muitos anos não se pede mais ao intelectual para desempenhar esse papel. Um novo modo de "ligação entre a teoria e a prática" estabeleceu-se. Os intelectuais se habituaram a trabalhar não no "universal", no "exemplar", no "justo e verdadeiro para todos", mas em setores determinados, em pontos precisos nos quais eram situados sejam por suas condições profissionais de trabalho, sejam por suas condições de vida (a habitação, o hospício, o laboratório, a universidade, as relações familiares e sexuais). Eles certamente ganharam uma consciência muito mais concreta e imediata das lutas. E ali encontraram problemas específicos, "não universais", com frequência diferentes daqueles do proletariado ou das massas.

No entanto, penso que eles se reaproximaram realmente por duas razões: por se tratar de lutas reais, materiais, cotidianas, e por eles reencontrarem frequentemente, porém de outra forma, o mesmo adversário que o proletariado, o campesinato ou as massas, a saber, as multinacionais, o aparelho judiciário e policial, a especulação imobiliária etc. Eu o chamaria de intelectual "específico", em oposição ao intelectual "universal".

Essa figura nova tem outra significação política: ela permitiu senão soldar, pelo menos rearticular categorias bastantes vizinhas que ficaram separadas. O intelectual, até então, era, por excelência, o escritor: consciência universal, sujeito livre, ele se opunha aos que não passavam de *competências* a serviço do Estado ou do capital (engenheiros, magistrados, professores).

A partir do momento em que a politização se opera com base na atividade específica de cada um, o umbral da escritura, como marca sacralizante do intelectual, desaparece. E se podem, então, produzir laços transversais de saber a saber, de um ponto de politização a outro: assim, os magistrados e os psiquiatras, os médicos e os trabalhadores sociais, os trabalhadores de laboratórios e os sociólogos, podem, cada um em seu lugar próprio e pela via da troca e do apoio, participar de uma politização global dos intelectuais. Esse processo explica que se o escritor tende a desaparecer como figura de proa, o professor e a universidade aparecem talvez não como elementos principais, mas como "conectivos (*échangeurs*)", pontos de cruzamentos privilegiados. Essa é, sem dúvida, a razão de a universidade e de o ensino terem se tornado regiões politicamente ultrassensíveis. E o que é chamado crise da universidade não deve ser interpretado como perda de potência, mas, ao contrário, como multiplicação e reforço de seus efeitos de poder, em meio a um conjunto multiforme de intelectuais que, praticamente todos, passam por ela e a ela se referem (...).

Parece-me que essa figura do intelectual "específico" desenvolveu-se a partir da Segunda Guerra Mundial. Talvez tenha sido o físico atômico – digamo-lo em uma palavra, ou melhor, com um nome: Oppenheimer – quem fez a articulação entre o intelectual universal e o intelectual específico. Foi por ter uma relação direta e localizada com a instituição e o saber científico que o físico atômico pôde intervir: mas, já que a ameaça atômica concernia a todo o gênero humano e ao destino do mundo, seu discurso podia ser ao mesmo tempo o discurso do universal. Sob o abrigo desse protesto que concernia a todo mundo, o erudito atômico fez funcionar sua posição específica na ordem do saber. E, pela primeira vez, penso eu, o intelectual foi perseguido pelo poder político não mais em função do discurso geral que sustentava, mas devido ao saber do qual era detentor: foi nesse nível que ele constituiu um perigo político (...).

Podemos supor que o intelectual "universal", tal como ele funcionou no século XIX e no começo do século XX, é, com efeito, derivado de uma figura histórica bem particular: o homem de justiça, o homem de lei, aquele que, no poder, opõe ao despotismo, aos abusos, à arrogância da riqueza a universalidade da justiça e a equidade de uma lei ideal. As grandes lutas políticas do século foram feitas em torno da lei, do direito, da Constituição, do que é justo por razão e natureza, do que pode e deve valer universalmente. O que chamamos hoje "intelectual" (quero dizer o intelectual no sentido político e não sociológico ou profissional da palavra, ou seja, aquele que faz uso de seu saber, de sua competência, de sua relação com a verdade na ordem das lutas políticas) nasceu, penso eu, do jurista, ou, de todo modo, do homem que reivindicava a si a universalidade da lei justa, eventualmente contra os profissionais do direito (Voltaire, na França, protótipo desses intelectuais). O intelectual "universal" deriva do jurista-notável e encontra sua mais plena expressão no escritor, portador de significações e de valores nos quais todos podem se reconhecer. O intelectual "específico" deriva de uma figura completamente diferente, não mais o "jurista-notável", mas o "sábio-experto" (...).

Retornemos a coisas mais precisas. Admitamos, com o desenvolvimento na sociedade contemporânea das estruturas técnico-científicas, a importância adquirida pelo intelectual específico há dezenas de anos, e a aceleração desse movimento a partir de 1960. O intelectual específico encontra obstáculos e se expõe a perigos. Perigos de ater-se a lutas de conjuntura, a reivindicações setoriais. Corre o risco de se deixar manipular por partidos políticos ou por aparelhos sindicais conduzindo lutas locais. Corre o riso, sobretudo, de não poder desenvolver essas lutas por falta de estratégia global e de apoio exteriores. Corre o risco, também, de não mais ser seguido ou somente de o ser por grupos muito limitados. Na

França, temos apenas um exemplo desse tipo sob os olhos. A luta a propósito da prisão, do sistema penal, do aparelho policial-judiciário, por ter se desenvolvido "sozinha" com trabalhadores sociais e antigos detentos, separou-se cada vez mais de tudo o que podia lhe permitir expandir-se. Ela se deixou penetrar por toda uma ideologia ingênua e arcaica que faz do delinquente a um só tempo a inocente vítima e o puro revoltado, o cordeiro do grande sacrifício social e o jovem lobo das revoluções futuras. Esse retorno aos temas anarquistas do final do século XIX não foi possível senão por uma falta de integração nas estratégias atuais. E o resultado foi um divórcio profundo entre essa pequena canção monótona e lírica, que só é ouvida em grupos muito pequenos, e uma massa que tem boas razões para não considerá-la como líquida e certa, mas que, pelo medo cuidadosamente mantido em relação à criminalidade, aceita a manutenção, e até mesmo o reforço, do aparelho judiciário e policial.

Tenho a impressão de estarmos em um momento em que a função do intelectual específico deve ser reelaborada. Não abandonada, apesar da nostalgia de alguns pelos grandes intelectuais "universais" ("*Precisamos*, dizem eles, *de uma filosofia, de uma visão do mundo*"). Basta pensar nos resultados importantes obtidos em psiquiatria: eles provam que essas lutas locais e específicas não foram um erro e não conduziram a um impasse. Podemos até dizer que o papel do intelectual específico deve se tornar cada vez mais importante, em proporção às responsabilidades políticas que, quer ele queira, quer não, é obrigado a ter como cientista atômico, geneticista, profissional de informática, farmacologista etc. Seria perigoso desqualificá-lo em sua relação específica com um saber local, sob o pretexto de que se trata de uma questão de especialistas e não interessaria às massas (o que é duplamente falso: elas têm consciência disso e, de todo modo, nisso estão implicadas), ou porque ele serve aos interesses do capital e do Estado (o que é verdade, mas mostra ao mesmo tempo o lugar estratégico ocupado por ele), ou ainda por ele veicular uma ideologia cientificista (o que nem sempre é verdade e é sem dúvida de importância secundária em relação ao que é primordial: os efeitos próprios aos discursos verdadeiros).

O importante, penso eu, é que a verdade não está fora do poder nem sem poder (ela não é, apesar de um mito cuja história e funções se deveria retomar, a recompensa dos espíritos livres, o filho de longas solidões, o privilégio daqueles que souberam libertar-se). A verdade é deste mundo: ela é produzida graças a múltiplas imposições. E ela aqui detém efeitos regulados de poder. Cada sociedade tem seu regime de verdade, sua "política geral" da verdade, ou seja, os tipos de discurso acolhidos por ela os quais ela faz funcionar como verdadeiros; os mecanismos e as instâncias que permitem distinguir os enunciados verdadeiros ou falsos, a maneira como se sancionam uns e outros; as técnicas e os procedimentos que são valorizados para obter a verdade; o *status* dos que têm a tarefa de dizer o que funciona como verdade.

Em sociedades como as nossas, a "economia política" da verdade é caracterizada por cinco traços históricos importantes: a "verdade" é centrada na forma do discurso científico e nas instituições que o produzem; ela é submetida a uma constante incitação econômica e política (necessidade de verdade tanto para a produção econômica quanto para o poder político); ela é o objeto, sob formas diversas, de uma imensa difusão e consumo (ela circula em aparelhos de educação ou de informação cuja extensão é relativamente ampla no corpo social, apesar de algumas limitações estritas); ela é produzida e transmitida sob o controle não exclusivo, mas dominante, de alguns grandes aparelhos políticos ou econômicos (universidade, exército, escritura, mídias); por fim, ela é o que está em jogo em todo debate político e enfrentamento social (lutas "ideológicas").

Parece-me que hoje se deve considerar o intelectual não como o "portador de valores universais", mas alguém que ocupe uma posição específica, porém de uma especificidade ligada às funções gerais do dispositivo de verdade em uma sociedade como a nossa. Em outras palavras, o intelectual decorre de uma tripla especificidade: a especificidade de sua posição de classe (pequeno-burguês a serviço do capitalismo, intelectual "orgânico" do proletariado); a especificidade de suas condições de vida e de trabalho, ligadas à sua condição de intelectual (seu domínio de pesquisa, seu lugar em um laboratório, as exigências econômicas ou políticas às quais ele se submete ou contra as quais ele se revolta, em uma universidade, no hospital etc.); por fim, a especificidade da política de verdade em nossas sociedades.

E é aqui que sua especificidade pode tomar uma significação geral, que o combate local ou específico conduzido por ele pode portar efeitos, implicações não apenas profissionais ou setoriais. Ele funciona ou luta no nível geral desse regime da verdade tão essencial às estruturas e ao funcionamento de nossa sociedade. Há um combate "pela verdade", ou pelo menos "em torno da verdade", ficando entendido, uma vez mais, que por verdade não quero dizer "o conjunto de coisas verdadeiras que há a descobrir ou a fazer aceitar", mas "o conjunto de regras segundo as quais se separa o verdadeiro do falso e se atam ao verdadeiro efeitos específicos de poder"; ficando entendido também que não se trata de um combate "a favor" da verdade, mas em torno do *status* da verdade e do papel econômico-político desempenhado por ela. É preciso pensar os problemas políticos dos intelectuais não em termos de "ciência/ideologia", mas, sim, "verdade/poder". E, aqui, a questão da profissionalização do intelectual, da divisão do trabalho manual/intelectual pode ser novamente cogitada.

Tudo isso deve parecer bastante confuso e incerto. Incerto, sim, e o que estou dizendo é, sobretudo, a título de hipótese. A fim de que seja um tanto menos confuso, gostaria de avançar algumas "proposições" no sentido não das coisas admitidas, mas apenas oferecidas para ensaios ou provas futuros:

– por "verdade", entender um conjunto de procedimentos regulados pela produção, pela lei, pela repartição, pela circulação e funcionamento dos enunciados;

– a "verdade" é ligada circularmente a sistemas de poder que a produzem e a sustentam e a efeitos de poder induzidos por ela e que a reconduzem. "Regime" da verdade;

– esse regime não é apenas ideológico ou superestrutural; ele foi condição de formação e desenvolvimento do capitalismo, É ele que, sob reserva de algumas modificações, funciona na maioria do países socialistas (deixo aberta a questão da China, pois não a conheço);

– o problema político essencial para o intelectual não é criticar os conteúdos ideológicos ligados à ciência, ou fazer de modo que sua prática científica seja acompanhada de uma ideologia justa. Mas saber se é possível constituir uma nova política da verdade. O problema não é mudar a "consciência" das pessoas ou o que elas têm na cabeça, mas o regime político, econômico, institucional de produção da verdade;

– não se trata de libertar a verdade de todo sistema de poder, o que seria uma quimera, já que a própria verdade é poder, mas de separar o poder da verdade das formas de hegemonia (sociais, econômicas, culturais) em cujo interior, por ora, ela funciona (...).

1976

O Discurso Não Deve Ser Considerado Como...

"Le discours ne doit pas être pris comme...", *La voix de son maître*, 1976, p. 9-10. (Datilograma sobre *La voix de son maître*, projeto de filme de G. Mordillat e N. Philibert, colaboradores de R. Allio para *Moi, Pierre Rivière*...)

La voix de son maître remete à ideia de que o discurso não deve ser compreendido como o conjunto de coisas que se diz, nem como a maneira de dizê-las. Ele está igualmente no que não se diz, ou que se marca por gestos, atitudes, maneiras de ser, esquemas de comportamentos, manejos espaciais. O discurso é o conjunto das significações constrangidas e constrangedoras que passam através das relações sociais.

A análise política do discurso fez-se, sobretudo, até o momento, em termos dualistas: oposição entre um discurso dominante e um discurso dominado, havendo entre eles a barreira de classes e dos mecanismos, cujo modelo foi tomado emprestado da repressão, da exclusão e do recalque.

Trata-se aqui de mostrar o discurso como um campo estratégico no qual os elementos, as táticas, as armas não cessam de passar de um campo ao outro, de permutar-se entre os adversários e voltar-se contra os que os utilizam. É à medida que ele é comum que o discurso pode tornar-se a um só tempo um lugar e um instrumento de confronto.

O que faz a diferença e caracteriza a batalha dos discursos é a posição ocupada por cada um dos adversários: o que lhe permite utilizar, com efeitos de dominação, um discurso recebido por todos e retransmitido de todas as partes. Não é por pensarmos de maneiras diferentes ou por sustentarmos teses contraditórias que os discursos se opõem. Em primeiro lugar, o fato de o discurso ser uma arma de poder, de controle, de assujeitamento, de qualificação e de desqualificação faz dele o móbil de uma luta fundamental.

Discurso batalha e não discurso reflexo. Mais precisamente, é preciso fazer aparecer no discurso funções que não são simplesmente as da expressão (de uma relação de forças já constituída e estabilizada) ou da reprodução (de um sistema social preexistente). O discurso – o simples fato de falar, empregar palavras, utilizar as palavras dos outros (com o risco de retorná-las), palavras que os outros compreendem e aceitam (e, eventualmente, por sua vez, as retornam) –, esse fato é em si mesmo uma força. O discurso é para a relação das forças não apenas uma superfície de inscrição, mas um operador.

1978

A Cena da Filosofia

"Tetsugaku no butai" ("La scène de la philosophie"; entrevista com M. Watanabe, em 2 de abril de 1978), *Sekai*, julho de 1978, p. 312-332.

Especialista em teatro e literatura francesa, Moriaki Watanabe, que iniciou M. Foucault nas formas teatrais japonesas, traduzia, então, *A vontade de saber*.

M. Watanabe: Por que os temas do olhar e do teatro retornam conjuntamente em seus escritos de maneira tão insistente, a ponto de parecerem reger a economia geral do discurso?
M. Foucault: Acho essa pergunta, de fato, muito importante. A filosofa ocidental não se interessou pelo teatro, talvez desde sua condenação por Platão. Foi preciso esperar por Nietzsche para que, uma vez mais, a questão da relação entre a filosofia e o teatro fosse formulada com toda sua acuidade à filosofia ocidental. Com efeito, penso que a desconsideração do teatro na filosofia ocidental e uma certa maneira de formular a questão do olhar foram religadas. Desde Platão, e mais ainda de Descartes, uma das questões filosóficas mais importantes é saber em que consiste o fato de olhar as coisas, ou melhor, saber se o que vemos é verdadeiro ou ilusório, se estamos no mundo do real ou no mundo da mentira. Desemparelhar o real e a ilusão, desemparelhar a verdade e a mentira é bem a função da filosofia. Ora, o teatro ignora por completo essas distinções. Não tem sentido perguntar se o teatro é verdadeiro, se ele é real, ilusório, ou mentiroso. O simples fato de formular a pergunta faz desaparecer o teatro. Aceitar a não diferença entre o verdadeiro e o falso, entre o real e o ilusório é a condição de seu funcionamento. Sem ser um especialista do teatro tão eminente quanto você, sem ter aprofundado, como você o fez, os problemas próprios ao teatro, há nele algo que me interessa e me fascina: gostaria de tentar descrever a maneira como os homens do Ocidente viram as coisas sem nunca pergunta-

rem se eram verdadeiras ou não, tentar descrever a maneira como eles mesmos mostraram, por meio do jogo de seu olhar, o espetáculo do mundo. No fundo, pouco me importa que a psiquiatria seja verdadeira ou falsa. De todo modo, não é essa a pergunta que me faço. Pouco importa que a medicina diga erros ou verdades, isso importa muito para os doentes, mas, para mim, como analista, não é isso que me interessa, tanto mais que não sou competente para fazer a separação entre o verdadeiro e o falso. Gostaria, porém, de saber como se encenou a doença, como se encenou a loucura, como se encenou o crime, por exemplo, ou seja, como se o percebeu, qual valor se deu à loucura, ao crime, à doença, qual papel se lhes fez desempenhar. Gostaria de fazer uma história da *cena* na qual, em seguida, se tentou distinguir o verdadeiro e o falso, mas não é essa distinção que me interessa e, sim, a constituição da cena e do teatro. Gostaria muito de descrever o teatro da verdade. Como o Ocidente construiu para si um teatro da verdade, uma cena da verdade, uma cena para a racionalidade que se tornou, agora, uma espécie de marca do imperialismo dos homens do Ocidente, pois sua economia, a economia ocidental, talvez tenha chegado ao termo de seu apogeu, o essencial das formas de vida e das dominações políticas do Ocidente sem dúvida atingiu seu termo. Mas resta alguma coisa que o Ocidente certamente terá deixado para o resto do mundo, uma certa forma de racionalidade. Uma certa forma de percepção da verdade e do erro, um certo teatro do verdadeiro e do falso.

M. Watanabe: Quanto ao parentesco de seu discurso com o teatro, o prazer que sinto ao lê-lo – Barthes diria o "prazer do texto"– certamente decorre da maneira como você escreve: uma organização muito dramática de sua escrita, quer se trate de *Vigiar e punir*, quer se trate de *A vontade de saber*. A leitura de alguns capítulos de *As palavras e as coisas* nos dá um prazer igual à leitura de grandes tragédias políticas de Racine, *Britannicus*, por exemplo.

M. Foucault: Isso me lisonjeia, me lisonjeia muito.

M. Watanabe: Não é errôneo, independentemente do que você pense a esse respeito, ver em você o último grande escritor clássico. Não é tanto por eu praticar Racine, se ouso assim dizer, que sou particularmente sensível a esse aspecto estilístico de seus livros, mas muito simplesmente por ele responder a uma certa escolha de escritura, a uma certa concepção de escritura quando você se propõe descrever as linhas de força que deviam atravessar as grandes mutações epistemológicas ou institucionais do mundo ocidental. Por exemplo, no número especial da revista *Arc*, *La crise dans la tête* – concebido inicialmente como dedicado a Michel Foucault, o que você recusou dizendo que um número especial se faz por ocasião de um enterro –, podemos ler uma entrevista que você concedeu a Fontana e que foi publicada primeiro na Itália. Nessa entrevista, você falava da necessidade de "distinguir os acontecimentos, diferenciar as redes e os níveis aos quais pertencem e reconstituir os fios que os religam e os fazem engendrarem-se uns a partir dos outros". Você insistia sobre "a recusa dos analistas que se referem ao campo simbólico ou ao domínio das estruturas significantes" em benefício do "recurso às análises que se fazem em termos de genealogia de relações de forças, de desenvolvimentos estratégicos, de táticas". Devemos referir-nos não a "um grande modelo da língua e dos signos", mas "da guerra e da batalha", pois "a historicidade que nos arrasta e determina é belicosa", não é "linguageira". Devemos buscar não a "relação de sentido", mas a "relação de poder". Ora, como Barthes o analisou, a tragédia de Racine é regida por relações de forças. Essas relações de forças são função de uma dupla relação de paixão e de poder. A estratégia da paixão raciniana é por completo belicosa. É provavelmente devido a um certo realismo nos confrontos dramáticos e belicosos que encontro um parentesco genealógico de seu discurso com a escrita raciniana.

O teatro como representação dramática constituía, pelo menos na cultura ocidental, o confronto exemplar na planura, sendo esta "o campo de batalha", o espaço das estratégias e das táticas por excelência. Se, em seus livros, o olhar aparenta-se ao grande gênio da dramaturgia clássica francesa é por ele saber fazer surgir os grandes confrontos históricos que, até agora, continuavam despercebidos ou desconhecidos.

M. Foucault: Você tem toda razão. O que faz com que eu não seja filósofo, no sentido clássico do termo – talvez eu não seja filósofo de jeito nenhum, de todo modo, não sou um bom filósofo –, é o fato de eu não me interessar pelo eterno, não me interesso pelo que não se mexe, pelo que permanece estável sob o furta-cor das aparências; interesso-me pelo acontecimento. O acontecimento nunca foi uma categoria filosófica, exceto, talvez, para os estoicos, para quem ele apresentava um problema de lógica. Mas, aqui também, creio eu, Nietzsche foi o primeiro a definir a filosofia como sendo a atividade que serve para sabermos o que acontece e o que acontece agora. Em outras palavras, somos atravessados por processos, movimentos, forças. Não conhecemos esses processos e essas forças e o papel do filósofo é, sem dúvida, diagnosticar essas forças, diagnosticar a atualidade.

Responder às perguntas: quem somos e o que está acontecendo? Eis duas questões muito diferentes das tradicionais: O que é a alma? O que é a eternidade? Filosofia do presente, filosofia do acontecimento, filosofia do que acontece. Com efeito, trata-se, de certo modo, de retomar pelo viés da filosofia aquilo de que o teatro se ocupa, pois o teatro sempre se ocupa de um acontecimento. E seu paradoxo está precisamente no fato de esse acontecimento repetir-se todas as noites, dado que se o representa, e repetir-se na eternidade ou, em todo caso, num tempo indefinido, uma vez que ele sempre é a referência para um certo acontecimento repetível, anterior. O teatro aprende o acontecimento e o põe em cena.

E é verdade que nos meus livros busco aprender um acontecimento que me pareceu, que me parece importante para nossa atualidade, mesmo sendo um acontecimento anterior. Por exemplo, quanto à loucura, parece-me que houve, num dado momento no mundo ocidental, uma divisão entre a loucura e a não loucura. Houve, num outro momento, um certo modo de apreender a intensidade do crime e o problema humano apresentado pelo crime. Todos esses acontecimentos me parecem repetidos por nós, em nossa atualidade. Procuro, então, apreender qual é o acontecimento sob cujo signo nascemos e qual o que continua a nos atravessar.

Disso, com efeito, resultam esses livros que são, você tem toda razão – sinto-me muito lisonjeado falando com tanta indulgência, mas, enfim –, dramaturgias. Sei qual é o inconveniente que isso representa: arrisco-me a cometer o erro de apresentar como um acontecimento mais importante ou dramático alguma coisa que talvez não tenha tido a importância que lhe atribuo. Disso decorre meu erro – há de se falar dos próprios erros ao mesmo tempo que dos próprios projetos –, que é, talvez, uma espécie de intensificação, de dramatização dos acontecimentos dos quais deveria falar com menos ardor.

Mas, mesmo assim, é importante dar o máximo de chance a esses acontecimentos secretos que cintilaram no passado e marcam ainda nosso presente.

M. *Watanabe*: O que você diz a respeito dos acontecimentos secretos me parece muito importante, tanto mais que a inflação dos acontecimentos ou a supervalorização *mass media* de toda "acontecimentalidade" corre o risco de desqualificar o acontecimento como acontecimento. Constata-se uma espécie de desconfiança em face dos acontecimentos, que não são senão representações veiculadas pela rede das *mass media*. Você busca retomar os acontecimentos como verdadeiros fatores de mutação. As temáticas do olhar, da cena, da dramaturgia, do acontecimento estão ligadas, como por uma consequência lógica, às do espaço. Já no prefácio de *Nascimento da clínica*, você anuncia tratar-se "do espaço, da linguagem e da morte", para logo acrescentar ser "questão do olhar". Parece-me que, se você me permitir uma tal esquematização, o paradigma de sua análise e de seu discurso é composto de um certo número de termos ou motivos, tais como "o espaço", a "morte", o "olhar"; e o tema da morte é substituído, de acordo com os objetos de análise, pela "loucura", pelo "crime" ou pela *episteme*.

Entre esses motivos mais importantes, o espaço, ao qual é concedido o primeiro lugar, mantém uma relação muito estreita com o teatro. Sua análise e seu discurso, até *Vigiar e punir*, propunham a gênese e a instauração de um certo espaço fechado em sua especificidade como objeto de investigação. As clínicas, os hospícios psiquiátricos, as prisões eram espaços fechados, instituídos pelo isolamento em face do resto do corpo social, embora permanecendo topologicamente no interior da cidade. O grande internamento dos loucos no século XVII, tal como analisado em *História da loucura*, é o seu exemplo mais típico.

Por conseguinte, sua análise visa, como você nos falou ontem no seminário organizado na Universidade de Tóquio, à mecânica do poder na instituição jurídica. Permita-me abrir um pequeno parêntese sobre outro isolamento: o da fala, em Mallarmé, pois ele constitui a experiência poética fundamental da modernidade ocidental. Você próprio observou em nossa entrevista há oito anos,[1] a literatura moderna, depois de Höl-

---

1. Ver *Loucura, Literatura, Sociedade*, vol. I da edição brasileira desta obra.

derlin, constituiu-se sob o signo da loucura para separar-se radicalmente, como linguagem essencial ou linguagem *outra*, da linguagem ordinária funcionando como moeda. E essa linguagem isolada por seu próprio *status* de exclusão social acabava por parecer-se com outra fala excluída, a da loucura, o que você chamou outrora, referindo-se a Blanchot, "a parte do fogo". Eu me permito lembrar-lhe esse episódio simplesmente para dizer que os apaixonados por Foucault no Japão eram, no começo, pessoas que liam Foucault sobretudo em seus escritos sobre a modernidade literária ocidental, de Mallarmé a Bataille, a Klossovski.

Por conseguinte, sua análise visa não ao conteúdo desses espaços isolados, fechados, foracluídos, mas à mecânica do poder que deles necessita, sabendo ao mesmo tempo o limite de sua eficácia. Nesse sentido, trata-se não da dramaturgia que se desempenha nesses espaços, tanto mais privilegiados quanto fechados e foracluídos, mas da *mise en scène* ou da instauração do dispositivo que torna possível uma semelhante dramaturgia do espaço.

O começo de *Vigiar e punir* me parece exemplar: a grande teatralidade cerimonial e sangrenta do suplício de Damiens se reveza, sem transição, com os meticulosos e frios regulamentos de um estabelecimento correcional de jovens delinquentes. A própria recusa da teatralidade, ou pelo menos sua invisibilidade nos dossiês disciplinares, revela-se da mesma ordem que o processo de interiorizar a ótica teatral no dispositivo do poder, tal como concebido por Bentham para seu Panóptico. De todo modo, em seus livros, a repartição e a reorganização do espaço social são percebidas como fatores essencialmente estratégicos do dispositivo do poder.

M. Foucault: Exatamente. Na época em que eu era estudante, uma espécie de bergsonismo latente dominava a filosofia francesa. Digo bergsonismo, não que essa tenha sido a realidade de Bergson, longe disso. Havia um certo privilégio concedido a todas as análises temporais em detrimento do espaço, considerado como alguma coisa morta ou congelada. Mais tarde, eu me lembro – esta é uma historieta que me parece significativa do bergsonismo renovado no qual ainda se vivia – de ter feito uma conferência em uma escola de arquitetura e ter falado das formas de diferenciação dos espaços numa sociedade como a nossa.² No final, alguém tomou a palavra e, num tom muito violento, dizia que falar do espaço é ser um agente do capitalismo, pois todos sabem que o espaço é a morte, o congelamento, a imobilidade que a sociedade burguesa quer impor a si mesma, é desconhecer o grande movimento da história, desconhecer a dialética e o dinamismo revolucionário... Via-se muito bem como, sob uma espécie de valorização bergsoniana do tempo em detrimento do espaço, ele investia, desenvolvia muito simplesmente um conceito do marxismo muito, muito vulgar. Pouco importa a historieta, ela é significativa da maneira como uma certa concepção hegeliana e marxista da história revezava e reduplicava uma valorização bergsoniana do tempo.

M. Watanabe: Foi esse episódio que você relatou no debate introdutório à edição *reprint* da tradução francesa do *Panóptico*.³

M. Foucault: É isso. Ora, mesmo assim pareceu-me importante ver como o espaço fazia parte da história, quer dizer, como uma sociedade manejava seu espaço e nele inscrevia as relações de forças. Nisso, aliás, nada de original. Por exemplo: historiadores da agricultura mostraram com clareza como as distribuições espaciais não faziam nada mais do que traduzir, de um lado, e apoiar, inscrever, ancorar, do outro, as relações de poder, as relações econômicas... Pareceu-me importante mostrar como, na sociedade industrial, na sociedade de tipo capitalista que se desenvolveu a partir do século XVI, houve uma nova forma de espacialidade social, uma certa maneira de distribuir os espaços social e politicamente e que, ademais, se pode fazer toda a história de um país, de uma cultura ou de uma sociedade a partir da maneira como o espaço é ali valorizado e distribuído. O primeiro espaço que me pareceu distribuir o problema e manifestar justamente essa forte diferenciação social e histórica das sociedades foi o espaço da exclusão e do internamento.

Nas sociedades greco-romanas, sobretudo gregas, quando queriam desembaraçar-se de um indivíduo – e o teatro grego o mostra muito bem –, exilavam-no. Quer dizer que sempre havia

---

2. Ver *Outros Espaços*, vol. III da edição brasileira desta obra.
3. Ver *O Olho do Poder*, vol. VI da edição brasileira desta obra.

um espaço em torno. Havia sempre possibilidades de passar para outro lugar suposto não ser reconhecido pela cidade ou, de todo modo, no qual a cidade não tinha nenhuma intenção de introduzir suas leis e seus valores. O mundo grego era dividido em cidades autônomas e cercado por um mundo bárbaro. Portanto, havia sempre *polimorfia* ou *polivalência* dos espaços, distinção dos espaços e do vazio, do exterior, do indefinido. É certo que se vive agora num mundo pleno: a Terra tornou-se redonda e superpovoada. A Idade Média por muito tempo conservou o hábito, tal como os gregos, de simplesmente desembaraçar-se dos indivíduos inconvenientes exilando-os. Não devemos esquecer que a principal pena utilizada no Medievo era o banimento: "Caia fora daqui, não queremos mais encontrá-lo por aqui." E marcavam-se os indivíduos com ferro em brasa para que eles não mais retornassem. O mesmo ocorria com os loucos. Ora, a partir do século XVII, chegou-se a uma relativa densidade populacional – sem comparação com a atual –, levando a considerar o mundo como pleno. E quando se chegou também à organização do espaço no interior de um Estado, ou melhor, no interior da Europa – a Europa como entidade política e econômica começou a se formar no final do século XVI e início do XVII –, naquele momento, desembaraçar-se de alguém não era nem possível, nem bem-aceito. Disso resultou a necessidade de se criarem espaços de exclusão, embora sem terem mais a forma de banimento e de exílio, que eram a um só tempo espaços de inclusão: desembaraçar-se internando. A prática do internamento me parece uma das consequências dessa existência de um mundo pleno e fechado. Para dizê-lo depressa: o internamento é uma consequência da fecundidade da Terra.

Então, toda uma série de mutações espaciais sobreveio: contrariamente ao que se costuma acreditar, a Idade Média foi uma época em que os indivíduos circulavam em permanência. As fronteiras não existiam, os universitários, comerciantes e por vezes até os camponeses se deslocavam, do momento em que não tinham mais terra ali onde haviam se ligado. As grandes viagens não começaram no século XVI, longe disso. Mas o espaço social começou a estabilizar-se nas sociedades ocidentais a partir dos séculos XVI ou XVII, com organizações urbanas, regimes de propriedades, vigilâncias, redes rodoviárias... Esse foi o momento em que se prenderam os vagabundos, encerraram-se os pobres, impediu-se a mendicância, e o mundo congelou-se. Mas, é claro, ele só pôde congelar-se sob condição de se institucionalizarem diferentes espaços para os doentes, os loucos, os pobres, separarem-se os bairros ricos dos bairros pobres, os quarteirões insalubres dos confortáveis... Essa diferenciação dos espaços faz parte de nossa história e é por certo um de seus elementos comuns.

M. Watanabe: No que concerne ao Japão, temos uma experiência histórica ao mesmo tempo similar e muito diferente: a decisão do shogunato dos Tokugawa, no século XVII, de encerrar os quarteirões do prazer e o do teatro num espaço periférico à cidade, mantidas a distinção espacial e a separação topológica até a Restauração de Meiji. A discriminação social se inscrevia materialmente no espaço urbano. Queria falar também da fascinação exercida pelos espaços exteriores ao mundo ocidental sobre alguns artistas, em particular sobre alguns homens do teatro ocidental. De Claudel a Artaud e a Brecht e, mais recentemente, a Grotowski no Théâtre du Soleil, constata-se que, depois do final do século XIX, algumas formas do teatro tradicional oriental começaram a atrair alguns dramaturgos, alguns diretores de teatro ocidentais, como alguma coisa mais próxima da origem que escapava ao molde histórico ocidental. Foi, de algum modo, a busca rousseauniana das origens orientada para os espaços exteriores à Europa convertendo-se na busca do *outro*, do *fora* da civilização ocidental. Não se poderia reduzir todo esse movimento a uma simples variante cultural do imperialismo das potências de Ocidente. Certo, porém, é a atração de um espaço no qual reina outro tempo diferente do tempo teoteleológico do Ocidente. Paralelamente, de Durkheim a Mauss, a etnologia instituiu todo um espaço diferente para seu campo de investigação.

O ressurgimento da grande temática do espaço durante os anos 1950-1960 foi certamente um dos momentos mais interessantes da história das ideias, no qual, de *L'espace littéraire*,[4] de Maurice Blanchot, a *Pierre le fou*,[5] de Jean-Luc Godard, no domínio da crítica literária, no das criações experimentais, no das ciências humanas, a revalorização do espaço ganhava sua revanche contra a todo-poderosa dominação do tempo e da história unívocas.

---
4. Blanchot (M.), *L'espace littéraire*, Paris, Gallimard, 1955.
5. 1965.

É sem dúvida supérfluo acrescentar que foi precisamente durante esse período que se constituiu uma série de discursos teóricos aos quais se deu, com ou sem razão, o nome de estruturalismo. O caso de Lévi-Strauss continua sendo perfeitamente exemplar: era fundamental liberar seu campo de investigação e seu método da dominação do tempo hegeliano, teoteleológico, para garantir a autonomia de sua pesquisa de antropologia estrutural. Esse ato de liberação só seria possível com base no postulado da pluralidade dos espaços e de sua diferença em relação ao espaço ocidental.

M. Foucault: Sim, o que chamamos estruturalismo, no fundo, nunca existiu senão em alguns pensadores, etnólogos, historiadores das religiões e linguistas, mas caracterizava-se justamente por uma certa liberação ou ultrapassagem, deslocamento, se você quiser, em relação ao privilégio hegeliano da história.

M. Watanabe: Mas, ao mesmo tempo, é inteiramente errôneo confundir a recusa do privilégio hegeliano da história com a revalorização dos acontecimentos, da "acontecimentalidade". É o que você queria dizer?

M. Foucault: Ou, então, ao contrário – não falarei em nome de Lévi-Strauss, é claro, ele poderá falar por si. Aliás, ele aqui veio para falar disso –, uma certa maneira de fazer surgir o acontecimento e fazer análises históricas. Foi dito que eu era estruturalista e anti-historiador, enquanto nada tenho a ver com o estruturalismo e sou historiador. Tomo precisamente como objeto de história, quer dizer, de uma análise que se desenvolve no tempo, os acontecimentos que constituem a organização, o manejo de alguns espaços culturais. Eis o meu primeiro objeto de análise.

Disso decorre a confusão. Sabe, na França – não sei como isso acontece no Japão –, os críticos são sempre um pouco apressados, confundem com muita facilidade o que se fala e o que se diz. Então, basta falar de espaço para que eles considerem que se é espaço-centrista e que se detesta a história e o tempo. São absurdos.

M. Watanabe: Há ecos muito diretos disso no Japão também.

M. Foucault: Deixemos isso de lado. É verdade que houve, ao longo dos anos 1950, uma forma de se liberar, de se afastar de um certo modo de fazer história sem por isso negar, recusar a história, criticar os historiadores, e, sim, para escrever a história de outra maneira. Observe Barthes; em minha opinião, ele é um historiador. Ele apenas não faz história como se havia feito até o momento. Isso foi considerado como recusa da história. E o interessante é que foi considerado como recusa da história pelos filósofos, mas os historiadores não se equivocaram: viram os trabalhos que nós, os assim chamados estruturalistas, fazíamos, e os leram, desde então, como trabalhos de história. Eles os aceitaram, os apreciaram, criticaram como trabalhos de história.

M. Watanabe: Sabemos que você com frequência se refere ao historiador Fernand Braudel e a seus trabalhos sobre o mundo mediterrâneo.

M. Foucault: Justamente, todos os grandes historiadores do que chamamos a escola dos *Annales*, na França, sei que não todos, mas o mais importante deles, Marc Bloch, interessou-se pelo espaço rural cuja história ele tentou fazer. Foi importante que o estruturalismo, o que se chamou de estruturalismo, tivesse tentado fazer aparecer uma espécie de tempo diferente. Dito de outro modo: não existe um único tempo, à maneira hegeliana ou bergsoniana, uma espécie de grande fluxo que a tudo arrasta. Há histórias diferentes que se superpõem. Braudel fez trabalhos muito interessantes sobre essas diferentes durações: há elementos que permanecem estáveis por muito tempo, enquanto outros se desengancham e, por fim, têm-se acontecimentos cujos efeitos ou inscrições têm valores e alcances completamente diferentes. Portanto, um tempo breve e longas durações. O problema é fazer a análise desses jogos no interior do tempo.

M. Watanabe: Não sei se é uma simples coincidência ou uma necessidade histórica, mas esse ressurgimento da problemática do espaço correspondeu ao final do reino colonialista da França.

M. Foucault: Essa é uma observação na qual eu não havia pensado. Mas, com efeito, penso ser possível aproximar o fim da época colonialista e esse fato. Ou seja, em primeiro lugar, o espaço europeu não é um espaço por inteiro, vivemos numa série de espaços polimorfos; em segundo, há a ideia de que não há uma só história, mas muitas histórias, muitos tempos, muitas durações, muitas velocidades que se enredam uns aos outros, se entrecruzam e formam, precisamente, os acontecimentos. Um acontecimento não é um segmento de tempo, é o ponto de interseção entre duas durações, duas velocidades, duas evoluções, duas linhas de história.

M. Watanabe: Afinal, a colonização imperialista era a transcrição da obsessão do tempo unívoco sobre um espaço diferente que deve ser transformado segundo o modelo ocidental.

M. Foucault: O objeto de minha história é um pouco a colonização imperialista no interior do próprio espaço europeu: de que maneira as formas de dominação sobre os indivíduos ou sobre algumas categorias de indivíduos se estabeleceram e como elas puderam fazer funcionar as sociedades ocidentais, as sociedades modernas?

Há um exemplo que nunca foi estudado de muito perto, mas me fascina e me serviu de fio condutor, embora, uma vez mais, eu não o tenha analisado de suficientemente perto. É o problema do exército na Europa. No fundo, a Europa, antes dos períodos modernos, nunca fora constituída pelos Estados militares. A feudalidade não era exatamente um sistema militar, era um sistema jurídico complexo, no qual, em alguns momentos, algumas categorias de indivíduos deveriam exercer a função da guerra. Mas não eram militares. Apesar de sua função privilegiada ser a guerra, eles não eram militares de ofício. E a sociedade não era organizada como um grande exército nem segundo o modelo de um exército permanente. Não existia, por exemplo, alguma coisa como a legião romana, que servira a Roma como modelo para a colonização e cuja organização encontramos na distribuição espacial dos colonos romanos instalados, por exemplo, ao longo do Danúbio, na Romênia, ou às margens do Reno. A organização espacial da feodalidade não era uma organização militar, ainda que os principais personagens da sociedade, inclusive os detentores do poder, fossem também guerreiros. Os exércitos europeus eram sempre algo de transitório. Havia um momento, uma estação climática, sempre no verão, em que faziam a guerra. Reuniam-se, então, pessoas que, terminada a guerra, e por vezes mesmo antes de a guerra acabar, perdida ou ganha a batalha, uma vez terminada a campanha essas pessoas tornavam a partir. Vivia-se, assim, a um só tempo, sempre em guerra, sempre em paz. Havia momentos de guerra, mas não havia espaço militar. Os exércitos fundavam, depois davam baixa, depois fundavam de novo.

A partir do século XVII começou-se, por um lado, a ter exércitos permanentes, e, uma vez permanentes, era necessário localizá-los em tal local do país. Por outro, havia armas particulares, canhões e, principalmente, fuzis, implicando necessariamente o fato de as manobras, o posicionamento dos corpos, do exército, a disposição adotada para fazer as batalhas serem objeto de um cálculo, de uma especulação muito precisa. De tal modo que se tinha uma dupla espacialização do exército: ele existia em permanência e era preciso reparti-lo pelo país, era preciso organizá-lo de tal forma que seus deslocamentos, desdobramentos, a maneira de lutar obedecessem a regras espaciais muito precisas. E aqui intervinha a disciplina do exército e a aprendizagem para derrubar o *front*, para transformar a linha em *front*...

O exército tornou-se uma espécie de modelo espacial. Os planos quadriculados dos campos, por exemplo, tornam-se o modelo das cidades quadriculares que vimos aparecer no Renascimento, na Itália, depois no século XVII na Suécia, na França e na Alemanha também. Houve uma tentação muito forte, expressa por muitos fazedores de projetos nos séculos XVII, XVIII e, sobretudo, XIX, para constituir uma sociedade com base no modelo inteiramente enquadrado pelo exército. Houve um sonho de sociedade militar da qual o Estado napoleônico e o Estado prussiano foram expressões. Temos aqui um belo problema de história de espaço.

M. Watanabe: Há um belo artigo de Deleuze sobre seu livro *Vigiar e punir* intitulado: "Escritor, não, um novo cartógrafo".[6] Deleuze insistia em uma espécie de mutação que havia se operado entre *Arqueologia do saber* e *Vigiar e punir*: até *Arqueologia do saber*, o objeto de sua análise eram os enunciados ou as coisas ditas, ao passo que em *Vigiar e punir* sua análise visava ao espaço ou solo ao qual estavam ligados esses enunciados, a superfície na qual apareciam, nos confins da linguagem, espaço, solo, superfície que quadriculavam como um diagrama. Não somente o que era dito em um certo momento da história, mas também o que era feito no mesmo momento tornou-se o objeto de sua análise: esta se dá como tarefa atualizar a imanência de relações de poder que tornaram possível uma tal produção dos enunciados.

---

6. Em *Critique*, n. 343, dez. 1975, p. 1.207-1.227.

M. Foucault: É isso. Digamos que meu ponto de vista, meu primeiro objeto fosse a história das ciências. Ela não causava problema para a fenomenologia. Você não encontra em Sartre, nem mesmo em Merleau-Ponty, análises da constituição dos saberes científicos. Não é uma crítica, é uma constatação, ponto.

Fui aluno de historiadores das ciências, aluno, por exemplo, de Canguilhem, e meu problema era saber se seria possível fazer uma história das ciências que tentasse retomar o nascimento, o desenvolvimento, a organização de uma ciência não tanto a partir de suas estruturas racionais internas, mas a partir dos elementos exteriores que puderam lhe servir de suporte.

De modo que sempre oscilei, ou melhor, oscilei durante algum tempo entre a análise interna dos discursos científicos e a análise de suas condições externas de desenvolvimento. Em *História da loucura*, procurei a um só tempo mostrar como a psiquiatria havia se desenvolvido, quais temas ela abordara, de quais objetos tratara, de quais conceitos se servira. Procurei, também, reaver o solo histórico sobre o qual tudo isso fora feito, ou seja, as práticas de internamento, a mudança das condições sociais e econômicas no século XVII. Depois, em *As palavras e as coisas*, busquei retomar esse problema, mas com base no próprio discurso científico, sem considerar o contexto histórico no qual ele operara. Em *As palavras e as coisas*, a análise incide essencialmente sobre as coisas ditas, as regras de formação das coisas ditas.

Havia, porém, uma partida que permanecera em suspense – o que me foi dito, mas eu tinha consciência disso –, tratava-se da análise das condições externas de existência, de funcionamento, de desenvolvimento desses discursos científicos. É que, na época, as explicações que me propuseram não me satisfaziam. Não é, me parece, fazendo referência às relações de produção ou à ideologia de uma classe dominante que se pode regular esse problema. O exemplo da loucura ou o da doença – o exemplo da psiquiatria e o da medicina – me pareciam indicar ser mais do lado das relações de poder, no interior da sociedade, que seria preciso encontrar o ponto de enraizamento externo da organização e do desenvolvimento de um saber. Como tenho o espírito lento, levei muito tempo para apreender tudo isso, mas, no fim das contas, pareceu-me ser essencialmente do lado das relações entre o saber e o poder que se poderia fazer a história dessa encenação da verdade, a história desse teatro da verdade de que você fala. O que pôs em cena a história da verdade no Ocidente? Creio não ter sido o poder entendido como aparelho de Estado, mas as relações de poder que, evidentemente, são muito ligadas a todas as relações econômicas, às relações de produção. Foram as relações de poder que constituíram esse teatro no qual atuaram a racionalidade ocidental e as regras da verdade.

M. Watanabe: No primeiro tomo de *História da sexualidade, A vontade de saber*, você estabelece uma distinção entre o enunciado e o discurso. Um discurso, principalmente se é teórico, supõe e implica alguma coisa que ultrapassa o nível do enunciado.

M. Foucault: Sim. Naquele momento, buscando justamente fazer a história dos discursos científicos, estudei um pouco mais de perto a filosofia anglo-saxã, a filosofia analítica que fez, sobre os enunciados e sobre as enunciações, toda uma série de análises notáveis que não se pode desconhecer. Mas meu problema não era saber como se formava tal enunciado ou em qual condição ele poderia ser verdadeiro, mas, sim, tratar das unidades mais amplas que os enunciados. Tratar dos enunciados mais amplos não quer dizer tratar com menos rigor. O problema era saber como um tipo de discurso pode nascer e como, no interior desse tipo de discurso, há regras que operam de tal sorte que, caso o enunciado não seja formado de acordo com elas, pois bem, esse enunciado não poderá pertencer a esse discurso.

Tomemos um exemplo muito simples. Até o final do século XVIII, na França, entre o discurso de um charlatão e o discurso de um médico, não havia tantas diferenças. Estas se viam mais no sucesso ou insucesso, nos estudos feitos ou não feitos pelo sujeito. A natureza das coisas que diziam não era tão diferente: o tipo de discurso era, salvo poucas diferenças, o mesmo. Chegou um momento em que o discurso médico organizou-se pautado em um certo número de normas e regras tais que se pôde imediatamente saber não se o médico era bom ou não, mas se era um médico ou um charlatão. É que este não falará da mesma coisa, não apelará para o mesmo tipo de causalidade, não utilizará o mesmo conceito. Uma vez mais, isso não quer dizer que alguém não possa imitar perfeitamente o discurso médico sem cometer erros, em suma, ser um charlatão. Quero dizer que o discurso que ele sustentará, por ele mesmo, terá de obedecer a outras normas diferentes daquelas do charlatão. Por exemplo: do que deve falar um discurso médico para ser um discurso efetivamente científico e reconhecido como discurso médico? Quais conceitos ele deve empregar, a que tipo de teoria deve se referir? Eis aqui quais eram os problemas que tentei resolver, ou pelo menos formular, em *As palavras e as coisas* e em *Arqueologia do saber*.

M. Watanabe: Falamos primeiro do espaço e do poder; em seguida, do discurso e do poder. Mas, entre os dois termos de cada série de interrogações, intervém o problema do corpo. Ora, a partir dos anos 1960, assistimos a uma revalorização do corpo na prática teatral, na vanguarda teatral que privilegiava corpo, no trabalho sobre o corpo, na interrogação sobre o corpo do ator. O fenômeno tomou dimensão mundial. Os teóricos reconhecem nessa revalorização do corpo a antítese estratégica em face do logocentrismo ocidental. No Japão, subsistia, ainda, um culto da prática corporal nos domínios tradicionais da cultura, culto no qual alguns homens do teatro de vanguarda viam um ponto de ancoragem essencial para denunciar todas essas alienações político-culturais sofridas pelos japoneses durante três quartos de século de modernização-ocidentalização do país.

Não repetirei o que conversei com você mais de uma vez, mas a tecnologia do corpo nas práticas culturais tradicionais, das artes marciais ao teatro *kabuki*, sem dúvida preparava o terreno para o adestramento moderno do corpo, para a implantação de toda uma série de regras disciplinares centradas sobre o que você chama a "tecnologia política do corpo". Paradoxalmente, na vanguarda teatral japonesa, a fascinação do corpo e do saber corporal era tanto maior quanto a exploração da tecnologia política do corpo, pelo regime militar, havia sido impelida ao absurdo.

Ora, em seus livros o corpo está presente, desde o começo: o grande internamento visava à presença corporal dos loucos e a clínica se ocupava do corpo dos doentes. Mas, antes de *Vigiar e punir*, o corpo aparecia, se ouso dizer, como em filigrana, e foi precisamente com esse livro sobre os crimes e as disciplinas correcionais que o corpo fez sua entrada não desprovida de efeitos espetaculares.

M. Foucault: Parece-me que, com efeito, havia ali alguma coisa importante não apenas na história política e econômica, mas também na história, ia dizer metafísica e filosófica, do Ocidente. Como cheguei a isso tentando justamente retraçar essa história das ciências humanas a partir das relações de poder? Como o homem, nas sociedades ocidentais, tornou-se objeto de inquietação, preocupação – questão tradicional –, mas também objeto de ciências que quiseram apresentar-se como ciências, especificamente destinadas a saber o que era o homem, em que ele consistia, como seu comportamento era previsível? Então, por qual lado pesquisar sobre isso?

Foi aí que o problema do espaço interveio e me pareceu ser uma chave. Em uma sociedade de tipo feudal, o corpo dos indivíduos é importante. Como se exerce o poder político, econômico e religioso sobre o corpo? De três maneiras, penso eu. Primeira: exige-se que corpo do sujeito forneça, produza, ponha em circulação signos de respeito, de devoção, de assujeitamento e de servilismo. Esses signos são dados por gestos, por vestimentas. Segunda: o corpo é objeto do poder no sentido de que se tem perfeitamente o direito de exercer sobre ele violências, inclusive até a morte, não em qualquer caso e segundo algumas regras, pois o direito de vida e morte faz parte das marcas da soberania. Terceira: pode-se impor o trabalho.

Dito isso, o poder em uma sociedade feudal é indiferente a todo o resto, ou seja, ao fato de as pessoas terem boa saúde ou não, de as pessoas se reproduzirem ou não, à maneira como vivem, se comportam, agem, trabalham.

Em compensação, a partir do século XVII, observamos desenvolver-se nas sociedades ocidentais toda uma série de técnicas para adestrar e vigiar os indivíduos em seus comportamentos corporais. Isso é claro, por exemplo, nas escolas. Em que elas consistiam antes? Ensinavam às pessoas um certo número de coisas. Até o começo do século XIX, os estudantes se acotovelavam em torno do mestre que se punha no centro, mantinham os olhos abertos e formavam um pequeno pacote à sua volta sorvendo o que queriam das palavras do mestre. Ora, do século XVI ao XIX vimos desenvolver-se toda uma série de técnicas para ensinar às pessoas a se manter, comportar-se de certa maneira e, simultaneamente, a escola se tornou uma educação física. Exigiu-se cada vez mais que os estudantes se pusessem em filas, se alinhassem diante de um professor, que o reitor pudesse olhar a cada instante o que estava sendo feito, se estavam ou não distraídos, se escutavam, se escreviam bem o ditado, todo um adestramento corporal. A mesma coisa para o exército: outrora, para o exército, bastava saber atirar com arco e flecha, bem ou mal; depois, houve a aprendizagem das manobras das quais falamos há pouco, o tiro de fuzil, a mira. O mesmo aconteceu com o operário: havia a tradição artesanal do *savoir-faire*, das práticas de produção. Depois, houve um momento em que se impôs às pessoas o terrorismo do trabalho em série.

E assim – e esta é a surpresa – percebe-se que o poder político, o poder econômico, o poder cultural nas sociedades ocidentais, a partir do século XVII, interessaram-se pelo corpo de um modo inteiramente novo, sob a forma de adestramento, da vigilância permanente e da *performance*, da intensificação das *performances*. É preciso fazer cada vez mais, sempre mais em um tempo cada vez mais rápido. A aceleração da produtividade do corpo foi, acho eu, a condição histórica para se desenvolverem as ciências humanas, a sociologia, a psicologia. Disso resulta toda uma tecnologia do corpo da qual a psiquiatria é, afinal, um dos aspectos na medicina moderna.

Essa valorização do corpo, não no nível moral, mas político e econômico, foi um dos traços fundamentais do Ocidente. E o curioso é justamente o fato de que essa valorização política e econômica do corpo, a importância que se dava ao corpo, acompanhou-se de uma desvalorização moral cada vez mais acentuada. O corpo era nada, era o mal, o que se cobria, aquilo de que se aprendia a ter vergonha. E chegou-se, no século XIX, antes do período chamado "vitoriano", a uma espécie de dissociação, disjunção que foi com certeza a origem de muitos distúrbios psicológicos individuais, talvez também de distúrbios coletivos e culturais mais amplos: um corpo supervalorizado economicamente e um corpo desvalorizado moralmente.

M. Watanabe: Como você mostrou ontem em seu seminário na universidade de Tóquio, a atitude negativa em face do corpo não foi invenção do cristianismo, tal como se imagina com muita frequência – verdadeiro lugar-comum –, ela já existia nos estoicos romanos. O cristianismo introduziu e generalizou uma tecnologia de poder centrada no corpo e no sexo, o chamado "poder pastoral".

M. Foucault: É isso.

M. Watanabe: Sua observação sobre a escola me fez lembrar *O despertar da primavera*, de Wedekind, que vi há alguns anos no Odéon. A peça de Wedekind não seria uma espécie de imagem caricatural do *Philanthropinum*,[7] cujo funcionamento você analisa em *A vontade de saber*?

M. Foucaut: Certamente. Há no teatro alemão toda uma tradição, aliás, malconhecida, do teatro pedagógico. Há a escola como cenário, *O preceptor*, de Lenz, diretamente ligado ao *Philanthropinum*. Lenz escreveu seu texto com base nas experiências pedagógicas do século XVIII. Infelizmente, os diretores de cena franceses que a montaram não tiveram consciência disso. Era uma peça diretamente ligada a uma atualidade quase técnica: a reforma do ensino. *O despertar da primavera*, de Wedekind, um século depois continua a formular o mesmo problema.

M. Watanabe: Como o nome de Lenz acaba de ser evocado, gostaria de falar de um jovem diretor francês que debutou no teatro há uns 15 anos com *Les soldats*, de Lenz – decididamente, esta noite não poderemos escapar do exército e da disciplina –, falo de Patrice Chéreau. Você me havia dito ter assistido, no ano passado, às representações do *Ring* montado pela equipe Chéreau-Boulez em Bayreuth. Em *O despertar da primavera*, ao qual aludi há pouco, ouviam-se igualmente alguns trechos de Wagner como elemento da *mise-en-scène*. Talvez seja o momento de nosso diálogo, convergindo para *Götterdämmerung*, precipitar-se para seu final. Mas, antes de chegar a Wagner, você poderia nos falar um pouco sobre seus amigos? Por exemplo, Gilles Deleuze, cujo nome foi evocado bem no começo de nossa entrevista, ou Pierre Klossowski, ou ainda sobre Georges Bataille, Maurice Blanchot, que cintilam através de seus livros como uma espécie de constelação mágica? Ou então sobre Claude Mauriac, que evocava, diretamente sobre a vida privada, em seu livro *Et comme l'espérance est violente*,[8] as figuras inesperadas de alguns intelectuais parisienses, particularmente em suas atividades políticas – as enquetes conduzidas por você sobre a detenção ilegal de operários imigrados ou sobre a ação

---

7. Alusão a uma festa da educação sexual organizada por Basedow, em 1776, em seu colégio filantrópico.
8. Mauriac (C.), *Et comme l'espérance est violente*, Paris, Grasset, 1976.

do Grupo de Informação sobre as Prisões –, testemunhos pessoais muito importantes sobre o que você faz como militante.
M. Foucault: Então falemos dos amigos. Mas não lhe falarei de amigos como amigos. Pertenço, talvez, a uma geração um tanto antiga para quem a amizade é alguma coisa a um só tempo capital e misteriosa. E confesso que sempre tenho certa dificuldade de superpor ou integrar completamente relações de amizade a espécies de organizações, ou grupos políticos, ou escolas de pensamento, ou ainda círculos acadêmicos. A amizade é, para mim, uma espécie de franco-maçonaria secreta. Mas ela tem pontos visíveis. Você falava de Deleuze, que, para mim, é sem dúvida alguém muito importante, eu o considero como o maior filósofo francês da atualidade.
M. Watanabe: "O século a advir será deleuziano?"
M. Foucault: Permita-me uma pequena retificação. É preciso imaginar o clima polêmico vivido em Paris. Eu me lembro muito bem em qual sentido eu usei essa frase. Ela era assim: atualmente – era em 1970 –, muito pouca gente conhece Deleuze, alguns iniciados compreendem sua importância, mas dia virá, talvez, em que "o século será deleuziano", ou seja, o "século" no sentido cristão do termo, a opinião comum oposta à da elite, e diria que isso não impedirá o fato de Deleuze ser um filósofo importante. Era em seu sentido pejorativo que usei a palavra "século". Sim, Deleuze é alguém muito importante para mim. Klossowski, Bataille, Blanchot foram também importantes para mim. E temo não ter considerado suficientemente, naquilo que escrevi, a influência que tiveram sobre mim. Acho que não fiz, mais devido à timidez do que à ingratidão. Digo timidez por considerar sua obra literária ou filosófica muito mais importante do que o que posso fazer. E acho de má qualidade valorizar o pouco do que tento fazer colocando-o sob o signo, sob a epígrafe de seus nomes, como quando nos protegemos por meio de alguma divindade. Não quero me proteger, sobretudo não com as pessoas que muito considero para convocá-las a me apadrinharem.
Atualmente, quando pronuncio o nome de Blanchot, acontece de encontrar estudantes que me perguntam: "Quem é?".
M. Watanabe: A esse ponto?! É escandaloso!
M. Foucault: De Klossowski eles sabem um pouquinho, de Bataille também, mas eu disse a mim mesmo que talvez, tanto eu quanto outros, não mostramos suficientemente a dívida

que temos para com eles. De todo modo, essas pessoas, nos anos 1950, foram as primeiras a começar a nos fazer sair do fascínio hegeliano no qual estávamos fechados, ou que pelo menos nos dominava. Em segundo lugar, elas foram as primeiras a fazer aparecer a problemática do sujeito como sendo fundamental para a filosofia e para o pensamento moderno. Em outras palavras, de Descartes a Sartre – não o digo de modo polêmico –, parece-me que o sujeito era considerado como alguma coisa fundamental no qual não se tocava: ela era o que não se questionava. Disso decorre – foi o que Lacan observou – o fato de Sartre nunca ter admitido o inconsciente no sentido freudiano. A ideia de que o sujeito não é a forma fundamental e originária, mas se forma a partir de um certo número de processos que não são da ordem da subjetividade e, sim, de uma ordem evidentemente muito difícil de nomear e de fazer aparecer, ordem essa mais fundamental e originária do que o próprio sujeito, essa ideia não havia emergido. O sujeito, porém, tem uma gênese, uma formação, uma história. O sujeito não é originário. Ora, quem havia dito isso? Freud, sem dúvida, mas foi preciso Lacan para fazê-lo aparecer claramente, daí a importância de Lacan. Bataille, de certa maneira, Blanchot à sua maneira, Klossowski também fizeram explodir, penso eu, essa evidência originária do sujeito possibilitando o surgimento de formas de experiência na qual a explosão do sujeito, seu apagamento, o encontro de seus limites, sua báscula para fora de seus limites mostravam bem que ele não tinha a forma originária e autossuficiente que a filosofia clássica lhe atribuíra.

Esse caráter não fundamental, não originário do sujeito me parece ser o ponto comum a todos os que chamamos estruturalistas, e que suscitou tanta irritação por parte da geração precedente ou de seus representantes. Esse caráter é verdade para a psicanálise de Lacan, para o estruturalismo de Lévi-Strauss, para as análises de Barthes, para o que fez Althusser e para o que eu próprio, à minha maneira, tento fazer. Todos concordávamos que não se devia considerar o sujeito, sujeito no sentido de Descartes, como ponto originário a partir do qual tudo devia ser engendrado, pois o próprio sujeito tem uma gênese. Essa é via de comunicação com Nietzsche.

M. Watanabe: Situei nossa entrevista sob o signo do teatro não por me referir apenas à sua prática, mas pensando precisamente em Nietzsche, cuja sombra parece dominar toda reflexão teatral atual. Você mesmo, no belo texto "Nietzsche, a genealogia, a história",[9] tal como Deleuze ou Klossowski no que escreveram sobre ele, insistia na importância do problema do teatro no pensamento de Nietzsche.

Nesse contexto, gostaria de retornar ao *Ring* de Chéreau-Boulez, a que você assistiu. Eu mesmo tive a chance de vê-lo e escutá-lo por ocasião do centenário do *Festspielhaus*, em Bayreuth, e conto ali retornar ainda este ano. Já falamos do trabalho de Chéreau sobre a *mise-en-scène* de *La dispute*, de Marivaux, absolutamente apaixonante, que remetia a peça de Marivaux ao contexto histórico e filosófico do século XVIII francês, em um horizonte, se ouso dizer, em que Rousseau e Sade trocam entre si suas reflexões sobre a educação, o adestramento do corpo e da alma, a própria violência do olhar pedagógico. E, se minha memória é boa, o autor do prólogo acrescentado por Chéreau à sua encenação é alguém que você conhece bem: François Regnault, que também colaborou no *Ring* do centenário.

M. Foucualt: Sim, François Regnault. Eu o conheço há 10 anos.

M. Watanabe: Ele é irmão de Anne Delbée e foi diretor de cena de *L'échange*, de Claudel?

M. Foucault: É isso.

M. Watanabe: E o que você achou do *Ring*?

M. Foucault: Conheço Boulez há muito tempo porque temos a mesma idade. Nós nos encontramos quando tínhamos 22, 23 anos. Naquele momento, eu me interessava muito por música. Estive no ciclo Wagner – claro, Boulez havia me convidado, mas essa não foi a única razão – também porque o trabalho de Chéreau e o de Boulez me interessavam por várias razões. Primeira: na cultura ocidental, no que concerne ao *Ring*, sempre houve certo desconhecimento dos valores do teatro e uma redução da parte teatral da obra de Wagner em benefício apenas de sua dimensão musical. Escutava-se Wagner, mas não se via Wagner. As belas encenações de Wieland Wagner tinham essencialmente a função de exaltar a música e constituíam uma espécie de suporte visual para uma música, que, conforme queria Wagner, deveria ser pano de fundo.

---

9. Ver *Nietzsche, a Genealogia, a História*, vol. II da edição brasileira desta obra.

M. Watanabe: Quer chamemos ópera, quer chamemos drama musical, é preciso vê-lo: trata-se de um teatro.

M. Foucault: É isso. Ainda que a música seja pano de fundo, ela deve sair da cena na qual há personagens visíveis. Não deve haver ali nem mesmo esse tipo de tela entre os espectadores-ouvintes e a cena, como na ópera clássica. Ora, Chéreau viu isso perfeitamente. Dizia que esse era seu oficio, ele fazia o que a obra reivindicava de sua parte. Mas o admirável é que Boulez, grande músico e grande chefe, com todas as características para sê-lo na atualidade, aceitou jogar o jogo.

Em segundo lugar, esse é todo o problema dos anti-hegelianos do século XIX: Wagner, Nietzsche, sempre desempenharam, desde que apareceram na cultura ocidental, um papel ambíguo. O hegelianismo tornou-se tão ligado ao pensamento de esquerda que ser anti-hegeliano era ser de direita! Não se trata disso. Na atualidade, começa-se, por fim, a saber que, apesar de Nietzsche ter escrito coisas antissemitas, não se pode simplesmente dizer que seu pensamento seja de direita. O mesmo quanto a Wagner. Não importa quais tenham sido suas dissensões com Nietzsche, Wagner era, no fundo, essencialmente anarquizante, seu pensamento político era bem diferente. Acho que Chéreau fez algo muito importante ao compreender isso e permitir, por meio de sua *mise-en-scène*, que se retornasse aos textos de Wagner extremamente interessantes. O teatro de Wagner não é apenas uma espécie de declamação mitológica um tanto retrógrada servindo de suporte e de acompanhamento à bela música. São dramas importantes com um sentido histórico perfeitamente mostrado por Chéreau.

Em terceiro lugar, Wagner, como Schopenhauer e como Nietzsche, é um dos raros que formulou o problema do sujeito em termos não cartesianos. Procurou ver como a concepção ocidental do sujeito era bastante limitada a ponto de não poder servir de fundamento incondicional de todo pensamento, o que constituiu seu encontro com o Oriente. Essa dissolução da constrangedora subjetividade europeia que nos foi imposta pela cultura a partir do século XIX é ainda o que está em jogo, penso eu, nas lutas atuais. É nisso que o zen-budismo me interessa.

M. Watanabe: De fato, dizem que você vai passar alguns dias em um mosteiro zen. Precisaremos retomar a problemática do corpo...

M. Foucault: Justamente. Na história que tento fazer sobre as técnicas de poder no Ocidente, técnicas que incidem sobre o corpo, sobre os indivíduos, sobre a conduta, sobre as almas dos indivíduos, fui levado a dar um lugar muito importante às disciplinas cristãs, ao cristianismo como formador da individualidade e da subjetividade ocidentais, e, para dizer a verdade, gostaria muito de poder comparar essas técnicas cristãs com as técnicas da espiritualidade budista ou extremo-orientais. Comparar técnicas que até certo ponto se aproximam. Afinal, o monaquismo ocidental e o monaquismo cristão foram marcados, decalcados do monaquismo budista, mas com um efeito completamente diferente, já que as regras da espiritualidade budista devem tender à desindividualização, a uma dessubjetivação, a fazer passar a individualidade aos seus limites e para além de seus limites visando a uma libertação no que diz respeito ao sujeito. Meu projeto era primeiro iniciar-me um pouco nisso e ver como, por meio das técnicas aparentemente muito semelhantes de ascetismo, meditação, por meio dessa semelhança global, chega-se a resultados diferentes por completo. Sem dúvida porque havia ali técnicas para coisas obrigatoriamente diferentes. Esse é o primeiro ponto. Para dizer a verdade, o segundo seria poder encontrar em um país do Extremo Oriente pessoas que se interessam por esse tipo de problema para que pudéssemos, se possível, fazer estudos, senão paralelos, pelo menos cruzados, que ecoassem uns aos outros, sobre a disciplina do corpo ou sobre a constituição da individualidade.

M. Watanabe: Como você sabe, a espiritualidade japonesa sempre passou pelo corpo, e a parte da linguagem muito diferia da espiritualidade cristã. Esse é um ponto. Ademais, na sociedade japonesa moderna, constituída segundo o modelo ocidental do século XIX – a modernização queria dizer ocidentalização, segundo as normas políticas, econômicas, sociais, culturais da sociedade ocidental do século XIX –, os japoneses se preocupavam sobretudo com a instauração do sujeito ocidental, cartesiano. Depois da exploração atrasada da tecnologia do corpo pelo regime fascista, a constituição do sujeito moderno à maneira ocidental foi considerada como uma liberação, se comparada com o assujeitamento imperial, como o móbil essencial da democratização do país. Disso resulta o sucesso do existencialismo, que teve no Japão uma vida mais longa do que na França. Interrogamo-nos, também, sobre a lacuna mais importante na constituição da individualidade moderna, a saber, a do cristianismo. O problema formulado por você lançaria luz sobre essa espécie de decalagem, não simplesmente de ordem histórica, mas também de ordem cultural. Ora, você começou sua conferência na universidade de Tóquio, ontem, com uma observação sobre o duplo fenômeno constatado no século XIX, no Ocidente, no domínio da sexualidade: a recusa do próprio desejo que se manifesta como histeria e a superabundância do saber sobre a sexualidade que tornaria possível toda uma série de ciências sexuais.

Em *A vontade de saber*, você insiste para que não se desconheça o aspecto positivo das técnicas políticas do corpo como dispositivo produtor de saber sobre o corpo e sobre a sexualidade. Era preciso anular o mito do que você chamou a "hipótese repressiva". Entre a ausência de discurso ou o mutismo imposto sobre o sexo e a incitação ao discurso sobre o sexo, o segundo fenômeno é o que constitui o elemento essencial do dispositivo do poder.

Infelizmente, não temos tempo de discutir a incitação ao discurso sobre o sexo e sobre a censura, ainda bastante arcaica, como fenômeno muito japonês. Mesmo assim, em uma sociedade que se imagina saturada de informação e de saber, que papel você atribuiria aos intelectuais?

M. Foucault: É um pouco sobre esse assunto que gostaria de falar amanhã, em Asahi.[10] Direi brevemente que o intelectual, hoje, não me parece ter tanto o papel de dizer verdades proféticas para o futuro. Talvez o diagnosticador do presente, como dizia há pouco, possa tentar fazer as pessoas perceberem o que está acontecendo, precisamente nos domínios em que o intelectual é competente. Por meio do pequeno gesto que consiste em deslocar o olhar, ele torna visível o que é visível, faz aparecer o que está tão próximo, tão intimamente ligado a nós que, por isso mesmo, não o vemos. Seu papel é muito mais próximo do papel daquele que chamamos "filósofo" no século XVIII.

M. Watanabe: Foi o que você chamou de o intelectual específico em oposição ao intelectual universal.

---

10. Ver *A Filosofia Analítica da Política*, vol. V da edição brasileira desta obra.

M. Foucault: Isso. Hoje em dia acontecem coisas na organização da saúde, da censura, na liberação da sexualidade, no meio ambiente ou na ecologia. Tem-se aqui toda uma série de acontecimentos nos quais, creio eu, o intelectual é competente. O físico atômico, o biólogo, para o meio ambiente, o médico, para a medicina, devem intervir a fim de fazer saber o que acontece, fazer o diagnóstico para anunciar seus perigos e não, justamente, para fazer sua crítica sistemática, incondicional, global.

Acredito que o saber em nossas sociedades seja agora algo tão amplo e tão complexo que se torna verdadeiramente o inconsciente de nossas sociedades. Não sabemos o que sabemos, não sabemos quais são os efeitos do saber. Então, parece-me que o intelectual pode ter o papel de ser aquele que transforma esse saber reinante como o inconsciente de nossa sociedade em consciência.

M. Watanabe: Com o deslocamento do olhar e o papel ético confiado ao trabalho deste, nosso diálogo retornou, depois de um longo desenrolar em espiral, ao ponto de onde partimos: nossas interrogações sobre o olhar na filosofia e o olhar no teatro.

Infinitamente obrigado.

1981

A Roger Caillois

Lettre à Roger Callois, in *Hommage à Roger Caillois*, Paris, Centre Georges-Pompidou, col. "Cahiers pour un Temps", 1981, p. 228.

        Terça-feira, 25 de maio de 1966.[1]
Caro senhor,
Preciso dizer que sua carta me emocionou? Quando se remete a um editor um manuscrito[2] longo, pesado, espesso, sedimentado de notas, tememos antecipadamente o temor do leitor. Mas já que o acaso quis que o meu lhe caísse nas mãos e não o decepcionasse demasiado, tenho a impressão de ter beneficiado *do* leitor ideal.

 Evidentemente, eu o leio sempre com paixão (não conhecia "o erro Lamarck" e seu texto me encantou) e sempre tive a impressão – mas talvez seja vaidade minha – de haver alguma proximidade no que fazemos: quero dizer que por repetidas vezes gostaria de me aproximar daquilo que o senhor faz tão maravilhosamente. Tratar-se-ia de uma comum "ascendência" duméziliana?

 Acredite, será para mim uma grande honra se o senhor quiser publicar algumas páginas de "Pareil", em *Diogène*.[3] Não tenho mais exemplares datilografados comigo, mas assim que recuperar um deles olharei o que é mais facilmente "culpável"[4] (maravilhosa palavra) nas passagens que o senhor me indica.

---

1. M. Foucault raramente data suas cartas. É plausível que esta seja de 1965, e não de 1966; *As palavras e as coisas* foi publicado, com efeito, em março de 1966.
2. *As palavras e as coisas*.
3. Ver *A Prosa do Mundo*, vol. II da edição brasileira desta obra.
4. (N.T.) *Coupable*, no original, palavra que possibilita o equívoco entre culpado, culpável e censurável, o que parece justificar a observação, em seguida e entre parênteses, de Foucault. Preferimos manter "culpável" considerando os sentidos de "censurável" e mesmo "incriminável" nela contidos.

Quanto a fazer um texto breve e geral, evidentemente seria o melhor, creio eu, mas, veja, esse livro me foi tão custoso que ainda não tomei dele uma distância suficiente.

Receba, caro senhor, meu mais profundo reconhecimento e apreço ao Julgamento, assim como meu desejo de poder, um dia, ter o grande prazer de conhecê-lo.

Michel Foucault

1983

Trabalhos

"Des travaux" (apresentação da coleção "Des Travaux", redigida em comum com P. Veyne e F. Wahl), *in* Veyne (P.), *Les Grecs ont-ils cru à leurs mythes?*, Paris, Éd. du Seuil, col. "Des Travaux", 1983, p. 9.

M. Foucault nunca deixou de se interrogar sobre os problemas de edição. Almejava que ao lado da edição geral pudesse existir um circuito de difusão particular (à imagem do que existe para as edições universitárias americanas) nas quais se poderiam publicar textos mais ou menos longos, mais ou menos acabados, com o caráter de "trabalhos". Esses textos não ocasionariam nenhuma assessoria de imprensa. Lê-se, em seguida, a apresentação da origem da coleção "Des Travaux".

A edição francesa não reflete, atualmente, de modo adequado, o trabalho que pode ser feito nas universidades, assim como nos diferentes locais de pesquisa. Ela tampouco reflete o que, na mesma ordem, é empreendido no estrangeiro.

Há razões econômicas para isso: custos de produção, de tradução, portanto, preço de venda dos livros. Há também o lugar ocupado pelas obras interessantes à opinião pública e o eco que podem encontrar na imprensa.

O objetivo dessa coleção não é tomar esse lugar. Não é impor livros eruditos nos circuitos do grande consumo. É estabelecer relações entre elementos homogêneos: dos que trabalham aos que trabalham. É bom que a leitura se generalize, mas não é preciso que os diversos modos de edição sejam confundidos.

Três ordens de textos serão aqui publicadas. Trabalhos muito extensos diante dos quais os editores com frequência recuam. Trabalhos breves que escandem uma pesquisa em algumas dezenas de páginas, permitindo-lhe desenvolver-se em série. Traduções de obras estrangeiras das quais precisamos para desenclavinhar a pesquisa na França.

O objetivo estando assim definido, seguem-se os meios: um estrito esforço de economia requerido dos autores, do editor e dos leitores. Pede-se-lhes, então, para aceitarem escrever, publicar e ler obras das quais todos os elementos de produção terão sido determinados com a maior precisão possível.

Trabalho: o que é suscetível de introduzir uma diferença significativa no campo do saber, ao preço de um certo custo para o leitor e com a eventual recompensa de um certo prazer, isto é, um acesso a outra figura da verdade.

1984

O Estilo da História

"Le style de l'histoire" (entrevista com A. Farge e os jornalistas do *Matin* F. Dumont e J.-P. Iommi-Amunategui), *Le Matin*, n. 2.168, 21 de fevereiro de 1984, p. 20-21.

– *Michel Foucault, como foi que você conheceu Philippe Ariès?*

M. Foucault: Foi por acaso, acaso em sentido estrito. Na época, eu havia concluído *História da loucura*, que ninguém queria editar. Seguindo os conselhos de um amigo, levei meu manuscrito para a Plon. Nenhuma resposta. Ao cabo de alguns meses, fui buscá-lo. Deram-me a entender que, para poder devolvê-lo a mim, precisavam primeiro encontrá-lo. Depois, um dia, encontraram-no numa gaveta e se deram conta de que era um livro de história. Encaminharam-no para Ariès a fim de que ele o lesse. Foi assim que o conheci.

– *Você nunca trabalhou com ele?*

M. Foucault: Não, porque estávamos os dois fora de um dos raros lugares na França onde se podia fazer um trabalho coletivo de pesquisas, os Hautes Études. A porta estava fechada para um e para outro. Eu tornei a partir para o estrangeiro e ele continuou ocupado com seu gabinete de estudos. Mas esse ofício, ele o disse com frequência, teve uma influência positiva em seu trabalho de historiador. Um "comerciante de bananas", como o pretendeu um dos seus colegas historiadores. De fato, ele se ocupava de um centro de documentação sobre a agricultura do terceiro mundo, o que o tornou muito atento às relações entre a vida, a morte e a história. E foi também o que o familiarizou com as técnicas modernas da informática.

– *Você disse de seus escritos que eles criavam uma estilística da existência, que estavam atentos aos gestos mudos que se perpetuam. Não se poderia dizer a mesma coisa de seus trabalhos?*

M. Foucault: Ariès foi o iniciador. Ele se ligava muito à ideia de que entre um gesto representado no quadro mais raro e toda a camada dos gestos cotidianos poderia haver alguma coisa de comum a ser lida. Aqui e ali, via uma montagem da existência, da conduta, do sentimento, um estilo de ser que lhes era comum. Nesse sentido, acho que Ariès é um precursor importante para toda uma série de pesquisas que se fazem atualmente. Assim, um historiador da Antiguidade tardia, Peter Brown, concede à noção de estilo, nas relações humanas, nos comportamentos, uma importância considerável. Não tenho certeza se Ariès utilizou precisamente a palavra "estilo", mas é disso que se trata.

A. Farge: É muito importante o momento em que Philippe Ariès chega, depois de Lucien Febvre, durante a ruptura dos anos 1960: quando se rompeu com o "que se adquiria" com o marxismo vulgar. E, para Ariès, não havia dogma, não havia vontade de fazer escola. Ele tinha, antes, um tipo de intuição, uma ingenuidade, uma capacidade de apreender o real de maneira nova. Razão pela qual, penso eu, encontrou alguém que também estava fora dos *Annales*, Robert Mandrou. Por isso, pôde trabalhar com ele na abordagem da psicologia histórica, criar com ele uma coleção de história das mentalidades. Foi um momento muito importante da historiografia francesa, mas pouco conhecido.

M. Foucault: Li recentemente nos jornais que os intelectuais franceses deixaram de ser marxistas, a partir de 1975, por causa de Soljenitsyne. É para dar gargalhadas! Beckett, *Esperando Godot*,[1] é de quando? Os primeiros artigos de Barthes sobre as *Mitologias*[2] são de quando? Os concertos do Domínio musical, de quando? Lévi-Strauss, de quando? E Ariès?

Houve, digamos, de 1950 a 1960, toda uma série de acontecimentos importantes que formaram um planeta cultural, estético, científico e artístico de um tipo completamente diferente do que havia podido ser elaborado ou legado pelo marxismo e pela fenomenologia. O que não implica o menor desdém: essas maneiras de pensar foram muitíssimo importantes. Mas, quando as coisas mudam, elas mudam, e Ariès pertencia a esse conjunto de coisas novas, ao passo que os *Annales*, isso

---

1. Beckett (S.), *En attendant Gotot*, Paris, Éd de Minuit, 1953.
2. Barthes (R.), *Mythologies*, Paris, Éd. du Seuil, 1957. [(N.R.T.) Há edição brasileira da Cultrix.]

era bem evidente, mesmo modificando de maneira contínua seu método, seus problemas etc., enraizavam-se numa forma de história profundamente aparentada com o marxismo...
A. Farge: Uma história social de classificações...
M. Foucault: Sim, uma história da sociedade e da economia, como diziam.
A. Farge: Penso também que a grande ruptura de Ariès, razão pela qual o ignoraram por muito tempo, foi a ausência total de quantificação nesses livros. A demografia, no entanto, era a soberana absoluta na época.
M. Foucault: Sua singularidade é que ele partiu desse material, terreno privilegiado do quantitativismo, e fez disso outra coisa que não decorria da medida.
A. Farge: Sim, e objetavam-se-lhe sempre a representatividade: é representativo, de quê, de quem? E fazia-se, então, retornar o sistema das classificações. Por outro lado, ele trabalhou sobre a longa duração, o que tampouco era comum em tais assuntos.
– *Afinal, os trabalhos de Ariès acabaram por agitar as coisas, as suas também.*
M. Foucault: Nas universidades francesas, pelo menos nas disciplinas literárias e nas ciências humanas, foi sobretudo em história que se fez o trabalho mais fecundo e mais interessante. O que no estrangeiro chamam a escola histórica francesa é alguma coisa cujo equivalente não se encontra nas outras disciplinas... A história foi, depois do século XIX, a grande instituição de saber na universidade literária. E todas as instituições têm sua inflexibilidade, sua continuidade, seu pesadume, seus conflitos internos que as protegem das invasões exteriores.
Um dia, é claro, será interessante ver por que certo número de pessoas foi mantido cuidadosamente no exterior, ou ver como aqueles que do próprio interior da instituição puderam mexer um pouco as coisas com frequência eram de uma formação diferente (Arlette Farge, por exemplo, vem da Faculdade de Direito).
– *Ariès e você contribuíram para modificar os temas de pesquisa. Basta pensar nos títulos das obras históricas recentes: Le purgatoire, Le péché et la peur*[3] *tornaram-se obje-*

---

3. Delumeau (J.), *Le péché et la peur: la culpabilisation en Occident, XIIIe-XVIIIe siècle*, Paris, Fayard, 1983.

tos históricos. Um e outro, vocês começaram uma arqueologia da representação.

M. Foucalt: Uma vez mais, acho que é Ariès o importante, foi ele quem fez as coisas se mexerem.

A. Farge: Mesmo assim, você teve uma *démarche* semelhante na história "iconoclasta". A contribuição de Ariès se refere ao sensível, fazer uma história das sensibilidades era extremamente subversivo. Ariès se opunha, assim, a um inconsciente coletivo e, ao mesmo tempo, com Robert Mandrou e depois da abertura pedida por Lucien Febvre, ele fazia descobrir tudo o que decorria do cotidiano. Você fez uma contribuição comparável: primeiro, a mesma ruptura no método. Penso em *Vigiar e punir*: você trabalha a um só tempo sobre os deslocamentos institucionais e sobre o olhar incidindo nas instituições. A *démarche* também foi subversiva.

M. Foucault: Sim, mas Ariès era historiador e quis fazer a obra de historiador. Ao passo que eu, no fundo, eu fazia a da filosofia. Fiquei chocado com o fato de que, em filosofia, por mais marxistas que fossem as pessoas dessa época, e só Deus sabe se o eram, sua ignorância da história era não direi total, mas principal. Era uma regra fundamental entre os estudantes de filosofia: já que somos marxistas, não temos de saber da história. Conheciam-na como se conhece um velho segredo de família, cuja cifra foi revelada depois de muito tempo.

O que eu queria fazer era da ordem da filosofia: é possível refletir filosoficamente sobre a história dos saberes como material histórico, mais do que refletir sobre uma teoria ou uma filosofia da história. De modo um pouco empírico e desajeitado, cogitei num trabalho tão próximo quanto possível daquele dos historiadores, mas para formular questões filosóficas concernindo à história do conhecimento. Eu esperava a boa vontade dos historiadores.

A. Farge: No final de sua vida, Ariès caminhava na direção do que você estuda nos livros que em breve serão publicados. Ele era responsável por um dos tomos de *História da vida privada*,[4] pela Seuil. E retomava todos os problemas de que falamos há pouco: o estilo, talvez, mas com certeza o conheci-

---

4. *Histoire de la vie privée*, Paris, Éd. du Seuil, t. III: *De la Renaissance aux Lumières*, sob a direção de P. Ariès e R. Chartier. [(N.R.T.) Há edição brasileira da Cia. das Letras.]

mento de si, a intimidade, o recolhimento em si mesmo. Seus últimos eixos de pesquisa foram um trabalho sobre o "em-si" e o "sobre-si".

M. Foucault: Aqui também nos encontramos numa fronteira comum, mas partimos de dois domínios diferentes. Buscando nos filósofos da Antiguidade a primeira formulação de uma certa ética sexual, fiquei impressionado com a importância do que poderíamos chamar as práticas de si, a atenção a si mesmo, a organização da relação a si.

A. Farge: E, ano passado, Ariès falava também do gosto, da consciência de si.

M. Foucault: Ele havia apreendido perfeitamente que a relação consigo, a importância concedida a si mesmo e a cultura de si não são, como se costuma dizer, um puro efeito do individualismo. Podemos perfeitamente ter grupos sociais que não são individualistas e nos quais a cultura de si existe. Um mosteiro não é uma instituição individualista e, no entanto, a vida interior, a atenção a si ali são extremamente desenvolvidas. Em alguns grupos do cristianismo reformado, no século XVII, dava-se também extrema importância a essa cultura de si em grupos, na família, na comunidade, na paróquia, que não eram individualistas. Ariès, se bem compreendi, aproximou-se desses problemas...

A. Farge: Sim, mas ele tropeçava no problema do Estado. Para ele, o Estado não existia. Ele via a vida privada fora do Estado, ao passo que, durante o período que ele estudava, do século XV ao século XVIII, o Estado se tornava pregnante. E, nos últimos meses, tentou retomar o problema considerando o Estado, pois estava aberto a todas as objeções. Esse é um tema abordado por você?

M. Foucault: Sim, mas seguindo a *démarche* inversa. O Estado me parecia ter uma importância constitutiva e, no trabalho que Arlette Farge e eu havíamos feito juntos,[5] era uma coisa apaixonante ver como o Estado e a vida privada interferiam, entrechocavam-se e, ao mesmo tempo se encaixavam. Remontando mais longe na Antiguidade, damo-nos conta de que a relação consigo só pode ser analisada fora do Estado, já que não se pode verdadeiramente falar de Estado nessa época. É claro

---

5. *Le désordre des familles*, Paris, Gallimard/Julliard, col. "Archives", 1982.

que os modos de socialidade nunca estão ausentes das formas tomadas pela relação a si, mas é preciso desembaraçar-se do esquema simplista, segundo o qual o individualismo se desenvolve à medida que o Estado se desenvolve.

A. Farge: Você iria tão longe quanto Rancière: você diria que o popular não implica apenas as práticas e os comportamentos, sendo também um pensamento?

M. Foucault: Se é verdade que as representações foram com muita frequência interpretadas em termos de ideologia (primeiro erro), que o saber foi demasiado considerado como um conjunto de representações (segundo erro), o terceiro erro consiste em esquecer que as pessoas pensam e que seus comportamentos, suas atitudes e suas práticas são habitados por um pensamento.

A. Farge: A história, então, deverá fazer um longo caminho. Hoje, quando não se trabalha sobre as elites, mas sobre as classes populares, estudam-se suas práticas e seus comportamentos. Faz-se uma equação: elas têm práticas, representações, eventualmente uma simbólica, e isso é a sua cultura. Não é sustentável.

M. Foucault: Não é verdade que só alguns pensam e outros, não. Há pensamento como há poder. Não é verdade que numa sociedade há pessoas que têm o poder e, abaixo delas, pessoas que não têm *nenhum*. O poder deve ser analisado em termos de relações estratégicas complexas e móbeis, em que todo mundo não ocupa a mesma posição e não mantém sempre a mesma. Com o pensamento ocorre o mesmo. Não há, de um lado, por exemplo, o saber médico a ser estudado em termos de história do pensamento e, abaixo dele, o comportamento dos doentes, que seria matéria de etnologia histórica.

Há 20 anos que o objeto da história muda. Desde o final do século XIX até mais ou menos 1960, a sociedade foi objeto fundamental da história. Tudo o que não podia ser considerado como análise de uma sociedade não era história. É incrível que os *Annales* nunca tenham falado de historiadores franceses das ciências como Bachelard e Canguilhem, pelo menos antes de 1970. Não era história porque não era história social. Fazer a história do recrutamento da população dos médicos era história, mas a das transformações mesmas do conceito de normal não era. E, no entanto, essas transformações tiveram sobre as práticas médicas, sobre a saúde das populações, efeitos não negligenciáveis. É preciso lembrarmos bem, com Max Weber, que a racionalidade não é apenas o produto de uma sociedade, mas um fator constitutivo da história dos homens.

A. Farge: Agora, isso mudou. São domínios sobre os quais se trabalha há mais ou menos cinco anos. Ao mesmo tempo, em razão da influência de Ariès, houve um esmigalhamento muito grande do objeto histórico. Tem-se agora uma história muito despedaçada: a alimentação, a sexualidade, a doença, o medo, as mulheres. E o impressionante, é claro, é o esvaziamento do marxismo e, no fundo, o esvaziamento do conflito. E todos os que fazem história sobre esse tipo de temas, de modo muito sereno, muito irênico, remetem-se a Ariès. Não tenho certeza se Ariès o teria almejado. Fato é que assim se esvaziam as horas, os conflitos e as relações de forças, e talvez isso seja grave.

M. Foucault: Você tem razão de marcar esses limites e esses problemas. Tem razão de enfatizar também que essa é a consequência de uma reprodução esquemática que Ariès não teria desejado. Isso nos faz retornar à questão das instituições de saber e ao fato de elas, na França, parecerem pouco capazes de assumir uma de suas funções essenciais: abrir lugares de discussão. Elas servem ainda, por vezes, para assentar a autoridade daqueles que julgam e excluem. Além de Vovelle, em Aix, quem, em Paris, durante os anos 1960, deu a Ariès a possibilidade de confrontar suas ideias e de discuti-las com os historiadores "de ofício"? Que ele tenha tido sua revanche, tanto melhor; que ele a tenha usado com sorriso, é mérito seu. Mas que em nossa época um historiador dessa importância tenha ficado tanto tempo fora das trocas e das discussões, é ou deveria ser uma questão.

1984

O que São as Luzes?

"Qu'est-que les Lumières?", *Magazine Littéraire*, n. 207, maio de 1984, p. 35-39. (Trecho do curso de 5 de janeiro de 1983 no Collège de France.)

Tenho a impressão de que este texto faz aparecer um novo tipo de questão no campo da reflexão filosófica. É claro que ele não é com certeza nem o primeiro na história da filosofia, nem mesmo o único texto de Kant a tematizar uma questão concernindo à história. Encontramos em Kant textos que interrogam a história sobre a questão da origem: o texto sobre os começos da própria história, sobre a definição do conceito de raça. Outros textos indagam a história sobre a sua forma de realização: assim, no mesmo ano 1784, *L'idée d'une histoire universelle du point de vue cosmopolite*.[1] Outros, enfim, se interrogam sobre a finalidade interna organizando os processos teóricos, tal como o texto dedicado ao emprego dos princípios teleológicos. Todas essas questões, extremamente ligadas, aliás, atravessam, com efeito, as análises de Kant da história. Penso que o texto sobre a *Aufklärung* é bastante diferente. Ele não formula, pelo menos diretamente, nenhuma questão, nem a da origem, nem, apesar da aparência, a da conclusão, e se interroga, de uma maneira relativamente discreta, quase lateral, sobre a questão da teleologia imanente ao processo mesmo da história.

O que me parece surgir pela primeira vez nesse texto de Kant é a questão do presente, a questão da atualidade: o que acontece nos dias de hoje?

O que é esse "agora" no interior do qual estamos uns e outros e quem define o momento em que escrevo? Não é a pri-

---

1. Kant (I.), "Idee zu einer allgemeinen Geschichte in wetbürgerlicher Absicht", in *Berlinische Monatsschrift*, 1784 ("L'idée d'une histoire universelle du point de vue cosmopolitique", trad. L. Ferry, in *Oeuvres*, Paris, Gallimard, col. "Bibliothèque de la Pléiade", 1985, t. II, p. 185-202).

meira vez que encontramos na reflexão filosófica referências ao presente, pelo menos como situação histórica determinada que pode ter valor para a reflexão filosófica. Afinal, quando Descartes, no começo do *Discurso do método*, relata seu próprio itinerário e o conjunto das decisões filosóficas tomadas a um só tempo para ele mesmo e para a filosofia, refere-se a alguma coisa que se pode considerar como uma situação histórica na ordem do conhecimento e das ciências em sua própria época. Mas nesse gênero de referências trata-se sempre de encontrar, na configuração designada como presente, um motivo para uma decisão filosófica. Em Descartes vocês não encontrariam uma questão desta ordem: "O que é então, em termos precisos, este presente ao qual pertenço?" Ora, parece-me que a questão à qual Kant responde, aliás, à qual ele é levado a responder por ela lhe ter sido formulada, essa questão é outra. Não é simplesmente: o que é que na situação atual pode determinar tal ou tal decisão de ordem filosófica? A questão incide sobre o que é esse presente, incide primeiro sobre a determinação de um certo elemento do presente que, entre todos os outros, trata-se de reconhecer, distinguir, decifrar. O que, no presente, faz sentido para uma reflexão filosófica?

Na resposta que Kant tenta dar a essa interrogação ele se põe a mostrar em que esse elemento é o portador e o sinal de um processo concernente ao pensamento, ao conhecimento, à filosofia. Trata-se de mostrar em que e como aquele que fala como pensador, sábio, filósofo faz parte desse processo e (mais que isso) como ele tem um certo papel a desempenhar nesse processo no qual ele será a um só tempo elemento e ator.

Em suma, penso que se vê aparecer no texto de Kant a questão do presente como acontecimento filosófico ao qual pertence o filósofo que dele fala. Se quisermos cogitar a filosofia como uma forma de prática discursiva que tem sua própria história, com esse texto sobre a *Aufklärung* vemos a filosofia – e penso não estar forçando demais as coisas ao dizer: pela primeira vez – problematizar sua própria atualidade discursiva, atualidade que ela interroga como um acontecimento, acontecimento do qual cabe a ela dizer o sentido, o valor, a singularidade filosófica, e na qual deve encontrar ao mesmo tempo sua própria razão de ser e o fundamento do que diz. Desse modo, para o filósofo, formular a questão de sua pertença a esse presente não será mais de modo algum a questão de sua pertença a uma doutrina ou a uma tradição, não será mais simplesmente a questão de sua pertença a uma comunidade humana em geral, mas de sua pertença a um certo "nós" referido a um conjunto cultural característico de sua própria atualidade.

Esse nós está se tornando para o filósofo o objeto de sua reflexão. Razão pela qual se afirma a impossibilidade de ele economizar a interrogação sobre sua pertença singular a esse nós. Tudo isto: a filosofia como problematização de uma atualidade e como interrogação pelo filósofo dessa atualidade da qual ele faz parte e em relação à qual ele deve situar-se poderia bem caracterizar a filosofia como discurso da modernidade e sobre a modernidade.

Para falar de modo muito esquemático, a questão da modernidade fora formulada na cultura clássica segundo um eixo com dois polos: o da Antiguidade e o da modernidade. Ela fora formulada nos termos seja de uma autoridade a ser aceita ou rejeitada (Qual autoridade aceitar? Qual modelo seguir? etc.), seja ainda sob a forma (aliás, correlativa daquela) de uma valorização comparada: será que os antigos são superiores aos modernos? Será que estamos em um período de decadência? Vemos aflorar uma nova maneira de formular a questão da modernidade, não mais em uma relação longitudinal com os antigos e, sim, no que se poderia chamar uma relação "sagital" com sua própria atualidade. O discurso deve reconsiderar sua atualidade para, de um lado, nela encontrar seu lugar próprio, e, de outro, para dizer seu sentido, enfim, especificar o modo de ação que ele é capaz de exercer no interior dessa atualidade.

Qual é minha atualidade? Qual é o sentido dessa atualidade? E o que faço quando falo dessa atualidade? É nisso, me parece, que consiste a interrogação nova sobre a modernidade.

Isso não é senão uma pista que conviria explorar um pouco mais de perto. Seria preciso tentar fazer a genealogia não tanto da noção de modernidade, mas da modernidade como questão. De todo modo, ainda que eu tome o texto de Kant como ponto de emergência dessa questão, deve ficar bem entendido que ele próprio faz parte de um processo histórico mais amplo e do qual precisaríamos saber a extensão. Sem dúvida, um dos eixos interessantes para o estudo do século XVIII, em geral, e mais particularmente da *Aufklärung* é interrogar sobre o seguinte fato: a *Aufklärung* nomeou a si mesma *Aufklärung*. Ela é um processo cultural, sem dúvida muito singular, que tomou consciência de si nomeando-se, situando-se em relação a seu passado, a seu futuro e designando as operações que deve efetuar no interior de seu próprio presente.

Afinal, não seria a *Aufklärung* a primeira época a nomear-se a si mesma e, em vez de simplesmente caracterizar-se em conformidade com um velho hábito como período de decadência, de prosperidade, de esplendor ou de miséria, nomeia-se mediante um certo acontecimento decorrente de uma história geral do pensamento, da razão e do saber, no interior da qual ela própria desempenhou seu papel?

A *Aufklärung* é um período que formula sua própria divisa, seu próprio preceito e diz o que tem de fazer, no que concerne à história geral do pensamento tanto quanto ao seu presente e às formas de conhecimento, de saber, de ignorância, de ilusão nas quais ela sabe reconhecer sua situação histórica.

Parece-me que nessa questão da *Aufklärung* vemos uma das primeiras manifestações de uma certa maneira de filosofar, que teve uma longa história, há dois séculos. Foi uma das grandes funções da filosofia dita "moderna" (cujo começo se pode situar no extremo final do século XVIII) interrogar-se sobre sua própria atualidade.

Poderíamos seguir a trajetória dessa modalidade da filosofia do século XIX até hoje. Por ora, sublinharia unicamente que Kant não se esqueceu dessa questão tratada por ele em 1784, a fim de responder a uma questão formulada do exterior. Ele a formulará de novo e tentará respondê-la a propósito de outro acontecimento sobre si mesmo, que também não deixou de interrogar. Esse acontecimento, é claro, foi a Revolução Francesa.

Em 1798, Kant, de algum modo, deu sequência ao texto de 1784 quando buscava responder à questão que lhe formulavam: "O que é essa *Aufklärung* da qual fazemos parte?". Em 1798, ele responde à questão formulada pela atualidade, mas que já o havia sido, desde 1794, por toda a discussão filosófica na Alemanha. A questão era a seguinte: "O que é a Revolução?".

Vocês sabem que *Le conflit des facultés*[2] é uma compilação de três dissertações sobre as relações entre as diferentes faculdades que constituem a Universidade. A segunda dissertação

---

2. Kant (I.), *Der Streit der Facultäten*, 1798 (*Le conflit des facultés*, Paris, Vrin, 1935).

concerne ao conflito entre a Faculdade de Filosofia e a Faculdade de Direito. Ora, todo o domínio das relações entre filosofia e direito estava ocupado com a questão: "Haveria um progresso constante para o gênero humano?". Foi para responder a essa questão que Kant inseriu, no § V dessa dissertação, o seguinte arrazoado: se quisermos responder à questão "Haveria um progresso constante para o gênero humano?", será preciso determinar se existe uma causa possível desse progresso, mas, uma vez estabelecida essa possibilidade, é preciso mostrar que essa causa efetivamente age e, para tanto, extrair um certo acontecimento mostrando que a causa age na realidade. Em suma, a atribuição de uma causa nunca poderá determinar senão efeitos possíveis ou, mais exatamente, a possibilidade de efeito. Mas a realidade de um efeito só poderá ser estabelecida pela existência de um acontecimento.

Não basta, então, seguir a trama teleológica que torna um progresso possível. É preciso isolar, no interior da história, um acontecimento que terá valor de sinal.

Sinal de quê? De existência de uma causa, de uma causa permanente que, ao longo da própria história, guiou os homens na via do progresso. Causa constante da qual se deve mostrar que ela agiu outrora, que age agora e agirá depois. Por conseguinte, o acontecimento que poderá nos permitir decidir se há progresso será um sinal "*rememorativum, demonstrativum, pronosticum*". É preciso ser um sinal mostrando que isso sempre foi assim (é o sinal rememorativo); um sinal mostrando, de fato, que as coisas acontecem atualmente também (é demonstrativo); por fim, um sinal mostrando que doravante isso acontecerá em permanência desse modo (sinal prognóstico). E, nesse sentido, poderemos estar seguros de que a causa que torna possível o progresso não age simplesmente em um dado momento, mas garante a tendência geral da totalidade do gênero humano de marchar na direção do progresso. Eis aí a questão: "Haveria à nossa volta um acontecimento rememorativo, demonstrativo e prognóstico de um progresso permanente que arraste o gênero humano em sua totalidade?"

A resposta de Kant, vocês a adivinham. Mas gostaria de ler-lhes a passagem por meio da qual ele introduz a Revolução como acontecimento com valor de sinal. "Não esperem", escreve ele no começo do § VI, "que esse acontecimento consista em elevados gestos ou feitos importantes cometidos pelos homens, depois dos quais o que era grande entre eles tornou-se pequeno ou o que era pequeno tornou-se grande, nem em antigos e brilhantes edifícios que desaparecem como por magia enquanto, em seus lugares, surgem outros das profundezas da terra. Não, não há nada disso".

Nesse texto, Kant alude evidentemente às reflexões tradicionais que buscam as provas do progresso ou do não progresso da espécie humana na derrubada dos impérios, nas grandes catástrofes pelas quais os Estados mais bem estabelecidos desaparecem, na ruína de fortunas que diminuem as potências estabelecidas e delas fazem aparecer novas. Prestem atenção, diz Kant a seus leitores, não é nos grandes acontecimentos que se deve buscar o sinal rememorativo, demonstrativo e prognóstico do progresso, mas naqueles muito menos grandiosos, muito menos perceptíveis. Só podemos fazer a análise de nosso próprio presente nesses valores significativos se nos dedicarmos a uma cifração que permitirá dar àquilo que, aparentemente é sem significação e valor a significação e o valor importantes que buscamos. Ora, o que é esse acontecimento que não é um "grande" acontecimento? Há, evidentemente, um paradoxo quando se diz que a revolução não é um acontecimento ruidoso. Não seria esse o próprio exemplo de um acontecimento que inverte as coisas, faz o grande tornar-se pequeno, o pequeno tornar-se grande, e que traz as estruturas aparentemente mais sólidas da sociedade e dos Estados? Ora, para Kant, não é esse aspecto da revolução que faz sentido. O que constitui o acontecimento com valor rememorativo, demonstrativo e prognóstico não é o próprio drama revolucionário, não são as explorações revolucionárias nem a gesticulação que o acompanha. O significativo é a maneira como a revolução faz espetáculo, como ela é acolhida nos arredores pelos espectadores que dela não participam, mas a olham, a assistem e que, para melhor ou para pior, se deixam arrastar por ela. Não é a agitação revolucionária que constitui a prova do progresso. Primeiro, sem dúvida, porque ela só inverte as coisas e, ademais, se tivéssemos de refazer essa revolução, não a refaríamos. Há aqui um texto extremamente interessante: "Pouco importa", diz ele, "se é a revolução de um povo pleno de espírito que vimos efetuar-se em nossos dias (trata-se, então, da Revolução Francesa), pouco importa se ela é bem-sucedida ou fracassa, pouco importa se acumula miséria e atrocidades, se as acumula a ponto de um homem sensato que a refaria na esperança de levá-la a bom termo jamais se resolveria a tentar a experiência a esse preço". Então, não é o processo revolucionário que importa. Tanto faz se ele é bem-sucedido ou se fracassa, isso nada tem a ver com o progresso, ou pelo menos com o sinal do progresso que buscamos. O fracasso ou sucesso da revolução não são sinais de progresso nem tampouco um sinal de que não há progresso. Mas, então, se houvesse para alguém a possibilidade de conhecer a revolução, saber como ela se desenrola e, ao mesmo tempo, levá-la a bom termo, pois bem, calculando o preço necessário para essa revolução, esse homem sensato não a faria. Portanto, como "retorno", como a empreitada que pode ter sucesso ou fracassar, como preço demasiado pesado a pagar, a revolução em si mesma não pode ser considerada como o signo de que existe uma causa capaz de sustentar, através da história, o progresso constante da humanidade.

Em compensação, o que faz sentido e constituirá o signo de progresso é o fato de haver, em torno da revolução, diz Kant, "uma simpatia de aspiração que beira o entusiasmo". O importante na revolução não é ela própria, mas o que acontece na cabeça dos que não a fazem ou que não são seus atores principais, é a relação que têm com essa revolução da qual não são os agentes ativos. Segundo Kant, o entusiasmo pela revolução é sinal de uma disposição moral da humanidade. Essa disposição se manifesta em permanência de duas maneiras: primeira, no direito de todos os povos de se darem a Constituição política que lhes convém, no princípio conforme ao direito e à moral de uma Constituição política tal que evite, em razão de seus próprios princípios, toda guerra ofensiva. Ora, o entusiasmo pela revolução significa a disposição conduzindo a humanidade para tal Constituição. A revolução como espetáculo e não como gesticulação, como núcleo de entusiasmo para os que a assistem e não como princípio de agitação para os que dela participam é um "*signum rememorativum*", pois ela revela essa disposição presente desde a origem. É um "*signum demonstrativum*", porque ela mostra a eficácia presente dessa disposição. É também um "*signum pronosticum*", pois, se há resultados da revolução que podem ser postos novamente em questão, não podemos esquecer da disposição que se revelou através dela.

Sabemos, igualmente, que esses dois elementos, a Constituição política escolhida pelos homens conforme lhes convém e uma Constituição política que evita a guerra, formam o próprio processo da *Aufklärung*. Ou seja, a revolução é bem o que conclui e o que continua o processo mesmo da *Aufklärung*. Nessa medida também, a *Aufklärung* e a Revolução são acontecimentos que não podem mais ser esquecidos. "Sustento", escreve "Kant, que posso vaticinar ao gênero humano, mesmo sem o espírito profético, segundo as aparências e os sinais precursores de nossa época, que ele alcançará esse fim, isto é: chegar a um estado tal que os homens poderão se dar a Constituição que querem e a Constituição que impedirá uma guerra ofensiva, e que doravante esses progressos não mais serão postos em questão. Tal fenômeno na história da humanidade não se esquece mais por ele ter revelado na natureza humana uma disposição, uma tal faculdade de progredir que nenhuma política teria podido, graças a sutilezas, liberá-la do curso anterior dos acontecimentos. Somente a natureza e a liberdade reunidas na espécie humana, segundo os princípios internos do direito, estavam em condições de anunciá-lo, ainda que de maneira indeterminada e como acontecimento contingente. Mas, se o objetivo visado por esse acontecimento ainda não tivesse sido alcançado justamente quando a revolução ou a reforma da Constituição de um povo tivessem finalmente fracassado, ou então se, passado um certo lapso de tempo, tudo recaísse na rotina precedente como presidem agora alguns políticos, essa profecia filosófica não perderia nada de sua força. Esse acontecimento é demasiado importante, demasiado misturado com os interesses da humanidade e de uma influência por demais vasta sobre todas as partes do mundo para não dever ser reenviado ao povo em memória, por ocasião de circunstâncias favoráveis, e lembrado por ocasião de novas tentativas desse gênero, pois, em uma questão tão importante para a espécie humana, é preciso que a Constituição próxima alcance, enfim, em um certo momento, essa solidez que o ensino de experiências repetidas não poderia deixar de lhe dar em todos os espíritos".

De todo modo, a revolução correrá sempre o risco de recair na rotina, mas como acontecimento cujo conteúdo é desimportante, sua existência atesta uma virtualidade permanente que não pode ser esquecida: para a história futura, é a garantia da continuidade de uma *démarche* para o progresso.

Gostaria apenas de situar para vocês esse texto de Kant sobre a *Aufklärung*. Tentarei lê-lo de mais de perto daqui a pouco. Gostaria também de ver como, por volta de 15 anos mais tarde, Kant refletia essa atualidade muito mais dramática que foi a Revolução Francesa. Com esses dois textos estamos, de algum modo, na origem, no ponto de partida de toda uma dinastia de questões filosóficas. Essas duas perguntas: "O que é a *Aufklärung*? O que é a revolução?" são duas formas sob as quais Kant formulou a questão de sua própria atualidade. São também, penso eu, as duas questões que não pararam de assediar senão toda filosofia moderna a partir do século XIX, pelo menos grande parte dessa filosofia. Afinal, parece-me que a *Aufklärung*, tanto como acontecimento singular inaugurando a modernidade europeia quanto como processo permanente que se manifesta na história da razão, no desenvolvimento e na instauração das formas de racionalidade e de técnica, de autonomia e de autoridade do saber, não é, para nós, simplesmente um episódio na história das ideias. Ela é uma questão filosófica inscrita, a partir do século XVIII, em nosso pensamento. Deixemos à sua piedade os que querem guardar viva e intacta a herança da *Aufklärung*. Essa piedade, é claro, é a mais tocante das traições. Não são os restos da *Aufklärung* que se trata de preservar. É a questão mesma desse acontecimento e de seu sentido (a questão da historicidade do pensamento do universal) que se deve manter presente e guardar no espírito como o que deve ser pensado.

A questão da *Aufklärung* ou então da razão, como problema histórico, atravessou, de maneira mais ou menos oculta, todo o pensamento filosófico de Kant até os dias de hoje. O outro rosto da atualidade encontrado por Kant foi a revolução, a um só tempo acontecimento, ruptura, agitação na história, fracasso, e também valor, sinal da espécie humana. Aqui, igualmente, a questão para a filosofia não é determinar qual parte de revolução conviria preservar e fazer valer como modelo. É saber o que se deve fazer dessa vontade de revolução, desse "entusiasmo" pela revolução que é diferente da empreitada revolucionária. As duas questões: "O que é a *Aufklärung*?" e "O que fazer da vontade de revolução?" definem, por si, dois campos de interrogação filosófica incidindo sobre o que somos em nossa atualidade.

Para mim, Kant fundou as duas grandes tradições críticas entre as quais foi partilhada a filosofia moderna. Digamos que, em sua grande obra crítica, Kant formulou, fundou a tradição da filosofia e instituiu a questão das condições sob as quais um conhecimento verdadeiro é possível. A partir daí, pode-se dizer que toda uma parte da filosofia moderna, desde o século XIX, apresentou-se, desenvolveu-se como analítica da verdade. Existe, porém, na filosofia moderna e contemporânea outro tipo de interrogação, outro modo crítico de indagação: é justamente o que vemos nascer na questão da *Aufklärung* ou no texto sobre a revolução. Essa outra audição crítica formula a questão: "O que é nossa atualidade? Qual é o campo atual das experiências possíveis?" Não se trata de uma analítica da verdade, tratar-se-á do que se poderia chamar uma ontologia do presente, uma ontologia de nós mesmos. E me parece que a escolha filosófica com a qual nos confrontamos atualmente é esta: podemos optar por uma filosofia crítica que se apresentará como uma filosófica analítica da verdade em geral, ou então podemos optar por um pensamento crítico que tomará a forma de uma ontologia de nós mesmos, uma ontologia da atualidade. Foi essa forma de filosofia que, de Hegel à Escola de Frankfurt, passando por Nietzsche e Marx Weber fundou um modo de reflexão no qual procurei trabalhar.

3 – Filosofia e história da medicina

1968

Os Desvios Religiosos e o Saber Médico

"Les déviations religieuses et le savoir médical", in Le Goff (J.), ed. *Hérésies et sociétés dans l'Europe préindustrielle. XIe-XVIIIe siècle*, Paris, Mouton et É.H.É.S.S., 1968, p. 19-29. (Colóquio de Royaumont, 27-30 de maio de 1962.)

Cada cultura tem, certamente, uma série coerente de gestos de partilha, dos quais a proibição do incesto, a delimitação da loucura e talvez certas exclusões religiosas são apenas casos particulares. A função desses gestos, em sentido estrito do termo, é ambígua: no mesmo momento em que marcam o limite, abrem o espaço de uma transgressão sempre possível. Esse espaço assim escandido e aberto tem sua configuração própria e suas leis: ele forma, para cada época, o que se poderia chamar o "sistema do transgressivo". Não coincide, para dizer a verdade, nem com o ilegal ou o criminal, nem com o revolucionário, nem com o monstruoso ou o anormal, nem com a adição de todas essas formas desviantes. Mas cada um desses termos o designa, pelo menos de viés, e permite revelá-lo, por vezes em parte, ele que é, para todos e em sua coerência, condição de possibilidade e de aparição histórica.

A consciência moderna tende a ordenar conforme a distinção do normal e do patológico o poder de delimitar o irregular, o desviante, o desarrazoado, o ilícito e o criminal também. A tudo o que ela experimenta como estrangeiro ela confere, valendo-se disso, *status* de exclusão, quando é preciso julgar, e de inclusão, quando se trata de explicar. O conjunto das dicotomias fundamentais que, em nossa cultura, distribui dos dois lados do limite as conformidades e os desvios encontra nisso uma justificação e a aparência de um fundamento. Esses prestígios, no entanto, não devem fazer ilusão: foram instaurados em data recente. A própria possibilidade de traçar uma linha entre o normal e patológico não foi formulada em uma época muito mais antiga, pois é preciso reconhecer sua absoluta novidade nos textos de Bichat, por volta dos séculos XVIII e XIX.

Por mais estranho que isso possa parecer, o mundo ocidental conheceu, e durante milênios, uma medicina assentada sobre uma consciência da doença na qual normal e patológico não organizavam as categorias fundamentais. O debate da consciência médica com algumas formas de desvio religioso, na virada do século XVI, pode servir de exemplo. Limitar-nos-emos à crença em uma alteração dos poderes físicos do homem sob o efeito de uma intervenção demoníaca.

Notemos, primeiro, que, entre partidários e adversários dessa multiplicação, o que está em debate não é tanto o castigo. A indulgência tão jactada de Molitor e de Wier é relativa e bastante parcial. Molitor desculpa as bruxas de toda ação real para, no entanto, condená-las com mais certeza à pena capital, "já que por sua apostasia e sua corrupção, essas mulheres renegaram completamente a Deus e se entregaram ao Diabo" (*Des sorcières et devineresses*, 1489, p. 81).[1] Wier se indigna, sem dúvida, com o fato de o magistrado não confiar o bastante na cólera de Deus e também porque, "devido a uma tempestade advinda sobre o trigo ainda em broto (...), ele prendeu muitas mulheres loucas e de espírito débil". Por outro lado, condena com tanto ou mais rigor os mágicos que fazem pacto com o Diabo "com toda consciência, vontade e ciência" (*Des illusions et impostures des diables*, 1579, p. 164, 362).[2] Erastus, por sua vez, sustenta que "as bruxas não podem fazer de modo algum essas maravilhas que comumente se estima que elas fazem", e pede contra elas a pena capital: "Penso ter suficientemente mostrado que as bruxas devem ser punidas, não tanto pelas coisas que fazem ou querem fazer quanto por sua apostasia e revolta contra a obediência a Deus. *Item* pela aliança contratada com o Diabo" (*Dialogues touchant le pouvoir des sorcières*, 1579).[3]

---

1. Molitor (U.), *De laniis et phitoniciis mulieribus Tractatus*, Colônia, C. de Zyrickzee, 1489 (*Des sorcières et des devineresses*, trad. E. Nourry, Paris, Bibliothèque magique des XVe et XVIe siècles, t. I, 1926, p. 81).
2. Wier (J.), *Des praestigiis daemonum et incantationibus ac veneficiis*, Bâle, J. Oporinum, 1564 (*Cinq Livres de l'imposture et tromperie des diables, des enchantements et sorcelleries*, trad. J. Grévin, 2. ed., Paris, J. du Puys, 1579, livro III, cap. XVI).
3. Erastus (T. L.), *Deux dialogues touchant le pouvoir des sorcières et la punition qu'elles méritent*, Frankfurt, 1579. Reeditado in Wier (J.), *Histoires, disputes et discours des illusions et impostures des diables, des magiciens infâmes, sorcières et empoisonneurs*, ed. D. Bourneville, Paris, Bibliothèque diabolique, 1885, primeiro diálogo, p. 426.

Esse problema da indulgência é secundário. O essencial é que nem Molitor, no final do século XV, nem Wier ou Erastus, no século XVI, mandam o demoníaco embora. O debate com Sprenger, Scribonius ou Bodin não contesta a existência do demônio nem sua presença entre os homens: mas interroga sobre seus modos de manifestação, a maneira como sua ação se transmite e se esconde sob as aparências. Não é conflito entre o natural e o sobrenatural, mas debate difícil sobre o modo de verdade da ilusão.

Eis aqui alguns pontos de referência.

1. Anjo mau, porém anjo antes de tudo, Satã continuou sendo espírito, mesmo quando adquiriu um corpo. É com os espíritos que ele pode comunicar-se mais facilmente, pois estes são livres, ao passo que as coisas da terra são submetidas às leis que Deus lhes prescreveu. Portanto, se ele age sobre os corpos, isso não pode ocorrer sem uma permissão especial de Deus e uma espécie de milagre. Se ele age sobre as almas, foi em seguida à permissão geral que Deus lhe deu depois da queda. É a consequência universal do pecado. Erastus define assim as possibilidades de ação do Diabo: ele tem poucos poderes sobre as coisas e os corpos, menos ainda que o homem a quem Deus confiou o cuidado do mundo, mas muito poder sobre os espíritos que quer enganar, seduzir, e que são agora o domínio próprio de seus malefícios, a não ser que Deus, por uma graça especial, consinta em afastá-lo dos corações e dos espíritos.

2. E entre eles Satã escolherá, por predileção e facilidade, as mais frágeis, aquelas em quem a vontade e a piedade são as menos fortes. Primeiro, as mulheres: "O Diabo, inimigo requintado, astuto e cauteloso, induz de bom grado o sexo feminino, inconstante em razão de sua compleição, de leviana fé, malicioso, impaciente, melancólico por não poder comandar suas afeições, principalmente as velhas débeis, estúpidas e de espírito frágil"[4] (Wier, p. 300). *As melancólicas*, igualmente, que, "por pouca perda ou outra coisa, se entristecem levemente, como diz Chrisóstomo nestas palavras: "todos os que o Diabo engana, ele os engana por zanga ou por tristeza" (p. 298).[5] Por fim, os *insensatos*: "E tal como por humores e fumaças o uso da razão está interessado nas bêbadas e frenéticas, assim

---
4. Wier (J.), *Cinq Livres...*, op. cit., livro III, cap. VII, p. 300.
5. *Ibid.*, livro III, cap. V, p. 298.

o Diabo, que é um espírito, pode facilmente, pela permissão de Deus, comovê-las, acomodá-las às suas ilusões e corromper-lhes a razão" (p. 313).[6] Desse modo, o Diabo, sem nada perturbar dessa ordem natural sobre a qual tem pouco poder, sabe aproveitar-se das fraquezas e defeitos provocados nas almas por essa ordem para delas apoderar-se. Ele passou de uma ordem do mundo à qual está submetido para as desordens de uma alma que ele, por sua vez, submete. O *Malleus*, de Sprenger, não dizia nada de diferente quando explicava que o demônio de fato se aproveitava "do fato de o cérebro ser a parte mais humilde do corpo" e da influência da "lua que nele excita os humores" (p. 40).[7]

3. Poder desarmado contra a natureza, mas todo-poderoso contra as almas, o Demônio agirá sobretudo por meio do embuste: nada será mudado na ordem das coisas exteriores, mas tudo será perturbado em sua aparência, nas imagens transmitidas à alma. Uma vez que o homem tem o poder de ressuscitar, como já o explicava Sprenger, mediante sua própria vontade, as imagens das coisas que não existem mais, o Demônio, por mais razão ainda, detém um poder semelhante: não é ele que, quando a vontade do homem está adormecida, comanda os sonhos? (p. 50)[8] O demônio é o mestre dos sonhos, a grande potência enganadora. E como ele não tem o poder de suspender as leis da natureza, ele dá somente aos homens, por meio de sonhos e imagens, a falsa certeza de que ele detém esse poder: "É falso que as bruxas percorrem milhares de estágios na ciência da noite para se apresentarem no *sabbat*; elas são o joguete dos sonhos ou de alguma ilusão poderosa... que o Diabo imprimiu em seu cérebro."[9] A ação demoníaca não acontecerá no próprio mundo, mas entre o mundo e o homem ao longo da superfície da "fantasia" e dos sentidos, ali onde a natureza se transforma em imagem.

É precisamente essa operação que ele perturba, não alterando em nada a verdade da natureza, mas turvando todas as suas aparências: "Ele sabe... mostrar diversas figuras: mode-

---

6. *Ibid.*, livro III, cap. XIII, p. 313.
7. Instítoris (H. K.) e Sprenger (J.), *Malleus Maleficarum*, Estrasburgo, Jean Prüss, 1486 (*Le marteau des sorcières*, trad. A. Danet, Paris, Plon, col. "Civilisations et mentalités", 1973, *Question V*, p. 194).
8. *Ibid.*, *Question III*, p. 165.
9. Molitor (U.), *op. cit.*, p. 80.

lar artificialmente ídolos inúteis, perturbar a visão, ofuscar os olhos, dar coisas falsas por verdadeiras e impedir, por meio de uma singular destreza, que nos demos conta disso; esconder as verdadeiras a fim de não aparecerem e mostrar as coisas que verdadeiramente não mais existem, mas que ele, no entanto, as faz aparecer... Acostumou-se também a estragar a fantasia dos homens valendo-se do escárnio de muitos fantasmas; perturba os que vigiam, assusta nos sonhos os que dormem, desvia da rota certa os que viajam, debocha dos que falham e dos outros também!, apavora-os, embaralha e mistura muitas coisas em inextricáveis labirintos de opinião" (Wier, p. 55-56).[10]

4. A intervenção do Demônio é assim bem localizada. O que não reduz em nada sua complexidade nem sua maravilhosa potência. Pois ela só pode se fazer valendo-se de todo um sistema de cumplicidade e correspondências. Entre todas as faculdades da alma, a imaginação é a mais material, ou melhor, é nela que se opera, a cada instante, a passagem do corpo para alma e da alma para o corpo. E se sem dúvida é verdade que, sob o impulso de toda uma evolução religiosa, os pensadores do século XVI espiritualizavam cada vez mais o poder do Demônio, eles não lhe deram senão poderes mais inteiros sobre a maquinaria interior do corpo. Tudo que está nos limites da alma, justo aquém da imagem, do fantasma/da fantasia e do sonho, ou seja, os sentidos, os nervos, os humores, se torna, por direito de vizinhança, domínio privilegiado do Demônio: "Esse malicioso espírito acostumou-se mais... a comover humores destes [corpos], a perturbar a fonte de nervos que é o cérebro" (Wier, p. 58).[11] Satã sabe mobilizar todas as solidariedades do corpo: quando ele abala os nervos muito próximos do cérebro, lhe é necessário exercitar, ao mesmo tempo, os órgãos dos sentidos para que a fantasia seja capturada pela própria realidade. E o corpo será capturado nesse grande logro em que o Diabo aparece no espírito loucamente apaixonado pelas bruxas. Mas esse mecanismo, embora complicado, ainda não é suficiente. O que a bruxa vê, os outros, por sua vez, devem vê-lo. No espírito dos espectadores, as mesmas fantasias devem nascer. Assim, a operação demoníaca que se estendia da imaginação até os nervos e destes aos órgãos dos sentidos se propaga, ganha o

---
10. Wier (J.), *op. cit.*, livro I, cap. XII.
11. *Ibid.*, p. 58.

corpo dos outros, seus sentidos, seu cérebro e sua imaginação, formando uma vegetação densa que, por excluir o mundo exterior, é igualmente real. (É mediante esse conjunto de artifícios coordenados que "esse malicioso espírito sabe fazer sair, cautelosamente, do corpo de uma possuída e diante dos olhos de todos", cabelos entremeados de areia, pregos de ferro, ossos, estopa, "o que faz depois de haver ofuscado a visão".[12])

5. Esse poder, limitado ao espaço da imaginação, é, por isso mesmo, redobrado em profundidade. Assim, ele pode enganar não apenas suas vítimas ou cúmplices, mas aqueles cuja piedade deveria resistir melhor às suas tentações: aqueles que perseguem os bruxos porque de fato foram ao *sabbat*, ou se transformaram em lobo. Mas isso não passa de prestígio e, em um golpe, o Diabo engana os espíritos fracos e os crentes cuja fé sólida não poderia ser diretamente seduzida. Crer na realidade de todos esses poderes físicos é também uma maneira de submeter-se a Satã: os que afirmam, para condenar, o transporte real ao *sabbat*, são "os principais escravos de seu mestre Belzebu, que se glorifica por ter sido bem servido sobretudo sob o manto da Igreja" (Wier, p. 255-256).[13] Mas, inversamente, negar as modificações físicas porque as operações que as constituem são imaginárias é ser, por sua vez, vítima dos prestígios de Satã: endereçando-se apenas a imaginações já agitadas, procedendo por fantasias e por sonhos, Satã sabia bem que o temeriam menos e acabariam por não mais acreditar em sua potência. Assim, desarmado, tornamo-nos sua vítima, sendo o cúmulo da ilusão acreditar que seus poderes físicos não passam de ilusão. Segundo Scribonius, foi o caso do próprio Wier, quando "proclamou que as bruxas simplesmente imaginam que cometeram crimes, mas, na realidade, nada fizeram... Falo francamente: com Bodin, creio que Wier, defensor em todas as circunstâncias das bruxas e dos envenenadores, é, ele próprio, um bruxo e um misturador de venenos. Ah! Se apenas um homem como ele nunca tivesse nascido, ou pelo menos nunca tivesse escrito uma palavra! Ele e seus livros, no entanto, oferecem às pessoas tantas ocasiões de pecar e penetrar no reino de Satã".[14] De todo modo, esse império triunfa:

---

12. *Ibid.*, p. 57.
13. Wier (J.), *ibid.*, livro II, cap. XVII, p. 255.
14. Scribonius (W. A.), *De sagarum natura et potestate. Contra Joannen Ewichium*, Franfurt, Paul Egenolphi, 1588. *Liber primus: De sagis*, p. 97-98.

não se sai do demoníaco, confirmamo-lo se o perseguimos a fim de condená-lo; ajudamo-lo se lhe negamos poderes físicos. Satã está sempre ali, precisamente no ponto de onde acabamos de expulsá-lo. No lugar deixado vazio por ele ainda está a marca de sua vitória.

Nessa ordem de poderes físicos que doravante não é mais do que um universo de fantasmas, Satã tornou-se o perpétuo ausente. Mas é nessa ausência mesma que se garante e se demonstra sua presença: quanto menos ele é fixável em sua presença transcendente em um ponto preciso do mundo e da natureza, mais suas operações se universalizam, mais elas ganham em invisível sutileza, deslizando-se entre toda verdade e cada aparência. Estabelece-se uma espécie de argumentação "ontológica": um discurso que não vai em linha reta da ideia à existência, mas da imagem (fantasma presente no espírito ofuscado) à ausência (já que se trata tão somente de uma fantasia), depois, ao que escavou o vazio, figura plena de sua própria ausência. Quando consideramos a imagem de Satã não como Satã, mas como uma ilusão, então, devido a essa descrença abusiva, ele mostra que existe. E quando consideramos sua imagem não como uma ilusão, mas como Satã, então, devido a essa crença vã, ele mostra uma vez mais que existe.

Não se dá folga ao demoníaco: ao contrário, ele é reaproximado e infinitamente fixado à articulação da alma e do corpo, ali onde nasce a imaginação. Paradoxalmente, os médicos do século XVI só liberaram da presença do demoníaco as coisas inanimadas. Eles a situaram, em suma, nas vizinhanças imediatas da alma, na superfície de contato com o corpo. Wier, tal como Molitor e Erastus, nem mais nem menos que seus adversários, ao inscrever os poderes físicos como imaginação, enraizou o demoníaco no corpo. O que, muito mais tarde, permitirá uma redução no estilo naturalista, mas não a comanda de modo algum no século XVI, época em que o imaginário não é o inexistente, nem o corpo a natureza.

Terceira consequência: situado nesse ponto, o demoníaco comanda todos os acessos à verdade. Seu poder se identifica com a própria possibilidade do erro. De todo modo, ele cobre a mesma superfície e nisso toma suas dimensões próprias. Somos submetidos ao Demônio na exata medida em que podemos ser submetidos ao erro. Mas, quando escapamos do erro, ainda assim não escapamos de Satã, pois que, descobrindo e denunciando esse fantasma, não sabemos se triunfamos de Satã ao revelar a verdade derrisória do erro imposto por ele, ou se continuamos mistificados por ele, que deseja se fazer acreditar como não sendo fantasma. No centro desses poderes físicos agora contestados, há uma experiência do demoníaco, o grande equívoco da aparência e da verdade, do ser e do não ser, que Wier com seus contemporâneos designava como o "ofuscamento" do espírito.

Podemos então dizer que houve uma "medicalização" dessa experiência pararreligiosa. Mas essa medicalização:

– não tem valor redutor porquanto é uma demonstração *a fortiori* e inevitável de existência;

– não tem o sentido de uma explicação naturalista, já que se trata de uma análise operatória bastante complexa da intervenção demoníaca;

– não é uma remissão à psicologia, uma vez que se trata dos suportes corporais da "fantasia";

– não fixa os limites inocentes do patológico, pois se trata da pertença confusa, mas essencial, da falta e do erro.

O desenvolvimento do saber médico no século XVI não está ligado à substituição do sobrenatural pelo patológico, mas ao aparecimento dos poderes transgressivos do corpo e da imaginação. Médicos como Molitor ou Wier não puderam naturalizar o demoníaco sob a forma da doença. Eles fizeram do Demônio um médico sutil capaz de vergar o corpo às suas astúcias e de lhe impor a falsa imagem de seus poderes. Teremos a prova disso no século XVII, quando se fará os visionários, os fanáticos, os insensatos, a todos os que imaginam e se enganam, sofrerem, no internamento, o mesmo tipo de exclusão.

De uma ponta a outra da evolução da qual acabamos de marcar algumas etapas, os termos da dicotomia não mudaram: os mesmos elementos são aceitos e recusados (translação no espaço, nascimento de monstros, operações a distância, descobertas de objetos no corpo). Modificou-se, porém, a relação do excluído ao incluído, do reconhecido ao rejeitado: ele agora é estabelecido no nível das possibilidades de desvio do corpo, ou melhor, nas margens de jogo que circundam o exercício da alma e do corpo. O lugar *real* da transgressão tornou-se o fantasma e todas as formas de irreal. O corpo, com suas loucuras, marca, nessa época, e ainda por longo tempo (a nossa é testemunho disso), o ponto em que explode a transgressão.

DISCUSSÃO

J. Le Goff: A comunicação de Michel Foucault nos convida a ver os parentescos e as diferenças que existiram, subjetiva e objetivamente, entre bruxaria e heresia. Ela nos traz também a noção do transgressivo, de grande fecundidade. Substituir a heresia e as atitudes relativas à heresia nesses sistemas de exclusão e de partilha é dar à heresia dimensões profundas e sólidas. É muito interessante notar as relações que se pôde buscar estabelecer entre heresia e loucura: muito cedo, nos textos da Idade Média, o herético foi com frequência indicado como louco, a heresia é uma *insania*.

Mais do que um argumento polêmico, há aqui reconhecimento de um desses mecanismos dos quais acabam de nos falar. Do mesmo modo, a alusão a algumas práticas sexuais, a "aberrações", não é apenas um argumento – sem dúvida de má-fé –, mas o reconhecimento de gestos e atitudes que marcam profundamente a posição do herético em um sistema social e de pensamento: há, creio eu, entre imoralidade e heresia, um laço profundo. A alusão feita por M. Foucault à facilidade com a qual, segundo os ortodoxos, alguns grupos podiam ser vítimas do Demônio nos convida a nos lembrarmos principalmente do papel das mulheres na heresia. Lamento a ausência do professor Ernst Werner, que, recentemente, interessou-se por esses problemas. Por fim, gostaria de falar da natureza extremamente curiosa da ação de Satã sobre os heréticos, segundo as concepções descritas por M. Foucault. Eu me pergunto se, a esse respeito, não teria havido uma mutação no final da Idade Média. Nas heresias medievais, Satã está ligado ao mundo mau, criado pelo Deus mau, para condenação geral da matéria, e não vemos como, nesse sistema, ele poderia agir de maneira "espiritual".

G. Scholem: As relações entre bruxaria e heresia são um fator de perturbação na história da Igreja medieval. Durante muito tempo, a bruxaria não foi uma heresia. Primeiro, como atos criminosos aos olhos da lei, bruxaria e magia foram definidas como heresias pelas mais altas autoridades da Igreja no século XIII. Reconcilio mal esses fenômenos com as observações do padre Chenu sobre a significação da heresia: no fundo, nada havia mudado nesses fenômenos sociais bem-definidos, mantidos fora do círculo da heresia. E, de repente, por razões históricas e não apenas teológicas, talvez até nada teológicas, a heresia toma dimensões formidáveis, o mais importante dos fenômenos sociais que a Igreja perseguiu e, até onde eu saiba, um dos fenômenos mais importantes da baixa Idade Média.

O. Lutaud: Em uma época tardia em que aparecem tendências à racionalização, no final do século XVII, assiste-se a uma assimilação sistemática da heresia e da bruxaria. As coisas praticamente aconteceram como na história romanceada das bruxas de Salem. Por exemplo, a expressão "franja de demente" – *lunatic fringe* – passa a ser sistematicamente empregada por todos os adversários do puritanismo, *grosso modo*, de esquerda. Ainda se criticará, sobretudo na Inglaterra e na França a respeito dos camisardos, "o entusiasmo" que, no início do século XVIII, ainda é, segundo a tradição do Renascimento, a possessão divina no estilo platônico, e que se tornou, no final do século XVIII e no século XIX, uma loucura perigosa, de tendência radical política. Essa possessão do Demônio, que substituiria a possessão da divindade, mostra o laço entre o corpo e o espírito. Parece-me que as fontes dessa associação entre espírito demoníaco e espírito sagrado estão nos próprios textos bíblicos neotestamentários: será que o cristianismo, em suas fontes ortodoxas, não teria favorecido uma interpretação da heresia como rivalidade entre o Espírito Santo da divindade em geral, representada sociologicamente pela Igreja, e todos os heréticos em potencial que eles mesmos aguardavam de um espírito?

A. Abel: Gostaria de perguntar a M. Foucault qual papel exato desempenha a acusação de possessão junto à da heresia nos textos sobre bruxaria. Em geral, encontramos nos textos relativos aos heréticos primeiro a respeito do maniqueísmo; depois isso se tornou um *topic* e originou uma imagem global de herética, a do pecador de hábitos execráveis (anomalias sexuais, comunidades de mulheres etc.). Quanto à doutrina da ação do Diabo sobre os espíritos, é no século XII que a vemos definir-se no Ocidente, me parece, em função de uma doutrina emanacionista. Mais tarde, houve todo um capítulo sobre essa questão em Duns Scot e ela se difundiu universalmente, sobretudo no Oriente. Encontramo-la também em Tomás de Aquino.

R. Mandrou: Acho inteiramente legítimo ligar heresia e bruxaria: encontramos esse amalgamado nos procedimentos para bruxaria no século XVI, que estou estudando, e me parece que pelo menos em algumas regiões houve relés: em Franche-Comté, no começo do século, nota-se esse amálgama. A luta contra a heresia interrompeu-se ali por razões políticas (o Édito de Nantes alastrou-se). Essa luta foi retomada sob a forma de perseguições à bruxaria. A propósito da prática médica, penso, como vocês, que a medicalização dos séculos XV e XVI trabalhou no sentido da perseguição da bruxaria: o médico era chamado para constatar que feridas, injeções não faziam sofrer aquele presumido como bruxo. Mas, para você, a distinção do normal e do patológico impôs-se apenas no final do século XVIII. Parece-me que, desde o começo de século XVII, os médicos contribuíram amplamente para uma mudança, buscaram novas fórmulas: o médico de Henrique IV, Dulaurens, ao examinar, em 1599, Marthe Brossier, a possuída, o médico que interviu no caso de Urbain Grandier, ambos chegaram a novas conclusões diferentes das conclusões clássicas dos médicos descritos por você, efetivamente válidas para todo o século XVI.

E. Delaruelle: No dossiê reunido por Gerson sobre Joana d'Arc, enquanto todo o processo testemunha a confusão entre bruxaria e heresia e a sobrevalorização dos juízes que interpretam tudo o que era relativo à defesa da ré como manifestações de bruxaria, vemos Gerson, ao contrário, concluir que Joana é inocente e que, em seu caso, há apenas manifestações de "normalidade".[15] Há oposições entre as conclusões e o método. Talvez coubesse fazer uma enquete sobre o mundo dos teólogos: afinal, Gerson é uma exceção?

J. Séguy: Não se evocou o caso em que o herético passa por massagista e médico, apenas pelo fato de sua fé herética. Conforme Bayle relata em seu artigo "Anabaptiste", de seu *Dictionnaire*,[16] dizia-se na Holanda que, ao se tornar anabatista, alguém se tornaria imediatamente capaz de ler. No século XVIII, os anabatistas franceses passam também por médicos de valor, não por algebristas. No começo do século XIX, um

---

15. Gerson (J. C.) de, *Au sujet du triomphe admirable d'une certaine Pucelle, qui a passé de la garde des brebis à la tête des armées du roi de France en guerre contre les Anglais*, 1429; ed. Dom J. B. Monnoyeur, Paris, Champion, 1910.
16. Bayle (P.), artigo "Anabaptistes", *Dictionnaire historique et critique*, Roterdã, R. Leers, 1697, 3. ed., t. I, 1765, p. 233-237.

dos dois, sem formação universitária, obteria, em Voges, o direito ao exercício da medicina. Há, porém, uma ambiguidade nesses poderes médicos: quando seu gênero de vida se desintegra, em meados do século XIX, consideram-nos como contrabruxos. Alguns deles odiarão o anabatismo que os fez banir da sociedade e tornam-se, então, realmente bruxos.

G. Le Bras: Teria o senhor cônego Delaruelle encontrado uma relação entre as acusações lançadas contra João XXII e os médicos, por exemplo, na história dos amuletos? E no processo dos templários?

E. Delaruelle: Não estudei essa questão bastante de perto. Seria preciso ver também as linhas muito significativas de Huizinga sobre o sentido da palavra "melancolia" em *Le déclin do Moyen Âge*.[17]

R. Manselli: As heresias populares (cátaros, valdense) raramente têm relação com o mundo da bruxaria. Que eu saiba, os testemunhos só apresentaram um caso de heréticos de tipo dualista, a quem se atribuem poderes mágicos. É o grupo herético dito de "Périgord": eles se liberam de seus laços e aprendem as Escrituras Sagradas de uma só tirada. Mas, no tempo de João XXII, ao contrário, aflora esse mundo mágico: João XXII, que não foi um papa corajoso, tinha muito medo da magia e também que os gibelinos pudessem matá-lo valendo-se do habitual rito da injeção da figura de cera. Ele escrevia sem cessar para os inquisidores, a fim de investigar sobre bruxos e magos. Mas, quando combate os espirituais e os beginos no sul da França, nunca os incrimina de magia ou de bruxaria: estas são características dos gibelinos italianos e dos *fraticelli* das regiões de Marche e Umbria. Foi provavelmente nesse momento histórico, no começo do século XIV, que a relação entre heresia e magia se enlaçou: e desconfio que foi precisamente João XXII quem enlaçou essa relação.

M. Foucault: Mas há algumas relações entre os cátaros e a magia.

R. Manselli: Os testemunhos são muito precisos: um inquisidor da Itália do Norte declara que essas são falsas acusações. Aliás, é preciso distinguir o culto ao Diabo, que é um fato religioso e um fim em si, e a bruxaria, que é um meio diabólico

---

17. Huizinga (J.), *Herbst des Mittelalters*, Munique, Drei Masken Verlag, 1924 (*Le déclin du Moyen Âge*, trad. J. Bastin, Paris, Payot, 1932).

para dominar a natureza (tal como o culto do gato com todos os seus ritos), pondo a seu serviço os espíritos diabólicos.

M. Foucault: Estamos todos de acordo sobre a heretização progressiva da bruxaria nos séculos XVI e XVII. Pelo menos, o herético e o bruxo são tratados da mesma forma. Concordo com o senhor cônego Delaruelle sobre a anterioridade da utilização de alguns conceitos de natureza pela teologia, sobre sua utilização pela medicina. No final do século XVII, é a própria Igreja que convoca os médicos a propósito dos jansenistas e dos protestantes de Cevenas. Fléchier pede aos médicos para virem testemunhar que se trata unicamente de fenômenos patológicos, visões, alucinações. A consciência religiosa foi mais "progressista" do que a consciência médica nessa série de fenômenos. Em suma, acredito, com o professor Abel, que há uma pertença da loucura a um certo número de fenômenos de irredentismo religioso. Tratar-se-ia de fazer um estudo estrutural do conjunto, um estudo sincrônico, pois o sistema é evidentemente diferente em cada época.

1969

Médicos, Juízes e Bruxos no Século XVII

"Médecins, juges et sorciers au XVIIe siècle", *Médecine de France*, n. 200, 1º trimestre de 1969, p. 121-128.

Os etnólogos sabem muito bem que a medicina pode ser analisada em seu funcionamento social: e essa análise não incide apenas no personagem médico – com sua potência, seus segredos, suas ameaças e prescrições, e a força de inquietude que ele detém –, uma vez que, de modo mais amplo, incide sobre as formas de sua prática e sobre os objetos a medicalizar. Cada cultura define de uma maneira que lhe é particular o domínio dos sofrimentos, das anomalias, dos desvios, das perturbações funcionais, dos distúrbios de conduta referidos à medicina, que suscitam sua intervenção convocando de sua parte uma prática especificada. No limite, não há domínio que pertença de pleno direito e universalmente à medicina.

A medicina do século XIX acreditou estabelecer o que se poderia chamar as normas do patológico: acreditou reconhecer o que por toda parte e a todo momento deveria ser considerado como doença. Acreditou poder diagnosticar retrospectivamente o que se deveria ter discernido como patológico, ao qual se deu, por razões de ignorância, outro *status*. Sem dúvida, a medicina de hoje tornou-se perfeitamente consciente da relatividade do normal e das variações consideráveis às quais está submetido o umbral do patológico: variações devidas ao próprio saber médico, às suas técnicas de investigação e de intervenção, ao grau de medicalização de um país, mas também às normas de vida da população, ao seu sistema de valores e aos seus limites de sensibilidade, à sua relação com a morte, às formas de trabalho que lhe são prescritas, em suma, a toda a organização econômica e social. Por fim, a doença é, em uma dada época e em uma dada sociedade, o que se encontra – prática ou teoricamente – medicalizado.

Já é tempo de fazer essa nova consciência da medicina penetrar na análise histórica. Por muito tempo, a história da medicina foi uma cronologia de descobertas. Nela se relatava como a razão ou a observação haviam triunfado sobre os preconceitos, afastado os obstáculos e trazido à luz as verdades escondidas. Com efeito, se queremos que a história das ciências ou das ideias aceda a um maior rigor e possa articular-se com outras disciplinas como a sociologia ou a história econômica, é preciso, sem dúvida, deslocar seu domínio tradicional e seus métodos. É preciso tentar – sem que se possa evidentemente consegui-lo por completo – etnologizar o olhar que dirigimos aos nossos próprios conhecimentos: apreender não apenas a maneira como o saber científico é utilizado, mas o modo como são delimitados os territórios que domina, a maneira também como esses objetos se formam e são escandidos em conceitos. É preciso restituir em uma formação social de conjunto o estabelecimento de um "saber", entendido como o espaço das coisas a conhecer, a soma dos conhecimentos efetivos, os instrumentos materiais ou teóricos que o garantem. Desde então, a história de uma ciência não será mais uma simples memória de seus erros passados ou de suas meias-verdades. Ela será a análise de suas condições de existência, de suas leis de funcionamento e de suas regras de transformação.

Eis um exemplo de uma tal descrição.

Em um outro momento, tive a ocasião de analisar a maneira como a sociedade europeia, dos séculos XVI a XIX, havia deslocado e redelineado os limites da loucura: todo um domínio da "desrazão" (que havia dado lugar sobretudo a partilhas sociais, éticas e religiosas) se viu, assim, medicalizado. Gostaria de abordar, aqui, o caso muito particular da bruxaria e da possessão. Classicamente, admite-se tratar-se de casos patológicos que não foram reconhecidos, o que leva a formular duas séries de questões: quais eram essas doenças (paranoia, psicose alucinatória, histeria, neurose obsessiva...) que poderiam ter tal aparência? Como os médicos puderam descobrir a verdade e arrancar esses doentes da ignorância de seus perseguidores? O problema que formulo é o inverso: como os personagens dos bruxos ou dos possuídos, perfeitamente integrados nesses mesmos rituais que os excluíam e os condenavam, puderam se tornar objetos para uma prática médica que lhes dava outro *status* e os excluía de outro modo? Não devemos buscar o princípio dessa transformação em um progresso das luzes, mas no jogo dos processos próprios a uma sociedade. Comédia de seis personagens: o juiz, o padre, o monge, o bispo, o rei, o médico; acrescente-se a isso, retirado do coro da cidade, um X, figura anônima e sem rosto à qual cada episódio dará uma feição, caracteres e nomes diferentes. No final da peça, depois de ter sido vítima ou agente de Satã, espírito perverso e lúbrico, herético obstinado, cabeça crédula e fraca, depois de ter sido preso, torturado, queimado, jogado junto com mendigos e devassos na casa de internamento, ele se perderá, no século XVIII – tal como um personagem de Aristófanes –, na nebulosidade dos "vapores". O século XIX lhe dará uma vez mais um corpo anatomicamente consistente, no qual irão se delinear os caminhos imaginários e as figuras simbólicas da histeria. Mas isso é outra história.

No final do século XVI, quando a cortina se levanta sobre o par possuído-bruxo, o médico já faz parte dos personagens importantes. Ele já se opôs em termos explícitos à tradição religiosa (longa polêmica entre os inquisidores como os de *Malleus Maleficarum* e médicos como Jean Wier). Mas, cuidado: o médico de então não demonstrava que o Diabo é apenas uma alucinação. Ele queria provar que o seu modo de ação não consistia nem em aparecer realmente sob a forma de um bode, nem em transportar, de fato, as bruxas para o *sabbat*, mas, sim, agir sobre o corpo, os humores e os espíritos dos mais fracos (os ignorantes, as moças e as velhas loucamente apaixonadas), a fim de obnubilá-los e fazê-los acreditar que assistiam a uma missa blasfema onde adoravam a Besta imunda. A ação do Diabo, para Jean Wier, não era nula: ela se desenrolava na intimidade do corpo, e não mais no teatro do universo. O instrumento dessa ação era a doença, doença diabolicamente comandada. Os homens de Igreja se uniram contra essa tese, seguidos com muitas reticências e discussões pelos juízes.

Mas eis que a ação muda.[1]

*

É falso considerar as questões de bruxaria do século XVII na linha dos processos da Inquisição como sinal de que se

---

1. (N.A.) Só utilizaremos aqui como exemplo fatos tomados emprestados do domínio francês.

retornou ao velho terror religioso, ou de que a justiça dos parlamentos teria uma vez mais se submetido às exigências da Igreja. Tampouco seria exato ver na recrudescência desses processos um efeito direto da Contrarreforma, a exasperação de uma consciência religiosa novamente triunfante depois de suas lutas contra o protestantismo. Ao contrário, o exame dos fatos revela que os grandes processos de bruxaria e de possessão no final do século XVI e começo do século XVII sempre manifestaram uma situação de conflito contra Igreja e o parlamento.[2]

Eis aqui dois fatos a indicar com clareza todas as reticências experimentadas pelos parlamentos – justo na manhã seguinte às guerras de religião –, em manter fielmente a severidade exigida pela Igreja desde o início da Inquisição. Em 1598, a corte de Angers, a pedido de um juiz criminal, havia condenado à morte um jovem, Roullet, acusado de ter-se transformado em lobo e de ter devorado uma criança: "Inquirido sobre quantas crianças havia desfeito, responde, muitas; o primeiro que matou foi na cidade de Frègne, perto de Bournanlt; inquirido se reconhecia a criança, diz que sim, que ela foi comida de um lado ao outro do corpo e mais acima, inclusive a cabeça: (...) confessa ser essa a causa de ela ter sido morta assim, e comida, e mostrou com precisão ao Senhor Juiz onde a havia agarrado, que foi numa parte do ventre e nas coxas."[3] Ora, a corte de Paris, concernida por via de apelação, considerou haver "neste pobre miserável idiota mais loucura do que malícia e sortilégio". Ordenou que ele fosse alojado em Saint-Germain-des-Près, "a fim de ter seu espírito instruído e adestrado e ser reconduzido ao conhecimento de Deus, que sua extrema pobreza o fizera desconhecer".[4] Alguns anos mais tarde, outro caso análogo, julgado, desta feita, na corte de Bordeaux. Ali também os fatos foram estabelecidos segundo a regra. A confissão foi obtida, o próprio acusado, um jovem pastor, deu as precisões suplementares sobre seu crime: "Vangloriava-se de ter sido ele, transformado em lobo, que avançou na citada Mar-

---

2. (N.A.) Brueys (D. de), *Histoire du fanatisme de notre temps* (1692), Utrecht, H. C. Le Febvre, 3. vol., 4. ed., 1737, t. I, prefácio, p.6-7.
3. (N.A.) Lancre (P. de), *L'incrédulité et mécréance du sortilège pleinement convaincue, où il est amplement et curieusement traité de la vérité ou illusion du sortilège*, Paris, Nicolas Buon, 1622, p. 785 e segs.
4. (N.A.) Belo exemplo de que, já nessa época, o tema se constituía com uma pertinência recíproca à impiedade, à loucura e à pobreza, tema ao qual a criação do Hospital geral dará forma institucional.

guerite, e que a teria comido por inteiro, caso ela não tivesse se defendido com um pedaço de pau, tal como tinha comido, dizia ele, duas ou três crianças ou moças." A própria confissão não foi considerada suficiente. Confrontado com sua vítima: "Reconheceram-se de imediato. Ele a escolheu entre outras quatro ou cinco moças e mostrou seus ferimentos na presença de oficiais de justiça, não estando ainda completamente curado de uma ferida na boca e outra no queixo, do lado esquerdo." Apesar de tantas precisões acumuladas, e sem questionar nem a exatidão do fato nem a culpabilidade do rapaz, a corte de Bordeaux não o condenou à morte, fazendo valer, com efeito, que ele era "tão estúpido e idiota que as crianças de sete a oito anos, em geral, testemunham ter mais juízo que ele, totalmente malnutrido e tão pequeno que sua estatura não chegava à de sua idade, poderíamos jurar que tinha 10 anos". O tribunal, não querendo "desesperar de sua mercê, ordena que ele seja internado em um convento pelo resto da vida".[5]

Outros tantos julgamentos opõem-se a toda jurisprudência civil e religiosa e, contradizendo as conclusões célebres de Bodin,[6] juntam-se aos protestos de Jean Wier: "Se por vezes encontramos lobos perigosos..., é preciso pensar que são verdadeiros lobos atormentados e impelidos pelo Diabo a cometerem essa tragédia, o qual, por meio de diversas e vagabundas incursões e ações, preenchia os órgãos da fantasia dos loucos licantropos de lobisomens, e tão bem que eles pensavam e confessavam serem autores dessas incursões e ações desordenadas, de tanto que sua imaginação se corrompera."[7] Se em suas sentenças os parlamentos evocam conceitos médicos, não é para constatar a realidade dos fatos, nem a intervenção demoníaca, mas para mostrar que ela só pôde se produzir graças a um estado de irresponsabilidade – demência ou imbecilidade –, e que se é obrigado, de acordo com toda a jurisprudência criminal, a tratar

---

5. (N.A.) Lancre (P. de), *Tableau de l'inconstance des mauvais anges et démons, où il est amplement traité des sorciers et de la sorcellerie*, Paris, Jean Berjon et Nicolas Buon, 1612, p. 305. (Ed. crítica de N. J. Chaquin, Paris, Aubier, col. "Palimpseste", 1982. [N.d.E.]).
6. (N.A.) Bodin (J.), *De la démonomanie des sorciers, suivie de la réfutation des opinions de Jean Wier*, Paris, J. du Puys, 1580. (Reed. Paris, Hachette, 1975 [N.d.E.]).
7. (N.A.) Wier (J.), *De Praestigiis daemonum et incantationibus ac veneficiis*, Bâle, J. Oporinum, 1564 (*Cinq Livres de l'imposture et tromperie des diables, des enchantements et sorcelleries*, trad. J. Grévin, Paris, J. du Puys, 1567, p. 235).

esses réus como inocentes. A parte do Demônio é exatamente a parte da ilusão, da fraqueza e da imbecilidade, ou seja, a parte que, desde o direito romano, é inacessível à pena. Mas logo a situação se inverte por completo. Já havia muitos anos que a Igreja dava sinais de uma consciência crítica para com os fatos de bruxaria. O sínodo de Reims, em 1583, indicara com precisão as precauções a tomar antes de exorcizar as pessoas das quais se suspeitava estarem enfeitiçadas.[8] Em contrapartida, os parlamentos retomam a tradição da severidade. No final do século XVI, quando Marthe Brossier foi levada de cidade em cidade e exposta como possuída, foram as autoridades eclesiásticas que intervieram. E os Atos Capitulares de Orléans e de Cléry estabeleceram a proibição "extensiva a todos os padres da citada diocese de exorcizar Marthe Brossier sob pena de suspensão *a divinis*".[9] O bispo de Angers, Charles Miron, denuncia a trapaça. No fim das contas, foi preciso o arcebispo de Paris, depois de ter ordenado uma *expertise* médica,[10] coagir o parlamento de Paris que, por sua vez, suscitou uma contra-*expertise*,[11] e obter um despacho reenviando Marthe Brossier para sua cidade natal de Romorantin.[12]

---

8. (N.A.) "*Antequam ad exorcismum sacerdos se accingat, de obsessi hominis vita, conditione, fama, valetudine atque aliis circumstantiis, diligenter inquirat, et cum prudentibus quibus dam communicet. Falluntur enim aliquando nimium creduli et fallunt exorcistam non raro melancholici, lunatici et magicis artibus impediti, cum discunt se a doemone possideri atque torqueri, qui tanem medicorum reedio potius quam exorcistarum ministerio indigent.*" ("Antes de o padre tentar exorcizar, ele deve diligentemente informar-se da vida do possuído, de sua condição, de sua reputação, de sua saúde e outras circunstâncias; e comunicar-se com outras pessoas sensatas, prudentes e prevenidas. Pois muitas vezes os demasiado crédulos são enganados, e com frequência os melancólicos, lunáticos e enfeitiçados enganam o exorcista, dizendo que estão possuídos e atormentados pelo diabo: os quais, porém, necessitam mais do remédio do que do mistério dos exorcistas" [N.d.E.], citado em Marescot (M.), *Discours véritable sur le fait de Marthe Brossier, de Romorantin, prétendue démoniaque*, Paris, Patisson, 1599, p. 48.
9. (N.A.) Em data de 17, 18 e 19 de setembro de 1598. (Marescot, *op. cit.*, p. 45 [N.d.E].)
10. (N.A.) Tendo expertos Marescot, Ellain, Hautin, Riolan, Duret (*ibid*., p. 4).
11. (N.A.) Relatório em data de 3 de abril de 1599, que conclui: "Somos impelidos até esta hora por todas as leis de discurso e de ciências e quase forçados a crer essa moça demoníaca, e o diabo habitando nela o autor de todos esses efeitos", citado *ibid*., p. 17-23.
12. (N.A.) A própria Igreja não estava de acordo sobre o caso de Marthe Brossier e o abade de Saint-Martin, irmão do bispo de Clermont, foi a Roma para advogar o fato da possessão. Em vão: o cardeal de Ossat recusou-se a recebê-lo.

Mas esses primeiros sinais de uma oposição em que o zelo recuperado dos parlamentos se obstina contra o novo ceticismo das autoridades da Igreja anunciam, para os anos vindouros, um conflito muito mais grave. Não é notável que a maioria dos grandes processos de bruxaria no século XVII tenha tido os padres como vítimas? E também que os padres tenham se tornado cada vez mais frequentemente a causa primeira, e quase sempre as únicas causas, de encantamento? Foi o caso em todos os longos processos do país de Labourd; de Aix com Gaufridi, de Loudun com Grandier, ao passo que durante o Renascimento a coisa era bastante excepcional.[13] Em Louviers, Nancy e Rouen, os padres se comprometeram mais gravemente, sinal, sem dúvida, de que no final do Renascimento o padre passou a ter na consciência popular poderes estranhamente ambíguos, ou sinal, talvez, de que não mais se suporta essa ambiguidade e que se pratique, sob uma forma por vezes violenta, sua catarse. Mas é preciso reconhecer também que os parlamentos sempre tomavam cuidado de isolar o mais possível a responsabilidade do padre a fim de valorizá-la. De Lancre, que pertencia a essa mesma corte de Bordeaux onde, alguns anos antes, havia se manifestado tanta indulgência para lidar com um pastor, revolta-se sobretudo com os padres, ao longo da grande epidemia de 1610. Ele tem tanta consciência disso que busca uma justificação. Relembra o doutor de Poitiers condenado por ter prestado um culto ao Diabo: "Os mais doutos são os mais perigosos."[14] Enfatiza inclusive que a lei humana basta ali onde a lei divina não foi nem suficientemente formulada nem rígida o bastante. E justamente a lei dos homens exige que o padre, pelo caráter sagrado de sua pessoa, seja mais puro do que outro de qualquer relação com a bruxaria. Não é impossível que a Igreja tenha aceitado facilmente a ambivalência sagrada do padre e tolerado em silêncio haver nele um poder que participava ao mesmo tempo do divino e do demoníaco. A consciência civil da burguesia parlamentar sacrifica de bom grado o equívoco essencial desses poderes, em nome da ordem do Estado: o poder do padre deve ser desarmado de todos os perigos. É preciso que ele se acalme, seja mais simples e entre em harmonia com o bem da sociedade: "É muito perigoso

---

13. Citava-se como excepcional o caso de Guillaume de Lure, padre e pregador, condenado à morte, em Poitiers, em 12 de dezembro de 1453, porque havia sido suspeito de ter feito um pacto com o Diabo (citado *in* Lancre, *De l'inconstance*, livro VI, discurso 4, p. 493-494).

14. (N.A.) Lancre, *De l'inconstance*, livro VI, discurso 4, p. 493.

perdoar um padre por bruxaria, magia e crimes semelhantes, mesmo um padre que se encarregue das almas, pois é uma clemência mal assentada e muito perigosa para a república."[15] Há toda uma filosofia política do papel do padre ocultada nos textos de De Lancre. E, ao longo de tantos processos, vemos a dificuldade com a qual o padre, que a Idade Média e sobretudo o Renascimento – graças a todas as incertezas dogmáticas – haviam cumulado de um surdo poder mágico notadamente na província e nos campos, integra-se agora, no século XVII, em uma sociedade em vias de edificar-se. Os parlamentos realizam, em nome do bem maior da república, uma ampla tarefa de depuração. E, na influência oculta, um tanto misteriosa e jamais exatamente controlada, exercida pelo padre sobre suas ovelhas, tinham todas as condições de denunciar, retomando os temas da Inquisição, os poderes demoníacos do bruxo.

Diante dessa ofensiva, compreende-se que a atitude da Igreja tenha sido bem mal fixada. Como regra geral, parece que as ordens religiosas, seja pelo desejo de denunciar escândalos e suscitar milagres em sua atividade missionária, seja por hostilidade para com o clero secular, desempenharam de bom grado o papel de acusadores. Assim, foram os *cappuccinos* que organizaram as "*tournées*" de Marthe Brossier e os jesuítas que se esmeraram para convencer de bruxaria e de pacto satânico o prior Grandier. A Igreja secular, menos zelosa pela Contrarreforma, consideradas as circunstâncias locais que podiam fazer variar sua atitude, opõe, ao contrário, um ceticismo bastante metódico a todas as aparências de possessões diabólicas. Vimos a atitude do bispo de Angers e do arcebispo de Paris a respeito de Marthe Brossier. A fala do cardeal de Ossat, dizendo que "a melancolia tem efeitos tão raros que não é fácil distinguilos dos que em geral acompanham a demonomania",[16] é bem conhecida e com frequência referida ao século XVI. Zacchias

---

15. (N.A.) *Ibid.*, livro VI, discurso 4, p. 523-524.
16. (N.A.) Citado *in* Ducan (M.), *Apologie pour Marc Duncan, contre le Traité de la mélancholie, tiré des réflexions du sieur de La Mesnadière*, Paris, J. Bouillerot, 1635, p. 27. (Referência a Pilet de La Mesnadière, H. J., *Traité de la mélancholie, savoir si elle est la cause des effets que l'on remarque dans les possédés de Loudun*, La Flèche, 1635. O texto do cardeal de Ossat encontra-se em uma carta *Ao Rei*, de 19 de abril de 1600, *in Lettres au Roi Henri le Grand et à Monsieur de Villeroy*, parte II, livro 5, carta 52: "Quando se tratava de um particular ser ou não demoníaco, fazia-se tão obscuro (...) pela similitude entre os efeitos do humor melancólico e os do Diabo", Paris, Joseph Bouillerot, 1624, p. 115 [N.d.E.].)

pensa que muitos aparentes possuídos não são, na realidade, senão melancólicos. De todo modo, para ele é certo não haver possuídos verdadeiros sem uma predisposição que lhes vem de um humor aparentado com a bile negra. Isso se confirma, pois muitos médicos, como Delrio, constataram que, mesmo depois dos exorcismos, eram necessários, para curar os possuídos, remédios da medicina.[17] Por fim, foram as autoridades eclesiásticas que pediram às faculdades de medicina consultas e *expertises*. Disso é testemunho a que foi solicitada aos médicos de Montpellier, em 1670, onde a Igreja perguntava se de fato era preciso admitir com "sinais certos de possessão" os fenômenos que parecem ultrapassar a natureza, tão frequentemente encontrados nos possuídos.[18] É claro que as autoridades seculares da Igreja ficaram muito desconfiadas diante do zelo do clero regular, pois, em inúmeras circunstâncias, os bispos apelaram aos médicos a fim de evitar a ingerência conjugada dos parlamentos e das ordens.[19]

No fim das contas, parece que a Igreja secular saiu vitoriosa desse surdo conflito com o parlamento e os regulares, graças à intervenção do poder real. No começo do século, repetidas vezes o poder, seja por razões de política geral,[20] seja por razões de oportunidade,[21] escolhera sustentar os processos de bruxaria. Não lhe agradava, pelas próprias razões explicadas por De Lancre, que os padres se sentissem sempre impunes e escapassem em todos os casos às jurisdições civis. O controle do parlamento, o zelo dos regulares ajudavam-no, sem dúvida,

---

17. (N.A.) Zacchia (P.), *Quaestionum medico-legalium*, livro II, título I, questão 18, Lyon, 1701, p. 46. (Trata-se do padre Anton del Rio, autor do *Disquisitionum magicarum libri sex*, Lyon, Jean Pillehotte, 1608, e das *Controverses et Recherches magiques, divisées en six livres*, trad. A. Duchesne, Paris, Régnault Chaudière, 1611 [N.d.E.].)
18. (N.A.) Esse questionário concerne a: "O encurvamento, o arqueamento e agitação do corpo, a cabeça tocando, por vezes, a planta dos pés; a velocidade dos movimentos da cabeça para frente e para trás; o inchaço repentino da língua e da garganta; a imobilidade do corpo inteiro; o ganido e o alarido semelhante ao de um cão; o fato de responder em francês a perguntas formuladas em latim; incisões com lancetas feitas em diversas partes do corpo sem que delas saia sangue."
19. (N.A.) Por exemplo, na questão Toulouse, em 1681-1682, quatro moças apresentavam "movimentos convulsivos, estiramentos muscular, soluços, vômitos onde havia alfinetes espetados". O vigário-geral de Toulouse utiliza exorcismos falsos e apela aos médicos. O parlamento é obrigado a acatar.
20. (N.A.) Como nos processos do país de Labourd.
21. (N.A.) Foi provavelmente o caso na questão de Loudun.

em sua tarefa de reorganização civil da vida religiosa. Todavia, depois dos grandes conflitos com os parlamentos ocorridos na metade do século, e em seu esforço para constituir uma igreja galicana, o poder real mudou de atitude. Ele busca, ao contrário, e em toda a extensão possível, deter todos os procedimentos de bruxaria. A maioria dos parlamentos cede, o de Paris[22] em primeiro lugar. As questões de encantamento tornam-se ali cada vez mais raras. Outros, porém, se obstinam: em 1670, o de Rouen, um dos mais independentes ao longo do século XVII, condena muitos bruxos à fogueira e um bom número de cúmplices e suspeitos à prisão. Desta feita, o rei intervém e diretamente: ordena ao procurador-geral suspender as execuções, interromper os procedimentos em curso, comutar as penas de morte pronunciadas em exílio perpétuo. Ao primeiro presidente, ordena reunir o parlamento "para examinar, sobre a matéria dos sortilégios, se a jurisprudência desse parlamento deve ser preferencialmente seguida em relação à do parlamento de Paris e a outras do Reino que julgam diferentemente".[23]

Atacados, os juízes de Rouen respondem, enquanto a Igreja não diz uma palavra, como se esses processos de bruxaria não fossem mais sua questão, ou melhor, como se ela estivesse interessada em pôr um fim nisso. Aliás, em seu requerimento, o parlamento de Rouen não fala de religião, a não ser a título de precaução e de um irônico alerta ("a piedade de Vossa Majestade não bastará para introduzir durante seu reinado uma nova opinião contrária aos princípios da religião, para a qual, *Sire*, Vossa Majestade sempre e tão gloriosamente empregou seus cuidados e suas armas").[24] Os argumentos são civis e abrangem a ordem dos Estados. Nenhuma prova da intervenção demoníaca, poucas referências aos sinais perceptíveis de encantamento, mas um duplo e solene apelo: em todos os tempos, a jurisprudência mostrou o cuidado aplicado pelos Estados ordenados em castigar as bruxas; ainda hoje, o povo é lançado por essas

---

22. (N.A.) As últimas condenações importantes pela prática de bruxaria remontam a Henrique IV e à regência de Maria de Médicis, em 1608: condenação de Rousseau e Pelu; 1615: execução de Leclerc; 1616: condenação de Léger; cf. La Ménardaye (abade J.-B. de), *Examen et discussion critique de l'histoire des diables de Loudun, de la possession des religieuses ursulines et de la condamnation d'Urbain Grandier*, Paris, Debure, 1747, p. 408.
23. (N.A.) Citado *ibid.*, p. 405.
24. *Ibid.*, p. 414.

pessoas em um estado de perturbação e inquietude. "As populações gemem temendo as ameaças feitas por esse tipo de pessoas cujos efeitos são sentidos cotidianamente devido à ocorrência de doenças mortais e extraordinárias além de perdas surpreendentes de seus bens."[25] Foi nessa mesma época que Selden, na Inglaterra, escreveu: "A lei contra as bruxas não prova que elas existem; mas ela pune a malignidade dessas pessoas que servem de semelhantes meios a fim de retirar a vida dos homens. Se alguém professasse que girando três vezes o seu chapéu e gritando 'Bzzz' poderia tirar a vida de um homem, embora na realidade ele não pudesse fazer nada disso, seria igualmente justa uma lei feita pelo Estado segundo a qual, qualquer um que gire três vezes o seu chapéu gritando 'Bzzz' com a intenção de tirar a vida de um homem seja condenado à morte."[26]

Mas, nessa época, o rei muito se importa com a fidelidade de sua Igreja galicana para ouvir tais argumentos. Em 26 de abril de 1672, um despacho do Conselho de Estado ordena que em toda província da Normandia as prisões sejam abertas aos que ali estavam detidos em razão de crime de bruxaria. Por meio do mesmo despacho, ele promete enviar uma declaração "a todas as jurisdições da França, a fim de regulamentar os procedimentos que devem ser mantidos pelos juízes ao instruírem processos de magia e sortilégios".[27] Melhor dizendo, esses argumentos que o poder real parece não manter quando são propostos pelos parlamentos, o rei os ouve demasiadamente bem para deixar às jurisdições regulares o cuidado dessa repressão. Confia à câmara do Arsenal a grande questão dos Venenos que concerne de perto à bruxaria; aos chefes de polícia, reserva a repressão cotidiana; supostos possuídos dizendo-se bruxos e mágicos são enviados ao Hospital Geral e às prisões. O problema da partilha de suas responsabilidades não mais se apresenta: heresia e boa-fé, doença e dissimulação, ilusões sabiamente sugeridas ou ingenuamente recebidas, tudo isso irá se misturar, fora das decisões jurídicas, em um mundo confuso do grande internamento. A respeito de um tal Louis Guillou, internado em Bicêtre no ano 1704, dizem os registros

---

25. (N.A.) Citado *ibid.*, p. 405-406.
26. (N.A.) Citado *in* Huxley (A.), *Les diables de Loudun* (trad. J. Castier), Paris, Plon, 1953, p. 161.
27. (N.A.) Bayle, art. "Grandier", *in Dictionnaire historique et critique*, Roterdã, R. Leers, 1697, t. II, p. 591.

em uma extraordinária súmula de contradições: "É um desses falsos bruxos cuja impiedade sacrílega é tão real quanto seus segredos são impertinentes e ridículos."[28] A bruxaria só é pensada referida à ordem do Estado Moderno: a eficácia da operação é negada, mas não a intenção suposta por ela nem tampouco a desordem que ela suscita. O domínio de sua realidade transpôs-se para um mundo moral e social.

A última fase dessa evolução é muito mais simples. O final do século XVII foi ocupado, na França, pela repressão das minorias religiosas. A essas perseguições, jansenistas e protestantes respondem por toda parte em um movimento de exaltação que se desdobra de um fervor reduplicado, chegando ao profetismo, à organização de milagres, ao êxtase e aos transes. Fenômeno tradicional na maioria das religiões oprimidas. Por razões nem sempre coincidentes, o poder real e a Igreja estão de acordo contra os parlamentos, demasiado pouco severos para com os protestantes, com frequência suspeitos de complacência para com os jansenistas. As autoridades religiosas e civis recorrem, então, ao testemunho da medicina, mas por razões muito precisas. De um lado, trata-se de negar aos olhos do público o caráter sobrenatural dos fenômenos e convencê-lo, beneficiando-se do equívoco reinante entre loucura e dissimulação, doença e embuste, que se trata de fatos todos pertinentes ao domínio de possibilidade da natureza. Trata-se de mostrar que nenhuma fé religiosa deverá apoiar-se neles. Por outro lado, trata-se de evitar a intervenção possível e a indulgência provável dos parlamentos: a acusação de loucura permite enviar os culpados, sem julgamento, aos hospícios para internação. Entre fanatismo e loucura estabelece-se uma equivalência prática, dos quais os livros das prisões com frequência trazem testemunhos. Não encontramos nos registros de Saint-Lazare menção relativa a um homem internado por ter declarado, "em um tom profético, que a missa não é um sacrifício, mas, sim, um sacramento"? Assim, o que se poderia dizer de um tal homem a não ser "que se trata de um insensato ou de um fanático e que, sob um ou outro desses títulos, ele não poderia permanecer por muito tempo no lugar em que está?"[29]

---

28. (N.A.) B. N., acervo Clairambault, 985, p. 56. Para outros casos, cf. Arsenal, arquivos Bastille, MS. 10.441, 10.557, 10.590, 10.607 etc.
29. (N.A.) B. N., acervo de Clairambault, 986, p. 21-22.

A Igreja, porém, não poderia se satisfazer com esse "fanático ou insensato". É preciso demonstrar que o fanático *é* um insensato, que todos os "milagres", todos os fenômenos extraordinários que o circundam podem ser explicados por meio dos mecanismos mais bem estabelecidos da natureza. Dessa vez, é a própria Igreja que se tornou a mais obstinada em convocar o testemunho médico contra os fenômenos extáticos. A influência demoníaca, tão fácil de evocar para dar conta da heresia, é, dessa vez, objeto de desconfiança da Igreja, que não lhe dá um valor bastante redutor. Durante a guerra dos Camisards, Fléchier se dá conta disso tão bem que só recorrerá à explicação satânica na ocasião em que se dirigir aos padres de sua diocese.[30] Mas, quando fala aos fiéis, invoca a loucura, o delírio: "Seita plena de ilusões e mentiras (...), que põe na imaginação e na boca das crianças seus sonhos e suas visões, considerando as suas agitações e fantasias com operações do Espírito Santo."[31] Ele tenta inclusive uma explicação natural, semissociológica, semifisiológica, dos fenômenos de profetismo: "Essas pobres pessoas só ouviram falar de espécies de devoções. Sua imaginação se enchia dessas coisas. Viam nas assembleias essas representações com as quais incessantemente entretinham a si mesmas. Ordenavam-nas jejuar durante muitos dias, o que enfraquecia seu cérebro, tornando-as mais suscetíveis a essas visões ocas e crenças vãs. As caminhadas que faziam de paróquia em paróquia, de montanha em montanha para ali passarem dias e noites sem qualquer outra alimentação a não ser algumas maçãs e algumas nozes; os espetáculos e exortações contínuas a tudo deixarem a fim de estarem presentes na assembleia dos eleitos e fiéis, e nela fazerem, tal como os outros, predições imaginárias; a pequena glória de ser elevado em um teatro, de ser escutado como um oráculo, fazer cair para trás mil pessoas mediante uma única palavra; consagrar, por assim dizer, suas extravagâncias e tornar sua loucura venerável valendo-se da mistura de alguns textos mal aplicados

---

30. (N.A.) Fléchier, *Lettre du 3 septembre 1703 aux prêtres de son diocèse*: "Eles escutaram a voz enganadora dos sedutores. O sopro do demônio pareceu-lhes uma inspiração do Espírito Santo. Eles ensinaram para seus filhos a arte de tremer e de predizer coisas vãs. E em suas assembleias formaram-se conspirações" (*Oeuvres posthumes*, t. I: *Mandements et Lettres pastorales*, Paris, J. Estienne, 1712, p. 35).
31. (N.A.) *Ibid.*, p. 15-16.

da Santa Escritura, eram algumas das causas dessa corrupção quase geral."³² Um pouco mais tarde, Brueys o dirá de modo mais nítido: só não conhecendo "a máquina do corpo humano" é que se podem considerar os fenômenos de fanatismo "como coisas sobrenaturais"... "Mas o certo é que em geral não passa de uma verdadeira doença."³³

"Doença", no sentido em que se deve tomar a palavra na época do internamento: um mundo inteiramente penetrado pela má-fé, pela mentira, de aprendizagem erudita, de trapaça. Que os profetas do Vivarais ou os convulsionários de Saint-Médard sejam doentes não exclui, ao contrário, que sejam simuladores. Sua doença se desdobra segundo toda uma hierarquia de ilusão: desde a que é concertada pela mente mais forte até a que é recebida passivamente pelo cérebro mais fraco, imprimindo-se, fisicamente, em sua desordem. Com frequência, acusou-se Guillaume du Serre de ter angariado "um grupo de jovens tanto de um sexo como do outro"... "À força de fazê-los jejuar durante três ou quatro dias da semana durante um mês, ele dissecou seu cérebro, perturbou seus espíritos enchendo-os facilmente com quimeras... A fim de impor melhor à população, moldou-lhes o corpo e ensinou-os a fazer posturas capazes de despertar admiração."³⁴ Essas análises, todas inspiradas pela polêmica católica, já dão o tom aos textos médicos que, alguns anos mais tarde, retomarão os mesmos problemas. Da crítica religiosa à redução patológica, a trama é contínua. Eis aqui um texto da *Gazette d'Epidaure* que parece ser, para os convulsionários, a sequência exata do que Ouvreleuil escrevia a respeito dos fanáticos: "uma boa moça, minada de vapores, foi introduzida misteriosamente em um círculo numeroso onde as melhores cabeças não estavam menos esquentadas do que a sua. Deploram-se ali os malefícios da Igreja, a verdade ofuscada, reivindicam-se as promessas do

---

32. (N.A.) Fléchier, *Fidèle récit de ce qui s'est passé dans les assemblées des fanatiques du Vivarais*, in *Lettres choisies*, t. I, Lyon, De La Roche, 1735, p. 370-371.
33. (N.A.) Brueys (D. A. de), *Histoire du fanatisme de notre temps*, Paris, F. Muguet, 1692; 2. ed., Utrecht, H. C. Le Febvre, 1737, t. I, prefácio, p. 11.
34. (N.A.) L'Ouvreleuil (padre J.-B.), *Le fanatisme renouvelé, ou histoire des sacrilèges, des meurtres et des autres attentats que les calvinistes révoltés ont commis dans les Cévennes et des châtiments qu'on en a faits*, 1704-1706, 4 vol., 3. ed., Avignon, Seguin, 1868, p. 10-11.

Todo-Poderoso... Nossas vaporosas suspiram, soluçam. Uma cai em êxtase, outra em convulsão; uma ri, outra chora, outra reza. Agarram-nas, sacodem-nas, pressionam suas cabeças, perfuram-nas, dilaceram-nas, tostam-nas, tudo isso, no entanto, de modo a não matar nem estropiar ninguém".[35] A própria Igreja solicitou do pensamento médico esse positivismo crítico, que um dia deveria tentar reduzir toda experiência religiosa à imanência psicológica. Em certo sentido, Fléchier é responsável pelo artigo "Fanatismo" da *Enciclopédia*, já terrivelmente equivocado: "É o efeito de uma falsa consciência que abusa das coisas sagradas e submete a religião aos caprichos da imaginação e aos desregramentos das paixões... Diz-se que um chefe de polícia, para fazer cessar os prestígios do fanatismo, resolvera, de acordo com o químico célebre, parodiá-los na feira valendo-se de charlatães."[36]

O nascimento do positivismo médico, os valores ascéticos dos quais ele se encarregou só têm sentido em todo esse conjunto de conflitos políticos e religiosos. Ele não se desenvolveu por si mesmo em uma simples oposição às "superstições". Desde sua origem, ele foi capturado em uma trama complexa: as análises médicas inclinavam-se indiferentemente em um e outro sentido. Foi preciso um longo século de polêmica, toda a autoridade magistral da Igreja,[37] a intervenção do poder real, para que a loucura se tornasse a herdeira, no nível da natureza, de todo um mundo de transcendências que, outrora, circundavam a experiência religiosa.

---

35. (N.A.) Carta ao autor da *Cazette d'Épiduare*, assinada por Prudhomme, n. XV, t. I, 4 de maio de 1761, p. 115-116.
36. Deleyre, art. "Fanatismo", in *Encyclopédie, ou Dictionnaire raisonné des sciences, des arts et des métiers*, Paris, Le Breton, t. VI, 1756, p. 393-401.
37. Fenômenos semelhantes se passaram nos países protestantes (cf. a maneira pela qual os *quakers* foram tratados na Inglaterra e nos Países Baixos na segunda metade do século XVII.

1969

Títulos e Trabalhos

Titres et travaux, Paris, 1969. Plaquette, Paris, [s.n.]. (Apresentação de Michel Foucault por ele mesmo, por ocasião de sua candidatura ao Collège de France.)

TRABALHOS ANTERIORES

Em *História da loucura na idade clássica*, quis determinar o que se podia conhecer da doença mental, em uma dada época. Tal saber se manifesta, é claro, nas teorias médicas que nomeiam e classificam os diferentes tipos patológicos e tentam explicá-los. Nós o vemos aparecer também nos fenômenos de opinião pública – no velho medo suscitado pelos loucos, no jogo das credulidades que os circundam, na maneira como são representados no teatro ou na literatura. Aqui e ali, análises feitas por outros historiadores podiam me servir de guias. Contudo, uma dimensão me pareceu inexplorada: era preciso pesquisar como os loucos eram reconhecidos, postos à parte, excluídos da sociedade, internados e tratados. Quais instituições eram destinadas a acolhê-los e mantê-los, eventualmente a tratá-los? Quais instâncias decidiam sobre sua loucura e segundo quais critérios? Quais métodos eram empregados para coagi-los, castigá-los ou curá-los? Em suma, em que rede de instituições e de práticas o louco se encontrava a um só tempo cativo e definido? Ora, essa rede, quando examinamos o seu funcionamento e as suas justificativas dadas sobre ela na época, parece muito coerente e muito bem ajustada: todo um saber preciso e articulado encontra-se ali engajado. Foi quando um objeto delineou-se para mim: o saber investido nos sistemas complexos das instituições. Um método, então, se impôs: em vez de percorrer, como de bom grado se fazia, uma só biblioteca de livros científicos, era necessário visitar um conjunto de arquivos incluindo decretos, regulamentos, registros de hospitais ou de prisões, atos de jurisprudência. Foi no Arsenal ou nos Arquivos Nacionais que iniciei a análise de um saber cujo corpo visível não é o discurso teórico ou científico, nem tampouco a literatura, mas uma prática cotidiana e regulada.

O exemplo da loucura pareceu-me, porém, insuficientemente tópico. Nos séculos XVII e XVIII, a psicopatologia era ainda demasiado rudimentar para que se pudesse distingui-la de um simples jogo de opções tradicionais. Pareceu-me que a medicina clínica, no momento de seu nascimento, formulava o problema em termos mais rigorosos. No início do século XIX, ela se ligou às ciências constituídas ou em curso de constituição, tais como a biologia, a fisiologia, a anatomia patológica. Por outro lado, ela se ligava a um conjunto de instituições, tais como os hospitais e os estabelecimentos de assistência, às clínicas de ensino e também a práticas como as investigações administrativas. Perguntei a mim mesmo de que maneira, entre essas duas referências, um saber pôde nascer, transformar-se e desenvolver-se, propondo à teoria científica novos campos de observação, problemas inéditos, objetos até então despercebidos: como, em retorno, conhecimentos científicos haviam sido importados por ela e ganhado valor de prescrição e de normas éticas. O exercício da medicina não se limita a compor, em uma mistura instável, uma ciência rigorosa e uma tradição incerta. Ela é aparelhada como um sistema de saber com equilíbrio e coerência próprios.

Podíamos, assim, admitir domínios de saber que não poderiam identificar-se exatamente com as ciências sem serem, no entanto, simples hábitos mentais. Em *As palavras e as coisas*, tentei, então, uma experiência inversa: neutralizar, mas sem abandonar o projeto de um dia a ele retornar, todo um lado prático e institucional; considerar, em uma dada época, muitos domínios de saber (as classificações naturais, a gramática geral, a análise das riquezas, nos séculos XVII e XVIII) e examiná-los um por um a fim de definir o tipo de problemas apresentados por eles, os conceitos com os quais operavam, as teorias que punham à prova. Não apenas podia-se definir a "arqueologia" interna de cada um desses domínios tomados um por um, como também se percebiam, de um a outro, identidades, analogias, conjunto de diferenças que se precisava descrever. Uma configuração global aparecia: ela estava longe, é claro, de caracterizar o espírito clássico em geral, mas organizava de modo coerente toda uma região do conhecimento empírico.

Eu estava, então, em presença de dois grupos de resultados bem distintos: de um lado, constatara a existência específica e relativamente autônoma de "saberes investidos"; de outro, notara relações sistemáticas na arquitetura própria a cada um deles. Um ajuste se fazia necessário. Eu o esbocei em *Arqueologia do saber*: entre a opinião e o conhecimento científico, podemos reconhecer a existência de um nível particular que propomos chamar o nível do saber. Esse saber não toma corpo apenas nos textos teóricos ou instrumentos de experiência, mas em todo um conjunto de práticas e instituições. Contudo, ele não é seu resultado puro e simples, sua expressão semiconsciente. Com efeito, ele comporta regras que lhe são próprias, caracterizando, assim, sua existência, seu funcionamento e sua história. Algumas dessas regras são particulares a um só domínio; outras são comuns a muitos. Pode ainda ocorrer que outras sejam gerais durante uma época. Por fim, o desenvolvimento desse saber e suas transformações põem em jogo relações complexas de causalidade.

PROJETO DE ENSINO

O trabalho que se segue submete-se a dois imperativos: nunca perder de vista a referência de um exemplo concreto que possa servir de terreno de experiência para uma análise; elaborar os problemas teóricos com os quais aconteceu de me esbarrar ou que teria a ocasião de encontrar.

1. O setor escolhido como setor privilegiado e ao qual, durante certo tempo, me dedicarei, e o saber sobre a hereditariedade. Ele se desenvolveu ao longo do século XIX em seguida às técnicas de criação de gado, às tentativas feitas para melhoria das espécies, aos ensaios de culturas intensivas, aos esforços para lutar contra as epidemias animais e vegetais chegando à constituição de uma genética cuja data de nascimento pode ser fixada no começo do século XX. De um lado, esse saber respondia a exigências econômicas e a condições históricas muito particulares: as mudanças nas dimensões e nas formas de exploração das propriedades rurais, no equilíbrio dos mer-

cados, nas normas requeridas de rentabilidade, no sistema de agricultura colonial transformaram profundamente esse saber. Eles não modificavam apenas a natureza de sua informação, mas também sua quantidade e sua escala. Por outro lado, esse saber era receptivo aos conhecimentos que podiam ser adquiridos por ciências como a química ou a fisiologia animal e vegetal (testemunham isso a utilização de rações azotadas ou a técnica da hibridação tornadas possíveis pela teoria da fecundação vegetal definida no século XVIII). Mas essa dupla dependência não lhe retira suas características e suas formas de regulação interna: ele possibilitou tanto técnicas adaptadas (como as de Vilmorin para a melhoria das espécies) como conceitos epistemologicamente fecundos (como o do traço hereditário especificado, quando não definido, por Naudin). Darwin não se enganou ao encontrar nessa prática humana da hereditariedade o modelo que lhe permitiu compreender a evolução natural das espécies.

2. Quanto aos problemas teóricos que se precisará elaborar, penso podermos reuni-los em três grupos.

Em primeiro lugar, será preciso buscar dar um *status* a esse saber: onde balizá-lo, entre quais limites e quais instrumentos escolher para fazer sua descrição (no exemplo proposto, vê-se que o material é enorme, indo dos hábitos quase mudos e transmitidos pela tradição até as experimentações e preceitos devidamente transcritos). Será preciso também pesquisar quais foram seus instrumentos e seus canais de difusão, e se ele se difundiu de maneira homogênea em todos os grupos sociais e em todas as regiões. Enfim, será preciso tentar determinar quais podem ser os diferentes níveis de um tal saber, seus graus de consciência, suas possibilidades de ajustamento e de retificação. O problema teórico que aparece, então, é o de um saber social e anônimo que não toma como modelo ou fundamento o conhecimento individual e consciente.

Outro grupo de problemas concerne à elaboração desse saber em discurso científico. Essas passagens, essas transformações e esses limites constituem, em certo sentido, a gênese de uma ciência. Mas, em vez de pesquisar, como foi feito em alguns projetos de tipo fenomenológico, a origem primeira de uma ciência, seu projeto fundamental e suas condições radicais de possibilidade, se tentará assistir aos começos insidiosos e múltiplos de uma ciência. Por vezes é possível encontrar e datar o texto decisivo que constitui para uma ciência o seu ato de nascimento, seu alvará inicial (no domínio que me servira de exemplo, os textos de Naudin, Mendel, De Vries ou Morgan, podem, sucessivamente, preencher esse papel). O importante, porém, é determinar qual transformação teve de ser realizada antes, em torno e dentro dele, para que um saber pudesse ter o *status* e a função de conhecimento científico. Em uma palavra, trata-se do problema teórico da constituição de uma ciência quando se quer analisá-la não em termos transcendentais, mas em termos de história.

O terceiro grupo de problemas concerne à causalidade na ordem do saber. Há muito tempo se estabeleceram correlações globais entre acontecimentos e descobertas, ou entre necessidades econômicas e o desenvolvimento de um domínio de conhecimentos (sabemos, por exemplo, a importância das grandes epidemias vegetais do século XIX no estudo das variedades, de sua capacidade de adaptação e estabilidade). Mas é preciso determinar de maneira muito mais precisa como, por quais canais e segundo quais códigos o saber registra, não sem escolha ou modificação, fenômenos que lhe eram até então exteriores, como ele se tornou receptivo a processos que lhe são estranhos, como, enfim, uma modificação produzida em uma de suas regiões ou em um de seus níveis pode ser transmitida alhures e ali produzir efeitos.

A análise desses três grupos de problemas fará, sem dúvida, aparecer o saber em seu triplo aspecto: ele caracteriza, reagrupa e coordena um conjunto de práticas e instituições; ele é o lugar incessantemente em movimento da constituição das ciências; é o elemento de uma causalidade complexa na qual se encontra cativa a história das ciências. Uma vez que em dada época ele tem formas e domínios bastante específicos, podemos decompô-lo em muitos sistemas de pensamentos. Assim: não se trata de modo algum de determinar *o* sistema de pensamento de uma época definida, ou alguma coisa como sua "visão de mundo". Trata-se, muito ao contrário, de balizar diferentes conjuntos, cada um deles portador de um tipo de saber bastante particular, quais ligam comportamentos, regras de conduta, leis, hábitos ou prescrições, formando, assim, configurações a um só tempo estáveis e suscetíveis de transformação. Trata-se, também, de definir entre esses domínios relações de conflito, de vizinhança ou de troca. Os sistemas de pensamento são formas nas quais, em um dado momento, os saberes se singularizam, alcançam seu equilíbrio e entram em comunicação. Em sua formulação mais geral, o problema encontrado por mim talvez não deixe de ter analogia com o que a própria filosofia formulou há algumas dezenas de anos. Entre uma tradição reflexiva da consciência pura e um empirismo da sensação, a filosofia se deu como tarefa encontrar não a gênese, não o laço, nem mesmo a superfície de contato, mas uma terceira dimensão: a da percepção e do corpo. A história do pensamento exige, talvez, um reajuste da mesma ordem. Entre as ciências constituídas (das quais com frequência se fez a história) e os fenômenos de opinião pública (que os historiadores sabem tratar), seria preciso empreender a história dos sistemas de pensamento. Todavia, liberando assim a especificidade do saber, não definimos apenas um nível de análise histórica até aqui negligenciado; poderíamos muito bem ser obrigados a reinterrogar o conhecimento, suas condições e o *status* do sujeito que conhece.

1972

As Grandes Funções da Medicina em Nossa Sociedade

"Les grandes fonctions de la médecine dans notre société", *Psychiatrie Aujourd'hui*, n. 10: *La faute du docteur Carpentier*, setembro de 1972, p. 15-16. (Intervenção de Michel Foucault na Conferência de imprensa do Dr. J. Carpentier, 29 de junho de 1972.)
Solicitado pelos alunos do liceu de Corbeil, punidos por namorarem no liceu, a fazer uma intervenção, o Dr. Carpentier redigiu e distribuiu, em maio de 1971, um folheto intitulado "Aprendamos a fazer amor". Os pais dos alunos se queixaram. Um ano depois, o Conselho da Ordem suspendeu por 12 meses o Dr. Carpentier.

É muito simples, a questão é a seguinte: o que se pode fazer nesse *affaire*? Porque, afinal, penso que essa questão, é claro, é a sua, mas, em um certo sentido, ela nos concerne.

Há pouco eu estava lendo os considerandos de sua condenação e vejo que a Ordem dos Médicos sentiu-se atacada pelo que você fez, no que constitui praticamente as grandes funções da medicina em nossa sociedade.

Ela sentiu-se atacada:

1. Porque sua prática não é inteiramente individualista e secreta. Ora, a medicina funciona, em nossa sociedade, como prática individualista de *tête-à-tête*, de diálogo "médico-doente", como dizem, e no segredo.

2. Ela o reprova por não ter levado em conta diferenças de idade e de meio, quando, com efeito, uma das grandes funções da medicina de nossa sociedade é manter, reconduzir, apoiar todas as diferenças, todas as segregações, todas as exclusões que pode haver em questões de idade e de meio: a medicina operária não é a medicina burguesa, a medicina das crianças não deve ser a dos adultos etc. E nisso eles se sentem atacados pelo que você fez.

3. Eles o censuram por ser ter incitado crianças a práticas que, dizem, "normais ou não, só podem acarretar problemas psíquicos". Ora, desde o século XVIII uma das grandes funções da medicina, da medicina psíquica, psiquiátrica, psicopatológica, neurológica, foi precisamente substituir a religião e reconverter o pecado em doença, mostrar que aquilo que era um pecado talvez não fosse punido naquele tempo, mas certamente o será agora. Essa foi uma das grandes funções da medicina no século XVIII.

4. Vejo, nesse texto, que a Ordem dos Médicos o desaprova por ter feito um escândalo, ou seja, o que eles chamam de publicidade, enfim, o que é público e chamam de escândalo, e por ter feito recair esse escândalo sobre a profissão médica, quer dizer: a profissão médica, a medicina, a prática médica tem por função manter todos os grandes tabus da moral, da moral burguesa, da moral de nossa sociedade e, por conseguinte, quando a lei moral, os hábitos morais, os tabus morais de nossa sociedade são atacados, é papel fundamental da medicina passar imediatamente à primeira linha e lançar a contraofensiva. Trata-se, aqui, da medicina como guardiã da moralidade, da moralidade simplesmente.

5. Por fim, observo, sempre nesse mesmo parágrafo, que essas práticas consideradas um pouco mais acima como "normais ou não" foram bruscamente, no final, definidas como "abuso", ou seja: a medicina teria ao mesmo tempo uma função judiciária. A medicina define não somente o que é normal e o que não o é, mas, por fim, o que é lícito ou ilícito, criminal ou não criminal, o que é abuso ou prática maligna. A utilização das *expertises* psiquiátricas na justiça é também, mesmo aqui, uma dessas funções. Por fim, penso que toda a medicina em seu funcionamento a partir do século XVIII ou XIX foi atacada por você e, com efeito, ela se defende ali onde foi atacada, isto é, por toda parte. Ora, acredito que o funcionamento da medicina não satisfaça uma certa parte dos médicos atuais. Ademais, o funcionamento tradicional da medicina tampouco satisfaz às pessoas que somos, a saber: pura e simplesmente clientes. Não somos senão clientes da medicina. Então, se concordamos com você quanto a não aceitar essas quatro ou cinco grandes funções da medicina tradicional, o que poderemos fazer, médicos ou não, para atacá-la, com ou sem você, a fim de impedir a ordem dos médicos de prosseguir na contraofensiva, ou seja, em querer reconduzir as funções tradicionais da medicina?

1973

O Mundo É um Grande Hospício

"O mundo é um grande hospício" ("Le monde est un grand asile"; coletado por R. G. Leite; trad. P. W. Prado Jr.), *Revista Manchete*, 16 de junho de 1973, p. 146-147.

O século XIX marca o início de uma etapa importante: a monarquia desaparece do mundo. Ora, a monarquia foi um sistema político no qual o poder era exercido por alguém que o adquiria hereditariamente. Com o final do absolutismo, o poder começou a ser exercido por meio da intervenção de um certo saber governamental, que abarca os conhecimentos dos processos econômicos, sociais e demográficos. Assim, o poder começa a se ligar ao conhecimento. As ciências políticas, econômicas, humanas passam por um verdadeiro renascimento, pois os dirigentes sabem que não se pode governar sem um saber. A qualidade do saber qualifica o governo. Durante o século XIX e a primeira metade do século XX, o saber político devia ser obrigatoriamente associado ao desenvolvimento econômico, suscitando a sua decolagem. Ao longo dos anos, viu-se que o desenvolvimento econômico produz também efeitos negativos na vida dos indivíduos, de modo que a sabedoria do poder reside agora na correção constante dos efeitos produzidos por esse desenvolvimento.

Hoje, o mundo está evoluindo rumo a um modelo hospitalar, e o governo adquire uma função terapêutica. A função dos dirigentes é adaptar os indivíduos aos processos de desenvolvimento, segundo uma verdadeira ortopedia social. Vejam o que acontece na França, por exemplo, nas chamadas HLM (Habitação de Aluguel Moderado). As pessoas que ali habitam são forçadas a manter um nível de vida que não corresponde às suas possibilidades financeiras. Hoje, na França, cabe aos assistentes sociais fazer o *budget* doméstico dessas pessoas.

A terapia médica é uma forma de repressão. O psiquiatra, hoje, é uma pessoa que determina categoricamente "a normalidade" e "a loucura". A importância da antipsiquiatria está no fato de ela pôr em dúvida toda uma certeza do médico, o poder que ele tem de decidir dobre o estado mental de um indivíduo. Outra questão importante é saber quem vai exercer o poder de normalização. O psicólogo? O médico? O psicanalista? O psiquiatra? Quem terá o direito de prescrever "o tratamento" de um doente mental? Quase sempre, entendemos como pessoa anormal um ser que rompeu com o meio ambiente em que vive. Em geral, os médicos retiram esse indivíduo de seu meio e o isolam em hospitais, casas de saúde, clínicas. Mas como readaptá-lo ao seu meio? Essa é a falha dos psiquiatras. O tratamento deveria ser feito no próprio ambiente onde vive a pessoa, não nos divãs e consultórios afastados do lugar onde ela reside. Nesse caso, podemos nos confrontar ainda com uma segunda hipótese, já que estamos tratando das relações entre o indivíduo e o meio social: o doente não poderia ser o grupo social? A sociopatia já começa a ser estudada com profundidade na França.

O psicólogo também exerce um certo tipo de poder ao decidir sobre o caminho que uma pessoa deverá tomar. Ele decide praticamente o futuro de uma pessoa ao determinar o que uma criança deve ou não aprender, ou quando afirma que a vocação de um jovem é ser, por exemplo, engenheiro e advogado. A terapia de grupo também é um perigo, pois põe um grupo de indivíduos nas mãos de um poder autoritário exercido pelo psicólogo.

O mundo é um grande hospício, onde os governantes são os psicólogos e o povo, os pacientes. E, a cada dia que passa, o papel desempenhado pelos criminologistas, pelos psiquiatras e todos os que estudam o comportamento mental do homem torna-se cada vez maior. Razão pela qual o poder político está em vias de adquirir uma nova função: a função terapêutica.

Eu me considero um jornalista, uma vez que meu interesse é a atualidade, o que acontece à nossa volta, o que somos e o que se passa no mundo. A filosofia, até Nietzsche, tinha como razão de ser a eternidade. O primeiro filósofo jornalista foi Nietzsche. Ele introduziu o hoje no campo da filosofia. Antes, o que o filósofo conhecia era o tempo e a eternidade. Nietzsche, porém, tinha a obsessão da atualidade. Penso que o futuro, somos nós que o fazemos. O futuro é a maneira como reagimos ao que acontece, a maneira como transformamos em verdade um movimento, uma dúvida. Se quisermos ser os mestres de nosso futuro, devemos fundamentalmente formular a questão do hoje. Por isso, para mim, a filosofia é uma espécie de jornalismo radical.

1975

Hospícios. Sexualidade. Prisões

"Hospícios. Sexualidade. Prisões" ("Asiles. Sexualité. Prisons"; entrevista com M. Almeida, R. Chneiderman, M. Faerman, R. Moreno, M. Taffarel-Faerman; coletado em São Paulo por. C. Bojunga; trad. P. W. Prado Jr.), *Revista Versus*, n. 1, outubro de 1975, p. 30-33. (M. Foucault dava, então, uma série de conferências sobre "A psiquiatrização e a antipsiquiatria" na Universidade de São Paulo.)

— *Quando e como você começou a se interessar pelo problema da repressão: hospícios, sexualidade, prisões?*

— Isso deve ter acontecido quando comecei a trabalhar num hospital psiquiátrico, entre 1953 e 1955, onde eu fazia estudos de psicologia. Tive, então, uma dupla chance: a de conhecer um hospital psiquiátrico não como doente nem como médico. Não sendo médico, não detinha privilégios nem exerça poderes. Eu era um indivíduo "misto", duvidoso, sem um *status* definido, o que me permitia circular à vontade e ver as coisas com mais ingenuidade. Foi o ponto de partida biográfico. A historieta. O que tentei explicar em minha lição na Universidade de São Paulo é que, depois do final do nazismo e do stalinismo, formulou-se o problema do funcionamento do poder no interior das sociedades capitalista e socialista. E quando menciono o funcionamento do poder, não me refiro apenas ao problema do aparelho de Estado, da classe dirigente, das castas hegemônicas..., mas também a toda essa série de poderes cada vez mais tênues, microscópicos, que são exercidos sobre os indivíduos em seus comportamentos cotidianos e até mesmo em seus próprios corpos. Vivemos imersos na rede política do poder, e ele é que está sendo questionado. Em minha opinião, depois do final do nazismo e do stalinismo, todo mundo se formula essa questão. É o grande problema contemporâneo.

Gostaria de acrescentar que, em relação a ele, há duas maneiras de pensar e pesquisar, duas maneiras interessantes, mas das quais me separo por completo. A primeira é uma certa concepção marxista, ortodoxa ou tradicional, pronta a levar em conta esses problemas para, em seguida, reintegrá-los na velha questão do aparelho de Estado. Foi a tentativa de Althusser com sua noção de "aparelho ideológico do Estado". A segunda é a corrente estruturalista, linguística, semiológica, que consiste em reduzir esse problema à sistematicidade no nível do significante. São duas maneiras, uma marxista e outra universitária, de reduzir esse conjunto de problemas concretos surgidos depois da Segunda Guerra.

– *Em seus trabalhos, a repressão, em seus diversos níveis de manifestação, se exerce sempre de maneira mistificadora. Ela necessita de mistificação. O trabalho do intelectual seria descobrir o que a mistificação do poder esconde... é isso?*

– Sim..., é o que acontece há alguns anos. O papel do intelectual consiste, já há algum tempo, em tornar visíveis os mecanismos de poder repressivos exercidos de maneira dissimulada; mostrar que a escola não é somente uma maneira de ensinar a ler, escrever e comunicar o saber, mas também um modo de impor. O mesmo acontece em relação à psiquiatria, que foi o primeiro dos domínios nos quais tentamos diagnosticar essa imposição. O aparelho psiquiátrico não foi feito para curar, mas para exercer um poder determinado sobre uma certa categoria de indivíduos. A análise, porém, não deve se deter aqui. Ela deve mostrar que o poder é ainda muito mais pérfido do que isso: ele não consiste apenas em reprimir – impedir, opor obstáculos, punir –, mas penetra ainda mais profundamente do que isso ao criar o desejo, ao provocar o prazer, produzindo saber. Nesse sentido, é muito difícil livrar-se do poder, pois, se sua função se limitasse a excluir, impedir ou punir, como um supereu freudiano, uma tomada de consciência seria suficiente para suprimir os seus efeitos, ou ainda para subvertê-lo. Penso que o poder não se contenta em funcionar como um supereu freudiano. Ele não se limita a reprimir, a demarcar o acesso à realidade, a impedir a formulação de um discurso: o poder trabalha o corpo, penetra no comportamento, mistura-se com o desejo e o prazer. É, pois, nesse trabalho que ele deve ser surpreendido e, apesar dessa análise ser difícil, é o que deve ser feito.

– *Então, o poder é mais poderoso do que a gente imaginava?*

– É o que eu penso, assim como pessoas que trabalham na mesma linha que eu: procuramos fazer uma análise do poder mais sutil do que a realizada até hoje. De um modo geral, eu diria que a antipsiquiatria de Laing e Cooper, entre os anos 1955 e 1960, marcaram o início dessa análise crítica e política dos fenômenos do poder. Penso que, entre 1970 e 1975, análises do poder, análises críticas, tanto teóricas quanto práticas, giraram essencialmente em torno da noção de repressão: denunciar o poder repressivo, torná-lo visível, lutar contra ele. Mas, logo depois das mudanças operadas em 1968, foi preciso abordá-lo em um outro registro. Não avançaríamos se continuássemos a formular o problema nesses termos: temos de prosseguir com a análise teórica e política do poder, mas de outra maneira.

– *Em que medida Cooper e Laing contribuíram de modo original para a psiquiatria?*

– Laing e Cooper introduziram uma nova maneira de se relacionar com a loucura, diferente da maneira psiquiátrica e médica. A ideia de que a loucura é uma doença é historicamente recente. Até o século XVIII aproximadamente, o louco não tinha o *status* de doente. E, nessa época, quando ele se tornou doente, ocorreu uma tomada do poder médico sobre a loucura, e uma série de fenômenos foram relacionados a ela: essencialmente, as anomalias do comportamento, as anomalias sexuais etc. O que Laing, Cooper e Bettelheim fizeram, o que Szasz fez, cada um à sua maneira, foi cessar de abordar de modo médico esses fenômenos de irregularidade no comportamento. Ser louco, para Laing e Cooper, não é uma maneira de estar doente. Em relação à psiquiatria, isso significou uma ruptura muito importante.

– *Essa ideia não está contida em seu livro* História da loucura na idade clássica?

– Não, não. Quando escrevi *História da loucura* eu não conhecia a obra de Laing e de Cooper. Eles também não conheciam meu trabalho. Meu livro foi publicado na França em 1960. Os primeiros livros de Laing e Cooper foram lançados em 1958-1959, e foi Cooper quem traduziu o meu livro para o inglês. São trabalhos contemporâneos, embora nos ignoremos mutuamente. É interessante: Szasz e Bettelheim trabalham nos Estados Unidos, Laing e Cooper, na Grã-Bretanha, Basaglia, na Itália. Todos desenvolveram seus trabalhos em função de suas práticas médicas respectivas. Na França, não foi um médico que realizou esse trabalho, mas um historiador como eu. Seria interessante saber por que a antipsiquiatria não foi retomada pelos médicos franceses a não ser muito ultimamente. A partir de 1960, aconteceu esse fenômeno de pessoas que não se conheciam entre si trabalharem na mesma direção.

– *Por que houve essa convergência internacional no sentido de se reconsiderar o fenômeno da loucura?*

– Podemos fazer essa mesma pergunta a respeito de diversos fenômenos. Por exemplo, o movimento estudantil no mundo. Entre os estudantes de Nanterre e os de Berkeley, em 1968, não houve nenhuma ligação. Naquele ano, eu estava em Túnis e no mês de março aconteceu um movimento de contestação e de luta estudantil brutalmente reprimido, com uma violência muito superior à que foi empregada em outros locais. Algumas pessoas chegaram a receber a pena de 15 anos de prisão por terem feito greve durante um único dia. O mesmo aconteceu em outros países, na Alemanha Federal etc. Movimentos sem nenhuma comunicação explícita, sem que se pudesse dizer que um determinado movimento teria se deslocado de tal lugar a tal outro. Alguma coisa semelhante aconteceu nas prisões. Na Europa e nos Estados Unidos, em um espaço de seis meses, as rebeliões se propagaram como fogos de artifício: Attica, Nancy, Toul e Milão... Ora, entre duas prisões as comunicações são modestas. Certamente, o problema dos poderes e do funcionamento dos poderes no interior da sociedade é o problema de nossa geração.

– *Como foi a sua última viagem à Espanha?*[1]

– Não é necessário ser um especialista dos problemas das prisões para não digo analisar o que acontece na Espanha, mas, sim, pelo menos, reagir contra o que ocorre por lá. Os acontecimentos são conhecidos: de fato, foi um rapto e uma execução de reféns. Os processos instaurados ao longo das últimas semanas e que se concluíram com 11 condenações à morte, das quais cinco já foram executadas, foram processos organizados em condições totalmente inadmissíveis. Condenaram essas pessoas sem nenhuma prova de culpabilidade. Sem sequer advogados, pois estes foram expulsos e substituídos

---

1. Ver nº 158, vol. II da edição francesa desta obra. Esse texto será publicado no volume VIII da edição brasileira desta obra.

por outros que, por sua vez, foram expulsos também, sendo, por fim, substituídos por oficiais do exército nomeados advogados de defesa. Não havia provas, ou melhor, havia provas negativas de que um dos acusados se encontrava no local do "atentado" pelo qual ele fora condenado. Todas essas pessoas foram condenadas à morte, e, dentre elas, cinco foram executadas unicamente para fazer pressão nos grupos políticos aos quais pertenciam. É uma maneira de dizer: "é claro que eles não são culpados, mas mataremos cinco entre os 11. E se os atentados continuarem, se a luta política continuar, mataremos os outros quatro que mantemos na prisão". Para dizer a verdade, foi um rapto seguido de morte que os grupos, mesmo os mais extremistas e violentos, não praticam.

– *E as consequências na Espanha?*

– Não tivemos muito tempo para nos darmos conta disso. Porém, o que nos apavorou foi sentir a presença forte do fascismo. Tínhamos lembranças de infância da França sob a ocupação alemã. Depois, perdemos contato com essa presença. Mas lá, nós a sentimos. Fomos detidos pela polícia espanhola no *hall* do hotel, no momento em que concedíamos uma entrevista coletiva à imprensa estrangeira. Havia muitos espanhóis que ali estavam por outras razões: conversando com amigos, flertando etc. Ficamos chocados com o fato de que, quando a polícia chegou, os espanhóis pararam de nos ouvir. Nada estava acontecendo com eles, ou ao lado deles. E havia aproximadamente 50 policiais armados e uniformizados: uma cena nada habitual para um *hall* de hotel. Os jornalistas saíram algemados e fomos levados em furgões blindados até o aeroporto. À altura da Praça de Espanha, vimos uma multidão que acompanhava a cena. E ali reencontramos o espetáculo que já conhecêramos durante a ocupação alemã: o silêncio da multidão que vê e não diz nada. Sentimos a simpatia das pessoas por nós, do outro lado da barreira dos guardas e dos policiais. Pessoas que reconheciam uma cena familiar e diziam: "mais presos". Pessoas que constataram uma vez mais os mesmos rituais, depois de tanto tempo. Era patético: a presença do fascismo inscrita no corpo e no comportamento das pessoas a ele submetidas.

– *Como você vê a relação entre seu trabalho intelectual – sobre a psiquiatria, as prisões, as escolas etc. – e a prática da sociedade?*

– Nosso trabalho está começando. Há 10 anos, fizemos uma denúncia violenta, brutal e mesmo grosseira, do que estava acontecendo nas instituições. Acho que foi necessário. Não podíamos continuar a nos contentar com projetos de reforma, tentativas de atenuação, programas de aperfeiçoamento. Isso nunca levou a nada. Foi preciso situar o debate no nível político, destituindo os psiquiatras e os médicos do direito de propor somente reformas que lhes eram convenientes, ligando isso a um outro tipo de crítica e de denúncia do que acontecia tanto nas escolas, nos hospitais, como nas prisões. Foi preciso mostrar como se formavam os centros de poder para atacá-los não por meio de uma crítica especulativa, mas, mediante uma organização política real, criar grupos que, no interior dos hospícios, questionassem algumas formas de disciplinas e de exercício do poder. Contudo, isso não resolvia uma série de problemas que continuavam a se apresentar: muitas pessoas não conseguiam trabalhar, outras não conseguiam ter uma vida sexual. A crítica operada pela antipsiquiatria não resolveu esse problema. O essencial, porém, é que esses problemas não são mais reinvestidos pelo poder médico, que, ao atribuir-lhes um *status*, os neutraliza. Existem atualmente na França grupos de doentes, como eram chamados – esse termo é equívoco, pois deveríamos dizer: pessoas que têm dificuldades ou problemas –, que formam pequenas comunidades, tentam resolver seus problemas apoiando-se uns nos outros, apelando a pessoas do exterior como "reguladores". Eles são os autogestores de seus próprios problemas.

– *O que você pensa da psicoterapia de um modo geral?*

– Isso é difícil de responder por duas razões. A psicoterapia abarca um tal número de práticas diferentes, das quais umas não passam de charlatanismo, outras são a aplicação do poder psiquiátrico mais tradicional no nível da clientela privada. A gama é enorme. Existem até coisas muito interessantes. Não posso tomar partido nessa questão. Em suma, penso que os intelectuais não devem recomeçar a desempenhar o papel que se atribuíram durante muito tempo, que é o do legislador moral, o de ser a boa e a má consciência em todos os domínios. O papel do intelectual é o de se ligar a pessoas concernidas pelo tema de seu interesse. Portanto, me recuso a tomar posição ou a emitir ideias gerais sobre domínios aos quais não estou ligado. Durante muitos anos, passei dias e dias nos hospitais psi-

quiátricos. Estive numa prisão e, por alguns meses,[2] participei de grupos de ex-prisioneiros ou de famílias de prisioneiros. Com a psicoterapia, não tenho contatos precisos.
– *Você já foi psicanalisado?*
– Experimentei duas vezes e acabei por abandonar três ou quatro meses depois, totalmente enfadado...
– *Que tipo de análise?*
– A análise freudiana mais tradicional possível.
– *Há muito tempo?*
– Quando eu era estudante. A segunda vez foi uns 10 anos mais tarde.
– *Na França, a psicanálise é muito difundida, não?*
– Não saberia responder em termos quantitativos. Mas posso dizer que até o livro de Deleuze (*O anti-Édipo*)[3] não havia intelectual francês, de uma certa envergadura, que não tivesse sido psicanalisado. Havia duas atividades absolutamente fundamentais: quem não estava escrevendo um livro nem tagarelando com seu psicanalista não tinha lugar no mundo parisiense. Houve uma brusca e saudável reação a isso.
– *Como?*
– O livro de Deleuze é a crítica mais radical da psicanálise de todos os tempos. Uma crítica que não é feita do ponto de vista da direita, de uma psiquiatria tradicional, em nome do bom-senso, em nome – como foi o caso de crítica de Sartre – da consciência, da consciência cartesiana, em nome de uma concepção extremamente tradicional do sujeito. Deleuze a fez em nome de alguma coisa nova e com muito vigor, o que provocou uma aversão física e política à psicanálise.
– *O Movimento Francês de Liberação das mulheres questionou a psicanálise...*
– Sim, por causa do caráter masculino, falocêntrico, da prática psicanalítica.
– *E sua crítica a respeito da sexualidade?*
– Durante 10 ou 15 anos se fez uso, de modo um tanto grosseiro, da noção de repressão, do poder como algo repressivo. Uma análise mais refinada demonstra que o que reprime é outra coisa, que a repressão tem efeitos a um só tempo positivos

---

2. Acompanhando a psicóloga da prisão de Fresnes, nos anos 1950.
3. Deleuze (G.) e Guattari (F.), *Capitalisme et schizophrénie*, t. I: *L'Anti-Oedipe*, Paris, Éd. de Minuit, 1972.

e muito difíceis de esclarecer. Tomemos o exemplo da sexualidade infantil, mais precisamente o da interdição da masturbação, um fenômeno extraordinário que apareceu brusca e recentemente: em 1710, na Grã-Bretanha, 1743, na Alemanha, 1760, na França. Uma interdição fundamentada num imperativo generalizado, um alarme da primeira metade do século XVIII. Basta olhar as coisas de perto para observar que, na sociedade, não houve interdição do incesto, mas da masturbação. Não a relação com o outro, mas a relação com seu próprio corpo. O poder político não se interpôs entre a criança e seus pais, entre a criança e sua mãe dizendo-lhe: "tu não a tocarás". Não, o poder político agiu de maneira mais próxima, mais além do próprio indivíduo, dizendo-lhe que ele não devia tocar-se. É curioso ver, nos textos dessa época, os últimos textos cristãos do século XVIII referidos à "direção da consciência", que o problema da relação com seu próprio corpo é fundamental. Fato aparentemente negativo e repressivo, ele constitui pouco a pouco, para dizer a verdade, a modalidade específica da sexualidade infantil. E se a sexualidade infantil assumiu o aspecto que oferece nos dias de hoje, isso se deve ao poder que a controlou por meio da masturbação, um poder que parece não ter sido feito apenas de interditos. Eu me propus analisar o trabalho do poder político sobre o corpo da criança e no interior de sua própria família e em suas relações com os pais. A noção de interdito e de lei repressiva me pareceu excessivamente esquemática para explicar o que aconteceu.

– *Há alguma diferença entre o homem e a mulher no que concerne a essa questão da repressão da masturbação? A clitoridectomia não foi uma prática mais radical?*

– Há já um ano que esse problema me preocupa. No ano passado, quando uma moça me falou desse problema eu lhe respondi que não via nenhuma diferença. E a que existe não me parece fundamental. Como forma repressiva, a clitoridectomia foi amplamente utilizada na Europa contra a masturbação feminina. Mas, por volta dessa mesma época, e mesmo um pouco antes, uma série de medidas cirúrgicas e médicas [foram postas em prática quanto][4] aos meninos. Não se podia chegar à castração (era preciso preservar a espécie), mas as torturas eram apavorantes: cauterização do canal da uretra etc.

---

4. Texto truncado nesse local. (Nota do tradutor francês)

— *Quando isso?*

— Praticamente durante todo o século XIX. O médico de Napoleão injetava no pênis dos meninos que se masturbavam (provavelmente nos órgãos sexuais femininos também) uma solução de bicarbonato de sódio. E como ele observou que isso queimava o tecido interno da bexiga, ele fazia um torniquete no pênis. Esses diversos tipos de repressão variaram com os decênios, mas não posso dizer que encontrei diferenças fundamentais no que concerne à mulher ou ao homem. Mas, eu sou um homem.

— *Quais são as razões da repressão sexual?*

— Penso que a resposta de Reich — a repressão sexual visando a constituir o corpo humano como força de trabalho —, embora possa ser globalmente correta, não explica tudo. Isso não corresponde à verdadeira [razão].[5] A campanha contra a masturbação à qual nos referimos começou em relação às crianças: pessoas que ainda não constituem uma força de trabalho. E foi uma campanha exercida no interior da burguesia, uma campanha que a burguesia exerceu contra si mesma. O corpo do operário não era posto em questão. No caso do operário, prestou-se muita atenção à questão do incesto. Ainda não consegui formular uma resposta a esse problema, mas é certo que durante muito tempo acreditou-se que uma regularidade sexual era absolutamente indispensável ao bom funcionamento da sociedade. Ora, hoje em dia a irregularidade sexual é perfeitamente tolerável. O capitalismo norte-americano não sofre em nada pelo fato de 20% da população da São Francisco ser compostos de homossexuais. O problema da contracepção é semelhante. Não é exato que a campanha natalista desenvolvida na Europa a partir de 1870 tenha tido um efeito qualquer.

— *Retornemos um pouco: qual é o princípio da crítica endereçada por Deleuze e Guattari à psicanálise?*

— Essa questão deveria ser feita a eles. De todo modo, diria que, até a publicação do livro deles, a psicanálise era vista como um instrumento, talvez imperfeito, talvez incompleto, mas um instrumento de liberação. Liberação do inconsciente, da sexualidade etc. Ora, Deleuze e Guattari, ao retomarem o pensamento freudiano e o funcionamento da psicanálise, mostraram como a psicanálise, tal como praticada hoje, constitui

---

5. Texto truncado nesse local. (Nota do tradutor francês)

uma submissão da libido, do desejo ao poder familiar. Que a psicanálise freudiana familiariza o desejo. Ora, em vez de liberá-lo, a prática psicanalítica o submete. Também uma demonstração de um mecanismo de poder. Deleuze desenvolveu novos conceitos que permitiram continuar uma luta que já dura mais de 10 anos.

– *Que luta?*

– Liberar-se de Marx e de Freud como pontos de referência para a resolução dos problemas tais como se apresentam hoje. Ora, nem Marx nem Freud são adequados à resolução desses problemas, pelo menos tal como eles se apresentam na Europa. Uma das tarefas dessa luta, que já dura mais ou menos 15 anos, foi dessacralizar esses dois personagens. Em seguida, inventar categorias novas, novos instrumentos. Ora, Lacan está situado, apesar do fato de haver inventado muitas coisas, no interior do campo freudiano, o que o impede de criar novas categorias.

– *Como esses dois tipos de luta podem conciliar-se: as lutas particulares (prisões, mulheres etc.) e uma luta mais geral?*

– É um problema. Se as lutas particulares forem escamoteadas, veremos a transposição dos sistemas de poder próprios às sociedades socialistas: burocracia, hierarquia, autoritarismo, estrutura familiar tradicional etc. Isso é o stalinismo.

– *Em* Vigiar e punir *há uma concepção não reformista da prisão. Deduz-se do livro que o importante não é reformá-la, mas combatê-la. É verdade?*

– Não tratei da reforma e da não reforma da prisão. Tentei mostrar que no interior do sistema penal subsiste um sistema de punição, sistema que é coextensivo à nossa sociedade, que atravessa a caserna, o hospital, a escola etc. Agora, quanto à questão de saber se devemos, ou não, manter as prisões, não posso responder. Minha questão é a seguinte: se consideramos efetivamente que o sistema penal em seu funcionamento atual é inadmissível, será preciso admitir que ele faz parte de um sistema de poder que compreende a escola, os hospitais etc. E todos esses poderes são postos em questão.

– *Qual é seu método de trabalho, de estudo?*

– Tenho um tipo de doença que consiste em não conceder entrevistas autobiográficas. O importante é o que acontece, não o que alguém faz. A não ser que essa pessoa tenha uma dimensão fora do comum. Penso que a autobiografia de Sartre deve ter um sentido. Minha história pessoal não tem grande interesse a não ser por meus encontros ou situações que vivi.

– *O psiquiatra Alonso Fernandes tentou desqualificar suas críticas sobre o hospital psiquiátrico, pelo fato de você não ser médico...*

– É divertido e curioso. Os psiquiatras sempre acharam que eu falara de doença mental, da psiquiatria contemporânea, do funcionamento das instituições psiquiátricas. Basta ler meu livro para logo dar-se conta de que falo das instituições em relação com a loucura do século XVI a 1840 (Esquirol). A irritação, a recusa do "direito de abordar o tema pelo fato de não ser psiquiatra" é significativa. Um dia, numa rádio francesa, um psiquiatra se levantou todo ruborizado, esmurrou a mesa com o punho e disse que eu "não podia estar falando daquelas coisas porque eu não era médico". Eu apenas falara de coisas que qualquer historiador pode conhecer e que os psiquiatras não conhecem. Não é preciso ser psiquiatra para saber como era o regime de internamento no século XVIII. Essa irritação é a melhor verificação do que eu disse. Eles se reconheceram numa verdade histórica e disseram: "Ele está falando da psiquiatria contemporânea." A saber: os métodos aplicados em 1840 ainda são atuais! Isso faz lembrar o chefe de um governo atual que, depois de ler um livro sobre Napoleão, decide prender seu autor por este o haver criticado!

– *Mas, mesmo que a crítica fosse atual, o que está em questão não é um problema epistemológico? O fato de que a filosofia da ciência deveria ser feita por "especialistas"?*

– É claro. Existem livros maravilhosos sobre os hospícios feitos por sociólogos. É interessante não ser psiquiatra a fim de se dar conta de algumas coisas. É um desafio que aceito: confrontar as histórias da psiquiatria feitas por alguns psiquiatras com a minha.

– *Na Universidade de São Paulo você teria criticado os conceitos de gênese, de desenvolvimento psicossexual, em Freud, que contêm preconceitos sobre a normalidade e o patológico, e também o modelo de crescimento da sexualidade: fase oral, anal etc., até a fase genital, a verdadeira maturidade.*

– Não disse nada disso. Analisei um pouco a noção de repressão em Freud e os conceitos a ela ligados. Critiquei a

utilização do modelo do supereu na análise política, o poder político funcionando como um grande supereu. Disse que se precisariam inventar outros instrumentos para analisar os efeitos do poder político, que os conceitos como censura e repressão são insuficientes. Mencionei a maneira como o poder político investe o corpo, a sexualidade etc.
– *Você está filosoficamente de acordo com Deleuze?*
– Discordamos sobre alguns pontos, mas estou fundamentalmente de acordo com eles.[6] Não tomo posição entre Deleuze e Lacan. Interesso-me no que Deleuze faz. Penso que o que se faz de importante na França, hoje em dia, está ligado a uma certa forma de luta política.
– *Onde você é professor?*
– Num canto chamado Collège de France.
– *Você orienta doutorandos, pesquisadores?*
– Não, apenas conduzo pesquisas que são expostas ao longo de 12 sessões anuais.
– *O que você pensa sobre a universidade e sobre o papel do intelectual?*
– Depois de 1968, todos foram unânimes em dizer que a universidade estava morta. Morta, sim, mas como um câncer: propagando-se. Entre os escritores, os jornalistas e os universitários mantinha-se uma troca constante. O grande corte levando ao fato de Baudelaire não ter nenhuma relação com os professores da Sorbonne não existe mais. Os Baudelaire de hoje são professores na Sorbonne.
– *E continuam Baudelaire?*
– Quando digo professores, quero dizer que são lidos, comentados, comprados pelos professores e pelos estudantes. Tomemos o exemplo francês: não se podem conceber Robbe-Grillet, Butor, Sollers, sem o auditório universitário que os estimulou, acolheu e analisou. Seu público foi universitário. Baudelaire entrou na universidade 50 anos depois de sua morte. Ao mesmo tempo, desaparece o papel de "profeta universal" do intelectual. O trabalho intelectual se tornou um trabalho de especialista.

---

6. "Eles (*eux*)" remete, é claro, a Deleuze (G.) e Guattari (F.), *L'Anti-Oedipe*, Paris, Ed. de Minuit, 1972.

– *Não se precisaria de uma síntese?*

– O que faz a síntese é o processo histórico. A síntese é feita pela coletividade. Se o intelectual quer fazer a síntese dessas diversas atividades, ele retomará seu velho papel solene e inútil. A síntese se situa no nível das cristalizações históricas.

– *Esse papel restrito do intelectual não estaria ligado justamente à crise de uma perspectiva filosófica global? Uma situação, para dizer a verdade, contingente?*

– Não falei da falta de síntese como de alguma coisa que falta, mas de uma conquista: enfim, nos liberamos da síntese, da totalidade.

1975

Radioscopia de Michel Foucault

"Radioscopie de Michel Foucault" (entrevista com J. Chancel, 10 de março de 1975), Paris, Éd. Radio France, 3 de outubro de 1975, p. 1-14.

– *Michel Foucault, você é professor do Collège de France, filósofo, pensador, muitos dizem que é um dos maiores pensadores de nossos tempos. Você tem 48 anos. Vejo sua modéstia enfrentando rudes provas. De todo modo, é verdade que você se instalou no saber. Para os estudantes e para os humanistas, você é aquele que escreveu, que falou. Que responsabilidades! Eu gostaria de saber, justamente, como é que se chega ao saber? Haveria uma* démarche *particular?*
– Chegar ao saber! Sabe de uma coisa, a gente nasce nele. Será que alguém como eu, pertencendo, nascido na pequena burguesia da província, não terá sido educado, amamentado com o saber? Antes mesmo da escola primária? Todo um ambiente no qual a regra de existência, de promoção se pautava no saber: saber um pouco mais que o outro, ser um pouquinho melhor do que ele na aula, imagino até mesmo saber sugar sua mamadeira melhor que outro, ter dado os primeiros passos antes do outro... A concorrência, a competição, fazer mais que o outro, ser o primeiro. Alguém como eu sempre viveu dentro dele. Não cheguei ao saber, sempre estive dentro dele, patinhei nele.
– *Você teve sorte.*
– Será que foi sorte? Se digo que patinhei dentro do saber é na medida em que, no fundo, gostaria mais de ter tentado me desembaraçar dele. Mas como não era possível desembaraçar-se de seu saber, cabia então tratar de encontrar outras vias, encontrar a diagonal, andar de soslaio, encontrar, enfim, alguma coisa que não fizesse parte do saber, mas que mereceria fazer parte dele. É um pouquinho isso, não?

– *Quando eu disse que muitos o consideram um dos maiores pensadores de nosso tempo, você balançou a cabeça, mas num sentido, como se estivesse surpreso. Ora, você deve saber, Michel Foucault, o que hoje representa, o que você é. Pelo menos, se você não o ouviu, você o leu.*

– Creio que aquilo que se passa é um pouquinho isso. Outro dia, alguém de quem eu gosto muito, Philippe Gavi, um dos responsáveis do jornal *Libération*, me disse o seguinte: "No fundo, há nisso algo de curioso. Maio de 1968 foi, de todo modo, uma grande revolta contra o saber. Foi a insurreição do não saber." Eu lhe respondi: "Não, não foi isso que aconteceu. Acho até que foi o contrário: foi uma revolta contra um certo saber que, em si mesmo, era uma proibição de conhecer um certo número de coisas."

O ensino, a educação, o saber estatutário e institucional antes de Maio de 1968 eram esqueléticos. Você precisava ver o que se aprendia nas universidades. Era menos que nada. De fato, o que Maio de 1968 produziu foi, penso eu, uma espécie de grande abertura, uma derrubada dos muros, uma destruição das proibições, uma inserção entre parênteses das barreiras e, depois, uma invasão por um novo tipo de saber, novos conceitos de saber. O que fez com que eu não me sentisse muito desconfortado no meio de tudo isso. Sempre me interessei pelos releixos, pelos *bas-fonds*. Esmiuçar os *bas-fonds*, dizia Nietzsche. Sou um tanto assim. Ter-se ocupado da loucura, nem mesmo em seu sentido nobre, não a loucura em seu grande confronto com a razão, mas a loucura cotidiana, a maneira como ela era captada, desqualificada, trancada, desprezada, vilipendiada...

– *Desconhecida, sobretudo...*

– Desconhecida também. Ter-se ocupado disso faz com que a gente se sinta um pouquinho como em sua pátria natural no que acontece hoje. Mas não diria de modo algum que sou um grande pensador da época. Simplesmente, as coisas com as quais me ocupo há 15 ou 20 anos são, por fim, as que agora sobem à superfície. Eu estava sob minha redoma no fundo de um oceano.

– *Você estava adiantado.*

– Adiantado, não. Estava embaixo. Eu me imagino como o tipo que teria mergulhado e estava dentro de seu capacete de escafandro, entre areia e rochedo. E eis que agora o mar, os *bas-fonds* voltam à tona e eu me encontro quase na superfície da água.

– *Michel Foucault, você disse há pouco que havia patinhado no saber porque, justamente, sua educação o levou a aprender um pouco mais do que os outros menos privilegiados. Então, você aprendeu demais ou aprendeu mal?*

– Eu diria que os dois: demais, portanto mal; mal, portanto demais. Durante alguns anos tive o privilégio de ensinar na Tunísia. Lá, eu tinha diante de mim, como ouvintes, como estudantes, pessoas que haviam passado sua infância num ambiente realmente analfabeto. Os pais não sabiam nem ler nem escrever. Não havia livros na casa, nem sequer eletricidade. Portanto, não era o caso nem de trabalhar em casa. Nós que sempre nos nutrimos desse saber concorrencial que nos banha a todos, ou quase, não podemos nem conceber como é o acesso ao saber para essas pessoas.

– *Você tem muitos diplomas?*

– Acho que se pode dizer que sim.

– *Um diploma, ou uma sacola de diplomas, incomoda?*

– Não. Alguns foram muito, muito estorvantes, ou seja, aqueles para os quais tive de trabalhar duramente. São os que, de fato, merecemos. Por outro lado, os que não merecemos são muito mais agradáveis. São os únicos dos quais nos lembramos com muito prazer. Mas aqueles que de fato merecemos, depois de dois ou três anos de cara nos livros, esses foi difícil conseguir. E, depois, com eles vieram os tiques de estilo, impuseram-se maneiras de pensar, esquemas prontos. Tínhamos uma tremenda dificuldade de nos livrarmos deles.

– *O que você pensa, por exemplo, das crianças dotadas, que poderiam ter seguido um grande caminho na vida, mas que tiveram de interrompê-lo. Estou pensando nos fazendeiros que foram obrigados a cuidar de suas fazendas, ou daquela de seus pais. Penso também nos operários que tiveram de ir para as usinas. No entanto, eles estavam entre os mais dotados. Podemos ver, quando os encontramos 20 anos mais tarde, que sua inteligência ficou parada exatamente no momento em que interromperam seus estudos.*

– Eu não concordo muito com você: talvez eles tenham, ao contrário, guardado para si...

– *Eu pergunto...*

– Sim.

– *Eu pergunto por se tratar do percurso, do verdadeiro percurso da inteligência.*
– Eu diria que os reencontramos com uma inteligência viva, afiada, não capturada pela instituição, não aprisionada nos canais comuns do discurso. São eles – não digo que se tornam os responsáveis pelos sindicatos (sabemos muito bem como são recrutados) – que, quando alguma coisa acontece, uma greve, um conflito, propõem a verdadeira visão das coisas, com uma inteligência aguçada. Suponha que eles tenham tido, mediante o sistema de bolsas ou qualquer outro, a chance de estudar, eles seriam como eu, professores de direita ou de esquerda. Será que seriam muito interessantes?
– *Você é favorável ao ensino? Desculpe esta voz um pouco falhada, mas...*
– Eu a escuto muito bem. Se sou favorável ao ensino? O ensino...
– *Você é um professor.*
– Sou um professor, um mínimo de professor, uma vez que, como você sabe, eu ensino, dou aulas num local...
– *Muito particular.*
– Muito particular, cuja função é justamente não ensinar...
– *...que é o Collège de France.*
– Sim, e o que me agrada ali é que não tenho a impressão de ensinar, ou seja, de exercer, em relação a um auditório, uma relação de poder. Um ensinante é aquele que diz: "Escutem, há uma quantidade de coisas que vocês ainda não sabem, mas que deveriam saber." Isso implica então, uma primeira etapa que eu chamaria de culpabilização. Em segundo lugar, essas coisas que vocês deveriam saber, eu as sei e vou ensiná-las a vocês. Esse é o estádio da obrigação. Depois, quando eu as tiver ensinado a vocês, vocês terão de sabê-las e eu me encarregarei de verificá-lo: é a etapa da verificação. Portanto, acabei de enunciar uma série de relações de poder. No Collège de France, os cursos são livres. Vêm escutá-los aqueles que assim o quiserem, qualquer um. Pode ser um coronel aposentado, um aluno do final do ensino fundamental, de 14 anos. Caso isso lhe interesse, ele vem; caso não, não vem. De sorte que, afinal, quem é examinado, quem está sob o poder do outro? Diria que, no Collège de France, é aquele que ensina, que vem, que relata...
– *Ele examina?*

– Sim. É seu trabalho, e ele é pago para fazê-lo ao longo do ano. Depois, em 12 sessões, apresenta seus resultados a um auditório e cabe a este dizer ou mostrar se está interessado. Eu, por exemplo, quando vou dar minhas aulas no Collège, tremo nas bases. Tremo nas bases exatamente como quando fazia meus exames, porque tenho a impressão de que, no fundo, as pessoas, o público vão ali para verificar meu trabalho, mostrar se estão ou não interessados. E quando não se mostram interessados, eu fico bastante triste, sabia?

– *Michel Foucault, não vamos fazer agora a reforma do ensino. Em primeiro lugar, não teríamos tempo para isso, mas, a princípio, na escola, obriga-se a aprender. Ela deveria ser uma festa, deveríamos ficar contentes de ir à escola, pois ela é o verdadeiro terreno da curiosidade. Deve então haver ali coisas essenciais para aprender. Quais são essas coisas além da ortografia, da aritmética, da leitura...?*

– Eu diria que a primeira coisa que se deveria aprender – se tem sentido aprender algo assim – é que o saber está profundamente ligado ao prazer. Certamente há uma maneira de erotizar o saber, torná-lo altamente agradável. Que o ensino não seja capaz de revelar isso, que tenha como função mostrar o quanto o saber é desagradável, triste, cinza, pouco erótico, é uma tarefa que exige enorme esforço. Mas esse esforço tem certamente sua razão de ser. Seria preciso saber por que nossa sociedade tem tanto interesse em mostrar que o saber é triste. Talvez precisamente por causa do número de pessoas que dele são excluídas.

– *Imagine como pesa a palavra "saber".*

– Sim.

– *Dizer "saber" é bonito. Mas ao dizermos "o" saber...*

– Sim, é isso. Imagine as pessoas tendo um frenesi de saber como se tem o frenesi de fazer amor. Você pode imaginar a quantidade de pessoas que se acotovelariam na porta das escolas? Isso por certo seria um desastre social total. É preciso, se quisermos, restringir ao mínimo o número de pessoas que têm acesso ao saber, apresentá-lo sob essa forma perfeitamente desagradável e só obrigar as pessoas a saber mediante gratificações anexas ou sociais que são precisamente a concorrência ou os altos salários de final de carreira. Mas acredito haver um prazer intrínseco ao saber, uma *libido sciendi*, como dizem os eruditos, dentre os quais não estou.

– *Michel Foucault, em sua opinião, qual é a responsabilidade dos pais no que concerne ao conhecimento dos filhos?*
– A responsabilidade? Espere, não vejo isso com clareza.
– *Os pais têm uma responsabilidade quanto ao saber de seus filhos. Como eles devem ajudá-los? Afinal, há os pais, os professores.*
– Não sei bem como responder à sua pergunta. Acho que os pais passam para os filhos uma verdadeira angústia diante do saber devido ao seu próprio interesse no saber de seus filhos, pois fazem desse saber sua própria glória. Certamente, sacrificam-se por isso, investem ali seus próprios projetos para um futuro assim como sua revanche. Em suma, creio que a pressão exercida pelos pais sobre os filhos para que estes saibam é muito, muito carregada de angústia. E, em geral, as crianças sentem essa angústia também. As crianças percebem, quase sempre e muito rapidamente, a angústia dos adultos. É o que elas decifram melhor. Em minha opinião, isso tem um peso negativo muito grande.
– *De todo modo, é preciso uma sanção. Essa sanção é o diploma. Como fazer diferente?*
– Sabe de uma coisa, o diploma serve simplesmente para constituir uma espécie de valor mercantil do saber. Isso permite também que os não possuidores de diplomas acreditem não ter direito de saber ou não serem capazes de saber. Todas as pessoas que adquirem um diploma sabem que ele de nada lhes serve, não tem conteúdo, é vazio. Em contrapartida, os que não têm um diploma dão-lhe um sentido pleno. Acho que o diploma foi feito precisamente para os que não o têm.
– *Se você não tivesse diplomas, Michel Foucault, ocuparia os lugares que ocupa?*
– Ah!
– *Não! Porque você não teria sido recebido.*
– Claro. A princípio, no Collège de France, pode-se ser professor mesmo sem ter bacharelado. Mas é inteiramente vão dizer isso porque, de fato, se eu não tivesse diploma, como você disse muito bem, meu primeiro editor não teria acolhido o meu primeiro livro, e assim por diante etc., indefinidamente. E não haveria nenhuma possibilidade de eu ter acesso inclusive aos materiais que pude trabalhar para escrever meus livros.
– *Desde o começo você sempre disse que precisamos nos proibir de pensar em termos de bem e de mal. Hoje, o que*

você pensa sobre essa máxima? Ela é mais válida do que antes?
– Todas as pessoas que dizem que não devemos pensar em termos de bem e de mal pensam profundamente em termos de bem e de mal.
– *Nietzsche.*
– Claro. Felizmente, ele dá esse exemplo. Afinal, quem, mais do que ele, disse o que era o bem e o que era o mal?
– *...Justo ou injusto, verdadeiro ou falso. Nada de maniqueísmo.*
– Querer não pensar em termos de bem e de mal é querer não pensar nos termos atuais desse bem aqui, desse mal ali. É isso. Ou seja, deslocar a fronteira, não apenas a fim de situá-la alhures, mas para torná-la incerta, inquietá-la, torná-la frágil, permitir passagens, osmoses, trânsitos. Em minha opinião, isso é o mais importante. Não é possível não pensar em termos de bem e de mal, de verdadeiro e de falso. É preciso, porém, a cada instante, dizer: e se fosse o contrário, e se não fosse isso, e se a linha passasse alhures...?
– *Você sempre se movimenta pela orla do sério e do não sério, e, por vezes, é difícil acompanhá-lo. Como é que você gostaria de ser seguido?*
– Fico um pouco triste quando me dizem isso. Não que eu tenha a intenção de ser lido por centenas de milhares de pessoas. De jeito nenhum. Não é esse o problema. Eu gostaria simplesmente que, quando me dão a honra, o prazer de me lerem, as pessoas não se sentissem demasiado enfadadas. Ou seja, em primeiro lugar, que se compreenda exatamente o que quero dizer. No limite, prefiro até dizer um pouco menos do que gostaria exatamente de dizer e que talvez fosse inacessível ao público por tal ou tal razão. Além disso, gostaria que as pessoas tivessem prazer em me ler. Muitas vezes as pessoas me dizem: "você usa preciosismos", "você escreve com uma pena um tanto enrodilhada, um pouco preciosa, barroca". Pior para mim. Mas não nego que gosto de fazê-lo. Enfim, não nego que gostaria de escrever de tal maneira que as pessoas, ao lerem, sintam uma espécie de prazer físico. Chegaria a dizer: essa é a polidez de quem escreve.
– *Você se considera um filósofo? Há pouco, você se pôs distante da palavra "pensador".*
– Não. Não diria "erudito", pois essa palavra tem um sentido muito preciso: um homem de saber que manipula saberes, faz

aparecer alguns e desqualifica outros, e se movimenta nessa espécie de jogo, de jogo do saber. Sabe, você é mais jovem do que eu e talvez não tenha se impressionado como eu, na minha adolescência, por um livro intitulado *Le jeu de perles de verre*, que foi a grande epopeia ou a grande mitologia do intelectual do século XX. Joga-se com um problema buscando saber com que articulá-lo e se de fato o jogo puramente lúdico, ao qual nos dedicamos, pode comunicar-se com certo número de processos exteriores a ele, processos sérios, processos históricos. Eis minha inquietação, eis o prazer.

– *Gostaria de citar alguns títulos de seus livros. Você começou com a* História da loucura na idade clássica. *Publicou, depois, livros importantes como:* As palavras e as coisas *e* Arqueologia do saber. *Há pouco falamos do saber. Há também* Ordem do discurso. *Falaremos mais adiante a respeito da punição,* Vigiar e punir. *Todavia, há o primeiro livro que por certo orientou sua carreira: foi* História da loucura. *Por que a loucura? A razão, a desrazão. Há pouco, eu dizia o sério e o não sério.*

– Por que a loucura? Gostaria de interrogá-lo um pouco sobre a palavra "por que"?

– *Você recusa tudo e aceita a ausência.*

– Ah! Será que estão ausentes? Milhares de pessoas e, se considerarmos um dos desenvolvimentos históricos, centenas de milhares foram simplesmente encerradas, caíram no buraco, ali sofreram, falaram, gritaram, berraram. Ocorreu que, por razões biográficas, talvez não seja necessário... Conheci o que era um hospício. Ouvi essas vozes e fiquei, como qualquer um, comovido por elas. Disse "qualquer um", ia dizer: "exceto os médicos". E quando digo "exceto médicos e psiquiatras" não o faço por agressividade contra eles. Quero dizer que o funcionamento estatutário filtra tanto o que pode haver de grito na fala de um louco que eles não ouvem mais senão a parte inteligível ou ininteligível do discurso. A forma "grito" se lhes tornou inacessível pelo filtro de seu saber instituído, de seu conhecimento.

– *Michel Foucault, você falou de hospício. Esse ainda é seu universo?*

– Nem tanto. A partir do hospício, surgiu para mim uma espécie de problema que nunca deixou de me assediar, a saber, o problema do poder. Quer dizer: não é verdade que o conhe-

cimento possa funcionar ou que se possam descobrir a verdade, a realidade, a objetividade das coisas sem pôr em jogo um certo poder, uma certa forma de dominação, de assujeitamento. Conhecer e assujeitar, saber e comandar são coisas intimamente ligadas. Eu o descobri em estado puro no hospício, onde o saber médico, o conhecimento aparentemente sereno e especulativo do psiquiatra são por completo indissociáveis de um poder extraordinariamente meticuloso, sabiamente hierarquizado, que se desdobra no hospício e, de fato, o constitui. Foi lá que isso me apareceu...
– *Isso lhe trouxe algum sofrimento?*
– Sim, claro. Mas é um sofrimento que destila de todos os hospícios. Hoje em dia, veja você, isso é algo conhecido por todo mundo. Não há senão uma retaguarda de psiquiatras que não sabem. Que quantidade de sofrimento ou de revolta acarreta o saber-poder que eles fazem reinar no hospício!
– *Por vezes, fazem da palavra "louco" uma palavra comum. Deveriam conceder-lhe outra importância.*
– A palavra que me parece mais pérfida não é "louco". Certamente, há o uso corrente: "Esse cara é um louco", "isso é loucura", que permite desqualificá-la.
– *Porque a loucura é outra coisa.*
– Sim. Mas, hoje, a palavra está tão aviltada que não contém mais tanto poder em si. Todavia, para mim, a palavra mais temível é a expressão "doente mental". Isso significa que, a partir do momento em que esse personagem indeciso, do qual se ria, que se excluía, desqualificava, embora, no limite, se o aceitasse, pois ele fazia parte do plasma social, pois bem, a partir do momento em que esse indivíduo recebeu um *status* preciso, ele se tornou um doente. Como tal, ele devia ser respeitado, mas devia também cair sob um poder canônico e institucional ministrado pelo médico. Essa passagem do louco ao doente implicou aparentemente uma requalificação, mas, em um outro nível, foi uma tomada de poder, questão que muito me interessou.
– *Michel Foucault, há tantas coisas dentro de sua cabeça, tantos conhecimentos, além de sua disposição de aprender a cada dia, e talvez mais do que os outros, que, num certo momento, podemos ter medo de nós mesmos, não? Fica difícil fazer a síntese?*
– Sim, claro. Mas será que faço a síntese? Não tento fazê-la e nem gostaria. Interesso-me muito mais pelos fragmentos de

saber que se pode fazer reemergir, aos quais se pode dar um sentido político atual, fazer funcionar como armas, um saber que seria a um só tempo uma armadura e uma arma ofensiva. Isso é o que me interessa. A síntese reconstituiria a história do Ocidente, ou descreveria a sua curva, ou fixaria seu destino. Essas coisas não me interessam. Interessa-me, sim, o que do oco de nossa história, da noite das lembranças históricas esquecidas pode ser agora retomado, recuperado, trazido à luz do dia e utilizado.

– *Você se interrogou muito sobre o nascimento da doença mental. Houve o nascimento?*

– Sim, o nascimento desse conjunto complexo constituído por, em primeiro lugar, uma doença, uma forma de doença considerada como doença mental. Em segundo lugar, uma categoria de médicos chamados "psiquiatras". Em terceiro, apareceu uma série de instituições dentre as quais por certo se encontram os hospícios, mas também instituições médico-psicológicas, consultórios de psicanálise e dos psiquiatras. É todo esse conjunto que chamo, grosso modo, o nascimento da doença mental. Foi a loucura como instituição em nossa sociedade.

– *Mas foi preciso todos esses estabelecimentos?*

– Temos de acreditar que nossa sociedade os considerou necessários, a fim de se ver sua extensão. No começo, interessei-me pelo hospício, pelos altos muros, por todos esses espaços apavorantes que, em geral, estão ao lado das prisões, no centro ou nos arredores das cidades, espaços intransponíveis, espaços nos quais se entra, mas dos quais se sai muito raramente, onde reina um poder sem dúvida atento, meticuloso, garantido sem dúvida pela ciência, representando, porém, no que concerne às normas, às regras do funcionamento social geral, extraordinárias exceções.

Comecei me interessando por isso. Afinal, o poder psiquiátrico não é tão poderoso quanto insidioso? Quer dizer: você o encontra fora de seu lugar de nascença, funcionando não em seu domínio normal de ingerência, que é a doença mental, mas por toda parte, alhures. Por exemplo: na escola, quando um garotinho não se sai bem nos exames, o psiquiatra é chamado a meter seu nariz. Diz ele: "Mas o que anda acontecendo? Qual é o drama afetivo, qual é o problema familiar, em que ponto dos desenvolvimentos psicofisiológico e psiconeurológico ele

parou e que estaria na origem de tudo isso?" Quanto ao problema sexual do adolescente: o que faz a família? Enviam-no ao psiquiatra ou ao psicanalista. Se um rapaz comete um ato delituoso, é detido, submetido a exames psicológicos, julgado no tribunal criminal, obrigado a fazer exame psiquiátrico etc.
– *Então, aqui, a pergunta a ser feita é: "Quem sabe somos todos loucos?"*
– Não! O problema a ser formulado é: "Será que hoje os poderes não estão ligados a um poder particular, a saber, o da normalização?" Quero dizer: será que os poderes de normalização, as técnicas de normalização não constituem, atualmente, uma espécie de instrumento geral encontrado um pouco por toda parte, na instituição escolar, penal, nos ateliês, nas usinas, nas administrações, e em geral aceito, porquanto científico, permitindo dominar e assujeitar os indivíduos? Em outras palavras: a psiquiatria, como instrumento geral de assujeitamento e normalização dos indivíduos. Eis aqui um pedacinho do meu problema.
– *Michel Foucault, há outro trabalho ao qual você se dedicou e foi bem-sucedido. Um livro publicado pela Gallimard,* Vigiar e punir. *Desta feita, trata-se da análise das relações entre os crimes dos homens e os métodos empregados pela sociedade para puni-los. Podemos então nos perguntar, e me parece fácil responder: "Desde quando se pune? Desde o começo?"*
– Desde quando se pune? Pode-se dizer desde o começo, sim.
– *Essa foi de fato a primeira virtude?*
– A primeira virtude, punir, ou ser punido?
– *Ser punido.*
– Sim, se você quiser. De todo modo, na realidade, não encontramos grupos sociais sem punição. Em contrapartida, o que me parece bastante característico de nossa sociedade é a vigilância. Por essa razão, para dizer a verdade, eu deveria ter intitulado meu livro como *Punir e vigiar*. Sendo a vigilância, o que é curioso, uma das maneiras não digo exatamente de punir, mas de fazer funcionar o poder punitivo. Parece-me que, ainda no século XVIII, o número de pessoas que escapavam de fato às leis sob cujo golpe em geral teriam caído era imenso. O poder penal, o poder de punir era descontínuo, lacunar, pleno de alvéolos, de furos. Razão pela qual, quando prendiam um criminoso, as penas impostas eram formidáveis, tanto mais

formidáveis por haver outros que justamente escapavam e era preciso, como diziam, fazer dele um exemplo. O medo do terror devia compensar a descontinuidade da punição. Parece-me que, a partir do século XVIII e começo do XIX, buscou-se ter um poder punitivo...
– *O poder está sempre no que você faz?*
– Sim. O poder punitivo que poderia ser mais brando, justo, por ser mais contínuo e do qual, a princípio, ninguém escapava.
– *Sim, mas, de todo modo, a punição foi uma necessidade.*
– Sim.
– *Para não se fazer qualquer coisa.*
– Claro.
– *Ela assim era recebida nos tempos antigos? Hoje, parece que o bandido é mais bem considerado do que a vítima.*
– Não... sim, talvez. Acho – agora entendo melhor sua questão – que aconteceu o seguinte: hoje, tem-se uma dificuldade muito, muito grande de punir. Outrora, isso não apresentava nenhum problema, nem moral nem político.
– *Outrora, isso não incomodava.*
– Em compensação, agora, os juízes punem, e pesadamente. Mas se você tentar lhes perguntar a razão disso, como eles justificam o fato de punir, raramente é em termos de castigo e nunca em termos de expiação que eles lhe explicam. Dirão que, se punem, por certo é para dar exemplo, mas sobretudo para corrigir, melhorar. Eles se consideram técnicos do comportamento do indivíduo punido, que, a princípio, deve, ao cabo de sua punição, ter melhorado. Correção também do comportamento de outros que, mediante esse exemplo, devem compreender que não lhes é interessante cometer uma ação desse tipo. Portanto, o magistrado não é o agente da soberania e do soberano ao fazer expiar um crime. Ele é o técnico do comportamento que deve avaliar a pena em relação à sua eficácia corretiva para com o culpado e com outros. Por isso, você vê com clareza que ele não pune. Ele diz: "Eu corrijo", ou seja, "Sou outro médico".
– *Mas, Michel Foucault,* Vigiar e punir *começa com o horror do suplício de Damien, o regicida. Chegar a isso é, no mínimo, inaudito. Ele havia matado e talvez merecesse morrer. Mas ser morto daquela maneira... e constituindo um espetáculo em que os espectadores estavam felizes... Então, será*

que hoje os espectadores manifestariam tal felicidade diante de um caso tão difícil?
– Ah! Sabe de uma coisa, esse é um caso difícil de resolver. Sua questão é grave. Não há nenhuma dúvida de que, as coisas sendo como são e a sociedade sendo como é, se deixássemos as punições ao livre-arbítrio e à livre-vontade do que chamamos a opinião pública, a coisa seria, creio eu, terrível. Tenho uma lembrança precisa: há dois, três ou quatro anos, houve um *meeting* na porta de Versalhes sobre a pena de morte. Fui até lá com alguns amigos cuja maioria havia saído da prisão. Antes de o *meeting* começar, fomos beber algo em uns cafés e perguntamos aos donos, garçons e moças que ali estavam a respeito do assunto. Todos disseram: "Um *meeting* contra a pena de morte... Essa gente que arranca a bolsa das velhinhas, todos eles deveriam ser guilhotinados, morte a todos eles." Não foi senão um grito geral em torno desse *meeting* que, no entanto, reunia milhares de pessoas pedindo a abolição da pena de morte.

– *Uma morte por uma morte.*
– De modo muito profundo, penso que se pode dizer o seguinte: o sistema penal, tal como funciona, não é aceito de modo algum. Diria até que ele não é aceito por nenhuma das partes: nem por aqueles sobre os quais ele pesa, nem pelos outros. Na verdade, é um aparelho administrativo que, em seus 150, 160 anos de existência, não foi em nada integrado ou assimilado pela consciência social.

– *Michel Foucault, depois do suplício de Damien, o regicida, houve progresso, grande progresso?*
– Você quer me fazer dizer que nos dias de hoje não mais se suplicia. É verdade, não mais se suplicia. Mas você sabe muito bem que, na atualidade, os suplícios se deslocaram e a que polícia, que também é uma instituição nova, data justamente do momento em que os suplícios desapareceram. Então, a palavra de ordem passou a ser: não mais alguns grandes suplícios escandalosos enquanto se deixa escapar outros criminosos, mas, sim: todo mundo deve ser punido de modo sistemático, cada crime deve ser punido. A partir desse momento, foi preciso que a justiça se duplicasse por meio de uma nova instituição: a polícia. Ora, a polícia, para saber a verdade, você sabe muito bem que ela utiliza, cada vez mais, meios violentos: a polícia suplicia. O exército, quando realiza tarefas de polícia – como

foi o caso na Argélia sob o comando de Massu, ou do atual ministro Bigeard –, efetivamente suplicia. Portanto, em nossa sociedade, houve um deslocamento funcional do suplício, e não seu desaparecimento.

– *Cabe reconhecermos também, Michel Foucault, que esse não foi um privilégio do Ocidente.*

– Claro que não!

– *Da Sibéria à China, passando por muitos outros países... Você falou da Argélia. Mas não foi melhor.*

– O interessante é ver que essa fórmula, essa mecânica constituída pela vigilância, a quadriculação social esmiuçada, o encarceramento, seja nas casas de detenção, seja nos campos de trabalho, foi por fim e atualmente retomada em todos os contextos políticos e sociais. Foi uma invenção formidável, tão maravilhosa que se difundiu quase que como máquina a vapor. Poderíamos perfeitamente acompanhar a história, o desenvolvimento histórico-geográfico dessa instituição de encarceramento punitivo nascida na Europa na segunda metade do século XVIII e que se tornou, agora, uma forma de enquadramento geral da maioria das sociedades modernas, sejam elas capitalistas ou socialistas. Nesse sentido, estou de pleno acordo com você.

– *Mas você não retiraria da mente das pessoas que um crime deve ser punido com sofrimentos. Esse é o caso ainda nos dias de hoje. É como o que você relatou há pouco sobre as pessoas que diziam: "Mas como? Roubou, matou? Tem de ser morto."*

– Gostaria que entendessem o seguinte: quando as pessoas são atacadas, quando roubam seu dinheiro ou agridem um membro de sua família, evidencia-se com toda clareza que elas demandam alguma coisa que Nietzsche chamaria vingança. Todavia, o que não se admite e permanece como uma abstração difícil de suportar é que essa necessidade de vingança foi, de algum modo, confiscada por uma forma de poder político e todo o sistema penal está agora enxertado numa forma geral de controle político que pesa sobre o conjunto da sociedade. Essa necessidade de resposta, de vingança, de luta contra aquele que nos atacou foi assim transferida para uma instituição social e para uma forma de política geral na qual as pessoas não mais se reconhecem.

– *Michel Foucault, você tem filhos?*

– Não, não sou casado.
– *Se você tivesse filhos e fizessem mal à sua filha ou ao seu filho, se matassem um ou outro, qual seria sua reação? Você pensou nisso ao escrever essa obra? É tão importante.*
– Não posso dizer que tenha pensado nisso...
– *Mas você poderia ter pensado em outros que passaram por isso, que reagiram...*
– Absolutamente, talvez meu livro não seja claro o bastante...
– *Sim, sim, ele é muito claro.*
– Esse livro não é de modo algum uma apologia do crime.
– *Não, de modo algum.*
– Ao contrário, parece-me que houve, depois do início do século XIX, toda uma literatura do elogio do crime, que chamaria de precipitadamente burguesa, uma espécie de estética do crime, considerando o assassinato como uma das belas-artes.
– *Mas seria, antes, uma imaginação da pena.*
– E penso que isso fazia parte do sistema de controle e de opressão geral... Parece-me também, e isso é importante, que a sociedade moderna, do século XIX, chegou a organizar verdadeiramente e a manejar uma espécie de plaga livre para a delinquência, pois, afinal, o adolescente é útil para a sociedade. Isso serve para um monte de coisas. E, nessa medida, houve uma verdadeira tolerância para com a delinquência, pelo menos para com algumas formas de ilegalismos. Assim, meu livro não deve ser de jeito nenhum considerado como querendo dizer: "punir é muito nocivo, não punamos. Se alguém trucidar alguém, devemos dar-lhe uma coroa".
– *Pelo que você disse, Michel Foucault, você queira simplesmente humanizar a punição.*
– Não, queria mostrar que a maneira como se pune, nos dias de hoje, está estreitamente ligada a uma certa forma de poder e de controle político, encontrada nas sociedades capitalistas tanto quanto nas sociedades socialistas. Isso é o que faz com que pessoas, seja nas primeiras, seja nas segundas, não suportem, não compreendam, não adiram profundamente a esse sistema de punição, embora almejem que se punam pessoas que cometeram certos delitos.
– *Outrora, a punição propagava um gosto pelo atroz. Afinal, incrementar feridas já tão profundas, não matar, mas esquartejar, quer por certo dizer alguma coisa.*
– Com certeza.

– *Seria ignorância?*
– Ah, não! De jeito nenhum. Ao contrário, era um ritual muito preciso.
– *O ritual do carrasco...*
– ...que estava ligado a uma outra forma de poder político, aquele exercido em nome do soberano e, de algum modo, em torno da pessoa física do soberano. Nas monarquias do final da Idade Média, dos séculos XVII e XVIII, todo indivíduo que infringisse uma lei atingia a vontade do soberano, pois a lei era sua vontade. Havia então um pequeno regicida no coração do menor dos criminosos. Creio ser preciso considerar a grande cerimônia do suplício como uma espécie de ritual político. A coroação do rei era um ritual político. Sua entrada numa cidade também. Os suplícios eram uma espécie de ritual político muito mais cotidiano, que consistia em manifestar a força física e material do rei, com toda sua ostentação e violência, e o corpo do supliciado, por meio de suas feridas, gritos, urros, deveria manifestar a força ofuscante do soberano.

– *Michel Foucault, eu o entendi e ouvi bem: a punição, de fato, é a afirmação de um poder. Ora, haverá sempre a punição, já que sempre haverá um poder, estando esse poder por toda parte, sejam quais forem os regimes. É preciso um poder. Você é a favor de uma hierarquia?*

– O problema é saber se o poder está forçosamente ligado a essas formas de hierarquia que conhecemos, ou mesmo à hierarquia.

– *Mas será possível haver um dia um mundo em que cada um, cada cidadão, será livre para fazer o que bem quiser?*

– Não, as relações entre os indivíduos são – não diria antes de tudo – também relações de poder. E penso que se há alguma coisa de polêmico no que pude dizer ou escrever é simplesmente isto: de um lado como do outro somos, fomos conduzidos, com muita frequência, a não considerar a existência dessas relações de poder. Quando digo de um lado e do outro, penso, em termos precisos, no seguinte: houve a filosofia tradicional, universitária, espiritualista, como quiserem, na qual as relações entre indivíduos eram essencialmente consideradas como relações de compreensão, de diálogo, de tipo verbal, discursivo: nós nos compreendemos ou não nos compreendemos.

Temos, depois, a análise de tipo marxista, que tenta definir as relações entre as pessoas, por essencial, a partir das relações de produção. Parece-me que existem, tão fundamentais quanto as relações de compreensão ou as relações discursivas ou as relações econômicas, relações de poder que tramam de modo absoluto a nossa existência. Quando se faz amor, põem-se em jogo relações de poder. Não considerar essas relações de poder, ignorá-las, deixá-las atuar em estado selvagem, ou, ao contrário, deixá-las confiscar por meio de um poder estatal ou de um poder de classe, isso é, penso eu, justamente o que se deve tentar evitar. De todo modo, é contra isso que se deve polemizar. Fazer aparecer as relações de poder é tentar, em minha opinião, remetê-las de algum modo às mãos daqueles que as exercem.

– *E numa sociedade, quem restabelece o equilíbrio? O dominador ou o dominado?*

– As relações de poder são relações estratégicas, quer dizer que cada vez que um faz alguma coisa, o outro diante dele apresenta uma conduta, um comportamento que contrainveste, trata de escapar, dá voltas e se apoia sobre o próprio ataque. Portanto, as coisas nunca são estáveis nessas relações de poder.

– *Mas você confia muito nos homens. Você acha que um homem pode se tornar melhor, não importa em que circunstância, mesmo quando ele fez o pior?*

– Tornar-se melhor?

– *Em primeiro lugar, seria tornar-se melhor?*

– Bom, eu vou dizer uma enorme ingenuidade, mas até agora eu só disse ingenuidades: isso só fará uma a mais. Tornar-se melhor, talvez não, ele deve poder ser mais feliz, melhorar a quantidade de prazer de que ele é capaz em sua existência. Afinal, nunca se tem tanto prazer na própria existência. Temos de buscá-lo bem longe, e ele é muito raro.

– *Então, para você, o balanço é pessimista...*

– Não é pessimismo, um diagnóstico...

– *Porque, ao dizer isso, você fala um pouco de você...*

– Se você entende por diagnóstico a descrição que se pode fazer da situação atual, eu diria: "Sim eu sou pessimista", mas temos de ser pessimistas, à medida que é preciso eventualmente escurecer as coisas para tornar as tarefas mais urgentes e as possibilidades futuras mais vivas e mais claras.

– *Michel Foucault, o pensador que você é fala de suas ingenuidades. Quando ele fala de suas ingenuidades é para dar menos importância ao que ele diz?*

– Eu gostaria que você acreditasse um pouquinho em mim quando digo que não dou uma importância muito grande ao que eu digo e ao que eu faço.
– *Mas os outros dão importância e você bem sabe disso, não é?*
– Não, não. Não acredito nisso. De todo modo, esses são efeitos que eu chamaria justamente de efeitos de poder ou efeitos de instituição, que, por causa de minha idade, dos meus livros, por causa disso ou daquilo, fazem com que...
– *De sua idade, mas que idade você tem? Você não tem 48 anos?*
– Sim, o que não é pouco. Não, em contrapartida, teria vaidade de dizer que as coisas que acontecem e nas quais tentei de um jeito ou de outro me meter são, para mim, bastante importantes. Quando alguém começou a se ocupar da loucura por volta dos anos 1960, você sabe, estávamos um pouco sozinhos. Quem, efetivamente, consideraria que o poder psiquiátrico era alguma coisa que ameaçava até mesmo pessoas como nós, normais, em nossa existência cotidiana? Muito poucos. Você sabe quem foi que se deteve diante do meu livro na França? Maurice Blanchot, Barthes. Não houve um psiquiatra que se interessasse nele. Houve um que durante um programa de rádio levantou-se para me dizer: "Você não tem o direito de falar assim. Você não é médico." Foi o doutor Baruk. Quanto aos marxistas, não houve nenhum que tenha falado a respeito do que eu tentei fazer sobre a psiquiatria e sobre a medicina.

Quando estavam ocupados com a mais-valia, você acha que alguém iria se ocupar com uma coisa tão ínfima quanto a doença mental, a loucura? Estavam preocupados em saber se poderíamos usar Pavlov e os reflexos condicionados na psiquiatria. Esse era o grande problema deles. Doença mental e loucura eram coisas pouco importantes naquele momento. Por fim, foram os antipsiquiatras britânicos Laing e Cooper que de fato trouxeram para a atualidade o problema da psiquiatra. Houve também os movimentos políticos anteriores a Maio de 1968 e sobretudo os posteriores. Acredito que a luta contra a psiquiatrização da nossa existência é algo atualmente muito importante e, nessa medida, talvez eu tenha sido jactancioso em minha afirmação. Mas o que fiz ali, o que disse nesse processo, honestamente não me parece, acredite-me, muito, muito

importante. Você suprimiria minha pessoa e meus livros e isso não mudaria praticamente nada.
– Sim, claro. *Retornamos aqui à frase: "Os cemitérios estão cheios de pessoas insubstituíveis", mas essa é também uma frase fácil. Ninguém teria existido naquele momento.*
– Agrada-me muito esse tipo de sentimento que, para mim, não é nada negativo. Sinto quase um prazer, um prazer físico, ao pensar que as coisas com as quais me ocupo me ultrapassam, passam através de mim, que há mil pessoas, mil livros sendo elaborados, mil pessoas que falam, mil coisas que são feitas e retomadas, não no sentido de se repetir o que eu digo, mas que vão exatamente na mesma direção e, por fim, me ultrapassam.
– *Como muitos outros, você acredita ter um lugar nesse nosso espaço?*
– Sim.
– *E quanto a Roland Barthes, o que você pensa dele? Roland Barthes, que recebi aqui há apenas oito dias.*
– Ele foi para mim alguém muito importante, pois, entre os anos 1955 e 1965, numa época em que ele também estava sozinho, certamente foi aquele que nos ajudou a sacudir uma certa forma de saber universitário que não passava de um não saber. Dito isso, o domínio ao qual me dedico e que é verdadeiramente o da não literatura é tão diferente do de Barthes que agora nossos caminhos, penso eu, divergem de modo passável ou não mais nos encontramos exatamente no mesmo plano. Mas ele foi alguém muito, muito importante para a compreensão dos abalos ocorridos há 10 anos. Ele foi o grande precursor, o grande predecessor.
– *Michel Foucault, tenho a impressão de que agora você gostaria de se desembaraçar de seu enorme fardo de saber para ir alhures, quase tentado a tornar a partir do zero.*
– É muito engraçado você dizer isso, porque é bem verdade! Uma vez que eu sinto o sentimento de prazer por ser ultrapassado, por ver que as coisas vão muito mais depressa e mais longe que eu. Sim, um grande sentimento de alívio, de liberdade, e, no limite, a vontade de pegar uma mala pequena e sair por aí, ou de não fazer nada, ou então de fazer outra coisa. Sim, com certeza. Você é formidável no diagnóstico.
– *E esse lugar, você já sabe onde é?*

– De jeito nenhum. Talvez eu até fique repisando minhas histórias, lutando contra as normalizações que nos comprimem. Talvez por eu ser mais normalizado do que acredite, mais do que queira.
– *Falamos muito do poder, mas você admite o comando? Você gosta de ser comandado?*
– Ser comandado ou comandar?
– *Comandar, afinal, você fez a pergunta, portanto, você gosta de comandar.*
– Há pouco eu lhe dizia que quando se faz amor, trata-se de relações de poder. Todas as relações de poder são tão carregadas de erotismo! Trata-se aqui de um domínio que foi, penso eu, muito pouco estudado e que, dentro de algum tempo, se deveria tentar estudar. Comandar dá tanto prazer! Ser comandado também dá prazer. Esse prazer do poder deve ser estudado.
– *Pode-se dizer que o homem Michel Foucault é por demais inteligente?*
– Ah!, não, com certeza não o bastante... não, não, nada a ver.
– *Obrigado, Michel Foucault.*

1975

Michel Foucault, as Respostas do Filósofo

"Michel Foucault. O filósofo responde" ("Michel Foucault. Les réponses du philosophe"; entrevista com C. Bojunga e R. Lobo; trad. P. W. Prado Jr.), *Jornal da Tarde*, 1º de novembro de 1975, p. 12-13.

– *Seus trabalhos gravitam em torno de universos fechados, concentracionários, circulares. Eles formulam o problema do hospital, da prisão. Por que escolher esses temas?*

– Tenho a impressão de que, no século XIX e ainda no início do século XX, o problema do poder político se formulava essencialmente em termos de Estado e dos grandes aparelhos de Estado. Afinal, foi no século XIX que se constituíram os grandes aparelhos de Estado. Eles ainda eram uma coisa de novo, de visível, de importante, pesando sobre as pessoas, e as pessoas combatendo-os. Mas tarde, por meio de duas grandes experiências – a do fascismo e a do stalinismo –, nos demos conta de que, sob os aparelhos de Estado, num outro nível, independente deles até certo ponto, existia toda uma mecânica de poder que se exercia de maneira constante, permanente, violenta, permitindo – pelo menos tanto quanto os grandes aparelhos de Estado, como a justiça e o exército – a manutenção, a estabilidade e a rigidez do corpo social. Foi então que me interessei pela análise desses poderes implícitos, invisíveis, ligados às instituições de saber, de saúde. O que aconteceu com a mecânica do poder na educação, na medicina e na psiquiatria? Não acredito ser o único a me interessar por isso. Os grandes movimentos, por volta de 1968, direcionavam-se contra esse tipo de poder.

– *Como você vê esses movimentos em relação ao que chamamos Terceiro Mundo? Nos Estados Unidos, na Europa Ocidental, eles acarretaram uma abertura logo em seguida aos seus questionamentos. Nos países latino-americanos ou africanos, eles implicaram um fechamento do horizonte político.*

Mesmo na China, a Revolução Cultural não foi uma maneira de mudar sem mudar?

– Não sei se o problema deve ser formulado em termos de "abertura" e "fechamento". Consideremos a França: é difícil fazer um balanço das transformações ocorridas nos sistemas de poder. Essas lutas ainda são muito próximas para podermos avaliar suas conquistas. É verdade que, em países como a França ou os Estados Unidos, a maneira como as relações de ordem sexual eram controladas mudou. Mas ainda não passamos dos primórdios desse grande processo. Digamos que o século XIX preocupou-se, sobretudo, com as relações entre as grandes estruturas econômicas e o aparelho de Estado e que, agora, os problemas dos pequenos poderes e dos sistemas difusos de dominação tornaram-se problemas fundamentais.

Quanto ao Terceiro Mundo, penso que o problema se formula de modo diferente. Outro problema de poder se apresentava: o da independência nacional. O que aconteceu em alguns países da África do Norte, como a Tunísia (eu estive lá nessa época), é que a luta contra o poder escolar e universitário tinha, até certo ponto, um parentesco com as que se desenvolveram na França e nos Estado Unidos. Com uma diferença: na Tunísia, o ensino era administrado em língua francesa, com professores de origem francesa, o que, consequentemente, formulava-se também o problema do neocolonialismo e da independência nacional. O ataque contra o governo era um ataque contra seus métodos autoritários, mas também contra a sua sujeição e sua dependência em relação aos interesses estrangeiros. Assim, no Terceiro Mundo, essa luta antiautoritária reinscreveu-se logo no interior de uma luta política geral, perdendo, desse modo, sua especificidade.

– Essa prioridade atribuída pelos países do Terceiro Mundo às tarefas mais urgentes – luta pela independência nacional, luta contra o subdesenvolvimento – não tenderia sufocar as lutas contra os "pequenos poderes" (a escola, o hospício, a prisão, e outros) e contra outras formas difusas de dominação (o branco sobre o negro, homens sobre mulheres)? Ou todas essas lutas podem ser levadas simultaneamente?

– Esse é um problema com o qual todos nos debatemos. Seria possível estabelecermos uma hierarquia de importância entre esses diferentes tipos de luta? Uma cronologia? Caímos num círculo: privilegiar a luta no nível do tecido do corpo social, em detrimento das grandes lutas tradicionais – pela independência nacional, contra a opressão etc. –, não seria uma manobra de "diversão"? Por outro lado, não formular esses problemas não equivaleria a reconduzir, no interior dos grupos mais avançados, os mesmos tipos de hierarquia, de autoridade, de dependência e de dominação? Esse é o problema de nossa geração.

– O jornalista Maurice Clavel, em sua autobiografia recentemente publicada – Ce que je crois[1] –, diz que Foucault o fez sair da esquerda, mas lamenta que Foucault tenha continuado na esquerda, que não tenha dado o passo de ruptura. Pode-se compreender a razão de Sartre ter ficado do lado dos maoístas e, sobretudo, porque ele pensa a história hegelianamente. Mas como é possível que Foucault seja de esquerda?

– Será que a pergunta está bem formulada? Não valeria mais a pena perguntar-se a razão de a esquerda, de repente, ter começado a se interessar por alguns assuntos que me preocupavam há tanto tempo? Quando comecei a me interessar pela loucura, pelo encarceramento e, mais tarde, pela medicina, pelas estruturas econômicas e políticas que subentendiam essas instituições, surpreendeu-me o fato de que a esquerda tradicional não dava a menor importância a essas questões. Nenhum relatório, estudo ou revista de esquerda mencionou ou criticou meus pontos de vista naquela época. Para eles, essas questões não existiam. E por uma série de razões: uma delas é certamente devido ao fato de eu não apresentar os sinais tradicionais de um pensamento de esquerda, não havia notas de pé de página: "conforme disse Karl Marx". Ou então: "como disse Engels", "como disse o genial Stalin". E, na França, para reconhecer um pensamento de esquerda, as pessoas olham imediatamente as notas de rodapé. O mais grave, porém, é que a esquerda francesa não considerava esses problemas dignos de uma análise política. Para ela, a leitura dos textos de Marx, ou a teoria da alienação, estes, sim, eram trabalhos políticos. Eles não se formulavam de modo algum o problema da psiquiatria. Somente depois de 1968 – ao longo do processo que não constituiu o triunfo do pensamento marxista, mas, ao contrário, abalou-o severamente – é que esses problemas entra-

---

1. Clavel (M.), *Ce que je crois*, Paris, Grasset, 1975, p. 138-139.

ram na reflexão política. Pessoas que nunca se interessaram pelo que eu fizera começaram, de repente, a me estudar. E eu me vi embarcando para o lado deles sem ter sido obrigado a deslocar o meu centro de interesse. Os problemas que me preocupavam não eram pertinentes a uma política de esquerda, sobretudo antes de 1968. Se você quiser, diria o seguinte: fui anexado ou, a partir de certo momento, recebi o título de cidadão local.

– *Em sua arqueologia do saber ocidental, Marx ocupa um lugar muito modesto, se comparado a David Ricardo. Ele não passa de um dos elementos da estrutura de seu tempo. E, de acordo com o seu livro,* As palavras e as coisas, *no nível profundo do saber ocidental, o marxismo não operou nenhuma ruptura real. Por que se atribui a Marx, até hoje, uma importância que o torna tão discutido, negado ou questionado?*

– Primeiro, uma precisão. Em *As palavras e as coisas* não pretendi fazer uma arqueologia geral do saber ocidental em sua profundidade. Quis ver qual teria sido a gênese de alguns domínios de conhecimentos empíricos, essencialmente relativos à vida, à linguagem, ao trabalho e à economia. Apenas isso. Não se tratava de uma radiografia da cultura ocidental em toda a sua espessura. Penso que na genealogia da economia política, em seus conceitos fundamentais, Marx não introduziu uma ruptura essencial. Houve inclusive alguém que disse isso antes de mim: Karl Marx. Ele afirmou que os seus conceitos eram derivados de Ricardo. Agora, é evidente que a prática revolucionária marxista, referindo-se à obra de Marx através de uma série de transformações e meditações, atravessou a história do Ocidente e marcou tudo o que aconteceu depois do final do século XIX. O problema que formulei era muito mais limitado: o da crítica de uma ciência empírica.

– *A dama Dialética reina ainda hoje. Ela está presente nos estudos históricos, econômicos, sociológicos, filosóficos, assim como na crítica. Qual é o papel do "materialismo dialético" na cultura ocidental?*

– Questão difícil. No sentido pleno e intenso da expressão "materialismo dialético", isto é, a interpretação da história, da filosofia, da metodologia científica e política, ele não serviu para muita coisa. Você já viu algum cientista utilizar o materialismo dialético? Em sua tática, o Partido Comunista não aplica o materialismo dialético. Mas é claro que ele constitui uma importante referência. Qual é o seu *status* para que, até certo ponto, sejamos obrigados a passar por ele, pelo menos no discurso, por seus signos, por seu ritual? Eis o problema.

O materialismo dialético é um significante universal, cujas utilizações políticas e polêmicas são importantes. Trata-se de uma marca, mas não acho que ele seja um instrumento positivo. Citarei um exemplo. Na Polônia, onde morei por um ano, havia cursos obrigatórios de materialismo dialético nas universidades, aos sábados, como são os cursos de catecismo nos colégios cristãos. Um dia, perguntei: os estudantes de ciências também são obrigados a fazer esse curso, tal como os estudantes de letras? E o professor (muito ligado ao Partido Comunista) respondeu: "não, os estudantes de ciências iriam rir...".

– *Numa de suas conferências por aqui, você tentou demonstrar que vivemos numa sociedade rica de confissões. Há a confissão cristã, a confissão comunista, a confissão do escritor, a confissão psicanalítica, a confissão judiciária etc. Será que essas diferentes confissões possuem uma mesma estrutura?*

– Não. Tentei mostrar, valendo-me de uma polêmica com uma certa interpretação precipitada de Reich, que não nos encontramos numa época pudica, moralista, numa era de censura, que os efeitos de moralismo e de censura são laterais em relação a algo essencial: a confissão.[2] De modo geral, a confissão consiste num discurso do sujeito sobre ele próprio, é uma situação de poder em que ele é dominado, coagido, mas que, por meio da confissão, ele modifica.

Essa definição formal da confissão pode englobar suas diversas situações já mencionadas. Tentei analisar em detalhe a diferença existente, por exemplo, entre o que é confessado na confissão cristã propriamente dita e o que se confessava ao diretor de consciência, a partir do século XVII. Há duas formas cristãs ligadas uma à outra, a segunda sendo uma generalização da confissão penitencial, possuindo, porém, características completamente diferentes e objetivos distintos.

– *Um marxista poderia considerar politicamente "perigosa" essa aproximação entre confissão cristã e confissão ao partido.*

---

2. As palavras portuguesas confissão, confessar etc. recobrem a um só tempo os sentidos franceses de *confesser* (*confessare*) e de *avouer* (*advocare*). (Nota do tradutor francês)

– É, no mínimo, o que eu espero.
– *Você poderia tornar isso mais claro, falar um pouco mais a respeito da sua definição de confissão?*
– É estranho que, na maioria dos sistemas jurídicos, o que se diz contra si mesmo constitua uma prova. O direito britânico, que proíbe o testemunho contra si mesmo, é uma exceção. Mas, na grande maioria dos outros sistemas, a partir do momento em que alguém diz alguma coisa que lhe é prejudicial, essa coisa só pode ser considerada verdadeira. Isso constitui um postulado. Podemos facilmente imaginar que alguém busque culpar-se de alguma coisa, seja para isentar outro, seja para isentar-se de outra falta. Em segundo lugar, a tortura e outras técnicas vizinhas da confissão permitem obter testemunhos contra si, que não possuem qualquer valor de verdade. Nosso sistema jurídico concede tal valor de prova à confissão que se torna difícil retificá-la ou negá-la *a posteriori*. Se é verdade que a extorsão selvagem da confissão é uma prática policial comum, e que a justiça, a princípio, a ignora fingindo fechar os olhos sobre ela, também é verdade que, ao conceder tal privilégio à confissão, o sistema judiciário torna-se um tanto cúmplice da prática policial que consiste em arrancá-la a qualquer preço.
    A ficção de manter a maior diferença possível entre justiça e polícia é extremamente comum, pelo menos na Europa Ocidental. Os corruptos provêm sempre da polícia, e o que há de nobre e de digno provém obrigatoriamente da justiça. Para dizer a verdade, a desgraça do sistema é que entre justiça e polícia há um acordo tácito, sendo a justiça que, sem o dizer, suscita com frequência essas práticas policiais.
– *O que é a tortura?*
– Forçando as palavras, diria que há uma utilização "nobre" e uma utilização ignóbil da tortura. Assim, na prática judiciária da Idade Média até o século XVIII, a tortura era um verdadeiro ritual mediante o qual se tentava obter a confissão do acusado, mas um ritual bastante codificado. A tortura não era "livre" nas mãos de um carrasco. Ela tinha de obedecer a certas regras e respeitar certos limites que não devia ultrapassar. Os séculos XIX e XX inventaram a tortura "selvagem", aquela que, empregando não importa qual método e durante o tempo que se julgue necessário, deve arrancar a confissão. É uma tortura policial, extrajudiciária e, por conseguinte, extremamente diferente da célebre tortura utilizada pela Inquisição.

– Você acha que nos países onde houve escravatura, no século passado, o acusador desenvolveu uma relação diferente e particularmente cruel para com o corpo do acusado? Talvez porque o torturado, nesse caso, era alguém cujo valor como pessoa equivalia a zero?
– Certamente. Na Antiguidade Clássica, na Grécia e no Império Romano, não se tinha o direito de torturar um cidadão livre. Em compensação, a tortura do escravo era uma prática legítima e habitual. Como se o escravo fosse incapaz de "dizer a verdade", como se as pessoas fossem obrigadas a extrair-lhe essa verdade por meio da violência. Em minha opinião, esse direito que a Antiguidade Clássica se concedeu de torturar o escravo deve ter reaparecido nas práticas escravagistas reinstauradas no século XVI.
– Essa prática não era acompanhada de certo paternalismo, uma vez que o escravo não dizia a verdade por ser incapaz disso?
– Não, o importante, penso eu, é o problema da propriedade do corpo. Se o corpo do escravo pertencia a seu senhor e não a ele mesmo, a tortura e a morte do escravo (embora esta não fosse legítima) eram possíveis. A relação de propriedade, nesse caso, é mais importante do que a do *pater familias*. É o direito de usar e abusar, *jus utendi et abutendi*.
– Sua análise geral da confissão e das relações de poder se aplicaria também ao conjunto dos poderes nos países comunistas, URSS e China, por exemplo?
– Gostaria de deixar a China de lado: muito pouca gente conhece muito pouca coisa sobre ela. Ou: pouca gente a conhece muito bem. Dito isso, a resposta é sim. Por essa razão, meu trabalho pode ser considerado como perigoso. Mas é preciso defrontar-se com esse perigo, aceitar o risco. Esses mecanismos de poder, pelo menos seus principais elementos, existem por toda parte. A confissão nos grandes processos, sua importância política e moral não pode ser considerada como totalmente estranha aos nossos procedimentos judiciários. E, de modo mais preciso: o poder psiquiátrico em seus efeitos políticos, em sua subjugação política para com o poder soviético é, diria eu, aparentado ao poder psiquiátrico tal como ele foi exercido na Europa Ocidental durante o século XIX. Consideremos, por exemplo, o que aconteceu na Comuna de Paris, em 1870. De um modo absolutamente explícito,

alguns opositores políticos foram enviados para os hospícios como "loucos".

— *O que mais me impressionou em L'aveu, de Arthur London,*[3] *considerado como específico, característico dos métodos empregados na Europa Oriental, foi menos a utilização da tortura (encontrada no mundo inteiro) do que a ostentação da farsa judiciária. Um aparato incrível: se o acusado decide esquecer sua confissão decorada, um botão interrompe sua difusão pela rádio.*

— A trucagem judiciária... No direito inglês e no direito napoleônico concedeu-se um papel tão excessivo e tão excessivamente sério ao ritual judiciário que ele pode ser transformado em *guignol*,[4] como acontece hoje em dia nos países socialistas da Europa Oriental. Nossa maneira de trucar um processo é diferente: trapaceamos no procedimento, impelimos o inculpado ao suicídio. Mas nunca conseguimos alcançar essa trucagem totalmente teatral à qual os soviéticos se dedicaram. Por quê? Porque eles concedem mais seriedade ao ritual judiciário do que nós, porque insistem em levá-lo até o fim, sob os olhos dos jornalistas, dos observadores estrangeiros etc., ou por não lhe concederem nenhuma importância, razão pela qual permitem tudo. É possível, inclusive, que as duas coisas sejam verdadeiras. Que não lhe deem muita importância, mas, ao mesmo tempo, tentem reinscrever em seu exercício do poder a simbólica e o ritual burgueses. Os grandes processos devem ser vistos em relação à arquitetura stalinista ou ao realismo socialista. O realismo socialista não equivale inteiramente à pintura ocidental considerada em seu conjunto, mas lembra de modo incrível a pintura acadêmica e pomposa de 1850. Foi um *complexo de nascimento* do marxismo: ele sempre sonhou ter uma arte, modos de expressão e um cerimonial social perfeitamente semelhantes aos da burguesia triunfante de 1850. Trata-se do neoclassicismo stalinista.

— *Em seu trabalho, o Estado parece ocupar um lugar privilegiado, representa uma instância privilegiada para compreender as formações histórico-culturais. Você poderia precisar as condições sobre as quais o Estado se escora?*

---

3. London (A.), *L'aveu dans l'engrenage du procès de Prague* (versão francesa de A. e L. London), Paris, Gallimard, 1972.
4. Em francês no original [guinhol]. (Nota do tradutor francês)

– É verdade que o Estado me interessa, mas diferencialmente. Não acredito que o conjunto de poderes exercidos no interior de uma sociedade – e que nela garantem a hegemonia de uma classe, de uma elite ou de uma casta – se resuma por completo no sistema do Estado. Este, com seus grandes aparelhos judiciários, militares e outros, representa apenas a garantia, a armadura de toda uma rede de poderes que passa por canais diferentes das vias principais. Meu problema é efetuar uma análise diferencial dos diferentes níveis de poder na sociedade. Por conseguinte, nele, o Estado ocupa um lugar importante, mas não preeminente.

– *Por que na França, ao contrário da Grã-Bretanha ou dos Estados Unidos, os estudos antipsiquiátricos foram iniciados por alguém que não é um médico, tal como Laing, Bettelheim ou Cooper?*

– Difícil dizer. Mas posso fazer uma hipótese (seria preciso empreender um estudo diferencial nos Estados Unidos e na Inglaterra). Na França, a interrogação sobre o hospital, o hospício e a prática psiquiátrica é antiga. De todo modo, na época da guerra, num hospital chamado Sait-Alban, médicos espanhóis que durante a guerra civil haviam feito experiências antipsiquiátricas e foram obrigados a se refugiar na França, começaram essas pesquisas. Jovens psiquiatras que passavam por Saint-Alban adotaram alguns de seus métodos e tentaram fazer algumas reformas nos outros hospitais. Mas tudo isso ficou muito limitado. Por que essas iniciativas não foram muito longe? Porque os psiquiatras franceses são, direta ou indiretamente, ligados à administração, aos responsáveis administrativos e jurídicos do hospital. Exercendo esse poder, eles não estão em condições de criticar o poder administrativo em nome do poder médico, nem o poder médico em nome de um pensamento que seria ao mesmo tempo livre da medicina e da administração. Eles puderam opor-se à medicina e à administração, sem poder liberar-se nem de uma nem da outra. O que digo é um tanto esquemático, mas penso que foi preciso alguém de "fora" para formular esses problemas. Na França, a psicanálise, que era a medicina da doença mental fora da instituição, fora do hospital, fora do hospital psiquiátrico, sempre foi, e ainda é, uma medicina de elite, cara etc. E sempre se recusou – a não ser nestes últimos anos – a transpor suas questões, seus problemas, sua técnicas para o enquadre hospitalar.

Ela teria podido formular o problema do poder psiquiátrico, mas não o fez, e exercia o seu tranquilamente.

– Em sua opinião, o psicanalista aparece como um tecnocrata do saber, o instrumento de um poder repressivo que faz sua vítima falar de sua própria sexualidade. Tal monstro deve ser abatido ou é possível imaginar um novo tipo de clínico?

– Não se deve forçar o que eu disse. Não, para dizer a verdade, ainda não estudei de perto o funcionamento da psicanálise. Disse que seria perigoso supor que Freud e a psicanálise, ao falarem de sexualidade, liberando, por meio de suas técnicas, a sexualidade do sujeito, realizam de pleno direito uma obra de liberação. A metáfora da liberação não me parece apropriada para definir a prática psicanalítica. Essa é a razão pela qual busquei fazer uma arqueologia da confissão, da confissão da sexualidade, e mostrar como as técnicas essenciais da psicanálise preexistem (a questão da originalidade não é importante) no interior de um sistema de poder. É falso imaginar o Ocidente como uma civilização que reprimiu a expressão da sexualidade, a proibiu, a censurou. Ao contrário: desde a Idade Média houve uma constante demanda para se obter a confissão da sexualidade. Houve pressão para que ela se manifestasse sob a forma de discurso: confissão, direção de consciência, pedagogia, psiquiatria do século XIX, técnicas que precederam a psicanálise fazendo-a situar-se, em relação a elas, não em situação de ruptura, mas de continuidade.

– Mas a relação paciente-analista, a partir do que você disse, não é sempre uma relação desigual devido à dissimetria de poder?

– Sem dúvida. O exercício do poder que se desenrola no interior da sessão analítica deveria ser estudado; ele nunca o foi. E o psicanalista, pelo menos na França, recusou-se a isso. Considerando que o que se passa entre o divã e a poltrona, entre aquele que está deitado e o que está sentado, entre aquele que fala e o que dormita é um problema de desejo, de significante, de censura, de supereu, problemas de poder no interior do sujeito, mas nunca uma questão de poder entre um e o outro.

– Lacan pensa que o poder do analista se manifesta quando este se torna não o tradutor modesto das mensagens dos pacientes, mas o porta-voz de uma verdade dogmática. O que o separa dessa posição?

– Não posso responder no nível em que a questão se coloca e no qual Lacan fala pela boca daquele que a formulou. Não sou analista. Todavia, atraiu minha atenção o fato de que, quando os psicanalistas falam da prática analítica, há uma série de elementos sempre ausentes: o preço da sessão, o custo econômico global do tratamento, as decisões quanto ao tratamento, a fronteira entre o aceitável e o inaceitável, o que deve ser curado e o que não necessita sê-lo, a questão da retomada ou do modelo familiar como norma, a utilização do princípio freudiano, segundo o qual é doente aquele que não consegue fazer amor nem trabalhar. Tudo isso está presente na prática analítica e tem efeitos sobre ela. Trata-se de um mecanismo de poder veiculado por ela sem, contudo, questioná-lo. Um exemplo simples: a homossexualidade. Os psicanalistas só abordam a homossexualidade pela diagonal. Trata-se de uma anomalia? De uma neurose? Como a psicanálise maneja essa situação? Para dizer a verdade, ela endossa algumas fronteiras que fazem parte de um poder sexual constituído fora dela, cujos traços principais ela valida.

– *Os psicanalistas têm o hábito de criticar os filósofos que falam da psicanálise sem tê-la experimentado. Você se analisou?*

– A questão é divertida, pois, atualmente, os psicanalistas me acusam de *não* falar da psicanálise. Para dizer a verdade, estou fazendo uma série de estudos que convergem sobre alguma coisa ocorrida no final do século XIX e no século XX: a história da loucura, o saber da sexualidade, uma genealogia que se interrompe em Freud. Eles dizem ser uma hipocrisia não mencionar Freud. Agora, você diz que me contestariam o direito de falar da prática analítica. Com efeito, gostaria de falar a respeito, e, em certo sentido, acho que falo dela, mas insisto em falar dela de "fora". Não acho que devamos cair na armadilha, antiga, aliás, montada pelo próprio Freud, segundo a qual: do momento em que nosso discurso penetrar no campo psicanalítico, ele cairá sob a dominação da interpretação analítica. Quero manter-me em situação de exterioridade diante da instituição psicanalítica, ressituá-la em sua história, no interior dos sistemas de poder que a subtendem. Nunca entrarei no discurso analítico para dizer: o conceito de desejo em Freud não é bem elaborado, ou o corpo dividido de Melanie Klein é uma bobagem. Isso eu não direi jamais.

– *E a contribuição de Deleuze?*
– O que me interessa em seu trabalho é o fato de ele incidir essencialmente, no interior da psicanálise, sobre o seu não dito, ou seja, como a prática analítica constitui um golpe de força para redistribuir o desejo entre os diferentes polos do triângulo edipiano. A "familiarização" da psicanálise é uma operação que Deleuze demonstrou com muita força, uma crítica que ele, como teórico do desejo, faz de dentro, e que eu, como historiador do poder, só sou capaz de fazer de fora.
– *Quais são as tarefas da crítica hoje?*
– O que você entende por essa palavra? Só um kantiano pode atribuir um sentido geral à palavra "crítica".
– *Ontem, você disse que seu pensamento é fundamentalmente crítico. O que significa um trabalho crítico?*
– Diria: é uma tentativa de desvelar o máximo possível, ou seja, o mais profunda e geralmente possível, todos os efeitos de dogmatismo ligados ao saber e todos os efeitos de saber ligados ao dogmatismo.
– *Há uma frase de Deleuze sobre você: você foi, diz ele, "o primeiro a nos ensinar alguma coisa de fundamental, em seus livros e por meio de algumas práticas: a indignidade de falar pelos outros". Gostaria de lhe perguntar se o discurso sobre o exotismo, que utiliza a categoria de exotismo, não constitui um modo de exercer um poder difuso. Não seria também uma maneira de falar pelos outros? Afinal, mesmo o discurso político, e não apenas o da moda ou do turismo, utiliza a categoria de exotismo...*
– Não quero fazer uma crítica que impeça os outros de falar, exercer em meu nome o terrorismo da pureza e da verdade. Não quero também falar em nome dos outros e pretender dizer melhor o que eles disseram. Minha crítica tem por objetivo permitir aos outros falar, sem pôr limites ao seu direito de falar. Desde a época da colonização, existe um discurso imperialista que falou com grande meticulosidade dos outros, transformando-os em exóticos, pessoas incapazes de discorrer sobre si mesmas. À questão do universalismo revolucionário se pode acrescentar esse problema. Para os europeus, e talvez mais ainda para os franceses, a revolução é um processo universal. Os revolucionários franceses do final do século XVIII pensavam fazer a revolução no mundo inteiro, e até hoje eles não se livraram desse mito. O internacionalismo proletário re-

lançou esse registro em um outro registro. Ora, na segunda metade do século XX não houve processo revolucionário senão no âmbito do nacionalismo. Disso decorre o mal-estar de alguns teóricos e militantes da revolução universal. Eles são obrigados a adotar o imperialismo do discurso universal, ou então a adotar certo exotismo.

– *O que significa a frase de Reich segundo a qual as massas não foram enganadas, mas, em um certo momento, desejaram o fascismo. Como se pode desejar um poder repressivo?*

– Esse é um problema importante e inquietante, se pensarmos o poder em termos de repressão. Se ele se limita a censurar, proibir, como então seria possível amá-lo? Mas o que torna o poder forte é que seu funcionamento principal não é de ordem negativa: o poder tem efeitos positivos, produz o saber, induz o prazer. O poder é amável. Se fosse apenas repressivo, teríamos de admitir seja a interiorização do interdito, seja o masoquismo do sujeito (o que, no fim das contas, é a mesma coisa). Então, nesse caso, ele adere ao poder.

– *E a relação senhor-escravo? A recusa da liberação, por parte de um escravo, não poderia ser explicada da mesma maneira?*

– A dialética senhor-escravo, de acordo com Hegel, é o mecanismo segundo o qual o poder do senhor se esvazia pelo próprio fato de sua existência. Quero mostrar o oposto, isto é: o poder se reforça por seu próprio exercício, ele não passa sub-repticiamente para o outro lado. Desde 1831, a Europa não parou de pensar que a derrubada do capitalismo aconteceria no próximo decênio. Isso bem antes de Marx. E ele ainda aí está. Não posso afirmar que ele nunca será desenraizado. Digo apenas que o custo de sua derrubada não é o que imaginamos. E derrubá-lo não é operar uma transferência nos sistemas de poder, de uma casta a outra, de uma burocracia a outra, como foi caso da burocracia tsarista transposta, na verdade, com modificações.

– *O que é o homem? Isso existe?*

– Claro que ele existe. O que se deve destruir é o conjunto das qualificações, das especificações e das sedimentações pela quais algumas essências humanas foram definidas a partir do século XVIII. Meu erro não foi dizer que o homem não existe, mas imaginar que seria tão fácil demoli-lo.

– *Tomar partido pelas minorias etc. não é humanismo? O termo "humanista" deve ser conservado?*

– Se essas lutas forem levadas em nome de uma essência determinada do homem, tal como ela foi constituída no pensamento do século XVII, diria que essas lutas estão perdidas. Pois elas serão conduzidas em nome do homem abstrato, normal, com boa saúde, o precipitado de uma série de poderes. Se quisermos fazer a crítica desses poderes, não devemos efetuá-la em nome de uma ideia do homem construída a partir deles. Quando em um marxismo vulgar se fala do homem total, do homem reconciliado consigo mesmo, do que se trata? Do homem normal, equilibrado. Como se formou a imagem desse homem? A partir de um saber e de um poder psiquiátricos, médicos, de um poder "normalizador". Fazer uma crítica política em nome do humanismo significa reintroduzir na arma do combate a coisa contra a qual combatemos.

1976

A Política da Saúde no Século XVIII

"La politique de la santé au XVIIIe siècle", *Les Machines à guérir. Aux origines de l'hôpital moderne; dossiers et documents*, Paris, Institut de l'Environnement, 1976, p. 11-21.

Duas observações para começar. 1. Uma medicina privada, "liberal", submetida aos mecanismos da iniciativa individual e às leis do mercado. Uma política médica que se apoia na estrutura de poder e visa à saúde de uma coletividade. Não é fecundo, sem dúvida, procurar entre elas uma relação de anterioridade ou de derivação. É um tanto mítico supor, na origem da medicina ocidental, uma prática coletiva à qual as instituições mágico-religiosas teriam dado seu caráter social, sendo em seguida pouco a pouco[1] desmantelada pela organização das clientelas privadas. Mas é igualmente inadequado supor, no umbral da medicina moderna, uma relação singular, privada, individual, "clínica" em seu funcionamento econômico e em sua forma epistemológica, que uma série de correções, ajustamentos ou coações teriam lentamente socializado, tornando-a parcialmente do encargo da coletividade.

De todo modo, o século XVIII nos mostra um processo de dupla face: o desenvolvimento de um mercado médico sob a forma de clientelas privadas, a extensão da rede de um pessoal que oferece intervenções médicas qualificadas, o crescimento de uma demanda de cuidados por parte dos indivíduos e das famílias, a emergência de uma medicina clínica fortemente centrada no exame, no diagnóstico, na terapêutica individual, na exaltação explicitamente moral e científica (secretamente econômica) do "colóquio singular". Em suma, a instalação progres-

---

1. (N.A.) Cf. Rosen (G.), *A history of public health*, Nova Iorque, M. D. Publications, 1958.

siva da grande medicina do século XIX não pode ser dissociada da organização, nessa mesma época, de uma política da saúde e da consideração das doenças como problema político e econômico apresentado às coletividades, que devem tentar resolvê-lo no nível de suas decisões de conjunto. Medicina "privada" e medicina "socializada" decorrem, em seu apoio recíproco e em sua oposição, de uma estratégia global. Sem dúvida, não há sociedade que não empregue certa "nosopolítica". O século XVIII não a inventou. Mas prescreveu-lhe novas regras, e, sobretudo, a fez passar para um nível de análise explícita e concertada como ela até então jamais conhecera. Entraremos agora menos na idade da medicina social do que na da nosopolítica refletida.

2. Não devemos situar apenas nos aparelhos de Estado o polo de iniciativa, de organização e controle dessa nosopolítica. De fato, existiram múltiplas políticas de saúde e diversos meios de incumbir-se dos problemas médicos: grupos religiosos (importância considerável, por exemplo, dos *quakers* e dos diversos movimentos do Dissent na Inglaterra); associações de socorro e beneficência (dos escritórios das paróquias às sociedades de filantropia, que funcionam um pouco como órgãos de vigilância exercidos por uma classe social privilegiada sobre as outras, mais desprovidas e, por isso mesmo, portadoras de perigo coletivo); as sociedades científicas, as academias do século XVIII ou as sociedades de estatística do início do século XIX tentam organizar um saber global e quantificável dos fenômenos de morbidade. A saúde, a doença, como fato de grupo e de população, são problematizadas, no século XVIII, a partir de instâncias múltiplas, em relação às quais o próprio Estado desempenha papéis diversos. Ocorre-lhe intervir diretamente: as distribuições gratuitas de medicamentos prosseguiram, na França, com uma amplidão variável, de Luís XIV a Luís XVI. Ocorre-lhe instaurar organismos de consulta e de informação (o Collegium Sanitário da Prússia data de 1685; a Sociedade Real de Medicina foi fundada em 1776, na França). Ocorre-lhe também fracassar em seus projetos de organização médica autoritária (o Código de Saúde elaborado por Anton Mai e aceito pelo Eleitor Palatino em 1800 nunca foi aplicado). Acontece-lhe ainda ser o objeto de solicitações às quais ele resiste.

A problematização da nosopolítica no século XVIII não traduz uma intervenção uniforme do Estado na prática da medicina, mas, antes, a emergência, em múltiplos pontos do corpo social, da saúde e da doença como problemas que demandam, de uma maneira ou de outra, uma incumbência coletiva. A nosopolítica, mais do que o resultado de uma iniciativa vertical, aparece, no século XVIII, como um problema de origens e direções múltiplas: saúde de todos como urgência para todos; o estado de saúde de uma população como objetivo geral.

O traço mais marcante da "nosopolítica", cuja preocupação atravessa a sociedade francesa – e europeia – no século XVIII, é, sem dúvida, o deslocamento dos problemas de saúde em relação às técnicas de assistência. Esquematicamente, pode-se dizer que, até o final do século XVII, as incumbências coletivas da doença eram feitas por meio da assistência aos pobres. Mas há exceções, claro: os regulamentos a serem aplicados em tempos de epidemia, as medidas tomadas nas cidades pestilentas, as quarentenas impostas em alguns dos grandes portos constituíam formas de medicalização autoritária não organicamente ligadas às técnicas de assistência. Mas, fora desses casos limites, a medicina entendida e exercida como "serviço" nunca foi senão um dos componentes dos "socorros". Ela se dirigia à categoria tão importante, apesar da indecisão de suas fronteiras, dos "pobres doentes". Economicamente, essa medicina-serviço era, no essencial, garantida por fundações de caridade. Institucionalmente, era exercida no âmbito de organizações (religiosas ou leigas) que se propunham múltiplos fins: distribuição de alimentos, vestimentas, entretenimento das crianças abandonadas, educação elementar e proselitismo moral, abertura de ateliês e de salas de lavor, eventualmente vigilância e sanção dos elementos "instáveis" ou "perturbados" (os escritórios dos hospitais, nas cidades, tinham jurisdição sobre os vagabundos e mendigos; as secretarias de paróquia e as sociedades de caridade se davam também, e de modo bem explícito, um papel de denúncia dos "maus sujeitos"). Do ponto de vista técnico, a parte ocupada pela terapêutica no funcionamento dos hospitais na Idade Clássica era limitada, em relação à ajuda material e ao enquadramento administrativo. Na figura do "pobre necessitado", que merece hospitalização, a doença não era senão um dos elementos em um conjunto que compreendia tanto a enfermidade, a idade, a impossibilidade de encontrar trabalho, a ausência de cuidados. A série doença-serviços médicos-terapêutica ocupa um lugar limitado e raramente autônomo na política e na economia complexa dos "socorros".

Primeiro fenômeno a se destacar ao longo do século XVIII: o deslocamento progressivo dos procedimentos mistos e polivalentes de assistência. Esse desmantelamento se opera, ou melhor, é exigido (pois ele só começará a ser efetivo bem mais tarde nesse século) a partir do reexame geral do modo de investimento e capitalização: a prática das "fundações" que imobilizam somas importantes e cujos rendimentos servem para manter os ociosos, que podem, assim, permanecer fora dos circuitos de produção, é criticada pelos economistas e administradores. Opera-se igualmente, a partir de uma grade mais fechada dessa população e das distinções que se tenta estabelecer entre as diferentes categorias de infelizes aos quais se endereçava de modo confuso a caridade: na lenta atenuação dos *status* tradicionais, "o pobre" é um dos primeiros a ser apagado e a dar lugar a toda uma série de distinções funcionais (os bons e os maus pobres, os ociosos voluntários e os desempregados involuntários, os que podem e os que não podem fazer algum trabalho). Uma análise da ociosidade, de suas condições e efeitos, tende a substituir a sacralização um pouco global do "pobre". Análise que, na prática, se propõe como objetivo, no melhor dos casos, tornar a pobreza útil fixando-a ao aparelho de produção, e, no pior dos casos, aliviar o máximo possível seu peso arcado pelo resto da sociedade. Como pôr a trabalhar os pobres "válidos", como transformá-los em mão de obra útil? Como garantir aos menos ricos o autofinanciamento de sua própria doença e de sua incapacidade transitória ou definitiva de trabalhar? E, ainda, como tornar rentáveis, a curto e a longo prazos, as despesas engajadas na instrução das crianças abandonadas e dos órfãos. Delineia-se, assim, toda uma decomposição utilitária da pobreza, na qual começa aparecer o problema específico da doença dos pobres em sua relação com os imperativos de trabalho e a necessidade de produção.

É preciso notar, também, outro processo, mais geral que esse, não sendo, porém, seu simples desenvolvimento: a aparição da saúde e do bem-estar físico da população em geral como um dos objetivos essenciais do poder político. Não se trata mais da sustentação de uma franja particularmente frágil da população, perturbada e perturbadora, mas da maneira como se pode elevar o nível de saúde do corpo social em seu conjunto. Os diversos aparelhos de poder têm de encarregar-se dos "corpos", não simplesmente para exigir deles a doação de sangue ou para protegê-los contra o inimigo, não simplesmente para garantir os castigos ou extorquir foros, mas para ajudálos, se necessário coagi-los, a garantir sua saúde. O imperativo de saúde sendo então: dever de cada um e objetivo geral. Recuando um pouco no tempo, poderíamos dizer que, depois do início da Idade Média, o poder exercia tradicionalmente duas grandes funções: a da guerra e da paz, que ele garantia pelo monopólio dificilmente adquirido das armas, da arbitragem dos litígios e da punição dos delitos, garantidos por ele mediante o controle das funções judiciárias. *Pax et justitia.* Depois do final da Idade Média, a essas funções juntaram-se a da manutenção da ordem e da organização do enriquecimento. Ora, eis que apareceu, no final do século XVIII, uma nova função: o planeamento da sociedade como meio ambiente de bemestar físico, saúde ótima e longevidade. O exercício dessas três últimas funções (ordem, enriquecimento, saúde) era garantido menos por um aparelho único do que por um conjunto de regulamentos e instituições múltiplas que tomaram, no final do século XVII, o nome genérico de "polícia". Até o final do Antigo Regime, o que se chamou polícia não foi apenas a instituição policial, mas o conjunto dos mecanismos mediante os quais foram assegurados a ordem, o crescimento canalizado das riquezas e as condições de manutenção da saúde "em geral": o *Tratado* de La Mare[2] – a grande carta das funções de polícia na época clássica – é, a esse respeito, significativo. As 11 rubricas segundo as quais ele classifica as atividades de polícia repartem-se facilmente de acordo com três grandes direções: respeito da regulamentação econômica (circulação das mercadorias, procedimentos de fabricação, obrigações das pessoas de ofício, tanto entre eles quanto em relação à sua clientela); respeito às medidas de ordem (vigilância dos indivíduos perigosos, perseguição aos vagabundos, eventualmente aos mendigos, perseguição aos criminosos); respeito às regras gerais de higiene (zelar pela qualidade dos víveres postos à venda, pelo abastecimento de água, pela limpeza das ruas).

No momento em que os procedimentos mistos da assistência foram decompostos e decantados, em que se recorta o problema da doença dos pobres em sua especificidade econômica, a saúde e o bem-estar físico das populações apareceram como

---

2. La Mare (N. de), *Traité de la police*. Paris, Jean Cot, 1705.

um objetivo político que a "polícia" do corpo social deve garantir, ao lado das regulamentações econômicas e das coações da ordem. A importância repentina que a medicina ganhou no século XVIII tem seu ponto de origem ali onde se entrecruzam uma nova economia "analítica" da assistência e a emergência de uma "polícia" geral da saúde. A novidade nosopolítica inscreve a questão específica da medicina dos pobres no problema geral da saúde das populações e se desloca do contexto estreito dos socorros ministrados pela caridade para a forma mais geral de uma "polícia médica", com suas coações e seus serviços. Os textos de T. Rau, *Medicinische Policey Ordnung* (1764),[3] e sobretudo a grande obra de J. P. Frank, *System einer medicinischen Polizey*,[4] são a expressão mais coerente dessa transformação.

O suporte dessa transformação? *Grosso modo*, pode-se dizer que se trata de preservar a manutenção e a conservação da "força de trabalho". O problema, porém, é, por certo, muito mais amplo. Na verdade, ele concerne aos efeitos econômico-políticos da acumulação dos homens. O grande crescimento demográfico do Ocidente europeu ao longo do século XVIII, a necessidade de coordená-lo e integrá-lo ao desenvolvimento do aparelho de produção, a urgência de controlá-lo por meio de mecanismos de poder mais adequados e mais concentrados fazem aparecer a "população", com suas variáveis de número, repartição espacial ou cronológica, longevidade e saúde, não só como problema teórico, mas como objeto de vigilância, análise, intervenções, operações modificadoras etc. Esboça-se o projeto de uma tecnologia da população: estimativas demográficas, cálculo da pirâmide de idades, das diferentes expectativas de vida, das taxas de morbidade, o estudo do papel desempenhado pelo crescimento da riqueza em relação ao do crescimento da população, diversas incitações ao casamento e à natalidade, desenvolvimento da educação e da formação profissional. Nesse conjunto de problemas, o "corpo", corpos dos indivíduos e corpos das populações, aparece portador de novidades variáveis: não mais apenas raros ou numerosos, submissos

---

3. Rau (W. T.), *Gedanken von dem Nutzen und der Nothwendigkeit einer medicinischen Policey-Ordnung in einem Staat*, Ulm, 1764.
4. Frank (J. P.), *System einer Vollständigen medicinischen Polizey*, Mannheim. C. F. Schwan, 1779-1790, 6 vol.

ou indóceis, ricos ou pobres, válidos ou inválidos, vigorosos ou fracos, porém, mais ou menos utilizáveis, mais ou menos suscetíveis de investimentos rentáveis, tendo mais ou menos a chance de sobrevivência, de morte ou de doença, mais ou menos capazes de aprendizagem eficaz. Os traços biológicos de uma população tornam-se elementos pertinentes para uma gestão econômica, sendo necessário organizar à sua volta um dispositivo que garanta não apenas seu assujeitamento, mas a majoração constante de sua utilidade. Podemos compreender, a partir daí, muitas características da nosopolítica do século XVIII.

1. *O privilégio da infância e a medicalização da família.*
Ao problema das "crianças" (quer dizer, de seu número ao nascerem e da relação natalidade-mortalidade) acrescenta-se o problema da "infância" (quer dizer, da sobrevivência até a idade adulta, das condições físicas e econômicas dessa sobrevivência, dos investimentos necessários e suficientes para que o período de desenvolvimento se torne útil. Em suma, da organização dessa "fase" percebida a um só tempo como específica e finalizada). Não se trata mais apenas de produzir um número ótimo de crianças, mas também de gerir convenientemente essa idade da vida.

Codificam-se, então, segundo novas regras, muito precisas, as relações entre pais e filhos. Permanecem, é claro, e com poucas alterações, as relações de submissão e ao sistema de signos exigidos por elas. Doravante, porém, elas devem ser investidas por todo um conjunto de obrigações que se impõem tanto aos pais quanto aos filhos: obrigações de ordem física (cuidados, contato, higiene, limpeza, proximidade atentiva); aleitamento das crianças pelas mães; preocupação com o vestuário saudável; exercícios físicos para garantir um bom desenvolvimento do organismo; corpo a corpo permanente e constrangedor dos adultos para com as crianças. A família não deve mais ser apenas uma rede de relações que se inscreve em um *status* social, em um sistema de parentesco, em um mecanismo de transmissão de bens. Ela deve tornar-se um meio físico denso, saturado, permanente, contínuo, que envelopa, mantém e favorece o corpo da criança. Ela passa, então, a ter uma figura material, recortando-se conforme uma extensão mais estreita. Ela se organiza como o *entourage* mais próximo da criança. Tende a tornar-se para ela um enquadre imediato de sobrevivência e evolução, acarretando, por conseguinte, um efeito de restringimento ou, pelo menos, uma intensificação dos elementos e das relações que constituem a família estrita (o grupo pais-filhos). Isso acarreta, também, certa revirada dos eixos: o laço conjugal não serve mais apenas (talvez nem mesmo em primeiro lugar) para estabelecer a junção entre dois ascendentes, mas para organizar o que servirá de matriz ao indivíduo adulto. Ela continua servindo, sem dúvida, para dar sequência a duas linhagens, portanto, para produzir a descendência, mas também para fabricar, nas melhores condições possíveis, um ser humano que consiga chegar ao estado de maturidade. A "conjugabilidade" nova é a que reúne pais e filhos. A família, aparelho restrito e localizado de formação, solidifica-se no interior da grande e tradicional família-aliança. Ao mesmo tempo, a saúde – em primeiro lugar, a saúde das crianças – torna-se um dos objetivos mais coercivos da família. O retângulo pais-filhos deve tornar-se uma espécie de homeostase de saúde. De todo modo, a partir do final do século XVIII, o corpo são, próprio, válido, o espaço purificado, limpo, arejado, a distribuição otimizada dos indivíduos em proporção aos médicos, os locais, os leitos, os utensílios, o jogo do "cuidador" e do "cuidado", tudo isso constitui algumas das leis morais essenciais à família. Depois dessa época, a família se tornou o agente mais constante da própria medicalização. Desde a segunda metade do século XVIII, ela se tornou o alvo de uma grande empreitada de aculturação médica. A primeira onda incidiu sobre os cuidados a serem dados às crianças, principalmente aos bebês. Andry: *L'Orthopédie* (1741); Vandermonde: *Essai sur la manière de perfectionner l'espèce humaine* (1756); Cadogan: *Manière de nourrir et d'élever les enfants* (a tradução francesa é de 1752); Desessartz: *Traité de l'éducation corporelle des enfants en bas âge* (1760); Ballexserd: *Dissertation sur l'éducation physique des enfants* (1762); Raulin: *De la conservation des enfants* (1768); Nicolas: *Le cri de la nature, en faveur des enfants nouveau-nés* (1775); Daignan: *Tableau des variétés de la vie humaine* (1786); Saucerotte: *De la conservation des enfants* (ano IV); W. Buchan: *Le conservateur de la santé des mères et des enfants* (tradução francesa de 1804); J. A. Millot: *Le Nestor français* (1807); Laplace-Chanvre: *Sur quelques points de l'éducation physique et morale des enfants* (1813); Leretz: *Hygiène des enfants* (1814); Prévot-Leygonie: *Sur l'éducation physique des enfants* (1813).[5] Essa literatura ganhará em extensão quando, no século XIX, for publicada toda uma série de periódicos e jornais mais diretamente endereçados às classes populares. A longa campanha a propósito da inoculação e da vacinação ganha espaço nesse movimento por meio do qual se buscou organizar os cuidados médicos em torno da criança, cuja responsabilidade moral, assim como uma parte dos encargos econômicos, cabia à família. A política a favor dos órfãos seguiu, por caminhos diferentes, uma estratégia análoga. Encontramos instituições especialmente destinadas a acolher essas crianças e a lhes dar cuidados particulares (o Founding Hospital de Londres, os Enfants-Trouvés, de Paris). Organizam-se, também, sistemas de alojamento junto a amas de leite ou nas

---

5. Andry de Boisregard (N.), *L'Orthopédie, ou l'Art de prevenir et de corriger dans les enfants les difformités du corps*, Paris, Alix, 1741, 2 vol. Vandermonde (C.-A.), *Essai sur la manière de perfectionner l'espèce humaine*, Paris, Vincent, 1756, 2 vol. Cadogan (W.), *An essay upon nursing and the management of children from their birth to three years of age*, Londres, J. Roberts, 1752 (*Essai sur la manière de nourrir et d'élever les enfants*, trad. Eidous e Lavery, Paris, L. D'Houry, 1752). Desessartz (J.-C.), *Traité de l'éducation corporelle des enfants en bas âge, ou Réflexions pratiques sur les moyens de procurer une meilleure constitution aux citoyens*, Paris, J. Hérissant, 1760. Ballexserd, J., *Dissertation sur l'éducation physique des enfants, depuis leur naissance jusqu'`a l'âge de la puberté*, Paris, Vallat-La-Chapelle, 1762. Raulin (J.), *De la conservation des enfants, ou les Moyens de les fortifier depuis l'instant de leur existence jusqu'à l'âge de la puberté*, Paris, Merlin, 1768-1769, 3. vol. Nicolas (P.-F.), *Le cri de la nature, en faveur des enfants nouveau-nés. Ouvrage dans lequel on expose les règles diététiques que les femmes doivent suivre pendant leur grossesse*, Grenoble, Giroud, 1775. Daignan (G.), *Tableau des variétés de la vie humaine, avec les avantages et les désavantages de chaque constitution et des avis très importants aux pères et aux mères sur la santé de leurs enfants, surtout à l'âge de la puberté*, Paris, o autor, 1786, 2 vol. Saucerotte (L. S.), *De la conservation des enfants pendant la grossesse, et de leur éducation physique, depuis la naissance jusqu'à l'âge de six à huit ans*, Paris, Guillaume, 1796. Buchan (W.), *Advice to mothers on the subject of their own health, and on the means of promoting the health, strength and beauty of their offspring*, Londres, Cadell and Davies, 1803 (*Le conservateur de la santé des mères et des enfants*, trad. Mallet, Paris, Métier, 1804). Millot (J. A.), *Le Nestor français, ou Guide moral et physiologique pour conduire la jeunesse au bonheur*, Paris, F. Buisson, 1807, 3 vol. Laplace-Chanvre (J.-M.), *Sur quelques points de l'éducation physique et morale des enfants*, Paris, 1813. Leretz (A.), *Hygiène des enfants, considerés depuis l'époque de la naissance jusqu'à l'âge de la puberté*, Paris, 1814. Prévot-Leygonie (P.), *Sur l'éducation physique des enfants*, Paris, 1813.

famílias, nas quais terão sua utilidade participando minimamente da vida doméstica e em que, em suma, encontrarão um meio de desenvolvimento mais favorável e economicamente menos custoso para um hospital, onde permaneceriam arregimentadas até a adolescência.

A política médica que se delineia no século XVIII em todos os países da Europa tem como primeiro efeito a organização da família, ou melhor, do complexo família-criança, como instância primeira e imediata de medicalização dos indivíduos. Fizeram-na desempenhar o papel de articuladora entre objetivos gerais concernentes à boa saúde do corpo social e ao desejo ou à necessidade de cuidados dos indivíduos. Ela permitiu articular uma ética "privada" da boa saúde (dever recíproco de pais e filhos) com o controle coletivo da higiene, e uma técnica científica de cura garantida sob a demanda dos indivíduos e das famílias mediante um corpo profissional de médicos qualificados e recomendados pelo Estado. Os direitos e deveres dos indivíduos concernentes à sua saúde e à dos outros, o mercado em que se reencontram as demandas e as ofertas dos cuidados médicos, as intervenções autoritárias do poder na ordem da higiene e das doenças, a institucionalização e a defesa da relação privada com o médico, tudo isso, em sua multiplicidade e coerência, marca o funcionamento global da política de saúde no século XIX, mas não se pode compreender se se abstrai este elemento central formado no século XVIII: a família medicalizada-medicalizante.

2. *O privilégio da higiene e o funcionamento da medicina como instância de controle social.* A velha noção de regime entendida ao mesmo tempo como regra de vida e forma de medicina preventiva tende a ampliar-se e a se tornar "o regime" coletivo de uma população considerada, em geral, com um triplo objetivo: o desaparecimento das grandes tempestades epidêmicas, a baixa da taxa de morbidade, o prolongamento da duração média de vida e de supressão de vida para cada idade. Essa higiene, como regime de saúde das populações, implica, por parte da medicina, certo número de intervenções autoritárias e de tomadas de controle, inicialmente em um espaço urbano em geral, pois este constitui o meio próprio e mais perigoso para a população. A instalação dos diferentes bairros, sua umidade, sua exposição, o arejamento da cidade inteira, seu sistema de esgotos e escoamento das águas resi-

duais, a instalação dos cemitérios e abatedouros, a densidade populacional, tudo isso constitui fatores de papel decisivo no que concerne à mortalidade e à morbidade dos habitantes. A cidade e suas principais variáveis espaciais aparecem como um objeto a ser medicalizado. Enquanto as topografias médicas das regiões analisam os dados climáticos ou fatos geológicos não passíveis de ação podendo apenas sugerir medidas de proteção ou compensação, as topografias das cidades delineiam, pelo menos de modo subjacente, os princípios gerais de um urbanismo concertado. A cidade patogênica deu lugar, no século XVIII, a toda uma mitologia e a pânicos profundamente reais (o Ossário dos Inocentes, em Paris, foi um desses lugares altamente saturados de medo). De todo modo, essa cidade convocou um discurso médico sobre a morbidade urbana e uma vigilância médica para com todo um conjunto de planejamentos, construções e instituições (cf., por exemplo, J. P. L. Morel: *Sur les causes qui contribuent le plus à rendre cachectique et rachitique la constitution d'un grand nombre d'enfants de la ville de Lille*, 1812).[6]

De um modo mais preciso e localizado, as necessidades de higiene convocam uma intervenção médica autoritária sobre o que é tido como núcleo privilegiado de doenças: prisões, barcaças, instalações portuárias, hospitais gerais nos quais se encontram os vagabundos, mendigos, inválidos, os próprios hospitais cujo enquadramento médico era, na maior parte do tempo, insuficiente, avivando e complicando as doenças de pacientes, quando difundindo germes patológicos no exterior. Assim, isola-se um sistema urbano das chamadas regiões a medicalizar com urgência e que devem constituir tantos pontos de aplicação do exercício de um poder médico intensificado.

Além disso, os médicos terão de ensinar aos indivíduos regras fundamentas de higiene que eles deverão respeitar tanto para sua própria saúde quanto para a de outros: higiene de alimentação e habitação, incitação a se fazer cuidar em casos de doença.

A medicina como uma técnica geral de saúde, mais do que como a serviço das doenças e arte das curas, ocupa um lugar cada vez mais importante nas estruturas administrativas e na maquinaria do poder que não cessa, ao longo do século XVIII,

---

6. Paris, 1812.

de estender-se e afirmar-se. O médico se instala nas diferentes instâncias de poder. A administração serve de ponto de apoio e por vezes de ponto de partida às grandes investigações médicas sobre a saúde das populações. Em retorno, os médicos dedicam uma parte cada vez maior de sua atividade a tarefas ao mesmo tempo gerais e administrativas que lhes foram fixadas pelo poder. A respeito da sociedade, de sua saúde e de seus doentes, de sua condição de vida, seus alojamentos e seus hábitos começa a se formar um saber "médico-administrativo" que serviu de núcleo originário à "economia social" e à sociologia do século XIX. Constituiu-se, também, uma empreitada político-médica referida a uma população cercada por toda uma série de prescrições concernentes não apenas à doença, mas também às formas gerais da existência e do comportamento (os alimentos e bebidas, a sexualidade e fecundidade, a maneira de se vestir, a instalação típica do *habitat*).

O "mais poder" do qual o médico se beneficia, desde o século XVIII, é testemunho dessa interpretação do político e do medical pelo viés da higiene: presença cada vez mais numerosa nas academias e nas sociedades científicas; participação muito ampla nas enciclopédias; presença, a título de conselheiro, junto a representantes do poder; organização de sociedades médicas oficialmente encarregadas de certo número de responsabilidades administrativas e qualificadas para tomar ou sugerir medidas autoritárias; atuação de muitos médicos como programadores de uma sociedade bem-regida (o médico reformador da economia ou da política é um personagem frequente na segunda metade do século XVIII); sobrerrepresentação dos médicos nas assembleias revolucionárias. O médico se torna o grande conselheiro e o grande experto, senão na arte de governar, pelo menos na de observar, corrigir, melhorar o "corpo" social e mantê-lo em um estado permanente de saúde. E é sua função de higienista, mais do que seus prestígios de terapeuta, que lhe garante essa posição politicamente privilegiada no século XVIII, antes de o ser, dos pontos de vista econômico e social, no século XIX.

Ao longo do século XVIII, o questionamento do hospital deve ser compreendido a partir de três fenômenos maiores: a emergência da "população" com suas variáveis biomédicas de longevidade e de saúde; a organização da família estreitamente parental como relé de uma medicalização em que ela desempenha o papel de demanda permanente e instrumento último; o emaranhado médico-administrativo em torno dos controles de higiene coletiva.

Ocorre que, em relação aos novos problemas, o hospital aparece em muitos de seus pontos como uma estrutura ultrapassada. Fragmento de espaço fechado sobre si, lugar de internamento dos homens e das doenças, arquitetura solene e desajeitada a multiplicar o mal no interior, sem impedir sua difusão no exterior, o hospital é, nas cidades onde se encontra situado, mais um centro de morte do que um agente terapêutico de toda a sua população. A dificuldade de se encontrarem lugares, as exigências feitas aos que querem ali entrar, mas também a desordem incessante das idas e vindas, a má vigilância médica ali exercida, a dificuldade de os doentes serem ali efetivamente tratados fazem dele um instrumento inadequado, a partir do momento em que o objeto da medicalização deve ser a população em geral e seu objetivo, a melhoria do conjunto referido ao nível da saúde. No espaço urbano que a medicina deve purificar o hospital forma uma mancha sombria. E, na economia, ele tem um peso incerto, pois fornece uma assistência que nunca permite a diminuição da pobreza, mas, no máximo, a sobrevivência de alguns pobres, portanto o crescimento de seu número, o prolongamento de suas doenças, a consolidação de sua má saúde com todos os efeitos de contágio que disso podem resultar.

Disso decorre a ideia, difundida no século XVIII, de uma substituição do hospital por três mecanismos principais: a organização de uma "hospitalização" a domicílio, que sem dúvida tem seus perigos quando se tratar de doenças epidêmicas, mas apresenta vantagens econômicas, uma vez que o custo da manutenção do doente é bem menor para a sociedade, caso este seja alimentado em sua casa, tal como o era antes de adoecer (o custo, para o corpo social, restringe-se à falta a ganhar representada por sua ociosidade forçada, isso no caso em que efetivamente havia trabalho). Essa ideia também apresenta outras vantagens médicas, porquanto a família, desde que aconselhada, pode garantir cuidados a um só tempo constantes e ajustados não possíveis de se pedir a uma administração hospitalar: toda a família deve poder funcionar como um pequeno hospital provisório, individual e não custoso. Tal procedimento, porém, requer que o revezamento do hospital seja garantido por um corpo médico amplamente difundido na sociedade e suscetível de oferecer cuidados, sejam inteiramente gratuitos, sejam o menos custosos possível.

Um enquadramento médico da população, permanente, maleável e facilmente utilizável, pode tornar inútil uma boa parte dos hospitais tradicionais. Por fim, podemos conceber que se generalizam cuidados, consultas e distribuições de medicamentos já oferecidos por alguns hospitais aos doentes de passagem, sem por isso mantê-los ou interná-los: são os métodos de dispensários visando a conservar as vantagens técnicas da hospitalização sem sofrer seus inconvenientes médicos ou econômicos.

Esses três métodos originaram, sobretudo na segunda metade do século XVIII, toda uma série de projetos e programas. Eles provocaram muitas experiências. Em 1769, fundou-se, em Londres, o dispensário do Red Live Square para crianças pobres. Trinta anos mais tarde quase todos os bairros da cidade tinham seu dispensário e estimavam-se por volta de 50 mil o número dos que ali recebiam, todo ano, cuidados gratuitos. Na França, parece que se buscaram principalmente as melhorias, a extensão e a distribuição um tanto homogênea do enquadramento médico nas cidades e no campo: a reforma dos estudos médicos e cirúrgicos (1772 e 1784), as obrigações de os médicos trabalharem nas vilas e cidadelas, antes de serem recebidos em algumas grandes cidades, os trabalhos de investigação e coordenação feitos pela Sociedade Real de Medicina, a parte cada vez maior que o controle de saúde e de higiene ocupa na responsabilidade dos intendentes. O desenvolvimento das distribuições gratuitas de medicamentos sob a responsabilidade de médicos designados pela administração, tudo isso remete a uma política de saúde que se apoia na presença extensiva do pessoal médico no corpo social. No limite das críticas contra o hospital e do projeto de substituição encontramos, sob a Revolução, uma tendência marcada para a "desospitalização". Ela já é perceptível nos relatórios do Comitê de Mendicância (projeto de estabelecer, em cada distrito no campo, um médico ou um cirurgião que trataria dos indigentes, zelaria pelas crianças assistidas e praticaria a inoculação). Mas ela se formula claramente na época da Convenção (projeto de três médicos por distrito, assegurando o essencial dos cuidados de saúde para o conjunto da população).

Mas o desaparecimento do hospital não foi senão um ponto de fuga utópico. Na realidade, o verdadeiro trabalho foi feito quando se quis elaborar um funcionamento complexo em que o hospital tendia a ter um papel bem específico, comparativamente à família tornada instância primária de saúde, na rede extensa e contínua do pessoal médico e no controle administrativo da população. Foi em relação a esse conjunto que se tentou reformar o hospital.

Tratou-se, primeiro, de ajustá-lo ao espaço e, de modo mais preciso, ao espaço urbano em que se encontrava situado. Decorreu daí uma série de discussões e conflitos entre diferentes fórmulas de implantação: hospitais massivos, suscetíveis de acolher uma população numerosa, nos quais os cuidados assim agrupados seriam mais coerentes, mais fáceis de controlar e menos custosos. Ou, ao contrário, hospitais de pequenas dimensões, onde os doentes seriam mais bem vigiados e os riscos de contágio interno, menos graves. Outro problema o confirma: devemos situar os hospitais fora da cidade, ali onde o arejamento é melhor e eles não correm o risco de difundir os miasmas pela população? Solução que, em geral, acompanha a linha da instalação dos grandes conjuntos arquitetônicos. Ou devemos construir uma multiplicidade de pequenos hospitais repartidos pelos pontos em que podem ser mais facilmente acessíveis para a população que deve utilizá-los. Solução que implica frequentemente o acoplamento hospital-dispensário? De todo modo, o hospital deveria tornar-se um elemento funcional em um espaço urbano onde seus efeitos deveriam poder ser medidos e controlados.

Por outro lado, era preciso instalar o espaço interior do hospital de maneira que ele se tornasse medicamente eficaz; não mais o lugar de assistência, porém de operação terapêutica. O hospital deveria funcionar como uma "máquina de curar". De modo negativo: era preciso suprimir todos os fatores que o tornaram perigoso para os que ali ficavam por uma temporada (problema de circulação do ar, que deveria ser renovado sem que seus miasmas ou qualidades mefíticas fossem levados de um a outro doente; problema da renovação da rouparia, de sua lavagem e transporte). De modo positivo, era preciso organizá-lo em função de uma estratégia terapêutica concertada: presença ininterrupta e privilégio hierárquico dos médicos; sistema de observações, notações, registro que permita fixar o conhecimento dos diferentes casos, seguir sua evolução particular e globalizar os dados assentados em toda uma população e por longos períodos; substituição dos regimes pouco diferenciados nos quais consistiam tradicionalmente o essencial dos tratamentos, atenções médicas, farmacêuticas e sociais mais bem ajustados. O hospital tende a se tornar um elemento fundamental na tecnologia médica: não apenas um lugar onde se cura, mas um instrumento que, para certo número de casos graves, permita curar. Por conseguinte, ele precisava articular o saber médico e a eficácia terapêutica. No século XVIII, aparecem os hospitais especializados. Se outrora existiram alguns estabelecimentos reservados aos loucos ou aos portadores de doenças venéreas, isso se dava mais como medida de exclusão ou por medo dos perigos do que em razão de uma especialização de cuidados. O hospital "unifuncional" só se organizou a partir do momento em que a hospitalização se tornou o suporte e por vezes a condição de uma ação terapêutica mais ou menos complexa. O Middlesex Hospital, de Londres, foi aberto em 1745: era destinado a cuidar da varíola e a praticar a vacinação; o London Fever Hospital data de 1802 e o Royal Ophtalmic Hospital, de 1804. A primeira maternidade de Londres foi aberta em 1749. Em Paris, os Enfants-Malades foram fundados em 1802. Lentamente, vê-se se constituir uma rede hospitalar, cuja função terapêutica era fortemente marcada. Por um lado, deveria dar cobertura com bastante continuidade ao espaço urbano ou rural de cuja população ela se encarrega, e, por outro, articular-se com o saber médico, suas classificações e técnicas.

Por fim, o hospital devia servir de estrutura de apoio ao enquadre permanente da população pelo pessoal médico. Precisava-se poder passar dos cuidados em domicílio ao regime hospitalar por razões ao mesmo tempo econômicas e médicas. Os médicos da cidade ou do campo deverão, com suas visitas, aliviar os hospitais e evitar sua superpopulação. Em retorno, o hospital devia ser acessível tanto ao parecer quanto ao requerimento dos médicos. Além disso, o hospital, como lugar de acumulação e desenvolvimento do saber, devia permitir a formação dos médicos que também se exercitariam sob forma de atendimento à clientela privada. O ensino clínico no ambiente hospitalar, cujos primeiros rudimentos apareceram na Holanda, com Sylvius, depois Boerhaave, em Viena, com Van

Swieten, em Edimburgo (pelo acoplamento da Escola de Medicina com a Edinburgh Infirmary), torna-se no final do século o princípio geral em torno do qual se tentam reorganizar os estudos de medicina. O hospital, instrumento terapêutico para os que nele estão internados, contribui para o ensino clínico e para a boa qualidade dos conhecimentos médicos na elevação do nível de saúde da população.

A reforma dos hospitais e mais particularmente os projetos de sua reorganização arquitetônica, institucional e técnica, deveram sua importância, no século XVIII, a esse conjunto de problemas que puseram em jogo o espaço urbano, a massa da população e suas características biológicas, a densa célula familiar e o corpo dos indivíduos. É na história dessas materialidades, tanto políticas quanto econômicas, que se inscreve a transformação "física" dos hospitais: aquela de que trataremos mais precisamente aqui.

1976

Crise da Medicina ou Crise da Antimedicina?

"Crisis de un modelo en la medicina?" ("Crise de la médecine ou crise de l'antimédecine ?", trad. D. Reynié), *Revista Centroamericana de Ciencias de la Salud*, n. 3, janeiro-abril de 1976, p. 197-209. (Primeira conferência sobre a história da medicina, Instituto de Medicina Social, Universidade do Estado do Rio de Janeiro, Centro Biomédico, outubro de 1974.)

Como ponto de partida desta conferência, gostaria de me referir a uma questão que começa a ser discutida no mundo inteiro: devemos falar de uma crise da medicina ou de uma crise da antimedicina? A esse respeito, evocarei o livro de Ivan Illich, *Medical nemesis. The expropriation of health*,[1] que obteve e continuará obtendo pelos próximos meses uma ampla repercussão, no qual ele assinala à opinião pública mundial o problema do funcionamento das instituições de saber e do poder médico em nossa atualidade.

Mas, para analisar esse fenômeno, partirei de um período mais antigo, os anos 1940-1945, mais exatamente 1942, quando foi elaborado o plano Beveridge, que, na Grã-Bretanha e também em muitos países, serviu de modelo para a organização da saúde no dia seguinte à Segunda Guerra Mundial.

A data desse plano guarda um valor simbólico. Em 1942, no coração dessa guerra mundial que matou 40 milhões de pessoas, consolidou-se não o direito à vida, mas um direito diferente, mais importante e complexo, ou seja: o direito à saúde. No momento em que a guerra causava grandes destruições, uma sociedade se encarregava da tarefa explícita de garantir aos seus membros não apenas a vida, mas a vida com a boa saúde.

---

1. Londres, Calder and Boyards, 1975 (*Némésis médicale: l'expropriation de la santé*, Paris, Éd. du Seuil, 1975).

Além desse valor simbólico, a data se revestiu de muita importância por diversas razões:

1. O plano Beveridge indicava caber ao Estado encarregar-se da saúde. Poderíamos dizer que isso não era nenhuma novidade, pois, desde o século XVIII, uma das funções do Estado, que, apesar de não ser fundamental, tinha igualmente importância, era a de garantir a saúde física dos seus cidadãos. Acredito, no entanto, que até metade do século XX a garantia da saúde significava essencialmente para o Estado a preservação da força física nacional, de sua força de trabalho, de sua capacidade de produção e de sua potência militar. Até então, a medicina do Estado tinha finalidades senão raciais, pelo menos nacionalistas. Com o plano Beveridge, a saúde se transformou em um objeto de preocupação para os Estados não por eles próprios, mas no que concerne aos indivíduos. O direito do homem a manter o seu corpo em boa saúde torna-se, assim, o objeto de uma ação estatal. Por conseguinte, os termos do problema se invertem: o conceito de Estado a serviço do indivíduo em boa saúde é substituído pelo conceito do indivíduo em boa saúde a serviço do Estado.

2. Trata-se não apenas de uma inversão no direito, mas também do que se poderia chamar uma moral do corpo. No século XIX, aparece em todos os países do mundo uma importante literatura sobre a saúde, sobre a obrigação dos indivíduos de garantir sua saúde, a de sua família etc. O conceito de limpeza e higiene ocupa, então, um lugar central em todas as exortações morais à saúde. Inúmeras publicações insistem na limpeza como requisito indispensável para uma boa saúde, pois permitirá trabalhar visando à sobrevivência das crianças e garantindo, por sua vez, o trabalho social e a produção. A limpeza é a obrigação de garantir uma boa saúde ao indivíduo e aos que o cercam. A partir da segunda metade do século XX, aparece outro conceito. Não mais se fala da obrigação da limpeza e da higiene para se usufruir de uma boa saúde, mas do direito a ficar doente quando se quiser e quando for preciso. O direito de interromper o trabalho começa a tomar corpo e se torna mais importante do que a antiga obrigação de limpeza, que caracterizava a relação moral dos indivíduos com o seu corpo.

3. Com o plano Beveridge, a saúde entra no campo da macroeconomia. As despesas devidas à saúde, à interrupção do

trabalho e à necessidade de cobrir esses riscos deixam de ser problemas que se podiam resolver recorrendo simplesmente às pensões ou aos seguros mais ou menos privados. Doravante, a saúde, ou a falta de saúde, o conjunto das condições que permitem garantir a saúde dos indivíduos torna-se uma fonte de despesas que, por sua importância, é situada no nível dos grandes cargos que se ocupam com o *budget* do Estado, seja qual for o sistema de financiamento. Desde então, a saúde começa a ser integrada nos cálculos macroeconômicos. Por intermédio da saúde, das doenças e da maneira de garantir as necessidades da saúde, procede-se a certa redistribuição econômica. Uma das funções da política orçamentária da maioria dos países desde o início desse século foi assegurar, valendo-se do sistema de impostos, certa igualização das rendas, quando não de bens. No entanto, essa redistribuição não dependia do imposto, mas do sistema de regulação e da cobertura econômica da saúde e das doenças. Garantindo para todos as mesmas possibilidades de receber um tratamento e curar-se, quiseram corrigir parcialmente a desigualdade dos rendimentos. A saúde, a doença e o corpo começam a ter as suas bases de socialização. Ao mesmo tempo, eles se convertem em um instrumento da socialização dos indivíduos.

4. A saúde se torna um objeto de verdadeira luta política. A partir do final da Segunda Guerra Mundial e da eleição triunfante dos trabalhadores ingleses, em 1945, não havia um partido político ou campanha eleitoral, fosse qual fosse o país desenvolvido, que não apresentasse o problema da saúde e da possibilidade de o Estado garantir e financiar esse tipo de despesa. As eleições britânicas de 1945, assim como as eleições sociais francesas de 1947, que viram a vitória da Confederação Geral do Trabalho, marcam a importância da luta política para a saúde.

Se tomarmos como ponto de referência simbólica o plano Beveridge observaremos, ao longo do decênio 1940-1950, a formulação de um novo direito, uma nova moral, uma nova economia e uma nova política do corpo. Os historiadores nos acostumaram a relatar com muita atenção e meticulosidade o que os homens dizem e pensam, o desenvolvimento histórico de suas representações e de suas teorias, a história do espírito humano. Contudo, é curioso constatar que eles sempre esqueceram o capítulo fundamental concernente à história do corpo humano. Em minha opinião, para a história do corpo humano no mundo ocidental moderno, seria preciso selecionar os anos 1940-1950 como um período de referência, por eles marcarem o nascimento desse novo direito, dessa nova moral, dessa nova política e dessa nova economia do corpo. Desde então, o corpo do indivíduo tornou-se um dos objetivos principais de intervenção estatal, um dos grandes objetos que o próprio Estado deve tomar a seu encargo.

Em um tom humorístico, poderíamos fazer uma comparação histórica. Quando o Império Romano se solidificou na época de Constantino, o Estado, pela primeira vez na história do mundo mediterrâneo, tomou para si o encargo de cuidar das almas. O Estado cristão não devia apenas realizar as funções tradicionais do Império, mas também permitir às almas obter a salvação obrigando-as a isso caso fosse necessário. Assim, a alma se tornou um dos objetivos de intervenção estatal. Depois de Constantino, todas as grandes teocracias, até mesmo as teocracias mistas do século XVIII europeu, foram regimes políticos para os quais a salvação das almas constituía um dos principais objetivos.

Poderíamos dizer que surgiu no presente o que, na realidade, se preparava desde o século XVIII, a saber, não uma teocracia, mas uma "somatocracia". Vivemos em um regime para o qual uma das finalidades da intervenção estatal é o cuidado do corpo, a saúde corporal, a relação entre a doença e a saúde etc. É precisamente o nascimento dessa somatocracia, em crise desde o início, que me proponho analisar.

A partir do momento em que a medicina assumia suas funções modernas, graças à estatização que a caracteriza, a tecnologia médica experimentava um de seus raros, mas imensos, progressos. A descoberta dos antibióticos, ou seja, da possibilidade de lutar pela primeira vez de maneira eficaz contra as doenças infecciosas, é, de fato, contemporânea do nascimento dos grandes sistemas de seguridade social. Esse foi um grande progresso tecnológico absolutamente vertiginoso, no momento em que se produzia uma grande mutação política, econômica, social e jurídica da medicina.

A crise surgiu a partir desse momento, manifestando simultaneamente dois fenômenos: por um lado, o avanço tecnológico significando um progresso capital na luta contra essas doenças; por outro, o novo funcionamento econômico e político da medicina. Esses dois fenômenos não produziram a melhoria do bem-estar sanitário que deles se esperava, mas, sim, uma curiosa estagnação das benfeitorias podendo resultar da medicina e da saúde pública. Esse foi um dos primeiros aspectos da crise que tento analisar referindo-me a alguns de seus efeitos, a fim de mostrar que o desenvolvimento recente da medicina, sua estatização, sua socialização, dos quais o plano Beveridge dá uma ideia geral, são de origem antiga.

Na realidade, não se deve pensar que a medicina permaneceu até os nossos dias como uma atividade de tipo individual ou contratual entre o doente e o seu médico, encarregando-se apenas recentemente de tarefas sociais. Ao contrário, gostaria de mostrar que a medicina, pelo menos depois do século XVIII, constitui uma atividade social. Em um sentido, a medicina social não existe, já que toda medicina é social. Ela sempre foi uma prática social. O que não existe é a medicina não social, a medicina individualista, clínica, a da relação singular, que foi mais um mito com o qual se justificou e defendeu certa forma de prática social da medicina: o exercício privado da profissão.

Assim, se na realidade a medicina é social, pelo menos depois de seu grande impulso no século XVIII, a crise atual não é verdadeiramente atual. Suas raízes históricas devem ser pesquisadas na prática social da medicina.

Por conseguinte, não formularei o problema nos termos escolhidos por Ivan Illich e seus discípulos: medicina ou antimedicina, devemos ou não conservar a medicina? O problema não é saber se é preciso uma medicina individual ou uma medicina social, mas interrogar-se sobre o modelo de desenvolvimento da medicina, a partir do século XVIII, quer dizer, quando se produziu o que poderíamos chamar a "decolagem" da medicina". Essa decolagem sanitária do mundo desenvolvido acompanhou-se de um desbloqueio técnico e epistemológico da medicina, de importância considerável, assim como de toda uma série de práticas sociais. Foram precisamente essas formas específicas de decolagem que levaram, hoje, a uma crise. A questão se formula nos seguintes termos: 1. Qual foi o modelo de desenvolvimento? 2. Em que medida se pode corrigi-lo? 3. Em que medida ele pode hoje ser utilizado nas sociedades ou nas populações que não conheceram o modelo de desenvolvimento econômico e político tanto das sociedades europeias quanto das americanas? Resumindo, qual é esse modelo de desenvolvimento? Ele pode ser corrigido e aplicado em outros lugares?

Gostaria agora de lhes expor alguns aspectos dessa crise atual.

Em primeiro lugar, gostaria de me referir à distância ou à distorção existente entre a cientificidade da medicina e a positividade dos seus efeitos, ou entre a cientificidade e a eficácia da medicina.

Não precisamos esperar Illich nem os discípulos da antimedicina para saber que uma das suas capacidades é matar. A medicina mata, ela sempre matou e sempre teve consciência disso. O importante é que, até uma época recente, os efeitos negativos da medicina eram inscritos no registro da ignorância médica. A medicina matava devido à ignorância do médico ou porque a medicina era ignorante. Não se tratava de uma verdadeira ciência, mas de uma rapsódia de conhecimentos mal-fundamentados, mal-estabelecidos e mal-verificados. A nocividade da medicina se media proporcionalmente à sua não cientificidade.

Todavia, no início do século XX, aparece o fato de que a medicina pode ser perigosa, não mais por sua ignorância, porém por seu saber, precisamente por ela ser uma ciência.

Illich e aqueles a quem inspira relevaram uma série de fatos sobre esse tema, mas não tenho certeza se todos eles foram bem elaborados. Nesse sentido, é preciso deixar de lado diversos resultados espetaculares para uso dos jornalistas. Por essa razão, não me estenderei sobre a diminuição considerável da mortalidade por ocasião de uma greve dos médicos em Israel. Não mencionarei tampouco fatos reais, mas cuja elaboração estatística não permite definir nem descobrir de que questão eles tratam. Foi o caso, por exemplo, do inquérito realizado pelos institutos nacionais de saúde, segundo o qual 1 milhão e 500 mil pessoas foram hospitalizadas em 1970 por absorção de medicamentos. Tais dados estatísticos são impressionantes, mas não constituem uma prova, porquanto não dizem nada sobre a maneira como esses medicamentos foram administrados, nem quem os consumiu etc. Também não vou analisar a famosa investigação de Robert Talley segundo a qual, em 1967, 30 mil norte-americanos morreram nos hospitais devido à intoxicação medicamentosa. Tudo isso tomado assim em conjunto não tem grande significação e não pode servir para uma análise, ou melhor, para os fundamentos de uma análise satisfatória. É preciso conhecer outros fatores. Por exemplo: a maneira como foram administrados esses medicamentos, se eles se originam de um erro médico, do pessoal hospitalar ou do próprio doente etc. Tampouco me estenderei sobre estatísticas relativas às cirurgias, em particular as que concernem às histerectomias praticadas na Califórnia, de acordo com as quais em 5.500 casos, 14% das intervenções revelaram-se inúteis, um quarto das jovens pacientes morreu, apenas em 40% dos casos foi possível determinar a necessidade da operação.

Todos esses fatos, aos quais o material recolhido por Illich conferia grande notoriedade, referem-se à habilidade ou à ignorância dos médicos, sem questionar a própria medicina em sua cientificidade.

Ao contrário, o que parece muito mais interessante e formula o verdadeiro problema é que se poderia chamar não só iatrogenia, mas iatrogenia positiva: efeitos nocivos dos medicamentos não se devem a erros de diagnóstico, nem à ingestão acidental dessas substâncias, mas à ação da intervenção médica no que ela tem de fundamento racional. Hoje, os instrumentos dos quais dispõem os médicos e a medicina em geral, justamente por sua eficácia, provocam efeitos, alguns puramente nocivos, outros incontrolados que obrigam a espécie humana a entrar em uma história aventureira, em um campo de probabilidades e riscos cuja amplitude pode ser medida com precisão.

Sabemos por exemplo, que o tratamento anti-infeccioso, a luta levada com grande sucesso contra os agentes infecciosos conduziram a uma diminuição geral do umbral de sensibilidade do organismo para com os agentes agressores. Isso significa que, por saber melhor se defender, o organismo se protegerá naturalmente, mas, por outro lado, se tornará mais frágil e mais exposto se impedirmos o contato com os estímulos que provocam reações de defesa.

De modo geral, podemos afirmar que, por parte do efeito dos próprios medicamentos, efeitos terapêuticos positivos, produz-se uma perturbação, para não dizer uma destruição, do ecossistema não só do indivíduo, mas também da espécie humana por inteiro. A proteção bacilar e viral, representando ao mesmo tempo um risco e uma proteção para o organismo com a qual ele funcionou até então, é alterada devido à intervenção terapêutica, encontrando-se, assim, exposta a ataques contra os quais o organismo estava protegido.

Definitivamente, ignoramos aonde nos levarão as manipulações genéticas efetuadas sobre o potencial genético das células vivas, seja sobre bacilos, seja sobre vírus. Torna-se tecnicamente possível elaborar agentes agressores do organismo humano contra os quais não há meios de defesa. É possível forjar-se uma arma biológica absoluta contra o homem e a espécie humana sem se desenvolverem, simultaneamente, os meios de defesa. É em razão de tudo isso que os laboratórios americanos pediram que se proibissem as manipulações genéticas que hoje em dia se tem condição de realizar.

Entramos, assim, em uma nova dimensão do que poderíamos chamar de risco médico. O risco médico, que dizer, o laço difícil de romper entre os efeitos positivos e negativos da medicina não é novo, pois data do momento em que um efeito positivo da medicina foi acompanhado de diversas consequências negativas e nocivas.

A esse respeito, inúmeros exemplos balizam a história da medicina moderna desde o século XVIII. Naquela época, a medicina adquiriu, pela primeira vez, um poder suficiente para obter que alguns doentes deixassem o hospital. Até metade do século XVIII, ninguém saía do hospital. Entrava-se nessa instituição para ali morrer. A técnica médica do século XVIII não permitia ao indivíduo hospitalizado sair da instituição com vida. O hospital era, então, um claustro onde vinha se entregar a alma, um verdadeiro morredouro.

A descoberta dos anestésicos e da técnica da anestesia geral, nos anos 1844-1847, foi outro exemplo de progresso médico bastante importante, acompanhado, porém, de uma grande progressão da mortalidade. A partir do momento em que se estava em condições de adormecer um doente, tornou-se possível praticar uma cirurgia. Os cirurgiões dessa época puseram-se a fazer essa tarefa com muito entusiasmo. Só que, naquele momento, não se dispunha de instrumentos de assepsia. Com efeito, ela começou a ser introduzida na prática médica por volta de 1870. Depois da guerra franco-prussiana e do relativo sucesso obtido pelos médicos alemães, ela se tornou uma prática comum em todos os países do mundo.

A partir do momento em que se podem anestesiar os indivíduos, desaparece a barreira da dor e se está em condições de proceder a qualquer tipo de cirurgia. Ora, não resta dúvida de que a ausência da assepsia faz com que toda a operação constitua não só um risco, mas se salde, em geral, com a morte do indivíduo. Assim, durante a guerra de 1870, Guérin, um célebre cirurgião francês, praticou amputações em muitos feridos conseguindo salvar apenas um deles: todos os outros morreram. Trata-se, aqui, de um exemplo típico da maneira como a medicina sempre funcionou, a partir dos seus próprios fracassos e do fato de não existir um grande progresso que não tenha pagado seu preço com diversas consequências negativas.

Esse fenômeno que caracteriza a história da medicina moderna adquire hoje uma nova dimensão, porquanto até os últimos decênios o risco médico concernia somente ao indivíduo tratado. No extremo, era possível alterar sua descendência direta, ou seja, o poder de uma eventual ação negativa da medicina se limitava a uma família ou uma descendência. Hoje, com as técnicas das quais dispõe a medicina, a possibilidade de modificar a estrutura genética das células não afeta somente o indivíduo ou sua descendência, mas toda a espécie humana. Doravante, é o conjunto do fenômeno da vida que se encontra situado no campo da ação, da intervenção médica. Não sabemos ainda se o homem é capaz de fabricar um ser vivo de natureza tal que toda a história da vida, o futuro da vida venham a ser modificados.

Aparece, assim, uma nova dimensão de possibilidades médicas que eu nomearia: a questão da bio-história. Desde então, o médico e o biólogo não trabalham mais no nível do indivíduo e de sua descendência, mas começam a fazê-lo no nível da própria vida e de seus acontecimentos fundamentais. Encontramo-nos na bio-história. Trata-se, aqui, de um elemento muito importante.

Desde Darwin sabia-se que a vida evoluía, que a evolução das espécies vivas era determinada, até certo ponto, por acidentes que podiam ser de natureza histórica. Darwin sabia, por exemplo, que a *enclosure* na Inglaterra, prática puramente jurídica, havia modificado a fauna e a flora inglesas. Assim, eram as leis gerais da vida que se ligavam então a esse acontecimento histórico.

Nos dias de hoje, descobrimos um fato novo: a história do homem e a da vida estão profundamente implicadas. A história do homem não continua simplesmente a vida, nem tampouco se contenta em reproduzi-la, mas a retoma, até certo ponto, podendo exercer sobre o seu processo alguns efeitos fundamentais. Eis aqui um dos grandes riscos da medicina atual e uma das razões passíveis de explicar o mal-estar que passa dos médicos aos pacientes e dos técnicos à população, concernindo aos efeitos da ação médica.

Uma série de fenômenos, como a rejeição radical e bucólica da medicina em favor de uma reconciliação não técnica com a natureza, tema comparável ao milenarismo ou ao temor de um apocalipse da espécie humana, representa de maneira confusa na consciência dos indivíduos o eco, a resposta a essa inquietação técnica que biólogos e médicos começam a sentir, no que concerne aos efeitos de sua própria prática e de seu próprio saber. O saber é perigoso, não apenas por suas consequências imediatas no nível do indivíduo ou dos grupos, mas também da própria história. Temos aqui uma das características fundamentais da crise atual.

Segunda característica, eu a chamarei de fenômeno da medicalização indefinida. Com frequência, afirma-se que no século XX a medicina começou a funcionar fora de seu campo tradicional, delimitado pela demanda do doente, sua dor, seus sintomas, seu mal-estar, favorecendo a intervenção médica e circunscrevendo seu campo de atividade determinado por um conjunto de objetos denominados doentes e conferindo um *status* médico à demanda. Assim se definiu o domínio próprio da medicina.

Se esse foi o seu domínio próprio, não resta nenhuma dúvida de que a medicina atual foi amplamente mais longe, por diversas razões. Em primeiro lugar, a medicina responde a outro motivo além da demanda do doente, que só prevalece em casos muito limitados. Mais frequentemente, a medicina se impõe ao indivíduo, doente ou não, como um ato de autoridade. A esse respeito, podemos evocar vários exemplos. Hoje, não se contrata ninguém sem o parecer do médico que examina autoritariamente o indivíduo. Existe uma política sistemática e obrigatória de *screening*, de localização das doenças na população, que não corresponde a nenhuma demanda do doente. Do mesmo modo, em alguns países, uma pessoa acusada de ter cometido um delito, ou seja, uma infração considerada suficientemente grave para ser julgada pelos tribunais, deve obrigatoriamente submeter-se ao exame de um experto psiquiatra. Na França, isso é obrigatório para todos os indivíduos que estão à disposição da justiça, mesmo quando se trata de um tribunal correcional. Esses são apenas alguns exemplos de um tipo de intervenção médica não demandada pelo doente.

Em segundo lugar, os objetos que constituem o domínio de intervenção da medicina não se reduzem às doenças. Mencionarei dois exemplos. A partir do começo do século XX, a sexualidade, o comportamento sexual, os desvios ou as anomalias sexuais estão ligados à intervenção médica, sem que um médico tenha dito, salvo se for profundamente ingênuo, que uma anomalia sexual é uma doença. A intervenção sistemática de um terapeuta médico junto a homossexuais dos países da Europa Oriental é característica da medicalização de um objeto que nem para o sujeito, nem para o médico constitui uma doença.

De modo mais geral, podemos afirmar que a saúde se transformou em um objeto de intervenção médica. Tudo o que garante a saúde do indivíduo, por exemplo, o saneamento da água. As condições de vida ou o regime urbano são hoje um campo de intervenção médica que, consequentemente, não está mais ligado apenas aos doentes.

Na realidade, a intervenção autoritária da medicina em um domínio cada vez mais amplo da existência individual ou coletiva é um fato absolutamente característico. Hoje, a medicina é dotada de um poder autoritário relativo às funções normalizadoras que vão muito além da existência dos doentes e da demanda do doente.

Se os juristas dos séculos XVII e XVIII inventaram um sistema social que deveria ser dirigido por um sistema de leis codificadas, podemos afirmar que os médicos do século XX estão inventando uma sociedade da norma, não da lei. O que rege a sociedade não são códigos, mas a distinção permanente entre o normal e o anormal, a perpétua empreitada de restituir o sistema de normalidade.

Trata-se, aqui, de uma característica da medicina atual, embora se pudesse mostrar facilmente tratar-se de um velho fenômeno, ligado à decolagem médica. Desde o século XVIII, a medicina não cessou de se ocupar do que não lhe diz respeito, ou seja, do que não se refere aos diferentes aspectos dos doentes e das doenças. O desbloqueio epistemológico do final do século XVIII efetuou-se precisamente assim.

Até os anos 1720-1750, as atividades dos médicos se concentravam nas demandas dos pacientes e de suas doenças. Foi assim desde a Idade Média e se pode afirmar que os resultados científicos e terapêuticos foram nulos. Até o final do século XVIII, a medicina não havia se liberado do envolvimento científico e terapêutico no qual se encontrava aprisionada desde a época medieval. A partir desse momento, ela começou a considerar outros domínios distintos das doenças, a se interessar por outros aspectos diferentes das doenças, deixando de ser essencialmente clínica para começar a ser social.

Os quatro grandes processos que caracterizam a medicina do século XVIII são os seguintes:

1. Aparecimento de uma autoridade médica que não é simplesmente a autoridade do saber, ou o erudito que sabe referir-se aos bons autores. A autoridade médica é uma autoridade social que toma decisões relativas a uma cidade, a um bairro, a uma instituição ou a um regulamento. É a manifestação do que os alemães chamam a *Staatsmedizin*, a medicina do Estado.

2. O aparecimento de um campo de intervenção da medicina distinto da doença: o ar, a água, as construções, os terrenos, os esgotos etc. Ao longo do século XVIII, tudo isso se torna objeto da medicina.

3. Introdução de um aparelho de medicalização coletiva, a saber, o hospital. Antes do século XVIII, o hospital não era uma instituição de medicalização, mas de assistência aos pobres à espera da morte.

4. Introdução de mecanismos de administração médica: registros de dados, estabelecimento e comparação de estatísticas etc.

Graças ao hospital e a todos esses controles sociais, a medicina pôde alçar seu voo tendo a medicina clínica adquirido dimensões totalmente novas. À medida que a medicina se converteu em uma prática social, em vez de em uma prática individual, abriram-se, então, as possibilidades da anatomia patológica, da grande medicina hospitalar e dos progressos simbolizados pelos nomes de Bichat, Laënnec, Bayle etc.

Por conseguinte, a medicina se dedica a outros domínios diferentes dos da doença e que não são regidos pela demanda do paciente. Esse é um velho fenômeno que faz parte das características fundamentais da medicina moderna.

O que caracteriza mais particularmente o período atual dessa tendência geral é que, para a medicina desses últimos decênios, agindo além de suas fronteiras tradicionais definidas pelo doente e pelas doenças, começa a não haver mais um domínio que lhe seja exterior.

Sem dúvida, se no século XVIII a medicina ultrapassara esses limites clássicos, existiam, contudo, aspectos que pareciam ser não "medicalizáveis". A medicina tinha um exterior e se podia conceber a existência de uma prática corporal, de uma higiene, de uma moral sexual etc. não controladas nem codificadas pela medicina. A Revolução Francesa, por exemplo, conheceu uma série de projetos de moral do corpo, de sua higiene, que não deviam de modo algum estar sob o controle dos médicos. Imaginava-se uma espécie de regime político feliz no qual a gestão do corpo humano, a higiene, alimentação ou controle da sexualidade correspondiam a uma consciência coletiva e espontânea. Esse ideal de uma regulação não médica do corpo e da conduta humana é encontrado ao longo de todo o século XIX, por exemplo, em Raspail.[2]

Na situação atual, o diabólico é que, quando queremos recorrer a um domínio que acreditamos exterior à medicina, nos damos conta de que ele foi medicalizado. E quando queremos objetar à medicina suas fraquezas, seus inconvenientes e seus efeitos nocivos, isso se faz em nome de um saber médico mais completo, mais refinado e mais difuso.

A esse respeito, gostaria de mencionar um exemplo: para Illich e seus alunos, a medicina terapêutica que intervém na resposta a uma sintomatologia e bloqueia os sintomas aparentes de uma determinada doença é uma má medicina. Em contrapartida, propõem uma arte desmedicalizada da saúde, ou seja, a higiene, a alimentação, o ritmo de vida, as condições de trabalho, a habitação etc. Ora, o que é a higiene atualmente senão um conjunto de regras estabelecidas e codificadas por um saber biológico e médico, quando não elaborada pela própria autoridade médica em sentido estrito? A antimedicina só pode opor à medicina fatos ou projetos revestidos de alguma de suas formas.

---

2. Raspail (F.-V.), *Histoire naturelle de la santé et de la maladie, suivie du formulaire pour une nouvelle méthode de traitement hygiénique et curatif*, Paris, A. Levavasseur, 1843, 2 vol.

Gostaria de evocar outro exemplo tomado no domínio da psiquiatria. Podemos afirmar que a psicanálise foi a primeira forma de antipsiquiatria. No final do século XIX, ela constituiu um projeto de desmedicalização de diferentes fenômenos, considerados como doenças pela grande sintomatologia psiquiátrica desse século. Essa antipsiquiatria é a psicanálise, não apenas da histeria e da neurose, que Freud tentou retirar das mãos dos psiquiatras, mas também do conjunto da conduta cotidiana que, atualmente, é objeto da atividade psicanalítica. E mesmo que hoje se oponha à psicanálise uma antipsiquiatria ou uma antipsicanálise, trata-se ainda de uma atividade e de um discurso de tipo médico mais ou menos elaborado em uma perspectiva médica ou baseado em um saber médico. Não se chega a sair da medicalização, e todos os esforços empregados nesse sentido são remetidos a um saber médico.

Para terminar, gostaria de citar outro exemplo, retirado do domínio da criminalidade e da competência psiquiátrica em matéria de delitos. A questão formulada nos códigos penais do século XIX consistia em determinar se um indivíduo era um doente mental ou um delinquente. Segundo o código francês de 1810, não se podia ser ao mesmo tempo delinquente e louco. O louco não é delinquente, assim como o ato cometido não é um delito, mas um sintoma pelo qual ele não pode ser condenado.

Ora, hoje, o indivíduo considerado como delinquente e devendo ser condenado como tal submete-se a um exame como se fosse um demente. Definitivamente e de algum modo, ele é sempre condenado como louco. Isso mostra que, pelo menos na França, não se convoca o experto psiquiatra para que ele determine se o sujeito é responsável pelo delito. O exame se limita a verificar se o indivíduo é perigoso ou não.

A que corresponde o conceito de perigoso? De duas coisas, uma: ou o psiquiatra responde que o sujeito não é perigoso, ou seja, que ele não está doente e não mostra nenhum sinal patológico, e nesse momento o indivíduo não é perigoso e não há razão para condená-lo (sua não patologização torna possível a supressão da condenação), ou o médico afirma sua periculosidade por ele ter tido uma infância frustrada, porque seu supereu é fraco, por ele não possuir o sentido da realidade, por apresentar uma constituição paranoica etc. Nesse caso, o indivíduo é "patologizado", e pode-se, então, aprisioná-lo. Mas ele será aprisionado por ter sido identificado como doente. Assim, a velha dicotomia que nos termos do Código Civil qualificava o sujeito de delinquente ou de doente se vê eliminada por completo. Hoje, há apenas duas possibilidades: ser um pouco doente e de fato delinquente, ou um pouco delinquente e de fato doente. O delinquente não pode escapar à sua patologia. Há pouco tempo, na França, um antigo detendo escrevia um livro no qual explicava que, se tivesse sido um ladrão, não seria por sua mãe tê-lo amado pouco, por ter um supereu fraco ou por sofrer de paranoia, mas por ter sido feito para roubar e ser um ladrão.

A preponderância conferida à patologia torna-se uma forma geral de regulação da sociedade. Hoje, a medicina não tem mais um campo exterior. Fichte falava do "Estado comercial fechado" para descrever a situação da Prússia em 1810.[3] Poder-se-ia afirmar, a propósito da sociedade moderna na qual nos encontramos, que vivemos em "Estados médicos abertos", nos quais a medicalização é sem limite. Algumas resistências populares à medicalização explicam-se precisamente por essa predominância perpétua e constante.

Para concluir, gostaria de expor outra característica da medicina moderna, a saber: o que se poderia chamar a economia política da medicina.

Nisso também não se trata de um fenômeno recente, já que, a partir do século XVIII, a medicina e a saúde foram apresentadas como um problema econômico. No final do século XVIII, a medicina se desenvolveu por razões econômicas. Não devemos esquecer que a primeira grande epidemia estudada na França no século XVIII e que originou uma coleção nacional de dados não era realmente uma epidemia, mas uma epizootia. Houve uma taxa de mortalidade catastrófica em algumas manadas no sul da França, o que contribuiu significativamente para a constituição da Sociedade Real de Medicina. A Academia Francesa de Medicina nasceu de uma epizootia, e não de uma epidemia. Isso demonstra serem os problemas econômicos os motivadores iniciais da organização da medicina.

---

3. Fichte (J. G), *Der geschlossne Handelsstaat*, Tübingen, Coota, 1800 (*L'État commercial fermé*, trad. D. Schulthess, Lausanne, L'Âge d'homme, col. "Raison dialectique", 1980).

Do mesmo modo, podemos afirmar que a grande neurologia de Duchesne de Boulogne, Charcot etc. nasceu em seguida aos acidentes ferroviários e aos acidentes de trabalhos sobrevindos por volta de 1860, no momento em que se apresentou o problema dos seguros, da incapacidade ao trabalho, da responsabilidade civil dos empregadores e transportadores etc. Portanto, a questão econômica está bastante presente na história da medicina.

Todavia, o particular na situação atual é que a medicina está ligada aos grandes problemas econômicos por meio de um aspecto distinto daquele de outrora. Antigamente, com efeito, pedia-se à medicina para dar à sociedade indivíduos fortes, ou seja, capazes de trabalhar, de garantir a manutenção da força de trabalho, sua melhoria e sua reprodução. Recorria-se à medicina como um instrumento de manutenção e renovação da força de trabalho, visando ao funcionamento da sociedade moderna.

Nos dias de hoje, a medicina se encontra com a economia por outro caminho. Não é simplesmente por ela ser capaz de reproduzir a força de trabalho, mas por poder produzir diretamente uma riqueza, uma vez que a saúde representa um desejo para uns e um luxo para outros. A saúde tornada um objeto de consumo que pode ser produzido por laboratórios farmacêuticos, por médicos etc. – e consumido por doentes possíveis e reais – adquiriu importância econômica e se introduziu no mercado.

Assim, o corpo humano entrou duas vezes no mercado: primeiro pelo salário, quando o homem vendeu a sua força de trabalho; depois, mediante a saúde. Por conseguinte, o corpo humano entra novamente em um mercado econômico, dado que ele é suscetível de saúde ou doença, de bem-estar ou de mal-estar, de alegria ou de dor, além de objeto de sensação, de desejo etc.

A partir do momento em que o corpo humano entra no mercado por intermédio do consumo de saúde, aparecem diversos fenômenos que provocam disfunções no sistema de saúde e da medicina contemporâneos.

Contrariamente ao que se poderia esperar, a introdução do corpo humano e da saúde no sistema de consumo e no mercado não elevou de maneira correlativa e proporcional o nível da saúde. A introdução desta em um sistema econômico suscetível de ser calculado e medido indica que o nível da saúde não tem os mesmos efeitos sobre a sociedade que o nível de vida. O nível de vida se define pela capacidade de consumo dos indivíduos. Se, por outras vias, o aumento do consumo acarreta uma melhoria do nível de vida, em contrapartida, o aumento do consumo médico não melhora proporcionalmente o nível de saúde. Os economistas da saúde estudaram diversos fatos dessa natureza. Charles Levinson, por exemplo, em um estudo sobre a produção da saúde datado de 1964, indica que um aumento de 1% do consumo de serviços médicos acarreta uma baixa de 0,1% da mortalidade. Essa distorção pode ser considerada como normal; porém, só aparece no enquadre de um modelo puro e fictício. A partir do momento em que o consumo médico é situado em um meio real, percebemos que as variáveis do meio, em particular o consumo alimentar, a educação e os rendimentos familiares são fatores de ação bem maior sobre a taxa de mortalidade do que o consumo médico. Assim, o aumento dos rendimentos que pode exercer um efeito negativo sobre a mortalidade é duas vezes mais eficaz que o consumo de medicamentos. Quer dizer que se os rendimentos aumentam na mesma proporção que o consumo dos serviços médicos, o benefício representado pelo aumento de consumo médico será anulado pelo pequeno aumento dos rendimentos. De modo análogo, a educação age sobre o nível de vida em uma proporção duas vezes e meia mais importante do que o consumo médico. Conclui-se que, para viver mais tempo, um bom nível de educação é preferível ao consumo médico.

Portanto, se o consumo médico é situado como um fator no conjunto das variáveis que podem agir sobre a taxa de mortalidade, observamos, porém, que ele é o mais fraco de todos. As estatísticas de 1970 indicam que, apesar de um aumento constante do consumo médico, a taxa de mortalidade, um dos indicadores mais importantes da saúde, não diminuiu, permanecendo hoje mais elevada para os homens do que para as mulheres.

Por conseguinte, o nível de consumo médico e o nível de saúde não estão em uma relação direta, o que ressalta o paradoxo econômico de um crescimento do consumo não acompanhado de nenhum fenômeno positivo no que concerne à saúde, à morbidade ou à mortalidade.

Essa introdução da saúde na economia política acarretou outro paradoxo: as esperadas transferências sociais dos sistemas de seguridade social não preencheram sua função. Na realidade, a desigualdade de consumo dos serviços médicos é tão importante quanto outrora. Os mais ricos continuam recorrendo muito mais do que os pobres aos serviços médicos. Pelo menos esse é o caso, hoje, na França. O resultado é que os pequenos consumidores, que são também os mais pobres, pagam com suas cotizações o sobreconsumo dos mais ricos. Ademais, as pesquisas científicas e a maioria do equipamento hospitalar mais precioso e mais caro é financiada pela seguridade social, ao passo que os setores privados permanecem mais rentáveis justamente por utilizarem um equipamento cuja técnica é menos complicada. O que chamamos na França "hotelaria hospitalar", quer dizer, hospitalização breve por motivos não graves, tal como uma pequena cirurgia, pertence ao setor privado sustentado pelo financiamento coletivo e social das doenças.

Vemos, assim, que a esperada igualdade de consumo médico mediante a seguridade social é pervertida em favor de um sistema, tendente cada vez mais a restabelecer as grandes desigualdades da doença e da morte que caracterizavam a sociedade do século XIX. Hoje, o direito a uma saúde igual para todos é capturado em uma engrenagem que o transforma em uma desigualdade.

Os médicos se veem confrontados com o seguinte problema: quem lucra com o financiamento social da medicina, com os ganhos extraídos da saúde? Aparentemente, os médicos. Mas, na realidade, não é assim. A remuneração recebida pelos médicos, por mais importante que ela seja em alguns países, representa apenas uma tênue parte dos benefícios econômicos derivados da doença e da saúde. Os que obtêm os maiores benefícios da saúde são as grandes empresas farmacêuticas. Com efeito, a indústria farmacêutica é sustentada pelo financiamento coletivo da saúde e da doença, por intermédio das instituições de seguridade social, cujos fundos são obtidos daqueles que necessariamente devem proteger-se contra as doenças. Se essa situação ainda não está claramente presente na consciência dos consumidores de saúde, ou seja, dos assegurados sociais, em contrapartida ela é perfeitamente conhecida dos médicos. Esses profissionais se dão conta, cada dia mais, de serem os intermediários quase automáticos entre a indústria farmacêutica e a demanda do cliente, isto é, de serem simples distribuidores de medicamentos e de medicação.

Vivemos em uma situação que alguns fatos conduziram ao paroxismo. Fatos que, no fundo, são os mesmos, ao longo do desenvolvimento médico do sistema a partir do século XVIII, quando surgiu uma economia política da saúde, quando apareceram processos de medicalização generalizada e mecanismos da bio-história. A pretensa crise atual da medicina não é senão uma série de fenômenos suplementares exacerbados, que modifica alguns aspectos dessa tendência, embora não a crie.

Não devemos considerar a situação atual em termos de medicina ou de antimedicina, de interrupção ou de não interrupção dos custos, de retorno ou não a uma espécie de higiene natural, ao bucolismo paramédico. Essas alternativas não têm sentido. Em compensação, o que pode ter sentido, e é a esse título que alguns estudos históricos apresentam uma utilidade, é tentar compreender em que consiste a decolagem sanitária e médica dessas sociedades de tipo europeu, a partir do século XVIII. Importa saber qual foi o modelo utilizado e em que medida se pode modificá-lo. Há sociedades que não conheceram esse modelo de desenvolvimento da medicina, pois, devido à sua situação colonial ou semicolonial, tiveram apenas uma relação distante ou secundária com as estruturas médicas. Essas sociedades demandam uma medicalização à qual têm direito, dado estarem afetadas por doenças infecciosas atingindo milhões de pessoas. Diante delas, não se poderia admitir o argumento segundo o qual, em nome de um bucolismo antimédico, esses países que não mais sofreriam dessas infecções fariam, depois da Europa, a experiência de doenças desnaturadas. É preciso determinar se o modelo de desenvolvimento médico que a Europa conheceu nos séculos XVIII e XIX deve ser reproduzido tal qual ou modificado. É preciso procurar saber em quais condições ele pode ser aplicado eficazmente nessas sociedades, quer dizer, sem as consequências negativas que conhecemos.

Nesse sentido, a reexploração da história da medicina que podemos fazer nos dias de hoje apresenta certo interesse: trata-se de conhecer melhor não a crise atual da medicina, que é um falso conceito, mas o modelo de funcionamento histórico dessa disciplina a partir do século XVIII, a fim de saber em que medida é possível modificá-lo.

Trata-se do mesmo problema apresentado aos economistas modernos, levados a estudar a decolagem econômica da Europa nos séculos XVII e XVIII, visando a determinar se esse modelo de desenvolvimento poderia ser adaptado às sociedades ainda não industrializadas.

É preciso dar testemunho da mesma modéstia e do mesmo orgulho, e afirmar que a medicina não deve ser rejeitada nem adotada como tal, que ela faz parte de um sistema histórico, que não é uma ciência pura, que faz parte de um sistema econômico e de um sistema de poder, sendo necessário atualizar seus laços com a economia, o poder e a sociedade, para se determinar em que medida é possível retificar ou aplicar o modelo.

1976

A Extensão Social da Norma

"L'extension sociale de la norme" (entrevista com P. Werner), *Politique Hebdo*, n. 212: *Délier la folie*, 4-10 de março de 1976, p. 14-16. (Sobre T. Szasz, *Fabriquer la folie*, trad. M. Manin e J.-P. Cottereau, Paris, Payiot, 1976.)

– Será que o trabalho de Szasz torna a pôr em questão a História da loucura, *escrita por você já se vão 15 anos? Você seguia outra filiação, outra homologia: não a do bruxo e do louco, mas a do leproso e do doente mental. Como esses dois ramos encontram um tronco comum?*

– Com efeito, em *História da loucura* não falei de modo algum sobre o problema da bruxaria. Eu desconfiava de um tema em geral encontrado junto a historiadores apressados: a ideia de que outrora os loucos eram considerados feiticeiros, por não serem capazes de reconhecê-los como doentes. Os médicos, apreensivos com o saber e com o coração cheio de escrúpulos, teriam reagido: a bruxaria é a doença menosprezada. Não mais se queimarão as bruxas, elas serão tratadas. Depois de *História da loucura*, eu tinha vontade de demolir esse mito...

O livro de Szasz (e nisto está seu interesse) não consiste em dizer: o louco era o bruxo de outrora ou o bruxo de então é o louco de hoje. Ele diz outra coisa histórica e politicamente mais importante: a prática por meio da qual certo número de pessoas eram rotuladas, suspeitava-se delas, eram isoladas, interrogadas, mediante a qual eram "reconhecidas" como bruxas, essa técnica de poder, empregada durante a Inquisição, é reencontrada (depois de transformada), na prática psiquiátrica. Não é o louco o filho do bruxo, mas é o psiquiatra o descendente do inquisidor. Szasz situa sua história no nível das técnicas de poder, não no nível da identidade patológica. Para ele, não é o doente quem desmascara *a posteriori* a verdade do bruxo. É a antibruxaria que diz, *a fortiori*, a verdade da psiquiatria. Szasz se interessa pelas técnicas de rotulação, diagnóstico, interrogatório. Eu me interessei pelas técnicas de partilhas sociopoliciais. As duas histórias não são incompatíveis. Ao contrário.

– Menos ainda por você ter designado as duas no lugar central da prática médica, nos mecanismos de repressão social. O que isso nos ensina sobre os dispositivos do poder?

– Entramos num tipo de sociedade em que o poder da lei está em vias não de regredir, mas de integrar-se a um poder muito mais geral: em suma, o da norma. Observe as dificuldades que a instituição penal experimenta, hoje, quanto à aceitação do ato para o qual ela foi feita: proferir uma sentença. É como se punir um crime não tivesse mais sentido, assimila-se cada vez mais o criminoso a um doente e a condenação a uma prescrição terapêutica. Isso caracteriza uma sociedade em vias de deixar de ser uma sociedade jurídica articulada essencialmente com a lei. Tornamo-nos uma sociedade articulada, por essencial, com a norma.

Isso implica um sistema de vigilância, de controle, completamente diferente: uma visibilidade incessante, uma classificação permanente dos indivíduos, uma hierarquização, uma qualificação, o estabelecimento de limites e de diagnósticos. A norma se torna o critério de divisão dos indivíduos. Dado o fato de estar sendo constituída uma sociedade da norma, a medicina, como a ciência acima de tudo do normal e do patológico, será a ciência rainha. Diz Szasz: a medicina é a religião da idade moderna. Eu modificaria um pouco essa proposição. Parece-me que o poder da religião, da Idade Média à época clássica, era de tipo jurídico, expresso por seus mandamentos, tribunais e penitências. Mais do que uma sucessão religião-medicina, eu veria uma sucessão direito-norma.

– *Em que a crítica da psiquiatria como forma de controle social afeta a medicina?*

– A psiquiatria foi uma das formas da medicina social surgidas no século XIX. A história da psiquiatria feita por Szasz – este é mais um de seus méritos – põe a céu aberto a função social da medicina numa sociedade de normalização. Vemos aparecer o poder da medicina por toda parte: seja na família, na escola, na usina, nos tribunais, sobre a sexualidade, a educação, sobre o trabalho, o crime. A medicina se tornou uma função social geral: ela investe o direito, conecta-se com ele e o faz funcionar. Atualmente, constitui-se uma espécie de complexo jurídico-médico como a forma essencial do poder. Mas a medicina pode funcionar com tal força porque, contrariamente à religião, ela se inscreve na instituição científica. Não podemos nos contentar em designar os efeitos disciplinares da medicina. Ela pode muito bem funcionar como mecanismo de controle social, além de ter outros funcionamentos técnicos, científicos. Resulta daí não podermos tratar do mesmo modo a medicina e a psiquiatria, que funciona sem relacionar-se com um saber de tipo científico, a não ser imaginariamente. A crítica não se situa no mesmo nível.

– *Até onde incide uma análise histórica da loucura? Szasz desmonta os mecanismos sociais de produção da doença mental. Ele, porém, não formula a questão específica da loucura.*

– Se a loucura não é uma doença mental desdobrando-se num quadro nosográfico, se a loucura tem uma realidade específica que não se trata de patologizar nem de medicalizar, então, o que é a loucura? A antipsiquiatria tem justamente de se confrontar com algo que não se deve codificar nem em termos de doença mental, nem de normatividade social, mas que, entretanto, causa problema. A antipsiquiatria demole a medicalização da loucura no interior da instituição e da consciência dos médicos. Por isso mesmo, a questão da loucura nos retorna, depois dessa longa colonização, por meio da medicina e da psiquiatria. O que fazer com isso?

Os discursos precipitadamente esquerdistas, liricamente antipsiquiátricos, meticulosamente históricos, são apenas maneiras imperfeitas de abordar esse núcleo incandescente. Com a ilusão, por vezes, de que dali, a "verdade, nossas pobres verdades" poderiam ser esclarecidas por uma chama devoradora. É a ilusão de acreditar que a loucura – a delinquência, ou o crime – nos fala a partir de uma exterioridade absoluta. Nada é mais interior à nossa sociedade, nada é mais interior aos efeitos de seu poder do que a infelicidade de um louco ou a violência de um criminoso. Em outras palavras, estamos sempre no interior. A margem é um mito. A fala do exterior é um sonho que não se cessa de reconduzir. Situam os "loucos" no exterior da criatividade ou da monstruosidade. E, no entanto, eles se formam e funcionam nos dispositivos do poder.

– *Desse ponto de vista, a análise histórica não seria uma posição de recuo? Não seria nesse recuo que se marcam os*

pontos cegos tanto da prática como da teoria de Szasz? Sobre a psicanálise, por exemplo...
– Cabe dizer que, sem a psicanálise, a crítica da psiquiatria tal como foi conduzida, mesmo de um ponto de vista histórico, não teria sido possível. Dito isso, a psicanálise, não só nos Estados Unidos, mas também na França, funciona de maneira maciça como uma prática médica: ainda que ela não seja sempre praticada por médicos, é como uma terapêutica que ela funciona, como intervenção de tipo médico. Desse ponto de vista, ela faz parte da rede de "controle" médico em vias de se estabelecer por toda parte. Apesar de ter desempenhado um papel crítico num outro nível, a psicanálise atua em consonância com a psiquiatria. Nesse sentido, é imprescindível a leitura do livro de Robert Castel, *Le psychanalysme*,[1] que demonstrou muito bem a rede psiquiátrico-psicanalítica. A psicanálise decorre de uma desmontagem histórica específica, embora do mesmo tipo que a psiquiatria. Ela não tem de desempenhar um papel de mancha cega em relação à história.

Outra questão: no período em que a incandescência das lutas se apagou, não houve uma tentação de recuar da especulação histórica? A análise histórica não está em posição de recuo, mas em posição instrumental, do momento em que ela é utilizada como instrumento no interior de um campo político. A análise histórica é um meio de evitar a sacralização teórica, ela permite apagar o umbral de intocabilidade científica. É preciso fazê-la funcionar a contrapelo da antiga e recente epistemologia que se perguntava: numa ciência, qual é o núcleo irredutível de cientificidade? Ela tem a dizer que ela é a não cientificidade da ciência, ou melhor, que o problema cientificidade/não cientificidade não é o importante. Ela tem de se perguntar qual é a força de uma ciência. Como, em nossa sociedade, os efeitos de verdade são, ao mesmo tempo, efeitos de poder.

– *O que significa para você a contradição entre as posições teóricas e as posições práticas e políticas de Thomas Szasz?*
– Houve um período da crítica "ideológica", da "denúncia", do diagnóstico e da desqualificação pelo mal, mais ou menos

---
1. Castel (R.), *Le Psychanalysme*, Paris, Maspero, col. "Textes d'appui", 1973.

secreto. Quando alguém falava, tratava-se de balizar em seu vocabulário, naquilo que ele dizia, pior ainda, naquilo que ele não dizia e que era precisamente o não dito do seu discurso, como caracterizá-lo e fazê-lo calar: era a crítica por meio da varíola teórica. Num dado momento, por exemplo, acreditavam ser obrigados a dizer que Nietzsche não era um antissemita, caso quiséssemos fazer referência a ele.

Prefiro utilizar a técnica da pilhagem interessada. Os pensamentos, os discursos se organizam em sistemas. Mas é preciso considerar esses sistemas como efeitos internos de poder. Não é a sistematicidade de um discurso que detém sua verdade, mas, ao contrário, sua possibilidade de dissociação, de reutilização, de reimplantação alhures. As análises históricas de Szasz podem ser reutilizadas numa prática antipsiquiátrica. Ele percebeu perfeitamente a ressonância profunda das funções de controle da medicina, da psiquiatria e as estruturas estatais de controle, instauradas a partir do século XIX. Contudo, parece iludir-se ao acreditar que a medicina liberal está livre disso, quando ela é, na realidade, o prolongamento dessas estruturas estatais, seu ponto de apoio e sua antena.

– *Você se incomoda com as posições de Szasz a respeito do "potencial da psiquiatria privada"?*

– Em Szasz, o problema do consultório privado é simples e tópico. Para ele, a mistificação da psiquiatria consiste em fazer crer que a loucura, o sofrimento do louco, é a doença. Portanto, há de se fazer o "louco" acreditar que ele necessita de um médico. Em suma, ele quer dizer: "Uma vez que não quero acreditar que intervenho como médico, uma vez que não faço uma livre entrevista com um paciente voluntário passar por um ato médico, não participo dessa usurpação. Escuto o paciente, liberto-o do esquema patológico. Não o recebo como um doente, nem me apresento como um médico: eu apenas lhe vendo o meu tempo. No final de um livre contrato, ele me paga."

Podemos dizer muitas coisas contra essa dedução e os benefícios autorizados por ela. Trata-se de uma convivialidade exclusivamente dual e deliberadamente mercantil. Os psiquiatras vendiam caro o *status* de doença que costumavam dar aos seus pacientes. Szasz vende a não doença a pessoas que se consideram doentes. Problema: o que é preciso deve ser forçosamente vendido?

1976

Bio-história e Biopolítica

"Bio-histoire et bio-politique", *Le Monde*, n. 9.869, 17-18 de outubro de 1976, p. 5. (Sobre J. Ruffié, *De la biologie à la culture*, Paris, Flammarion, col. "Nouvelle Bibliothèque Scientifique", n. 82, 1976.)

A experiência nos ensinou a desconfiar das grandes sínteses monumentais, que de um pedacinho da molécula nos conduzem às sociedades humanas, percorrendo, por milhares de milênios e a galope, a história inteira da vida. Com muita frequência, o pior provém de uma "filosofia da natureza", da qual o evolucionismo foi outrora pródigo. O livro de Jacques Ruffié é completamente estranho a essa ambição derrisória e escapa aos castigos que em geral a sancionam. Porque seu autor tem uma perfeita mestria do imenso domínio percorrido por ele. E sobretudo porque, em vez de valer-se do que sabe como pretexto para dizer o que pensa, ele interroga, ao contrário, o que se pensa a partir do que ele sabe.

Tomarei apenas um exemplo: o que a biologia tem a dizer, hoje, das raças humanas. É aqui, sem dúvida, que o método e o êxito de Jacques Ruffié aparecem melhor, porquanto ele é um dos representantes mais eminentes da nova antropologia física. É também aqui que um saber científico rigoroso pode tomar um sentido político imediato, em uma época em que a condenação global, repetitiva, do racismo, misturada a uma tolerância de fato, permite igualmente a manutenção das práticas segregativas, insidiosas tentativas "científicas" como as de Jensen ou como a vergonhosa resolução da ONU sobre o sionismo. Mais do que uma retórica em que as indignações abrigam tantas cumplicidades, uma filtragem do problema das raças em termos científicos é indispensável.

Das páginas intensas dedicadas por Jacques Ruffié ao problema das "raças humanas" cabe reter, penso eu, algumas proposições fundamentais:

– assim como a espécie humana não deve ser definida por meio de um protótipo e, sim, por um conjunto de variações, a raça, para o biólogo, é uma noção estatística – uma "população";

– o polimorfismo genético de uma população não constitui uma decadência; ele é biologicamente útil, ao passo que a "pureza" é o resultado de processos quase sempre artificiais, que fragilizam e tornam mais difícil a adaptação;

– uma população não pode definir-se segundo suas características morfologicamente manifestas. Em compensação, a biologia molecular permitiu balizar fatores dos quais dependem a estrutura imunológica e o equipamento enzimático das células, características cujo condicionamento é rigorosamente genético. (Por ser mais fácil estudá-los nas células sanguíneas, chamam-nos, um tanto impropriamente, "marcadores sanguíneos".)

Em suma, "marcadores sanguíneos" são, hoje, para o problema das raças, o que os "caracteres sexuais" foram para as espécies na época de Linné. Com a diferença que a tipologia sexual permitiu fundamentar por muito tempo as grandes classificações botânicas, ao passo que a hematotipologia autoriza, atualmente, a dissolver a ideia de raça humana. Por meio de toda uma série de cotejos com a pré-história e com a paleontologia, é possível estabelecer que nunca houve "raças" na espécie humana, mas, no máximo, um processo de "raciação", ligado à existência de alguns grupos isolados. Esse processo, longe de estar concluído, inverteu-se a partir do neolítico e, pelo efeito das migrações, deslocamentos, trocas e misturas diversas, foi substituído por uma "desraciação" constante. É preciso conceber uma humanidade na qual não são as raças que se justapõem, mas "nuvens" de populações que se entremeiam, emaranhando um patrimônio genético de tanto mais valor quanto mais acentuado for seu polimorfismo. Como dizia Mayr, a humanidade é um "*pool* de genes intercomunicantes": populações, quer dizer, conjuntos de variações, não cessam de ali se formar e desfazer-se. É a história que delineia esses conjuntos antes de apagá-los. Não se devem ali buscar fatos biológicos brutos e definitivos que, do fundo da "natureza", se imporiam à história.

A obra de Jacques Ruffié contém muitas outras análises desse gênero. Todas são importantes, pois vemos ali formularse, com toda clareza, as questões de uma "bio-história" que não mais seria a história unitária e mitológica da espécie humana através do tempo, e uma "biopolítica" que não seria a das partilhas, das conservações e hierarquias, mas a da comunicação e do polimorfismo.

1977

O Nascimento da Medicina Social (Conferência)

"El nacimiento de la medicina social" ("La naissance de la médecine sociale"; trad. D. Reynié), *Revista Centroamericana de Ciencias de la Salud*, n. 6, janeiro-abril de 1977, p. 89-108. (Segunda conferência pronunciada no âmbito do curso de medicina social na Universidade do Estado do Rio de Janeiro, outubro de 1974.)

Em minha primeira conferência, busquei demonstrar que o problema fundamental não residia na oposição da antimedicina à medicina, mas no desenvolvimento do sistema médico e do modelo seguido para a "decolagem" médica e sanitária do Ocidente, a partir do século XVIII. Insisti em três pontos, em minha opinião, importantes:

1. A bio-história, isto é, o efeito, no nível biológico, da intervenção médica. O rastro que a forte intervenção médica, iniciada no século XVIII, pode deixar na história da espécie humana. Com efeito, a história da espécie humana não permanece indiferente à medicalização. Há, aqui, um primeiro campo de estudos ainda não verdadeiramente explorado e que, no entanto, é bem circunscrito.

Sabemos que diferentes doenças infecciosas desapareceram do Ocidente antes mesmo da introdução da grande quimioterapia do século XX. A peste, ou o conjunto das doenças ao qual os cronistas, os historiadores e os médicos darão esse nome, apagou-se ao longo dos séculos XVIII e XIX sem que se conheça de fato as razões nem os mecanismos desse fenômeno que merece ser estudado.

Outro caso famoso, o da tuberculose. Para 700 doentes que morriam dessa doença em 1812, apenas 350 tinham esse mesmo destino em 1882, quando Koch descobriu o bacilo que o tornou célebre. E, quando em 1945 introduziu-se a quimioterapia, a cifra reduziu-se para 50. Como e por que razão produziu-se esse recuo da doença? Quais foram, no nível da bio-história, os mecanismos que intervieram? Não há nenhuma dúvida de que a mudança das condições socioeconômicas, os fenômenos de adaptação, resistência do organismo, o próprio enfraquecimento do bacilo, assim como os meios de higiene e de isolamento desempenharam um papel importante. Os conhecimentos a esse respeito estão longe de estar completos, e seria interessante estudar a evolução das relações entre a espécie humana, o campo bacilar ou viral e as intervenções da higiene, da medicina, das diferentes técnicas terapêuticas.

Na França, um grupo de historiadores – como Le Roy Ladurie e Jean-Pierre Peter[2] – começou a analisar esses fenômenos. A partir de estatísticas de conscrição do século XX, eles examinaram algumas evoluções somáticas da espécie humana.

2. A medicalização, ou seja, o fato de a existência, a conduta, o comportamento, o corpo humano se integrarem, a partir do século XVIII, em uma rede de medicalização cada vez mais densa e importante, deixando cada vez menos escapar coisas.

A pesquisa médica, sempre mais penetrante e minuciosa, assim como o desenvolvimento das instituições de saúde, mereceria também ser estudada. É o que tentamos fazer no Collège de France. Alguns estudam o crescimento da hospitalização e seus mecanismos, do século XVIII ao começo do século XIX, ao passo que outros se dedicam aos hospitais e projetam, hoje, realizar um estudo do *habitat* e de tudo o que o circunda: sistema de limpeza e conservação da cidade, vias de transportes, equipamentos coletivos que garantem o funcionamento da vida cotidiana, em particular, no meio urbano.

3. A economia da saúde, isto é, a integração da melhoria da saúde, dos serviços de saúde e do consumo de saúde no desenvolvimento econômico das sociedades privilegiadas. Trata-se, aqui, de um problema difícil e complexo cujos antecedentes não são muito bem conhecidos. Na França, existe um grupo que se dedica a essa tarefa, o Centro de Estudos e Pesquisas do Bem-estar (Cerebre), do qual participam Alain Letourmy, Serge Karsenty e Charles Dupuy. Ele estuda principalmente os problemas de consumo de saúde ao longo dos últimos 30 anos.

---

2. Le Roy Ladurie (E.), Peter (J.-P.), Dumont (P.), *Anthropologie du conscrit français d'après les comptes numériques et sommaires du recrutement de l'armée (1819-1826)*, Paris, Mouton, col. "Civilisations et Sociétés", n. 28, 1972.

HISTÓRIA DA MEDICALIZAÇÃO

Uma vez que me dedico sobretudo a retraçar a história da medicalização, prosseguirei analisando alguns aspectos da medicalização das sociedades e da população, a partir do século XIX, tomando como referência o exemplo francês, com o qual estou mais familiarizado. Concretamente, me referirei ao nascimento da medicina social.

Com frequência observamos alguns críticos da medicina atual sustentarem que a medicina antiga – grega e egípcia – ou as formas de medicina das sociedades primitivas são formas sociais, coletivas, não centradas no indivíduo. Minha ignorância em etnologia e em egiptologia me impede de ter uma opinião sobre o problema. Mas, até onde eu saiba sobre a história grega, a ideia me deixa perplexo e não vejo como se pode qualificá-la de medicina coletiva ou social.

Esses, porém, não são problemas importantes. A questão é saber se a medicina moderna, ou seja, científica, nascida no final do século XVIII, entre Morgagni e Bichat, com a introdução da anatomia patológica é ou não individual. Pode-se afirmar, como o fazem alguns, que a medicina moderna é individual por ela ter penetrado no interior das relações de mercado? Que a medicina moderna, por estar ligada à economia capitalista, é individual ou individualista, conhecendo somente a relação de mercado que une o médico ao doente, ignorando a dimensão global, coletiva, da sociedade?

Poderíamos mostrar não ser esse o caso. A medicina moderna é social e tem como fundamento uma certa tecnologia do corpo social. A medicina é uma prática social, apenas um de seus aspectos é individualista e valoriza as relações entre o médico e o paciente.

A esse respeito, gostaria de remetê-los à obra de Van L. Bullogh, *The development of medicine as a profession: the contribution of the medieval university to modern medicine*,[3] na qual se vê com clareza o caráter individualista da medicina medieval, ao passo que a dimensão coletiva da atividade médica é extraordinariamente discreta e limitada.

Sustento a hipótese de que, com o capitalismo, não se passou de uma medicina coletiva para uma medicina privada;

---

3. Nova Iorque, Hafner Publications, 1965.

produziu-se exatamente o contrário. O capitalismo que se desenvolveu a partir do final do século XVIII e começo do XIX, inicialmente, socializou um primeiro objeto, o corpo, em função da força produtiva, da força de trabalho. O controle da sociedade sobre os indivíduos não se efetua mais apenas pela consciência ou pela ideologia, mas também dentro e com o corpo. Para a sociedade capitalista, importava, antes de tudo, a biopolítica, o biológico, o somático, o corporal. O corpo era uma realidade biopolítica. A medicina, uma estratégia biopolítica.

Como se produziu essa socialização? Gostaria de explicar minha posição a partir de algumas hipóteses geralmente aceitas. É certo que o corpo humano foi reconhecido política e socialmente como força de trabalho. No entanto, parece característico da evolução da medicina social, ou da medicina ocidental, o fato de que, no começo, o poder médico não se preocupou com o corpo humano como força de trabalho. A medicina não se interessava pelo corpo do proletário, pelo corpo humano como instrumento de trabalho. Esse não foi o caso antes da segunda metade do século XIX, quando se formulou o problema do corpo, da saúde e do nível da força produtiva dos indivíduos.

Poderíamos reconstituir as três etapas da formação da medicina social: inicialmente, medicina do Estado, depois medicina urbana e, por fim, medicina da força de trabalho.

MEDICINA DO ESTADO

A "medicina do Estado" desenvolveu-se principalmente na Alemanha, no começo do século XVIII. Sobre esse problema específico, é preciso lembrar da afirmação de Marx, para quem a economia era inglesa, a política, francesa, e a filosofia, alemã. Com efeito, foi na Alemanha que se formou, no século XVII, muito antes da França e da Inglaterra, o que podemos chamar a ciência do Estado. O conceito de *Staatswissenschaft* é um produto da Alemanha. Sob o nome de "ciência do Estado" podemos reagrupar dois aspectos surgidos, então, nesse país:

– de um lado, um saber cujo objeto é o Estado. Não apenas os recursos naturais de uma sociedade ou as condições de vida de sua população, mas também o funcionamento geral da máquina política. As pesquisas sobre os recursos e o fun-

cionamento dos Estados constituem uma disciplina alemã do século XVIII;
- de outro, a expressão designa também os métodos que ajudam o Estado a produzir e acumular os conhecimentos que lhe permitem garantir seu funcionamento.

O Estado, como objeto de saber, como instrumento e lugar de aquisição de conhecimentos específicos desenvolveu-se mais rapidamente na Alemanha do que na França e na Inglaterra. Não é fácil determinar as razões desse fenômeno. Até hoje os historiadores não se preocupam com essa questão ou com o problema do nascimento de uma ciência do Estado ou de uma ciência estatal na Alemanha. Em minha opinião, isso se explica pelo fato de que a Alemanha só se converteu em Estado unitário no século XIX, depois de ter sido apenas uma simples justaposição de quase Estados, de Pseudoestados. Pequenas unidades muito pouco "estatais". De modo preciso, à medida que se formam os Estados, esses saberes estatais e o interesse pelo próprio funcionamento do Estado se desenvolvem. A pequena dimensão dos Estados, sua grande proximidade, seus perpétuos conflitos e confrontos, a relação de força sempre desequilibrada e mutante os obrigaram a ponderar-se e comparar-se uns com os outros, a imitar seus métodos e a tentar substituir a força por outros tipos de relações.

Ao passo que os grandes Estados, como a França e a Inglaterra, conseguiam funcionar relativamente bem, munidos de máquinas potentes como o exército ou a polícia. Na Alemanha, a pequena dimensão dos Estados tornou necessária e possível essa consciência discursiva do funcionamento estatal da sociedade.

Há outra explicação para essa evolução da ciência do Estado: o fraco desenvolvimento ou a estagnação da economia alemã, no século XVIII, depois da Guerra dos Trinta Anos e dos grandes tratados da França e da Áustria.

Depois do primeiro movimento de desenvolvimento na Alemanha, na época do Renascimento, apareceu uma forma limitada de burguesia, cuja progressão econômica foi bloqueada no século XVII, impedindo-a de encontrar uma ocupação e subsistir no comércio, nas manufaturas e indústrias nascentes. Ela, então, buscou refúgio junto aos soberanos e formou um corpo de funcionários disponíveis para a máquina estatal que os príncipes queriam construir, a fim de modificar as relações de forças com seus vizinhos.

Essa burguesia economicamente pouco ativa alinhou-se ao lado dos soberanos confrontados com uma situação de luta permanente e lhes ofereceu seus homens, sua competência, suas riquezas etc. para a organização dos Estados. Assim, o conceito moderno de Estado, com todo seu aparelho, seus funcionários, seu saber, desenvolveu-se na Alemanha bem antes que em outros países politicamente mais potentes, como a França, ou economicamente mais desenvolvidos, como a Inglaterra.

O Estado moderno apareceu ali onde não havia nem poder político, nem desenvolvimento econômico. Foi precisamente por essas razões negativas que a Prússia, economicamente menos desenvolvida e politicamente mais instável, foi o primeiro Estado moderno, nascido no coração da Europa. Enquanto a França e a Inglaterra agarravam-se às velhas estruturas, a Prússia se tornava o primeiro Estado moderno.

Essas observações históricas a respeito do nascimento da ciência e da reflexão sobre o Estado no século XVIII têm como objetivo tão somente explicar por que e como a medicina do Estado pôde aparecer na Alemanha.

A partir do final do século XVI e começo do XVII, em um clima político, econômico e científico característico da época dominada pelo mercantilismo, todas as nações da Europa se preocupavam com a saúde de sua população. O mercantilismo, então, não era apenas simplesmente uma teoria econômica, mas também uma prática política visando a regularizar as correntes monetárias internacionais, os fluxos correspondentes das mercadorias e a atividade produtora da população. A política mercantilista se assentava essencialmente no crescimento da produção e da população ativa, objetivando estabelecer trocas comerciais que permitissem à Europa alcançar a maior influência monetária possível e assim financiar a manutenção dos exércitos e de todo aparelho que pudesse conferir a um Estado a força real em suas relações com os outros.

Nessa perspectiva, a França, a Inglaterra e a Áustria começaram a avaliar a força ativa de sua população. Foi assim que apareceram na França as estatísticas de natalidade e mortalidade e, na Inglaterra, os grandes recenseamentos iniciados no século XVII. Mas, na França como na Inglaterra, a única preocupação sanitária do Estado é estabelecer suas tabelas de natalidade e mortalidade, verdadeiros índices de saúde da população e de seu crescimento, sem nenhuma intervenção organizada para elevar o nível de saúde.

Na Alemanha, ao contrário, desenvolveu-se uma prática médica efetivamente dedicada à melhoria da saúde pública. Frank e Daniel, por exemplo, propuseram, entre 1750 e 1770, um programa nesse sentido. Foi o que se chamou, pela primeira vez, a polícia médica de um Estado. O conceito de *Medizinischepolizei*, polícia médica, que apareceu em 1764, implica bem mais do que uma simples enumeração da mortalidade ou da natalidade.

Programada na Alemanha na metade do século XVII, implantada no final desse mesmo século e início do seguinte, a polícia médica consistia em:

– um sistema de observação da morbidade muito mais completo do que as simples tabelas de natalidade e mortalidade, a partir da informação pedida aos hospitais, aos médicos de diferentes cidades ou regiões e do registro no nível estatal dos diversos fenômenos epidêmicos e endêmicos observados;

– ademais, cabe notar um aspecto muito importante, a saber: a normalização da prática e do saber médico. Até então, em matéria de formação médica e de atribuição dos diplomas, deixava-se o poder nas mãos da universidade e, mais particularmente, da corporação médica. Surgiu, então, a ideia de uma normalização do ensino médico e, de modo mais preciso, de um controle público dos programas de ensino e da atribuição dos diplomas. A medicina e o médico foram, assim, o primeiro objeto da normalização. Esse conceito começa por aplicar-se ao médico antes de aplicar-se ao doente. O médico foi o primeiro indivíduo normalizado na Alemanha. Esse movimento que se estende a toda a Europa deve ser estudado por qualquer um que se interesse pela história das ciências. Na Alemanha, esse fenômeno chegou aos médicos, mas, na França, por exemplo, a normalização das atividades no nível estatal concernia, no começo, à indústria militar, já que, na metade do século XVIII, se estandardizou, primeiro, a produção de canhões e de fuzis, a fim de garantir a utilização de qualquer tipo de fuzil por qualquer soldado, a distribuição de qualquer canhão por qualquer ateliê etc. Depois de estandardizar os canhões, a França procedeu à normalização de seus professores. As primeiras escolas

normais destinadas a oferecer a todos os professores o mesmo tipo de formação e, por conseguinte, o mesmo nível de competência foram criadas por volta de 1775 e institucionalizaram-se em 1790-1791. A França normalizava seus canhões e seus professores; a Alemanha normalizava seus médicos;
– uma organização administrativa para controlar a atividade dos médicos. Na Prússia, assim como nos outros Estados da Alemanha, no nível do ministério ou da administração central, confiavam-se a um escritório especializado as tarefas de: reunir a informação que os médicos transmitiam; observar como eram realizados os questionários médicos; verificar quais tratamentos se administravam; descrever as reações, depois do aparecimento de uma doença epidêmica etc.; endereçar ordens em função dessas informações centralizadas. Tudo isso supunha, é claro, uma subordinação da prática médica a um poder administrativo superior;
– a criação de funcionários médicos, nomeados pelo governo, que se responsabilizavam por uma região. Eles extraem sua potência do poder que possuem ou do exercício da autoridade que seu saber lhes confere.

Tal foi o projeto adotado pela Prússia no começo do século XIX, espécie de pirâmide indo do médico distrital encarregado de uma população de 6 mil a 10 mil habitantes, até os responsáveis por uma região muito mais importante, cuja população compreendia de 30 mil a 50 mil habitantes. Foi nesse momento que apareceu o médico na condição de administrador de saúde.

A organização de um saber médico do Estado, a normalização da profissão médica, a subordinação dos médicos a uma administração geral e, por fim, a integração dos diferentes médicos em uma organização médica do Estado produziram uma série de fenômenos inteiramente novos que caracterizam o que se poderia chamar de medicina do Estado.

Essa medicina de Estado – surgida com certa precocidade por ter existido antes da criação da grande medicina científica de Morgagni e Bichat – não objetivava a formação de uma força de trabalho adaptada às necessidades das indústrias então em desenvolvimento. Não era o corpo dos trabalhadores que interessava a essa administração pública da saúde, mas o corpo dos próprios indivíduos que, por sua reunião, constituíam o Estado. Não se tratava da força de trabalho, mas da força do Estado diante desses conflitos, sem dúvida econômicos, mas também políticos, que o opõem a seus vizinhos. Para esse fim, a medicina deve aperfeiçoar e desenvolver a força estatal. Essa preocupação da medicina do Estado engloba uma solidariedade econômico-política. Seria então falso querer ligá-la ao interesse imediato de obter uma força de trabalho disponível e vigorosa.

O exemplo da Alemanha é também importante por mostrar como, de maneira paradoxal, a medicina moderna aparece no momento culminante do estatismo. Depois da introdução desses projetos, grande parte no final do século XVIII e começo do XIX, depois da implantação da medicina estatal na Alemanha, nenhum Estado ousou propor uma medicina tão claramente burocratizada, coletivizada e "estatizada". Consequentemente, não houve transformação progressiva de uma medicina cada vez mais estatizada e socializada. De modo bem diferente, a grande medicina clínica do século XIX foi imediatamente precedida de uma medicina estatizada ao extremo. Os outros sistemas de medicina social nos séculos XVIII e XIX fora declinações atenuadas desse modelo profundamente estatal e administrativo introduzido, então, na Alemanha.

Essa é uma primeira série de fenômenos à qual almejava me referir. Ela não atraiu a atenção dos historiadores da medicina, mas foi analisada de muito perto por George Rosen, em seus estudos sobre as relações entre o cameralismo, o mercantilismo e o conceito de polícia médica. O mesmo autor publicou, em 1953, no *Bulletin of History of Medicine*, um artigo dedicado a esse problema, intitulado: "Cameralism and the concept of medical police".[4] Mais tarde, ele o estudou também em seu livro *A history of public health*.[5]

MEDICINA URBANA

A segunda forma do desenvolvimento da medicina social é representada pelo exemplo da França, onde apareceu, no final do século XVIII, uma medicina social assentada aparentemente não na estrutura estatal, como na Alemanha, mas em um fenômeno inteiramente diferente: a urbanização. Com efeito, a

---

4. T. XXVII, 1953, p. 21-42.
5. Nova Iorque, M. D. Publications, 1958.

medicina social desenvolveu-se na França com a expansão das estruturas urbanas.

A fim de saber a razão e como se produziu tal fenômeno façamos um pouco de história. É preciso imaginar uma grande cidade francesa entre 1750 e 1780 como uma multidão confusa de territórios heterogêneos e poderes rivais. Paris, por exemplo, não formava uma unidade territorial, uma região onde se exercia um poder único, mas compunha-se de um conjunto de poderes senhoriais detidos pelos laicos, pela Igreja, pelas comunidades religiosas e as corporações. Poderes com autonomia e jurisdição próprias. Ademais, existiam também os representantes do Estado: os representantes do poder real, o intendente de polícia, os representantes do poder parlamentar.

Na segunda metade do século XVIII, apresentou-se o problema da unificação do poder urbano. Nesse momento, sentiu-se a necessidade, pelo menos nas grandes aglomerações, de unificar a cidade, organizar o corpo urbano de maneira coerente e homogênea, regê-lo por um poder único e bem-regulamentado.

Para isso, diferentes fatores entraram em jogo. Em primeiro lugar, indubitavelmente, havia razões econômicas. Com efeito, à medida que a cidade se transforma em um importante centro de mercado que centraliza as atividades comerciais, não só em nível regional, mas também nacional, e mesmo internacional, a multiplicidade das jurisdições e dos poderes se torna mais intolerável para a indústria nascente. O fato de a cidade não ter sido apenas um lugar de mercado, mas também um lugar de produção, tornou obrigatório o recurso a mecanismos de regulação homogêneos e coerentes.

A segunda razão foi política. O desenvolvimento das cidades, o aparecimento de uma população operária e pobre que, ao longo do século XIX, se transformou em um proletariado deveriam acrescer as tensões políticas no interior das cidades. A coexistência de diferentes pequenos grupos, corporações, ofícios, corpos etc., que se opunham uns aos outros, embora se equilibrassem e se neutralizassem, começava a se reduzir a uma espécie de confronto entre ricos e pobres, plebe e burguesia, o que se traduziu em distúrbios e insurreições urbanas mais frequentes e cada vez mais numerosos. Se o que chamamos revoltas de subsistência – ou seja, o fato de que, em um momento de alta dos preços ou de baixa dos salários, os pobres, não mais podendo alimentar-se, pilhavam os silos, os mercados e celeiros – não constituía um fenômeno inteiramente novo no século XVIII, elas, no entanto, se tornaram cada vez mais violentas e conduziram aos grandes distúrbios contemporâneos da Revolução Francesa.

Resumindo, podemos afirmar que até o século XVII, na Europa, a grande ameaça social vinha dos campos. Os camponeses pobres, que sempre pagaram mais impostos, empunharam a seiteira e partiram em ataque aos castelos ou cidades. No século XVII, as revoltas foram campesinas, depois delas as cidades se unificaram. No final do século XVIII, ao contrário, as revoltas campesinas começaram a desaparecer, graças à elevação do nível de vida dos camponeses, mas os conflitos urbanos tornaram-se mais frequentes, com a formação de uma plebe a caminho da proletarização. Disso decorreu a necessidade de um verdadeiro poder político capaz de tratar o problema dessa população urbana.

Foi nessa época que surgiu e amplificou-se um sentimento de medo, de angústia, diante da cidade. A respeito da cidade, Cabanis, por exemplo, o filósofo do final do século XVIII, dizia que toda vez que os homens se reuniam seus humores se alteravam: toda vez que eles se agrupavam em locais fechados, seus humores e sua saúde se degradavam. Nasceu, assim, o que se poderia chamar um medo urbano, um medo da cidade, uma angústia diante da cidade, muito característico: medo das oficinas e fábricas que se construíam, do aglomerado da população, da excessiva altura dos edifícios, das epidemias urbanas, dos ruídos que invadiam a cidade. Medo das cloacas, das pedreiras sobre as quais se construíam casas que a todo momento ameaçavam desmoronar.

A vida das grandes cidades do século XVIII, e muito particularmente de Paris, suscitava uma série de pânicos. A esse respeito, podemos citar o exemplo do Cemitério dos Inocentes, no centro de Paris, onde se jogavam, uns por cima dos outros, os cadáveres daqueles cujos recursos ou categoria social não bastavam para comprar, ou não os tornavam merecedores de, uma sepultura individual. O pânico urbano é característico da preocupação, da inquietude político-sanitária, surgida à medida que se desenvolve a engrenagem urbana. Para dominar esses fenômenos médicos e políticos que causavam inquietação tão intensa à população das cidades, medidas precisavam ser tomadas.

Nesse momento, interveio um novo mecanismo que se poderia prever, embora não entre no esquema habitual dos historiadores da medicina. Qual foi a reação da classe burguesa que, por não exercer o poder, detido pelas autoridades tradicionais, o reivindicava? Recorreu-se a um modelo de intervenção bastante conhecido, mas raramente utilizado: o modelo da quarentena.

Desde o final da Idade Média, existia, não apenas na França, mas em todos os países europeus, o que se chamaria, hoje, um "plano de urgência". Ele deveria ser aplicado quando a peste ou uma doença epidêmica grave aparecesse em uma cidade. Esse plano compreendia as seguintes medidas:

1. Todas as pessoas deveriam permanecer em casa a fim de serem localizadas em um único local. Cada família em sua casa e, se possível, cada pessoa em seu próprio quarto. Ninguém deveria se mexer.

2. A cidade deveria ser dividida em bairros situados sob a responsabilidade de uma pessoa especialmente designada. Desse chefe de distrito dependiam os inspetores, que deveriam percorrer as ruas durante o dia ou espreitar suas extremidades a fim de zelar para que ninguém saísse de sua casa. Tratava-se, então, de um sistema de vigilância generalizado que compartimentava e controlava a cidade.

3. Esses vigilantes de rua ou de bairro deveriam apresentar ao prefeito da cidade, todos os dias, um relatório detalhado sobre tudo o que eles haviam observado. Utilizava-se, assim, não apenas um sistema de vigilância generalizado, mas também um sistema de informação centralizado.

4. Todos os dias, os inspetores deveriam passar em revista todas as habitações da cidade. Em todas as ruas por onde eles passavam, eles pediam a cada habitante para aparecer na janela, a fim de verificar se este ainda estava vivo, para, em seguida, anotar em seu registro. O fato de uma pessoa não aparecer na janela significava que ela estava doente, que havia contraído a peste e, consequentemente, era preciso transportá-la para uma enfermaria especial, fora da cidade. Tratava-se, então, de uma atualização exaustiva do número dos vivos e dos mortos.

5. Procedia-se à desinfecção, casa por casa, com a ajuda de perfumes e incensos.

O plano da quarentena representou o ideal político-médico de uma boa organização sanitária das cidades do século XVIII.

De modo fundamental, houve dois grandes modelos de organização médica na história ocidental: um foi suscitado pela lepra, o outro, pela peste.

Na Idade Média, quando se descobria um caso de lepra, este era imediatamente expulso do espaço comum, da cidade, era exilado em um local obscuro, onde sua doença se misturava às outras. O mecanismo de expulsão era o da purificação do meio ambiente urbano. Medicalizar um indivíduo significava, então, separá-lo e, dessa maneira, purificar os outros. Era uma medicina de exclusão. No começo do século XVII, mesmo com relação à internação dos dementes, dos seres disformes etc., obedecia-se ainda a esse conceito.

Em contrapartida, existiu outro grande sistema político-médico estabelecido não contra a lepra, mas contra a peste. Nesse caso, a medicina não excluía nem expulsava o doente para uma região lúgubre e plena de confusão. O poder político da medicina consistia em repartir os indivíduos uns ao lado dos outros, isolá-los, individualizá-los, vigiá-los um a um, controlar seu estado de saúde, verificar se ainda viviam ou se estavam mortos e em manter, assim, a sociedade em um espaço compartimentado, constantemente vigiado e controlado por meio de um registro, o mais completo possível, de todos os acontecimentos sobrevindos.

Desse modo, houve um esquema médico de reação contra a lepra: o da exclusão, de tipo religioso, o da purificação da cidade. Houve também outro esquema suscitado pela lepra, que não praticava a internação e o reagrupamento fora do centro urbano, mas recorria, ao contrário, à análise minuciosa da cidade, ao registro permanente. O modelo militar foi, assim, substituído pelo modelo religioso. No fundo, foi essencialmente a revisão militar, e não a purificação religiosa, que serviu de modelo para essa organização político-médica.

Na segunda metade do século XVIII, a medicina urbana, com seus métodos de vigilância, de hospitalização etc., não passou de uma melhoria do esquema político-médico da quarentena, surgido no final da Idade Média, nos séculos XVI e XVII. A higiene pública foi uma declinação refinada da quarentena. Datam desse momento os começos da grande medicina urbana surgida na segunda metade do século XVIII e desenvolvida, sobretudo, na França.

Os objetivos principais da medicina urbana são os seguintes:
1. Estudar os locais de acumulação e amontoamento no espaço urbano dos dejetos que poderiam provocar doenças; os locais que gerariam e difundiriam fenômenos epidêmicos ou endêmicos. Tratava-se, sobretudo, dos cemitérios. Foi assim que apareceram, entre 1740 e 1750, protestos contra eles. Os primeiros grandes deslocamentos para a periferia da cidade começaram por volta de 1750. Foi nessa época que apareceu o cemitério individualizado, ou seja, o caixão individual, a sepultura reservada aos membros da família, na qual se inscrevia o nome de cada um dos seus membros.

Com frequência, pensa-se que na sociedade moderna o culto dos mortos nos veio do cristianismo. Não partilho dessa opinião. Não há nada na teologia cristã que incite a crer no respeito ao cadáver propriamente dito. O Deus cristão, Todo-poderoso, pode ressuscitar os mortos mesmo quando misturados no ossuário.

A individualização do cadáver, do caixão e do túmulo apareceu no final do século XVIII por razões não teológicas de respeito ao cadáver, mas por motivos político-sanitários de respeito aos vivos. Para proteger os vivos da influência nefasta dos mortos, era preciso que estes fossem tão bem repertoriados – melhor ainda se isto fosse possível – quanto os primeiros.

E, assim, no final do século XVIII, apareceu, na periferia das cidades, um verdadeiro exército de mortos, tão perfeitamente alinhados quanto uma tropa que se passa em revista. Era então necessário controlar, analisar e reduzir essa ameaça permanente representada pelos mortos. Por conseguinte, transportavam-nos para o campo e colocavam-nos uns ao lado dos outros nas grandes planícies que circundavam as cidades.

Essa não foi uma ideia cristã, mas, sim, médica e política. A melhor prova disso é que, quando se imaginou o deslocamento do Cemitério dos Inocentes, em Paris, recorreu-se a Fourcroy, um dos maiores químicos do final do século XVIII, para saber como combater a influência desse cemitério. Foi ele que pediu o deslocamento do cemitério, foi ele que, ao estudar as relações entre o organismo vivo e o ar ambiente, encarregou-se dessa primeira polícia médica e urbana sancionada pelo exílio dos cemitérios.

Outro exemplo é fornecido pelo caso dos abatedouros, também situados no centro de Paris, a respeito dos quais se decidiu, depois de haver consultado a Academia das Ciências, instalá-los nos arredores da cidade, a oeste, em La Villette. O primeiro objetivo da medicina consistia, então, em analisar as zonas de amontoação, desordem e perigos no interior da amurada urbana.

2. A medicina urbana teve um novo objetivo: o controle da circulação. Não da circulação dos indivíduos, mas das coisas e dos elementos, principalmente da água e do ar.

Era uma velha crença do século XVIII que o ar influenciava diretamente o organismo porque ele transportava miasmas, porque o excesso de seu frescor ou de seu calor, de sua secura ou de sua umidade se transmitia ao organismo e, por fim, pelo fato de o ar exercer uma ação mecânica, uma pressão direta sobre o corpo. O ar era considerado como um dos grandes fatores patogênicos.

Mas, como manter em uma cidade as qualidades do ar e obter um ar saudável, quando este está bloqueado, sem poder circular por entre as paredes, casas, amuradas urbanas etc.? Aparece, então, a necessidade de abrir grandes avenidas no espaço urbano, a fim de preservar a saúde da população. Do mesmo modo, solicitou-se a opinião da Academia das Ciências, dos médicos, dos químicos etc., a fim de pesquisarem os melhores métodos de ventilação das cidades. Um dos casos mais conhecidos foi a destruição das cidades. Devida à aglomeração das populações, do preço do terreno durante a Idade Média e dos séculos XVII e XVIII, algumas casas foram construídas sobre as encostas. Considerou-se, então, que essas casas impediam a circulação do ar por cima dos rios e retinham o ar úmido sobre as margens, o que fez com que fossem sistematicamente demolidas. Chegou-se também a calcular o número de mortes que se pôde evitar, graças à destruição de três casas construídas sobre o Pont-Neuf: 400 pessoas por ano, 20 mil em 50 anos etc.

Organizaram-se, assim, corredores de aeração, correntes de ar, tal como se havia feito com a água. Em Paris, em 1767, o arquiteto Moreau teve a ideia precoce de organizar as margens e as ilhas do Sena de tal forma que a simples corrente do rio lavasse a cidade de seus miasmas.

Assim, o segundo objetivo da medicina urbana foi o controle e o estabelecimento de uma boa circulação da água e do ar.

3. Outra grande finalidade da medicina urbana foi a organização do que se poderia chamar as distribuições e as sequências. Onde colocar os diversos elementos necessários à vida comum da cidade? O problema se apresentou relativo à posição respectiva das fontes e dos esgotos, das bombas d'água e dos lavadouros fluviais. Como evitar a infiltração das águas sujas nas fontes de água potável? Como evitar que o abastecimento de água potável da população se misturasse com as águas usadas dos lavadouros circundantes?

Na segunda metade do século XVIII, considerava-se que essa organização era a causa das principais doenças epidêmicas urbanas. Isso originou a elaboração do primeiro plano hidrográfico de Paris, em 1742. Foi a primeira pesquisa sobre os locais de onde se poderia extrair água não contaminada pelos esgotos e também sobre uma política da vida fluvial. Quando estourou a Revolução Francesa, em 1789, a cidade de Paris já estava minuciosamente estudada por uma polícia médica urbana que estabelecera diretivas, visando a realizar uma verdadeira organização sanitária da cidade.

No entanto, até o final do século XVIII, não houve conflito entre a medicina e as outras formas de poder, como, por exemplo, a propriedade privada. A política autoritária a respeito da propriedade privada, da habitação privada, não foi esboçada antes do século XVIII, exceto em um de seus aspectos: os subterrâneos. Estes, pertencentes ao proprietário da casa, permaneceram sujeitos a algumas regras quanto à sua utilização e à construção de galerias.

Esse foi o problema da propriedade do subsolo, surgido no século XVIII com o aparecimento da tecnologia mineira. A partir do momento em que se soube escavar minas profundas, o problema de sua propriedade apareceu. Em meados do século XVIII, elaborou-se uma legislação autoritária concernente ao subsolo que dispunha serem apenas o Estado e o rei os seus proprietários, e não o dono do solo. Desse modo, o subsolo de Paris foi controlado pelas autoridades, ao passo que a superfície, pelo menos no que concerne à propriedade privada, não o era. Os espaços públicos, como lugares de circulação, os cemitérios, os ossuários e abatedouros foram controlados desde o século XVIII, o que não foi o caso da propriedade privada antes do século XX.

A medicalização da cidade no século XVIII foi importante por muitas razões:

1. Por intermédio da medicina social urbana, a profissão médica entrou diretamente em contato com outras ciências vizinhas, sobretudo com a química. Desde essa época de confusão, durante a qual Paracelso e Vahelmont tentaram estabelecer as relações entre a medicina e a química, nada mais se aprendeu a esse respeito. Foi precisamente a análise da água, das correntes de ar, das condições de vida e da respiração que fez a medicina entrar em contato com a química. Fourcroy e Lavoisier interessaram-se pelo problema da organização do organismo, a partir do controle do ar urbano.

A introdução da prática médica em um *corpus* da ciência físico-química se fez por meio da urbanização. Não se passou a uma medicina científica partindo da medicina privada, individualizada, nem partindo de um maior interesse pelo indivíduo. A introdução da medicina no funcionamento geral do discurso e do saber científico se fez por meio da socialização da medicina, do estabelecimento de uma medicina coletiva, social, urbana. É em relação a tudo isso que se mede a importância da medicina urbana.

2. A medicina urbana não é realmente uma medicina do homem, do corpo e do organismo, mas das coisas: do ar, da água, das decomposições, das fermentações. É uma medicina das condições de vida do meio de existência.

Essa medicina das coisas já esboçava, sem que este termo aparecesse, o conceito de meio ambiente que os naturalistas do final do século XVIII, como Cuvier, desenvolveriam. A relação entre o organismo e o meio se estabeleceu simultaneamente na ordem das ciências naturais e da medicina por intermédio da medicina urbana. Não se passou da análise do organismo para a análise do meio ambiente. A medicina passou da análise do meio à dos efeitos do meio sobre o organismo e, por fim, à análise do próprio organismo. A organização da medicina urbana foi importante para a constituição da medicina científica.

3. Com a medicina urbana apareceu, pouco antes da Revolução Francesa – que terá uma importância considerável para a medicina social –, a noção de salubridade. Uma das decisões tomadas pela Assembleia Constituinte entre 1790-1791 foi, por exemplo, a criação de comitês de salubridade nos departamentos e cidades principais.

Cabe assinalar que salubridade não significa a mesma coisa que saúde, pois se refere ao estado do meio ambiente e aos seus elementos constitutivos que permitem justamente melhorar a saúde. A salubridade é a base material e social capaz de garantir a melhor saúde possível aos indivíduos. Ligado a isso, aparece o conceito de higiene pública como técnica de controle e de modificação dos elementos do meio que podem favorecer essa saúde, ou, ao contrário, lesá-la.

Salubridade e insalubridade designam o estado das coisas e do meio como afetando a saúde: a higiene pública é o controle político-científico desse meio. O conceito de salubridade aparece, então, no começo da Revolução Francesa. O de higiene pública deveria ser aquele que, na França do século XIX, reuniria o essencial da medicina social. Uma das grandes revistas médicas dessa época, os *Annales d'Hygiène Publique et de Médecine Légale*, que começou a surgir em 1829, foi a porta-voz da medicina social francesa.

Essa medicina permanecia muito afastada da medicina do Estado, tal como se podia encontrar na Alemanha, embora fosse muito mais próxima das pequenas comunidades, como as cidades ou bairros. Ao mesmo tempo, ela não podia contar com nenhum instrumento específico de poder. O problema da propriedade privada, princípio sagrado, impediu que essa medicina fosse dotada de um poder forte. Mas, se a *Staatsmedizin* alemã a ultrapassa devido ao poder de que dispõe, não resta dúvida de que sua acuidade de observação e sua cientificidade são superiores.

Grande parte da medicina científica do século XIX encontrou sua origem na experiência dessa medicina urbana, desenvolvida no final do século XVIII.

MEDICINA DA FORÇA DE TRABALHO

A terceira direção da medicina social pode ser examinada pelo exemplo inglês. A medicina dos pobres, da força de trabalho ou do operário, não foi o primeiro objetivo da medicina social, mas, sim, o último. Em primeiro lugar, o Estado, depois a cidade, finalmente os pobres e trabalhadores se tornaram objeto da medicalização.

O que caracteriza a medicina urbana francesa é o respeito à esfera privada e à regra de não se considerar o pobre, a plebe ou o povo como um elemento ameaçador da saúde pública. Nesse sentido, o pobre, o operário não foram pensados da mesma maneira que os cemitérios, os ossuários, os abatedouros etc.

Por que, ao longo do século XVIII, não se formulou o problema dos pobres como fonte de um perigo médico? As razões foram muitas. Uma é de ordem quantitativa: o número dos pobres não era bastante importante nas cidades para que a pobreza representasse um perigo real. Houve, porém, uma razão mais importante: o pobre, no interior de uma cidade, era uma condição da atividade urbana. Eles realizavam certo número de tarefas: distribuíam correio, recolhiam o lixo, retiravam móveis, roupas velhas, velhos trapos, os quais, em seguida, redistribuíam ou revendiam etc. Assim, faziam parte da vida urbana. Nessa época, as casas não tinham números e também não havia serviço postal. Ninguém melhor do que os pobres conhecia toda a cidade e seus recantos. Eles realizavam uma série de funções urbanas fundamentais, como o transporte de água ou a eliminação de dejetos.

Uma vez que eles faziam parte do sistema urbano, como os esgotos ou as canalizações, os pobres preenchiam uma função indiscutível e não podiam ser considerados como um perigo. No nível em que se situavam, eram muito mais úteis. A partir do segundo terço do século XIX, o problema da pobreza começou a surgir em termos de ameaça, de perigo. Por diversas razões:

1. Razões políticas: durante a Revolução Francesa e também na Inglaterra, na época das grandes agitações sociais do começo do século XIX, a população necessitada se transforma em uma força política capaz de levantar, ou, no mínimo, participar das revoltas.

2. No século XIX, encontrou-se um meio que substituiu parcialmente os serviços oferecidos pela plebe, como foi, por exemplo, o estabelecimento de um sistema postal e de um sistema de transporte. Essas reformas estão na origem de uma onda de distúrbios populares desencadeados em oposição a esses sistemas que privavam os mais desprovidos de pão, sem qualquer possibilidade de vida.

3. Com a epidemia de cólera de 1832, que começou em Paris, difundindo-se logo depois por toda a Europa, cristalizou-se um conjunto de medos políticos e sanitários suscitados pela população proletária ou plebeia.

A partir dessa época, decidiu-se dividir o espaço urbano em setores ricos e setores pobres. Considerou-se, então, que a coabitação entre pobres e ricos em um meio urbano indiferenciado constituía um perigo sanitário e político para a cidade. É dessa época que data o estabelecimento dos bairros pobres e dos bairros ricos. O poder político começou, então, a intervir no direito de propriedade e de habitação privada. Foi o momento de um remanejamento, sob o Segundo Império, da zona urbana de Paris.

Tais foram as razões pelas quais, até o século XIX, a população urbana não foi considerada como um perigo médico.

Na Inglaterra, onde se passava pela experiência do desenvolvimento industrial e, por conseguinte, onde a formação de um proletariado era mais importante e mais rápida, aparece uma nova forma de medicina social. Isso não significa que não tenha havido, por outro lado, outros projetos de medicina do Estado de tipo alemão. Chadwick, por exemplo, em torno de 1840, inspirou-se em grande parte nos métodos alemães para elaborar os seus projetos. Além disso, em 1846, Rumsay escreveu uma obra intitulada *Health and sickness of town populations*,[6] refletindo o conteúdo da medicina urbana francesa.

Foi essencialmente a "lei dos pobres" que fez da medicina inglesa uma medicina social, uma vez que as disposições dessa lei implicavam um controle médico dos necessitados. A partir do momento em que o pobre se beneficiou do sistema de assistência, tornou-se obrigatório submetê-lo a diversos controles médicos.

A lei dos pobres fez aparecer, de maneira ambígua, um importante fator na história da medicina social: a ideia de uma assistência fiscalizada, uma intervenção médica que constituía um meio de ajudar os mais pobres a satisfazer as necessidades de saúde que a pobreza os proibia de esperar. Ao mesmo tempo, isso permitiu manter um controle por meio do qual as classes ricas, ou seus representantes do governo, garantiam a saúde das classes necessitadas e, por conseguinte, a proteção da população privilegiada. Estabeleceu-se, assim, um cordão sanitário autoritário no interior das cidades, entre ricos e pobres. Para isso, foi-lhes oferecida a possibilidade de receber tratamentos gratuitos ou de baixo custo. Assim, os ricos se liberavam do risco de serem vítimas de fenômenos endêmicos surgidos da classe desfavorecida.

---

6. Londres, William Ridgway, 1846.

Na legislação médica, vê-se claramente a transposição do grande problema da burguesia da época: A que preço? Sob que condições? Como garantir sua seguridade política? A legislação médica contida na lei dos pobres correspondia a esse processo. Mas essa lei – e a assistência proteção, assim como a assistência controle nela implicada – foi apenas um primeiro elemento de um sistema complexo do qual outros elementos só apareceram mais tarde, por volta de 1870, com os grandes fundadores da medicina social inglesa, principalmente John Simon, que completaram a legislação médica com um serviço autoritário, organizando não os cuidados médicos, mas um controle médico da população. Tratou-se dos Health Service, do Health Office, surgidos na Inglaterra em 1875, dos quais se estimava, no final do século XIX, terem alcançado a cifra de mil. Suas funções eram as seguintes:
– controle da vacinação para obrigar os diferentes elementos da população a se imunizar;
– organização dos registros das epidemias e das doenças capazes de se transformar em epidemia, tornando obrigatória a declaração de doenças perigosas;
– localização dos locais insalubres e, se preciso, destruição desses núcleos de insalubridade.

O Health Service situava-se no prolongamento da lei de pobres. Enquanto essa lei compreendia um serviço médico destinado aos pobres propriamente ditos, o Health Service se caracterizava por proteger toda a população, sem distinção, e pelo fato de ser composto de médicos que ofereciam cuidados não individualizados, mas concernentes à população por inteiro, às medidas preventivas a serem tomadas e, assim como a medicina urbana francesa, aos objetos, aos locais, ao meio social etc.

No entanto, a análise do funcionamento do Health Service mostra que se tratava de um meio de completar, no nível coletivo, os mesmo controles garantidos pela lei dos pobres. A intervenção nos locais insalubres, a verificação das vacinações, os registros das doenças tinham como objetivo, na realidade, controlar as classes sociais necessitadas.

Foi precisamente por essas razões que o controle médico inglês, garantido pelo Health Service, provocou, na segunda metade do século XIX, violentos fenômenos de reação e resistência popular, pequenas insurreições antimédicas. Esses casos de resistência médica foram assinalados por MacLeod, em uma série de artigos publicados pela revista *Public Law*,[7] em 1967. Penso que seria interessante analisar, não somente na Inglaterra, mas nos diversos países do mundo, como essa medicina, organizada sob a forma de um controle da população necessitada, pôde suscitar tais reações. Por exemplo, é curioso observar que os grupos religiosos dissidentes, tão numerosos nos países anglo-saxões de religião protestante, tinham como objetivo principal, ao longo dos séculos XVII e XVIII, lutar contra a religião do Estado e também a intervenção do Estado em matéria religiosa. Em contrapartida, os que reapareceram ao longo do século XIX tinham como finalidade combater a medicalização, reivindicar o direito à vida, o direito de ficar doente, de se tratar e morrer, conforme um desejo próprio. Esse desejo de escapar à medicalização autoritária foi uma das características desses múltiplos grupos aparentemente religiosos, de intensa atividade no final do século XIX, mas hoje também.

Nos países católicos, a situação era diferente. Que significação pode ter a peregrinação a Lourdes – do final do século XIX até os nossos dias – para milhões de peregrinos pobres que lá chegam a cada ano senão uma espécie de resistência confusa à medicalização autoritária de seus corpos e de suas doenças?

Mais do que ver nessas práticas religiosas um resíduo atual de crenças arcaicas, não se deveria ver nelas a forma contemporânea de uma luta política contra a medicalização politicamente autoritária, a socialização da medicina, o controle médico pesando principalmente sobre a população pobre? O vigor dessas práticas ainda atuais reside em um fato de elas se constituírem em uma reação contra essa medicina dos pobres, a serviço de uma classe, da qual a medicina social inglesa é um exemplo.

De modo geral, podemos afirmar que, diferentemente da medicina de Estado alemã no século XVIII, aparece no século XIX, sobretudo na Inglaterra, uma medicina que consistia principalmente em um controle da saúde e do corpo das clas-

---

7. MacLeod (R. M.), "Law medicine and public opinion. The resistance to compulsory health legislation. 1870-1907", *in Public law. The constitutional and administrative law of the commonwealth*, Londres, n. 2, verão de 1967, 1ª parte, p. 107-128; n. 3, outono de 1967, 2ª parte, p. 189-211.

ses necessitadas, para que elas estivessem mais aptas ao trabalho e menos perigosas para as classes ricas.

Essa via inglesa da medicina terá um futuro, contrariamente à medicina urbana e, sobretudo, à medicina do Estado. O sistema inglês de Simon e de seus sucessores permitiu, por um lado, estabelecer três coisas: a assistência médica do pobre, o controle da saúde e da força de trabalho, e o inquérito geral de salubridade pública protegendo as classes ricas dos maiores perigos. Por outro lado, e nisto reside sua originalidade, ele permitiu a realização de três sistemas médicos superpostos e coexistentes: uma medicina de assistência destinada aos mais pobres; uma medicina administrativa encarregada dos problemas gerais, como a vacinação, epidemias etc., e uma medicina privada da qual se beneficiavam os que podiam oferecê-la a si próprios.

Enquanto o sistema alemão de medicina do Estado era oneroso, enquanto a medicina urbana francesa era um projeto geral de controle sem um sistema preciso de poder, o sistema inglês tornou possível a organização de uma medicina de aspectos e formas de poder diferentes, conforme fosse questão de uma medicina de assistência, administrativa ou privada, e a instauração de setores bem-delimitados que permitiam, ao longo dos últimos anos do século XIX e durante a primeira metade do século XX, a existência de uma enquete médico mais completo. Como o plano Beveridge e os sistemas médicos dos países mais ricos e mais industrializados de hoje, trata-se sempre de fazer funcionar esses três setores da medicina, embora eles se articulem entre si de maneira diversa.

1978

Introdução por Michel Foucault

"Introduction by Michel Foucault" ("Introduction par Michel Foucault"), in Canguilhem (G.), *On the normal and pathological*,* Boston, D. Reidel, 1978, p. IX-XX.

Todo mundo sabe que há poucos lógicos na França, mas muitos historiadores das ciências. E que eles ocuparam na instituição filosófica – ensino ou pesquisa – um lugar considerável. Mas será que sabemos a exata importância que pôde ter, ao longo desses 15 ou 20 últimos anos e até mesmo nas fronteiras da instituição, para aqueles que dela se separaram ou a contestaram, um trabalho como o de Georges Canguilhem? Sim, eu sei, houve teatros mais ruidosos: psicanálise, marxismo, linguística, etnologia. Mas não esqueçamos este fato que decorre, como se quererá, da sociologia dos meios intelectuais franceses, do funcionamento de nossas instituições universitárias, ou de nosso sistema de valores culturais: em todas as discussões políticas ou científicas dos estranhos anos 1960, o papel dos filósofos, quero dizer simplesmente dos que receberam sua formação universitária nos departamentos de filosofia, foi importante: demasiado importante, talvez, no parecer de alguns. Ora, direta ou indiretamente, todos esses filósofos, ou quase, tiveram de se haver com o ensino e com os livros de Georges Canguilhem.

Disso decorre um paradoxo: esse homem, cuja obra é austera, voluntária e cuidadosamente limitada a um domínio particular de uma história das ciências, que, de todo modo, não é considerada como uma disciplina que se preste a grandes espetáculos, se viu, de certa forma, presente em debates nos quais ele próprio tomara todo o cuidado para nunca figurar. Mas,

---

* (N.R.T.) *O normal e o patológico*. Editado em português pela Forense Universitária, já na 6ª edição.

retirem Canguilhem e vocês não mais compreenderão grandes coisas de Althusser, do althusserismo e de toda uma série de discussões ocorridas entre os marxistas franceses, não mais apreenderão o que há de específico em sociólogos como Bourdieu, Castel, Passeron e o que os marca tão fortemente no campo da sociologia, não alcançarão todo um aspecto do trabalho teórico feito por psicanalistas, em particular pelos lacanianos. Ademais: em todo debate de ideias que precedeu ou se seguiu ao movimento de 1968 é fácil encontrar o lugar daqueles que, de perto ou de longe, foram formados por Canguilhem.

Sem desconhecer as clivagens que, durante esses últimos anos e depois do final da guerra, puderam opor marxistas e não marxistas, freudianos e não freudianos, especialistas de uma disciplina e filósofos, universitários e não universitário, teóricos e políticos, parece-me que bem se poderia encontrar uma outra linha de partilha que atravessasse todas essas oposições. É a que separa uma filosofia da experiência, do sentido, do sujeito, e uma filosofia do saber, da racionalidade e do conceito. De um lado, uma fileira em que estão Sartre a Merleau-Ponty; depois, outra com Cavaillès, Bachelard e Canguilhem. Em outros termos, trata-se de duas modalidades segundo as quais se retomou, na França, a fenomenologia, quando, muito tardiamente, por volta de 1930, ela começou, enfim, a ser senão conhecida, pelo menos reconhecida.

A filosofia contemporânea na França começou durante esses anos. As *Meditações cartesianas*[1] pronunciadas em 1929, traduzidas e publicadas em 1931, marcam esse momento: a fenomenologia penetra na França por meio desse texto. Ele permite duas leituras: uma na direção de uma filosofia do sujeito, com o artigo de Sartre sobre "La transcendance de l'ego",[2] em 1935; a outra remontará aos problemas fundadores do pensamento de Husserl, os do formalismo e do intuicionismo, os da teoria da ciência, com a duas teses de Cavaillès, em 1938, *Méthode axiomatique* e *Formation de la théorie des ensem-*

---

1. Husserl (E.), *Cartesianische Meditationen. Eine Einleitung in die Phänomenologie*, 1931; reed. *Gesammelte Werke*, t. I, Haia, Martin Nijhoff, 1950 (*Méditations cartesiennes. Introduction à la phénoménologie*, trad. G. Peiffer e E. Levinas, Paris, Vrin, 1953).
2. Sartre (J.-P.), "La transcendance de l'ego. Esquisse d'une description phénoménologique", *Recherches philosophiques*, n. 6, 1935 (reed. Paris, Vrin, 1965).

bles.³ Sejam quais forem os deslocamentos, as ramificações, as interferências, as próprias reaproximações, ocorridos posteriormente, essas duas formas de pensamento constituíram na França duas tramas que permaneceram profundamente heterogêneas.

À primeira vista, a segunda permaneceu ao mesmo tempo a mais teórica, a mais debruçada para as tarefas especulativas, a mais universitária também. No entanto, foi ela que desempenhou o papel mais importante ao longo dos anos 1960, no momento em que se iniciava uma crise, não apenas a da universidade, mas a do *status* e do papel do saber. É preciso se perguntar por que tal tipo de reflexão pôde, seguindo sua lógica própria, encontrar-se assim tão profundamente ligado ao presente.

*

Uma das razões principais deve-se, sem dúvida, ao seguinte: a história das ciências emprega um dos temas que se introduziram de maneira quase sub-reptícia na filosofia, no final do século XVIII. Pela primeira vez, formulava-se ao pensamento racional a questão não mais apenas de sua natureza, seu fundamento, seus poderes e direitos, mas de sua história e sua geografia. A de seu passado imediato e de sua atualidade, de seu momento e de seu lugar.

Essa questão foi a que Mendelssohn e depois Kant tentaram responder, em 1784, na *Berlinische Monatsschrift*: *Was ist Aufklärung?*.⁴ Esses dois textos inauguram um "jornalismo filosófico" que foi, com o ensino universitário, uma das duas grandes formas de implantação institucional da filosofia no século XIX (e sabemos o quanto ele foi fecundo, em alguns

---

3. Cavaillès (J.), *Méthode axiomatique et formalisme. Essai sur le problème du fondement des mathématiques*, Paris, Hermann, 1937; *Remarques sur la formation de la théorie abstraite des ensembles. Étude historique et critique*, Paris, Hermann, 1937. [(N.R.T.) Esses livros serão editados pela Forense Universitária no conjunto da obra de Cavaillès reunida no volume *Obras completas de filosofia das ciências*.]
4. Mendelssohn (M.), "Üeber die Frage: Was heisst Aufklären?", *Berlinische Monatsschrift*, IV, n. 3, setembro de 1784, p. 193-200. Kant (I.), "Beantwortung der Frage: Was ist Aufklärung?", *Berlinische Monatsschrift*, IV, n. 6, dezembro de 1784, p. 491-494 ("Réponse à la question: Qu'est-ce que les Lumières ?", trad. S. Piobetta, in *La Philosophie de l'histoire* (*Opuscules*), Paris, Aubier, 1947, p. 81-92).

momentos, como nos anos 1840, na Alemanha). Eles também abriram para a filosofia toda uma dimensão histórico-crítica. Esse trabalho comporta sempre dois objetivos que, de fato, não podem dissociar-se e remetem incessantemente um ao outro: de um lado, procurar qual foi (em sua cronologia, seus elementos constituintes, suas condições históricas) o momento em que o Ocidente, pela primeira vez, afirmou a soberania e a autonomia de sua própria racionalidade: Reforma luterana, revolução copernicana, filosofia de Descartes, matematização galileana da natureza, física newtoniana? De outro, analisar "o momento presente" e procurar, em função do que foi a história dessa razão, em função também do que pode ser seu balanço atual, qual relação se deve estabelecer com esse gesto fundador: redescoberta, retomada de um sentido esquecido, conclusão ou ruptura, retorno a um momento anterior etc.

Será preciso sem dúvida procurar saber por que a questão da *Aufklärung* teve, sem nunca ter desaparecido, um destino tão diferente na Alemanha, na França e nos países anglo-saxões. Por que, aqui e ali, ela se investiu em domínios tão diversos e segundo cronologias tão variadas? De todo modo, digamos que a filosofia alemã lhe deu corpo, sobretudo em uma reflexão histórica e política a respeito da sociedade (com um momento privilegiado: a Reforma, e um problema central: a experiência religiosa em sua relação com a economia e o Estado). Os hegelianos na Escola de Frankfurt e em Lukács, Feuerbach, Marx, Nietzsche e Max Weber o testemunham. Na França, foi a história das ciências que serviu de suporte principalmente para a questão filosófica da *Aufklärung*. Afinal, o positivismo de Comte e de seus sucessores foi uma maneira de retomar a interrogação de Mendelssohn e de Kant na escala de uma história geral das sociedades. Saber e crença, forma científica do conhecimento e conteúdo religioso da representação, passagem do pré-científico ao científico, constituição de um saber racional sobre o fundo de uma experiência tradicional, aparecimento, no meio de uma história das ideias e das crenças, de um tipo de história própria ao conhecimento científico, origem e umbral da racionalidade, foi dessa forma que, por meio do positivismo (e dos que a ele se opuseram), de Duhem, de Poincaré, dos debates ruidosos sobre o cientificismo e das discussões acadêmicas a respeito da ciência medieval, a questão da *Aufklärung* transmitiu-se na França. E se a fenomenologia, depois de um longo período em que foi mantida sob tutela, acabou, por sua vez, conseguindo penetrar, foi sem dúvida no dia em que Husserl, nas *Meditações cartesianas* e em *Krisis*,[5] formulou a questão das relações entre o projeto ocidental de um desdobramento universal da razão, a positividade das ciências e a radicalidade da filosofia.

Se insisti nesses pontos foi para mostrar que, há um século e meio, na França, a história das ciências porta em si movimentos filosóficos facilmente reconhecidos. Obras como as de Koyré, Bachelard ou Canguilhem podem bem ter tido como centros de referências domínios precisos, "regionais", cronologicamente bem determinados da história das ciências; elas funcionaram como núcleos de elaboração filosófica importantes, uma vez que faziam atuar, sob diferentes facetas, a questão da *Aufklärung* essencial para a filosofia contemporânea.

Se fosse preciso buscar fora da França alguma coisa que correspondesse ao trabalho de Cavaillès, Koyré, Bachelard e Canguilhem, certamente seria na linha da Escola de Frankfurt que a encontraríamos. E, no entanto, os estilos são muito diferentes, assim como as maneiras de fazer e os domínios tratados. Todavia, uns e outros formulam o mesmo tipo de questão, ainda que sejam acossados aqui pela lembrança de Descartes, ali pela sombra de Lutero. Essas interrogações são as que devemos endereçar a uma racionalidade que se pretende universal, ao mesmo tempo em que se desenvolve na contingência, que afirma a sua unidade e só procede, no entanto, por modificações parciais, quando não por refundações gerais, que valida a si mesma por meio de sua soberania, mas que não pode ser dissociada, em sua história, das inércias, das lentidões e coerções que a assujeitam. Na história das ciências na França, assim como na teoria crítica alemã, no fundo, trata-se de examinar uma razão cuja autonomia de estruturas traz consigo a história dos dogmatismos e dos despotismos, por conseguinte, uma razão que só tem efeitos de liberação com a condição de conseguir liberar-se de si mesma.

Muitos processos que marcaram a segunda metade do século XX levaram ao cerne das preocupações contemporâneas

---

5. Husserl (E.), *Die Krisis der europäischen Wissenschaften und die transzendentale Phänomenologie. Einleitung in die Phänomenologie*, Belgrade, Philosophia, t. I, 1936, p. 77-176 (*La Crise des sciences européennes et la phénoménologie transcendantale*, trad. G. Granel, Paris, Gallimard, 1976).

a questão das Luzes. O primeiro foi a importância adquirida pela racionalidade científica e técnica no desenvolvimento das forças produtivas e no jogo das decisões políticas. O segundo foi a própria história de uma "revolução", cuja esperança, depois do final do século XVIII, foi levada por todo um racionalismo ao qual se tem o direito de perguntar qual parte ele pôde ter nos efeitos de despotismo nos quais essa esperança se extraviou. O terceiro, por fim, foi um movimento pelo qual, no final da era colonial, começou-se a perguntar no Ocidente quais títulos sua cultura, sua ciência, sua organização social e, finalmente, sua própria racionalidade podiam ter para reivindicar uma validade universal: não seria uma miragem ligada a uma dominação econômica e a uma hegemonia política? Dois séculos depois, a *Aufklärung* retorna: não mais como uma maneira de o Ocidente tomar consciência de suas possibilidades atuais e das liberdades às quais ele pode ter acesso, mas como uma maneira de interrogar sobre seus limites e sobre os poderes dos quais abusou. A razão como luz despótica.

Não nos surpreendamos com o fato de a história das ciências, sobretudo na forma particular que lhe deu Canguilhem, ter podido ocupar na França, nos debates contemporâneos, um lugar tão central, ainda que seu papel tenha permanecido bastante secreto.

*

Na história das ciências, tal como praticada na França, Georges Canguilhem operou um deslocamento significativo. Para dizer as coisas de um modo geral, a história das ciências se ocupava de preferência, quando não exclusivamente, de algumas disciplinas "nobres", pela antiguidade de sua fundação, por seu alto grau de formalização e sua aptidão a matematizar-se, pelo lugar privilegiado que ocupavam na hierarquia positivista das ciências. Por permanecer assim tão próxima das ciências que, desde os gregos até Leibniz, haviam aderido à filosofia, a história das ciências mascarava o que ela acreditava ser obrigada a fazer esquecer: que ela não era a filosofia. Georges Canguilhem centrou quase todo o seu trabalho em torno da história da biologia e da medicina, sabendo bem que a importância teórica dos problemas levantados pelo desenvolvimento de uma ciência não é, por força, diretamente proporcional ao grau de formalização alcançado por ela. Ele, então, fez a história das ciências descer dos pincaros (matemática, astronomia, a mecânica de Galileu, a física de Newton, a teoria da relatividade) para regiões medianas, nas quais os conhecimentos são muito menos dedutivos, muito mais dependentes de processos externos (incitações econômicas ou suportes institucionais) e em que eles permaneceram ligados durante muito mais tempo aos prestígios da imaginação.

Mas, operando esse deslocamento, Georges Canguilhem fez muito mais do que garantir a revalorização de um domínio relativamente negligenciado. Ele não apenas ampliou o campo da história das ciências como também remanejou a própria disciplina em um certo número de pontos essenciais.

1. Inicialmente, retomou o tema da "descontinuidade". Velho tema que se delineou muito cedo, a ponto de ser contemporâneo, ou quase, do nascimento de uma história das ciências. O que marca tal história, dizia Fontenelle, é a repentina formação de algumas ciências "a partir do nada", a extrema rapidez de alguns progressos que ninguém esperava, a distância que separa os conhecimentos científicos do "uso comum" e dos motivos que puderam incitar os cientistas, e é ainda a forma polêmica dessa história que não cessa de contar os combates contra os "preconceitos", as "resistências" e os "obstáculos".[6] Retomando esse mesmo tema elaborado por Koyré e Bachelard, Georges Canguilhem insiste no fato de que o balizamento das descontinuidades não é para ele nem um postulado nem um resultado, mas, antes, uma "maneira de fazer", um procedimento que adere à história das ciências por ela ser convocada pelo próprio objeto do qual ela deve tratar. Com efeito, a história das ciências não é a história do verdadeiro, de sua lenta epifania. Ela não poderia pretender contar a descoberta progressiva de uma verdade inscrita desde sempre nas coisas ou no intelecto, a não ser imaginando que o saber de hoje a possui de maneira tão completa e definitiva que ele poderia obter, a partir dela, a medida do passado. No entanto, a história das ciências não é uma pura e simples história das ideias e das condições nas quais elas apareceram antes de

---

6. (N.A.) Fontenelle (B. Le Bovier de), *Préface à l'histoire de l'Académie*, in *Oeuvres*, 1790, t. VI, p. 73-74. Georges Canguilhem cita esse texto em *Introduction à l'histoire des sciences*, Paris, Hachette, 1970, t. I: *Éléments et instruments*, p. 7-8.

se apagar. Na história das ciências não podemos considerar a verdade como adquirida, mas tampouco podemos fazer a economia de uma relação com o verdadeiro e com a oposição verdadeiro-falso. Essa referência ao verdadeiro-falso dá a essa história sua especificidade e sua importância. De que forma? Concebendo que temos de fazer "discursos verídicos", quer dizer, discursos que se retificam, se corrigem e operam sobre si mesmos todo um trabalho de elaboração finalizada diante da tarefa de "dizer verdadeiro". O laço histórico que os diferentes momentos de uma ciência podem ter uns com os outros tem, necessariamente, essa forma de descontinuidade constituída pelos remanejamentos, refundições, atualização de novos fundamentos, mudanças de escala, passagem para um novo tipo de objetos, "a revisão perpétua dos conteúdos mediante aprofundamento e rasura", dizia Cavaillès. O erro não é eliminado pela força surda de uma verdade que, pouco a pouco, sairia da sombra, mas pela formação de uma nova maneira de "dizer verdadeiro".[7] Uma das condições de possibilidade para se formar, no início do século XVIII, uma história das ciências foi, de fato, nota Georges Canguilhem, a consciência que se teve das recentes "revoluções" científicas, como a da geometria algébrica e do cálculo infinitesimal, a da cosmologia copernicana e newtoniana.[8]

2. Quem diz "história do discurso verídico" diz também método recorrente. Não no sentido em que a história das ciências diria: "seja a verdade por fim reconhecida, há quanto tempo a pressentimos, quais caminhos se precisou tomar, quais erros conjurar para descobri-la e demonstrá-la?" Mas no sentido em que as transformações sucessivas desse discurso verídico produzem sem cessar refundições em sua própria história: o que por muito tempo permaneceu impasse tornou-se, um dia, uma saída; uma tentativa lateral tornou-se um problema central em torno do qual todos os outros gravitaram; um movimento levemente divergente tornou-se uma ruptura fundamental: a descoberta da fermentação não celular, fenômeno lateral sob o reino da microbiologia pasteuriana, só marcou uma ruptura essencial a partir do dia em que se desenvolveu a fisiologia

---

7. (N.A.) Sobre esse tema, ver *Idéologie et rationalité dans l'histoire des sciences de la vie*, Paris, Vrin, 1977, p. 21.
8. (N.A.) Cf. *Études d'histoire et de philosophie des sciences*, Paris, Vrin, 1968, p. 17.

das enzimas.⁹ Em suma, a história das descontinuidades não foi adquirida de uma vez por todas: ela é "impermanente" e descontínua.

Devemos com isso concluir que a ciência, a cada instante, faz e refaz espontaneamente sua própria história, a tal ponto que só o historiador autorizado de uma ciência poderia ser o próprio cientista reconstituindo o passado daquilo que ele está em vias de fazer? Para Georges Canguilhem, o problema não é de profissão: é de ponto de vista. A história das ciências não pode se contentar em reunir o que os cientistas do passado acreditaram ou demonstraram. Não se escreve uma história da fisiologia vegetal reunindo "tudo o que as pessoas nomeadas botânicos, médicos, químicos, horticultores, agrônomos e economistas puderam escrever, no que concerne às suas conjunturas, observações ou experiências quanto às relações entre estrutura e função, sobre objetos nomeados ora ervas, ora plantas, ora vegetais".¹⁰ Mas também não se faz história das ciências refiltrando o passado por meio do conjunto dos enunciados ou das teorias atualmente válidas, revelando, assim, no que era falso o verdadeiro a advir, e no que era verdadeiro o erro ulteriormente manifesto. Este é um dos pontos fundamentais do método de G. Canguilhem: a história das ciências não pode se constituir no que ela tem de específico a não ser considerando, entre o puro historiador e o próprio cientista, o ponto de vista da epistemologia. Esse ponto de vista é o que faz aparecer, através dos diversos episódios de um saber científico, um "encaminhamento ordenado latente": o que quer dizer que o processo de eliminação e de seleção dos enunciados, das teorias, dos objetos se faz a cada instante em função de certa norma, que não pode ser identificada a uma estrutura teórica ou a um paradigma atual, pois a verdade científica hoje em dia não passa de um episódio, digamos, no máximo, provisório. Não será apoiando-se em uma "ciência normal", no sentido de T. S. Kuhn, que poderemos nos voltar para o passado e retraçar, de modo válido, sua história. É reencontrando o processo "normado", do qual o saber atual não é senão um momento, sem que

---

9. (N.A.) Georges Canguilhem retoma o exemplo tratado por M. Florkin, in *A history of biochemistry*, Amsterdã, Elsevier, part. I e II, 1972, e part. III, 1975.
10. (N.A.) *Idéologie et rationalité dans l'histoire des sciences de la vie*, op. cit., p. 14.

se possa, a não ser por profetismo, predizer o futuro. A história das ciências, diz Canguilhem citando Suzanne Bachelard, só pode construir seu objeto "em um espaço-tempo ideal".[11] Esse espaço-tempo não lhe é dado nem pelo tempo "realista" acumulado pela erudição histórica, nem pelo espaço de idealidade que recorta autoritariamente a ciência de hoje, mas, sim, pelo ponto de vista epistemológico. Essa não é a teoria geral de qualquer ciência ou de qualquer enunciado científico possível. Ela é a busca da normatividade interna em relação às diversas atividades científicas, tais como foram efetivamente empregadas. Trata-se, assim, de uma reflexão teórica indispensável que permite à história das ciências constituir-se em um modo diferente da história em geral e, inversamente, a história das ciências abre o domínio de análise indispensável para que a epistemologia possa ser outra coisa que não uma simples reprodução dos esquemas internos de uma dada ciência em um dado momento.[12] No método empregado por Georges Canguilhem, a elaboração das análises "descontinuístas" e a elucidação da relação história das ciências/epistemologia caminham juntas.

3. Ora, substituindo na perspectiva histórico-epistemológica as ciências da vida, G. Canguilhem fez aparecer certo número de traços essenciais. Eles singularizam seu desenvolvimento em relação ao das outras ciências e formulam a seus historiadores problemas específicos. Mais ou menos na época de Bichat, pôde-se acreditar que entre uma fisiologia estudando os fenômenos da vida e uma patologia votada à análise das doenças se iria, afinal, separar o que havia permanecido por muito tempo misturado no espírito dos que estudavam o corpo humano para "curá-lo". E também que, liberados assim de toda preocupação imediata relativa à prática e de todo julgamento de valor quanto ao bom ou mau funcionamento do organismo, se iria, enfim, poder desenvolver uma "ciência da vida" pura e rigorosa. Verificou-se, porém, ser impossível constituir uma ciência do vivente sem levar em conta, como essencial ao seu objeto, a possibilidade de doença, de morte, de mons-

---

11. Bachelard (S.), "Épistémologie et histoire des sciences", XII Congresso Internacional de História das Ciências, Paris, 1968, *Revue de synthèse*, III série, n. 49-52, janeiro-dezembro de 1968, p. 51.
12. (N.A.) Sobre a relação entre epistemologia e história, ver, em particular, a Introdução à *Idéologie et rationalité*, op. cit., p. 11-29.

truosidade, de anomalia, de erro (mesmo que a genética dê a essa palavra um sentido inteiramente diferente daquele no qual pensavam os médicos do século XVIII, quando falavam de erro da natureza). É que o vivente comporta procedimentos de autorregulação e de autoconservação. Podemos conhecer muito bem, cada vez com maior fineza, os mecanismos físico-químicos que os garantem. Nem por isso eles deixam de ter uma especificidade que as ciências da vida têm de considerar, a não ser que elas próprias apaguem o que justamente constitui seu objeto e seu domínio próprio.

Disso decorre um fato paradoxal na história das ciências. Se o processo de "cientifização" foi bem feito valendo-se do esclarecimento de mecanismos físicos e químicos, da constituição de domínios como a química das células e das moléculas ou como a biofísica, da utilização de modelos matemáticos etc., em compensação, ele só pôde desenrolar-se à medida que se relançava sem cessar, tal como um desafio, o problema da especificidade da vida e do umbral marcado por ela dentre todos os seres naturais.[13] Isso não significa que o "vitalismo" seja verdadeiro, ele que fez circular tantas imagens e perpetuou tantos mitos. Isso não quer dizer que ele deva constituir a invencível filosofia dos biólogos, ele que tão frequentemente enraizou-se nas filosofias menos rigorosas. Significa, sim, que ele teve e tem ainda, sem dúvida, na história da biologia um papel essencial como "indicador". E de duas maneiras: indicador teórico de problemas a resolver (a saber: de maneira geral, o que constitui a originalidade da vida sem que ela constitua, de modo algum, um império independente na natureza); indicador crítico das reduções a evitar (a saber: todas as que tendem a fazer desconhecer o fato de que as ciências da vida não podem prescindir de certa posição de valor que marca a conservação, a regulação a adaptação a reprodução...). "Uma exigência, mais do que um método, uma moral mais do que uma teoria."[14]

Aumentando muito, poderíamos dizer que o problema constante de G. Canguilhem em toda a sua obra, desde *Essai sur le normal et le pathologique* (1943)[15] até *Idéologie et rationalité*

---

13. (N.A.) *Études d'histoire et de philosophie des sciences*, op. cit., p. 239.
14. (N.A.) *La connaissance de la vie*, 2. ed., Paris, Vrin, 1965, p. 88.
15. Publicações da Faculdade de Letras de Estrasburgo, n. 100.

(1977),[16] foi a relação entre ciência da vida e vitalismo: problema abordado por ele, seja mostrando a irredutibilidade do problema da doença como problema essencial a toda ciência da vida, seja estudando o que constituiu o clima especulativo, o contexto teórico das ciências da vida.

4. O que G. Canguilhem estuda de maneira privilegiada na história da biologia é a "formação dos conceitos". A maioria das enquetes históricas conduzidas por ele incide sobre essa constituição: conceito de reflexo, de meio, de monstros e de monstruosidades, de célula, de secreção interna, de regulação. Há muitas razões para isso. Primeira: o papel de um conceito propriamente biológico é recortar, no conjunto dos fenômenos "da vida", aqueles que permitem analisar, sem reduzi-los, os processos próprios aos seres vivos (assim, entre todos os fenômenos de semelhança, desaparecimento, mistura e recorrência próprios à hereditariedade, o conceito de "traço hereditário" operou um papel de recorte). Só há objeto pertinente para a ciência biológica se ele tiver sido "concebido". Mas, por outro lado, o conceito não constitui um limite intransponível para a análise: ele deve, ao contrário, abrir para uma estrutura de inteligibilidade tal que a análise elementar (a da química ou da física) permita fazer aparecer os processos específicos do vivente (o mesmo conceito de traço hereditário conduziu a uma análise química dos mecanismos da reprodução). G. Canguilhem insiste no fato de que uma ideia se torna um conceito biológico no momento em que os efeitos redutores ligados a uma analogia externa apagam-se em benefício de uma análise específica do vivente. O conceito de "reflexo" não se formou como conceito biológico quando Willis aplicou ao movimento automático a imagem de um raio luminoso refletido, mas, sim, no dia em que Prochaska pôde inscrevê-lo na análise das funções sensório-motoras e de sua descentralização em relação ao cérebro.[17]

G. Canguilhem aceitaria, sem dúvida, dizermos que o momento a ser considerado como estrategicamente decisivo em uma história da física é o da formalização e constituição da teoria. Mas o momento a ser valorado em uma história das

---

16. Paris, Vrin.
17. (N.A.) Cf. *La formation du concept de réflexe aux XVIIe et XVIIIe siècles*, Paris, PUF, 1955.

ciências biológicas é o da constituição do objeto e da formação do conceito.

*

As ciências da vida convocam certa maneira de fazer sua história. Elas também formulam de modo singular a questão filosófica do conhecimento.

A vida e a morte nunca são, em si mesmas, problemas de física, ainda que o físico, em seu trabalho, arrisque a própria vida ou a dos outros. Para ele, trata-se de questões de moral ou de política, não de questões científicas. Como disse A. Lwoff, letal ou não, uma mutação genética não é para o físico nem mais nem menos do que a substituição de uma base nucleica por outra. Mas, nessa diferença, o biólogo reconhece a marca própria de seu objeto e de um tipo de objeto ao qual ele próprio pertence, porquanto ele vive, além de manifestar, exercer e desenvolver a natureza desse vivente em uma atividade de conhecimento que se deve compreender como "método geral para a resolução direta ou indireta das tensões entre o homem e o meio". O biólogo apreendeu o que faz da vida um objeto específico de conhecimento e, por meio dele, o que faz haver, no seio dos viventes e pelo fato de eles serem viventes, seres suscetíveis de conhecer, no fim das contas, a própria vida.

A fenomenologia perguntou ao "vivido" o sentido originário de todo ato de conhecimento. Mas será que não poderíamos ou não deveríamos buscá-lo do lado do próprio "vivente"?

G. Canguilhem quer reencontrar, mediante a elucidação do saber sobre a vida e dos conceitos que articulam esse saber, o que acontece com *o conceito na vida*. Ou seja, o conceito como um dos modos da informação que todo vivente retira de seu meio e pelo qual, inversamente, ele estrutura o seu meio. Que o homem viva em um meio conceitualmente arquitetado não prova que ele tenha se desviado da vida por algum esquecimento ou porque um drama histórico o separou. Mas apenas que ele vive de certa maneira, tem com seu meio uma relação tal que esta não lhe permite ter sobre ele um ponto de vista fixo, é móvel em um território indefinido, tem de deslocar-se a fim de recolher informações e mover as coisas umas em relação às outras para torná-las úteis. Formar conceitos é uma maneira de viver, e não de matar a vida. É uma maneira de viver em toda a mobilidade, e não de imobilizar a vida; é manifestar, entre os milhares de viventes que informam seu meio e se informam a partir dele, uma inovação que se julgará, como se quiser, ínfima ou considerável: um tipo bem particular de informação.

Disso resulta a importância concedida por G. Canguilhem ao reencontro, nas ciências da vida, da velha questão do normal e do patológico, juntamente ao conjunto das noções que a biologia, ao longo dos últimos decênios, tomou emprestado da teoria da informação: código, mensagem, mensageiros etc. Desse ponto de vista, *O normal e o patológico*, escrito parcialmente em 1943 e no período entre 1963-1966, constitui, sem dúvida alguma, a obra mais importante e mais significativa de G. Canguilhem. Nela, vemos como o problema da especificidade da vida foi recentemente inflectido para uma direção, em que encontramos alguns dos problemas que se acreditava pertencerem em particular às formas mais desenvolvidas da evolução.

No centro desses problemas, o do erro. Pois, no nível mais fundamental da vida, os jogos do código e da decodificação dão lugar a um risco de efeitos indesejáveis que, antes de ser doença, *deficit* ou monstruosidade, é alguma coisa como uma perturbação no sistema informativo, alguma coisa como um "desdém". No limite, a vida é o que é capaz de erro. E talvez seja a esse dado, ou melhor, a essa eventualidade fundamental que se deva pedir satisfação sobre o fato de a questão da anomalia atravessar de ponta a ponta toda a biologia. A ela também se deve pedir satisfação sobre as mutações e processos evolutivos induzidos por ela. A ela se devem pedir explicações da mutação singular, do "erro hereditário" que fez com que a vida, mediante o homem, chegasse a um ser que nunca está inteiramente em seu lugar, um ser vivo votado a "errar" e destinado, por fim, ao "erro". Se admitimos que o conceito é a resposta dada pela própria vida a esse risco, cabe convir que o erro está na raiz do que faz o pensamento humano e sua história. A oposição do verdadeiro e do falso, os valores que prestamos a um e a outro, os efeitos de poder que as diferentes sociedades e as diferentes instituições ligam a essa partilha, tudo isso só pode ser a resposta mais tardia a essa possibilidade de erro intrínseca à vida. Se a história das ciências é descontínua, isto é, se só podemos analisá-la como uma série de "correções", como uma distribuição nova do verdadeiro e do falso que para sempre jamais liberará a verdade, é porque, aqui também, o "erro" constitui não o esquecimento ou o retardamento de uma verdade, mas a dimensão própria à vida dos homens e ao tempo da espécie.

Nietzsche dizia que a verdade era a mais profunda mentira. Canguilhem diria, talvez, ele que estava a um só tempo longe e próximo de Nietzsche, que a verdade é, no enorme calendário da vida, o mais recente erro. Ele diria que a partilha verdadeiro-falso e o valor concedido à verdade constituem a mais singular maneira de viver jamais inventada por uma vida que, do fundo de sua origem, trazia em si a eventualidade do erro. Para Canguilhem, o erro é o risco permanente em torno do qual se enrolam a história da vida e a dos homens. Essa noção de erro lhe permite ligar o que ele sabe da biologia e a maneira como ele fez sua história, sem jamais ter querido, como se fazia no tempo do evolucionismo, deduzir esta daquela. Essa noção lhe permite marcar a relação entre vida e conhecimento da vida, e ali seguir, como um fio condutor, a presença do valor e da norma.

Esse historiador das racionalidades, ele próprio tão "racionalista", é um filósofo do erro, digo, foi a partir do erro que ele formulou os problemas filosóficos, deveria dizer o problema filosófico da verdade e da vida. Não há dúvidas de que tocamos aqui em um dos acontecimentos fundamentais na história da filosofia moderna. Se a grande ruptura cartesiana formulou a questão das relações entre verdade e sujeito, o século XVIII introduziu, quanto às relações da verdade e da vida, uma série de questões das quase *Crítica do juízo*[18] e depois *Fenomenologia do espírito*[19] foram as grandes formulações. Depois desse tempo, a questão que passou a estar em jogo na discussão filosófica foi: será que o conhecimento da vida deve ser considerado como nada além de uma das regiões que decorrem da questão geral da verdade, do sujeito e do conhecimento? Ou será que

---

18. Kant (I.), *Kritik der Urteilskraft*, 1790; *Gesammelte Schriften*, t. V, Berlim, Königlich Preussichen Akademie der Wissenschaften, 1902, p. 165-486 (*Critique de la faculté de juger*, trad. A. Philonenko, Paris, Vrin, 1989).
19. Hegel (G. W. F.), *Phänomenologie des Geistes*, Wurzburg, Anton Goebhardt, 1807 (*La phénoménologie de l'esprit*, trad. J. Hyppolite, Paris, Aubier-Montaigne, col. "Philosophie de l'esprit", t. I, 1930; t. II, 1941).

ele obriga a formular a questão de outra maneira? Será que toda a teoria do sujeito deve ser reformulada, uma vez que o conhecimento, mais do que se abrir para a verdade do mundo, enraíza-se nos "erros" da vida? Compreende-se por que o pensamento de G. Canguilhem, seu trabalho de historiador e de filósofo, pôde ter uma importância tão decisiva na França para todos os que, partindo de pontos de vista diferentes (quer se trate de teóricos do marxismo, da psicanálise ou da linguística), buscaram repensar a questão do sujeito. A fenomenologia podia introduzir no campo da análise o corpo, a sexualidade, a morte, o mundo percebido. Nele, o *Cogito* permanecia central, nem a racionalidade da ciência nem a especificidade das ciências da vida podiam comprometer o seu papel fundador. É a essa filosofia do sentido, do sujeito e do vivido que Canguilhem opôs uma filosofia do erro, do conceito e do vivente.

1978

Uma Erudição Estonteante

"Une érudition étordissante", *Le Matin*, n. 278, 20 de janeiro de 1978, p. 25. (Sobre P. Ariès, *L'homme devant la mort*, Paris, Éd. du Seuil, col. "L'Univers Historique", 1977.)

O homem, é verdade, é uma espécie viva que tem uma história. Mas é também um ser histórico que tem uma vida: uma vida e uma morte, com uma fragilidade que o expõe às doenças, às epidemias, às mortalidades desastrosas, à esterilidade e às grandes devastações da espécie. O homem em sociedade não vive apenas do pão, e também não morre apenas de guerra nem de fome. Sua história é indissociável daquela dos parasitas, dos micróbios, das bactérias e dos vírus, indissociável da história dos metabolismos, das carências vitamínicas e desequilíbrios alimentares.

Philippe Ariès passa por um dos pioneiros da história das mentalidades. Ele me parece, acima de tudo, um dos inventores dessa história que relata o que o homem faz de si mesmo como espécie viva: natalidade, infância e, atualmente, em um trabalho monumental, a morte.

Seiscentas e cinquenta páginas que não são tristes nem monótonas. Mas sarapintadas, engraçadas, imprevisíveis, que com frequência enternecem e também fazem rir. O livro menos negro, menos "de luto" que se possa imaginar: essa morte que se poderia acreditar sempre a mesma, ou quase, suscitou tantas invenções diversas. Em torno do último momento, os homens organizaram vários ritos, tantas cerimônias barulhentas ou silenciosas. Deram à morte muitas imagens jacentes, orantes, dançantes, troçantes, esqueléticas, lânguidas, doces, ornadas, nuas, castas, eróticas. Do cadáver, fizeram tantas coisas a fim de mostrá-lo, exaltá-lo, ocultá-lo, escondê-lo a trouxe-mouxe, fixar-lhe um território, dispor à sua volta bandeiras, flores, discursos, consolações, lições de teologia, poemas de amor.

Philippe Ariès, sacudindo as conveniências profissionais dos historiadores, percorre 10 séculos, religa as canções de gesta a *La mort d'Ivan Ilitch*,[1] decifra inscrições e analisa a prática americana dos *funeral homes*. Por repetidas vezes acreditamos que o que há de mais estável em uma civilização é o seu culto dos mortos. Mas o Ocidente, em sua prática da morte, manifestou sua maravilhosa inventividade: há séculos ele viveu e morreu de mil mortes.

Dizendo isso, não dou o devido valor a esse livro, cuja erudição é, com efeito, estonteante. Não realço o bastante sua força de inteligência. Philippe Ariès é cristalógrafo. Ele não reduz as complexidades, ele percorre meticulosamente todas as arestas. É preciso ler sua análise do macabro sob suas diferentes faces: cadáveres que se escondem na realidade, interior dos corpos que se mostra em imagens, relação intensa com as coisas, por meio do apego individual aos bens e da percepção amarga das vaidades. Ou então sua análise da mentira aos moribundos, essa invenção dos séculos XVIII e XIX, com todo o jogo de linguagem de duplo sentido, de saber e de silêncio, de cumplicidade e de logro, jogado entre o médico, o *entourage* e o doente, que o aceita sem dúvida para continuar senhor de sua relação secreta com sua própria morte.

Esses 10 séculos de uma morte em perpétua mutação foram escandidos por alguns momentos decisivos. Todavia, com o humor dos grandes historiadores, Ariès não vai buscá-los nas alturas, do lado dos metafísicos poderosos ou das mudanças institucionais. Mas embaixo, do lado dos gestos obscuros, anônimos, sem data precisa, mediante os quais, sem que ela própria disso se tivesse dado conta, toda uma sociedade se encontra engajada. Assim, o momento em que se começou a cobrir o rosto dos mortos para que eles não mais olhassem os vivos. Assim, o momento no qual aquele que vai morrer se põe a ditar, em detalhes, o que se deverá fazer com seus despojos, onde colocá-los, como orar, quantas missas, a quem dar três farrapos e alguns vinténs. Assim, ainda, o dia em que o doente não mais ousou fazer, à sua certeza interior, a pergunta "sem rodeios" do lavrador: "estou sentindo minha morte chegar?".

---

1. Tolstoi (L.), *La mort d'Ivan Ilitch* (1886), in *Souvenirs et récits*, trad. B. de Schloezer, Paris, Gallimard, col. "Bibliothèque de la Pléiade", 1960.

Mas voltou-se para o médico a fim de lhe perguntar: "que doença é esta que me acomete?".

Tendemos a acreditar que a maneira como se imagina a sobrevivência comanda a maneira como percebemos a morte e como lhe damos sentido. Uma das surpresas do livro de Ariès – e há muitas – é mostrar o lugar relativamente limitado ocupado pelo além nesses diferentes regimes da morte e em sua transformação. A morte é muito mais do que um rito de passagem rumo a outro mundo. É toda uma maneira de viver – de viver sua morte e a dos outros –, é toda uma maneira de fixar sua própria individualidade, de ter relação com a natureza e de fazer sua parte na economia do mundo. Para Ariès, o que parece determinante não é a metafísica do após a morte, é, antes, a "física" da própria morte, quero dizer, as estratégias que, para tornar as cinco grandes figuras balizadas por ele no último milênio, inicialmente a cativaram nos ritos coletivos, depois a referiram à selvageria ameaçadora da natureza, depois a investiram na rede das relações de amor ou de afeição familiar, por fim a medicalizaram, ocultaram e tornaram solitária.

Todas essas práticas em torno da morte seriam máscaras para ocultar sua insuportável presença? Todas essas cerimônias e tagarelices seriam um carnaval? O que ele nos contam, quando analisados por Ariès, não é a mesma fuga sempre derrisória diante do aniquilamento, é todo o sério da relação que se mantém consigo mesmo, com os outros, com a natureza e com o mal.

Parece que os homens sonharam por muito tempo serem imortais.

Tenho a impressão de que os sonhos de imortalidade se parecem muito e levam rápido ao enfado. De todo modo, como eles parecem pobres quando comparados com a maneira como os homens do Ocidente teceram, dia após dia, tantas relações diversas com a morte e fabricaram tantas maneiras de morrer. Nós os admiraríamos sem reservas, não fosse pelo fato de eles terem sido igualmente ricos de imaginação quando se tratou de encontrar maneiras de matar.

1978

A Incorporação do Hospital na Tecnologia Moderna

"Incorporación del hospital en la tecnología moderna" ("L'incorporation de l'hôpital dans la tecnologie moderne"; trad. D. Reynié), *Revista Centroamericana de Ciencias de la Salud*, n. 10, maio-agosto de 1978, p. 93-104. (Conferência pronunciada no âmbito do curso de medicina social na Universidade do Estado do Rio de Janeiro, outubro de 1974.)

Em que momento se começou a considerar o hospital como um instrumento terapêutico, ou seja, como um instrumento de intervenção na doença, um instrumento capaz, por isso mesmo e por cada um de seus efeitos, de tratar de um doente?

O hospital, como um instrumento terapêutico, é um conceito relativamente moderno, já que ele data do final do século XVIII. Foi em torno de 1760 que apareceu a ideia de que o hospital podia e devia ser um instrumento destinado a curar o doente. Isso se produziu por meio de uma nova prática: a visita e a observação sistemática e comparada dos hospitais.

Começou-se a se realizar na Europa uma série de viagens de estudos. Entre estas a do inglês Howard,[1] que percorreu os hospitais e as prisões do continente, de 1775 a 1780; houve também a do francês Tenon,[2] enviado a pedido da Academia das Ciências, no momento em que se formulava o problema da reconstrução do Hospital Municipal de Paris.

Essas viagens de estudo apresentavam muitas características:

1. Sua finalidade consistia em definir, baseado em uma enquete, um programa de reforma ou de reconstrução dos hospi-

---

1. Howard (J.), *The state of prisons in England and Wales*, Londres, Warrington, 2 vol., 1777-1780 (*État des prisons, des hôpitaux et des maisons de force*, trad. J. P. Bérenger, Paris, Lagrange, 2 vol., 1788).
2. Tenon (J.-R.), *Mémoires sur les hôpitaux de Paris*, Paris, Royez, 1788.

tais. Quando na França a Academia das Ciências decidiu enviar Tenon a diversos países da Europa para indagar sobre a situação dos hospitais, ele escreveu a seguinte frase que me parece muito importante: "São os hospitais já existentes que devem permitir avaliar os méritos, assim como os defeitos do novo hospital."

Considera-se, então, que nenhuma teoria médica basta para definir um programa hospitalar. Além disso, nenhum plano de arquitetura abstrata está em condições de oferecer a fórmula do bom hospital. Com efeito, trata-se aqui de um problema complexo, cujos efeitos e consequências não são bem conhecidos. O hospital atua sobre as doenças, mas pode, contudo, agravá-las, multiplicá-las, ou, ao contrário, atenuá-las.

Somente uma investigação empírica desse novo objeto que é o hospital, interrogado e isolado de maneira também nova, poderá dar uma ideia de um programa moderno de construção dos hospitais. O hospital cessa, assim, de ser uma simples figura de arquitetura e passa agora a fazer parte de um fato médico-hospitalar, que deve ser estudado tal como os climas, as doenças etc.

2. Essas investigações forneciam poucos detalhes do aspecto externo do hospital e da estrutura geral do edifício. Não se tratava de descrições de monumentos, como aquelas feitas pelos clássicos viajantes dos séculos XVII e XVIII, mas de descrições funcionais. Howard e Tenon prestavam contas do número de doentes por hospital, da relação entre o número de pacientes e o número de leitos, do espaço útil da instituição, do comprimento e altura das salas, da quantidade de ar disponível para cada doente e, por fim, da taxa de mortalidade ou de cura.

Eles buscavam igualmente determinar as relações que podiam existir entre os fenômenos patológicos e as condições próprias a cada estabelecimento. Assim, Tenon pesquisava quais eram as condições particulares para melhor tratar os casos hospitalizados devido a feridas e quais as menos favoráveis. Desse modo, ele estabelecia uma correlação entre a taxa de crescimento da mortalidade dos feridos e a proximidade com os doentes acometidos de febre maligna, como se costumava dizer naquela época. Ele demonstrava, também, que a taxa de mortalidade das parturientes aumentava quando elas eram alojadas em um cômodo situado acima dos feridos.

Do mesmo modo, Tenon estudava os trajetos, os deslocamentos, os movimentos do interior do hospital, em particular o percurso seguido pela roupa limpa, lençóis, pela roupa suja, panos utilizados para cuidar dos doentes etc. Ele buscava determinar quem transportava esse material, para onde o levava, a quem o distribuíam. Segundo ele, esse percurso explicava diferentes fatos patológicos próprios aos hospitais.

Ele analisava também porque a trepanação, uma das operações mais frequentemente praticadas nessa época, desenrolava-se de modo muito melhor no hospital inglês de Bethleem do que no Hospital Municipal de Paris. Existiriam fatores internos à estrutura hospitalar e à distribuição dos doentes que pudessem explicar essa situação? A questão se apresentava devido à situação das salas, de suas repartições, do transporte da roupa suja.

3. Os autores dessas descrições funcionais da organização médico-espacial do hospital não eram, porém, arquitetos. Tenon era um médico e foi como tal que a Academia das Ciências o designou para visitar os hospitais. Se Howard não era médico, ele, porém, foi um precursor dos filantropos e possuía uma competência quase sociomédica.

Foi assim que apareceu uma nova maneira de se ver o hospital, considerado um mecanismo que deveria curar e, para isso, deveria primeiro corrigir os efeitos patológicos que podia produzir.

Era possível alegar que isso não era novo, que há muito tempo os hospitais se dedicavam a tratar dos doentes. Poder-se-ia afirmar que o que se descobre no século XVIII é que os hospitais não curavam tanto quanto deviam; que não se tratava de nada além de um refinamento de exigências clássicas formuladas em relação ao instrumento hospitalar.

Gostaria de formular uma série de objeções a essa hipótese.

O hospital que funcionava na Europa, a partir da Idade Média, não era de modo algum um meio de cura, nem se quer tinha sido concebido para isso. Na história dos tratamentos dados aos doentes no Ocidente, houve, na realidade, duas categorias distintas que não se superpunham, que com frequência se encontravam embora fossem fundamentalmente diferentes, a saber: a medicina e o hospital.

O hospital como instituição importante e mesmo essencial para a vida urbana do Ocidente, a partir da Idade Média, não é uma instituição médica. Naquela época, a medicina não era uma profissão hospitalar. É importante manter em mente essa situação para se poder compreender a inovação representada pela introdução, no século XVIII, de uma medicina hospitalar ou de um hospital médico-terapêutico. Tentarei mostrar a diferença entre essas duas categorias a fim de situar essa inovação.

Antes do século XVIII, o hospital era essencialmente uma instituição de assistência aos pobres. Ele era ao mesmo tempo uma instituição de separação e de exclusão. O pobre necessitava de assistência; como doente, ele era portador de doença que ele arriscava propagar. Resumindo: ele era perigoso. Disso decorreu a existência necessária do hospital, tanto para recolhê-los quanto para proteger os outros do perigo representado por eles. Até o século XVIII, a personagem ideal do hospital não era o doente, aquele que se devia tratar, mas o pobre já moribundo. Trata-se aqui de uma pessoa que necessita de uma assistência material e espiritual, que precisava receber os últimos recursos e os últimos sacramentos. Essa era a função essencial do hospital.

Dizia-se então, e com razão, que o hospital era um lugar aonde se ia para morrer. O pessoal hospitalar não se esforçava para tratar do doente, mas, muito ao contrário, esforçava-se para obter a sua salvação. Era um pessoal caritativo (composto por religiosos ou laicos) que trabalhava no hospital para realizar uma obra de misericórdia, garantindo, assim, a sua futura salvação. Por conseguinte, a instituição servia para salvar a alma do pobre no momento de sua morte, assim como a do pessoal médico que disso se encarregava. O hospital exercia uma função de transição da vida para a morte, de salvação espiritual muito mais do que de função material, separando ao mesmo tempo os indivíduos perigosos do resto da população.

Para se estudar a significação geral do hospital na Idade Média e durante o Renascimento, cabe ler *Le livre de vie active de l'Hôtel-Dieu*,[3] escrito por um parlamentar, administrador do Hospital Municipal de Paris, em uma língua cheia de metáforas, uma espécie de *Roman de la rose* da hospitalização, mas que reflete perfeitamente a mistura das funções de assistência e de conversão espiritual de que o hospital se encarregava.

---

3. Maître Jehan Henri (membro do coral de Notre-Dame e presidente da Câmera das Investigações no Parlamento), *Le livre de vie active des religieuses de l'Hôtel-Dieu de Paris*, Paris, 1480.

Essas foram as características do hospital até o começo do século XVIII. O hospital geral, lugar de internação onde se acotovelavam e se misturavam doentes, loucos, prostitutas etc., ainda era, na metade do século XVII, uma espécie de instrumento misto de exclusão, assistência e conversão espiritual, ignorando, assim, a função médica.

No que concerne à prática médica, nenhum dos elementos que a integravam e lhe serviam de justificativa científica a predestinavam a ser uma medicina hospitalar. A medicina medieval, e também a dos séculos XVII e XVIII, era profundamente individualista para o médico, a quem se reconhecia a condição de médico depois de uma iniciação garantida pela própria corporação médica. Ela compreendia um domínio dos textos, assim como a transmissão de fórmulas mais ou menos secretas. A experiência hospitalar não fazia parte da formação ritual do médico.

A intervenção do médico na doença girava em torno do conceito de crise. O médico devia observar o doente e a doença desde o aparecimento dos primeiros sintomas a fim de determinar o momento em que se deveria produzir a crise. A crise representava o instante durante o qual se defrontavam no doente sua natureza saudável e o mal que o atacava. Nessa luta entre a natureza e a doença, o médico devia observar os sinais, prever a evolução e favorecer, dentro do possível, o triunfo da saúde e da natureza sobre a doença. No tratamento, a natureza, a doença e o doente além do médico, todos entravam em jogo. Nessa luta, o médico preenchia uma função de predição, arbítrio e aliado da natureza contra a doença. Essa espécie de batalha da qual o tratamento tomava forma só podia se desenrolar por meio de uma relação individual entre o médico e o doente. A ideia de uma vasta série de observações, recolhidas em um seio de um hospital, que teria permitido realçar as características gerais de uma doença e os seus elementos particulares etc., não fazia parte da prática médica. Assim, nada na prática médica dessa época permitia a organização dos conhecimentos hospitalares. A organização do hospital também não permitia a intervenção da medicina. Por conseguinte, até a metade do século XVIII, o hospital e a medicina permanecerão dois domínios separados. Mas como se produziu a transformação, ou seja, como foi que se "medicalizou" o hospital e como se conseguiu chegar até à medicina hospitalar?

O fator principal da transformação não foi a pesquisa de uma ação positiva por parte do hospital com relação ao doente ou à doença, mas simplesmente a anulação dos efeitos negativos do hospital. Em primeiro lugar, não se trava de medicalizar o hospital, mas de purificá-lo dos seus efeitos nocivos, das desordens que ele ocasionava. Nesse caso, entendem-se por desordem as doenças que essa instituição poderia engendrar nas pessoas internadas e propagar na cidade onde ela se encontrava. Assim, o hospital era um núcleo perpétuo de desordem econômica e social.

Essa hipótese de uma "medicalização" do hospital pela eliminação da desordem que ele produzia foi confirmada pelo fato de que a primeira grande organização hospitalar da Europa apareceu no século XVII, essencialmente nos hospitais dos marítimos e militares. O ponto de partida da reforma hospitalar não foi o hospital civil, mas o hospital dos marítimos, que era um lugar de desordem econômica. Com efeito, foi a partir dele que se organizou o tráfico das mercadorias, de objetos preciosos e de outras matérias raras provenientes das colônias. O traficante, fingindo-se doente, era levado ao hospital quando de seu desembarque. Ali, ele dissimulava os objetos, o que os fazia escapar do controle econômico da alfândega. Os grandes hospitais marítimos de Londres, de Marselha ou de La Rochelle tornaram-se, assim, o local de um amplo tráfico contra o qual protestavam as autoridades fiscais.

Desse modo, o primeiro regulamento hospitalar que apareceu no século XVII se reporta à inspeção dos cofres que os marinheiros, médicos e apoticários conservavam nos hospitais. A partir desse momento, era possível inspecionar os cofres e registrar o seu conteúdo. Se neles fossem encontradas mercadorias destinadas ao contrabando, seus proprietários eram imediatamente punidos. E foi assim que apareceu nesse regulamento uma primeira investigação econômica.

Por outro lado, outro problema aparecia nos hospitais marítimos e militares: o da quarentena, quer dizer, o das doenças epidêmicas que as pessoas desembarcadas poderiam portar. Os lazaretos estabelecidos, por exemplo, em Marselha e em La Rochelle, constituíam uma espécie de hospital perfeito. Mas era essencialmente um tipo de hospitalização que não concebe o hospital como instrumento de cura, mas, sim, como um meio de impedir o aparecimento de um núcleo de desordem econômica e médica.

Se os hospitais marítimos e militares se tornaram modelos da reorganização hospitalar foi porque, com o mercantilismo, as regulamentações econômicas se fizeram mais restritas. Mas foi também porque o valor do homem começou a aumentar cada vez mais. Foi precisamente nessa época que a formação do indivíduo, sua capacidade, suas aptidões começaram a ter um preço para a sociedade.

Consideremos o exemplo do exército. Até a segunda metade do século XVII, não havia nenhuma dificuldade para recrutar soldados. Bastava possuir alguns meios financeiros. Na Europa inteira havia desempregados, vagabundos, miseráveis, mendigos dispostos a se alistar no exército de qualquer potência, nacional ou religiosa. No final do século XVII, a introdução do fuzil tornou o exército muito mais técnico, muito mais sutil e custoso. Para aprender a manejar o fuzil eram necessárias manobras, aprendizagens, instruções. Assim, o preço de um soldado excedia o de um simples trabalhador, e o custo do exército transformou-se em um lugar orçamentário de razoável importância para todos os países. Do mesmo modo, quando um soldado se formava, não se podia deixá-lo morrer. Se ele morresse, teria de ser em uma batalha, como soldado, e não por causa de uma doença. Não podemos esquecer que no século XVII a taxa de mortalidade dos soldados era muito elevada. A título de exemplo, um exército austríaco que partiu de Viena em direção à Itália perdeu cinco sextos de seus homens antes de conseguir chegar aos locais de combate. Essas perdas causadas pelas doenças, pelas epidemias e pelas deserções constituíam um fenômeno relativamente comum.

A partir dessa transformação técnica do exército, o hospital militar se tornou um problema técnico e militar importante:

1. era preciso vigiar os homens no hospital militar para evitar que desertassem, já que tinham sido formados a um custo elevado;

2. era preciso tratá-los para que eles não morressem de doença;

3. era preciso, enfim, evitar que, uma vez restabelecidos, não fingissem mais que estavam doentes.

Consequentemente, uma reorganização administrativa e política surgiu: um novo controle por meio da autoridade no âmbito do hospital militar. O mesmo aconteceu com o hospital marítimo, a partir do momento em que a técnica marítima se tornou mais complexa e onde, aqui também, não era possível contentar-se em perder uma pessoa formada a um custo elevado.

Como foi que se realizou essa reorganização do hospital? O remanejamento dos hospitais marítimos e militares não se fundamentou em uma técnica médica, mas, essencialmente, em uma tecnologia que se poderia qualificar de política, isto é, a disciplina.

A disciplina é uma técnica de exercício do poder que não foi, para falar com propriedade, inventada, mas, sim, elaborada ao longo do século XVIII. Com efeito, ela já existia no Medievo e até mesmo na Antiguidade. Nesse sentido, os mosteiros constituíram um exemplo de lugar do poder no seio dos quais reinava um sistema disciplinar. A escravidão e as grandes companhias escravagistas existentes nas colônias espanholas, inglesas, francesas, holandesas etc. eram também modelos de mecanismos disciplinares. Poderíamos remontar à legião romana e ali encontraríamos também um exemplo de disciplina.

Desse modo, os mecanismos disciplinares datam dos tempos arcaicos, mas parecem isolados, fragmentados até os séculos XVII e XVIII, quando o poder disciplinar se aperfeiçoa, tornando-se uma nova técnica de gestão do homem. Fala-se com frequência das invenções técnicas do século XVII – a tecnologia química, a metalurgia etc. –, mas não se menciona a invenção técnica de uma nova maneira de governar o homem, controlar seus múltiplos aspectos, utilizá-los ao máximo e melhorar o produto útil de seu trabalho, de suas atividades, graças a um sistema de poder que permite controlá-lo. Nas grandes fábricas que começavam a aparecer, no exército, nas escolas, nos grandes progressos da alfabetização observados por toda a Europa, apareceram essas novas técnicas de poder que constituíram nas grandes invenções do século XVII.

A partir dos exemplos da escola e do exército, o que se vê surgir nessa época?

1. Uma arte de repartição espacial dos indivíduos. No exército do século XVII, os indivíduos são amontoados formando aglomerados, com os mais fortes e capazes postos à frente e os

que não sabem lutar, os covardes que ameaçam fugir, postos nos flancos ou pelo meio. A força de um corpo militar residia, então, no efeito de densidade dessa massa humana.

No século XVIII, ao contrário, a partir do momento em que o soldado recebia um fuzil, era necessário estudar a distribuição dos indivíduos a fim de situá-los convenientemente ali onde sua eficácia poderia alcançar o máximo. A disciplina militar começa a partir do momento em que se ensina a um soldado a se posicionar, deslocar, a estar ali onde lhe cabe estar.

Do mesmo modo, nas escolas do século XVII, os alunos também são amontoados. O professor chamava um deles e, durante alguns minutos, ministrava-lhe uma lição, depois o enviava de volta ao seu lugar para em seguida chamar outro, e assim por diante. O ensino coletivo era oferecido a todos os alunos e simultaneamente supunha uma nova distribuição espacial da sala de aula.

A disciplina é antes de tudo uma análise do espaço. É a individualização pelo espaço, a instauração dos corpos em um espaço individualizado, permitindo a classificação e as combinações.

2. A disciplina não exerce o seu controle sobre o resultado de uma ação, mas sobre o seu desenvolvimento. Nas fábricas de tipo corporativo do século XVII, exigia-se do operário ou do proprietário a fabricação de um produto possuindo qualidades particulares. A maneira de fabricá-los dependia do que se transmitia de uma geração a outra. O controle não afetava o modo de produção. Da mesma maneira, ensinava-se a um soldado como lutar, ser mais forte que o adversário na luta individual ou no campo de batalha.

A partir do século XVIII, desenvolveu-se uma arte do corpo humano. Começou-se observando os movimentos executados, para determinar quais seriam os mais eficazes, os mais rápidos e mais bem ajustados. Foi assim que apareceu nas fábricas o famoso e sinistro personagem do contramestre, encarregado de observar não quem estivesse fazendo o trabalho, mas de que maneira se poderia fazê-lo mais rapidamente e com movimentos mais bem adaptados. No exército, aparecia o suboficial e com ele os exercícios, as manobras e a decomposição dos movimentos no tempo. O famoso regulamento da infantaria que garantiu as vitórias de Frederico da Prússia compreendia uma série de mecanismos de direção dos movimentos do corpo.

3. A disciplina é uma técnica de poder que implica uma fiscalização constante e perpétua dos indivíduos. Não basta observá-los de tempos em tempos, ou ver se o que eles fazem corresponde às regras. É preciso vigiá-los sem cessar para que a atividade se realize, é preciso submetê-los a uma pirâmide permanente de vigilância. Assim, apareceu no exército uma série contínua de grados, do general em chefe até o simples soldado, além de um sistema de inspeção, revistas, paradas, desfiles etc., que permitem observar em permanência cada indivíduo.

4. A disciplina supõe um registro permanente: anotações sobre o indivíduo, relação dos acontecimentos, elemento disciplinar, comunicação das informações para os escalões superiores, de tal forma que nenhum detalhe escape da descrição levada ao topo da hierarquia.

No sistema clássico, o exercício do poder era confuso, global e descontínuo. Tratava-se do poder soberano sobre grupos integrados por famílias, cidades, paróquias, ou seja, por unidades globais. Não se tratava de um poder agindo continuamente sobre o indivíduo.

A disciplina é o conjunto de técnicas em virtude das quais os sistemas de poder têm por objetivo e resultado a singularização dos indivíduos. É o poder de individualização, cujo instrumento fundamental reside no exame. O exame é a vigilância permanente, classificadora, que permite repartir os indivíduos, julgá-los e avaliá-los, localizá-los e, assim, utilizá-los ao máximo. Por meio do exame, a individualidade se torna um elemento para o exercício do poder.

A introdução de mecanismos disciplinares no espaço desordenado do hospital iria permitir sua medicalização. Tudo o que acaba de ser exposto explica a razão de o hospital ter se disciplinado: razões econômicas, o favor atribuído ao indivíduo, o desejo de evitar a propagação de epidemias explicam o controle disciplinar ao qual os hospitais foram submetidos. Mas, se essa disciplina adquiriu um caráter médico, se esse poder disciplinar foi confiado ao médico, devemos a ele uma transformação do próprio saber médico. Devemos atribuir a formação de uma medicina hospitalar, de um lado, à introdução da disciplina dentro do espaço hospitalar e, do outro, à transformação que a prática da medicina conheceu nessa época.

No sistema epistêmico ou epistemológico do século XVIII, o grande modelo de inteligibilidade das doenças é a botânica, a classificação de Lineu. Ela implica a necessidade de pensar as doenças como um fenômeno natural. Tal como para as plantas, há, nas doenças, espécies diferentes, de características observáveis, com tipos de evolução. A doença é a natureza, mas uma natureza devida à ação particular do meio sobre o indivíduo. Quando a pessoa saudável é submetida a algumas ações do meio, ela serve de ponto de apoio à doença, fenômeno limite da natureza. A água, o ar, a alimentação, o regime geral constituem as bases sobre as quais se desenvolvem em um indivíduo comum os diferentes tipos de doença.

Nessa perspectiva, o tratamento é conduzido por uma intervenção médica que não visa a alcançar a doença propriamente dita, como na medicina da crise, mas quase à margem da doença e do organismo, orientando-se para o meio ambiente: o ar, a água, a temperatura, o regime, a alimentação etc. É uma medicina do meio que se constitui à medida que a doença é considerada como um fenômeno natural, obedecendo a leis naturais.

Na articulação desses dois processos, ou seja, o deslocamento da intervenção médica e a aplicação da disciplina no espaço hospitalar, encontramos a origem do hospital médico. Esses dois fenômenos de origem diferente iam poder articular-se graças à introdução de uma disciplina hospitalar, cuja função consistia em garantir as indagações, a vigilância, a aplicação da disciplina em um mundo desordenado dos doentes e das doenças, e, por fim, transformar o estado do meio que circundava os doentes. Da mesma forma, os doentes foram individualizados e distribuídos em um espaço onde se podiam vigiá-los e anotar os acontecimentos que tinham lugar. Modificava-se também o ar que respiravam, a temperatura ambiente, a água potável, o regime, de maneira que o novo rosto do hospital imposto pela introdução da disciplina tivesse uma função terapêutica.

Se admitirmos a hipótese de que o hospital nasceu das técnicas do poder disciplinar e da medicina de intervenção sobre o meio, compreenderemos as diferentes características que possui essa instituição.

1. A localização do hospital e a distribuição interna do espaço. A questão do hospital do final do século XVIII é fundamentalmente uma questão de espaço. Em primeiro lugar, trata-

se de saber onde se situará o hospital, para que ele deixe de ser um lugar sombrio, obscuro e confuso, em pleno centro da cidade, ao qual chegavam os homens na hora de sua morte, propagando perigosamente os seus miasmas, ar contaminado, água suja etc. É preciso que o lugar onde se situará o hospital esteja em conformidade com o controle sanitário da cidade. A localização do hospital deveria ser determinada a partir de uma medicina do espaço urbano.

Em segundo lugar, era preciso calcular a distribuição interna do espaço dentro do hospital em função de alguns critérios. Se as pessoas estivessem convencidas de que uma ação exercida sobre o meio curaria os doentes, então era preciso criar em torno de cada doente um pequeno espaço individualizado, específico, modificado de acordo com o paciente, com a doença e também com sua evolução. Era necessário obter uma autonomia funcional e médica do espaço de sobrevivência do doente. Assim foi estabelecido o princípio segundo o qual os leitos não poderiam ser ocupados por mais de um paciente. Suprimiu-se, então, o leito dormitório, no qual podiam amontoar-se por vezes até seis pessoas.

Era também preciso criar em torno do doente um meio modificável, permitindo aumentar a temperatura, refrescar o ar, dirigi-lo apenas para um só doente. A partir daí desenvolveram-se pesquisas sobre a individualização do espaço de vida e respiração dos doentes, inclusive nas salas coletivas. Assim, por exemplo, formulou-se um projeto de isolar o leito de cada doente com a ajuda de panos colocados sob as laterais e na parte de cima, mas de modo a permitir a circulação do ar, bloqueando, ao mesmo tempo, a propagação dos miasmas.

Tudo isso nos mostra como, na estrutura particular, o hospital constituiu um meio de intervenção sobre a doença. A arquitetura hospitalar deveria ser o fator e o instrumento de tratamento hospitalar. O hospital aonde os doentes só chegavam para morrer deveria cessar de existir. A arquitetura hospitalar se torna um instrumento de tratamento, tal como uma dieta alimentar, uma sangria ou qualquer outra ação médica. O espaço hospitalar medicalizou-se em sua função e em seus efeitos. Essa foi a primeira característica da transformação do hospital no final do século XVIII.

2. Transformação do sistema de poder no seio do hospital. Até a metade do século XVIII, foi o pessoal religioso, raramente

o laico, que exerceu o poder. Ele era encarregado da vida cotidiana do hospital, da salvação e alimentação das pessoas internas. Chamava-se o médico para se ocupar dos doentes mais gravemente acometidos. Menos que uma ação real, tratava-se de uma garantia, de uma simples justificação. A visita médica era um ritual muito irregular. A princípio, ela acontecia uma vez por dia e para centenas de doentes. Em suma, o médico dependia administrativamente do pessoal religioso, que tinha o poder de demiti-lo.

A partir do momento em que o hospital foi concebido como instrumento de tratamento e que a distribuição do espaço se tornou um meio terapêutico, o médico assumiu a responsabilidade principal da organização hospitalar. Era a ele que se consultava para determinar como construir e organizar um hospital. Por isso, Tenon realizou a investigação já mencionada. A partir de então, era proibida a forma de claustro, da comunidade religiosa, que se utilizara até então para organizar o hospital. Ademais, se o regime alimentar, o arejamento etc. se tornaram instrumentos de tratamento, ao controlar o regime do doente o médico se torna encarregado, até certo ponto, do funcionamento econômico do hospital, o que, até então, era um privilégio das ordens religiosas.

Ao mesmo tempo, a presença do médico se reafirma e intensifica. O número de visitas aumentou em ritmo crescente ao longo do século XVIII. Em 1680, no Hospital Municipal de Paris o médico visitava os doentes uma vez por dia. Muito diferentemente, no século XVIII diversos regulamentos foram estabelecidos para especificar sucessivamente que se deveriam efetuar visitas noturnas para os mais gravemente doentes, que cada visita deveria durar duas horas, e, para terminar, em torno de 1770, que um médico deveria residir no interior do hospital, a fim de estar em condições de intervir, não importa a que hora do dia ou da noite, caso fosse necessário.

Assim, apareceu o personagem do médico de hospital, que antes não existia. Até o século XVIII, os grandes médicos não vinham dos hospitais. Eram médicos que faziam consultas tendo adquirido prestígio graças a certo número de curas espetaculares. O médico ao qual recorriam as comunidades religiosas para as visitas ao hospital em geral era o pior da profissão. O grande médico de hospital, tão mais competente quanto maior era sua experiência nessas instituições, é uma invenção do século XVIII. Tenon, por exemplo, foi médico de hospital. Da mesma forma, o trabalho que Pinel realizou em Bicêtre foi possível graças à experiência adquirida no ambiente hospitalar. Essa intervenção de ordem hierárquica no hospital juntamente com o exercício do poder pelo médico refletia-se no ritual da visita, ou seja, um desfile quase religioso conduzido pelo médico e seguido por toda a hierarquia do hospital: assistentes, alunos, enfermeiras etc., que se apresentavam diante do leito de cada doente. Esse ritual codificado da visita que designa o lugar do poder médico era reencontrado nos regulamentos hospitalares do século XVIII. Eles indicavam onde devia situar-se cada pessoa, precisavam que a passagem do médico deveria ser anunciada por uma sineta, que a enfermeira deveria estar próxima da porta segurando um caderno para acompanhar o médico quando este iniciava a visita na sala etc.

3. Organização de um sistema de registros permanente e completo, na medida do possível, para que se anotasse tudo o que acontecia. Em primeiro lugar, consideremos os métodos de identificação do doente. Amarrava-se em seu pulso uma pulseira que permitia identificá-lo enquanto vivia, mas também se morresse. Na parte superior do leito, colocava-se uma ficha mencionando o seu nome e a doença que sofria. Do mesmo modo, começou-se a utilizar uma série de registros que reuniam e transmitiam informação: o registro geral de entradas e saídas, no qual se inscreviam o nome do doente, o diagnóstico do médico que o recebia, a sala na qual ele se encontrava e, por fim, se havia perecido, ou, ao contrário, se o haviam curado; o registro de cada sala preparado por uma enfermeira chefe; o registro da farmácia, no qual figuravam as prescrições; o registro das diretivas que o médico formulava ao longo de sua visita, concernindo às prescrições, ao tratamento prescrito, ao diagnóstico etc.

No final, impôs-se para os médicos a obrigação de confrontar suas experiências com seus registros, pelo menos uma vez por mês, tal como prescrevia o regulamento do Hospital Municipal de Paris em 1785, a fim de anotar os diferentes tratamentos administrados, os que deram resultados satisfatórios, os médicos que obtiveram um maior número de sucesso e se as doenças endêmicas passavam de uma sala para outra. Dessa maneira, forma-se uma coleção de documentos no interior do hospital. Assim, ele constituía não somente um lugar de tratamento, mas também um lugar de produção do saber médico. O saber médico que, até o século XVIII, estava localizado nos livros, em uma espécie de jurisprudência médica concentrada nos grandes tratados clássicos da medicina, começa então a ocupar um lugar que não é mais o texto, e, sim, o hospital. Não se trata mais do que está escrito ou impresso, mas do que se recolhe todos os dias em uma tradição viva, ativa e atual que o hospital passou a representar.

Dessa maneira, afirmou-se, ao longo do período de 1780-1790, a formação normativa do médico hospitalar. Essa instituição, além de ser um lugar de tratamento, é também um lugar de formação médica. A clínica aparece como uma dimensão essencial do hospital. Entendo aqui por "clínica" a organização do hospital como lugar de formação e transmissão do saber. Além disso, com a introdução da disciplina do espaço hospitalar, que permite tanto tratar quanto acumular conhecimentos e também formar, a medicina oferece, como objeto de observação, um campo muito vasto, limitado, por um lado, pelo próprio indivíduo, e, por outro, por toda a população.

A aplicação da disciplina ao espaço hospitalar e o fato de ter sido possível isolar cada indivíduo, instalá-lo em um leito, prescrever-lhe um regime levaram a uma medicina individualizante. Com efeito, foi o indivíduo que passou a ser observado, vigiado, conhecido e tratado. O indivíduo emerge como objeto do saber e da prática médica.

Ao mesmo tempo, por meio do sistema do espaço hospitalar disciplinado, era possível observar um grande número de indivíduos. Os registros feitos cotidianamente, quando comparados aos dos outros hospitais ou aos de outras regiões, permitem estudar os fenômenos patológicos comuns a toda a população.

Graças à tecnologia hospitalar, o indivíduo e a população se apresentam simultaneamente como objetos do saber e da intervenção médica. A redistribuição dessas duas medicinas será um fenômeno próprio ao século XIX. A medicina que se forma ao longo do século XVIII é, a um só tempo, medicina do indivíduo e da população.

1979

Nascimento da Biopolítica

"Naissance de la biopolitique", *Annuaire du Collège de France*, 79ᵉ année, *Histoire des systèmes de pensée, année 1978-1979*, 1979, p. 367-372.

O curso deste ano afinal foi dedicado, por inteiro, ao que devia formar apenas sua introdução. O tema fixado era então a "biopolítica": entendia, por isso, a maneira como se tentou, a partir do século XVIII, racionalizar os problemas apresentados à prática governamental pelos fenômenos próprios a um conjunto de viventes constituídos em população: saúde, higiene, natalidade, longevidade, raças... Sabe-se que lugar crescente esses problemas ocuparam a partir do século XIX e quais móbeis políticos e econômicos eles constituíram até os dias de hoje.

Pareceu-me não ser possível dissociar esses problemas do âmbito da racionalidade política, no interior do qual eles apareceram e adquiriram sua acuidade, a saber, o "liberalismo", pois foi em relação a ele que esses problemas tomaram o aspecto de um desafio. Em um sistema preocupado com o respeito ao sujeito de direito e com a liberdade de iniciativa dos indivíduos, como o fenômeno "população", com seus efeitos e seus problemas específicos, pode ser considerado? Em nome do que e segundo quais regras ele pode ser gerido? O debate ocorrido na Inglaterra em meados do século XIX, concernindo à legislação sobre a saúde pública, pode servir de exemplo.

*

O que se deve entender por "liberalismo"? Eu me apoiei nas reflexões de Paul Veyne a respeito dos universais históricos e da necessidade de testar um método nominalista em história. E, retomando certo número de escolhas de métodos já feita, procurei analisar o "liberalismo" não como uma teoria nem como uma ideologia, menos ainda, é claro, como uma maneira para a "sociedade representar-se...", mas, sim, como uma prática, ou seja, uma "maneira de fazer" orientada na direção de objetivos e regulando-se por meio de uma reflexão contínua. O liberalismo deve ser, então, analisado como princípio e método de racionalização do exercício do governo, racionalização que obedece, e esta é sua especificidade, à regra interna da economia máxima. Enquanto toda racionalização do exercício do governo visa a maximizar seus efeitos, diminuindo, o máximo possível, o custo (entendido tanto no sentido político quanto no econômico), a racionalização liberal parte do postulado segundo o qual o governo (trata-se aqui, por certo, não da instituição "governo", mas da atividade que consiste em gerir a conduta dos homens em um enquadre e com instrumentos estatais) não poderia ser, por si mesmo, seu próprio fim. Ele não tem em si sua razão de ser, e sua maximalização, ainda que nas melhores condições possíveis, não deve ser seu princípio regulador. Nisso, o liberalismo rompe com a "razão de Estado" que, desde o final do século XVI, buscara na existência e no reforço do Estado o objetivo suscetível de justificar uma governamentalidade crescente e de regular seu desenvolvimento. A *Polizeiwissenschaft* desenvolvida pelos alemães no século XVIII, seja pelo fato de lhes faltar uma grande forma estatal, seja ainda e também porque a estreiteza dos recortes territoriais lhes dava acesso a unidades muito mais facilmente observáveis, considerando-se os instrumentos técnicos e conceituais da época, situava-se sempre sob o seguinte princípio: não se presta bastante atenção, muitas coisas escapam, domínios demasiado numerosos não têm regulação e regulamento, faltam ordem e administração, em suma, governa-se muito pouco. A *Polizeiwissenschaft* foi a forma tomada por uma tecnologia governamental dominada pelo princípio da razão de Estado. E foi, de algum modo, "muito naturalmente", que ela considerou os problemas da população, que deve ser a mais numerosa e a mais ativa possível, como a força do Estado: saúde, natalidade, higiene encontram nele, sem problemas, um lugar importante.

O liberalismo, por sua vez, é atravessado pelo princípio: "sempre se governa demais", ou, pelo menos, devemos sempre suspeitar que governamos demais. A governamentalidade não deve exercer-se sem uma "crítica" diferentemente mais radical do que uma prova de otimização. Ela não deve interrogar-se apenas sobre os melhores meios de alcançar seus efeitos (ou sobre os menos custosos), mas sobre a possibilidade e a própria legitimidade de seu projeto para alcançar efeitos. A desconfiança de que arriscamo-nos sempre a governar demais é habitada pela questão: por que, então, seria preciso governar? Disso decorre o fato de a crítica liberal não se separar da problemática, nova naquela época, da "sociedade": é em nome desta que se vai buscar saber a razão de ser necessário haver um governo, em que se pode dele prescindir e sobre o que sua intervenção é inútil ou nociva. A racionalização da prática governamental, em termos de razão de Estado, implicava sua maximização na condição de *optimum*, uma vez que o exercício do Estado supõe imediatamente o exercício do governo. A reflexão liberal não parte da existência do Estado, encontrando no governo o meio de alcançar esse fim que ele seria para si mesmo, mas da sociedade, que se encontra em uma relação complexa de exterioridade e de interioridade em face do Estado. É ela, a um só tempo condição e fim último, que permite não mais formular a questão: como governar o máximo possível e ao mínimo custo possível? E sim esta: por que é preciso governar? Ou seja: o que torna necessário haver um governo e quais fins ele deve perseguir, no que concerne à sociedade, para justificar sua existência? A ideia de sociedade é o que permite desenvolver uma tecnologia de governo a partir do princípio de que já sendo,[1] por ele próprio, "demasiado", "em excesso" – ou pelo menos que ele vem acrescentar-se como um suplemento ao qual se pode e se deve sempre perguntar se ele é necessário e em que ele é útil.

Mais do que fazer da distinção Estado-sociedade civil um universal histórico e político que pode permitir interrogar todos os sistemas concretos, podemos tentar ver nisso uma forma de esquematização própria a uma tecnologia particular de governo.

*

Portanto, não se pode dizer que o liberalismo seja uma utopia jamais realizada, exceto se considerarmos como núcleo do

---

1. Na reedição por Julliard dos resumos dos cursos, figura "ele é (*il est*)", que parece gramaticalmente mais correto, embora não dando à frase exatamente o mesmo sentido.

liberalismo as projeções de suas análises e de suas críticas que ele foi levado a formular. Ele não é um sonho que se choque com a realidade e sem nela inscrever-se. Ele constitui, e esta é a razão de seu polimorfismo e de suas recorrências, um instrumento crítico da realidade: de uma governamentalidade anterior da qual tentamos nos desmarcar; de uma governamentalidade atual que se tenta reformar e racionalizar revisando-a em baixa; de uma governamentalidade à qual nos opomos e cujos abusos queremos limitar. De sorte que se poderá encontrar o liberalismo, sob formas diferentes, mas simultâneas, como esquema regulador da prática governamental e como tema de oposição por vezes radical. O pensamento político inglês, no final do século XVIII e na primeira metade do século XIX, é bastante característico desses usos múltiplos do liberalismo. E mais particularmente ainda as evoluções ou ambiguidades de Bentham e dos benthamianos.

Na crítica liberal, é certo que o mercado como realidade e a economia política como teoria desempenharam um papel importante. Mas, como confirmou o importante livro de P. Rosanvallon,[2] o liberalismo não é nem sua consequência nem seu desenvolvimento. O mercado, na crítica liberal, desempenhou mais o papel de um "teste", de um lugar de experiência privilegiada onde se podem balizar os efeitos do excesso de governamentalidade e até mesmo avaliar seu tamanho: a análise dos mecanismos da "escassez", ou mais geralmente do comércio de grãos, em meados do século XVIII, tinha por objetivo mostrar a partir de qual ponto governar era sempre governar demais. Quer se trate do Quadro dos Fisiocratas ou da "mão invisível" de Smith, quer se trate de uma análise que objetiva tornar visível, na forma da "evidência", a formação do valor e a circulação das riquezas, ou, ao contrário, de uma análise que supõe a invisibilidade intrínseca do laço entre a busca do ganho individual e o crescimento da riqueza coletiva, de todo modo a economia mostra uma incompatibilidade de princípio entre o desenrolar otimizado do processo econômico e uma maximização dos procedimentos governamentais. Foi por essa via, mais do que pelo jogo das noções, que os economistas franceses ou ingleses do século XVIII se separaram do mer-

---

2. Rosanvallon (P.), *Le capitalisme utopique: critique de l'idéologie économique*, Paris, Éd. du Seuil, col. "Sociologie politique", 1979.

cantilismo e do cameralismo. Eles fizeram escapar a reflexão sobre a prática econômica à hegemonia da razão de Estado e à saturação pela intervenção governamental. Utilizando como medida o "governar demasiado", eles o situaram "no limite" da ação governamental.

O liberalismo não deriva, sem dúvida, de uma reflexão jurídica tanto quanto de uma análise econômica. Não é a ideia de uma sociedade política fundada em um laço contratual que lhe deu origem. Mas, na busca de uma tecnologia liberal de governo, pareceu que a regulação por meio da forma jurídica constituía um instrumento eficaz diferentemente da ponderação ou moderação dos governantes. (Os fisiocratas tendiam mais, por desconfiarem do direito e da instituição jurídica, a buscar essa regulação no reconhecimento, por um déspota ou poder institucional ilimitado, das leis "naturais" da economia impondo-se a ele como verdade evidente.) O liberalismo foi buscar essa regulação na "lei" não devido a um juridicismo que lhe seria natural, mas porque a lei define formas de intervenções gerais exclusivas de medidas particulares, individuais, excepcionais, e porque a participação dos governados na elaboração da lei, em um sistema parlamentar, constitui o sistema mais eficaz de economia governamental. O "Estado de direito", o *Rechtsstaat*, o *Rule of law*, a organização de um sistema parlamentar "realmente representativo" tinham, durante todo o início do século XIX, interesse comum com o liberalismo. Mas, exatamente como a economia política utilizada no começo como critério da governamentalidade excessiva não era nem por natureza nem por virtude liberal, tendo inclusive rapidamente induzido a atitudes antiliberais (seja na *Nationaloekonomie* do século XIX, seja nas economias planificadoras do século XX), assim também a democracia e o Estado de direito não foram forçosamente liberais, nem o liberalismo foi por força democrático ou ligado às formas de direito.

Portanto, mais do que uma doutrina não coerente, mais do que uma política perseguindo certo número de objetivos mais ou menos definidos, eu estaria tentado a ver no liberalismo uma forma de reflexão crítica sobre a prática governamental. Essa crítica pode vir do interior ou do exterior, pode apoiar-se em tal teoria econômica ou referir-se a tal sistema jurídico sem laço necessário ou unívoco. A questão do liberalismo, entendida como a questão do "governar demasiado", foi uma das dimensões constantes desse fenômeno recente na Europa e surgido, parece, primeiro na Inglaterra, a saber: "a vida política". Ela é inclusive um de seus elementos constituintes, se é verdade que a vida política existe quando a prática governamental é limitada em seu excesso possível pelo fato de ela ser o objeto de debate público quanto a seu "bem ou mal", quanto a seu "demasiado ou demasiado pouco".

*

Por certo que não se trata aqui de uma "interpretação" do liberalismo que se proponha ser exaustiva, mas de um plano de análise possível, o da "razão governamental", ou seja, dos tipos de racionalidade que foram empregados nos procedimentos pelos quais se dirige, mediante uma administração estatal, a conduta dos homens. Busquei conduzir tal análise em dois exemplos contemporâneos: o liberalismo alemão dos anos 1984-1962 e o liberalismo americano da Escola de Chicago. Nos dois casos, o liberalismo se apresentou, em um contexto muito definido, como uma crítica da irracionalidade própria ao excesso de governo e como um retorno a uma tecnologia de *governo frugal*, como diria Franklin.

Esse excesso, na Alemanha, foi o regime de guerra, o nazismo, mas, além disso, foi um tipo de economia dirigista e planificada, surgida do período 1914-1918 e da mobilização geral dos recursos e dos homens, foi também o "socialismo de Estado". Com efeito, o liberalismo alemão do segundo pós-guerra foi definido, programado e até mesmo, por certa parte, posto em aplicação por homens que, a partir dos anos 1928-1930, haviam pertencido à Escola de Friburgo (ou pelo menos haviam sido inspirados por ela) e que se expressaram, mais tarde, na revista *Ordo*. No entrecruzamento da filosofia neokantiana, da fenomenologia de Husserl e da sociologia de Max Weber, próximas em alguns pontos dos economistas vienenses preocupados com a correlação que se manifesta na história entre processos econômicos e estruturas jurídicas, homens como Eucken, W. Roepke, Franz Böhm, Von Rustow dirigiram suas críticas para três *fronts* políticos diferentes: socialismo soviético, nacional-socialismo, políticas intervencionistas inspiradas por Keynes, mas endereçavam-se ao que consideravam como um adversário único, a saber, um tipo de governo econômico sistematicamente ignorante dos mecanismos de mercado, únicos capazes de garantir a regulação formadora dos preços. O ordoliberalismo, trabalhando nos temas fundamentais da tecnologia liberal de governo, buscou definir o que poderia ser uma economia de mercado, organizada (mas não planificada, nem dirigida) no interior de um quadro institucional e jurídico que, de um lado, ofereceria as garantias e as limitações da lei, e, do outro, garantiria que a liberdade dos processos econômicos não produzisse distorção social. A primeira parte desse curso dedicou-se ao estudo desse ordoliberalismo, que inspirara a escolha econômica da política geral da RFA, na época de Adenauer e de Ludwig Ehrard.

A segunda dedicou-se a alguns aspectos do que se chama o neoliberalismo americano: o que em geral é situado sob o signo da Escola de Chicago e que se desenvolveu, ele também, em reação ao "demasiado governo" representado, aos seus olhos, a partir de Simons, pela política do New Deal, pela planificação de guerra e pelos grandes programas econômicos e sociais sustentados, na maior parte do tempo do pós-guerra, pelas administrações democratas. Tal como os ordoliberais alemães, a crítica feita em nome do liberalismo econômico autoriza-se com base no perigo que representaria a inevitável sequência: intervencionismo econômico, inflação dos aparelhos governamentais, superadministração, burocracia, enrijecimento de todos os mecanismos de poder, ao mesmo tempo em que se produziriam novas distorções econômicas, indutoras de novas intervenções. Mas o que deteve a atenção no neoliberalismo americano foi um movimento inteiramente oposto ao que encontramos na economia social de mercado na Alemanha. Enquanto essa economia considera que a regulação dos preços pelo mercado, único fundamento de uma economia racional, é tão frágil a ponto de ter de ser sustentada, acomodada, "ordenada" por uma política interna e vigilante de intervenções sociais (implicando ajuda aos desempregados, cobertura das necessidades de saúde, uma política de habitação etc.), o neoliberalismo americano busca, antes, estender a racionalidade do mercado, os esquemas de análise propostos por ela e os critérios de decisão por ela sugeridos a domínios não exclusivamente ou não em primeiro lugar econômicos. Assim, a família e a natalidade, a delinquência e a política penal.

Portanto, o que agora deveria ser estudado é a maneira como os problemas específicos da vida e da população foram formulados no interior de uma tecnologia de governo que, sem saber, longe disso, tendo sempre sido liberal, não deixou de ser a assediada, desde o final do século XVIII, pela questão do liberalismo.

*

Este ano, o seminário foi dedicado à crise do pensamento jurídico nos últimos anos do século XX. A exposição de trabalhos ficou a cargo de: François Ewald (sobre o direito civil), Catherine Mevel (sobre o direito público e administrativo), Éliane Allo (sobre o direito à vida na legislação sobre as crianças), Nathalie Coppinger e Pasquale Pasquino (sobre o direito penal), Alexandre Fontana (sobre as medidas de segurança), François Delaporte e Anne Marie Moulin (sobre a polícia e a política de saúde).

1983

Troca de Cartas com Michel Foucault

"An exchange with Michel Foucault" ("Échange avec Michel Foucault"), *The New York Review of Books*, ano 30, n. 5, 31 de março de 1983, p. 42-44. (Troca de cartas com L. Stone sobre sua apreciação de *História da loucura*: "Madness", *ibid.*, 16 de dezembro de 1982, p. 28-36.)

Ao criticar quatro obras recentes de língua inglesa sobre a história do tratamento da loucura entre os séculos XVI e XIX ("Madness", *The New York Review of Books*, 16 de dezembro de 1982), o historiador americano Laurence Stone constata, deplorando-o, que há 15 anos loucura, medicina e desviação foram reavaliadas "sob a influência considerável, mas desestabilizante, de *História da loucura*". À imaginação pessimista de M. Foucault faltaria, segundo ele, apoios documentais. A resposta de M. Foucault aqui apresentada refere-se à edição integral de *História da loucura*, republicada em 1972 por Gallimard. No artigo "Madness", L. Stone indicava em nota as referências da versão inglesa de 1965, fortemente abreviada. Contudo, respondendo à resposta de M. Foucault nesse mesmo número da *New Yok Review of Books*, L. Stone mostra conhecer a edição francesa original.

1. Você me atribui a tese segundo a qual, a partir de 1650, se teria admitido como novo princípio que "a loucura era vergonhosa" e que "o melhor tratamento estava na segregação operada sob a conduta de médicos profissionais". Ora, isso é muito exatamente *o contrário* do que avancei como tese geral de meu livro e desenvolvi nos cinco capítulos da primeira parte. A saber: que os procedimentos e instituições de internação se desenvolveram ao longo dos séculos XVI e XVII, e não a partir de 1650; que eles eram, no essencial, extramédicos; e que os objetivos por eles propostos só muito particularmente tomavam a forma de uma terapêutica. As datas, as formas, os regulamentos desses enclausuramentos não médicos são analisados nas páginas 56-123 de meu livro. O lugar limitado ali ocupado pelas práticas médicas está descrito nas páginas 124-177. Por que você não considera essas 120 páginas que desmentem por completo a tese que você me atribui? E por que me atribuir

uma tese insustentável que, até onde eu saiba, nunca foi sustentada por ninguém e com certeza não por mim?

2. Você me atribui a ideia de que, em tudo isso, tratava-se de uma "conspiração de profissionais para apoderar-se do poder e enclausurar as pessoas". Mais uma vez, é justo o *contrário* do que eu disse. Primeiro, nunca utilizei a noção de "conspiração" para analisar esse fenômeno histórico, nem qualquer outro. Por outro lado, e este é todo o desenvolvimento de meu livro, procurei mostrar a extensão, a diversidade e a complexidade dos processos que finalmente levaram, depois de um século e meio ou mesmo mais, à constituição de uma psiquiatria especializada e de um corpo de alienistas que puderam reivindicar o exercício de um poder médico no âmbito dos estabelecimentos de internação. Portanto, não descrevi uma conspiração. Não foi em 1650 que situei o fato de uma medicalização e não foi junto aos médicos que busquei os únicos agentes. Você comete erros sobre esses três pontos. Por quê?

3. Você me objeta, como se eu ignorasse ou não mencionasse, que se dispõe de testemunhos sobre o enclausuramento de alguns loucos na Idade Média. Ora, eu me refiro precisamente a semelhantes testemunhos e indico ter havido ali uma antiga e forte tradição que, depois, tomou uma dimensão totalmente outra, cito alguns exemplos disso nas páginas 20-21 e 125-127. Lembro (p. 161-162) que na Idade Média ocorria enclausurar-se os loucos e exibi-los como animais. Se admitimos que você leu meu livro, é preciso supor que recopiou o que eu disse a fim de me censurar por não tê-lo dito. Ou devemos supor que você não o leu?

4. Outra objeção de sua parte: os loucos não teriam sido "isolados", uma vez que os turistas iam vê-los nos locais onde eram mantidos acorrentados. Duas observações:

a) Você realmente acredita que o fato de se enclausurar alguém que serve de espetáculo prova que ele não é objeto de uma segregação? Diga: se você estiver amarrado com correntes, urrando em um pátio ou espernando por trás das grades, sob o olhar hilário de alguns papalvos, você não teria um vago sentimento de isolamento?

b) Ora, acontece que lembrei essas visitas aos loucos e esse servir de espetáculo trazendo muitas referências, tanto da França quanto da Inglaterra (p. 161-163). É verdade que não as torno uma prova de que os loucos não eram isolados, mas, sim, um aspecto da atitude complexa para com os loucos: eles eram ocultados e mostrados nos mesmos locais. As duas atitudes são atestadas por documentos citados por mim.

Um pouco mais de atenção teria podido lhe poupar de fazer uma exprobação leviana e malfundamentada, e de apoiá-la em um raciocínio tão maravilhosamente estranho.

5. Você me objeta que há "enormes diferenças, de um país a outro, nos graus e formas do encarceramento": a Inglaterra conhecendo principalmente os estabelecimentos privados e a França, as instituições de Estado. Ora, nas páginas 67-74 e 483-496, insisto nas diferenças marcantes entre um país como a França e outro como a Inglaterra, onde a organização religiosa, a legislação, as instituições e as atitudes deixam muito mais lugar à iniciativa privada. Lembro, em particular, a longa tradição na qual se inscreve Tuke e que se desenvolveu ao longo do século XVIII. Dito isso, você se engana caso acredite que na França tudo era empreendimento estatal.

6. Quando você me objetou que os séculos XVII e XVIII conheceram principalmente o enclausuramento dos pobres, e que o século XIX, o dos loucos, é verdade que não sei o que lhe responder nem a qual passagem de meu livro você remete: ele é todo dedicado a acompanhar a lenta evolução de uma forma de internamento endereçada sobretudo aos pobres para um internamente encarregado de funções médicas. Você apenas repete, a título de objeção, o que propus, a título de tese geral.

7. Contrariamente ao que você pretende, nunca comparei "os cuidados prestados aos loucos" e os que eram prestados aos leprosos. Indiquei que havia tido reutilização de certo número de leprosários abandonados para outros fins, sobretudo para um enclausuramento que, nos séculos XVII e XVIII, não era senão muito parcialmente terapêutico.

8. Você me desaprova ter situado sob o mesmo "guarda-chuva conceitual" o tratamento dos escolares, dos pobres, dos criminosos e dos loucos. E enfatiza que a situação dos pobres melhorou há dois séculos, e que as crianças, "pelo menos até os anos 1960", foram gradativamente mais bem educadas. Ora:

a) Nunca neguei o que você avança nessas duas últimas proposições, eu nem sequer abordei esse assunto.

b) Nunca evoquei em meu livro sobre a loucura a questão dos escolares e de sua educação. Você poderia me citar a passagem em que eu o teria feito?

c) Quanto à presença dos criminosos (quase sempre com um *status* especial) nos estabelecimentos onde também se encontravam os pobres e os insensatos, não são de minha lavra. Trata-se de uma prática atestada em documentos citados em particular nas páginas 56-123 e 414-421. Você estaria em condições de negar esse fato e de apoiar sua negação em documentos? Para mim, o problema era compreender a lógica de uma prática que podia concernir aos loucos, aos criminosos e aos pobres, mas que não concernia às crianças nem nos séculos XIX e XX, como você quer fazer acreditar.

9. Por fim, retornando uma vez mais à tese que nunca sustentei (os médicos estariam "por trás do grande enclausuramento"), você objeta que a sociedade era "ávida para pagar pelo internamento" e que, por esse lado, havia toda uma demanda social. Ora, aqui também não cessei de insistir sobre essa demanda das famílias e de seu *entourage*. Na França, a carta régia com ordem de prisão, uma das vias de internamento administrativo, era, na maioria dos casos, solicitada pelas famílias, e o próprio enclausuramento em Bicêtre, em muitos casos, era pago. Você se engana, aliás, se imagina que apenas as famílias ricas evocadas por você faziam semelhantes demandas e pagavam semelhantes pensões.

Em suma, nove erros maciços visíveis em pouco mais de duas colunas. É muito. Não tenho o hábito de responder a críticas nas quais o leitor, como se diz, é bastante grande para retificar por ele mesmo as falsificações evidentes. Contudo, a estima que lhe dedicam incita-me a submetê-lo a estas poucas respostas que poderiam ser muito mais detalhadas. É que ao responder, eu gostaria de formular algumas perguntas.

1. A "fidelidade" a meu livro manifestada por você me surpreende. Você poderia ter citado outras fontes diferentes das que me refiro, evocar outros fatos, abrir novas perspectivas. De modo algum. Das nove exprobações que você me faz, quatro (a terceira, a quarta, a quinta e a sexta) consistem em reproduzir o que eu disse fazendo como se eu não o tivesse dito; três outras (a primeira, a segunda e a oitava) consistem em inverter palavra por palavra o que eu disse e a me atribuir a tese tornada, assim, inadmissível. Quanto à nona desaprovação, ela combina, em uma boa retórica, os dois métodos empregados ao longo do desenvolvimento.

2. Temo que você tenha corrido um risco considerável. Imagine os que leram meu livro, os que o lerão e que terão a ideia de confrontá-lo com o que você diz. Você não teme passar por *unconcerned with historical detail of time and place, or with rigorous documentation?*[1]

3. Você não acha que a probidade indispensável ao trabalho científico deveria excluir semelhantes maneiras de fazer? Você não acha que o respeito ao trabalho do outro pelo que ele disse é uma das condições para se fazer a crítica escapar dos maus hábitos do jornalismo precipitado?

4. Publiquei meu livro há mais de 20 anos. Ele era, então, um tanto "solitário" em um domínio que os historiadores, talvez, não tivessem muito esmiuçado. Ele por certo pede para ser revisado, afinado, corrigido, desenvolvido. Felizmente, o problema se tornou depois, como você diz, uma questão de atualidade. Mas que 20 anos depois ele suscite, em um espírito que deveria ter permanecido frio, tantas falsificações manifestas, não seria esse um sinal de que os problemas dos quais ele busca tratar estão ainda sobrecarregados de paixão? Razão a mais, por conseguinte, para estarmos, na discussão, tão atentos quanto possível e tão escrupulosos o quanto se possa. Mesmo quando ela não passa de um objeto do qual se fala, na loucura há alguma coisa que cega.

Por isso mesmo eu lhe proponho retomarmos, com toda simpatia e serenidade, o debate sobre esses problemas e isso na forma que poderia convir a nós dois. Gostaria apenas que começássemos por confrontar, parágrafo por parágrafo, o que você escreveu sobre meu livro e o que eu escrevi nesse livro. É preciso que o público possa saber o que, na realidade, acontece.

Procuremos juntos, se quiser, os meios de fazê-lo.

---

1. ...por "alguém que não dá nenhuma importância ao detalhe histórico da época e do lugar, ou a uma documentação rigorosa"? (trecho de L. Stone).

1984

A Preocupação com a Verdade

"Le souci de la vérité", *Le Nouvel Observateur*, n. 1.006, 17-23 de fevereiro de 1984, p. 74-75. (Sobre a morte do historiador P. Ariès.)

Durante muito tempo, era possível vê-lo próximo ao *rond-point* Bugeaud, em um antigo hotel particular que uma administração de sigla enigmática transformara em escritório. Tenho lembrança – mas será ela exata? – de um grande cômodo revestido de madeira sombria: parecia que o gênio do lugar o havia detido, apenas por um momento, sobre o declive de sua invencível história. Ele lhe conservara alguma coisa do salão que aquele cômodo havia sido. Sua obscuridade assemelhava-se à sobra de uma biblioteca.

Philippe Ariès era um homem que seria difícil não amar: ele insistia em ir à missa de sua paróquia, mas cuidava para se colocar tampões de cera nos ouvidos a fim de não ter de se defrontar com as bufonarias litúrgicas de Vaticano II. Sua família, vinda da Martinica, era maurrassiana,[1] mas desancava-se para convencer Daudet (que não escutava) de que Saint-John Perse não era um negro. Um universitário diplomado a quem se perguntava quem era então esse historiador singular, e qual crédito se podia lhe dar, pôs fim à curiosidade de seu interlocutor e à sua eventual benquerença por meio de uma resposta no estilo Sorbonne, anterior à guerra: "É alguém que deve ter fortuna." De fato, Ariès era elegante, de elegância moral e intelectual, uma fortuna bastante rara.

Os parvos – quero dizer o Sr. Laurence Stone – acreditavam desvelar seu segredo lembrando que ele era de direita, que continuava tradicionalista, que fora do *Action Française* e, por

---

1. (N.T) Partidária do pensamento de Charles Maurras (1868-1952), poeta e jornalista francês, um dos fundadores do jornal antissemita *Action Française*.

algum tempo, do lado de Vichy. Outros, mais maliciosos, pensavam que seu sofrimento era por ser um historiador amador, obrigado a assim permanecer por um ofício constrangedor, e ansioso de se ver reconhecido, por fim, pela instituição. Penso que o essencial estava alhures: como para quase todo mundo, seu segredo estava no centro de sua vida e em sua parte mais visível. Durante 30 anos, Philippe Ariès exerceu um ofício que o apaixonava e o situava em uma encruzilhada da modernidade: ele teve de se ocupar do desenvolvimento agrícola em países outrora coloniais, teve de organizar um centro de documentação e foi um dos primeiros a ali aplicar a revolução informática. Correu o mundo e encontrou os grandes tecnocratas internacionais, cujas decisões, por vezes, fazem viver ou morrer, salvam ou esfaimam porções inteiras de população.

"Historiador do domingo", como ele mesmo dizia. Mas foram essas atividades profissionais e sua semana bem cheia que animaram seus *weekends* de historiador. A experiência direta de uma modernidade planetária e técnica revezava nele uma sensibilidade jamais renegada, jamais apagada: a de um burguês da província. Sua prática profissional lhe permitia levar à dimensão de uma interrogação histórica geral um mal-estar característico do meio de onde ele vinha: a dificuldade de conceder os valores e as normas de um modo de vida ao desenvolvimento das racionalidades técnicas. Isso o levou a formular problemas que não estavam muito longe dos de Max Weber (que ele não conhecia, mas também não confundia, como alguns ignorantes, com Spengler).

Max Weber interessava-se sobremaneira pelas condutas econômicas. Ariès, pelas condutas que concerniam à vida. Claro, ele não teve de descobrir a importância dos processos biológicos na história, mas viu que a vida e a morte não estão presentes, no vir a ser dos homens, apenas por seus únicos efeitos sobre a espécie. Elas agem também por meio das atitudes que a sociedade, os grupos e os indivíduos podem tomar a respeito delas. Nascer, crescer, morrer, ficar doente: coisas tão simples e tão constantes em aparência. Mas os homens desenvolveram, no que concerne a elas, atitudes complexas e mutantes que não modificam apenas o sentido que lhes dão, mas também, por vezes, as consequências que elas podem ter. Ariès imaginou fazer a análise dessas figuras complexas que, na cultura humana, dão forma ao elementar da vida.

Sucessivamente, ele estudou os fatos demográficos não como pano de fundo biológico de uma sociedade, mas como uma maneira de se conduzir diante de si mesmo, de sua descendência, do futuro. Depois a infância, que era para ele uma figura da vida e que a atitude e a sensibilidade do mundo adulto recortam, valorizam e modelam. Por fim, a morte, vencimento do prazo universal, que os homens ritualizam, encenam, exaltam e, por vezes, como hoje, neutralizam e anulam. "Historiador das mentalidades", ele próprio empregou a palavra. Mas basta ler seus livros: ele fez, antes, uma "história das práticas", daquelas que têm a forma de hábitos humildes e obstinados, assim como daquelas que podem criar uma arte suntuosa. E ele buscou revelar a atitude, a maneira de fazer ou de ser, de agir e de sentir que podia ser a raiz de uma e de outras. Atento ao gesto mudo que se perpetua durante milênios, como a obra singular que dorme em um museu, ele fundou o princípio de uma "estilística da existência", quero dizer, de um estudo das formas pelas quais o homem se manifesta, se inventa, se esquece ou se nega em sua fatalidade de ser vivo e mortal.

Ariès gostava de contar as batalhas de ideias de antes da guerra, nas quais formara sua juventude pugnaz. Teve de escolher, dizia ele, entre duas maneiras de pensar. Em uma, "de direita": confiava-se na continuidade de uma nação para não se inquietar com os efeitos que os progressos da técnica e da racionalização poderiam produzir nela. Na outra, "de esquerda": confiava-se bastante no progresso para pacientemente esperar dele os efeitos necessários ou úteis. Ariès, então, optou pela primeira. Mas as razões de sua escolha – seu apego a um estilo, a valores, a um modo de vida – rapidamente o conduziram a ali reconhecer postulados muito próximos daqueles dos adversários.

E a esse pensamento do qual ele surgiu ele acabou por levar algumas feridas graves que alguns de seus amigos tiveram dificuldades de lhe perdoar. Como, com efeito, quando se quer estabelecer com a tradição monarquista a grande continuidade de uma nação, admitir essas descontinuidades profundas que marcam, com frequência silenciosamente, a sensibilidade e as atitudes de toda uma sociedade? Como conceder uma importância maior às estruturas políticas quando se faz passar a história por meio de gestos obscuros, com frequência maldefinidos, mantidos ou modificados por grupos? Toda uma direita tinha muita dificuldade em se reconhecer ali. Certa maneira de ver e de amar sua tradição fizera esse tradicionalista descobrir outra história.

E, com essa generosidade, essa ironia, esse desprendimento de senhor, que se podia ouvir, todos juntos, em seu riso, ele fez a outra história, a dos historiadores universitários que, de sua parte, haviam cuidadosamente descuidado o presente imprevisto dado por esse olhar novo.

Estamos todos enfastiados desses convertidos do marxismo que mudam alardeadamente seus princípios e seus valores fundamentais, mas que, no *Figaro* de hoje, pensam tão curto quanto em *La Nouvelle Critique* de ontem. Ariès, ao contrário, tinha a fidelidade inventiva: era sua moral intelectual. Todos devemos enormemente ao seu trabalho. Mas, para pagar a dívida pessoal da qual eu lhe sou devedor, gostaria que fosse preservado o exemplo desse homem que sabia elaborar suas fidelidades, refletir diferentemente em suas escolhas permanentes e esforçar-se, em uma tenacidade estudiosa, para mudar a si mesmo por preocupação com a verdade.

Índice de Obras

A arqueologia do saber
  (M. Foucault), 192-194, 202,
  209, 234, 237, 301, 330
A history of public health
  (G. Rosen), 357
A vontade de saber (M.
  Foucault), 223, 236, 240,
  246
As palavras e as coisas
  (M. Foucault), 145, 163,
  165, 166, 168, 169, 178,
  179, 192, 193, 195, 197,
  198, 202, 205-208, 211,
  223, 235, 248, 300, 330,
  346
Au-dessous du volcan
  (M. Lowry), 54, 95

Capitalisme et schizophrénie
  (G. Deleuze), 316
Crítica da razão dialética
  (J.-P. Sartre), 153
Crítica do juízo (I. Kant), 439

De la biologie à la culture
  (J. Ruffié), 399
Des illusions et impostures des
  diables (J. Wier), 272
Des sorcières et devineresses
  (U. Molitor), 272
Dialogues touchant le pouvoir
  des sorcières (T. L. Erastus),
  272
Dom Quixote (Cervantes), 154,
  207, 208

Empédocle (F. Hölderlin), 37
Enciclopédia, 49, 153, 154
Eneida (Virgílio), 42, 44, 45
Été indien (C. Ollier), 39

Fabriquer la folie (T. Szasz),
  394
Fenomenologia do espírito
  (G. W. F. Hegel), 439

Hans und Jean (R. Italiaander),
  4
Health and sickness of town
  populations (Rumsay), 421
Histoire de l'oeil (G. Bataille),
  182
Histoire de Paul (R. Féret), 56
História da loucura
  (M. Foucault), 23, 163,
  192-194, 198, 226, 235,
  252, 312, 330, 394, 467
História da sexualidade (M.
  Foucault), 236

Igitur (S. Mallarmé), 155

La crise des sciences
  européennes et la phénomé-
  nologie transcendantale
  (E. Husserl), 429
La description de San Marco
  (M. Butor), 40
La logique du vivant (F. Jacob),
  195
La mise en scène (C. Ollier), 39

La mort de Maria Malibran
   (W. Schroeter), 95, 102, 111
La part maudite (G. Bataille),
   183
La veille (R. Laporte), 8, 37
Le conflit des facultés (I. Kant),
   262
Le désordre des familles
   (A. Farge e M. Foucault), 256
L'érotisme (G. Bataille), 182
Le fantôme de l'opéra
   (G. Leroux), 16
Le grand Meaulnes
   (Alain-Fournier), 16
Le livre de vie active de
   l'Hôtel-Dieu (Maître Jehan
   Henri), 447
Le maintien de l'ordre
   (C. Ollier), 39
Le psychanalysme (R. Castel),
   397
Le rivage des Syrtes (J. Gracq),
   54
Les camisards (R. Allio), 80, 88
Les machines à guérir (M.
   Foucault), 357
L'espace littéraire (M. Blanchot),
   230
L'île mystérieuse (J. Verne), 16
Le procès verbal (J.-M. G. Le
   Clézio), 38

Madame Bovary (G. Flaubert),
   53, 167
Madame Edwarda (G. Bataille),
   182
Malleus maleficarum
   (J. Sprenger), 274, 286
Meditações cartesianas
   (E. Husserl), 426, 429

Méthode axiomatique et
   formalisme (J. Cavaillès),
   426, 427
Moi, Pierre Rivière (R. Allio), 70,
   75, 79, 220

Némésis médicale:
   l'expropriation de la santé
   (I. Illich), 374

O despertar da primavera (F.
   Wedekind), 240
O nascimento da clínica (M.
   Foucault), 163, 192-195,
   226
O normal e o patológico (G.
   Canguilhem), 425, 438

Paysage en deux (M. Pleynet), 34

Suma teológica (G. Bataille),
   183
System einer Vollständigen
   medicinischen Polizey
   (J. P. Frank), 362

Tel Quel, 19, 24, 28, 34
Traité de la police (N. de la
   Mare), 361
Tratado das sensações (E. de
   Condillac), 49, 153

Üeber die Frage: Was heisst
   Aufklären? (M.
   Mendelssohn), 427

Vigiar e punir (M. Foucault),
   223, 226, 227, 234, 237,
   255, 319, 330, 333

Índice Onomástico

Abel (A.), 280, 283
Alain, 186
Allio (R.), 70, 72-76, 79-82, 84, 88, 220
Allo (É), 466
Almeida (M.), 310
Almira (J.), 52-55
Althusser (L.), 148, 159, 160, 165, 172, 205, 206, 242, 311, 426
Amy (G.), 35
Ariès (P.), 252-256, 258, 441-443, 472-474
Artaud (A.), 14, 15, 140, 230

Bachelard (G.), 257, 426, 429, 431, 434
Bacon (F.), 97
Balzac (H. de), 74
Barthes (R.), 159, 223, 224, 232, 253, 340, 341
Basaglia (F.), 312
Bataille (G.), 15, 24, 46, 182, 183, 202, 227, 240-242
Baudelaire (C.), 321
Baudry (J.-L.), 19, 29, 31
Bayle, 281, 385
Bellour (R.), 138
Beckett (S.), 253
Bentham (J.), 227
Bergson (A.), 227
Bernanos (G.), 78
Bettelheim (B.), 312, 351
Beveridge (W. H.), 424

Bichat (X.), 271, 385, 404, 409, 434
Binet (A.), 115, 118, 131
Biran (M. de), 118
Bismarck, 92
Blanchot (M.), 15, 24, 38, 46, 50, 51, 155, 167, 201, 202, 206, 227, 230, 240-242, 340
Bloch (M.), 173, 232
Bodin (J.), 273, 276, 288
Boerhaave, 372
Böhm (F.), 464
Bojunga (C.), 343
Boltzmann, 195, 198
Bonnefoy (C.), 151
Bopp (F.), 179
Borges (J. L.), 50, 54, 68, 155, 185
Boulez (P.), 111, 240, 243, 244
Braudel (F.), 232
Brecht (B.), 68, 81, 91, 92, 230
Brosses (C. de), 179
Brown (P.), 253
Buffon (G.), 158
Butor (M.), 40, 41, 321

Caillois (R.), 248
Camus (A.), 104, 152
Canguilhem (G.), 191, 235, 257, 425, 426, 429-440
Castel (R.), 397, 426
Cavaillès (J.), 426, 427, 432
Céline (L. F.), 78
Chadwick (J.), 421
Chancel (J.), 323

Chapsal (M.), 145
Charcot (P.), 389
Châtelet (F.), 75
Chéreau (P.), 110, 240, 243, 244
Chneiderman (R.), 310
Chrisóstomo (São J. de), 273
Claudel (P.), 32, 230
Clavel (M.), 211, 212, 345
Cocteau (J.), 6
Comte (A.), 428
Condillac (E. de), 49, 153
Cooper (D.), 312, 340, 351
Coppinger (N.), 466
Court de Gébelin, 179
Cuvier (G.), 139, 418

Darwin (C.), 165, 195, 198, 203, 302, 382
Davis (R.), 89
Defert (M.), 47, 89
Delaporte (F.), 466
Delaruelle (E.), 281-283
Deleuze (G.), 234, 240, 241, 243, 316, 318, 319, 321, 354
Demelier (J.), 54
Descartes (R.), 8, 139, 168, 222, 242, 260, 428, 429
De Vries (H.), 303
Diderot (D.), 144
Dostoiévski (F.), 208
Duchesne de Boulogne, 389
Duhem (A.), 428
Dumézil (G.), 147, 172
Dupuy (C.), 403
Durkheim (E.), 230
Durry (M.-J.), 19, 21, 32, 33
Duvert (T.), 54

Elkabbach (J.-P.), 169

Engels (F.), 206, 345
Erastus (T. L.), 272, 273, 277
Esquirol (J.-E.), 320
Eucken (R.), 464
Ewald (F.), 466

Faerman (M.), 310
Farge (A.), 252-258
Faulkner (W.), 54
Faye (J. P.), 19, 33, 35
Febvre (L.), 173, 253, 255, 287
Féret (R.), 56-60
Ferry (L.), 259
Feuerbach (L.), 171, 428
Fichte (J. G.), 188, 388
Flaubert (G.), 53, 78, 143, 167
Fontana (A.), 224, 466
Fontenelle (B.), 144, 431
Fourcroy (A. F.), 415, 418
Frank (J. P.), 362
Freud (S.), 30, 91, 92, 109, 120, 132, 133, 137, 140, 142, 160, 165, 189, 194, 242, 319, 320, 352, 353, 387

Galileu (G.), 431
Garaudy (R.), 162-165, 206
Gaulle (C. de), 149, 164
Gauthier (G.), 79
Gavi (P.), 324
Goethe (W.), 93
Goya (F.), 5
Guibert (H.), 95
Guichard (O.), 184, 189

Hallier (J.-É.), 16, 18
Hamelin, 189
Hegel (G. W. F.), 139, 152, 153, 161, 162, 171, 199, 200, 268, 355
Heidegger (M.), 49, 153

Índice Onomástico 481

Herder (J. G. von), 181
Hesse (H.), 92
Hitler (A.), 92
Hölderlin (F.), 37, 44, 105, 206
Howard (J.), 444-446
Hugo (V.), 68
Husserl (E.), 140, 142, 174, 200, 201, 426, 429, 464

Illich (I.), 374, 379, 380, 386

Jacob (F.), 195, 197, 198
Jakobson (R.), 174
Joyce (J.), 36, 54
Jung (C.), 30

Kafka (F.), 54
Kané (P.), 70
Kant (I.), 15, 139, 211, 259-267, 427, 428
Karsenty (S.), 403
Keynes (J.), 464
Klee (P.), 91, 155, 156
Klein (M.), 353
Klossowski (P.), 15, 42-45, 227, 240-243
Koyré (A.), 429, 431
Kuhn (T. S.), 433

Lacan (J.), 71, 146, 147, 159, 172, 242, 319, 321, 353
Lacenaire, 71
Laënnec, 385
Laing, 312, 340, 351
La Mare (N. de), 361
Lancre (P. de), 287, 288, 290, 291
Laporte (R.), 8-15, 37, 38
Lautréamont, 167
Lavoisier (A.-L. de), 196, 418
Le Bras (G.), 282

Le Goff (J.), 271, 279
Leibniz (G.-W.), 155, 430
Le Roy Ladurie (E.), 84, 403
Lessing (G.), 104
Letourmy (A.), 403
Levinson (C.), 390
Lévi-Strauss, 49, 146, 147, 152, 153, 159, 160, 172, 231, 242, 253
Linné (C. von), 155, 158, 400
Lobo (R.), 343
Loriot (P.), 184
Lowry (M.), 155
Lutaud (O.), 280

MacLeod (R. M.), 423
Magritte, 94, 97, 98
Mallarmé (S.), 44, 155, 206, 207, 226, 227
Malraux (A.), 78
Mandrou (R.), 253, 255, 280
Mann (T.), 68, 92
Manselli (R.), 282
Marcuse, 91, 92
Marx (K.), 148, 152, 164, 173, 189, 202-204, 206, 319, 345, 346, 355, 405, 428
Mauriac (C.), 240
Mendel (J. G.), 303
Mendelssohn (M.), 427, 428
Merleau-Ponty (M.), 115, 126, 145, 160, 169, 174, 235, 426
Merquior (J. G.), 192, 193, 198-200, 202-206, 208, 209
Mevel (C.), 466
Michals (D.), 94-101
Millet, 81
Molitor (U.), 272, 273, 277, 278
Montaigne (M. de), 45, 151
Montesquieu (C. de), 144

Mordillat (G.), 220
Moreno (R.), 310
Morgagni, 404, 409
Morgan (T.), 303
Muybridge, 99

Napoleão, 218, 320
Naudin (C.), 302, 303
Nemitz (D.), 90
Nerval (G. de), 46
Newton (I.), 431
Nietzsche (F.), 14, 15, 49, 58, 140, 142, 143, 150, 153, 155, 165, 171, 188, 189, 222, 225, 242-244, 268, 308, 324, 329, 336, 398, 428, 439
Novalis, 110

Ollier (C.), 39

Pasquino (P.), 466
Peter (J.-P.), 403
Philibert (N.), 220
Piaget (J.), 122
Piéron (H.), 118
Pinel (P.), 457
Platão, 222
Pleynet (M.), 19-28, 32-35
Politzer (G.), 122
Pomponne de Bellièvre, 139
Propp (V.), 30, 31
Proust (M.), 12, 16, 54, 178
Pujo (M.), 185

Racine (J.), 35, 223, 224
Rancière (J.), 257
Regnault (F.), 243
Reich (W.), 318, 347, 355
Renan (E.), 191
Ribot (T.), 118

Ricardo (D.), 158, 346
Rivière (P.), 63, 69-72, 75, 76, 79, 80-87
Robbe-Grillet (A.), 50, 155, 321
Robinson, 99
Roepke (W.), 464
Rosanvallon (P.), 462
Rosen (G.), 357, 410
Rousseau (J.-J.), 243
Roussel (R.), 54, 153
Ruffié (J.), 399, 400
Rumsay, 421
Russell (B.), 49, 152
Rustow, 464

Sade (D. A. F. de, Marquês de), 150, 154, 167, 168, 182, 243
Saint-Exupéry (A. de), 152
Saint-John Perse, 472
Sanguineti (E.), 19-34
Sartre (J.-P.), 145-147, 149, 152, 153, 160, 162-165, 169, 171-173, 176, 177, 186, 199, 200, 235, 242, 316, 320, 345, 426
Saussure (F. de), 140, 142, 207
Scholem (G.), 279
Schopenhauer (A.), 199, 244
Schroeter (W.), 102-111
Scribonius (W. A.), 273, 276
Séguy (J.), 281
Selden, 294
Shakespeare (W.), 35
Simon (J. K.), 422, 424
Simons, 465
Smith, 462
Soljenitsyne, 253
Sollers (P.), 19, 22, 23, 25-29, 35, 321
Sprenger (J.), 273, 274

Stalin, 345
Stéfanini, 178-180
Stone (L.), 467, 471, 472
Sylvius, 372
Szasz (T.), 312, 394-398

Taffarel-Faerman (M.), 310
Taine (H.), 118
Teilhard de Chardin (P.), 148, 149, 152, 161, 162, 164
Tenon (J.-R.), 444-446, 456, 457
Terayama (S.), 62
Tolstoi (L.), 442
Tortel (J.), 19, 21, 32

Valéry (P.), 53
Van Swieten, 372
Velázquez (D.), 155
Veyne (P.), 250, 459

Vilmorin, 302
Virgílio, 42, 45
Voltaire, 215

Wagner (R.), 240, 243, 244
Wahl (F.), 250
Wallon (H.), 118
Watanabe (M.), 222, 223, 226, 228, 230-234, 237, 239, 241-247
Watson (J. B.), 122
Weber (M.), 258, 268, 428, 464, 473
Willis, 436
Wilson (B.), 94
Wittgenstein (L.), 153

Zacchias (P.), 291
Zaratustra, 12, 15, 38
Zola (É.), 54, 68, 74

Índice de Lugares

África, 3, 6, 7, 108, 344
Alemanha, 60, 91-93, 106, 157,
    188, 208, 234, 262, 313,
    317, 405-410, 419, 428,
    464, 465
América, 5, 131, 149
Argélia, 3, 4, 336
Áustria, 406, 407

Bolívia, 69
Brasil, 69

China, 344, 349

Espanha, 313, 314
Estados Unidos, 88, 92, 149,
    163, 164, 312, 313, 343,
    344, 351, 397
Europa, 5, 62, 64, 92, 131, 138,
    164, 196, 206, 229, 230,
    233, 313, 317, 319, 336,
    343, 348, 349, 350, 355,
    384, 392, 407, 408, 412,
    420, 444-446, 449-451, 464

França, 23, 87, 88, 92, 93, 119,
    124, 149, 157, 158, 163,
    164, 185-188, 196, 199,
    204, 208, 215, 216, 231,
    232, 236, 246, 250, 252,
    258, 280, 282, 294, 295,
    307, 308, 312-317, 321,
    340, 344, 345, 351, 352,
    358, 370, 384, 387, 388,
    391, 397, 403, 405-411,
    413, 414, 419, 425-428,
    430, 440, 445, 468, 470

Grã-Bretanha, 149, 312, 317,
    351, 374
Grécia, 349

Índia, 108
Inglaterra, 149
Itália, 42, 208, 213, 224, 234,
    282, 312, 450

Japão, 227, 230, 231, 237

Ocidente, 66, 193, 222, 223,
    230, 236, 238, 239, 245,
    246, 280, 332, 336, 346,
    352, 362, 402, 428, 430,
    442, 443, 446
Oriente, 244, 280

Países Baixos, 298
Polônia, 157, 347

Roma, 45

Suécia, 157, 158, 234

Tunísia, 325, 344

URSS, 163, 349

Índice de Períodos Históricos

1. Séculos

XII, 280
XIII, 279
XIV, 175
XV, 175, 256, 273, 281, 282
XVI, 151, 152, 186, 209, 228,
   229, 238, 272, 273, 275,
   277, 278, 281, 283, 285-
   287, 289, 291, 320, 349,
   407, 414, 460, 467
XVII, 138, 141, 147, 152, 154,
   175, 180, 194, 195, 197,
   207, 209, 226, 229, 230,
   234, 235, 238, 239, 256,
   278, 280, 281, 283-287,
   290, 291, 293, 295, 298,
   300, 338, 347, 356, 359,
   361, 384, 392, 405-408,
   412, 414, 416, 423, 445,
   448-452, 467, 469
XVIII, 49, 50, 72, 141, 143,
   151-153, 164, 175, 178-180,
   186, 194, 196, 197, 207,
   234, 236, 246, 256, 261,
   262, 267, 271, 280, 281,
   285, 286, 300, 302, 306,
   312, 317, 320, 333, 334,
   336, 338, 348, 354, 355,
   357-364, 366-370, 372,
   373, 375, 377, 378, 381,
   384-386, 388, 392, 402-
   408, 410-420, 423, 427,
   430, 432, 435, 439, 442,
   444-448, 451, 452, 454-460,
   462, 466, 469
XIX, 27, 29, 50, 68, 69, 72, 73,
   83, 86, 93, 140-142, 148,
   149, 152, 154, 157, 158,
   164, 167, 168, 170, 171,
   173, 186, 194-197, 201,
   203, 206, 207, 215, 216,
   230, 234, 238, 239, 244-
   246, 254, 257, 262, 267,
   268, 271, 280-282, 284-286,
   300, 301, 303, 306, 307,
   318, 334, 337, 343, 344,
   346, 348, 349, 352, 353,
   358, 365, 366, 368, 375,
   386, 387, 391, 392, 395,
   398, 402-406, 409-411,
   419-424, 427, 442, 458,
   459, 462, 463, 467, 469, 470
XX, 36, 62, 68-71, 73, 81, 93,
   109, 153, 162, 173, 206,
   215, 301, 307, 330, 343,
   348, 353, 355, 375, 379,
   383, 384, 402, 403, 424,
   429, 463, 466, 470

2. Eras, períodos

Antiguidade, 253, 261, 349, 451
Clássica (idade, época), 141,
   142, 180, 312, 359, 361
Idade Média, 45, 209, 229, 279,
   280, 291, 338, 348, 352,
   361, 385, 395, 413, 414,
   416, 446, 447, 468
Renascimento, 45, 140, 162,
   202, 234, 280, 290, 291,
   406, 447
Revolução Francesa, 262, 264,
   267, 370, 386, 412, 417-420

Organização da Obra
Ditos e Escritos

Volume I

1954 – Introdução (*in* Binswanger)
1957 – A Psicologia de 1850 a 1950
1961 – Prefácio (*Folie et déraison*)
        A Loucura Só Existe em uma Sociedade
1962 – Introdução (*in* Rousseau)
        O "Não" do Pai
        O Ciclo das Rãs
1963 – A Água e a Loucura
1964 – A Loucura, a Ausência da Obra
1965 – Filosofia e Psicologia
1970 – Loucura, Literatura, Sociedade
        A Loucura e a Sociedade
1972 – Resposta a Derrida
        O Grande Internamento
1974 – Mesa-redonda sobre a *Expertise* Psiquiátrica
1975 – A Casa dos Loucos
        Bancar os Loucos
1976 – Bruxaria e Loucura
1977 – O Asilo Ilimitado
1981 – Lacan, o "Libertador" da Psicanálise
1984 – Entrevista com Michel Foucault

Volume II

1961 – "Alexandre Koyré: a Revolução Astronômica, Copérnico,
        Kepler, Borelli"
1964 – Informe Histórico
1966 – A Prosa do Mundo
        Michel Foucault e Gilles Deleuze Querem Devolver a
        Nietzsche Sua Verdadeira Cara
        O que É um Filósofo?
1967 – Introdução Geral (às Obras Filosóficas Completas de
        Nietzsche)
        Nietzsche, Freud, Marx
        A Filosofia Estruturalista Permite Diagnosticar o que É
        "a Atualidade"

Sobre as Maneiras de Escrever a História
As Palavras e as Imagens
1968 – Sobre a Arqueologia das Ciências. Resposta ao Círculo de Epistemologia
1969 – Introdução (*in* Arnauld e Lancelot)
Ariadne Enforcou-se
Michel Foucault Explica Seu Último Livro
Jean Hyppolite. 1907-1968
Linguística e Ciências Sociais
1970 – Prefácio à Edição Inglesa
(Discussão)
A Posição de Cuvier na História da Biologia
Theatrum Philosophicum
Crescer e Multiplicar
1971 – Nietzsche, a Genealogia, a História
1972 – Retornar à História
1975 – Com o que Sonham os Filósofos?
1980 – O Filósofo Mascarado
1983 – Estruturalismo e Pós-estruturalismo
1984 – O que São as Luzes?
1985 – A Vida: a Experiência e a Ciência

Volume III

1962 – Dizer e Ver em Raymond Roussel
Um Saber Tão Cruel
1963 – Prefácio à Transgressão
A Linguagem ao Infinito
Distância, Aspecto, Origem
1964 – Posfácio a Flaubert (*A Tentação de Santo Antão*)
A Prosa de Acteão
Debate sobre o Romance
Por que se Reedita a Obra de Raymond Roussel?
Um Precursor de Nossa Literatura Moderna
O *Mallarmé* de J.-P. Richard
1965 – "As Damas de Companhia"
1966 – Por Trás da Fábula
O Pensamento do Exterior
Um Nadador entre Duas Palavras
1968 – Isto Não É um Cachimbo
1969 – O que É um Autor?
1970 – Sete Proposições sobre o Sétimo Anjo
Haverá Escândalo, Mas...

1971 – As Monstruosidades da Crítica
1974 – (Sobre D. Byzantios)
    Antirretro
1975 – A Pintura Fotogênica
    Sobre Marguerite Duras
    Sade, Sargento do Sexo
1977 – As Manhãs Cinzentas da Tolerância
1978 – Eugène Sue que Eu Amo
1980 – Os Quatro Cavaleiros do Apocalipse e os Vermes Cotidianos
    A Imaginação do Século XIX
1982 – Pierre Boulez, a Tela Atravessada
1983 – Michel Foucault/Pierre Boulez – a Música Contemporânea e
    o Público
1984 – Arqueologia de uma Paixão
    Outros Espaços

Volume IV

1971 – (Manifesto do GIP)
    (Sobre as Prisões)
    Inquirição sobre as Prisões: Quebremos a Barreira
        do Silêncio
    Conversação com Michel Foucault
    A Prisão em Toda Parte
    Prefácio a *Enquête dans Vingt Prisons*
    Um Problema que me Interessa Há Muito Tempo
        É o do Sistema Penal
1972 – Os Intelectuais e o Poder
1973 – Da Arqueologia à Dinástica
    Prisões e Revoltas nas Prisões
    Sobre o Internamento Penitenciário
    Arrancados por Intervenções Enérgicas de Nossa
        Permanência Eufórica na História, Pomos as
        "Categorias Lógicas" a Trabalhar
1974 – Da Natureza Humana: Justiça contra Poder
    Sobre a Prisão de Attica
1975 – Prefácio (*in* Jackson)
    A Prisão Vista por um Filósofo Francês
    Entrevista sobre a Prisão: o Livro e o Seu Método
1976 – Perguntas a Michel Foucault sobre Geografia

Michel Foucault: Crimes e Castigos na URSS e em Outros
Lugares...
1977 – A Vida dos Homens Infames
Poder e Saber
Poderes e Estratégias
1978 – Diálogo sobre o Poder
A Sociedade Disciplinar em Crise
Precisões sobre o Poder. Resposta a Certas Críticas
A "Governamentalidade"
M. Foucault. Conversação sem Complexos com um Filósofo
que Analisa as "Estruturas do Poder"
1979 – Foucault Estuda a Razão de Estado
1980 – A Poeira e a Nuvem
Mesa-redonda em 20 de Maio de 1978
Posfácio de *L'impossible Prison*
1981 – "*Omnes et Singulatim*": uma Crítica da Razão Política

Volume V

1978 – A Evolução do Conceito de "Indivíduo Perigoso"
na Psiquiatria Legal do Século XIX
Sexualidade e Política
A Filosofia Analítica da Política
Sexualidade e Poder
1979 – É Inútil Revoltar-se?
1980 – O Verdadeiro Sexo
1981 – Sexualidade e Solidão
1982 – O Combate da Castidade
O Triunfo Social do Prazer Sexual: uma Conversação
com Michel Foucault
1983 – Um Sistema Finito Diante de um Questionamento Infinito
A Escrita de Si
Sonhar com Seus Prazeres. Sobre a "Onirocrítica" de
Artemidoro
O Uso dos Prazeres e as Técnicas de Si
1984 – Política e Ética: uma Entrevista
Polêmica, Política e Problematizações
Foucault
O Cuidado com a Verdade
O Retorno da Moral
A Ética do Cuidado de Si como Prática da Liberdade
Uma Estética da Existência

1988 – Verdade, Poder e Si Mesmo
A Tecnologia Política dos Indivíduos

Volume VI

1968 – Resposta a uma Questão
1971 – O Artigo 15
Relatórios da Comissão de Informação sobre o Caso Jaubert
Eu Capto o Intolerável
1972 – Sobre a Justiça Popular. Debate com os Maoístas
Encontro Verdade-Justiça. 1.500 Grenoblenses Acusam
Um Esguicho de Sangue ou um Incêndio
Os Dois Mortos de Pompidou
1973 – Prefácio (*De la prison à la revolte*)
Por uma Crônica da Memória Operária
A Força de Fugir
O Intelectual Serve para Reunir as Ideias, Mas Seu Saber
É Parcial em Relação ao Saber Operário
1974 – Sobre a "*A Segunda Revolução Chinesa*"
"*A Segunda Revolução Chinesa*"
1975 – A Morte do Pai
1977 – Prefácio (*Anti-Édipo*)
O Olho do Poder
Confinamento, Psiquiatria, Prisão
O Poder, uma Besta Magnífica
Michel Foucault: a Segurança e o Estado
Carta a Alguns Líderes da Esquerda
"Nós nos Sentimos como uma Espécie Suja"
1978 – Alain Peyrefitte se Explica... e Michel Foucault lhe Responde
A grande Política Tradicional
Metodologia para o Conhecimento do Mundo: como se
Desembaraçar do Marxismo
O Exército, Quando a Terra Treme
O Xá Tem Cem Anos de Atraso
Teerã: a Fé contra o Xá
Com o que Sonham os Iranianos?
O Limão e o Leite
Uma Revolta a Mãos Nuas
A Revolta Iraniana se Propaga em Fitas Cassetes
O Chefe Mítico da Revolta do Irã
Carta de Foucault à "Unità"

1979 – O Espírito de um Mundo sem Espírito
   Um Paiol de Pólvora Chamado Islã
   Michel Foucault e o Irã
   Carta Aberta a Mehdi Bazargan
   Para uma Moral do Desconforto
   "O problema dos refugiados é um presságio da grande migração do século XXI"
1980 – Conversa com Michel Foucault
1981 – Da Amizade como Modo de Vida
   É Importante Pensar?
   Contra as Penas de Substituição
   Punir É a Coisa Mais Difícil que Há
1983 – A Propósito Daqueles que Fazem a História
1984 – Os Direitos do Homem em Face dos Governos
   O Intelectual e os Poderes

Volume VII

1 – Estética da existência
1963 – Vigia da Noite dos Homens
   Espreitar o Dia que Chega
   Um "Novo Romance" de Terror
1964 – Debate sobre a Poesia
   A Linguagem do Espaço
   Palavras que Sangram
   Obrigação de Escrever
1969 – Maxime Defert
1973 – Foucault, o Filósofo, Está Falando. Pense
1975 – A Festa da Escritura
1976 – Sobre "História de Paul"
   O Saber como Crime
   Entrevista com Michel Foucault
   Por que o Crime de Pierre Rivière?
   Eles Disseram sobre Malraux
   O Retorno de Pierre Rivière
1977 – Apresentação
1978 – Uma Enorme Surpresa
1982 – O Pensamento, a Emoção
   Conversa com Werner Schroeter

2 – Epistemologia, genealogia
1957 – A Pesquisa Científica e a Psicologia

1966 – Michel Foucault, *As palavras e as coisas*
       Entrevista com Madeleine Chapsal
       O Homem Está Morto?
1968 – Entrevista com Michel Foucault
       Foucault Responde a Sartre
       Uma Precisão de Michel Foucault
       Carta de Michel Foucault a Jacques Proust
1970 – Apresentação
       A Armadilha de Vincennes
1971 – Entrevista com Michel Foucault
1975 – Carta
1976 – A Função Política do Intelectual
       O Discurso Não Deve Ser Considerado Como...
1978 – A Cena da Filosofia
1981 – A Roger Caillois
1983 – Trabalhos
1984 – O Estilo da História
       O que São as Luzes?

3 – Filosofia e história da medicina

1968 – Os Desvios Religiosos e o Saber Médico
1969 – Médicos, Juízes e Bruxos no Século XVII
       Títulos e Trabalhos
1972 – As Grandes Funções da Medicina em Nossa Sociedade
1973 – O Mundo É um Grande Hospício
1975 – Hospícios. Sexualidade. Prisões
       Radioscopia de Michel Foucault
       Michel Foucault, as Respostas do Filósofo
1976 – A Política da Saúde no Século XVIII
       Crise da Medicina ou Crise da Antimedicina?
       A Extensão Social da Norma
       Bio-história e Biopolítica
1977 – O Nascimento da Medicina Social
1978 – Introdução por Michel Foucault
       Uma Erudição Estonteante
       A Incorporação do Hospital na Tecnologia Moderna
1979 – Nascimento da Biopolítica
1983 – Troca de Cartas com Michel Foucault
1984 – A Preocupação com a Verdade